V&R

Novum Testamentum et Orbis Antiquus /
Studien zur Umwelt des Neuen Testaments

In Verbindung mit der Stiftung »Bibel und Orient«
der Universität Fribourg / Schweiz
herausgegeben von Max Küchler (Fribourg), Peter Lampe,
Gerd Theißen (Heidelberg) und Jürgen Zangenberg (Leiden)

Band 86

Vandenhoeck & Ruprecht

Florian Herrmann

Strategien der Todesdarstellung in der Markuspassion

Ein literaturgeschichtlicher Vergleich

Vandenhoeck & Ruprecht

Bibliografische Information der Deutschen Nationalbibliothek

Die Deutsche Nationalbibliothek verzeichnet diese Publikation in der
Deutschen Nationalbibliografie; detaillierte bibliografische Daten sind
im Internet über http://dnb.d-nb.de abrufbar.

ISBN 978-3-525-55011-3

Inhalt

Vorwort

Wie versteht Markus das Leiden, Sterben und Auferstehen Jesu? Wie erzählt er davon? Den Passionsbericht im Markusevangelium besser zu verstehen, hatte ich mir vorgenommen. Bald wurde dieses Vorhaben für mich zu einer Entdeckungsreise durch die alte Welt, durfte ich eintauchen in große Vielfalt, mit der Menschen durch die Jahrhunderte das Sterben anderer erlebt, erzählt und gedeutet haben.

Die vorliegende Studie wurde im Sommersemester 2007 von der Theologischen Fakultät der Friedrich-Alexander-Universität Erlangen unter dem Titel »Strategien der Todesdarstellung in Mk 14–16. Ein literaturgeschichtlicher Vergleich« als Dissertation angenommen. Für den Druck wurde sie leicht überarbeitet. Seither erschienene Literatur konnte dabei nur in Einzelfällen berücksichtigt werden.

Danken möchte ich an dieser Stelle den vielen, die mir dieses Forschungsprojekt möglich gemacht haben. Der erste Dank gilt Frau Prof. Dr. Oda Wischmeyer. Sie hat das Vorhaben angeregt und mein Forschen mit anhaltendem Interesse und großer Offenheit begleitet. Ich danke auch Frau Prof. Dr. Eve-Marie Becker, die die Entstehung dieser Arbeit konstruktiv begleitet, mir viele methodische Anregungen gegeben und schließlich das Zweitgutachten übernommen hat. Besonders danke ich Frau Vikarin Helga Kramer und Herrn Pfarrer Daniel Graf und den Mitgliedern des Erlanger Doktorandenkolloquiums für ihren unentbehrlichen Rat und Herrn Prof. Dr. Severin Koster für seine Hilfe in altphilologischen Fragen. Herr Dekan Dr. Gerhard Schoenauer und die Wiener GEKE-Geschäftsstelle haben mich für die Überarbeitung der Dissertation immer wieder freigestellt. Sehr gefreut hat mich, dass die Untersuchung Aufnahme gefunden hat in die Reihe *Novum Testamentum et Orbis Antiquus – Studien zur Umwelt des Neuen Testaments,* wofür ich besonders Herrn Prof. Dr. Gerd Theißen zu danken habe.

Die Entstehung dieser Arbeit wäre nicht möglich gewesen ohne ein großzügiges Stipendium der Evang.-Luth. Kirche in Bayern, die auch einen namhaften Zuschuss zu den Druckkosten gewährt hat. Ich danke auch meinen Eltern, Eckhard und Claudia Herrmann, und Herrn Pfarrer Sieger von Kirchbach für ihre Hilfe bei der Drucklegung.

Schließlich und vor allem danke ich meiner Frau Daniela, die die Freude und die Last dieser Arbeit mit mir getragen hat, und die durch ihr findiges Korrekturlesen sehr zur Verbesserung des Manuskripts beigetragen hat. Ihr sei dieses Buch gewidmet.

Wien, zu Michaelis 2009   Florian Herrmann

Teil I

Einleitung

1. Ort und Methode der Untersuchung

1.1 Die Fragestellung

Die vorliegende Untersuchung widmet sich der Passions- und Auferstehungserzählung des Markusevangeliums. Sie versucht zu erhellen, mit welchen Strategien diese Erzählung arbeitet, um das Leiden, Sterben und Auferstehen Jesu darzustellen. Zu diesem Zweck wird die Passionserzählung in den Kontext antiker griechisch-römischer und alttestamentlich-frühjüdischer Todesdarstellungen eingeordnet und in Hinblick auf ihre Textstrukturen, ihre Sinngebungsstrategien und ihren Ereignisbezug untersucht.

Die vorliegende Untersuchung nahm ihren Ausgang bei der Frage, ob Jesus im Markusevangelium als Märtyrer dargestellt ist. Dass Jesu Tod ein Martyrium gewesen sei, ist eine verbreitete Auffassung.[1] Um die Frage zu beantworten, war es nötig, zu prüfen, ob der Passionsbericht nach seiner Gattung und nach seinen Darstellungsmitteln in den Bereich der Märtyrerliteratur oder der damit verwandten Literatur einzuordnen sei, und welche Alternativen sich dazu anbieten.

Ein eigenständiges Urteil in der Frage ist nicht möglich ohne die Heranziehung eines breitgefächerten Korpus antiker Todesberichte, mit denen der markinische Passionsbericht verglichen werden kann. Der Vergleich, der eine Reihe verschiedener Aspekte der einzelnen Texte berücksichtigt, macht es möglich, zahlreiche Darstellungsstrategien für Todesfälle zu benennen, die den unterschiedlichen antiken Literaturbereichen zur Verfügung stehen. Es ergibt sich, dass der Passionsbericht zahlreiche Elemente mit der Märtyrerliteratur teilt, dass er auch eine gewisse Nähe zur biographischen und historiographischen Literatur besitzt, dass diese Nähe jedoch differenziert beschrieben werden muss und der Passionsbericht in keinem dieser Bereiche ganz aufgeht. Die christologische Durchformung der Erzählung stellt im literaturgeschichtlichen Vergleich das Proprium des markinischen Passionsberichtes dar.

1.2 Themen der Forschung

Literatur

MOHR, Untersuchung, 15–35; SCHREIBER, Kreuzigungsbericht, 273–451; LINDEMANN, Literatur, 369–423; BECKER, Markus-Evangelium, 6–36. Zur Bibliographie vgl. GARLAND, Years.

---

[1] Vgl. etwa die Kapitelüberschrift »Jesus als Märtyrer« in THEISSEN/MERZ, Jesus, 387, oder die Tatsache, dass die römische Kirche seit der Liturgiereform als liturgische Farbe für den Karfreitag und die Passionsgedenktage die Märtyrerfarbe Rot vorsieht, vgl. SEKRETARIAT DER DEUTSCHEN BISCHOFSKONFERENZ, Grundordnung des römischen Messbuchs, § 346 b.

1.2.1   Literarkritik und Redaktionskritik

Ältere Formgeschichte und Redaktionsgeschichte

Die Begründer der älteren Formgeschichte machten es sich zum Anliegen, nach mündlichen Vorstufen der in den Evangelien niedergelegten Überlieferung zurückzufragen. Die Passionsüberlieferung nahm in diesem Zusammenhang eine Sonderstellung ein, weil sie einen größeren Erzählzusammenhang bildet als andere Überlieferungsstücke. Eine Weichenstellung in diese Richtung war der Beitrag von *Karl Ludwig Schmidt,* der die topographische und chronologische Struktur des Markusevangeliums als literarische Rahmung von unabhängig überlieferten Perikopen erwies. Diese Sitation gilt nach seinen Analysen bis Mk 13,37. »Die Leidensgeschichte erfordert eine andere literarische Wertung.«[2] Abgesehen von wenigen redaktionellen Elementen[3] liege eine stringente fortlaufende Erzählung vor.

Zu ähnlichen Ergebnissen kommt *Martin Dibelius.* Auch er sieht in der Passionsgeschichte eine Ausnahme von der sonst in kurzen Einzelperikopen tradierten Jesusüberlieferung.[4] Eine zusammenhängende Passionserzählung habe schon vor Markus vorgelegen, »[d]enn es finden sich Angaben in seiner Passionsgeschichte, die auf andere geschichtliche Verknüpfungen hinweisen, als sie Markus berichtet.«[5] So verweise Mk 14,1f. auf eine Kreuzigung vor dem Passafest und 14,28 auf Ostererscheinungen.[6]

Rudolf Bultmann – geleitet vom Interesse der älteren Formgeschichte an früher mündlicher Überlieferung – kommt durch seine vorwiegend auf Uneinheitlichkeiten in der Erzählung gestützte Analyse zu anderen Schlüssen: »Daß die Passionsgeschichte, wie sie uns bei den Synoptikern vorliegt, ein organisches Ganzes ist, läßt sich nicht behaupten. Auch hier besteht die Darstellung wesentlich aus Einzelstücken.«[7] Diese seien zwar schon früher zusammengewachsen als die übrige Überlieferung,[8] doch ihr Zusammenhang sei nicht besonders stark.[9] Ein alter Bericht, »der ganz kurz Verhaftung, Verurteilung durch das Synedrium und Pilatus, Abführung zum Kreuz, Kreuzigung und Tod erzählte«,[10] sei in mehreren Stadien ausgestaltet worden. Die Motivation für Entstehung der einzelnen Teile habe teils im Weissagungsbeweis gelegen, teils sei sie apologetisch, novellistisch, dogmatisch oder kultisch gewesen.[11]

---

[2]Schmidt, Rahmen, 303.
[3]Etwa Mk 14,1f.3–9.10f., vgl. a. a. O., 307f.
[4]Vgl. Dibelius, Formgeschichte, 178.
[5]Dibelius, Problem, 58.
[6]Vgl. a. a. O., 58f.
[7]Bultmann, Geschichte, 297.
[8]Vgl. ebd.
[9]Vgl. a. a. O., 300. An Bultmanns Methode und Ergebnisse lehnt sich auch Bertram, Leidensgeschichte, 101, an.
[10]Bultmann, Geschichte, 301f.
[11]Vgl. a. a. O., 303–308.

Ebenfalls formgeschichtlich orientiert und aufbauend auf Bultmanns und Georg Bertrams Arbeiten rekonstruiert *Gottfried Schille* eine Entstehung der Passionserzählung aus drei Teilen: einem Bericht von der letzten Nacht Jesu, der bis zum Hahnenschrei gereicht habe, einen Kreuzigungsbericht und die Grablegenden.[12]

Eine methodisch reflektierte redaktionsgeschichtliche[13] Untersuchung der Markuspassion legte *Johannes Schreiber* vor. Die Ergebnisse seiner erst spät publizierten Dissertation[14] fasste er 1967 kurz zusammen: Im markinischen Kreuzigungsbericht (Mk 15,20b–41) lasse sich nicht die Benutzung eines alten Berichtes, sondern die Ineinanderarbeitung zweier unterschiedlicher Überlieferungen nachweisen.[15] Die erste Tradition sei auf Simon von Kyrene zurückzuführen und stamme aus dem hellenistischen Judenchristentum. Die zweite Tradition – mit apokalyptischer Prägung – »ist wahrscheinlich nach der Vertreibung von den ›Hellenisten‹ der Jerusalemer Urgemeinde formuliert worden«.[16] Schreiber verwendet ein durchdachtes Methodenspektrum von Literarkritik, Stilkritik und Vokabelstatistik sowie Motiv- und Traditionsgeschichte.[17]

Als konsequente Fortführung von Bultmanns literarkritischen Ergebnissen kann die redaktionsgeschichtliche Untersuchung von *Eta Linnemann* angesehen werden. Wie Schreiber streitet sie die Existenz einer vormarkinischen Passionserzählung ab: »Wir haben den Nachweis geführt, daß der Passionsgeschichte des Markusevangeliums kein zusammenhängender Bericht zugrunde lag. Sie ist von Anfang bis Ende vom Evangelisten aus Einzeltraditionen komponiert.«[18] Anders als in Mk 1–13 habe der Evangelist aber im Bereich der Passionserzählung Einzelperikopen nicht nur aneinander gereiht, sondern ineinander gearbeitet.[19]

Schon der Grenze zwischen redaktionsgeschichtlicher und rein synchroner Arbeit steht ein 1976 von *Werner H. Kelber* herausgegebener Sammelband über die Markuspassion,[20] der in der Zusammenschau zu einem ähnlichen Ergebnis kommt wie Linnemann: Die einzelnen Beiträge legen großes Gewicht auf die kompositionellen Verknüpfungen zwischen Passion und restlichem Evangelium,[21] sodass

---

[12]Vgl. SCHILLE, Leiden, 180–183.
[13]Die redaktionsgeschichtliche Arbeit am Markusevangelium wurde vorbereitet durch WREDE, Messiasgeheimnis, bes. 129–149. Des weiteren wegweisend: MARXSEN, Evangelist.
[14]SCHREIBER, Kreuzigungsbericht.
[15]Vgl. SCHREIBER, Theologie, 24–49. Die These eine Ineinanderarbeitung zweier vollständiger Traditionsberichte hatte schon in den 30er Jahren BUCKLEY, Sources, 138–144, vorgelegt; er legte (noch etwas mechanistisch) als Kriterien Unterschiede im Sprachgebrauch sowie inhaltliche Dopplungen zugrunde.
[16]Vgl. SCHREIBER, Theologie, 66.80.
[17]Vgl. SCHREIBER, Kreuzigungsbericht, 7–10.309–327.
[18]LINNEMANN, Studien, 171.
[19]Vgl. a. a. O., 173; zur Durchführung z. B. 52–54.
[20]KELBER, Passion.
[21]Vgl. z. B. besonders die Beiträge von Robbins, Perrin und Weeden.

Kelber in seinem eher redaktionsgeschichtlich orientierten Schlussbeitrag formulieren konnte:

(1) Virtually all major (and a multiplicity of minor) Mkan themes converge in Mk 14–16. [. . .] (2) Mk 14–16 constitutes a theologically inseparable and homogeneous part of the Gospel whole. [. . .] (3) The understanding of Mk 14–16 as a theologically integral part of the Mkan Gospel calls into question the classic form critical thesis concerning an independent and coherent Passion Narrative prior to Mk[.][22]

Blüte, Krise und Neuorientierung der redaktionskritischen Passionsforschung

Ältere Formgeschichte und Redaktionsgeschichte hatten die Bahnen vorgezeichnet, in denen es ab dem Beginn der 70er Jahre zu einem bemerkenswerten Aufschwung der literarkritischen Arbeit an der Markuspassion kam. Katholische deutschsprachige Exegeten hatten daran wesentlichen Anteil.

Ludger Schenke widmete zwei Studien der Markuspassion. Während Mk 14,1–11.12–25 redaktionelle Stücke seien,[23] beginne mit der Gethsemaneperikope[24] ein zusammenhängender vormarkinischer Passionsbericht, dessen Mittelteil in 14,53–15,20a liege,[25] und dessen ursprünglicher Bestand sich auch in 15,20b–47 erheben lasse.[26] Die redaktionsgeschichtliche Untersuchung *Gerhard Schneiders* machte einen vormarkinischen Entwicklungsprozess aus, in dem der Kreuzigungsbericht als »Sammelpunkt«[27] eine Reihe weiterer Überlieferungen anzog, die, bis zur Verhaftungsszene nach vorne erweitert und mehrfach überarbeitet,[28] den von Markus vorgefundenen Passionsbericht konstituierten.

Zu völlig anderen Ergebnissen kam, auf der von Linnemann und vor allem Schreiber vorgezeichneten Linie, *Wolfgang Schenk*. In seinen Analysen kommt er zu dem Ergebnis, »daß Markus in seiner Passionsdarstellung zwei vorgegebene, durchlaufende Traditionsstränge benutzt hat, eine offenbar sehr alte, durch das Praes[ens] hist[oricum] gekennzeichnete Schicht und eine andere, offenbar ebenfalls alte, möglicherweise aber jünger zu datierende apokalyptisch gestaltete Traditionsschicht [. . .] Die markinische Gestaltung zeichnet sich dadurch aus, daß sie in ihrer Tendenz der Praes.-hist.-Tradition nicht nur in der Gestalt, sondern auch in der Intention folgt«.[29] Im gleichen Jahr (1974) veröffentlichte auch *Detlev Dormeyer* eine Untersuchung, die in versweiser Exegese von der markinischen Redaktion eine

---

[22]KELBER, Conclusion, 156f.
[23]Vgl. SCHENKE, Studien, 141.342.
[24]Vgl. etwa a. a. O., 361. SCHENKE, Christus, 126f.
[25]Vgl. a. a. O., 60.
[26]Vgl. a. a. O., 102.
[27]SCHNEIDER, Passion, 24.
[28]Vgl. a. a. O., 27.
[29]SCHENK, Passionsbericht, 272f.

vormarkinische Redaktionsschicht und eine vorgegebene Traditionsschicht unterschied. Dazu dient ein breites Methodenspektrum aus »Vokabelstatistik und der Stil-, Form-, Gattungs- und Theologiekritik«.[30]

In der zweiten Hälfte der 70er Jahre erschienen schließlich drei große Kommentare zum Markusevangelium, die das literar- und redaktionskritische Problem sehr unterschiedlich angingen. *Rudolf Pesch* sah im Evangelisten einen »konservative[n] Redaktor«[31] mit starker Traditionsbindung und geringer literarischer und theologischer Originalität. Da Pesch »in dubio für die Einheitlichkeit vorgegebener Tradition entscheidet«,[32] erkennt er eine umfangreiche vormarkinische Passion, die ab Mk 8,27 mit geringen redaktionellen Ergänzungen die Basis der ganzen zweiten Evangelienhälfte bildet. Anders als für Pesch ist für *Joachim Gnilka* Markus »ein gemäßigter Redaktor«.[33] Über die Möglichkeit einer sicheren Rekonstruktion dieser Passionserzählung urteilt Gnilka zurückhaltend;[34] in seiner Kommentierung unternimmt er in jeder Perikope eine differenzierte Scheidung von Traditions- und Redaktionsschichten. Gnilka rechnet mit dem Beginn einer vormarkinischen Passion in Mk 14,32, d. h. mit der Gethsemaneperikope.[35] *Walter Schmithals* meinte wiederum, eine dem ganzen Evangelium zugrunde liegende, kurz nach 70 n. Chr. zu datierende »Grundschrift« (GS) nachweisen zu können, die der Evangelist wenig später überarbeitet habe.[36] Die Grundschrift bot dem Evangelisten also auch für die Passion eine durchlaufende Vorlage. »Für den Evangelisten beginnt in 14,1 die Passionsgeschichte im engeren Sinn. Für die GS gibt es eine vergleichbare Zäsur nicht«.[37]

Zum Ende des Jahrzehnts schien ein Konsens hinsichtlich der redaktionsgeschichtlichen Rekonstruktion in weiter Ferne, und es war hinreichend deutlich, dass sich die Erforschung der Markuspassion in einer Krise, wenn nicht gar in einer Sackgasse befand,[38] der man in den 80er und 90er Jahren mit einer Neuorientierung zu begegnen suchte. Der Weg aus der Krise wurde noch in einzelnen Arbeiten in der innermarkinischen Literar- und Redaktionskritik gesucht. So postulierte *Josef Ernst* einen vormarkinischen Bericht, der in Entsprechung zu 1 Kor 15,3f. von der Kreuzigung bis zur Auferstehung gereicht habe (Mk 15,20b–16,1), und eine markinische Erweiterung nach vorne, die in Entsprechung zu Mk 10,33f. von Verrat, letzter Nacht und Prozess Jesu erzählt habe (Mk 14,1–15,20a).[39] *Adela Yarbro Collins*

---

[30] DORMEYER, Passion, 288; vgl. auch 24–56.
[31] PESCH, Markusevangelium 1, 2.
[32] PESCH, Markusevangelium 2, 10.
[33] GNILKA, Evangelium 1, 25.
[34] Vgl. GNILKA, Evangelium 2, 349.
[35] Vgl. a. a. O., 350.
[36] Vgl. SCHMITHALS, Evangelium 1, 43–61.
[37] SCHMITHALS, Evangelium 2, 588.
[38] Vgl. etwa LUZ, Markusforschung, 641–655.
[39] Vgl. ERNST, Passionserzählung, 171–176.

rekonstruiert einen alten Passionsbericht, der mit der Gethsemaneperikope begann; ihre Kriterien sind vor allem markinische Motive und Redaktionstechniken sowie die Kohärenz der Erzählung.[40] Auch Schreiber verfolgte mit der nachträglichen Veröffentlichung seiner Dissertation von 1959[41] und der Republikation seiner an Wrede orientierten redaktionsgeschichtlichen Arbeit von 1969[42] weiter seine bisherige Arbeitsrichtung, die nicht von einem geschlossenen vormarkinischen Bericht ausgeht.

Wo man aber nicht überhaupt in Abkehr von literar- und redaktionskritischen Fragen sich synchronen Fragestellungen zuwandte,[43] suchte man im Vergleich mit der Johannespassion, teilweise auch der Lukaspassion und dem Petrusevangelium, zu neuen Einsichten zu kommen.

Schon *Joachim Jeremias* hatte versucht, aus der Gegenüberstellung von markinischer und johanneischer Passionserzählung Anhaltspunkte für einen vormarkinischen Bericht zu gewinnen, und hatte den Beginn desselben in Mk 11,1 angesetzt.[44] *Till Arend Mohr* unternahm eine solche Gegenüberstellung in ausführlichen Einzelexegesen und gelangte ebenfalls zu dem Ergebnis eines sehr alten,[45] in Mk 11 beginnenden[46] vormarkinischen Passionsberichtes. Die Gegenüberstellung von Mk und Joh ist auch für *Dieter Lührmann* das bevorzugte Mittel zur Erhebung der vormarkinischen Passionstradition. Diese begann mit der (vormarkinischen!) Datumsangabe in 14,1, reichte bis zur Perikope von den Frauen am Grab und enthielt fast alle im Endtext erhaltenen Perikopen.[47]

Etienne Trocmé hält neben der Johannespassion auch die Lukaspassion für unabhängig vom markinischen Bericht. Zugleich streitet er literarische Zusammenhänge zwischen Mk 1–13 und 14–16 ab; der Passionsbericht sei ein späterer Anhang, den Lukas in Markus noch nicht gelesen habe.[48] Er zieht daraus den Schluss, es habe einen Passionsarchetyp gegeben, der von Markus, Lukas und Johannes unabhängig voneinander bezeugt wird.[49] Eine detaillierte Rekonstruktion unternimmt Trocmé

---

[40]Vgl. COLLINS, Beginnings, 104ff.

[41]SCHREIBER, Kreuzigungsbericht. Die Arbeit ist ergänzt um einen umfangreichen Forschungsbericht und einige Anhänge. Besonders hervorzuheben ist Exkurs 6, der die in der Literatur vorliegenden literar- und redaktionskritischen Hypothesen zum markinischen Kreuzigungsbericht mit ihren Argumenten tabellarisch zusammenfasst und ordnet.

[42]SCHREIBER, Markuspassion.

[43]So nach den Arbeiten von GÜTTGEMANNS, Fragen, der vormarkinische Redaktion in der Passionserzählung generell für unbeweisbar hielt und daher dem synchronen Zugang den Vorzug gab, und amerikanischen Arbeiten der 70er Jahre – etwa BOOMERSHINE, Mark – programmatisch die 1985 herausgegebenen Beiträge in HAHN, Erzähler.

[44]Vgl. JEREMIAS, Abendmahlsworte, 83f.

[45]Vgl. MOHR, Untersuchung, 426.

[46]Vgl. a. a. O., 163.

[47]Vgl. LÜHRMANN, Markusevangelium, 227–230.

[48]Vgl. TROCMÉ, Passion, 9–18.37.

[49]Vgl. a. a. O., 36f.45.

nicht, er gibt nur den ungefähren Bestand der Tradition an.[50] Anders *Joel B. Green:* Mit Methoden der Quellen-, Redaktions-, Form- und Traditionskritik versucht er aufzuweisen, dass Matthäus nur Markus als Vorlage benutzte, während Lukas neben Markus eine parallel laufende zweite Quelle zur Verfügung hatte und Johannes eine der Markuspassion ähnliche, aber unabhängige Quelle benutzte.[51] Markus als konservativer Redaktor habe eine zusammenhängende Passionserzählung benutzt (Green argumentiert hier gegen Linnemann und Kelber), deren ›Sitz im Leben‹ die Mahlfeier der frühen Kirche war.[52] Dieser alte Bericht habe bereits – wenn auch in teilweise kürzerer Fassung – fast alle Perikopen des markinischen Endtextes enthalten und für Jesu Tod eine Reihe unterschiedlicher Deutungen angeboten.[53]

Im gleichen Jahr legte *John Dominic Crossan* einen neuen Vorschlag für die Entstehung der Passionsüberlieferung vor: In einem ausführlichen Kommentar zum apokryphen Petrusevangelium postuliert er, eine aus dem Petrusevangelium literarkritisch erhobene Grundschicht, die er *Cross Gospel* nennt, habe als Vorlage für die Markuspassion gedient. Matthäus und Lukas hängen zugleich von Markus und dem *Cross Gospel* ab, Johannes von allen drei Synoptikern und dem Cross Gospel, das Petrusevangelium schließlich vom *Cross Gospel* und allen vier kanonischen Evangelien (17). Das Petrusevangelium sei zudem redaktionell überarbeitet (20).[54]

Eine weniger komplexe Hypothese entwickelt *Wolfgang Reinbold,* der sich in der Linie von Jeremias und Lührmann auf den Vergleich von Markus und Johannes beschränkt. Nach einem Nachweis der Unabhängigkeit des Johannes von den Synoptikern[55] versucht er den ältesten erreichbaren Passionsbericht wieder herzustellen, der (im Bestand, nicht im Wortlaut) aus den von Markus und Johannes gemeinsam bezeugten Traditionen bestehe – das Verfahren ist analog zur Erhebung der Logienquelle aus den synoptischen Evangelien.[56] Der Bericht sei »in den 50er Jahren in Rom entstanden«.[57]

Mit der zunehmenden Pluralisierung der exegetischen Methoden ist die Zahl der literar- und redaktionskritischen Untersuchungen ab der zweiten Hälfte der 90er Jahre weiter zurückgegangen.[58]

---

[50]Vgl. a. a. O., 67–75.

[51]Vgl. GREEN, Death, 23.104.134.

[52]Vgl. a. a. O., 214.

[53]Vgl. a. a. O., 315–320. Mahlvorbereitung (14,12–16) und Einsetzungsworte fehlten im alten Bericht, 243, was interessant ist, wenn der Text seinen ›Sitz‹ in der Mahlfeier gehabt haben soll.

[54]Vgl. CROSSAN, Cross, 17.20. Die Komplexität dieser These mag dazu beigetragen haben, dass sie sich in der Forschung nicht durchsetzen konnte. Der Nachweis der postulierten Abhängigkeiten wirft erhebliche Schwierigkeiten auf. Vgl. auch die kritischen Ausführungen von GREEN, Gospel of Peter, 293–301.

[55]Vgl. REINBOLD, Bericht, 30–48.

[56]Vgl. a. a. O., 73.

[57]A. a. O., 214.

[58]Vgl. den Überblick über die Forschung seit den 90er Jahren von BECKER, Markus-Evangelium, 21–34, die keine redaktionsgeschichtlichen Untersuchungen mehr aufführt, sowie LINDEMANN, Literatur, 369–423.

1.2.2 Synchrone Zugänge

Die Redaktionsgeschichte hatte den Blick von den Einzelelementen des Evangeliums hin zur theologischen Intention der redaktionellen Schichten und des Gesamtevangeliums gerichtet. Seit den 70er Jahren entwickelt sich davon ausgehend ein Forschungszweig, der unter Zuhilfenahme sprach- und literaturwissenschaftlicher Methoden das Evangeliums in seiner Endgestalt untersucht. Bis heute wird in diese Richtung weiter gearbeitet; besonders amerikanische Forscher haben daran Anteil. Die herangezogenen literaturwissenschaftlichen Methoden sind heterogen; sie stammen vor allem aus den Bereichen der Semiotik, Rhetorik[59] und Narratologie.

Thomas E. Boomershine legte 1974 eine Arbeit über die Markuspassion vor, die die literarkritischen Einschätzungen der älteren Formgeschichte zwar weitgehend anerkennt,[60] aber unabhängig davon eine ausführliche narrative Analyse des Passionsbericht unternimmt. Er geht davon aus, dass das Evangelium zur auditiven Rezeption angelegt ist,[61] und achtet bei der Untersuchung besonders auf sprachliche Verknüpfungen, Erzählperspektive, Beurteilungsnormen, *distance* zu den Figuren und die Entfaltung des *plot*.

Eine semiotisch Untersuchung von *Louis Marin* baut auf der französischen Theoriebildung auf. Sie geht von der Annahme aus, dass eine Erzählung in ihrem Verlauf einen Widerspruch (eine »Kontrarietät«) aufzulösen versucht und so Sinn vermittelt. Der Ursprung der Antinomie liegt im Referenten der Erzählung; der von der Erzählung durch »Austausch« neutralisiert wird.[62] Marin untersucht zunächst Ortsnamen im Passionsbericht. Die Toponyme sind zu Beginn fest mit der Erzählung verwoben, werden dann beseitigt oder neutralisiert (es steht dann z. B. »die Stadt« statt »Jerusalem«) und tauchen zuletzt, mit neuem Sinn aufgeladen, wieder auf.[63] Sinnvermittlung geschieht vor allem dadurch, dass Ortsnamen die Erzähl- und die Diskursebene des Textes verknüpfen.[64] Der zweite Teil beschäftigt sich mit dem ›Verräter‹. Er ist in der Erzählung der Ort des sinnstiftenden Austausches. »Es ist notwendig, daß der Verräter da ist, um das, was notwendig ist [sc. den Tod Gottes], zufällig und ungewiß (aleatorisch) zu machen«.[65] Der Verräter ist also der Sinn-Vermittler. Der sinnstiftende Austausch vollzieht sich in der Passion in drei Formen: monetär, alimentär und körperlich.[66]

Ebenfalls semiotisch arbeitet *Ole Davidsen*, der nach einer Einführung in die semiotisch geprägte narratologische Theoriebildung und die narrative Struktur

---

[59]U. a. JUEL, Master.
[60]Vgl. BOOMERSHINE, Mark, 51–81, *passim*.
[61]Vgl. a. a. O., 31.
[62]Vgl. MARIN, Semiotik, 1–6.
[63]Vgl. a. a. O., 38.
[64]Vgl. a. a. O., 50.
[65]A. a. O., 91.
[66]Vgl. a. a. O., 165.

des Markusevangeliums[67] das markinische Jesusbild in einer Reihe formalistisch-semiotischer Exegesen erhebt. Unter anderem der Schwerpunkt auf dem narrativen Charakter der markinischen Christologie und Skepsis gegenüber den Möglichkeiten historisch-kritischen Fragens[68] führen ihn zu der Auffassung, im Markusevangelium liege ein Christusmythos vor.

Ein Aufsatz von *Dieter Zeller* skizziert mit Rückgriff auf strukturalistische Termini zunächst die äußeren Bedingungen (Zeit, Ort, Figurenkonstellation) und Mikrostruktur des Textes und zeigt, dass die Passion als ganze und die Einzelszenen sorgfältig komponiert sind.[69] In der Handlungsstruktur der Passion arbeitet er einen Gegensatz zweier Aktionspläne, des der Gegner Jesu und des Gottes heraus.[70] Besser als die etablierten Erzählgrammatiken könne die Textpragmatik erfassen, dass der Text zu nachösterlicher Jesusnachfolge motivieren wolle.[71]

Eine narratologische Untersuchung des ganzen Markusevangeliums legten *David M. Rhoads* und *Donald Michie* vor; sie behandeln das Evangelium ähnlich, wie man eine Kurzgeschichte lesen würde.[72] Ihre Analyse berücksichtigt eine umfassende Reihe erzähltheoretischer Kategorien und kann so aufweisen, wie bestimmte Gestaltungsmittel durchgehend das ganze Evangelium charakterisieren und ihm eine einheitliche erzählerische Linie geben.

Ebenfalls synchron, aber mit einer konservativen Ausrichtung arbeitet der wichtige Kommentar von *Robert H. Gundry*. Er weist die Idee zurück, Markus korrigiere eine »theology of glory« mit der Passionsüberlieferung – vielmehr zeichne er Jesus in einer Weise, die seinen Erfolg, seine Vollmacht und seine Ehre betont und sogar die Passionserzählung selbst zu einer Erfolgsgeschichte werden lässt.[73] Markus verzichtet auf die grausamen Details der Passion. »Instead, Mark [...] dresses up the Passion in colors of fulfilment, decency, dignity, and the supernatural.«[74] Methodisch orientiert sich Gundry am markinischen Endtext. Die Zugänge der älteren Formgeschichte und der Redaktionskritik hält er für »relatively useless for an understanding of Mark.«[75] Er verteidigt die Verlässlichkeit der von Papias überlieferten Mitteilung, wonach Markus von Petrus mündlich erhaltenes Material in Schriftform gebracht hat,[76] und verortet das Evangelium vor dem Tod des Paulus 60–62 in Rom.[77]

[67] Vgl. Davidsen, Jesus, 25–53.
[68] Vgl. etwa a. a. O., 365f.370.
[69] Vgl. Zeller, Handlungsstruktur, 214–216.
[70] Vgl. a. a. O., 220.
[71] Vgl. a. a. O., 222–226.
[72] Vgl. Rhoads/Michie, Mark, 2.
[73] Vgl. Gundry, Mark, 2f.
[74] A. a. O., 1024.
[75] A. a. O., 20.
[76] Vgl. a. a. O., 1026–1034.
[77] Vgl. a. a. O., 1042f.

In diesem Zusammenhang ist auch der monumentale Passionskommentar von *Raymond E. Brown* zu nennen. Es handelt sich um einen synoptischen Kommentar der vier kanonischen Passionserzählungen von der Gethsemaneperikope bis zur Grablegung. Brown liest die Passionen ausdrücklich als Erzählungen, hält aber zugleich an der Grundlage dieser Erzählungen in historischen Ereignissen fest.[78] Unweigerlich erwachsen aus der synoptischen Kommentierung immer wieder historische Fragen. Eine Harmonisierung wird nicht angestrebt.[79] Im Vordergrund steht aber die jeweilige Theologie der Evangelisten. – Brown versucht nicht, eine vormarkinische Passionserzählung zu rekonstruieren; er geht zwar von der Existenz einer solchen aus,[80] sieht aber die Evangelien in einen breiten Strom mündlicher Überlieferung gestellt: »Paul shows us the existence of a traditional, standardized sequence in the passion that served as a guide to preaching, and I would see Mark in continuity with that.«[81] So erklärt er auch die Übereinstimmung zwischen Markus und Johannes.[82]

Einige der literaturwissenschaftlich auf der Ebene des Endtextes arbeitenden Untersuchungen fragen ausdrücklich nach dem Rezipienten – Hörer oder Leser –, der vom Markusevangelium und seiner Passionserzählung in den Blick genommen wird.[83] Zu nennen ist der jüngst erschienene Aufsatz von *Sharyn Dowd* und *Elizabeth S. Malbon* über die Bedeutung der Passion im Markusevangelium.[84] Sie zeigen, wie bei der (vor allem auditiven) Rezeption des ganzen Evangeliums die narrativen Fäden erkennbar werden, die die Passion eng in das Gesamtevangelium einbinden. Der Tod Jesu erhält demnach seinen Sinn durch die Einbindung in Jesu Gottesreichsverkündigung[85] und die größere Geschichte Gottes mit den Menschen.[86]

Einen leserorientierten Zugang machte *Bas van Iersel* zur Grundlage eines Markuskommentars. Im Rahmen etablierter synchroner Methoden fragt legt er besonderes Gewicht auf die erzählerische (diskursive) Präsentation der Erzählinhalte.[87] Der Kommentar sucht seinen Standort bewusst nicht auf der Autoren-, sondern auf der Leserseite.[88] Nach einer historischen und kompositionellen Einleitung[89] fragt Iersel bei der Kommentierung besonders nach den zu vermutenden ersten

---

[78]Vgl. Brown, Death, 14ff.
[79]Vgl. a. a. O., 23.
[80]Vgl. a. a. O., 55.
[81]A. a. O., 51.
[82]Vgl. a. a. O., 83f.
[83]Etwa auch Pellegrini, Elija, 60–122; Malbon, Hearing, 88–100; auch Boomershine betont, dass es wichtig sei, das *ganze* Evangelium zu hören.
[84]Dowd/Malbon, Significance, 271–297.
[85]Vgl. a. a. O., 294.
[86]Vgl. a. a. O., 297.
[87]Vgl. van Iersel, Mark, 22.
[88]Vgl. a. a. O., 27.
[89]Vgl. a. a. O., 30–86.

Lesern und den im Text intendierten Lesern[90] und bietet regelmäßig Realien zum Verständnis des Hintergrundes dieser Leserschaft. Die Quellenfrage wird in der Kommentierung ausgeklammert; besonderes Gewicht liegt auf der Erklärung der sprachlichen und kompositionellen Gestaltung des Markusevangeliums.

Einen wichtigen Beitrag zur erzähltheoretisch informierten Passionsexegese leistet die Studie von *Edwin K. Broadhead*. Er analysiert die narrative Charakterisierung Jesu in der markinischen Passionserzählung.[91] Dafür bedient er sich formalistischer Analysemethoden. Die Plot- und Charakterisierungsmuster verschmelzen demnach zu einer christologischen Strategie, die prophetische und Passionschristologie miteinander verbindet.[92] So ergibt sich kein monolithisches Christusbild; vielmehr interpretieren sich die verschiedenen Christologien gegenseitig.[93] Ein ähnliches Interesse hat *Peter Müller*. Die leitende Frage des Markusevangeliums sei: »Wer ist Jesus?«[94] Die Beantwortung dieser christologischen Leitfrage erfolgt bei Markus vor allem narrativ, aber auch Gliederungsmarker wie Leidensweissagungen oder Hoheitstitel sind christologisch ausgerichtet.[95] An der Passionserzählung interessieren ihn vor allem die hervorgehobenen christologischen Aussagen (14,61f.; 15,1ff.39).[96] Wie Broadhead kommt er nicht zu einem monolithischen Christusbild, sondern betont die Integrativität der markinischen Christologie.[97]

Hinzuweisen ist zuletzt auf einen für die Theoriebildung wichtigen Beitrag von *Ruben Zimmermann*. In dem vor allem auf die Johannespassion fokussierten Aufsatz macht er darauf aufmerksam, dass die Deutung des historischen kontingenten Ereignisses ›Tod Jesu‹ ein nur sprachlich möglicher konstruktiver Vorgang ist, der sich narrativer Mittel bedient.[98] Die historische Erzählung setzt die geschichtlichen Ereignisse in Beziehung zueinander und ordnet sie – so ermöglicht sie Verstehen.[99] Dabei kommt es in den Passionserzählungen zu einer produktiven Verschränkunkung von Faktizität und Fiktionalität.[100] Die narrative Deutung ist jedoch durch die historische Referenz, durch die sprachlichen Möglichkeiten und durch die Kommunikationssituation in ihrer Freiheit eingeschränkt.[101]

---

[90]Vgl. etwa a. a. O., 24.
[91]Vgl. BROADHEAD, Prophet, 15.
[92]Vgl. a. a. O., 267.
[93]Vgl. a. a. O., 270.277.
[94]MÜLLER, »Wer ist dieser?«, 9.
[95]Vgl. a. a. O., 14.18.
[96]Vgl. a. a. O., 127.130.133f.
[97]Vgl. a. a. O., 139ff.
[98]Vgl. ZIMMERMANN, Deuten, 317–325.
[99]Vgl. a. a. O., 326.
[100]Vgl. a. a. O., 334.
[101]Vgl. a. a. O., 371f.

1.2.3   Historische Probleme

Die Passionserzählung bei Markus wirft an einigen Punkten Fragen hinsichtlich ihrer historischen Glaubwürdigkeit auf. Angesichts der Relevanz des Todes Jesu für die ganze christliche Theologie verwundert es nicht, dass die Literatur zu seinem Prozess und seiner Hinrichtung Legion ist. Hier können nur einige Schlaglichter auf die Diskussion geworfen werden, soweit sie Markus betrifft.

Die Exegeten der formgeschichtlichen Schule kamen in Bezug auf die historische Glaubwürdigkeit der Passionserzählung zu unterschiedlichen Schlüssen. Nach *Karl Ludwig Schmidt* handelt sich bei der Passion Jesu um den Archetyp der christlichen Märtyrerakte – und wie diese historisch zuverlässiger sind als die Legenden vom Leben der Heiligen, so sei die Passionserzählung zuverlässiger als die Erzählungen vom Wirken Jesu vor der Passion.[102] Mit Einschränkungen teilt *Dibelius* dieses positive Urteil. Der vormarkinische Bericht sei nicht historisch oder psychologisch, sondern heilsgeschichtlich interessiert und deshalb karg und unemotional;[103] mit Bezügen zum Alten Testament belege er die Heilsnotwendigkeit von Jesu Leiden. Die Historizität des Berichts lasse sich erst nach der Erhebung seiner Intention beurteilen.[104] Wesentlich kritischer urteilt dagegen *Bultmann*.[105] Historisch interessiert und verlässlich sei nur der älteste, kleine Kern der Passion. Aus der formgeschichtlichen Grundannahme, bei der synoptischen Tradition handele es sich um unliterarische Gemeindeüberlieferung,[106] schließt *Karl Hermann Schelkle* wiederum gegen Bultmann und Bertram auf die historische Zuverlässigkeit der Passionsüberlieferung – individuelle Ausgestaltungen oder Neuschöpfungen wären von der tradierenden Gemeinde nicht akzeptiert worden.[107]

Die in historischer Hinsicht problematischste Perikope der Markuspassion ist Mk 14,55–56: Jesu Verhör und Verurteilung vor dem Synhedrium. Die bis heute wesentlichen Einwände gegen die Glaubwürdigkeit dieser Szene hat 1931 *Hans Lietzmann* vorgetragen: Es gebe keine Gewährsleute für den Vorgang, das Tempelwort sei hellenistischer Herkunft, die Frage des Hohenpriesters »unjüdisch«, worin die βλασφημία (14,64) Jesu bestehe, sei unklar, und die Misshandlung Jesu sei unmotiviert.[108] Das Hauptargument sei jedoch die Hinrichtung am Kreuz und nicht durch Steinigung, die gegen ein jüdisches Verfahren spreche. Unter Berufung auf *Jean Juster* versucht Lietzmann zu begründen, dass das Synhedrium bis 70 n. Chr. die Kapitalgerichtsbarkeit besessen habe. Da Jesus nicht gesteinigt wurde, folgert

---

[102]Vgl. Schmidt, Rahmen, 305.
[103]Vgl. Dibelius, Formgeschichte, 186f.
[104]Vgl. a. a. O., 218 u. ö.
[105]Vgl. Bultmann, Geschichte, 6.301f; in Bultmanns Folge auch Bertram, Leidensgeschichte, 97f.
[106]Vgl. etwa Schelkle, Passion, 4–13.
[107]Vgl. a. a. O., 286f.
[108]Vgl. Lietzmann, Prozeß, 254–257.

er, dass er vom Synhedrium nicht veurteilt worden und die markinische Perikope mithin unhistorisch sei.[109]

Die weithin umfassendste Aufarbeitung der historischen Probleme um Jesu Prozess und Passion leistete *Josef Blinzler* (»Der Prozeß Jesu«, erste Auflage 1951). Seit seiner Darstellung ist wenig neues Material in die Diskussion eingebracht worden. Auch für ihn ist die zentrale Frage, »ob und wieweit neben den Römern auch Juden an der Beseitigung Jesu beteiligt waren.«[110] Blinzlers Position ist grundsätzlich von kritischem Vertrauen in die Glaubwürdigkeit der Evangeliendarstellung geprägt. Er benennt zwar die Tendenz, die jüdische Partei zugunsten der Römer zu belasten, doch

> kann die grundsätzliche Richtigkeit jener Darstellung der Evangelien nicht bestritten werden und hat jeder im Dienst der genannten Tendenz stehende Einzelzug so lange das Präjudiz der Glaubwürdigkeit für sich, als nicht das Gegenteil bewiesen ist.[111]

Beispielsweise argumentiert Blinzler auch in der strittigen Frage des Synhedriumsverfahrens für die Historizität der markinischen Darstellung. Das Synhedrium sei nicht an das Prozessrecht der Mischna, sondern an sadduzäische Normen gebunden gewesen.[112] Es habe zu Jesu Zeit zwar die Kompetenz für Todesurteile, nicht jedoch für deren Vollstreckung besessen.[113] Im Rahmen seiner Kompetenz und Praxis habe es ein formal legales Todesurteil gegen Jesus verhängt.[114]

Wie Blinzler vertraut *August Strobel* weitgehend auf die historische Glaubwürdigkeit der Evangelienberichte. Er bespricht zunächst einzeln die Argumente, mit denen Lietzmann ebendiese Glaubwürdigkeit bestritten hatte,[115] und versucht zu zeigen, dass ein jüdisches Kapitalgerichtsverfahren gegen Jesus dann einsichtig zu machen ist, wenn Jesus des religiösen Sonderdeliktes der Falschprophetie und Volksverführung bezichtigt wurde.[116] Strobel stützt sich hier vor allem auf rabbinisches Material. Das politische Element der Volksverführerklage habe dann in dem Prozess vor Pilatus einseitig dominiert und nach der von Pilatus spontan angesetzten Volksakklamation zum formellen Todesurteil geführt.[117]

Dem stehen kritischere Publikationen gegenüber. Zu nennen ist vor allem die Arbeit von *Paul Winter,* dessen Vorentscheidungen ihn dazu bringen, deutlich größere Anteile als tendenziös oder sekundär auszuscheiden, als Blinzler das tut.[118]

---

[109]Vgl. a. a. O., 257–260.
[110]BLINZLER, Prozeß, 22.
[111]A. a. O., 65.
[112]Vgl. a. a. O., 197–208.
[113]Vgl. a. a. O., 229ff.
[114]Vgl. a. a. O., 210.
[115]Vgl. STROBEL, Stunde, 5–20.
[116]Vgl. a. a. O., 81.
[117]Vgl. a. a. O., 116.125.136.
[118]Vgl. WINTER, Trial, 5ff.136f.

Winter bringt eine große Menge Materials ein, um Lietzmanns These von der uneingeschränkten Kapitalgerichtsbarkeit des Synhedriums zu stützen und weiter auszubauen.[119] *John Dominic Crossan* ist ebenfalls kritisch; er sieht in den Passionsberichten »zu 80 Prozent« historisierte Prophetie und nicht erinnerte Geschichte.[120] Grundlage seiner Arbeit ist seine schon genannte These von der Abhängigkeit der Synoptiker von Teilen des Petrusevangeliums. Sowohl Winter als auch Crossan machen sich dezidiert das Anliegen zu eigen, der wahrgenommenen antijudaistischen Tendenz der Evangelienberichte durch historische Kritik entgegenzutreten.

Ein entscheidender Punkt für die historische Beurteilung sind so genannte Vertrautheitsindizien, d. h. Details in der Erzählung, die augenscheinlich die Vertrautheit des intendierten Publikums mit den näheren Umständen des Erzählten voraussetzen. Diese wurden zwar in der Diskussion schon lange berücksichtigt, doch *Gerd Theißen* leistete einen methodisch wichtigen Beitrag zur Beschreibung und Auswertung solcher Indizien. In »Lokalkolorit und Zeitgeschichte« fragt er u. a. nach den Personenbezeichnungen in der Passionsgeschichte. Ab der Verhaftungsperikope werden immer wieder Figuren auf eine Weise bezeichnet, die die Vertrautheit der Leser vorauszusetzen scheint. So werden Simon und die zweite Maria durch ihre wohl als bekannt vorausgesetzten Söhne charakterisiert (Mk 15,21.40),[121] Herkunftsbezeichnungen wie Kyrene oder Arimathaia sind nur in einem geographischen Umfeld sinnvoll, wo sie tatsächlich differenzierenden Charakter haben.[122] Namenlose Akteure (14,47.51) sollen vielleicht durch die Anonymität geschützt werden.[123] Theißen erschließt aus den Vertrautheitsindizien, dass die Überlieferungsschicht, der sie angehören, etwa in den 40er Jahren in Jerusalem entstanden sein muss.[124]

Neues Licht auf zentrale Probleme wirft auch die rechtsgeschichtliche Studie von *Guido O. Kirner*. Er untersucht speziell die statthalterliche Strafgewalt in Judäa von 6–66 n. Chr. und fragt vor allem nach dem statthalterlichen Ermessensspielraum zwischen Recht und Politik.[125] Im Anschluss an das von McLaren zusammengestellte Material kann er das Synhedrium als eine nicht kontinuierlich bestehende, sondern vom jeweiligen Hohenpriester anlassweise zusammengerufene Beratungsinstanz bestimmen.[126] Deshalb denkt Kirner auch beim Verhör Jesu vor dem Synhedrium nicht an ein förmliches Verfahren, sondern an eine Untersuchung, bei der

---

[119]Vgl. WINTER, Trial, 74.
[120]Vgl. CROSSAN, Wer tötete Jesus?, 13f.
[121]Vgl. THEISSEN, Lokalkolorit, 187.
[122]Vgl. a. a. O., 190f.
[123]Vgl. a. a. O., 198f.
[124]Vgl. a. a. O., 201.
[125]Vgl. KIRNER, Strafgewalt, 14.
[126]Vgl. a. a. O., 167f.

die *ad hoc* vom Hohenpriester einberufenen Mitglieder nur konsultative Funktion hatten.[127]

In der jüngeren Diskussion wurde auch darauf hingewiesen, dass die Grenzen der Historizität nicht so scharf zu ziehen sind. Zuletzt wies *Arthur Dewey* unter Berufung auf Mary Carruthers darauf hin, dass das antike Gedächtnis vor allem konstruktiv funktioniert und die moderne Unterscheidung von *fact* und *fiction* am antiken Erinnern vorbeigeht. Entscheidend sei, dass die Passionserzählung ein praktikables *memory scheme* entwickle, das das Erinnern an Jesu Leiden erst möglich macht.[128]

1.2.4 Gattungsfragen

Die Gattung der Passionserzählung kann nicht ohne Berücksichtung der Gattung des Gesamtevangeliums beschrieben werden. Lange dominierte die Überzeugung der älteren Formgeschichte, es handele sich bei den Evangelien nicht um Produkte, die in die literarischen Gattungen ihrer Zeit einzuordnen seien, sondern um mehr oder minder unliterarische Volks- und ›Kleinlitaratur‹, ein christliches Erzeugnis *sui generis*.[129] Die redaktionsgeschichtlich und synchron gewonnene Einsicht in den sehr wohl literarischen Charakter der Evangelien hat auch die Frage nach ihrer Verortung in ihrer literarischen Umwelt wieder erwachen lassen.

Der erste Literaturbereich, der als Vergleichspunkt ins Auge fällt, ist die antike Biographie (βίος). Ob die Evangelien als Biographien gelten dürfen, ist nach wie vor umstritten. Die Biographiethese, schon 1915 von *Clyde W. Votaw* vorgetragen,[130] wird mit Modifizierungen in den letzten Jahrzehnten wieder vielfach vertreten[131] und hat auch Eingang in neuere Lexikonartikel gefunden.[132] In den letzten Jahren sind für die methodische Begründung dieser These drei wichtige Monographien erschienen.

Dirk Frickenschmidt unternimmt zunächst den

> Versuch, biographische Topoi und Konventionen überhaupt möglichst quellennah zu erfassen und in der scheinbar verwirrenden Vielfalt flexibler biographischer Literatur gewisse, dem ersten Blick häufig verborgene, Regelmäßigkeiten zu entdecken und zu beschreiben.[133]

---

[127]Vgl. a. a. O., 259.
[128]Vgl. Dewey, Locus, 119–128.
[129]Vgl. Dibelius, Formgeschichte, 2; Schmidt, Stellung, 79–83.
[130]Vgl. Votaw, Gospels, 11|55.
[131]»Die hellenischen und römischen Leser des Markus werden sein Evangelium als Biographie Jesu gelesen haben, wenn auch als eine ziemlich exotische«, Cancik, Gattung, 96. Mit Vorsicht etwa auch Müller, »Wer ist dieser?«, 176f.
[132]Vgl. Koester, RGG⁴ 2 (1999), 1739f.
[133]Frickenschmidt, Evangelium, 31.

Dazu zieht er eine Materialbasis von etwa 140 im weiteren Sinn biographischen Werken heran und versucht, wiederkehrende inhaltliche Strukturen zu benennen.[134] Die Inhalte oder »Topoi« werden nach Eingangs-, Mittel- und Schlussteil der Biographien geordnet.[135] Frickenschmidt unternimmt dann eine Einordnung aller vier kanonischen Evangelien in die gewonnene Beschreibung von Biographie.

Der methodische Beitrag *Detlev Dormeyers* zur Biographiediskussion ist die Einbeziehung der narrativen Texttheorie und der leserorientierten Exegese in den literaturgeschichtlichen Vergleich.[136] Er zerlegt die Perikopen des Markusevangeliums in kurze Sequenzen und erarbeitet die jeweiligen Gehalte der Einzelperikopen, die er dann mit Beobachtungen aus verschiedenen Bereichen antiker Literatur in Beziehung setzt. Zur Beschreibung der Evangeliengattung scheint ihm besonders der von *Klaus Baltzer*[137] eingeführte Begriff der (alttestamentlichen) Idealbiographie geeignet.[138]

Dormeyers Schüler *Dirk Wördemann* diskutiert zunächst die Gattungsbestimmung des βίος nach Plutarch,[139] wobei er besonders die Bedeutung der Charakterzeichnung in der Biographie herausarbeitet. Als Leitinteresse des Markusevangeliums erkennt er dagegen die christologische Frage nach der Identität Jesu.[140] Da die thematische Orientierung unterschiedlich ist, sind Evangelium und Biographie zwei verschiedene Gattungen;[141] dennoch besteht eine strukturelle Analogie, die einen Vergleich ermöglicht.[142] Diesen führt Wördemann exemplarisch nur mit einer einzelnen antiken Biographie durch, nämlich dem Plutarch'schen *Cato minor*.[143]

Gegenüber der Biographiethese wurde in den letzten Jahren auch die Einordung des Markusevangeliums in den Bereich der historiographischen Literatur stark gemacht. Zu nennen sind vor allem zwei Beiträge:

Adela Yarbro Collins schlägt in Abgrenzung von der formgeschichtlichen These vom Evangelium als Gattung *sui generis* und der These vom Evangelium als Biographie vor, »that the primary intention of the author of Mark was to write history«.[144] Das Evangelium sei zwar auf die Person Christi fokussiert, aber es sei nicht seine Absicht »to depict the essence or character of Jesus Christ«.[145] Es könne insofern als eine apokalyptisch ausgerichtete historische Monographie eingeordnet werden.[146]

---

[134]Zu Frickenschmidts Methode vgl. unten S. 24.
[135]Vgl. FRICKENSCHMIDT, Evangelium, Kapitel 8.
[136]Vgl. DORMEYER, Markusevangelium, 11–21.
[137]Vgl. BALTZER, Biographie.
[138]Vgl. DORMEYER, Markusevangelium, 11.
[139]Vgl. WÖRDEMANN, Charakterbild, 32–105.
[140]Vgl. a. a. O., 146.
[141]Vgl. a. a. O., 152.
[142]Vgl. a. a. O., 198ff.
[143]Vgl. a. a. O., 206ff.
[144]COLLINS, Beginnings, 27.
[145]A. a. O., 25.
[146]Vgl. a. a. O., 27.

Es verbinde eine realistische historische Erzählung mit einer eschatologischen Perspektive.[147]

Differenzierter ist der Zugang von *Eve-Marie Becker*. Durch den Vergleich von Teilen des Markusevangeliums mit ausgewählten Passagen aus der hellenischen, römischen und hellenistisch-jüdischen Historiographie beschreibt sie historiographische Züge in der *Arbeitsweise* des Markus. Sie richtet ihren Blick vor allem auf verschiedene Aspekte der Quellenbenutzung und der personenzentrierten Darstellung in der nicht-biographischen historiographischen Literatur. Es ergeben sich sowohl Einsichten zur Gattung des Markusevangeliums – eine historiographische Gattung *sui generis*, »es stellt einen eigenen Typus von Prä-Historiographie dar«[148] – als auch zu seinen Produktionsbedingungen.

Ein jüngst erschienener Sammelband[149] beschäftigt sich nun stärker mit den Mischformen und Übergängen von Historiographie und Biographie und verortet auch das Markusevangelium an diesem Übergang.[150]

Auch die Gattung der Passionserzählung selbst ist umstritten. Kompliziert wird die Debatte durch die Frage nach der Gattung der literarischen Vorstufen[151] des markinischen Endtextes. Nur um diesen geht es hier. Als Teil der größeren Gattung ›Evangelium‹ lässt er sich möglicherweise einer anderen, kleineren Gattung zuordnen.

Wo die Passionserzählung in ihrem Endtext tatsächlich in eine konkrete Gattung eingeordnet wird (solche Versuche sind nicht häufig), geschieht das zumeist mit Blick auf die so genannte Märtyrerliteratur oder ihr nahestehende Literaturbereiche. Schon *Karl Ludwig Schmidt* und *Martin Dibelius* erkannten in der Passionserzählung Züge einer Märtyrerakte. Schmidt sieht in der Passion inhaltlich einen Märtyrerbericht,[152] dennoch kommt er zu dem Schluss, die Passion nehme auf literarische Gattungen keine Rücksicht, sondern beruhe »auf lebendiger, volkstümlicher, kultischer Überlieferung«.[153] *Hans-Werner Surkau* erblickte in der evangelischen Passionserzählung das gattungsgeschichtliche Bindeglied zwischen frühjüdischer und christlicher Märtyrerliteratur.[154]

---

[147]Vgl. a. a. O., 31.

[148]BECKER, Markus-Evangelium, 410.

[149]SCHMELLER, Historiographie.

[150]Besonders die Beiträge von DORMEYER, Geschichtsschreibung, 20–26, und EBNER, Viten, 56.

[151]»Als formgeschichtliche Klassifizierungen des ältesten Passionsberichtes wurden vorgeschlagen die Märtyrerakte, die Story of Persecution and Vindication in Jewish Literature, die τελευτή, die Leidensgeschichte unter dem göttlichen δεῖ (Mk 8,31), die Passio iusti, die Konfliktparänese, der volkstümliche Geschichtsbericht. Als Sitz im Leben kann benannt werden die Predigt, der Kult, sei es die Liturgie des Herrenmahles oder auch einer frühchristlichen Paschafeier, die frühchristliche Katechese oder Bereich christlicher Schriftgelehrsamkeit, christlicher διδαχή.« MEISER, Reaktion, 174f.

[152]Vgl. SCHMIDT, Rahmen, 305 und SCHMIDT, Stellung, 77. Dibelius sieht Märtyrerzüge in Jesu Gebet in Gethsemane, vgl. DIBELIUS, Redaktion, 74, und im Bekenntnis des Centurio, vgl. DIBELIUS, Problem, 62.

[153]Vgl. SCHMIDT, Stellung, 78.

[154]Vgl. SURKAU, Martyrien.

Den Martyrien und Märtyrerakten stehen in gewisser Hinsicht die lateinischen *exitus illustrium virorum* nahe; auch griechische τελευταί wurden in die Diskussion eingebracht.[155] Eine – nicht näher bestimmte – Affinität der Markuspassion zu solchen Gattungen sehen etwa *Cancik*[156] oder *Dormeyer.*[157] Eine genauere Beschreibung unternahm vor allem *Klaus Berger*. Nach seinen Beobachtungen ist etwa bei den *exitus illustrium virorum* »ein regelrechtes Schema klar erkennbar: 1. Hinweise auf das Ende und Vorzeichen […]. 2. Ratschläge der Bekannten, Euphorie des dem Tod Geweihten […]. 3. Szenerie und Ort des Todes […]. 4. Letzte Worte *(ultima verba)*«.[158] Das ermöglicht ihm eine differenziertere Einordnung der Passionserzählung in diesen Literaturbereich.[159]

Einen Sonderweg in der Gattungsbestimmung geht *George W. E. Nickelsburg:* Aus einer Reihe alttestamentlich-frühjüdischer Texte arbeitet er die Elemente einer Sondergattung *persecution and vindicaton* heraus. Sie sei bestimmt durch die weithin gleiche Abfolge einer Reihe von inhaltlichen Elementen, die Nickelsburg auch in der Markuspassion wiederfindet.[160] Markus setze die Gattung so ein, dass sein Verständnis der Christologie zum Ausdruck komme: Jesus »was son of God, for whom the essence of messiahship was obedience to death as the ›son of man‹«.[161]

1.2.5   Der Ort der vorliegenden Untersuchung

Der literarkritische und redaktionsgeschichtliche Zugang zur Markuspassion ist nach wie vor belastet durch die Widersprüchlichkeit der bisher, vor allem in den 70er und 80er Jahren, erzielten Ergebnisse. Solange das literarische Verhältnis zwischen Johannes und den Synoptikern nicht geklärt ist, ist eine präzisere Bestimmung der vormarkinischen Überlieferungsschichten nur unter Vorbehalt möglich. Zugleich müsste eine solche Bestimmung die Ergebnisse der synchron arbeitenden, literaturwissenschaftlich arbeitenden Zugänge berücksichtigen, die mittlerweile zur Genüge aufgewiesen haben, dass die Erzählung des Markusevangeliums wesentlich stringenter und zusammenhängender ist, als die frühere Exegese anzunehmen gewillt war.

Die literaturwissenschaftlich arbeitenden Methoden haben zur präziseren Beschreibung des Evangeliums und der Passionserzählung große Beiträge geleistet, allerdings zumeist um den Preis, dass der Aspekt der Referenzialität ausgeklammert wurde. Sie bleiben damit einseitig.

---

[155]Zur Diskussion vgl. unten S. 295.364.
[156]Vgl. CANCIK, Gattung, 104.
[157]Vgl. DORMEYER, Markusevangelium, 286–288.
[158]BERGER, Gattungen, 1258.
[159]Vgl. BERGER, Formen, 391–397.
[160]NICKELSBURG, HTR 73 (1980), 164f.
[161]A. a. O., 181.

Die Weiterentwicklung der literaturgeschichtlich-vergleichenden Methoden in den letzten Jahren macht eine neue vergleichende Betrachtung der Passionserzählung interessant. Es ist nunmehr möglich, ein ganzes Spektrum synchron arbeitender Methoden in den Vergleich einzubeziehen. Darin liegt der Gewinn von Detlev Dormeyers Arbeit gegenüber Frickenschmidt. Zugleich hat Eve-Marie Becker gezeigt, wie der vergleichende Zugang auch auf die Produktionsbedingungen der Texte neues Licht werfen kann.

Aus diesen Überlegungen ergibt sich der Standort der vorliegenden Untersuchung. Der literaturgeschichtliche Vergleich bietet nunmehr die Möglichkeit, die synchron erhobene Gestaltung und Bedeutung eines Textes über die Frage nach seinen Produktionsbedingungen mit dem Aspekt seiner Referenzialität zu verbinden.

Die jüngeren Untersuchungen, in denen speziell die Passionserzählung gattungsmäßig eingeordnet und zu diesem Zweck mit anderen Todesberichten verglichen wurde, fallen relativ kurz aus. Es erscheint jedenfalls möglich, mehr Material ausführlicher heranzuziehen. Die Beschränkung auf wenige Vergleichstexte (und einen einzigen Autor)[162] erlaubt zwar, die Gestalt eines Textes im Detail besser zu würdigen; die Heranziehung mehrerer und möglichst vielseitiger Texte macht es dagegen möglich, die Untersuchung auf eine breitere Grundlage zu stellen. Das soll die vorliegende Studie leisten.

1.3   Der methodische Ansatz dieser Arbeit

1.3.1   Literaturgeschichtlicher Vergleich und narratologische Heuristik

Der Passionsbericht des Evangeliums nach Markus wird in dieser Studie in den Kontext antiker Todesdarstellungen eingeordnet. Dazu bedient sich die Untersuchung eines vergleichenden Verfahrens. Für einen Vergleich der Passion mit anderen Texten müssen die Texte methodisch erschlossen werden. Bei der Erprobung verschiedener Methoden und Modelle zur Erschließung der Vergleichstexte erwies es sich als hilfreich, ein Frageraster neu zu erarbeiten, das möglichst viele Aspekte eines Textes berücksichtigen kann.

Der literaturgeschichtliche Vergleich hat Tradition. Ausgehend entweder von den Schriften des Neuen Testaments[163] oder von denen seiner Umwelt werden Eigenheiten und Analogien, und sowohl gattungs- als auch motiv- und traditionsgeschichtliche Zusammenhänge beschrieben. Dabei greifen die Untersuchungen sowohl auf die pagane griechisch-römische Literatur[164] zurück als auch die

---

[162]So bei WÖRDEMANN, Charakterbild.
[163]Vgl. HEINRICI, Charakter, 1.
[164]Vgl. a. a. O., 35–48.100–125.

alttestamentlich-jüdische Tradition.[165] Die Offenheit der religionsgeschichtlichen Schule in Hinblick auf einen literaturgeschichtlichen Vergleich machte unter dem Einfluss der älteren Formgeschichte einer gewissen Zurückhaltung Platz, indem man die Evangelien als ›unliterarische‹ Produkte einer spezifisch christlichen ›Kleinliteratur‹ von ihrer paganen (und auch jüdischen) Umgebung abhob. Diese Zurückhaltung hatte den Nebeneffekt, dass sie, als man sich dem Vergleich wieder zuwandte, die Exegese verstärkt zur Rechenschaft über das methodische Vorgehen zwang, wollte man nicht den klassisch-philologischen Methodenkanon unreflektiert übernehmen.

Unter den jüngeren vergleichenden Arbeiten ist besonders die von *Dirk Frickenschmidt* hervorzuheben. Er entwickelte ein Verfahren, das direkt auf die Erschließung von Texten in Hinblick auf einen Vergleich ausgelegt ist und das zugleich eine Verengung auf motivische Ähnlichkeiten überwinden soll. Frickenschmidt fragt nach sog. vergleichbaren »Topoi«, d. h. nach »beliebigen Konventionen im Sprachraum«[166]. Zugleich bietet er ein Modell an, um die faktische Vielfalt der Texte in den Griff zu bekommen, indem er unterschiedlich umfangreiche Texte als verschiedene Produktionsstadien von Texten der gleichen Literaturfamilie auffasst.[167] Seine Methode hat einige Vorzüge, die die vorliegende Studie aufzugreifen versucht. Dazu gehört vor allem sein deskriptiver Zugang zum Text, der nicht von vornherein gattungsmäßig streng klassifiziert. Wichtig ist auch, dass Frickenschmidt Motive und Leitbegriffe stets in ihrem literarischen Kontext untersucht. Insgesamt bleibt sein Modell aber immer wieder unscharf.[168]

Um eine größere Schärfe in der Erfassung der einzelnen Texte zu erreichen, erschien eine Einbeziehung erzähltheoretischer Fragestellungen[169] in die Analyse vielversprechend. Die narratologische Theoriebildung ist »durch eine Vielzahl heterogener Ansätze«[170] bestimmt, wobei strukturalistische Modelle der 70er und 80er Jahre besondere Wirksamkeit entfalteten. Die älteren, streng strukturalistischen Ansätze zur Analyse von Erzählungen[171] erwiesen sich für den angestrebten literaturgeschichtlichen Vergleich allerdings als ungeeignet. Sie abstrahieren zu stark

---

[165]Vgl. den monumentalen Kommentar von STRACK/BILLERBECK.

[166]FRICKENSCHMIDT, Evangelium, 89.

[167]Vgl. a. a. O., 192ff.

[168]Vgl. a. a. O., 87–92. Frickenschmidt meint, dass es sich für ihn »als sinnvoll erwiesen hat, die methodische Trennung zwischen form- und religionsgeschichtlichen, inhaltlichen und strukturellen, aber auch anderen Arten von Vergleichen, wie z. B. solchen kulturanthropologischer, soziologischer, politikgeschichtlicher und anderer Art, vorsichtig aufzuheben« (89).

[169]Vgl. BAL, Narratology und BAL, Story-Telling, sowie die Artikel ZELLER, RLW 1 (1997), 502ff.; NÜNNING, RLW 1 (1997), 513ff.; SCHMELING/WALSTRA, RLW 1 (1997), 517ff. Lit. auch bei EGGER, Methodenlehre, 119–133; EBNER/HEININGER, Exegese, 63ff.; BECKER, Markus, 111–128; WISCHMEYER, Paulus, 89–91; CORNILS, Geist, 22–36.

[170]NÜNNING, RLW 1 (1997), 514.

[171]Etwa von A. J. Greimas. Dieser will die Bedeutung von Erzählungen erfassen, indem er in ihnen sechs stets wiederkehrende *Aktanten*, d. h. gleich bleibende Rollen identifiziert. Vgl. GREIMAS, Semantik, 161ff.

vom eigentlichen Text und seinem Inhalt. Damit können sie zwar Grundstrukturen in den Texten präzise beschreiben, aber keine Basis für einen literaturgeschichtlichen Vergleich liefern. Die im deutschsprachigen Raum klassische Erzähltheorie von Franz Stanzel[172] bietet zwar eine differenzierte Heuristik für Erzählsituationen an, hat aber Schwächen in der Erfassung von Zeitstrukturen und in der Differenzierung von Erzähler und Perspektive.[173]

Einen entscheidenden narratologischen Fortschritt bedeutete die Arbeit von Gérard Genette,[174] der den Schwerpunkt der Analyse weg von der Abstraktion des Erzählinhaltes hin zu den Darstellungsformen legte, und der mit der Einführung des Begriffs ›Fokalisation‹ ein Konzept entwickelte, das die Schwächen des ›Erzählsituationen‹-Modells überwand.[175] Genettes Konzeption wurde von anderen Erzählforschern weiter präzisiert. In Anlehnung an und Auseinandersetzung mit Genette hat seine Schülerin Mieke Bal ein narratologisches Modell entwickelt, das in erzählenden Texten mehrere Ebenen differenziert und so eine umfassende Heuristik zur Erzählanalyse bietet. Bereits in ihrer Dissertation unterscheidet sie

1. *Histoire* (fabula): Das ist eine Ereignisfolge, die durch Dauer, Akteure und Orte gekennzeichnet ist.
2. *Récit* (story): Das ist die *histoire*/fabula, wie sie im Text präsentiert und gedeutet wird.
3. *Texte narratif* (narrative text): Das ist die Ebene der Erzählung, die dem Leser, Hörer oder Betrachter unmittelbar vorliegt.[176]

Auf jeder der drei Ebenen bietet Bal eine Heuristik mit verschiedenen Leitfragen, die eine umfassende Beschreibung der jeweiligen Ebene ermöglichen. Der Schwerpunkt liegt dabei – wie schon bei Genette – nicht auf der abstrahierten Fabula, sondern auf den Mitteln ihrer Darstellung. Bals Fragestellung hat eine dezidiert kritische Stoßrichtung. Die Beschreibung von Darstellungsstrategien dient auch der Offenlegung der hinter ihnen liegenden ideologischen Programme.[177] Das Modell geht damit über die strukturalistisch-formalistische Erzählanalyse, in der seine Wurzeln liegen, hinaus.

Um für die Markuspassion Vergleichsmaterial zu erschließen, konnte Bals narratologisches Modell mit Gewinn herangezogen werden. Besonders die Unterscheidung der drei Ebenen Erzähltextoberfläche, Präsentation der Ereignisfolge und Ereignisfolge an sich wurde durchgängig übernommen und weiter ausgebaut. Das

---

[172]STANZEL, Theorie.
[173]Vgl. ZELLER, RLW 1 (1997), 510.
[174]GENETTE, Erzählung.
[175]Vgl. NÜNNING, RLW 1 (1997), 515.
[176]Vgl. BAL, Narratologie, 4–8 und BAL, Narratology, 5. Einen strukturell ganz ähnlichen Vorschlag unterbreitete STIERLE, Geschehen, 530–534, der ›Geschehen‹, ›Geschichte‹ und ›Text der Geschichte‹ unterschied. EBNER/HEININGER, Exegese, 63, rechnen den Erzähl*vorgang* (›Narration‹) als weitere Ebene hinzu und finden so in dem Bal'schen Modell vier statt drei Ebenen.
[177]Programmatisch durchgeführt etwa in BAL, Death.

Anliegen der vorliegenden Arbeit ist allerdings nicht, eine Erzähltheorie an Texten zu testen, sondern eine Basis für die literaturgeschichtlich vergleichende Betrachtung der Markuspassion zu schaffen. Deshalb erschien es wichtig, in die Analyse auch Aspekte einzubeziehen, die sich mit narratologischen Mitteln nicht darstellen lassen. Die narratologischen Modelle, auch das von Bal, wurden an fiktionalen Texten entwickelt und bleiben auf die synchrone Arbeit am jeweiligen Text beschränkt. Die Markuspassion wie auch die meisten andern der untersuchten Texte stehen aber in traditions-, motiv- und gattungsgeschichtlichen Zusammenhängen und sind auf konkrete außertextliche Ereignisse bezogen. Um diese Tatsache zu würdigen, war es nötig, die erzähltheoretischen Fragen auf allen drei Ebenen durch diachrone Fragestellungen zu ergänzen. Zur Beschreibung der Erzähltextoberfläche tritt die Frage nach Form und Gattung und der gattungsgeschichtlichen Einordnung, zur Beschreibung der narrativen Präsentation der Ereignisfolge tritt die Frage nach Motiven und geprägten Vorstellungen, und zur Beschreibung der (innertextlichen) erzählten Ereignisfolge tritt die Frage nach der historischen Referenz der Darstellung. Impulse aus dem geschichtstheoretischen Diskurs können dazu aufgenommen werden.

Die synchronen, zumeist narratologischen, und die diachronen Fragestellungen wurden für die Applikation zu einem Fragenkatalog zusammengestellt, der – entsprechend flexibel gehandhabt – zur Erschließung der Texte verwendet wurde. Dieser Fragenkatalog wird im Folgenden erklärt.

1.3.2 Die Erschließung der Texte

Das Analysemodell orientiert sich an Mieke Bal in der Unterscheidung drei Ebenen der Erzählung, die im Folgenden ›Textoberfläche‹, ›Sinngebung‹ und ›Ereignisbezug‹ genannt werden. Auf allen drei Ebenen müssen – wie gesagt – synchrone und diachrone Zugänge miteinander verknüpft und sowohl inner- als auch außertextliche Aspekte berücksichtigt werden:

Der Punkt *Textoberfläche* fragt nach den im Einzeltext liegenden Strukturen und Form- und Gattungsmerkmalen. Unter *Sinngebung* werden sowohl die innertextlichen Deutungsstrategien als auch die vielen Texten gemeinsamen Motive untersucht. Der Punkt *Ereignisbezug* stellt die Verbindung her zwischen den im Text erzählten Ereignissen (der ›Fabula‹) und ihrem möglichen *fundamentum in re*.

Die Beobachtungen, die sich an den Texten machen lassen, sind nicht immer einem der drei Aspekte eindeutig zuzuweisen. Sie werden dann jeweils dort besprochen, wo sie für die Exegese am meisten auszutragen scheinen.

Textoberfläche

Hier stehen die sprachlichen und erzählerischen Merkmale auf der Ebene des Endtextes im Blickpunkt. Dazu gehören die Frage nach dem Kontext der Darstellung, nach dem Verhältnis von narrativen und nicht-narrativen Textteilen und der Gestaltung der narrativen Passagen. Die (synchrone) Bestimmung der Form lässt (diachron) nach der Gattung fragen.

WIE IST DIE DARSTELLUNG IN DEN LITERARISCHEN KONTEXT EINGEBUNDEN? In wenigen Fällen widmet sich eine Erzählung ausschließlich dem Tod einer oder mehrerer Personen – solche Texte finden sich vor allem im Bereich der Märtyrerliteratur. In allen anderen Fällen kann nach dem Anteil am Umfang des Gesamtwerkes, nach den Berichten im Umfeld der Todesdarstellung, nach dem Gewicht und der Funktion der Todesdarstellung im Gesamtwerk sowie der Funktion des Todes in der Ereignisfolge der Gesamterzählung gefragt werden.

WIRD AUF MEHREREN EBENEN ERZÄHLT BZW. FOKALISIERT? WIE OFT WECHSELN ERZÄHLER UND FOKALISATOR? Von Wechseln der Ebene spricht man, wenn der Erzähler oder der Blickwinkel wechselt. Der Erzähler muss deutlich vom Verfasser einer Erzählung unterschieden werden: Der Verfasser ist eine Instanz außerhalb der Erzählung, die aus dem Text selbst nicht unmittelbar zu erfassen ist. Der Erzähler dagegen ist die Instanz innerhalb einer Erzählung, die den Inhalt der Erzählung präsentiert, »that agent which utters the linguistic signs which constitute the text«.[178]

Mit Mieke Bal lassen sich externe Erzähler (external narrators) und akteurgebundene Erzähler (character-bound narrators) unterscheiden. Der zweite liegt vor, wenn der Erzähler zugleich als Charakter in der Erzählung auftritt.[179]

Erzählerwechsel sind üblicherweise zugleich Wechsel in der Ebene: Der Erzähler der Gesamterzählung macht vorübergehend einem anderen Erzähler Platz,[180] zumeist in Form von wörtlicher Rede oder von Gedanken eines der Charaktere der Erzählung.[181] In der rabbinischen Literatur etwa sind auch Verflechtungen und Verkettungen von Erzählungen nicht selten.[182]

Vom Erzähler ist der Fokalisator zu unterscheiden. Das Konzept der Fokalisation wird unten genauer erklärt (vgl. S. 29). Ist beim Erzähler zu fragen, »wer spricht?«, geht es bei der Fokalisation um die Frage, »wer nimmt wahr?« Parallel zum Erzählvorgang, in dem eine Instanz (›Erzähler‹) etwas verbalisiert (›erzählt‹), wird im Fokalisierungsvorgang etwas durch eine Instanz (›Fokalisator‹) wahrgenommen (›fokalisiert‹). Diese Instanz kann, wie der Erzähler, anonym und außerhalb

---

[178] BAL, Narratology, 18.
[179] Vgl. a. a. O., 22. In eine ähnliche Richtung geht Genettes Unterscheidung von intra- und extradiegetischen Erzählern (d. h. solchen, die auf der Ebene des Erzählten sind oder nicht) sowie von homo- und heterodiegetischen Erzählern (d. h. solchen, die am Erzählten teilnehmen oder nicht), vgl. SCHMITZ, Literaturtheorie, 71f.
[180] Vgl. BAL, Narratology, 44.
[181] Es macht einen Unterschied, ob Äußerungen für die anderen Charaktere in der Erzählung wahrnehmbar sind oder nicht, vgl. a. a. O., 46.
[182] Vgl. z. B. den in dieser Untersuchung besprochenen Text bAZ 17b–18a, vgl. unten S. 103.

der Akteure (extern) angesiedelt sein, oder sie kann mit Akteuren zusammenfallen. Auch bei der Fokalisation gibt es Ebenen.[183]

»Wirklich interessant wird die Analyse dort, wo ein zweiter focalizer seinen Standpunkt in den Text des [Nullfokalisators] einfügt (embedded focalisation). Explizit geschieht das beispielsweise durch Verben der Wahrnehmung oder der Gemütsbewegung.«[184] Solche Wechsel der Ebene machen eine Erzählung komplexer.[185] Bei indirekter Rede liegt eine Vermischung von Ebenen vor, weil die Worte eines Charakters auf der obersten Ebene wiedergegeben werden.[186]

Ein Ebenenwechsel liegt insbesondere auch vor, wenn kleinere Erzählungen oder nicht-narrative Elemente in die Haupterzählung eingebettet werden. In solchen Fällen spricht Bal von ›Interdiskursivität‹ (interdiscursivity).[187]

GIBT ES NICHT-ERZÄHLENDE TEXTANTEILE?   Häufig enthalten Erzählungen auch nichtnarrative Textabschnitte. »Often it is in such comments that ideological statements are made«.[188] Die Häufigkeit und der Umfang solcher Kommentare sind wichtig für den Charakter eines Textes. Auch wörtliche Rede[189] bzw. Gedanken[190] der Charaktere sind in der Regel nicht narrativ; auch sie tragen zur Sinngebung bei: »The total of sentences spoken by the actors produces meaning in those parts of the text«.[191]

WIE KÖNNEN FORM UND GATTUNG BESTIMMT WERDEN?   Nach den Definitionen von Klaus Berger ist ›Form‹ »die Summe der sprachlichen Merkmale eines Textes« und ›Gattung‹ »eine Gruppe von Texten mit zusammengehörigen Merkmalen«.[192] Demnach besitzt jeder Text eine Form und gehört jeder Text einer Gattung an.[193]

So sehr Gattungssignale dem Leser erlauben, einen Text einzuordnen, so sehr ist doch die faktische Textproduktion flexibel in der Handhabung von Gattungsre-

---

[183]Vgl. BAL, Story-Telling, 92f.
[184]SCHMITZ, Literaturtheorie, 74.
[185]Vgl. dazu ebd.
[186]Vgl. BAL, Narratology, 48.
[187]Vgl. a. a. O., 65.
[188]A. a. O., 31.
[189]Ob Rede narrativ ist oder nicht, kann freilich diskutiert werden. Hilfreich ist Bals Diskussion einer Differenzierung von Genette, der die ganz *mimetische* direkte Rede von der ganz *diegetischen* Inhaltszusammenfassung unterscheidet und die indirekte Rede zwischen diesen beiden Polen ansiedelt – vgl. BAL, Story-Telling, 77. Da sich der Erzähler im Falle direkter Rede selbst völlig zurücknimmt, empfiehlt Bal, diese als »metanarrative« anzusehen und von indirekter oder zusammengefasster Rede scharf zu unterscheiden. Vgl. a. a. O., 81f.
[190]Das gilt zumindest dann, wenn die Gedanken wie eine für andere Charaktere nicht wahrnehmbare Rede gestaltet sind.
[191]BAL, Narratology, 60.
[192]BERGER, Formen, 1. Diese Terminologie weicht von anderen ab, gemäß denen Mikrogattungen als ›Formen‹ bezeichnet werden.
[193]Vgl. a. a. O., 12.

geln.[194] Da die vorliegende Untersuchung deskriptiv verfährt, werden Formmerkmale und verwendete Mikrogattungen notiert, um zu einem späteren Zeitpunkt auch einen Überblick über die mittelgroßen und großen Gattungen zu bekommen, die für Todesdarstellungen benutzt wurden.

Sinngebung

Vom Text und seinen Strukturen lassen sich die Deutungen unterscheiden, die den erzählten Ereignissen Sinn geben sollen. Auch von den Ereignissen selbst muss die Deutung unterschieden werden; sie wird nicht durch die Ereignisse determiniert.[195]

Sinngebung kann durch ausdrückliche Bewertung und Kommentierung geschehen, sie kann aber auch auf narrativem Weg, also durch erzählerische Mittel erreicht werden. Besonders das Konzept der Fokalisation ist hier ein hilfreiches Analysemittel. Die Frage nach den Zeitstrukturen wird hier und nicht bei den Textstrukturen behandelt, weil sie stark zur Sinngebung beitragen können. Zu den Deutungsstrategien gehören auch Formulierungen und Gedanken (Motive), die durch den Gebrauch in bestimmten Kontexten mit Bedeutungen aufgeladen wurden. Sie sind auf diachronem Wege, d. h. im Vergleich mit anderen zeitgenössischen Texten zu erfassen.

WER FOKALISIERT? WECHSELT DER FOKALISATOR?   Nicht alle Erzähltheorien unterscheiden zwischen Narration und Fokalisation. Der Beriff »Fokalisation« wurde von Gérard Genette eingeführt, um den Blickwinkel und das Blickfeld einer Erzählung zu beschreiben.[196] Mieke Bal hat das Konzept der Fokalisation entscheidend weiter entwickelt.[197] Während »Narration« bei Bal allein die Versprachlichung des Erzählten bezeichnet, beschreibt Fokalisation »the relation between the ›vision‹, the agent that sees, and that which is seen.«[198] Sie umfasst drei Aspekte, nämlich die Auswahl des Erzählinhaltes, den Blick bzw. die Wahrnehmung auf Erzählinhalte, und schließlich die Präsentation der Erzählinhalte.[199]

Wenn der Fokalisator der Erzählung – oft ist dieser anonym und liegt außerhalb der Charaktere – einem der Charaktere bzw. Akteure der Erzählung das Fokalisieren überlässt, liegt ein Wechsel der Fokalisationsebene vor. Der jeweilige Akteur, bisher Objekt der Fokalisation, wird nun selbst Subjekt der Fokalisation, die auf ein anderes

---

[194]Vgl. dazu die Überlegungen bei FRICKENSCHMIDT, Evangelium, 81–86.
[195]Vgl. BERKHOFER, Story, 53–58.
[196]Vgl. BAL, Story-Telling, 83f.
[197]»Verfehlt ist die in der Literaturwissenschaft häufig vertretene Annahme, der von mir befürwortete Begriff der Fokalisation könne als ein Gemisch aus Genettes Verwendung und meiner eigenen angesehen werden. In Wirklichkeit sind sie völlig unvereinbar.« BAL, Kulturanalyse, 16.
[198]BAL, Narratology, 146.
[199]Vgl. BAL, Story-Telling, 92.

Objekt gerichtet wird. Wenn auf diese Weise die Fokalisationsebene wechselt, kann der Erzähler trotzdem gleichbleiben.[200]

Wurde oben gefragt, ob und wie häufig die Ebene wechselt, wird jetzt ausgewertet, welche Konsequenzen die Gestaltung der Fokalisation für die Sinngebungsstrategie einer Erzählung hat. Häufig lässt sich beobachten, dass eine Erzählung bestimmte Blickwinkel privilegiert, manche Akteure häufiger zu Wort kommen lässt als andere, die Gedanken und Gefühle von einigen darstellt, von anderen aber übergeht, oder dergleichen. Hier handelt es sich um ein wichtiges Mittel zur Steuerung der Lesersympathie.[201]

AUF WELCHE WEISE WERDEN DIE CHARAKTERE DARGESTELLT? Die Gestaltung der Charaktere durch den Erzähler gehört zu den wichtigen deutenden Elementen einer Erzählung. Es fällt nicht immer leicht, die *im Text* gewählte Charakterisierung vom Charakter realer Personen zu unterscheiden. Charaktere werden durch Beschreibungen ebenso gestaltet wie durch die von ihnen erzählten Handlungen – die Charakterisierung durch Handeln gilt beispielsweise als eines der vorrangigen Gestaltungsmittel Plutarchs. Hier erhält die Frage eine diachrone Dimension, weil menschliches Handeln im Zusammenhang seiner gesellschaftlichen Umgebung seinen Sinn erhält.[202] Interessant ist die Frage, ob eine Figur als ›Held‹ gekennzeichnet ist[203] – zumeist wird das die Figur sein, deren Tod hier untersucht wird.

WELCHE MOTIVE BZW. VORSTELLUNGSKOMPLEXE KOMMEN VOR? IN WELCHEM ZUSAMMENHANG BEGEGNEN SIE? Das Vorkommen von bestimmten Leitgedanken, Motiven und Vorstellungen in Texten gibt Hinweise auf die Deutung, die dem erzählten Geschehen gegeben wird. Die motivgeschichtliche Frage weist über den Rahmen des einzelnen Textes hinaus auf den geistesgeschichtlichen Hintergrund seiner Entstehung. Sehr knapp lässt sich ein Motiv beschreiben als

> Kleinste selbständige Inhalts-Einheit oder tradierbares intertextuelles Element eines literarischen Werkes.[204]

Als solches unterscheidet es sich vom komplexeren Stoff und vom abstrakteren Thema.[205] Konkreter auf der sprachlichen Ebene lassen sich Motive so beschreiben:

---

[200] Vgl. dazu BAL, Story-Telling, 92–107.

[201] Vgl. a. a. O., 98f.104 u. ö.; STANZEL, Theorie, 173ff.

[202] Wenn die Äußerungen und das Verhalten anderer Personen gedeutet werden sollen, gilt mit einer Formulierung von Niklas Luhmann, »daß ein sehr hohes Maß an gemeinsamem und als gemeinsam gewußtem Situationswissen, also auch ein hohes Maß an kultureller Vorprägung vorausgesetzt werden muß, das […] sich dazu eignet, Nuancen des Verhaltens attributionsfähig zu profilieren«, LUHMANN, Liebe, 43. Vgl. auch Dihles aufschlussreiche Ausführungen über Umgangsformen und die Möglichkeiten, die sie bieten, um Nuancen im Handeln von Personen greifbar zu machen: DIHLE, Studien, 43–49.

[203] Vgl. BAL, Narratology, 131.

[204] DRUX, RLW 2 (2000), 638.

[205] Vgl. ebd., 638–641

Mit »Motiv« ist ein einzelnes Lexem oder eine Lexemverbindung gemeint, die aufgrund der häufigen Verwendung in bestimmten Kontexten eine zusätzliche Bedeutung gewonnen haben.[206]

In diesem Sinne wird ›Motiv‹ manchmal gleichbedeutend mit dem aus der Rhetorik
stammenden Begriff ›Topos‹ gebraucht. Ein Topos ist eine

Suchformel für das Finden von Argumenten oder [eine] sprachliche Formulierung mit allgemein anerkannter kulturspezifischer Bedeutung.[207]

Zur besseren Übersicht lässt sich in unseren Texten heuristisch unterscheiden
zwischen Motiven bei der Charakterisierung des Protagonisten, Motiven bei der
Darstellung der Ereignisse (Gerichtsverfahren, Tod und Bestattung) und Motiven
zur Einordnung und Bedeutung des Geschehens.

Frickenschmidt hat richtig beobachtet, dass der Vergleich von isolierten Motiven
aus verschiedenen Texten nicht aussagekräftig ist.[208] Um Motive für den Vergleich
nutzbar zu machen, muss nach dem Kontext von Motiven und nach ihrer Funktion
in diesem Kontext gefragt werden.

WIE VERHÄLT SICH DIE TATSÄCHLICHE ZEIT ZUR ERZÄHLTEN ZEIT? WELCHE DEUTUNG/PRIORI-
SIERUNG LÄSST SICH DARAUS ERSCHLIESSEN? Der Zeitablauf der erzählten Ereignisse
muss sich in der Erzählung nicht gleichmäßig abbilden. Bal unterscheidet fünf
›Rhythmen‹: Szenen können stillstehend, gedehnt, gleichzeitig, oder gerafft oder
gar nicht wiedergegeben werden.[209] Regelmäßig stattfindende Ereignisse werden
nicht immer vollständig wiedergegeben.[210] Die Gewichtungen, die die Erzählung
hier setzt, werden im Abschnitt ›Sinngebung‹ behandelt, weil sie Rückschlüsse auf
die Deutung der Ereignisse erlauben.

IN WELCHER REIHENFOLGE WERDEN DIE EREIGNISSE ERZÄHLT? MIT WELCHEM ZIEL? Mit
Vor- und Rückgriffen kann die Erzählung von der logischen Abfolge der erzählten Ereignisse abweichen.[211] Damit können Wechsel der Erzählebene verbunden
sein.[212] Vor- und Rückgriffe können unterschiedliche Funktionen haben, etwa Erklärungen oder die Erzeugung von Spannung.

---

[206]EGGER, Methodenlehre, 112.
[207]HESS, RLW 3 (2003), 649.
[208]Vgl. FRICKENSCHMIDT, Evangelium, 89.
[209]Die Fachbegriffe sind *Pause, Slow-Down, Scene, Summary, Ellipsis:* vgl. BAL, Narratology, 102.
[210]Vgl. a. a. O., 113.
[211]Vgl. a. a. O., 84.
[212]Vgl. a. a. O., 87.

WAS SIND DIE TRÄGER DER SINNGEBUNG? WIRD EHER DURCH ERZÄHLUNG ODER DURCH KOMMENTARE GEDEUTET? Deutungselemente, wie sie in den vorigen Fragen identifiziert wurden, können sich in den narrativen Textpartien befinden oder in nichtnarrativen Kommentaren. Während die Frage nach dem Verhältnis von erzählenden und kommentierenden Textbestandteilen oben Aufschluss über die Textsorte geben sollte, zielt sie hier auf die Deutungsstrategien des Textes. Tatsächlich sind Kommentare häufig Träger von explizit deutenden Aussagen, während narrative Elemente erst durch den Zusammenhang der Ereignisse oder der Erzählung verständlich werden.

Ereignisbezug

Hier wird nach dem Verhältnis der narrativ gestalteten Ereignisse zu historischen Ereignissen und zu Überlieferungen und literarischen Quellen gefragt. An diesem Punkt wirft das Verhältnis von synchroner und diachroner Arbeit die meisten theoretischen Schwierigkeiten auf. Die Erhebung der im Text selbst erzählten Ereignisse (der Fabula) ist unproblematisch. Die sog. postmoderne Theoriebildung der vergangenen Jahrzehnte machte deutlich, dass historische Ereignisse nur in der Form von Narrativen fassbar sind,[213] und bezweifelte teilweise die Möglichkeit, die der Erzählung zugrundeliegenden historischen Ereignisse überhaupt zu erfassen.[214] Historiker haben dem gegenüber an der Überzeugung festgehalten, Ereignisse seien durch historische Rückfrage zu erschließen und die Historiographie habe eine Basis in den tatsächlichen Begebenheiten.[215] Ereignis und Erzählung müssen als »interagierende Faktoren«[216] verstanden werden. Eine umfassende Erschließung der Texte kann daher nicht auf die Rückfrage nach den historischen Ereignissen, zu der auch die Rückfrage nach den Quellen gehört, verzichten.

WELCHE EREIGNISSE WERDEN IM TEXT ERZÄHLT? (FABULA) Die im Text selbst erzählte Abfolge von Ereignissen (›Fabula‹) muss unterschieden werden von jeder außertextlichen Ereignisfolge. Eine historische Beurteilung der Ereignisse ist in vielen Fällen möglich; die Fabula ist aber auf jeden Fall gesondert zu erheben.

WELCHE ZEITSPANNE WIRD VOM GESAMTWERK UND VON DER TODESDARSTELLUNG ABGEDECKT? Die zum Vergleich herangezogenen Texte decken sehr unterschiedliche Zeitspannen ab. Freilich ist die Frage nicht in jedem Fall sinnvoll zu stellen; doch Bal ist nicht zuzustimmen, wenn sie schreibt:»The very notion of chronology pre-

---

[213]Vgl. dazu GOERTZ, Umgang, 149–153.
[214]Vgl. die Darstellung der Problematik bei BERKHOFER, Story, 1–25.
[215]Vgl. GINZBURG, Wahrheit, 11–62; DEMANDT, Ereignis, 68–71.
[216]BECKER, Markus, 123.

supposes that [a story] recounts events that really happened«[217] – mit der nötigen Vorsicht ist eine chronologische Schätzung auch für potentiell fiktionale Texte möglich. Möglicherweise lässt sich das zur differenzierten Beschreibung von Gattungen auswerten.

WOHER NIMMT DER VERFASSER SEINE KENNTNIS ÜBER DAS EREIGNIS? LASSEN SICH QUELLEN ERSCHLIESSEN? WERDEN GEWÄHRSLEUTE GENANNT?　Hier wird wieder die Grenze der synchronen Betrachtung überschritten. Zur vergleichenden Untersuchung der Markuspassion gehört auch die Frage nach den Produktionsbedingungen der Texte. Um sich ihnen anzunähern, ist die Frage nach den Informationen, über die der Verfasser verfügt, notwendig. Sie ist nicht immer zufriedenstellend zu beantworten.

Schriftliche Quellen lassen sich zumeist nur mit einem gewissen Grad von Plausibilität erschließen, gerade wenn der Verfasser sich selbst nicht dazu äußert. Für die meisten Vergleichstexte war es hier nötig, sich mit der kritischen Konsultation der Sekundärliteratur zu begnügen.

Gewährsleute können für mündliche wie für schriftliche Informationen angegeben werden. Sie finden sich in bestimmten Textgruppen relativ häufig (Diogenes Laertius, Talmud u. a.). Die Nennung von Gewährsleuten gibt freilich noch keinen Aufschluss über den Umfang, in dem auf sie zurückgegriffen wurde.

WIE GROSS IST DER ZEITABSTAND ZUM VERFASSER? BEEINFLUSST DER ZEITABSTAND DIE ART DER DARSTELLUNG?　Narratologische Studien fragen üblicherweise nicht nach dem Abstand des Verfassers zu den erzählten Ereignissen, weil sie grundsätzlich vom Text und nicht vom Verfasser ausgehen. Ob die Darstellung vom Zeitabstand unabhängig ist, wäre allerdings zu prüfen. Für die Beantwortung dieser Frage ist auch auf die historische und prosopographische Sekundärliteratur zurückzugreifen.

Ob der Abstand zwischen Verfasser und erzähltem Ereignis tatsächlich Auswirkungen auf die Darstellung hat, lässt sich etwa bei Autoren überprüfen, von denen mehrere Werke vorliegen – so haben wir von Plutarch gleichermaßen Biographien, die nur wenige Jahrzehnte und solche, die einige Jahrhunderte nach den berichteten Ereignissen verfasst sind. Nicht immer lässt sich klar trennen, ob Unterschiede in der Gestaltung auf die zeitliche Distanz oder auf andere Faktoren (wie das Vorhandensein von Quellen o. ä.) zurückzuführen sind.

WAS IST DER HISTORISCHE REFERENZRAHMEN DES TEXTES? ERHEBT ER EINEN FAKTUALEN GELTUNGSANSPRUCH?　Narratologische Theorien sind zumeist an fiktionalen Texten entwickelt worden und lassen die Auswirkungen der allfälligen Historizität der Ereignisse auf die Darstellung unberücksichtigt. Zumindest dort, wo wir historische

---

[217]BAL, Death, 5.

Ereignisse im Hintergrund der Erzählung annehmen, sollte aber auch nach ihrem Niederschlag in der Erzählung gefragt werden – so wie umgekehrt historische Ereignisse methodisch vor allem in der Form von Erzählungen greifbar sind.

1.3.3   Leistung und Begrenzung des methodischen Ansatzes

Der eben skizzierte methodische Ansatz erlaubt es, die einzelnen Texte – sowohl die Markuspassion als auch die zum Vergleich herangezogenen anderen Erzählungen – in Hinblick auf unterschiedliche Aspekte differenziert zu beschreiben und sie zueinander in Beziehung zu setzen. Der Zugang ist dabei vorwiegend deskriptiv. Die Untersuchung kann gerade durch die *Beschreibung* der einzelnen Darstellungsstrategien der Texte einen Beitrag zur Gattungsdiskussion leisten. Sie versucht, sich nicht auf oberflächliche Ähnlichkeiten oder ›Anklänge‹ zwischen den Texten zu beschränken, sondern strukturelle Gemeinsamkeiten herauszuarbeiten, die an den Texten überprüft werden können. Der methodische Gewinn des beschriebenen Ansatzes liegt in dem Versuch, narratologische und literaturgeschichtlich-gattungsgeschichtliche Zugänge zu verbinden. Wie oben dargestellt, ist es möglich, in den literaturgeschichtlichen Vergleich auch die Frage nach der Referenz der Texte einzubeziehen.

Nicht nur für die Markuspassion, sondern auch für andere antike Todesberichte kann der im Folgenden angebotene Überblick über literarische Strategien für die Darstellung von Todesfällen erhellende Einsichten bieten. Die Texte werden methodisch erschlossen, die Beobachtungen am Ende systematisiert dargestellt.

Die beschriebene Methodik hat freilich Grenzen. Der vorwiegend deskriptive Zugang bringt die Einschränkung mit sich, dass er für die untersuchten Phänomene zwar differenzierte Beschreibungen, aber keine griffigen Definitionen anbieten kann. Das liegt auch daran, dass sich narratologische und literaturgeschichtlich-vergleichende Interessen nicht restlos zur Deckung bringen lassen: Der literaturgeschichtliche Vergleich sucht traditionell nach dem Proprium des jeweiligen Textes. Narratologie hingegen zielt auf allgemeine Merkmale des Erzählens, die in den Texten immer wiederkehren. Die vorliegende Studie beschreibt das Besondere der Markuspassion also vor allem im Blick darauf, wie sie sich einordnen lässt in die ›Landschaft‹ antiken Schreibens und Erzählens über das Sterben.

Die Methode hat zudem eine Schlagseite hin zu den synchronen Fragestellungen. Im literaturgeschichtlichen Vergleich beschreibt sie mehr Parallelerscheinungen als Abhängigkeiten zwischen Texten. Einige genuin diachrone Fragestellungen, nämlich die *Geschichte* der Gattungen und der Motive und Traditionen, die für Todesberichte Verwendung finden, lassen sich bei der gewählten Methode nur punktuell aufzeigen, aber nicht zusammenhängend aufarbeiten.

1.3.4   Die Auswahl und Anordnung der Texte

Dass das Ergebnis eines literaturgeschichtlichen Vergleichs wesentlich davon abhängt, welche Texte zum Vergleich herangezogen werden, ist offensichtlich. Jede Auswahl und Einschränkung hat unweigerliche Auswirkungen auf die Interpretation. Die Auswahl war daher geprägt von grundsätzlicher Offenheit für die Breite des antiken Erzählens über das Sterben. Kriterium war stets, möglichst vielfältige Todesberichte zu versammeln, um die Bandbreite der Darstellungsmöglichkeiten wenigstens teilweise erfassen zu können.

Johannes Schreiber ist zu widersprechen, wenn er meint:»Religionsgeschichtliches und außermarkinisches Traditionsgut zieht man sinnvollerweise erst bei, wenn die Aussage des Markus möglichst weitgehend erfaßt ist.«[218] Vielmehr wird man zuerst die außermarkinischen Texte sichten und ordnen, um so der Tatsache gerecht zu werden, dass Produktion und Rezeption der Markuspassion von Anfang an in einem literarischen und kulturellen Kontext erfolgte.

Bevor sich die vorliegende Untersuchung also Markus zuwendet, untersucht sie antike Todesberichte in vier Gruppen:

- Tod der Propheten und Gerechten

- Tod durch Unrechtsurteile

- Tod durch Feindschaft anderer

- Gutes und schlechtes Sterben

Diese Anordnung ist nicht nach einheitlichen Kriterien zusammengestellt, wie es ein neuzeitlicher Leser vielleicht erwarten würde,[219] sondern orientiert sich einmal an inhaltlichen, einmal an literaturgeschichtlichen Ordnungsmerkmalen. Dabei liegt die Beobachtung zugrunde, dass die inhaltlich-motivisch einander nahestehenden oder die literaturgeschichtlich verwandten Texte in vielen Fällen Darstellungs- und Sinngebungsstrategien gemeinsam haben oder ähnliche Produktionsbedingungen aufweisen. So zeigt die Anordnung zugleich, was die Traditionsträger an dem jeweiligen Todesfall für mitteilens- und überliefernswert hielten.

---

[218]Schreiber, Theologie, 18.
[219]Solche Kriterien könnten sein: Wer stirbt? Warum stirbt jemand? Wie wird das Sterben bewertet?

Teil II

Strategien der Todesdarstellung

2. Tod der Propheten und Gerechten

Gegenstand dieses und der folgenden drei Kapitel sind Einzeluntersuchungen antiker Todesberichte. Eine Auswahl von 49 Texten soll den Hintergrund bilden, auf dem der markinische Passionsbericht gelesen wird. Diese Texte sind nach inhaltlichen und literaturgeschichtlichen Gesichtspunkten in vier Kapitel zusammengefasst: Der *Tod der Propheten und Gerechten* (Kap. 2), der *Tod durch Unrechtsurteile* (Kap. 3), der *Tod durch Feindschaft anderer* (Kap. 4) und ein Kapitel, das ausdrücklich *gutes und schlechtes Sterben* zum Thema macht (Kap. 5). Diese Überschriften zeigen bereits an, wo die so zusammengefassten Texte inhaltliche, motivische oder strukturelle Berührungen zur Leidensgeschichte Jesu haben oder ähnliche Probleme bearbeiten.

Das vorliegende Kapitel widmet sich dem Tod der Propheten und Gerechten. In ihm soll der Bereich der Märtyrerliteratur und der verwandten Literaturgebiete erschlossen werden. Die Überschrift deutet an, dass diese Literatur durch ein gemeinsames, schon im AT angelegtes Deutungsmuster zusammengehalten wird, wonach für das Sterben von Propheten und Gerechten besondere Kriterien gelten. Die markinische Passionserzählung steht – zumindest teilweise – in diesem Traditionsstrom.

Behandelt werden keine paganen, sondern alttestamentliche, frühjüdische und frühchristliche Texte. Kriterium für die Auswahl war einerseits die Vielfalt; die Texte sollten eine möglichst große Bandbreite von Motiven und Darstellungsmustern aufweisen. Es wurden zum anderen modellhafte, wirkungsgeschichtlich bedeutende Texte aus dem AT herangezogen: Dazu gehören der Tod Secharjas ben Jojada und das vierte Gottesknechtslied ebenso wie die Martyrien des 2. Makkabäerbuchs. Auch aus dem frühchristlichen Bereich wurden Martyrien herangezogen, die jedoch zum Teil schon erkennbar in der Wirkungsgeschichte der Passionsgeschichten stehen; deshalb konnten von den christlichen Märtyrerakten und Martyrien nur besonders frühe Beispiele herangezogen werden.[1] Neben Passagen in der Briefliteratur (Hebr 11; 1 Clem 5f.), zog ich nur die frühesten narrativen Martyrien heran (Apg 6–8; MartPol; Iustin, 2 apol 2). Traditionsgeschichtlich interessant sind auch die im jüdisch-christlichen Grenzbereich stehenden *Vitae Prophetarum* und einige der – zugestandenermaßen relativ jungen – rabbinischen Martyrien. In beiden Bereichen musste eine kleine Auswahl getroffen werden, die möglichst vielseitig sein sollte. Aus den *Vitae* wurden gleichermaßen kurze wie lange und gewaltsame wie friedliche Todesfälle berücksichtigt, die zum Teil auch weitere traditionsgeschichtliche Zusammenhänge erhellen können (z. B. das Deutungsmuster vom gewaltsamen Tod aller Propheten). Bei den rabbinischen Schriften sollten Midraschim und die

---

[1] Die Datierung der Märtyrerakten ist allerdings in etlichen Fällen unklar, vgl. SEELIGER, LACL[3] 2002, 471.

beiden Talmudim herangezogen werden; auch hier kamen Texte unterschiedlicher Länge zum Zuge.

2.1   Alttestamentliche Texte

2.1.1   Secharja ben Jehojada (2 Chr 24,19–22)

Literatur

Text: BHS, 1550. Zur Einleitung vgl. Steins, Chronik, 249–262; Schmidt, Einführung, 165–175. Kommentar z. St.: Japhet, 2 Chronik, 303–305.

Übersetzung[2]

(24,19) Und er sandte zu ihnen Propheten, um sie zu JHWH zu bekehren; und die warnten sie, aber sie hörten nicht. (20) Und der Geist Gottes umkleidete Secharja, den Sohn des Priesters Jojada, und er trat vor das Volk. Und er sagte zu ihnen: So spricht Gott: Warum übertretet ihr die Gebote JHWHs? Und ihr werdet euch nicht durchsetzen, denn ihr habt JHWH verlassen, und er wird euch verlassen. (21) Und sie verschworen sich gegen ihn und steinigten ihn auf Anweisung des Königs im Vorhof des Hauses JHWHs. (22) Und der König Joasch dachte nicht an die Gnade, die sein Vater Jojada ihm getan hatte, und tötete dessen Sohn. Und als der starb, sagte er: JHWH wird es sehen und Rechenschaft fordern.

Auslegung

Die Chronikbücher sind wohl in spätpersischer oder frühhellenistischer Zeit[3] »im klerikal-schriftgelehrten Milieu des Jerusalemer Tempels«[4] entstanden. In einer Phase, in der der hebräische Kanon schon weitgehend seine Form erhalten hat, erproben sie einen hermeneutischen Zugang zu den kanonischen Büchern, den man »›rewritten bible‹, eine ›Nachschrift‹ älterer Bücher«[5] nennen kann.

TEXTOBERFLÄCHE   Die Perikope von der Tötung Secharjas ist eingebunden in den Bericht von der Regierung des Königs Joasch, der das ganze Kapitel 2 Chr 24 ausfüllt. Das Kapitel zerfällt in zwei Teile:[6] Im ersten (v. 1–16) ist Joasch treu zu JHWH, im zweiten (v. 17–27) fällt er von JHWH ab und findet sein Ende. Den Einschnitt bildet der Tod des Hohenpriesters Jojada (v. 15–17). In die zweite Phase der dargestellten Regentschaft Joaschs fallen das Auftreten und der Tod des Propheten Secharja. Seine Ermordung führt direkt in Joaschs Untergang (v. 23.25), der von Secharja in

---

[2]In allen hier gebotenen Übersetzungen bezeichnen eckige Klammern [ ], soweit in der Übersetzung möglich, textkritische Probleme oder Textlücken. Spitze Klammern ⟨ ⟩ bezeichnen notwendige Ergänzungen im Text offensichtlich fehlender Buchstaben oder Wörter. Runde Klammern ( ) bezeichnen meine eigenen Ergänzungen zum besseren Verständnis.

[3]Vgl. Steins, Chronik, 258f.

[4]A. a. O., 258.

[5]Ebd., 249–262

[6]So auch Japhet, 2 Chronik, 295.

v. 22 angekündigt wird. Dem Umfang nach handelt es sich bei der vorliegenden Perikope um einen kurzen Abschnitt in einem längeren Geschichtswerk. Secharjas Ermordung ist nach Mt 23,35 der letzte Tod eines Gerechten in der hebräischen Bibel.

Der Erzähler ist stets ein externer Erzähler; es gibt keine Erzählerwechsel. Die Perikope ist nicht auf mehreren Ebenen erzählt. Wörtliche Rede lässt die Ebene zweimal wechseln; die beiden – nicht-narrativen – Abschnitte in wörtlicher Rede sind als Gottes Wort gekennzeichnete Kommentare (»so spricht Gott«[7]) und deuten das gottfeindliche Geschehen, das mit Joaschs Verlassen des Tempels beginnt (v. 18) und in Secharjas Ermordung gipfelt (v. 22). Auch »und der König Joasch dachte nicht«[8] scheint mir nicht narrativ zu sein, sondern als Kommentar das Geschehen zu deuten.

Das Auftreten von Prophten (נְבָאִים) in v. 19 weist auf prophetische Gattungen hin. Tatsächlich findet sich in v. 20 eine für prophetische Scheltworte typische rhetorische Frage,[9] an die eine begründete Unheilsansage anschließt.[10] Das letzte Wort Secharjas ist wieder eine Unheils- (Straf-) Ansage, deren Erfüllung gleich anschließend berichtet wird. Die dominierende Zeitform ist das Erzähltempus Imperfekt *consecutivum*[11]. Die prophetischen Kleingattungen sind also in eine Erzählgattung eingebunden.

SINNGEBUNG Die Fokalisation ist weitgehend extern, die Erzählung räumt aber Secharja den Raum ein, sich zu äußern und das Ereignis abschließend zu deuten.

Die Charaktere werden kaum mit Eigenleben gefüllt. An Secharja interessiert den Erzähler vor allem seine Funktion als von Gott gesandter Warner. Er ist ein Werkzeug des Geistes. Sein Gegenspieler, König Joasch, ist nicht verlässlich in seinen Entscheidungen, sondern vom Einfluss seiner Berater abhängig (v. 2.17).[12] Außerdem ist er undankbar (v. 22).[13] In der kurzen Perikope scheint auf den ersten Blick Secharja der Protagonist zu sein. Im weiteren Kontext betrachtet, lässt sich diese Einschätzung nicht aufrecht erhalten: Der tatsächliche Protagonist ist König Joasch.

Wichtige Motive zur Beschreibung des ›Märtyrers‹ sind seine Sendung durch JHWH (v. 19) und seine »Umkleidung« durch den Geist Gottes (v. 20; vgl. auch die »Umkleidung« des Amasia in 1 Chr 12,19). Diese Motive sind dem Auftreten Secharjas vorgeordnet, spielen aber erst nach dem Abfall des Königs von JHWH

---

[7] v. 20. כֹּה אָמַר הָאֱלֹהִים
[8] v. 22. וְלֹא־זָכַר יוֹאָשׁ הַמֶּלֶךְ
[9] Vgl. BERGER, Formen, 252.
[10] Vgl. a. a. O., 428.
[11] Vgl. GK 111a. Die Fortsetzung einer Erzählung im Imperfekt erfolgt durch Perfekt *consec.*, vgl. GK 112a.
[12] Vgl. JAPHET, 2 Chronik, 302.
[13] Vgl. a. a. O., 305.

eine Rolle. Secharja wird als Prophet eingeordnet. »Die Bedeutung von v. 19 für
das Prophetie-Verständnis des Chronisten kann kaum hoch genug veranschlagt
werden: Propheten haben zu ›warnen‹«.[14]

Dem Tod des Propheten geht eine Verschwörung voran, an der der König füh-
rend beteiligt ist (v. 21). Das verwendete Verb קָשַׁר »bezeichnet sonst die Verschwörung von einzelnen gegen den Staat (vgl. Am 7,10)«.[15] Als Motivation des Königs für
seine Tat benennt der Chronist seine Undankbarkeit. Die Darstellung schließt mit
den letzten Worten des Propheten, einer Strafandrohung, deren Erfüllung sogleich
berichtet wird.

Der Bericht ist knapp gehalten. V. 19.21a sind gerafft, dagegen v. 20.21b.22 als
Szene gestaltet. Gewicht liegt auf den Aussagen Secharjas. Die vier Verse 19–22
machen ca. ein Siebtel des Joasch-Kapitels aus und sind damit im Zusammenhang
durchaus gewichtig.

In v. 19–22 erfolgt die Sinngebung ganz überwiegend in den nicht-narrativen
Abschnitten, nämlich in den Bemerkungen des Erzählers (v. 22a) und in der wörtlichen Rede Secharjas (v. 20b).

EREIGNISBEZUG   Folgende Ereignisse werden erzählt: JHWH sendet Propheten; sie
werden vom Volk Judas und Jerusalems abgewiesen. Der Geist ergreift Secharja,
der tritt vor das Volk. Man macht eine Verschwörung, der König erweist seine
Undankbarkeit und befiehlt Secharjas Tötung. Sie steinigen Secharja im Tempel.
Er kündigt Strafe an und stirbt. Die Perikope deckt einen unbestimmten Zeitraum
von mehreren Wochen bis Jahren ab, freilich nur ein kurzer Ausschnitt aus der vom
gesamten Werk behandelten Zeitspanne von Adam bis zum Tempelbau.

Quellen lassen sich in der kurzen Perikope nicht greifen. v. 15–22 sind ein Ein-
schub in die vom Chronisten benutzte Vorlage 1 Kön 12,[16] die Herkunft des Stoffes
bleibt unklar.

Der Vorfall um Secharja liegt etwa 500 Jahre vor der vermuteten Entstehung des
Chronikbuches.[17] Der große Zeitabstand macht die Historizität der Perikope unsicher. Er gibt in jedem Fall dem Verfasser große Freiheit in der wertenden Darstellung
des Geschehens.

Über das hinter der Perikope stehende historische Geschehen vermutet Japhet:
»Möglicherweise haben sich hier Nachrichten über Spannungen zwischen König,
Priesterschaft und Verwaltung niedergeschlagen, die unter Joasch akut wurden

---

[14]JAPHET, 2 Chronik, 303.
[15]A. a. O., 304f.
[16]Vgl. a. a. O., 295.
[17]Joasch regierte in Juda vor 800 v. Chr., vgl. DONNER, Geschichte 2, 253. Das Chronikbuch dürfte
in der spätpersischen oder frühhellenistischen Zeit entstanden sein, vgl. oben.

und bis unter Amazja andauerten. Der Chronist hat diese Überlieferung auf einer anderen Ebene eingesetzt: Er hat sie in seine Weltanschauung integriert«.[18]

FAZIT   Dieser Text wurde wegen seiner Wirkungsgeschichte in diese Untersuchung aufgenommen. Ein kurzer Abschnitt in einem größeren historiographischen Werk, besitzt er doch ein gewisses Gewicht in seinem Nahkontext. Beachtlich ist, dass der Protagonist rein über seine Funktion als Prophet gefasst wird. Prophetie wird vor allem als ›Warnen‹ verstanden; dass der (gewaltsame) Tod Teil des Prophetendaseins sein könnte, ist hier noch nicht erkennbar. Obwohl der Chronik-Endtext ca. 500 Jahre vom Ereignis entfernt liegt, beginnt erst hier die breite Wirkungsgeschichte dieses Todesfalls, der paradigmatisch für den Tod des Propheten steht.

2.1.2   Der Knecht JHWHs (Jes 52,13–53,12)

Literatur

Text: BHS, 758–760. Zur Einleitung: JÜNGLING, Jesaja, 427–451; SCHMIDT, Einführung, 261–271. Forschungsbericht: HAAG, Gottesknecht. Kommentare: BALTZER, Deutero-Jesaja, 493–543; BLENKINSOPP, Isaiah 40 – 55, 344–357.

Übersetzung

(52,13) Siehe, mein Knecht wird Erfolg haben; er wird erhöht und erhaben sein und sehr hoch. (14) Wie sich viele über ihn entsetzten – so viel hässlicher als die Leute war sein Aussehen und als die Menschenkinder seine Gestalt –, (15) so wird er viele Völker besprengen[19], vor ihm werden Könige ihren Mund halten, denn denen es nicht erzählt worden ist, die werden es sehen, und die es nicht gehört haben, werden es betrachten.

(53,1) Wer glaubt unserer Offenbarung und wem ist der Arm JHWHs offenbart?
(2) Er stieg auf wie eine Wurzel vor uns, und wie ein Spross aus der trockenen Erde. Er hatte keine Gestalt und keine Pracht, und wir sahen ihn, und er hatte kein Aussehen, und wir hatten kein Gefallen an ihm. (3) Er war verachtet und von Menschen verlassen, ein Mann der Schmerzen, mit Krankheit vertraut, und wie einer, vor dem man das Gesicht verhüllt; er war verachtet, und wir würdigten ihn nicht.
(4) Fürwahr, er trug unsere Krankheit, und unsere Schmerzen – er trug sie. Und wir hielten ihn für einen, der geschlagen war, einen von Gott Geschlagenen und Niedergedrückten. (5) Und er war verwundet von unseren Sünden, zerschlagen durch unsere Schuld; die Züchtigung für unseren Frieden war auf ihm, und durch seine Wunden sind wir geheilt. (6) Wir irrten alle wie Schafe, jeder wandten wir uns zu seinem Weg, und JHWH ließ ihn treffen die Schuld von uns allen.
(7) Gedemütigt und gebeugt war er und tat seinen Mund nicht auf, wie das Lamm, das zur Schlachtbank geführt wird, und wie ein Schaf vor seinem Scherer verstummt – und er tat seinen Mund nicht auf. (8) Aus Drangsal und Gericht ist er genommen, und seine

---

[18]JAPHET, 2 Chronik, 305.
[19]Gegen LXX θαυμάσονται.

Lebenszeit – wer hat sie bedacht? Denn abgeschieden ist er aus dem Lande der Lebenden, von der Sünde meines Volkes wurde er zu Tode gebracht[20]. (9) Und man gab ihm mit den Frevlern sein Grab und mit den Reichen, als er starb, obwohl er kein Unrecht begangen hat und keinen Betrug mit seinem Mund.

(10) Und JHWH hatte Gefallen, ihn zu zerschlagen mit Krankheit. Wenn du sein Leben als Wiedergutmachung hinstellst, wird er Nachkommen sehen, er wird lange leben; und der Plan JHWHs gelingt in seiner Hand.

(11) Aus der Qual seines Lebens wird er Licht[21] sehen und satt werden durch seine Erkenntnis. Mein Knecht, ein Gerechter, wird vielen zum Recht verhelfen, und ihre Schuld wird er tragen. (12) Deshalb will ich mit ihm die Vielen als Beute teilen, und er soll die Mächtigen als Beute haben, dafür dass er sein Leben in den Tod ausgoss und zu den Gottlosen gezählt wurde und die Sünde von Vielen trug und für die Gottlosen Fürbitte tat.

Auslegung

TEXTOBERFLÄCHE   Der vierte Gottesknechtstext steht in seinem unmittelbaren Kontext etwas isoliert.»The contextual isolation of 52:13–53:12 is also emphasized by the apostrophe to Zion that precedes and follows it.«[22] Im Kontext von Deuterojesaja ist der vorliegende Text der letzte von vier Texten, die sich mit dem »Knecht Gottes« beschäftigen: Jes 42,1–4; 49,1–6; 50,1–9; 52,13–53,12.[23] Seit Duhm (1892) sind diese Abschnitte als eine eigene Größe im Deuterojesaja-Buch erkannt.[24] Sie bilden einen inhaltlichen Zusammenhang, indem sie mehrere Ausschnitte aus der Geschichte des Gottesknechts erzählen. Wenn auch ihre Funktion im deuterojesajanischen Gesamtwerk strittig sein dürfte, so haben sie doch allein durch ihren Umfang Gewicht in der Komposition des Buches.

Der vierte Gottesknechtstext ist hochkomplex erzählt. Ebenenwechsel werden nie explizit markiert, der Text springt einfach zwischen den verschiedenen Sprechern bzw. Fokalisatoren. Dabei wechseln ständig narrative und nicht-narrative Formulierungen. Die Tabelle gibt eine vereinfachte Übersicht:

Tabelle 2.1: Erzählstrukturen in Jes 52,13–53,12

Vers	Erzähler/Sprecher	Fokalisator	narrativ
13	Gott	Gott	nicht narrativ
14	Gott	Menschen	narrativ
15	Gott	Gott	nicht narrativ
1	Ankläger	Ankläger	nicht narrativ
2	Menschen a	Menschen a	narrativ
3	Menschen a	Menschen a	nicht narrativ

. . .

---

[20]Mit LXX ἤχθη εἰς θάνατον.
[21]Mit Qumran und LXX.
[22]BLENKINSOPP, Isaiah 40 – 55, 349.
[23]Für abweichende Abgrenzungsmöglichkeiten vgl. HAAG, Gottesknecht, 4–8.
[24]Vgl. a. a. O., 4.

Vers	Erzähler/Sprecher	Fokalisator	Narrativ
4	Menschen b	Menschen b	narrativ
5	Menschen b	Menschen b	nicht narrativ
6	Menschen b	Menschen b	narrativ
7	Menschen a	Menschen a (Knecht)	narrativ
8	Menschen a	Menschen a (Knecht)	narrativ/nicht narrativ (rhet. Frage)
9	Menschen a	Menschen a	narrativ
10	Menschen b	Menschen b	nicht narrativ
11	Gott	Gott	teilw. narrativ
12	Gott	Gott	nicht narrativ

Dabei fällt auf, dass es keine Rahmenerzählung gibt. Die wechselnden Sprecher und Fokalisatoren können leicht aus dem Text erschlossen werden, werden aber nicht benannt oder erzählerisch eingeführt. Alle Erzähler sind akteurgebunden, auch Gott, soweit er narrativ spricht.

53,2–10a sind als Sub-Erzählung in die übergeordnete Thronszene eingebettet. Nicht-erzählende Kommentare und Beschreibungen sind in Fülle vorhanden, aber nicht immer leicht abzugrenzen. Sie sind der hauptsächliche Träger der Sinngebung.

Die Gottesknechtstexte werden meist als »Lieder« bezeichnet, das muss allerdings noch keine Gattungsfestlegung bedeuten. In der Folge von Gunkel und Begrich hat sich weithin die Einschätzung durchgesetzt, beim vierten Gottesknechtstext handle es sich um ein individuelles Klage- und Danklied.[25] Das hätte für die Auslegung die Konsequenz, dass das Reden von Leiden und Tod hier konventionell geprägt und nicht individuell interpretierbar wäre.[26] Der Text lässt sich allerdings besser einordnen, wenn man ihn nicht als Lied[27] versteht, sondern einer anderen These folgt:

Klaus Baltzer hat vorgeschlagen, die vier Gottesknechtstexte als Teile einer Idealbiographie einzuordnen.[28] Jes 52,13–53,12 ist dann eine himmlische Thron- und Gerichtsszene[29], in der der Gottesknecht nach seinem Tod rehabilitiert wird. Gegen Baltzers These spricht, dass das Setting der Thron- und Gerichtsszene nie explizit wird, sondern allenfalls hinter dem Text vermutet werden kann. Seine Gliederung des Textes vermag aber zu überzeugen: Sie entspricht genau dem Wechsel von Sprechern und Fokalisatoren, der sich aus dem Text erheben lässt (s. o.).

---

[25]Vgl. a. a. O., 32.
[26]Vgl. ebd.
[27]Vgl. die Aufstellung von Gattungsmerkmalen für individuelle Klage- und Danklieder bei ZENGER, Psalmen, 361f.
[28]Zuerst BALTZER, Bestimmung, 27–43, vgl. auch BALTZER, Biographie, 171–177. Die These ist ausgearbeitet in BALTZER, Deutero-Jesaja.
[29]Vgl. BALTZER, Bestimmung, 40; BALTZER, Deutero-Jesaja, 40f.502.535.

Tabelle 2.2: Aufbau von Jes 52,13–53,12 nach BALTZER, Deutero-Jesaja, 16

52,13	Erscheinung und Erhöhung des Gottes-Knechtes	»Siehe, es wird ›glückselig‹ sein mein Knecht. Er wird aufsteigen und empor-getragen werden und sehr hoch sein« (52,13)
52,14–15	Thronszene: Die Eröffnung des Verfahrens durch die Rede des göttlichen Richters	»Über ihm werden Könige ihren Mund verschließen« (52,15)
53,1	Doppelfrage des ›Anklägers‹	»Wer hat unserer Offenbarung geglaubt? Und über wem ist der Arm Jahwes enthüllt worden?« (53,1)
53,2–10	Die Biographie des Gottes-Knechtes und ihre Deutung[.] Für und Wider – die Argumente der Zeugen	»Wenn er sein Leben zur Schuldtilgung/zum Schuldopfer einsetzen wird, wird er Nachkommen sehen« (53,10)
53,11	Das Urteil des Richters: Heilsspruch Jahwes für seinen Knecht	»Um der Mühsal seiner Seele willen soll er ⟨Licht⟩ sehen … « (53,11)
53,12	Fortgang des Gottes-Knechtes und neue Aufgabe	»Als jener hat er die Verbrechen/Verfehlungen Vieler getragen, und für ihre Sünden wird er eintreten« (53,12)

SINNGEBUNG   Bei der Sinngebung ist die Fokalisierung von entscheidender Bedeutung. Wie aus der Tabelle oben hervorgeht, finden sich in dem Text häufige, raffinierte Wechsel in der Fokalisierung. Sprecher bzw. Erzähler und Fokalisator sind nicht immer gleich (etwa 52,14; 53,7.8). Auf diese Weise kann der Text vielfältige Perspektiven auf das Leiden des Gottesknechtes integrieren. Der Knecht kommt selbst nicht zu Wort, seine Perspektive wird aber von der einen Sprechergruppe angedeutet. Gott ist der Akteur, dessen Äußerung die abschließende Deutung enthält.

Der einzige gestaltete Charakter des Textes ist der Gottesknecht selbst. Doch auch bei ihm bleibt alles sehr typisch und wenig individuell; der Akzent liegt ganz auf dem Leiden, das er ohne Widerspruch (v. 7) erträgt. Mit den Worten von Klaus Baltzer:

> Die Anonymität des ›Knechtes‹ ist auch ein Mittel zur Abstraktion. Der ›Knecht‹ wird zum Typos: Er ist der Gerechte, der leidet für die Sünden der Vielen. Im Typos der Rolle bleibt aber die individuelle Unverwechselbarkeit erhalten.[30]

Der vierte Gottesknechtstext enthält einige sehr wichtige und nachhaltig wirksame Motive und Vorstellungskomplexe. Zunächst ist das Motiv der Stellvertretung zu nennen (53,4ff. 10.12): Der Knecht trägt »unsere Sünde« (מִפְּשָׁעֵנוּ 53,5) bzw. »die Sünde von Vielen« (חֵטְא־רַבִּים 53,12). Die Idee, ein Mensch könne für andere Leiden oder Tod übernehmen, wird in späteren Texten wieder auftauchen. Das Leben des

---

[30]BALTZER, Deutero-Jesaja, 542.

Knechtes wird als אָשָׁם dahingegeben (53,10). Dieser Terminus wird zumeist mit »Schuldopfer« übersetzt. Dieser kultische Terminus[31] wird hier metaphorisch verwendet:»Der Tod des Knechtes bewirkt wie ein Schuldopfer eine Sühneleistung, nämlich die Rettung der Sünder vom Tode.«[32]

Der Knecht wird nach seiner Hinrichtung (die in 53,7 angedeutet sein dürfte) bei den Gottlosen (רְשָׁעִים) und Reichen (עָשִׁיר 53,9) bestattet. Letzteres ist überraschend und gab Anlass zu Konjekturen[33] – diese haben freilich keinen Anhalt in der Textüberlieferung.

Der Text kennt auch den Gedanken einer Rehabilitation vor Gott nach dem Tod. Der Ort dieses Vorgangs ist – nach Klaus Baltzer – ein himmlisches Gericht. Der Knecht Gottes wird nach seinem Tode erhöht werden (52,13).

Raffiniert wie die Erzählstruktur ist auch die zeitliche Strukturierung. In die Thronszene ist als Rückblende die Erzählung vom Aufwachsen, Leiden und Sterben des Gottesknechtes (53,2–10) eingebettet. Die Rahmenszene ist überhaupt nicht rhythmisiert; die eingebettete Erzählung ist als summarischer, szenenloser Bericht gehalten. Allenfalls v. 7 ließe sich als Szene bezeichnen.

Die Mittel, durch die der Text mit Sinn aufgeladen wird, sind durchgehend nicht-narrative Kommentare, Beschreibungen und Zukunftsansagen. Sie sind aber laufend in den Text eingestreut und teilweise schwer abzugrenzen (s. o.).

EREIGNISBEZUG   Im vierten Gottesknechtstext liegen zwei ineinander verschränkte Fabulae vor. Die Rahmenhandlung ist die himmlische Thronszene: Der Reihe nach sprechen Gott, der Ankläger, Menschen über den Knecht (hier ist die zweite Fabula eingebettet) und wieder Gott. In der inneren Erzählung wächst der Gottesknecht auf, erfährt Geringschätzung durch Menschen, leidet, stirbt und wird begraben. Die Spanne der erzählten Zeit ist unbestimmbar.

Für die Entstehung der Kapitel Jes 40–55 (DtJes) gibt es im Wesentlichen zwei Modelle: Entweder sind sie von Jes 1–39 gesondert entstanden und später angefügt worden, oder sie wurden von vornherein als Fortschreibung von Jes 1–39 konzipiert. Da DtJes den Fall Babels voraussetzt und Kyros kennt, ist er nach 538 v. Chr. anzusetzen.[34] Bei der Frage nach dem Verhältnis der Gottesknechtstexte zu DtJes wiederholt sich das Problem: Ob sie erst später redaktionell eingefügt wurden,

---

[31] Der Terminus אָשָׁם wird vor allem in der Priesterschrift gebraucht, aber nicht einheitlich; er ist von חַטָּאת nicht klar abgegrenzt, vgl. KELLERMANN, ThWAT 1 (1973), 465f. Lev 7,1ff. bietet einen Ritus für ein אָשָׁם-Opfer: »Die deutliche Abhängigkeit der Rituale verschiedener anderer Opfer deutet darauf hin, daß es sich bei der jetzt vorliegenden Form um eine relativ späte Bildung handelt, die bewußt den Ritus des 'āšām von dem des Sündopfers differenzieren wollte und eine Mittelform zwischen Sünd- und Brandopfer herstellte«, a. a. O., 469.

[32] A. a. O., 470.

[33] Vgl. BHS zur Stelle.

[34] Vgl. JÜNGLING, Jesaja, 443–445.

oder ob sie von Anfang an integraler Teil des Textes waren, ist umstritten.[35] Ein Forschungskonsens in beiden Fragen scheint nicht in Sicht.

In welcher Beziehung stand nun der Verfasser zum Gottesknecht? Die Erwähnung des Begräbnisses (53,9) spricht m. E. gegen die verbreitete, auf Sigmund Mowinckel zurückgehende[36] These, der Gottesknecht sei der Verfasser selbst. Dann muss die Frage nach seiner Identität freilich ganz offen bleiben. Ob die Gottesknechtstexte aus einer anderen Quelle in DtJes eingearbeitet wurden, ist umstritten.

Der Abstand des Verfassers zu dem erzählten Geschehen ist ebensowenig bestimmbar wie die Zeitspanne. Nach der Historizität des Textes zu fragen, lohnt sich nur, wenn die biographische Deutung des Textes auf eine zeitgeschichtliche Persönlichkeit zutreffen sollte.[37] Ein Einfluss historischer Ereignisse ist – selbst wenn er tatsächlich vorliegen sollte – m. E. nicht nachweisbar. Der Verfasser scheint in seiner Darstellung und Deutung des Geschehens vollkommen frei zu sein.

FAZIT Auch dieser Text wurde wegen seiner Wirkungsgeschichte in die Untersuchung aufgenommen. Unter allen hier besprochenen Todesberichten sticht er hervor durch die Komplexität der Erzählstrukturen. Er steht auch im Werkkontext relativ isoliert. Für die gattungsmäßige Einordnung bietet Balzers Idealbiographie-Hypothese eine interessante Möglichkeit. Für die Wirkung des vierten Gottesknechtstextes ist besonders bedeutend das Motiv des stellvertretenden Leidens. Dass dieses Motiv in der Wirkungsgeschichte auf andere, zumal auf Jesus von Nazareth übertragen werden konnte, liegt gerade in der Unklarheit, von wem der Text eigentlich spricht.

2.1.3 Eleazar und sieben Brüder und ihre Mutter (2 Makk 6,12–7,42)

Literatur

Text: HANHART, Maccabaeorum liber II, 72–79. Einleitung: HABICHT, JSHRZ 1/3 (1976), 167–198; MITTMANN-RICHERT, JSHRZ 6/1 (2000), 40–62; VERMES/MILLAR/GOODMAN, History 3.1, 531–537; ENGEL, Makkabäer, 312–328; GOLDSTEIN, II Maccabees, 1–135. Lexika: SCHUNCK, TRE 21 (1991), 739f.; VAN HENTEN, RGG[4] 5 (2002), 702–705. Kommentar: HABICHT, JSHRZ 1/3 (1976), 231–238 GOLDSTEIN, II Maccabees, 281–317.

Übersetzung

ELEAZAR (6,12) Ich bitte also darum, dass diejenigen, die dieses Buch zufällig in die Hände bekommen, sich nicht niederschlagen lassen durch das Unglück, sondern dass sie glauben, dass die Strafen nicht zum Verderben geschehen, sondern zur Erziehung unseres Volkes. (13) Dass er nämlich die Frevler nicht lange gewähren lässt, sondern sofort mit Strafen über

---

[35]Vgl. die Übersicht bei HAAG, Gottesknecht, 15–24.
[36]Vgl. a. a. O., 123–125.
[37]Vgl. a. a. O., 147–153.

sie kommt, ist ein Zeichen seiner großen Güte. (14) Denn wie der Herrscher zu den anderen Nationen langmütig bleibt, bis er sie bestraft, wenn sie das Vollmaß der Sünden erreicht haben, – nicht so zu uns zu sein beschloss er, (15) damit er nicht am Ende, wenn wir so weit kommen mit den Sünden, uns hinterher bestrafen müsse. (16) Deshalb wendet er nie sein Erbarmen von uns, erzieht aber mit Unglück und verlässt nicht sein Volk. (17) Nun – als Erinnerung sei uns das gesagt; gleich aber gehen wir zu der Erzählung.

(18) Ein gewisser Eleazar, von den herausragenden Schriftgelehrten, ein Mann, der schon im Alter vorgerückt war und mit einem sehr schönen Gesicht, wurde gezwungen den Mund aufzumachen und Schweinefleisch zu essen. (19) Er aber empfing lieber einen Tod mit Ruhm als ein Leben mit Frevel. Freiwillig begab er sich auf die Folterbank, (20) spuckte es aus, wie es die tun müssen, die standhaft sind und sich weigern, aus Liebe zum Leben zu essen, was verboten ist. (21) Die aber zu dem gesetzwidrigen Opferfest abgestellt waren, nahmen ihn – wegen ihrer alten Bekanntschaft mit dem Mann – zur Seite und baten ihn, Fleisch zu bringen, das er essen durfte – von ihm selbst zubereitet –, aber so zu tun, als esse er das vom König befohlene Opferfleisch, (22) damit er durch diese Tat vom Tod gerettet würde und aus alter Freundschaft mit ihnen Menschenfreundlichkeit erfahre. (23) Er aber gebrauchte seinen Verstand, der gebildet war und würdig seines hohen, grauen Alters[38] und seines von Kindheit an vorzüglichen Lebenswandels, und mehr noch: in der Nachfolge des heiligen und gottgeschaffenen Gesetzes legte er sofort dar und sagte:

»Ich gehe lieber in den Hades. (24) Es ist nämlich meines Alters unwürdig zu heucheln, damit sich nicht viele junge Leute den neunzigjährigen Eleazar zum Vorbild nehmen, der zum Heidentum übergetreten sei, (25) und selbst durch meine Täuschung und für ein kleines und knappes Stückchen Leben durch mich in die Irre gehen und ich mir Abscheu und Schande für mein Alter erwerbe. (26) Denn wenn ich auch in der Gegenwart der Strafe der Menschen entrinne, werde ich doch weder lebend noch sterbend den Händen des Allmächtigen entkommen. (27) Deshalb werde ich mutig sterben und meines Alters würdig erscheinen, (28) den jungen Leuten aber ein edles Vorbild hinterlassen, tapfer und edel für die erhabenen und heiligen Gesetze einen guten Tod zu sterben.«

Als er das gesagt hatte, ging er gleich zur Folterbank. (29) Als aber die, die ihm kurz zuvor ihr Wohlwollen entgegen gebracht hatten, sich zur Feindschaft wandten, weil die verkündigten Worte, wie sie glaubten, Wahnsinn waren, (30) und als er dabei war, unter den Schlägen zu sterben, stöhnte er auf und sagte:

»Dem Herrn, der heilige Einsicht hat, ist es offenbar, dass ich, obwohl ich vom Tod hätte gerettet werden können, mit dem Leib die harten Schmerzen des Todes ertrage, wenn ich ausgepeitscht werde, mit der Seele aber aus Ehrfurcht vor ihm das angenehm ertrage.«

(31) Und er verschied also auf diese Weise, und hinterließ nicht nur für die Jugend, sondern für die meisten seines Volkes seinen Tod als ein Beispiel des Edelmutes und ein Denkmal der Tugend.

SIEBEN BRÜDER UND IHRE MUTTER (7,1) Es geschah aber, dass auch sieben Brüder mit ihrer Mutter vom König gezwungen wurden, von dem verbotenen Schweinefleisch zu essen, und mit Peitschen und Riemen misshandelt wurden. (2) Einer aber wurde zu ihrem Sprecher

---

[38]Wörtlich: »würdig seines Alters und des Ansehens seines Greisenalters und seiner wohlerworbenen und deutlich sichtbaren Grauheit«.

und redete so: »Was willst du uns fragen und von uns erfahren? Wir sind nämlich bereit zu sterben, ehe wir die Gesetze der Väter übertreten.« (3) Der König aber wurde zornig und ließ Pfannen und Töpfe heiß machen. (4) Während die sogleich heiß gemacht wurden, befahl er, dem, der ihr Sprecher geworden war, die Zunge abzuschneiden, ihm nach skythischer Art die Kopfhaut abzuziehen und ihn zu verstümmeln, während die übrigen Brüder und die Mutter zusehen mussten. (5) Da er für alle unnütz geworden war, befahl er, ihn lebend ins Feuer zu führen und zu braten. Als sich aber der Dampf aus der Pfanne reichlich ausbreitete, baten sie mit der Mutter einander gegenseitig, edel zu sterben, und redeten so: (6) »Gott der Herr sieht darauf und verlangt die Wahrheit von uns, wie Mose durch sein öffentlich anklagendes Lied erklärte und sprach: Auch zu seinen Knechten wird er sich rufen lassen.«

(7) Als aber der Erste auf diese Weise verstorben war, führten sie den Zweiten zur Verspottung, zogen ihm die Kopfhaut mit dem Haar ab und fragten: »Wirst du lieber essen, als dass dein Körper Glied für Glied bestraft wird?« (8) Er aber antwortete in der Sprache der Väter und sagte: »Nein.« Deshalb empfing auch er die folgende Folter, wie der erste. (9) Bei seinem letzten Atemzug aber sagte er: »Du Verbrecher holst uns aus dem jetzigen Leben, der König der Welt aber wird uns, wenn wir für seine Gesetze sterben, zum ewigen Leben auferwecken.«

(10) Nach ihm wurde der Dritte verspottet, und um seine Zunge gebeten, streckte sie schnell heraus und streckte mutig die Hände vor, (11) und sprach edel: »Vom Himmel habe ich das erhalten, und wegen seiner Gesetze verachte ich es, und bei ihm hoffe ich es wieder zu bekommen.« (12) Da erschraken der König selbst und die mit ihm waren über die Seele des jungen Mannes, wie er die Schmerzen für nichts achtete.

(13) Und als der verstorben war, folterten und misshandelten sie so den Vierten. (14) Und als er ans Ende kam, redete er so: »Es ist denen bestimmt, die von Menschenhand sterben, von Gott die Hoffnung zu erwarten, von ihm wieder auferweckt zu werden. Denn für dich gibt es keine Auferstehung zum Leben.«

(15) Als nächsten führten sie den Fünften vor und folterten ihn. (16) Der aber sah ihn an und sagte: »Als ein Vergänglicher mit Macht unter Menschen tust du, was du willst. Glaube aber nicht, unser Volk sei von Gott verlassen. (17) Du aber warte nur und sieh seine herrliche Kraft, wie er dich und deine Nachkommen foltern wird.«

(18) Danach brachten sie den Sechsten, und als er dabei war zu sterben, sagte er: »Ich irre nicht vergeblich umher, denn wir erleiden das, weil wir selbst gegen unseren eigenen Gott gesündigt haben; Staunenswertes ist geschehen. (19) Du aber glaube nicht, du werdest straflos bleiben, wenn du deine Hand ausstreckst, gegen Gott zu kämpfen.«

(20) Sehr zu bewundern und eines guten Andenkens wert ist die Mutter, die ihre sieben Söhne an einem einzigen Tag sterben sah und es tapfer ertrug aus Hoffnung auf den Herrn. (21) Jeden von ihnen bat sie in der Sprache der Väter; sie vollendete die edle Gesinnung und richtete ihren weiblichen Verstand mit männlichem Mut auf, und sagte zu ihnen: (22) »Ich weiß nicht, wie ihr in meinem Leib entstanden seid, noch habe ich euch den Atem und das Leben geschenkt, und den Zusammensetzung eines jeden habe nicht ich geordnet; (23) darum nun gibt der Schöpfer der Welt, der das Werden des Menschen macht und das Entstehen aller Dinge bewirkt, euch aus Erbarmen wieder das Leben, weil ihr durch seine Gesetze euch selbst gering achtet.«

(24) Antiochos aber glaubte verachtet zu werden, sah die scheltende Stimme mit Argwohn, und da der Jüngste noch da war, machte er nicht nur mit Worten Versprechungen,

sondern verpflichtete sich durch Schwur, ihn zugleich reich und sehr glücklich zu machen, wenn er vom väterlichen (Gesetz) abfiele, und ihn zum Freund zu haben und ihm Ämter anzuvertrauen. (25) Als aber der Bursche nicht daran dachte, rief der König die Mutter herbei und forderte sie auf, ihrem Kind zur Rettung zu raten. (26) Nachdem er sie aber lange ermahnt hatte, erlaubte er ihr, den Sohn zu überzeugen. (27) Sie aber beugte sich vor zu ihm, verspottete den grausamen Tyrann und redete so in der Sprache der Väter:»Sohn, hab Erbarmen mit mir, die ich dich neun Monate im Leib getragen und dich drei Jahre gestillt und dich aufgezogen und dich in dieses Alter gebracht und ernährt habe. (28) Ich bitte dich, mein Kind, schau dir den Himmel und die Erde an und sieh alle Dinge darauf; erkenne, dass Gott das nicht aus Seiendem gemacht hat, und das Menschengeschlecht so entsteht. (29) Hab keine Angst vor diesem Henker, sondern sei deiner Brüder würdig und empfange den Tod, damit ich dich aus Erbarmen mit deinen Brüdern zurückerhalte.«

(30) Als sie noch so endete, sagte der Bursche:»Auf wen wartet ihr? Ich gehorche nicht dem Befehl des Königs, ich höre aber auf den Befehl des Gesetzes, das unseren Vätern durch Mose gegeben wurde. (31) Du aber bist zum Erfinder aller Bosheit gegen die Hebräer geworden und wirst den Händen Gottes nicht entkommen. (32) Wir aber leiden wegen unserer eigenen Sünde. (33) Wenn aber der lebendige Herr uns zur Züchtigung und Erziehung kurze Zeit zürnt, wird er sich auch wieder mit seinen Knechten versöhnen. (34) Du aber, du Gottloser und Verruchtester von allen Menschen, überhebe dich nicht in deinem Toben, wenn du aus nichtigen Hoffnungen deine Hand gegen die Kinder des Himmels erhebst. (35) Du bist keineswegs dem Gericht des allmächtigen, zuschauenden Gottes entkommen. (36) Unsere Brüder haben kurze Zeit die Marter ertragen und sind umgekommen für das ewige Leben unter dem Bund Gottes; du aber wirst im Gericht Gottes die gerechte Strafe für den Hochmut davontragen. (37) Ich aber gebe wie die Brüder Leib und Seele dahin für die Gesetze der Väter, und ich rufe Gott an, dass er seinem Volk schnell gnädig werde und du unter Qualen und Peitschenhieben bekennen wirst, dass nur er Gott ist (38) und dass bei mir und meinen Brüdern aber den Zorn des Allmächtigen ende, der zur Recht über unser ganzes Volk gekommen ist.« (39) Der König wurde zornig und behandelte ihn schlimmer als die anderen, weil der den Spott schlecht ertrug. (40) Und der verschied also rein, im vollen Gehorsam zum Herrn.

(41) Als letzte nach den Söhnen aber starb die Mutter.

(42) Was also die Opfermähler betrifft und die übergroßen Qualen, soll soweit (genug) erzählt sein.

Auslegung (Eleazar)

TEXTOBERFLÄCHE Das Martyrium Eleazars gehört zu einem Block von zwei Märtyrergeschichten, die durch die Vorbemerkung 6,12–17 und den Schlusssatz 7,42 gerahmt werden. Ihnen geht der Abschnitt 6,1–11 voraus, der von der hellenistischen Kultreform bzw. Tempelschändung, dem paganen Kult und Judenverfolgungen berichtet. Das Ende der Märtyrererzählungen markiert den Einschnitt, nachdem die Darstellung des Makkabäeraufstandes beginnt.

Die Erzählung ist nicht besonders komplex. Die direkte Rede macht zweimal Eleazar zum (akteurgebundenen) Fokalisator. Auch μᾶλλον (v. 19) lässt Eleazar fokalisieren. Seine ehemaligen Freunde kommen in indirekter Rede zu Wort; dadurch werden die externe und die akteurgebundene Fokalisationsebene verschmolzen. – Der Anteil nicht-narrativer Elemente ist groß. Dazu gehören die Beschreibung Eleazars (v. 18), der Kommentar »wie es die tun müssen« (v. 20), die Bewertung von Eleazars Lebensführung als »vorzüglich« (v. 23) und die wörtliche Rede v. 23–28.30. Die v. 29.31 erläutern das Geschehen. Die nicht-narrativen Elemente tragen in diesem Text auch die Hauptlast der Sinngebung.

Für die Formbestimmung sind formale wie inhaltliche Merkmale ausschlaggebend. Es handelt sich um eine erzählende, historiographische Gattung (im Aorist gehalten). Die wörtliche Rede des Protagonisten nimmt eine dominierende Position ein. Auch als inhaltliches Gattungskriterium ist die mutige Rede des Märtyrers vor seinen Peinigern festzuhalten. Er schlägt eine Vermeidungsmöglichkeit aus. Ein Herrscher tritt in diesem Text nicht unmittelbar als Gegenüber auf, sein Befehl steht jedoch im Hintergrund (»das vom König befohlene Opferfleisch«, v. 21).

SINNGEBUNG Eleazar als Fokalisator hat eine privilegierte Position in der Erzählung; er kommt ausführlich und autoritativ deutend zu Wort. Die Perspektive seiner Gegner und ehemaligen Freunde dagegen wird dadurch unter Kontrolle gehalten, dass in der indirekten Rede ihre Perspektive mit der externen Fokalisationsebene verschmolzen wird.

In der Erzählung treten Eleazar und seine Folterer (die ehemaligen Freunde) auf. Eleazar wird vor allem durch seine eigene Rede charakterisiert. Sie weist ihn als prinzipienfest und würdevoll aus. Ganz in Einklang betonen auch die Rahmenerzählung und die Beschreibungen (v. 18.23) sein freiwilliges Leiden (μᾶλλον und αὐθαιρέτως, v. 19). Dazu passt auch die Tatsache, dass Eleazar seine Fluchtmöglichkeit ausschlägt. Seine Widersacher werden zum einen durch ihr Tun charakterisiert, zum anderen dadurch, dass der Erzähler Einblick in ihre Gedankenwelt gibt (v. 21.29). Sie erweisen sich zunächst als »menschenfreundlich« (v. 22), haben aber überhaupt kein Verständnis für Eleazars Entscheidung (»Wahnsinn«, v. 29), worauf sie ihrer Brutalität freien Lauf lassen.

Bei der Einführung des Protagonisten und bei der Begründung seiner Entscheidung werden seine Schönheit, sein Alter und seine Würde besonders betont (v. 18.23). Ein verbreitetes Motiv, das auch hier auftaucht, ist das Angebot an den Märtyrer, sein Leiden zu umgehen (v. 21), was dieser ausschlägt. Er erträgt sein Leiden mit Leichtigkeit (v. 30).

Verbotene Speisen, in diesem Fall Schweinefleisch (vgl. Lev 11,7), sollen zum Mittel der Apostasie werden, so auch im nachfolgenden Text 2 Makk 7. »Der gesetzestreue Jude weiß, daß er durch das Essen von Schweinefleisch die Reinheitstora bricht und damit seine Erwählung preisgibt.«[39]

Der Märtyrer hat eine Funktion: Er ist ein Vorbild besonders für die Jugend. Das kommt in seiner Ansprache zum Ausdruck (v. 24–28). Eleazars Rede und der abschließende Kommentar gebrauchen dafür den Begriff ὑπόδειγμα γενναῖον (v. 28) bzw. ὑπόδειγμα γενναιότητος (v. 31). Das Stichwort γενναῖος lenkt den Blick auf eine wichtige Deutungsstrategie: die Rede vom ›edlen‹ Tod. Eleazar stirbt grausam und unter Foltern. Aus der Sicht seiner streng-jüdischen Partei und aus der Sicht des Verfassers ist der grausame Tod trotzdem nicht mit Schande behaftet, sondern ›edel‹ (γενναῖον) und ehrenhaft.

Die zeitliche Strukturierung der Erzählung zeigt keine Auffälligkeiten. Das Geschehen ist szenisch dargestellt. Die Reihenfolge der Ereignisse ist in der Erzählung durchgehend eingehalten (nur »das vom König befohlene Opferfleisch«, v. 21, könnte als Rückblende gelten).

Mittel der Sinngebung sind also sowohl (narrativ) Taten und Reden als auch (nicht-narrativ) Kommentare und Beschreibungen.

EREIGNISBEZUG Folgende Ereignisse werden erzählt: Eleazar wird zur Apostasie gezwungen, weigert sich und geht zur Folterbank. Seine Freunde machen ihm ein Rettungsangebot, Eleazar lehnt ab, hält eine kurze Rede und geht zur Folterbank (das wird also zweimal erzählt). Die früheren Freunde halten ihn für wahnsinnig, werden wütend und foltern ihn; Eleazar spricht noch einmal und stirbt.

Die Martyrien Eleazars und der sieben Brüder mit ihrer Mutter stellen nur ein punktuelles Ereignis in den Jahrzehnten dar, von denen 2 Makk erzählt. Sie sind jedoch in der Komposition des Buches der geschichtliche Wendepunkt, nach dem der Makkabäeraufstand und damit das Ende der hellenistischen Dominanz einsetzt. Dementsprechend werden beide Vorfälle durchaus ausführlich erzählt.

Die Frage nach der Herkunft der Märtyrererzählungen und ihrer zeitlichen Einordnung wird bei der Erzählung von den sieben Brüdern und ihrer Mutter besprochen (s. u. S. 56).

Auslegung (sieben Brüder und ihre Mutter)

TEXTOBERFLÄCHE Wie das Martyrium Eleazars wird diese Geschichte im Rahmen der Hellenisierungspolitik Antiochos' IV. Epiphanes vor dem Beginn des Makkabäeraufstandes erzählt (s. o. S. 51).

Im Martyrium der Sieben und ihrer Mutter gibt es Ebenenwechsel überall dort, wo wörtliche Rede gebraucht wird. Damit ist die Erzählung nicht vielschichtig; der Anteil der Rede ist aber, wie gesagt, groß. Der Erzähler bleibt stets extern.

[39]KELLERMANN, Auferstanden, 15.

Die Fokalisaton zeigt, genau wie im Eleazarmartyrium, keinen Einblick in das Innenleben der Protagonisten, wohl aber in die Gedanken und Emotionen des Widersachers.

Neben der wörtlichen Rede finden sich nur wenige nicht-narrative Anteile im Text. Hier sind vor allem die bewertenden Kommentare zu nennen, die der Erzähler einstreut: »edel« (γενναίως, v. 11.21), »sehr zu bewundern und eines guten Andenkens wert«[40] (v. 20), der »grausame Tyrann«[41] (v. 27) etc.

Für die Formbestimmung ist auf die vielen wichtigen Motive einer Märtyrererzählung zu verweisen, die diese Erzählung aufweist (eine Zusammenstellung s. u.): »In solchen Motiven zeigt sich 2 Makk 7 als Urmodell jüdischer und altkirchlicher Märtyrererzählung«.[42] Gegen eine eindeutige gattungsmäßige Einordnung als Märtyrererzählung spricht allerdings das Übergewicht der wörtlichen Rede, das eher auf eine Lehrerzählung hindeutet. Kellermann kommt zu dem Schluss: »Unser Text bleibt eine Mischform, in der die Kombination von Märtyrerbericht und Lehrerzählung durch literarische Topoi des Hellenismus bereichert wurde.«[43]

SINNGEBUNG   Die Darstellung der Söhne ist stereotyp, besonders die der ersten sechs Söhne. Sie sind typische Figuren, die das hoffnungsvolle Leiden für das Gesetz illustrieren. Der siebte Sohn und besonders die Mutter werden auch durch ihre Ansprachen charakterisiert; Einblicke in ihr Innenleben gibt es freilich nicht. Anders ist das bei ihrem Widersacher, dem König, der als leicht reizbar und in seinem Stolz schnell gekränkt dargestellt wird. Seine schnelle Erregbarkeit teilt er mit den Folterern in 2 Makk 6,29.

Ulrich Kellermann hat ausgehend von 2 Makk 7 alle wichtigen Motive katalogisiert, die eine Märtyrererzählung ausmachen:

> Vor Königen und höchsten Vertretern des Staates leiden und sterben die Frommen in Treue zum Gebot ihres Gottes. Gern wird ihr jugendliches Alter dabei herausgestellt. Alle Versuche, sie durch die Zwangsmaßnahme der Folter, die oft im Auspeitschen und in Feuerqualen besteht, zum Abfall zu bringen, scheitern an ihrer Entschlossenheit, eher den Tod auf sich zu nehmen, als ihrem Gott die Gemeinschaft aufzusagen. Sie können in der von Gott verliehenen Kraft die Schmerzen verachten, ja empfinden sie nicht einmal. Sie ermuntern sich gegenseitig zum Durchhalten. Ihr Lachen unter der Tortur als Ausdruck der Freude im Leiden gewinnt sogar den Gegnern Achtung und Bewunderung ab, sodaß man sie zu bereden versucht, nicht nur durch Abfall oder »faule

---

[40] Ὑπεραγόντως δὲ ἡ μήτηρ θαυμαστὴ καὶ μνήμης ἀγαθῆς ἀξία.
[41] Τὸν ὠμὸν τύραννον.
[42] KELLERMANN, Auferstanden, 38.
[43] A. a. O., 53.

Kompromisse« das Leben zu retten, sondern auch Karriere am Hof zu
machen. Die Frommen lassen sich jedoch nicht durch Versuchung ver-
führen. Sie bleiben ihrem Herrn treu. Sie stellen dem irdischen König
den König des Himmels gegenüber, dem, der sich letzte Gewalt über
Menschen anmaßt, den Schöpfer des Himmels und der Erde als den
einzigen und wahren Herrn. Die Märtyrer sagen den Tyrannen Rache,
Gericht und Strafe Gottes an, die auch am Ende die Feinde zur Got-
teserkenntnis führt. Sie verhöhnen die Peiniger und beschimpfen sie.
Ihre Größe erweist sich darin, daß die Gegner von ihnen zum Foltern
aufgefordert werden müssen. Im Erleiden der Qualen zeigen sich die
Frommen den Mächtigen überlegen; durch das Martyrium werden die
Tyrannen in ihrem Kampf gegen Gott, dessen Repräsentanten die Märtyrer sind, besiegt. Obwohl gegenüber der fordernden Staatsgewalt die
Schuldlosigkeit der Märtyrer ausdrücklich festgestellt wird, verstehen
die Zeugen selbst ihr Leiden als Strafe für eigene Schuld und als Stellvertretung in der Strafe für die Schuld ihres Volkes bzw. ihrer Gemeinde.[44]

Wichtig ist wieder das Stichwort »edel sterben«[45] (v. 5). Daneben ist das Motiv der
Auferstehung der Toten hervorzuheben (v. 9.14; auch 29.36), das etwa auch in dem
in den letzten Worten des ersten Märtyrers zitierten Toravers Dtn 32,36 (2 Makk 7,6)
angedeutet wird.[46]

Der Rhythmus der Erzählung ist streng durchgestaltet. Bis zum sechsten Sohn
werden die Szenen immer kürzer; die stets gleichen Handlungselemente, die sich
bei jedem Opfer wiederholen (vorführen, befragen und foltern), werden abwechselnd nur angedeutet oder auch ausgelassen. So kommt bei aller Gleichförmigkeit
keine Monotonie auf. Nach dem Tod des sechsten Sohnes wird rückblickend die
Rede der Mutter an ihre einzelnen Söhne erzählt. Durch diese Umstellung der
Ereignisse wird nicht nur die Erzählung abwechslungsreicher, es kann auch die
Qualität der Mutter gebündelt dargestellt werden. Die abschließenden Reden der
Mutter und des jüngsten Sohnes sind im Verhältnis zu den vorhergehenden Reden
lang und inhaltsreich. Ihr Tod ist dagegen nicht szenisch dargestellt, sondern nur
summarisch erwähnt (v. 39f.).

Träger der Sinngebung ist nicht die erzählte Ereignisfolge – so sehr diese den
Kern einer Märtyrererzählung ausmacht[47] –, sondern zu weiten Teilen die nicht-
narrative, lehrhafte wörtliche Rede der Märtyrer. Auch die wertenden Formulierungen (s. o.) transportieren die Deutung, die der Verfasser der Erzählung mitgibt.

---

[44] A. a. O., 35–38.
[45] Γενναίως τελευτᾶν.
[46] Vgl. SCHWEMER, Prophet, 327.
[47] Vgl. die zitierte Zusammenstellung von Kellermann und auch die tabellarische Übersicht von
BUSCHMANN, Martyrium, auf dem Faltblatt im hinteren Vorsatz.

EREIGNISBEZUG   In der Erzählung werden sieben Brüder und ihre Mutter misshandelt und gezwungen, Schweinefleisch zu essen. Die Ereignisfolge lässt sich für die ersten sechs Söhne so rekonstruieren: Das Opfer wird jeweils vorgeführt, befragt und gefoltert (oder umgekehrt), redet dann den König an, wird wieder gefoltert und stirbt. Zur Folter des ersten Sohnes werden zunächst die Folterinstrumente hergerichtet; der zweite bis sechste Sohn sprechen vor der Vorführung mit ihrer Mutter. Bei den meisten Söhnen werden Vorführung, Befragung und Folter nicht vollständig berichtet. Nach dem Tod des Sechsten macht Antiochos dem jüngsten Sohn Angebote und ermahnt die Mutter, die dann ihren Sohn zum Martyrium rät. Der Sohn spricht, wird dann gefoltert und stirbt; zuletzt stirbt die Mutter, ohne dass die Umstände ihres Tode berichtet werden. Alle Ereignisse finden an einem Tag Platz.

Nach der einigermaßen gesicherten Chronologie der Ereignisse setzt 2 Makk die Martyrien im Dezember 167 v. Chr. an.[48]

Die Herkunft der Märtyrererzählungen wirft einige Fragen auf. Der Verfasser von 2 Makk erklärt in seinem Proömium (2,19–32), seine vorliegende Arbeit sie eine Kurzfassung (ἐπιτομή, v. 26) eines fünfbändigen Geschichtswerks des ansonsten unbekannten Jason von Kyrene. Umstritten ist allerdings, ob der Epitomator tatsächlich nur kürzte und zusammenfasste, oder ob er auch weiteres Material aus anderen Quellen einbrachte. Insbesondere für die beiden Martyrien in Kap. 6 und Kap. 7 wurde wiederholt eine andere Herkunft behauptet. Dass die Vorbermerkung 6,12–17 auf den Epitomator selbst zurückgeht, dürfte unumstritten sein – besonders wegen des ich-Stils.[49]

Surkau vermutete – ganz in der Linie der älteren Formgeschichte – hinter der Eleazarerzählung eine ›unliterarische‹ Volkserzählung, die unabhängig von 2 Makk auch hinter 4 Makk stehe.[50] Auch die Erzählung von den sieben Brüdern und ihrer Mutter war nach seiner Einschätzung zunächst ein eigenständiges Überlieferungsstück, das der Epitomator aufgegriffen habe.[51] Unliterarische Volkserzählungen tatsächlich nachzuweisen, stößt aber auf erhebliche methodische Schwierigkeiten.

Demgegenüber schrieb Habicht offenbar die Eleazarerzählung Jason zu; die Erzählung von den Sieben habe der Epitomator dagegen aus einer anderen Quelle entnommen. Habicht führt vier Gründe an: 1 Makk kenne die Märtyrererzählungen nicht; die Anwesenheit Antiochos' IV. in Palästina sei mit Kontext und Realität unvereinbar; ein hebräisches Original liege zugrunde; der Auferstehungsglaube sei Jasons Zeit u. U. noch fremd gewesen.[52] Dagegen lässt sich anführen, dass

[48]Vgl. GOLDSTEIN, II Maccabees, 116.
[49]Vgl. HABICHT, JSHRZ 1/3 (1976), 171; GOLDSTEIN, II Maccabees, 52.
[50]Vgl. SURKAU, Martyrien, 29.
[51]Vgl. a. a. O., 13.
[52]Vgl. HABICHT, JSHRZ 1/3 (1976), 171.

- 1 Makk zwar von Martyrien weiß (1 Makk 1,59–64), aber mit seiner Konzentration auf das Hasmonäerhaus aus theologischen und politischen Gründen kein großes Interesse an ihnen hat;[53]
- zwischen Kap. 6 und 7 zwar tatsächlich ein Sprung in der Situation auszumachen ist, dass aber der faktuale Geltungsanspruch beider Erzählungen sich nicht auf die Details erstreckt, vielmehr die Anwesenheit des Königs in Kap. 7 zum erbaulichen Programm von 2 Makk gehört;
- Kap. 7 sich hervorragend in den rhetorisch-pathetischen Stil des Gesamtwerks einfügt;
- die Auferstehungshoffnung in Kap. 7 nur Schwierigkeiten macht, wenn man Habichts Frühdatierung folgt. Er setzt Jason bereits kurz nach 161 v. Chr. an; die Epitome um 124 v. Chr (nach 2 Makk 1,9).[54] Heute wird in der Regel später datiert, zumeist Jason bald nach 124 v. Chr.[55], die Epitome in die Mitte des 1. Jahrhunderts v. Chr.[56]; Goldstein hält Jasons Werk für eine Reaktion auf 1 Makk und datiert aus quellenkritischen Gründen Jason 86 v. Chr. und die Epitome 78–63 v. Chr.[57]

Hier ist auch nochmals auf das Proömium von 2 Makk zu verweisen: Der Epitomator hat nach seiner eigenen Auskunft nur eine Zusammenfassung von Jasons Werk im Sinn. Eine weiter gehende Quellenrecherche und selbstständige Einarbeitung in die Ereignisse liegen nicht in seinem Interesse (2,26–31). Weiterhin ist Mittmann-Richert darin rechtzugeben, dass eine Scheidung zwischen Jason und dem Epitomator schwierig ist, weil beide »nach Sprache und Herkunft den gleichen Hintergrund haben. Beide stammen sie aus der hellenistischen Diaspora und sind einem griechisch gebildeten Publikum verpflichtet.«[58]

Man wird also zu dem Schluss kommen, dass Jason beide Märtyrererzählungen mit größter Wahrscheinlichkeit bereits in seine Historie aufgenommen hatte. Er und der Epitomator erzählen die schaurigen und zugleich beeindruckenden Vorkommnisse mit dem lehrhaft-erbaulichen Interesse der rhetorisch-pathetischen Historiographie ihrer Zeit; sie verbinden einen durchaus faktualen Geltungsanspruch mit der Suche nach dramatischen Effekten.

FAZIT   Das im Werkkontext durchaus gewichtige Martyrium Eleazars ist – zusammen mit dem der sieben Brüder und ihrer Mutter – wichtig geworden für die Theologie des Martyriums im frühen Judentum und Christentum. In beiden nehmen

---

[53]Vgl. GOLDSTEIN, II Maccabees, 17.
[54]Vgl. HABICHT, JSHRZ 1/3 (1976), 174f.
[55]Vgl. ENGEL, Makkabäer, 327.
[56]Vgl. KELLERMANN, Auferstanden, 13.
[57]Vgl. GOLDSTEIN, II Maccabees, 81–83. Ob Goldsteins Argumente aber tragfähig sind, muss strittig bleiben. In Blick auf die Datierung ist auch MITTMANN-RICHERT, JSHRZ 6/1 (2000), 44f., einigermaßen unentschieden.
[58]A. a. O., 45.

die Reden der Märtyrer großen Raum ein, in denen sie ihren Tod deuten und den Schergen und dem König ausdrücklichen Widerstand leisten. Trotz der grausamen, im zweiten Text auch plastisch ausgemalten Foltern ist der Tod nicht unehrenhaft, sondern »edel« (γενναῖον). Das ausschlaggebende Kriterium dafür ist die Standfestigkeit der Märtyrer, d. h. hier zum »Gesetz der Väter«, und ihre Bereitschaft, dem Tod nicht auszuweichen.

2.2   Frühchristliche Texte

Zur Untersuchung wurden aus der Fülle der christlichen Märtyrerliteratur fünf frühe Texte ausgewählt. Untersucht wird zunächst das erste christliche Martyrium, erzählt in der Apostelgeschichte des Lukas, dann zwei paränetische Texte aus der Briefliteratur des späten ersten oder frühen zweiten Jahrhunderts (Hebräerbrief und 1. Clemensbrief), in denen Märtyrer als Beispiele für eine bestimmte Argumentation dienen. Es folgen zwei erzählende Texte aus den 60er Jahren des zweiten Jahrhunderts (das Polykarpmartyrium und das Martyrium des Ptolemaios und Lucius), die zeitnah von Martyrien unter der römischen Herrschaft berichten. Bei den beiden Texten handelt es sich um die frühesten Beispiele erzählender christlicher Märtyrerliteratur außerhalb des Neuen Testaments.

2.2.1   Stephanos (Apg 6,8–8,3)

Literatur

Text: NA[27], 336–342. Einleitung: SCHNELLE, Einleitung, 305–323. Kommentar: PESCH, Apostelgeschichte 1, 234–267; FITZMYER, Acts, 354–398.

Übersetzung

(6,8) Stephanos aber, voll von Gnade und Kraft, tat große Wunder und Zeichen im Volk. (9) Es standen aber einige auf von der so genannen Libertiner- und Kyrenäer- und Alexandriner-Synagoge und einige aus Kilikien und Asien und diskutierten mit Stephanos, (10) und sie waren nicht stark genug, um der Weisheit und dem Geist zu widerstehen, in dem er redete. (11) Da stifteten sie Männer an, die sagten: »Wir haben ihn lästerliche Worte reden gehört gegen Mose und Gott.« (12) Und gemeinsam bewegten sie das Volk und die Ältesten und die Schriftgelehrten, und sie traten hin, und gemeinsam ergriffen sie ihn und brachten ihn vor das Synhedrium. (13) Es standen aber Lügenzeugen auf, die sagten: »Dieser Mensch hört nicht auf, Worte gegen [diesen] heiligen Ort und das Gesetz zu reden; (14) denn wir haben ihn sagen gehört, dass Jesus, dieser Nazoräer, diesen Ort zerstören und die Gebräuche, die Mose uns überliefert hat, ändern wird.« (15) Und alle, die im Synhedrium saßen, starrten ihn an und sahen sein Gesicht wie das Gesicht eines Engels. (7,1) Der Hohepriester aber sagte: »Ist das so?« (2) Er aber sagte: »Ihr Herren Brüder und Väter, hört mich! [. . .]
(51) Ihr Halsstarrigen und an Herzen und Ohren Unbeschnittenen, immer widersetzt ihr euch dem heiligen Geist – wie eure Väter, auch ihr. (52) Welchen von den Propheten haben

eure Väter nicht verfolgt? Und sie töteten die, die das Kommen des Gerechten voraussagten, dessen Verräter und Auslieferer ihr nun geworden seid, (53) die ihr durch die Anweisung von Engeln das Gesetz empfangen und es nicht gehalten habt.«

(54) Als sie das aber hörten, durchdrang es ihr Herz, und sie knirschten mit den Zähnen gegen ihn. (55) Er aber war voll heiligen Geistes und starrte zum Himmel und sah die Herrlichkeit Gottes und Jesus stehen zur Rechten des Gottes, (56) und er sagte: »Siehe, ich sehe die Himmel geöffnet und den Menschensohn zur Rechten des Gottes stehen.« (57) Sie schrien aber laut und hielten ihre Ohren zu und gingen einmütig auf ihn los (58) und trieben ihn aus der Stadt und steinigten ihn. Und die Zeugen legten ihre Oberkleider ab zu den Füßen eines jungen Mannes, der Saulos hieß, (59) und sie steinigten den Stephanos, der ausrief und sagte: »Herr Jesus, nimm meinen Geist auf.« (60) Er fiel aber auf die Knie und schrie laut: »Herr, rechne ihnen diese Sünde nicht an!« Und mit diesen Worten entschlief er. (8,1) Saulos aber stimmte seiner Tötung zu.

Es kam aber an jenem Tag zu einer großen Verfolgung gegen die Gemeinde in Jerusalem, alle aber wurden zerstreut in die Landschaften von Judäa und Samareia, außer den Aposteln. (2) Fromme Männer aber gaben Stephanos das letzte Geleit und hielten eine große Totenklage über ihn. (3) Saulos aber vernichtete die Gemeinde, indem er in die Häuser eindrang; er schleppte Männer und Frauen weg und gab sie in Gewahrsam.

Auslegung

TEXTOBERFLÄCHE Die vorliegende Passage steht im Zentrum der ersten Hälfte der Apostelgeschichte. In Apg 6,1–6 hat die Gemeinde sieben Männer bestimmt, die die Versorgung mit Essen betreuen sollen.[59] Einer von ihnen ist Stephanos. Nach einem Summarium über Missionserfolge (6,7) tritt er wieder auf – nicht in der Essensversorgung, sondern als Wundertäter – und wird nach einem Synhedriumsprozess zu Tode gebracht. Schon vorher hatte es zwei Prozesse vor dem Synhedrium gegeben, die sich an öffentliche Auftritte von Christen anschlossen. Sie endeten erst mit einer Verwarnung (3,1–4,22), dann mit einer Geißelung (5,12–42). Mit der Zerstreuung der Gemeinde nach dem Tod des Stephanos wird der Beginn der Evangelisation außerhalb Jerusalems eingeleitet, die im weiteren Verlauf ein Kernthema der Apostelgeschichte bilden wird. Die Verknüpfung mit dem Kontext erfolgt über das Personal: Nach vorne durch Stephanos, nach hinten durch Saulus, der in mehreren kurzen Notizen eingeführt wird. »Durch die Verschachtelung der Notizen schafft Lukas einen Übergang zum folgenden Teil des Buches.«[60]

Die Stephanusperikope nimmt einen prominenten Platz in der Apostelgeschichte ein. Sie ist auch vom Umfang her beträchtlich: Allein die Rede umfasst etwa fünf Prozent des ganzen Buches.[61]

Die Erzählsituation wechselt in der Perikope mehrfach. Die Martyriumsszene wird von einem externen Erzähler erzählt, der aber dreimal Platz macht für akteur-

---

[59] Διακονεῖν τραπέζαις (6,2).
[60] PESCH, Apostelgeschichte 1, 261.
[61] Vgl. ROLOFF, Apostelgeschichte, 117.

gebundene Erzähler – zweimal kurz (für die Kläger und die falschen Zeugen) und einmal sehr ausführlich (für Stephanos). Auch bei der Fokalisierung gibt es mehrere Ebenen. Neben dem externen Fokalisator treten Akteure als Fokalisatoren auf: Stephanos, die Kläger und die falschen Zeugen (jeweils klar getrennt von der Ebene der externen Fokalisation), dazu die Synhedristen (sie sehen Stephanos: 6,15) und Saulos (er ist zufrieden: 8,1a). Dazu kommt Stephanos auch auf einer Zitatebene, nämlich innerhalb der Rede der falschen Zeugen (6,13), vor. Die Fokalisationsebenen wechseln also häufig; sie sind nicht immer scharf getrennt.

Der größte Teil der langen Stephanosrede ist narrativ – er erzählt von der Geschichte Israels. Die Zitate von Prophetenworten allerdings und der Schluss der Rede (7,51–53) sind nicht narrativ. Auch seine von den Falschzeugen zitierten Aussagen (6,13) und seine Worte vor seinem Tod (7,56.59.60) sind nicht narrativ.

Die Gattung des Textes kann als eine narrative Episode innerhalb einer historischen Monographie bestimmt werden,[62] wobei der hohe Dialoganteil auffällt. *Oratio obliqua* fehlt ganz. Die lange Rede des Stephanos kann über weite Strecken als »a thumbnail sketch of Israel's history, in deuteronomic style«[63] bezeichnet werden. Sie schließt mit einem »prophetic indictment«[64]. Die Rede zeichnet sich durch einen hohen Anteil alttestamentlicher Zitate aus.[65] Stephanos' letzte Worte werden ausdrücklich markiert.

SINNGEBUNG   Die Fokalisierung ergibt ein eindeutiges Bild: Der externe Fokalisator bezieht klar Stellung für Stephanos. Er unterstützt außerdem die Fokalisation des Stephanos, die durch »Weisheit« und »Geist« geleitet erscheint, und für die wesentlich mehr Raum gelassen wird als für die Fokalisation der Gegner. Die Schriftzitate in Stephanos' Rede unterstützen zusätzlich die Glaubwürdigkeit seiner Perspektive. Dagegen werden seine Gegner als »aufgestellt« (ὑπέβαλον) und die Zeugen der Anklage als »Lügner« (ψευδεῖς) bezeichnet. Die Fokalisation der Gegner wird allerdings gelten gelassen, als ihnen Stephanos wie ein Engel erscheint.

Stephanos ist der Akteur, der als Protagonist im Zentrum der Perikope steht. Er wurde in 6,1–5 als einer der »sieben Männer mit gutem Ruf und voll Geist und Weisheit«[66] eingeführt. Auch in der weiteren Folge erscheint er »voll von Gnade und Kraft« und überlegen durch seine »Weisheit und den Geist«.[67] Stephanos wirkt »Wunder und Zeichen« (6,8); er erscheint zugleich als Prophet (7,51–53), Visionär (7,55) und Beter (7,59.60). Er ist ein Kenner der Schrift und der Geschichte Israels (7,2–50). Das Stephanosbild der Perikope ist kritiklos und keineswegs vielschichtig.

---

[62] Zu dieser Gattungsbestimmung der Apg vgl. FITZMYER, Acts, 127.
[63] A. a. O., 364.
[64] A. a. O., 104.
[65] Von 37 atl. Zitaten in der Apostelgeschichte finden sich 14 allein in dieser Rede, vgl. a. a. O., 90.
[66] Μαρτυρουμένους ἄνδρας ἑπτά, πλήρεις πνεύματος καὶ σοφίας, 6,3.
[67] Πλήρης χάριτος καὶ δυνάμεως, 6,8; τῇ σοφίᾳ καὶ τῷ πνεύματι, 6,10.

In allen seinen Aspekten erweist er sich als idealer Frommer. Die anderen Akteure werden dagegen nur ganz knapp als unterlegen charakterisiert[68] und als Lügner und Verleumder diskreditiert. Die Motive in der vorliegenden Perikope sind in Todesdarstellungen, v. a. aus dem jüdisch-christlichen Bereich, weit verbreitet. Zum Teil stehen sie in bewusstem Bezug zur Passion Jesu. Das Vorkommen einiger Motive in der Stephanoserzählung dürfte ihre Aufnahme in die spätere christliche Märtyrerliteratur begründet haben. Der Protagonist erweist sich als seinen Gegnern überlegen (sie sind ja in der Lage, ihn zu töten, doch die Kraftverhältnisse werden von der Erzählung umgekehrt). Gerade durch seine Rede stellt die Erzählung seine Überlegenheit heraus, weil diese ihm die Deutungshoheit zugesteht. Der Protagonist kann sich über göttlichen Beistand freuen. Er ist voll des Heiligen Geistes. Auch seine Verklärung muss als göttliche Bestätigung verstanden werden. Er wird schließlich (8,2) durch fromme Männer feierlich bestattet und beklagt. Diese Notiz, hier ohne weitere Details, erweist zusätzlich seine Ehrbarkeit. Ein bekannter Gedanke und häufig erhobener Vorwurf ist, dass Israel alle Propheten getötet habe. Er findet sich beispielsweise auch in Lk 11,47 Q und in den *Vitae Prophetarum*.[69] Hier wird der Vorwurf von Stephanos selbst erhoben, er bietet damit im Voraus eine Deutung seines Todes als eines Prophetentodes. Zu nennen ist weiter das Motiv der falschen Zeugen, das natürlich einfach im tatsächlichen Auftreten falscher Zeugen im Stephanosprozess zurückzuführen sein mag, das aber auch auf die Psalmen[70] und auch auf die Passion Jesu zurückgeführt werden kann.

Speziell auf Jesu Passion bezogen sind folgende Motive: Während des Prozesses spricht der angeklagte Protagonist von einer Schau des Menschensohnes zur Rechten Gottes (vgl. Lk 22,69). Während Jesus diese Schau für die Zukunft ankündigt, spricht Stephanos davon, diese Vision selbst zu haben (Apg 7,56); der Menschensohn wird ausdrücklich als Jesus identifiziert (7,55). Auch die Art der Vorwürfe weist Verbindungen zur Passionserzählung auf: Lukas versetzt Elemente aus dem Synhedriumsverhör, die er in der markinischen Passionserzählung vorfand, in die Stephanosperikope. Dazu gehört der Vorwurf der Blasphemie (Mk 14,64; Apg 6,11; fehlt in Lk 22,66–71) und die von den Falschzeugen unterstellte Kritik am Tempel in der Gestalt des sog. Tempellogions: Jesus wolle den Tempel abreißen (Mk 14,58; Apg 6,14; fehlt in Lk 22,66–71). Auf die lukanische Passionserzählung nehmen auch Stephanos' Sterbegebete Bezug – zwar nicht in der Formulierung, aber im Inhalt: Er bittet wie Jesus um Vergebung für seine Mörder und um die Aufnahme seines

---

[68] Οὐκ ἴσχυον, 6,10.

[69] Zu den *Vitae Prophetarum* vgl. oben. Es besteht eine gewisse Wahrscheinlichkeit für eine Datierung dieser Viten in das vierte Jahrhundert n. Chr., womit sie klar in die Wirkungsgeschichte der vorliegenden Stephanosperikope fallen würden.

[70] Ps 26,12 LXX: ἐπανέστησάν μοι μάρτυρες ἄδικοι, καὶ ἐψεύσατο ἡ ἀδικία ἑαυτῇ; Ps 34,11 LXX: ἀναστάντες μάρτυρες ἄδικοι ἃ οὐκ ἐγίνωσκον ἠρώτων με.

Geistes (Apg 7,59.60; vgl. Lk 23,34.46). Interessant ist, dass Stephanos in seinem zweiten Sterbegebet direkt Jesus anspricht, den er zuvor im geöffneten Himmel gesehen hat. Da nur Lukas diese Gebete auch für Jesus bezeugt, wurde angenommen, er habe sie der ihm vorliegenden Stephanoserzählung entnommen.[71] Das ist nicht zu beweisen; die Parallelität macht aber in jedem Fall deutlich, dass der Text Jesu Sterben als Modell für das Sterben der Märtyrer ansieht.[72]

Die Zeitstruktur ist wie folgt gestaltet: Das über einen wohl längeren Zeitraum wiederholte wundertätige Auftreten des Stephanos ist in 6,8 einmal gerafft erzählt. Es folgen in zwei sehr knappen Szenen (6,9f.11f.) die Diskussionen mit einigen hellenistischen Diasporajuden und die Klage gegen Stephanos. Etwas ausführlicher ist die Szene vor dem Synhedrium (6,13–7,56), die von einer langen Pause unterbrochen wird, in der Stephanos redet (7,2–53; die Rede hat in ihren narrativen Abschnitten einen eigenen Rhythmus von Szenen und gerafften Abschnitten). Auch die Steinigung ist szenisch erzählt (7,57–60), sie schließt ohne Übergang an. Die folgenden Ereignisse (8,1–3) sind nun wieder gerafft erzählt. Als eigenständige Episode hat die Perikope auch eine abgeschlossene Zeitstruktur mit einer szenischen Darstellung im Zentrum.[73]

Die Reihenfolge der Erzählung entspricht der Reihenfolge der Ereignisse; auch in den Redebeiträgen sind keine Ereignisse umgestellt. Problematisch ist nur die zweimalige Formulierung »sie steinigten ihn« (ἐλιθοβόλουν, 7,58a.59). Nach Fitzmyers Übersetzung[74] handelt es sich nicht um eine Doppelung: Beim ersten Mal werde die Steinigung begonnen, beim zweiten Mal fortgesetzt. Man könnte aber auch 58a als Ankündigung und 58b.59 als Schilderung der Durchführung der Steinigung verstehen.

Sowohl in der Rede als auch in der Erzählung befinden sich sinngebende Elemente. Wie aber die Rede mit ihren Themen oder ihrem Thema genau auf das Martyrium bezogen werden kann, ist umstritten und keineswegs eindeutig.[75] Auf der Ebene der Erzählung ist es die Tempelkritik und die deuteronomistisch geprägte Rede von der Halsstarrigkeit Israels, die die Synhedristen gegen Stephanos aufbringt. Die Vision vom Menschensohn in den geöffneten Himmeln ist dann nur mehr der Funke, der ihre Wut in Gewalt umschlagen lässt.

EREIGNISBEZUG Folgende Ereignisse werden in dem Text erzählt: Nach dem öffentlichen wundertätigen Auftreten des Stephanos beginnen einige in Jerusalem ansäs-

---

[71]Vgl. PESCH, Apostelgeschichte 1, 262.

[72]Vgl. ROLOFF, Apostelgeschichte, 128.

[73]Die »dramatische Szenentechnik« hat nach HAENCHEN, Apostelgeschichte, 117, ihr Vorbild in den Evangelien. Dagegen ist zu sagen, dass es eine episodische Erzähltechnik auch bei anderen Historikern gibt.

[74]Vgl. FITZMYER, Acts, 13.389.

[75]Vgl. HAENCHEN, Apostelgeschichte, 278f.

sige Diasporajuden eine Diskussion mit ihm; sie sind ihm aber unterlegen. Darauf organisieren sie eine Anzeige gegen ihn; Stephanos wird vor das Synhedrium gebracht, und falsche Zeugen treten gegen ihn auf. Auf eine Frage des Hohenpriesters hält Stephanos eine lange Rede. Die Synhedristen geraten in Ärger. Stephanos hat eine Vision von Jesus zur Rechten Gottes im geöffneten Himmel und erzählt davon. Darauf wird er aus der Stadt getrieben, die Zeugen legen ihre Obergewänder zu Saulos' Füßen ab und steinigen Stephanos. Der wird begraben und beklagt; Saulos wird zum Verfolger der christlichen Gemeinde.

Die Ereignisse, die die Perikope umrahmen – Stephanos' wundertätiges Auftreten (6,8) und Saulos' Verfolgertätigkeit (8,3) – nehmen einen unbestimmten Zeitraum in Anspruch. Prozess und Martyrium des Stephanos dauern dagegen wohl nur einen Tag; auch die Ausschreitungen gegen die christliche Gemeinde (8,1b) finden »an jenem Tag«[76] statt.

Der Text macht keine Angaben über die Herkunft seiner Informationen. Über die in der Apostelgeschichte verarbeiteten Quellen lässt sich trotz umfangreicher Untersuchungen kein sicheres Urteil erzielen. Die Bemühungen lieferten freilich immer wieder plausible Erklärungen. Generell gelten die aus Jerusalem vertriebenen ›Hellenisten‹ als Tradenten und »Antiochia als Transmissionszentrum«[77] der frühen Jerusalemer Überlieferung. Auch die Überlieferung *über* die Hellenisten wird in Antiochia zu verorten sein. Wahrscheinlich hat Lukas einen Quellenstrang von dort im ersten Teil der Apostelgeschichte verarbeitet.[78] Allerdings ist die genaue Abgrenzung der Quellen nicht mehr möglich: »Die Analyse des Abschnitts stößt [...] auf außergewöhnliche Schwierigkeiten nicht nur hinsichtlich der klaren Scheidung von Tradition und Redaktion, sondern auch hinsichtlich der gattungsmäßigen Bestimmung der ersteren und der Fixierung der Intention der letzteren.«[79] Beobachtet wurde im Text eine Spannung zwischen Zügen eines Lynchmordes und eines geordneten Gerichtsverfahrens; meist wurde die Gerichtserzählung für redaktionell gehalten.[80] Die lange Rede sei wegen ihrer angeblich unlukanischen theologischen Prägung auf eine weitere Quelle zurückzuführen und von Lukas mit kleineren Erweiterungen in den Martyriumsbericht eingeschaltet worden.[81] Dagegen hat Fitzmyer sowohl die Gerichts- und Martyriumsszene als auch die Rede als freie Komposition des Lukas bezeichnet, die in unterschiedlichem Maße traditionelle antiochenische Elemente aufgreifen.[82] Fitzmyers Sichtweise verdient den

---

[76] Ἐν ἐκείνῃ τῇ ἡμέρα.

[77] PESCH, Apostelgeschichte 1, 46.

[78] Vgl. a. a. O., 49.

[79] ROLOFF, Apostelgeschichte, 111.

[80] Vgl. HAENCHEN, Apostelgeschichte, 266; ROLOFF, Apostelgeschichte, 126; wohl auch PESCH, Apostelgeschichte 1, 235f.262.

[81] Vgl. HAENCHEN, Apostelgeschichte, 279f., mit Hinweisen zur Forschungsgeschichte; ROLOFF, Apostelgeschichte, 119, der sie auf den Stephanuskreis zurückführt; PESCH, Apostelgeschichte 1, 244.

[82] Vgl. FITZMYER, Acts, 86.355.365.

Vorzug. Die Mehrschichtigkeit der Martyriumsszene lässt sich mit erzähltheoretischen Mitteln beschreiben und verlangt nicht nach einer redaktionsgeschichtlichen Lösung. Für die Rede wiederum kann geltend gemacht werden, dass einerseits in der antiken Historiographie Reden (zumal an Schlüsselstellen wie hier) wichtige Intentionen des Verfassers transportieren und daher von ihm verantwortet werden, und dass andererseits sich Stephanos' Rede sehr wohl gut in den Duktus der lukanischen Theologie einfügt.[83]

Wie steht es um die Historizität? Die Frage, ob Stephanos die Rede so gehalten habe, wie sie hier wiedergegeben wird, stellt sich angesichts der Art Literatur, die hier vorliegt, gar nicht.[84] Ein Lynchmord erscheint plausibler als ein ordentliches Gerichtsverfahren, weil die jüdischen Behörden unter der römischen Herrschaft kein Recht zur Hinrichtung besaßen.[85] Den Vorfall in die Vakanz der römischen Statthalterschaft 37 n. Chr. zu datieren, ist unnötig, wenn man nicht von einem ordentlichen Gerichtsverfahren ausgeht. Als Argument gegen einen regulären Strafprozess wurde zudem vorgetragen, dass die Art der Steinigung nicht dem in der Mischna (Sanh 6,4) vorgeschriebenen Verfahren entspricht.[86] Dieses Argument ist nicht ohne weiteres tragfähig, da die halakhischen Vorschriften der Mischna nicht ohne genaue Begründung in die Zeit des zweiten Tempels extrapoliert werden dürfen.[87]

FAZIT   In der Wirkungsgeschichte der Passion Jesu steht dieses bedeutende Martyrium, das in wichtigen Einzelzügen an diese angelehnt ist. Im Werkkontext der historischen Monographie ›Apostelgeschichte‹ besitzt es eine gewichtige Position. Beachtenswert ist die Länge der Rede des Märtyrers, die die Perikope stark dominiert. In ihr deutet Stephanos selbst seinen Tod in den Kategorien des Prophetenmordes (und steht damit in der Tradition, die mit 2 Chr 24 beginnt). Die Charakteristik betont kritiklos die Würde und Fähigkeit des Märtyrers; die Erzählung ist darin anderen Martyrien vergleichbar.

2.2.2   Die Propheten und Märtyrer (Hebr 11,32–40)

Literatur

Text: NA[27], 582. Einleitung: SCHNELLE, Einleitung, 411–427. Kommentare: GRÄSSER, Hebräer 3, 186–224; WEISS, Brief, 614–629.

---

[83]Vgl. WISCHMEYER, Stephen's Speech, 355.

[84]Zu Recht nennt HAENCHEN, Apostelgeschichte, 279, Versuche, die Rede auf eine Mitschrift des Saulus zurückzuführen, »treuherzig«.

[85]Vgl. FITZMYER, Acts, 391.

[86]Vgl. HAENCHEN, Apostelgeschichte, 287.

[87]Vgl. FITZMYER, Acts, 391; zur Datierung der verschiedenen Teile der Mischna vgl. STEMBERGER, Einleitung, 137f.

Übersetzung

(11,32) Und was soll ich noch sagen? Denn die Zeit geht mir aus, wenn ich erzähle von Gideon, Barak, Samson, Jeftah, David und Samuel und den Propheten, (33) die durch den Glauben Königreiche bezwangen, Gerechtigkeit wirkten, Verheißungen empfingen, Löwen das Maul stopften, (34) die Kraft des Feuers auslöschten, der Schneide des Schwertes entkamen, die aus der Schwachheit gestärkt wurden, die kraftvoll wurden im Krieg, die die Heere der anderen beugten. (35) Frauen erhielten aus der Auferstehung ihre Toten (zurück); andere wurden gefoltert, ohne die Freilassung anzunehmen, damit sie einer mächtigeren Auferstehung teilhaftig würden; (36) die übrigen nahmen die Prüfung von Verhöhnungen und Peitschenhieben (auf sich), noch dazu von Fesseln und Haft, (37) sie wurden gesteinigt, zersägt[88], starben durch den Mord mit dem Schwert, gingen in Schaffellen umher, in Ziegenhäuten, litten Mangel, Bedrängnis, Qualen; (38) sie, deren die Welt nicht würdig ist, irrten durch Wüsten und Berge und Höhlen und Erdlöcher.

(39) Und alle diese, die durch den Glauben Zeugnis ablegten, erhielten nicht die Verheißung, (40) weil Gott etwas Größeres mit uns vorhat, damit sie nicht ohne uns zur Vollendung kommen.

Auslegung

TEXTOBERFLÄCHE Hebr 11,32–40 ist Teil der großen Schlussparänese des Hebräerbriefs (10,19–13,25). Hier werden die Adressaten zum Feststehen im Glauben ermutigt. In diesem paränetischen Block tritt Kap. 11 in Stil und Inhalt als eigener Abschnitt hervor, der freilich mit den vorhergehenden und nachfolgenden Versen eng verknüpft ist. In ihm steht der Glaube (πίστις) im Mittelpunkt; das Feststehen im Glauben wird anhand von Zeugen exemplifiziert.

V. 32 ist durch die einleitende rhetorische Frage deutlich von den vorherigen Versen abgesetzt. Die lange Reihe der anaphorisch mit πίστει eingeleiteten Sätze wird abgebrochen, die Aufzählung wird – gewissermaßen verdichtet – zum Ende geführt. V. 32–38 zielt schon auf 12,1–3 hin. In 11,39f. wird das ganze Kapitel gebündelt (»alle diese« bezieht sich auf alle in Kap. 11 Genannten).

Der Hebräerbrief ist nach eigener Auskunft eine Mahn- und Trostrede[89]. Entsprechend seinem »pastoral-seelsorgerliche[n] Grundanliegen«[90] wechseln theologische Ausführungen mit paränetischen Abschnitten ab. Es handelt sich also nicht um einen narrativen Text – mit der Folge, dass die oben vorgestellten Erschließungsfragen hier nur teilweise und modifiziert angewandt werden können. Der ganze Abschnitt ist rhetorisch stark durchgestaltet. Ist das ganze Kapitel gattungsmäßig

---

[88]Ich lese ἐπρίσθησαν mit NA²⁷. Frühere Auflagen lasen ἐπειράσθησαν »versucht«. Die Entscheidung zwischen beiden Lesarten ist schwierig und wurde in NA²⁷ wohl vor allem aufgrund der Bezeugung in 𝔓⁴⁶ zugunsten von ἐπρίσθησαν getroffen.

[89]Λόγος τῆς παρακλήσεως (13,22).

[90]A. a. O., 52.

als ein großer Paradigmenkatalog zu bestimmen,[91] so sind 32–38 als ein Sieger- und Märtyrerkatalog einzuordnen.[92]

SINNGEBUNG Die Märtyrer bleiben anonym (zu möglichen Identifizierungen s. gleich); alle Details fehlen, es geht nur um das Typische. In großer Dichte wird das Wesentliche gebracht. Besonders in v. 34 und 37 erreicht die Verdichtung der Ereignisse einen Höhepunkt. Weiss schreibt:

> Das summarische, jeweils nur andeutende Verfahren der Aufzählung in den VV. 36–38 läßt jedenfalls das Grundanliegen – Bewahrung und Bewährung des Glaubens in Grenzsituationen – höchst drastisch hervortreten, auch wenn sich die hier im einzelnen genannten Leidensumstände [...] kaum eindeutig in die biblische Überlieferung einordnen lassen.[93]

Zur Darstellung der Martyrien bedient sich der Verfasser feststehender Motive. Die theologische Einordnung der Todesfälle erfolgt mit Hilfe des Glaubensbegriffs (πίστις). Dieser Begriff hält das ganze Kapitel zusammen. Was unter Glaube zu verstehen ist, wird in 11,1 definiert:»Der Glaube ist ein Feststehen (ὑπόστασις) dessen, worauf man hofft, und ein Beweis für die Dinge, die man nicht sieht«. Zu diesem Glauben zu ermutigen, ist die Absicht des ganzen letzten Hauptteils des Hebräerbriefs.

Der Verfasser kann Siege im Krieg (v. 32–35a) mit Martyrien (v. 35b–37a) und der Askese der Propheten (v. 37b–38)[94] in einem Zusammenhang nennen. Sie gehören zusammen als Beispiele für den Glauben der früheren Zeit.

Auch wenn die Propheten»Verheißenes empfingen«,[95] bleiben doch insgesamt die Verheißungsgüter den Zeugen der früheren Zeit vorenthalten,[96] weil Gott sie auch der jetzt lebenden Generation zuteil werden lassen will. Die früheren Zeugen sollen mit den Lebenden, d. h. mit den Addressaten des Hebr, zusammen vollendet werden (τελειωθῶσιν, v. 40).

Bei einer rhetorisch so stark durchgestalteten Mahnrede ist nach der Textpragmatik zu fragen. Der Paradigmenkatalog mündet 12,1 in eine Aufforderung:»Lasst uns den vor uns liegenden Wettkampf laufen!« Die Adressaten sollen ihren Glauben als standhaft erweisen (ὑπόστασις, s. o.) und auch in Widrigkeiten bewähren. Dabei sollen sie die»Wolke der Zeugen« (νέφος μαρτύρων, 12,1) vor Augen haben. Auch

---

[91] Vgl. GRÄSSER, Hebräer 3, 87.
[92] Vgl. a. a. O., 188; WEISS, Brief, 614.
[93] A. a. O., 620.
[94] In 37b geht es nicht mehr um die Leiden der Märtyrer, sondern um die »gläubig ertragenen Lebensmühsale«, Delitzsch, zit. bei GRÄSSER, Hebräer 3, 213; vgl. auch WEISS, Brief, 622f.
[95] Ἐπέτυχον ἐπαγγελιῶν (v. 33).
[96] Οὐκ ἐκομίσαντο τὴν ἐπαγγελίαν (v. 39).

bei den Märtyrern»ist es so, daß nicht das Leiden als solches als nachahmenswertes Beispiel hingestellt wird, sondern die darin durchgehaltene Treue.«[97]

EREIGNISBEZUG Während die siegreichen Propheten in v. 32 noch namentlich benannt werden, bleiben die Märtyrer und Asketen in v. 35b–38 anonym. Zuweisungen wurden freilich versucht. v. 35b–36 wurde seit »Kirchenväter-Tagen [. . .] auf das Martyrium des Eleasar, seiner sieben Brüder und ihrer Mutter gedeutet«.[98] Dafür sprechen terminologische Anklänge,[99] vor allem aber die Auferstehungshoffnung v. 35 (vgl 2 Makk 7,9.14.29). Mit »sie wurden gesteinigt« (v. 37) mag Secharja aus 2 Chr 24 gemeint sein,[100] die Zersägung verbindet sich in der Tradition mit Jesaja.[101] Darüber hinaus bleiben die Zuordnungen undeutlich. Es handelt sich jedenfalls um Einzelereignisse, die auf mehrere Jahrhunderte verteilt sind.

Der Verfasser bezieht sich auf Ereignisse, die er aus der Schrift und der Tradition kennt. Ich halte es für unwahrscheinlich, dass er für diesen Text eine literarische Vorlage benutzt hat, die Paradigmen können unmittelbar aus der Traditionskenntnis geschöpft sein.[102] Der Hebr – bewusst anonym verfasst[103] – lässt sich zwar vermutlich zwischen 80 und 90 n. Chr. datieren;[104] ein Zeitabstand zu den geschilderten Martyrien ist aber nicht bestimmbar.

Die Historizität der Ereignisse spielt an dieser Stelle keine Rolle. Man wird freilich davon ausgehen, dass der Verfasser die Beispiele, die über einen langen Überlieferungsprozess auf ihn gekommen waren, nicht für Fiktionen hielt, wenn er sie als Glaubensbeispiele verwendete.

FAZIT Der Hebräerbrief nennt die Qualen und das Sterben der Märtyrer als ein Paradigma des Glaubens. Die Todesnotiz wird also nicht narrativ, sondern rhetorisch-argumentativ entfaltet. Hebr 11 ist eingebettet in den Traditionsprozess der jüdisch-christlichen Märtyrerüberliefung und illustriert, wie selbstverständlich diese Überlieferung in der frühen Christenheit vorausgesetzt werden kann. Auch dieser Text nennt ausdrücklich die Freiwilligkeit der Märtyrer im Sterben als Ausdruck ihres Glaubens und damit als entscheidenden Grund ihrer Hochschätzung.

---

[97]GRÄSSER, Hebräer 3, 189.

[98]A. a. O., 205.

[99]Die Folter wird als τυμπανισθῆναι bezeichnet; Eleazars Foltergerät heißt τύμπανον (2 Makk 6,19.28).

[100]Vgl. a. a. O., 211.

[101]Vgl. unten S. 83.

[102]So auch a. a. O., 89.

[103]Vgl. GRÄSSER, Hebräer 1, 19.22. Er wurde aber schon früh als paulinisches Schreiben überliefert und als solches auch kanonisiert.

[104]Vgl. SCHNELLE, Einleitung, 414.

2.2.3   Petrus und Paulus (1 Clem 5–6)

Literatur

Text: LINDEMANN/PAULSEN, Väter, 86f.; deutsche Übersetzung a. a. O., 86f. Einleitung: KNOCH, Namen, 3–54; LONA, Clemensbrief, 13–110. Kommentar: a. a. O., 156–173.

Übersetzung

(5,1) Aber um mit den alten Vorbildern aufzuhören, lasst uns zu denen kommen, die jüngst zu Wettkämpfern wurden: Nehmen wir die edlen Vorbilder unserer Generation. (2) Aus Eifersucht und Neid wurden die größten und gerechtesten Säulen verfolgt und gingen bis in den Tod. (3) Wir wollen uns die guten Apostel vor Augen führen: (4) Petrus, der aus ungerechtem Neid nicht eine oder zwei, sondern zahlreiche Qualen erduldete, und so als Zeuge zu dem gebührenden Ort der Herrlichkeit aufbrach. (5) Wegen Eifersucht und Streit präsentierte Paulus den Kampfpreis. (6) Er, der siebenmal Fesseln getragen hatte, verbannt wurde, gesteinigt wurde, der zum Verkündiger wurde im Osten und im Westen, empfing den edlen Ruhm seines Glaubens, (7) der die ganze Welt Gerechtigkeit gelehrt hatte und bis ans Ende des Westens gegangen war, vor Herrschern Zeugnis abgelegt hatte, wurde so von der Welt erlöst und in den heiligen Ort aufgenommen, als ein übergroßes Beispiel der Geduld.

(6,1) Mit diesen Männern, die fromm gelebt hatten, vereinigte sich eine große Menge der Erwählten, die aus Eifersucht viele Misshandlungen und Foltern erlitten und für uns zum schönsten Vorbild wurden. (2) Aus Eifersucht wurden Danaïden- und Dirken-Frauen verfolgt, litten entsetzliche und gottlose Misshandlungen, kamen auf die sichere Laufbahn des Glaubens und erlangten die edle Auszeichnung, obwohl sie körperlich schwach waren. (3) Eifersucht entfremdete Ehefrauen von ihren Männern und veränderte, was von unserem Vater Adam gesagt wurde: Dies ist jetzt ein Knochen von meinem Knochen und Fleisch von meinem Fleisch. (4) Eifersucht und Streit vernichtete große Städte und entzweite große Völker.

Auslegung

TEXTOBERFLÄCHE   1 Clem ist ein Schreiben der Gemeinde von Rom an die Gemeinde von Korinth aus Anlass der Absetzung von Presbytern in Korinth. Der Brief hat zwei Hauptteile: In Kap. 1–39 wird in einer ausführlichen theologischen Argumentation die Grundlage für Kap. 40–65 gelegt, in denen zu dem korinthischen Gemeindekonflikt Stellung genommen wird: 1 Clem plädiert für die Wiedereinsetzung der betreffenden Presbyter.

Der vorliegende Text steht relativ weit vorne in der Argumentation des 1 Clem in dem Abschnitt Kap. 4–6, der zweimal sieben Beispiele für die Schädlichkeit von Neid, Eifersucht und Streit aufführt. 1 Clem 4 behandelt biblische Beispiele, Kap. 5 als aktuelle Beispiele die Leiden der Apostel Petrus und Paulus, 6 weitere aktuelle und allgemeine Beispiele. Als Schlussfolgerung schließt sich in 1 Clem 7 eine Mahnung zur Buße an. Der Neueinsatz in 5,1 »signalisiert eine deutliche Zäsur zum vorhergehenden Abschnitt (... παυσώμεθα).«[105]

Ganz ähnlich wie Hebr 11 ist 1 Clem 5f. ein Paradigmenkatalog: Als Gliederungskennzeichen, die eine Reihe von Beispielen verketten, dienen hier die Stichworte Neid (φθόνος), Eifersucht (ζῆλος) und Streit (ἔρις), vgl. 5,2.4.5; 6,1.2.3.4. Wie der Paradigmenkatalog Hebr 11 ist auch der vorliegende Text nicht narrativ. Auch in der Gattung des Gesamtwerkes gibt es Ähnlichkeiten zum Hebräerbrief: Knoch beschreibt 1 Clem als »ein seelsorgliches Mahnschreiben, eine *nouthesia*, wobei das Neue dieses Vorgehens darin besteht, daß hier ein innergemeindliches Mahnverfahren [...] im zwischengemeindlichen Bezug angewandt wird.«[106]

SINNGEBUNG   In den beiden Kapiteln kommen wichtige Motive vor: In 5,1–6,2 werden die Martyrien mit Hilfe von Wettkampf-Metaphorik gedeutet. Dazu gehören die Begriffe »Wettkämpfer« bzw. »zu Wettkämpfern werden«, »Kampfpreis« und »sichere Laufbahn«.[107]

Die Märtyrer, Apostel und andere, haben die Funktion von »Vorbildern« (ὑποδείγματα). Darin zeigt sich ein Anklang an die Makkabäermartyrien.[108] Petrus und Paulus legen Zeugnis ab (μαρτυρέω, 5,4.7). Der Begriff bezeichnet hier noch nicht den Märtyrertod, sondern das Zeugnis, das die Apostel noch *vor* ihrem Tod ablegten.[109]

Als durchgehendes Motiv zieht sich die Rede von Neid, Eifersucht und Streit durch den Text. In Hebr 11 hat diese Funktion das Glaubensmotiv. Beide Male ist das Motiv, das als Gliederungsmerkmal verwendet wird (s. o.), zugleich dasjenige, auf das die Textpragmatik abzielt: »Denn wir sind auf dem gleichen Kampfplatz, und uns ist der gleiche Wettkampf auferlegt« (7,1).[110]

Ein überraschendes Motiv ist der Vergleich von Märtyrinnen mit den Danaïden und der Dirke, beide Gestalten der paganen Mythologie.[111] »Der Vf. versteht offenbar beide Gestalten als Sinnbild für weibliches Leid«.[112]

1 Clem 5f. richtet sich pragmatisch darauf, die Adressaten in Korinth zur Buße zu bewegen (vgl. 1 Clem 7) und – in weiterer Folge – zur Rehabilitierung der Presbyter zu veranlassen, deren Absetzung den Anlass des Briefes bildet (vgl. 1 Clem 44,4–6). Die Beispiele in Kap. 5f. zeigen die Schädlichkeit von Neid, Eifersucht und Streit

---

[105]a. a. O., 156.
[106]KNOCH, Namen, 12.
[107]Ἀθληταί bzw. ἀθλέω (5,1f), βραβεῖον (5,5) und βέβαιος δρόμος (6,2).
[108]2 Makk 6,28.31 in Verbindung mit γενναῖος; 4 Makk 17,23 in Verbindung mit ὑπομονή: vgl a. a. O., 40; LONA, Clemensbrief, 156f.
[109]So a. a. O., 160.166, mit ausführlicher Diskussion.
[110]Ἐν γὰρ τῷ αὐτῷ ἐσμὲν σκάμματι, καὶ ὁ αὐτὸς ἡμῖν ἀγῶν ἐπίκειται.
[111]Vgl. AUFFARTH, DNP 3 (1997), 307f; HARDER, DNP 3 (1997), 688.
[112]LONA, Clemensbrief, 170. Ernst Hohl weist auf eine andere Auslegung der Stelle hin: Nero verband die Hinrichtung von Christen mit einem Gartenfest mit Vorführungen; dabei könnten Christinnen als Danaiden und Dirken kostümiert getötet worden sein. Hohl weist selbst auf die Unsicherheit dieser Deutung hin, vgl. HOHL, PW Suppl. 3 (1918), 383.

und sollen so die Grundlage für die Umkehr der korinthischen Gemeinde bereiten. Diese Pragmatik bzw. rhetorische Abzweckung bestimmt die Art der Darstellung, die nur knapp die wichtigsten Punkte anreißt, um die Ereignisse in Erinnerung zu rufen. Zugleich unterstreicht der Hinweis auf die beiden Apostel und ihre Beziehung zu Rom die Autorität der Römischen Gemeinde.[113]

EREIGNISBEZUG   Die geschilderten Ereignisse bleiben unscharf. Neben dem ange-deuteten Wirken des Paulus (5,7) werden Leiden, Foltern und Todesfälle nur knapp benannt, nie weiter ausgeführt. Ein Zeitraum ist nicht greifbar. Offenbar kann der Verfasser die Ereignisse bei seinen Lesern als bekannt voraussetzen. Mit Stichwor-ten kurz daran zu erinnern genügt für seinen Zweck.

Nach Irenäus von Lyon (Adv. Haer. III 3,3) kannte Clemens die Apostel Petrus und Paulus.[114] Das ist nicht beweisbar. Man darf aber annehmen, dass in der römi-schen Kirche, in deren Namen der Brief abgefasst ist, dreißig Jahre nach dem Tod der beiden Apostel[115] Traditionen über das Wirken und die Martyrien der beiden Apostel im Umlauf waren.

Das Schreiben wird von der kirchlichen Tradition einem Clemens zugeschrie-ben, über den man allerdings nicht viel weiß.[116] Eine literarische Vorlage für Kap. 5f. muss m. E. nicht angenommen werden. Der Verfasser ist rhetorisch durchaus geschickt und kann die Paradigmenreihe selbst zusammengestellt haben.[117] Der stilistische und inhaltliche Bruch vor 6,3 ist allerdings schwer zu erklären.

Wie bei Hebr 11 wird die Historizität der Ereignisse vom Verfasser vorausge-setzt; im Fall der beiden Apostel gibt es auch kaum Gründe dafür, sie zu bestreiten.

FAZIT   Wieder dienen Martyrien als Paradigma, diesmal negativ als Beispiel für die schlimmen Folgen der Eifersucht. Die Einbindung in den Kontext ist mit Hebr 11 durchaus vergleichbar. Auch hier wird die Vorbildwirkung der Märtyrer be-tont. 1 Clem 5f. steht nicht inmitten eines großen Traditionsstromes wie Hebr 11, der kurze Abschnitt steht vielmehr am Anfang eines neuen, diesmal christlichen Überlieferungsprozesses.

---

[113]Vgl. KNOCH, Namen, 9.

[114]Vgl. LONA, Clemensbrief, 67.

[115]Diese Zahl ergibt sich, wenn man die Martyrien in die Zeit der neronischen Verfolgung und die Abfassung von 1 Clem in die 90er Jahre datiert.

[116]Er dürfte die Grammatikerschule absolviert haben, vgl. LAMPE, Christen, 180ff.; die Zugehörigkeit zu einer bestimmten philosophischen Schulrichtung ist nicht nachweisbar, vgl. a. a. O., 176. 1 Clem wird gelegentlich sehr früh (68/69 n. Chr.) oder sehr spät (140–150 n. Chr.) datiert; viel spricht für eine Abfassung im letzten Jahrzehnt des ersten Jh., vgl. LONA, Clemensbrief, 75–77.

[117]Ob ein vorliegender Paradigmenkatalog für eine bestimmte rhetorische Abzweckung umgear-beitet oder ein ganz neuer verfasst wird, lässt sich an einem einigermaßen einheitlichen Text kaum mehr ablesen. Das gleiche gilt für Hebr 11. Für eine schriftliche Vorlage einschließlich der ζῆλος – ἔρις-Reihe plädiert KNOCH, Namen, 40.

2.2.4   Polykarp (MartPol)

Literatur

Text: LINDEMANN/PAULSEN, Väter, 260–285. Eine deutsche Übersetzung ebd.. Forschungsbericht DEHANDSCHUTTER, Martyrium Polycarpi, 485–522. Einleitung und Kommentar: BUSCHMANN, Martyrium.

Übersetzung (Auszüge)

(1,1) Wir schreiben euch, Brüder, was die Märtyrer und den seligen Polykarp betrifft, der wie mit einem Siegel durch sein Zeugnis die Verfolgung beendete. Fast alle die Ereignisse geschahen, damit uns der Herr von oben das Martyrium gemäß dem Evangelium zeigte. (1,2) Er wartete nämlich, dass er ausgeliefert werde, wie auch der Herr, damit auch wir seine Nachahmer würden, und nicht nur auf unsere eigenen Angelegenheiten, sondern auch auf die unserer Nächsten schauten. [...]

(2,2) [...] die anderen aber kamen zu solchem Edelmut, dass keiner von ihnen jammerte oder stöhnte, und sie uns allen zeigten, dass die edelsten Zeugen Christi – zu dieser Stunde gefoltert – außerhalb ihres Fleisches weilten, mehr noch, dass der Herr dabeistand und mit ihnen redete. (2,3) Und im Gedanken an die Gnade Christi verachteten sie die irdischen Foltern und erkauften in einer Stunde das ewige Leben. [...] (3,1) Denn viel ersann der Teufel gegen sie. Aber Dank sei Gott: Er überwand nicht alle. Der edelste Germanicus machte sie in der Angst stark durch seine Geduld. Und er kämpfte sagenhaft gegen die Tiere. Denn als der Prokonsul ihn überreden wollte und sagte, er habe Mitleid mit seinem Alter, zog der die Bestie mit Gewalt an sich, weil er schnell ihrem recht- und gesetzlosen Leben entkommen wollte. [...]

(5,1) Als der bewundernswerteste Polykarp zuerst davon hörte, war er nicht verängstigt, sondern wollte in der Stadt bleiben; die Mehrheit aber überredete ihn, heimlich zu fliehen. Da floh er auf ein Landgut, das nicht weit von der Stadt liegt, und verbrachte (dort) mit wenigen die Zeit, indem er Tag und Nacht nichts anderes tat, als für alle und für die Kirchen auf der ganzen Welt zu beten, wie er es gewohnt war. (5,2) Und beim Gebet geriet er in eine Vision, drei Tage vor seiner Festnahme, und er sah, dass sein Kopfkissen vom Feuer verbrannt wurde. Da wandte er sich um und sagte zu denen, die mit ihm waren: »Ich muss lebend verbrennen«. (6,1) Und als man ihn weiter suchte, da wechselte er auf ein anderes Landgut; und als sie ihn nicht fanden, verhafteten sie zwei Sklaven, von denen der eine unter Folter gestand. (6,2) Denn er konnte unmöglich verborgen bleiben, weil die Verräter zu seinem Haushalt gehörten. Und der Eirenarch, der genauso hieß, mit dem Namen Herodes, ließ ihn schnell ins Stadion bringen, damit jener das gleiche Los vollende, indem er Christi Gefährte würde, seine Auslieferer aber die Strafe des Judas erlitten.

(7,1) Da sie also den Sklaven hatten, gingen die Verfolger und Reiter mit ihren üblichen Waffen am Rüsttag zur Essenszeit los, wie gegen einen Räuber. Und als sie zur Abendstunde zusammen herankamen, fand man jenen im Schlafzimmer im ersten Stock liegen. Von dort konnte er an einen anderen Ort fliehen, aber er wollte nicht und sagte: »Der Wille Gottes geschehe«. (7,2) Als er also hörte, dass sie da waren, ging er hinunter und sprach mit ihnen, und sie staunten über sein Alter und seine Haltung, als sie ihn sahen, und dass es eine solche Mühe war, einen so alten Mann zu verhaften. Er befahl also gleich, ihnen zu jener

Stunde zu essen und zu trinken hinzustellen, so viel sie wollten, erbat aber von ihnen, dass sie ihm eine Stunde zum ungestörten Beten gäben. (7,3) Sie erlaubten es, und er stellte sich hin und betete so voll von Gottes Gnade, dass er zwei Stunden nicht schweigen konnte, und die es hörten sich entsetzten, viele aber bereuten, gegen so einen gottgefälligen Alten gezogen zu sein. [...]

(9,1) Als Polykarp das Stadion betrat, kam eine Stimme vom Himmel: »Sei stark, Polykarp, und männlich!« Und den, der redete, sah niemand, aber die von uns, die dabei waren, hörten es. Und übrigens, als er hereingeführt wurde, war das Geschrei groß, als sie hörten, dass Polykarp gefangen war. (9,2) Als er also hereingeführt wurde, fragte ihn der Prokonsul, ob er Polykarp sei. Als der bejahte, redete er ihm zu, abzuschwören, und sagte: »Bedenke dein Alter«, und das andere, was sie gewöhnlich danach sagen: »Schwöre beim Heil des Kaisers, kehre um, sprich: ›Fort mit den Gottlosen‹!« Polykarp aber blickte mit würdevollem Gesicht die ganze gesetzlose Menge im Stadion an, schüttelte die Hand gegen sie, seufzte und sagte mit Blick zum Himmel: »Fort mit den Gottlosen!« (9,3) Der Prokonsul aber drängte und sagte: »Schwöre, und ich lasse dich frei; beschimpfe Christus!« Polykarp aber sagte: »Sechsundachtzig Jahre diene ich ihm, und er hat mir kein Unrecht getan: Wie kann ich da den König lästern, der mich erlöst hat?« [...] (12,1) Als er das und noch mehr sagte, wurde er von Mut und Gnade erfüllt, und sein Gesicht war voll von Gnade, dass er nicht nur nicht nachgab aus Angst vor dem, was zu ihm gesagt wurde, sondern dass auch der Prokonsul außer sich geriet und seinen Herold mitten ins Stadion schickte um dreimal auszurufen: »Polykarp hat gestanden, Christ zu sein.« [...]

(13,1) [...] Die Massen brachten auf der Stelle Holz und Reisig aus den Werkstätten und Bädern zusammen, wobei die Juden am eifrigsten behilflich waren, wie es bei ihnen üblich ist. (13,2) Als aber der Scheiterhaufen hergerichtet wurde, legte er alle seine Kleider ab und löste seinen Gürtel und versuchte, sich die Schuhe auszuziehen, was er vorher nicht gemacht hatte, weil immer jeder von Gläubigen gewetteifert hatte, wer am schnellsten seine Haut berührte. Denn in allem war er wegen seiner guten Lebensführung auch vor dem Martyrium geehrt worden. [...] (14,1) Man nagelte ihn zwar nicht an, band ihn aber fest, wie ein Widder aus einer großen Herde zum Opfertier bezeichnet ist, zum angenehmen Ganzopfer für Gott hergerichtet, (so) blickte er auf zum Himmel und sagte: »Herr, allmächtiger Gott, Vater deines geliebten und gepriesenen Knechtes Jesus Christus, durch den wir die Erkenntnis deiner empfangen haben, Gott der Engel und Mächte und der ganzen Schöpfung, des ganzen Geschlechtes der Gerechten, die vor deinen Augen leben, (14,2) dich preise ich, weil du mich dieser Stunde für wert befunden hast [...]« (15,1) Als er das Amen gesprochen und das Gebet vollendet hatte, zündeten die Feuerleute das Feuer an. Als aber eine große Flamme aufleuchtete, sahen wir ein Wunder, denen es zu sehen gegeben war: Wir beobachteten es, um das Geschehene den übrigen zu verkünden. (15,2) Denn das Feuer sah aus wie ein Gewölbe, wie das Segel eines Schiffs, das vom Wind gefüllt wird; ringsum bildete es eine Wand um den Leib des Märtyrers. Und er war mittendrin, nicht wie Fleisch, das verbrennt, sondern wie Brot, das gebacken wird oder wie Gold und Silber, das im Ofen geläutert wird. Und wir wurden von solchem Wohlgeruch ergriffen, wie von wehendem Weihrauch oder einem anderen kostbaren Räucherwerk. [...]

(18,2) Und so sammelten wir später seine Gebeine ein, die kostbarer sind als teure Steine und angesehener als Gold, und verwahrten sie, wo es angemessen war. (18,3) Dort versammeln wir uns, wenn es geht, mit Jubel und Freude, und der Herr wird uns den Jahrestag seines Martyriums feiern lassen, zum Gedenken an die Kämpfer der Vergangenheit und zur Übung und Vorbereitung der Kommenden. [. . .]

Auslegung

TEXTOBERFLÄCHE   Das Martyrium des Polykarp bildet einen geschlossenen Text. Es ist als eines der ersten Martyrien nicht Teil eines größeren Werkes.

Der Erzähler wechselt nicht; er ist durchgehend extern, lässt aber in der Formulierung »die von uns, die dabei waren«[118] seine Verbindung mit Augenzeugen anklingen. Die Fokalisationsebene wechselt bei wörtlicher Rede. Die Visionen, Auditionen und Wunder werden zum Teil auf der Akteurebene fokalisiert und sind nicht für alle Beteiligten wahrnehmbar – etwa Polykarps Gesicht vom brennenden Kissen (5,2). Die Erzählung gibt hier Einblicke, die den Handelnden der Erzählung teilweise verwehrt bleiben.

Das Polykarpmartyrium hat erhebliche nicht-narrative Anteile. Neben dem brieflichen Rahmen und den Abschnitten in wörtlicher Rede sind hier kurze erklärende oder wertende Halbsätze zu nennen:»Denn viel ersann der Teufel gegen sie« (3,1);»wie ein Widder aus einer großen Herde etc.« (14,1);»und das, weil die Juden dazu anstifteten und drängten« (17,2). Die Schriftzitate werden manchmal in den narrativen Verlauf eingebettet, sodass sie nicht extra hervortreten, so etwa in 7,1:»wie gegen einen Räuber« (Mt 26,55).

Als wichtige Gattungskennzeichen fallen ein Briefeingang und -schluss auf. Von 3,1 bis 18,2 ist der Text narrativ und in den entsprechenden Tempora gehalten. Einige kleine Wundererzählungen sind eingebettet; zahlreiche Schriftzitate und -anspielungen kommen vor. Inhaltlich umfasst die Erzählung nach knapper Vorgeschichte Verfolgung, Verhaftung, Prozess, Hinrichtung und Bestattung. Die Gattungsbeschreibung »Martyrium in Briefform«[119] dürfte damit zutreffend sein. »Formkritisch erweist sich das MartPol als eine christliche Mischgattung sui generis, die sich weder einlinig aus jüdischer noch aus hellenistischer Literatur ableiten lässt.«[120]

SINNGEBUNG   In der Fokalisation ist eine Privilegierung der christlichen Akteure zu beobachten. Ihre Wahrnehmungen und Perspektiven finden deutlich mehr Raum als die der Widersacher. Für die Perspektive der Verfolger gibt es vor allem dort Raum, wo diese Staunen oder Reue wegen Polykarp empfinden (7,2f.).

---

[118]Τῶν ἡμετέρων οἱ παρόντες (9,1).
[119]LINDEMANN/PAULSEN, Väter, 258. »Der Brief ist keineswegs nur Einkleidung … Die symbouleutische Rahmengattung Brief entspricht vielmehr zutiefst der symbouleutischen Gesamtintention des Martpol und erlaubt dem Verfasser des MartPol einen neuen Text sui generis zu schaffen, weil die innige Formenmischung gerade Kennzeichen frühchristlicher Briefe ist«, BUSCHMANN, Martyrium Polycarpi, 98f.
[120]A. a. O., 3.

Polykarp wird neben Epitheta (z. B. »der bewundernswerteste«[121] 5,1), Titeln (z. B. »der apostolische Lehrer und zum Propheten gewordene Bischof«[122] 16,2) und Beschreibungen (»sein Alter und seine Haltung«[123] 7,2) vor allem durch seine Reaktionen, Visionen, Reden und Gebete charakterisiert. Gleich als erstes wird seine Ruhe betont (»war er nicht verängstigt«[124] 5,1). So ergibt sich ein deutliches Bild davon, wie der Verfasser Polykarp gesehen haben möchte. Die zutage tretende Standhaftigkeit des Polykarp erzeugt zugleich dramatische Spannung: Es zeichnet sich ab, dass die Geschichte auf Polykarps Tod hinauslaufen muss.[125]

Polykarps Gegenspieler werden nicht durch Epitheta u. dgl., sondern vor allem durch ihr Reden und Tun charakterisiert. Dabei gewinnen sie kaum eigenes Profil. Wiederholt wird in ihrem Tun das Wirken des Teufels gesehen, etwa in 17,1f., als Niketes die Herausgabe der Gebeine des Märtyrers verhindern will.

Wichtige Motive hat das MartPol nicht so sehr in der Charakterisierung des Märtyrers (er erweist sich als ruhig, 5,1ff., und achtet die Foltern gering, 2,3) als in der Beschreibung und Deutung der Ereignisse aufzuweisen: Dazu gehören die Vision vor dem Tod (5,2), der Verzicht auf die Flucht (7,1), die Reue der Schergen (7,3) und das Wunder beim Tod des Märtyrers (15f.). Polykarp straft die Massen mit Geringschätzung (10,2). Als Motive zur Deutung des Geschehens fallen auf: der terminologische Gebrauch von μαρτυρέω, die Konzeption vom Martyrium als Christusnachfolge (1,2) und als Flucht aus der Welt (3,1), die Beschreibung des Märtyrers als Opfertier (14,1), die antijüdischen Wendungen (z. B. 13,1) und zuletzt die Wettkampfmetaphorik in der Darstellung (17,1; 19,2).

Fast die ganze Geschichte ist szenisch erzählt. Nur die Flucht Polykarps in Kapitel 5f. ist summarisch gerafft bis auf die Szene mit der Vision Polykarps. Für das Gebet des Protagonisten vor seinem Tod in Kapitel 14 wird die Zeit leicht gedehnt.

Die Untersuchung des Textes zeigt, dass sowohl die nicht-narrativen Elemente – Reden, Kommentare, Beschreibungen – als auch die narrativen Elemente des Textes zur Sinngebung und Deutung beitragen. Eine besondere Rolle spielen die Schrift-zitate und -anspielungen, besonders aus den Evangelien.[126] Sie weisen Polykarps Weg ins Martyrium als Christusnachfolge aus.

Der Text hat eine pragmatische Ausrichtung auf Martyriumsparänese.[127] »Alle wünschen sich, sein Martyrium nachzuahmen« (19,1) – eine Haltung, die auch den Adressaten gut ansteht. Alle Martyrien sollen nach dem Willen Gottes (2,1) und

---

[121] Θαυμασιώτατος.
[122] Διδάσκαλος ἀποστόλικος καὶ προφητικὸς γενόμενος ἐπίσκοπος.
[123] Τὴν ἡλικίαν αὐτοῦ καὶ τὸ εὐσταθές.
[124] Οὐκ ἐταράχθη.
[125] Spannung erzeugt schon früh die Formulierung »er konnte unmöglich verborgen bleiben« (6,2).
[126] Die Zitate und Anspielungen sind in LINDEMANN/PAULSEN, Väter, gekennzeichnet.
[127] So auch BUSCHMANN, Martyrium Polycarpi, 321.

nach dem Evangelium (1,1; 19,1) geschehen. »[S]chon der briefliche Rahmen des MartPol macht die paränetisch-kerygmatische Intention des MartPol deutlich«.[128]

EREIGNISBEZUG Im narrativen Hauptteil des Polykarpmartyriums werden folgende Ereignisse erzählt: Nach dem Tod des Germanicus und der Apostasie des Quintus flieht Polykarp auf ein Landgut, hat dort beim Gebet eine Vision und flieht weiter auf ein anderes Landgut. Sklaven werden gefangen und gefoltert, einer verrät ihn. Man sucht ihn auf; er flieht nicht, sondern begrüßt die Schergen; betet und wird dann in die Stadt gebracht. Der jüdischen Eirenarch Herodes versucht zusammen mit Niketes erfolglos, ihn zur Apostasie zu bewegen. Er geht ins Stadion, hat dabei eine Audition; der Prokonsul verhört und verurteilt ihn. Die Menge baut einen Scheiterhaufen, er wird angebunden, betet noch einmal und wird angezündet. Als er nicht verbrennt, wird er durch einen Stich getötet, sein Blut löscht das Feuer. Niketes versucht die Herausgabe der Gebeine zu verhindern; die werden verbrannt und von Christen eingesammelt und beigesetzt.

Aus dem Text sind keine literarischen Quellen zu erschließen. Der Verfasser namens Markion (vgl. 20,1) kann auf Gemeindetraditionen zurückgreifen – Wendungen wie τῶν ἡμετέρων οἱ παρόντες (9,1) lassen an die Benutzung von Augenzeugenberichten denken. Deshalb hatte die ältere Forschung – besonders wirksam Hans von Campenhausen – als ursprüngliche Fassung einen sachlichen, historisch zuverlässigen Bericht vom Tod des Polykarp angenommen, der durch Interpolationen in mehreren Stufen erweitert und theologisch ausgestaltet worden sei. Die Evangelienzitate, das wohl antimontanistische Kap. 4, die Wunderberichte und die chronologischen Anhänge Kap. 21f. seien in der ursprünglichen Form nicht enthalten gewesen.[129] Dem widersprachen unter Aufnahme der Untersuchungen von Lightfoot seit den späten 70er Jahren vor allem Dehandschutter und Buschmann. Sie plädieren für die Einheitlichkeit des Werkes.[130] Die Konsistenz des MartPol und die Ursprünglichkeit der theologischen Ausgestaltung dürften inzwischen als hinlänglich erwiesen gelten.

Das hat erhebliche Bedeutung für die Beurteilung des Textes: Das Polykarpmartyrium wurde nach eigenen Angaben (18,3) bereits innerhalb eines Jahres nach Polykarps Tod verfasst,[131] der inzwischen mehrheitlich in das Jahr 155/156 n. Chr. datiert wird.[132] Für diese Datierung stützt man sich v. a. auf Kap. 21.[133] Der dort

---

[128] A. a. O., 79.

[129] von Campenhausen, Bearbeitungen, passim. Siehe auch Musurillo, Christian Martyrs, li.

[130] Aus literar- und formkritischen Gründen Buschmann, Martyrium Polycarpi, passim; Buschmann, Martyrium, 37f.

[131] »[K]urze Zeit nach dem Tode . . . «, Lindemann/Paulsen, Väter, 258.

[132] Überblick über die Literatur vgl. Dehandschutter, Martyrium Polycarpi, 497–501 Alternativ wurden, in Anlehnung an Angaben bei Euseb, 167 oder 177 n. Chr. vorgeschlagen, vgl. Buschmann, Martyrium, 39f.; ausführlich 367–373.

[133] Μαρτυρεῖ δὲ ὁ μακάριος Πολύκαρπος μηνὸς Ξανθικοῦ δευτέρᾳ ἱσταμένου, πρὸ ἑπτὰ καλανδῶν

genannte 23. Februar fiel in den Jahren 155 und 156 auf einen Sabbat. Zwar hält Buschmann den »großen Sabbat« (vgl. auch 8,1) für eine Angleichung an Joh 19,31 und deshalb für historisch nicht belastbar.[134] Doch Robin L. Fox hat unter Rückgriff auf das »Martyrium des Pionius« die Plausiblität dieser Angabe aufgewiesen:[135] Wie Polykarp starb Pionius als Märtyrer in Smyrna (fast hundert Jahre später in der Decischen Verfolgung[136]), und wie dieser sah er sein kommendes Martyrium voraus. Fox weist darauf hin, dass die im jährlichen Rhythmus stattfindenden Reisen des Statthalters, bei denen dieser in den Städten seiner Provinz Gericht hielt, große Menschenmengen anzogen. In Smyrna fiel diese jährliche Anwesenheit des Prokurators mit dem Fest der Dionysia zusammen.

> At Smyrna, the coincidence brings the martyrdoms' context into sharper focus. Everything lay at hand: a crowd and a governor, assize trials and a programme of bloodshed in the stadium. Death in late February begins to seem a simple forecast for a man on the spot.[137]

Den Begriff »großer Sabbat« erklärt Fox plausibel mit dem wahrscheinlichen Zusammenfallen der Dionysia mit dem Purim-Fest Ende Februar.[138]

Das Polykarpmartyrium enthält also historisch plausible Informationen, auch in den Details. Der kurze Zeitabstand zwischen Vorfall und Abfassung und die mögliche Gegenwart von Augenzeugen in der Gemeinde sprechen aber offensichtlich nicht gegen die Ausbildung von legendarischen Traditionen und die deutliche literarische Formung des Ereignisses nach der Passionserzählung.[139]

FAZIT Das Polykarpmartyrium markiert einen wichtigen Schritt in der Entwicklung der frühchristlichen Martyrographie: Es ist das erste eigenständig überlieferte Martyrium. Wie andere steht auch dieser Text erkennbar in der Wirkungsgeschichte der evangelischen Passionserzählungen. Darüber hinaus übernimmt es Züge aus den Makkabäer-Martyrien in der Zeichnung des Protagonisten, der durch Alter, Würde und Standhaftigkeit charakterisiert wird und in Reden und Gebeten ausführlich zu Wort kommt. Besonders bemerkenswert ist die legendarische Durchformung der ganzen Erzählung trotz des kurzen Zeitabstandes zum Ereignis und trotz der zu vermutenden Anwesenheit von Augenzeugen im Zielpublikum.

Μαρτίων, σαββάτῳ μεγάλῳ, ὥρᾳ ὀγδόῃ. Vgl. BUSCHMANN, Martyrium, 366f: Das Kapitel ist sekundär, aber historisch glaubwürdig.

[134] Vgl. BUSCHMANN, Martyrium Polycarpi, 20; BUSCHMANN, Martyrium, 366.

[135] Vgl. zum Folgenden Fox, Pagans, 483–488.

[136] Gegen VON CAMPENHAUSEN, Bearbeitungen, 288f.

[137] Fox, Pagans, 486.

[138] A. a. O., 486f. mit Hinweis auf die traditionell starke jüdische Präsenz in Smyrna.

[139] Dass in Eusebius' Referat des Polykarpmartyriums die Stilisierung κατ᾽ εὐαγγέλιον deutlich weniger ausgeprägt ist, führt BUSCHMANN, Martyrium Polycarpi, 45, auf Kürzungen Eusebs zurück; gegen VON CAMPENHAUSEN, Bearbeitungen, 256–258

2.2.5 Ptolemaios und Lucius (Justin, 2 apol 2)

Literatur

Text: Marcovich, Apologiae, 137–139. Einleitung und Englische Übersetzung bei Musur-illo, Christian Martyrs, xvif.38–41.; zur Einleitung auch Vetten, LACL[3] 2002, 411–414.

Übersetzung

(1) Eine Frau lebte mit einem Mann zusammen, der zuchtlos lebte, und auch sie lebte zunächst zuchtlos. (2) Nachdem sie aber die Lehren Christi kennengelernt hatte, kam sie selbst zur Vernunft, und sie versuchte, ihren Mann genauso zur Vernunft zu bringen, indem sie die Lehren vorbrachte und die Strafe verkündigte, die den Unbesonnenen und ohne rechte Vernunft Lebenden im ewigen Feuer zuteil werden wird. (3) Er aber verblieb in seinen Zuchtlosigkeiten und entfremdete wegen der Taten seine Frau. (4) Denn seine Frau hielt es für gottlos, weiter mit einem Mann zu schlafen, der aus allen möglichen Quellen seine Lust suchte, gegen das Gesetz der Natur und gegen das, was recht ist; und wollte die Scheidung der Ehe. (5) Und weil sie von ihren Angehörigen beschämt wurde und sie ihr noch zurieten, (bei ihm) zu bleiben, weil Hoffnung bestünde, der Mann könne sich noch ändern, zwang sie sich zu bleiben.

(6) Nachdem nun ihr Mann nach Alexandrien gefahren war und berichtet wurde, er treibe es noch schändlicher, reichte sie – damit sie nicht zur Teilnehmerin seiner Ungerech-tigkeiten und Gottlosigkeiten würde, indem sie in der Ehe blieb und Tisch und Bett mit ihm teilte – das ein, was bei euch Repudium heißt, und ließ sich scheiden. (7) Ihr vortrefflicher Mann aber, er hätte sich freuen sollen, dass sie, die es früher mit Dienern und Lohnburschen getrieben und sich am Rausch und an jedem Laster gefreut hatte, mit diesen Taten aufgehört hatte und wollte, dass auch er aufhörte, das gleiche zu tun. Er zeigte sie an, weil sie sich gegen seinen Willen getrennt hatte, und sagte, sie sei Christin. (8) Da reichte sie dir, dem Herrscher, ein kleines Dokument ein und bat, ihr zuzugestehen, erst ihre Angelegenheiten zu regeln, sich dann aber, nach der Regelung ihrer Angelegenheiten, gegen die Anklage zu verteidigen. Und du hast ihr das zugestanden.

(9) Ihr früherer Mann aber, der jetzt nichts mehr gegen sie sagen konnte, wandte sich auf diese Weise gegen einen gewissen Ptolemaios, [den Urbicus bestraft hatte][140] und der zum Lehrer jener Frau in den Lehren der Christen geworden war: (10) Er überredete einen Centurio, der sein Freund war [und der Ptolemaios verhaftet hatte], Ptolemaios zu ergreifen und ihn nur das eine zu fragen, ob er Christ sei. (11) Und der Centurio ließ Ptolemaios, der von wahrheitsliebender und nicht von täuschender oder trügerischer Gesinnung war und bekannte, er sei Christ, in Fesseln legen, und bestrafte ihn lange Zeit im Gefängnis.

(12) Als der Mensch aber endlich vor Urbicus gebracht wurde, wurde er gleichermaßen nur über dies eine befragt, ob er Christ sei. (13) Und wiederum – weil er aus Christi Lehre wusste, was gut für ihn war – bekannte er die Unterweisung in der göttlichen Tugend. (14) – Denn wer leugnet, wird entweder der Tat überführt und zum Leugner, oder er weiß sich selbst unwürdig, und das Unwürdige der Tat flieht das Bekenntnis: Keines davon gibt es bei einem wahrhaftigen Christen. –

---

[140]Diese Vorstrafe des Ptolemaios in v. 9.10 ist textkritisch unsicher.

(15) Und als Urbicus befahl, ihn abzuführen, da sagte ein gewisser Lucius, der selbst auch Christ war und das Urteil so unvernünftig hatte zustande kommen sehen, zu Urbicus: (16) »Was ist seine Schuld? Einen, der nicht als Ehebrecher noch als Prostituierter noch als Menschenmörder noch als Räuber noch als Plünderer noch als einer, der ein einziges Mal Unrecht getan hat, überführt ist, aber die Bezeichnung ›Christ‹ als Beinamen bekannt hat, diesen Menschen hast du bestraft? Du urteilst nicht, wie es dem Herrscher Pius oder dem weisheitsliebenden Sohn des Kaisers oder dem heiligen Senat entspricht, Urbicus.« (17) Da antwortete der nichts weiter und sagte zu Lucius: »Du scheinst mir auch so einer zu sein.« (18) Und als Lucius sagte: »In der Tat«, da befahl er wiederum, auch ihn abzuführen. (19) Der aber bekannte, er kenne die Gnade, und er erkenne, er sei (jetzt) von solchen schändlichen Herrschern befreit und gehe zum Vater und König der Himmel. (20) Und ein anderer kam als dritter dazu und wurde dazu verurteilt, bestraft zu werden.

Auslegung

TEXTOBERFLÄCHE   Das Martyrium von Ptolemaios und Lucius steht am Anfang der sog. Zweiten oder Kleineren Apologie Justins, die vermutlich mit der ersten ein zusammenhängendes Werk bildet.[141]

Die Erzählstruktur ist nicht besonderes komplex. Der Erzähler wechselt nicht, er bleibt durchgehend extern. Ebenenwechsel liegen bei der wörtlichen Rede von Lucius und Urbicus vor, sowie bei punktuellen Einblicken in die Gedanken- und Gefühlswelt der Frau: »sie hielt es für gottlos«[142]; »zwang sich zu bleiben«[143]: Hier wechselt die Fokalisation zur Frau als akteurgebundenem Fokalisator.

In die Erzählung sind einige nicht-narrative Kommentare eingestreut, die durchgehend mit Wertungen aufgeladen sind. Dazu gehört die kurze Bemerkung über das Endgericht (v. 2), der ironische Kommentar »ihr vortrefflicher Mann aber, er hätte sich freuen sollen«,[144] die Beschreibung des Ptolemaios als wahrheitsliebend (v. 11) und eine Erklärung über die Wahrheitsliebe der Christen (v. 14). Auch die wörtliche Rede ab v. 16 ist nicht narrativ, dafür stark wertend.

Zur Formbestimmung: Es handelt sich um einen narrativen Text (weitgehend im Aorist gehalten). Wörtliche Rede gibt es erst ab dem Auftreten des Lucius (v. 16). Eine inhaltliche Besonderheit, die zur Gattungsbestimmung relevant ist, ist das Fehlen des eigentlichen Martyriums. Berichtet werden nur die Vorgeschichte, Anzeige, Haft und der Prozess. Ptolemaios und Lucius werden am Ende »abgeführt« (ἀπαχθῆναι, 15.18); der dritte, anonyme Märtyrer wird »bestraft« (κολασθῆναι, 20). Das Gesamtwerk ist eine Apologie, also kein narrativ ausgerichtetes, sondern ein argumentierendes Werk.

---

[141] Allerdings »ist es bisher nicht überzeugend gelungen, beide Teile als ein geplantes Ganzes zu erklären«, VETTEN, LACL[3] 2002, 412.

[142] Ἀσεβὲς γὰρ ἡγουμένη (v. 4).

[143] Βιαζομένη ἑαυτὴν ἐπέμενεν (v. 5).

[144] Ὁ δὲ καλὸς κἀγαθὸς ταύτης ἀνήρ, δέον αὐτὸν χαίρειν (v. 7).

SINNGEBUNG Die Fokalisation weist kaum Besonderheiten auf. Weitestgehend ist aus der Perspektive eines externen Fokalisators erzählt; es gibt punktuelle Wechsel zur Fokalisation durch die Frau (akteurgebundene Fokalisierung, s. o.). Die Charaktere sind unterschiedlich stark ausgeführt. In der Vorgeschichte des Prozesses werden die zum Christentum konvertierte Frau und ihr Ehemann vor allem durch wertbesetzte Vokabeln für ihr Handeln charakterisiert:»zuchtlos leben«, »Zuchtlosigkeiten«,»zur Vernunft kommen«.[145] Die Frau wird zweimal punktuell zum Fokalisator (s. o.), was ihren Charakter plastischer hervortreten lässt. Ptolemaios wird durch Beschreibung (d. h. nicht narrativ) charakterisiert: Im Zentrum steht dabei seine Ehrlichkeit. Lucius dagegen gewinnt Gestalt durch seine Rede. Der dritte Märtyrer wird überhaupt nur in einem angehängten Satz erwähnt, er ist ganz anonym. Die Vertreter der Behörden bleiben weitgehend gesichtslos, sie bleiben auf ihre Funktion als wenig integre Gegenspieler der Märtyrer beschränkt: Der Centurio handelt korrupt und willkürlich; der Stadtpräfekt Urbicus ungebührlich (v. 16). Anders als in den Makkabäermartyrien gibt der Erzähler keinen Einblick in das Innenleben der Behördenvertreter; die negative Charakterisierung bleibt relativ gemäßigt: Es fehlt jede Kritik des (in v. 8 direkt angesprochenen) Kaisers und des Senates als oberster Instanzen römischer Staatlichkeit.

Über den Text verteilt finden sich Motive, die das christliche Leben positiv beschreiben: Christen leben vernünftig[146], ehrlich[147] und angemessen[148] im Gegensatz zu Urbicus' Verhalten. Im Zusammenhang des Prozesses wird betont, dass die Anschuldigung und Bestrafung jeder Grundlage entbehren. Sie basieren lediglich auf der Bezeichnung»Christ« (v. 16). Im Prozess bekennen die Märtyrer freimütig (ὁμολογέω, v. 11.13.16.19). Während Ptolemaios' Äußerungen nicht widergegeben werden, wird Lucius' kurze Ansprache in wörtlicher Rede erzählt.

Bis zum eigentlichen Verhör werden die Ereignisse summarisch, gerafft erzählt. Mit der Befragung v. 11 geht die Erzählung zur szenischen Darstellung über. Beim Prozess ist also die Zeit etwas gedehnt; er ist das inhaltliche Zentrum des Textes. Alle Ereignisse werden in ihrer tatsächlichen Reihenfolge dargestellt. Nur die – textkritisch unsichere – Vorstrafe des Ptolemaios wird rückblickend zu dem Zeitpunkt berichtet, als Ptolemaios überhaupt in den Blick kommt.

Zusammenfassend bedient sich die Sinngebung dieser Märtyrererzählung sowohl narrativer als auch nicht-narrativer Mittel. Das bevorzugte Deutungsmittel sind wertbesetzte Vokabeln zur Beschreibung von Handlungen sowie von Charakteren.

---

[145]Ἀκολασταίνειν (v. 1), ἀσελγεία (v. 3), σωφρονισθῆναι (v. 2).
[146]Σωφρονεῖν, μετὰ λόγου ὀρθοῦ, v. 2.
[147]Φιλαλήθη κτλ., v. 11; ὧν οὐδὲν κτλ., v. 14.
[148]Πρέποντα, v. 16.

EREIGNISBEZUG   Die erzählten Ereignisse sind einigermaßen umfangreich. Ein Mann und seine Frau leben unsittlich. Sie wird durch Ptolemaios zum Christentum bekehrt und darin unterrichtet. Sie versucht, ihren Mann zu bekehren und stellt ihren Scheidungswunsch zurück; er fährt nach Alexandria, man spricht über ihn; sie reicht die Scheidung ein, er zeigt sie an. Die Frau reicht eine Petition ein, die wird bewilligt. (Zeitlich unbestimmt und textkritisch unsicher: Ptolemaios wird verhaftet und verurteilt, leistet eine Strafe ab.) Der Mann setzt einen befreundeten Centurio auf Ptolemaios an, der wird vom Stadtpräfekten über sein Christsein befragt, gesteht und wird abgeführt. Lucius (sieht es,) beschwert sich, wird befragt, gesteht, wird ebenfalls abgeführt und bekennt seinen Glauben. Ein namentlich nicht genannter Dritter wird bestraft. Während die Vorgeschichte einen unbestimmten längeren Zeitraum einnimmt, lässt sich die Verhaftung, Verurteilung und Hinrichtung innerhalb weniger Tage unterbringen.

Justin wird seine Kenntnis dieser Ereignisse unmittelbar aus der römischen Gemeinde bezogen haben, in der er lebte.[149] Er verfasste die Apologien vor 160,[150] die Ereignisse lagen da noch nicht lange zurück.[151] Es gibt m. E. keinen Grund, an der Historizität des Berichteten zu zweifeln. Der kurze Zeitabstand könnte auch die Ursache für die Anonymität der Protagonistin sein. Vielleicht sollte sie durch die Anonymität geschützt werden.[152] Denkbar ist auch, dass Justin mit den Ausführungen in 2 apol auf den noch laufenden Prozess der Frau Einfluss nehmen wollte.[153] Eine solche Pragmatik erklärt nicht nur die in Apologien zu erwartende positive Darstellung des Christentums, sondern auch die relativ gemäßigte Kritik an den Vertretern des Staates.

Peter Lampe schlägt vor, den Ptolemaios dieser Erzählung mit dem römischen Valentinianer Ptolemaios und die anonyme Frau mit dessen Schülerin Flora zu identifizieren. Der erhaltene Brief des Valentinianers Ptolemaios an Flora rechtfertigt an prominenter Stelle die atl. Möglichkeit der Ehescheidung. »Stimmt die Identität, wird deutlich, welche Rolle Ptolemaios dabei [sc. bei der Scheidung] gespielt hat. Und verständlicher wird die Wut des Ehemannes, die dieser an Ptolemaios ausließ.«[154]

FAZIT   Obwohl fast zeitgleich zum Polykarpmartyrium, zeigt Iustinus hier einen ganz anderen Zugang zu der Todesgeschichte. Die relativ ausführliche Erzählung ist eingebunden in ein argumentatives, apologetisches Werk. Die Produktionsbedin-

---

[149]Justin kam nach 135 n. Chr. endgültig nach Rom, vgl. LAMPE, Christen, 221.

[150]Vgl. a. a. O., 222.

[151]χθὲς καὶ πρώην (1,1).

[152]Vgl. a. a. O., 201. Eine ähnliche Vermutung stellt THEISSEN, Lokalkolorit, 198f., für die Markuspassion an: Der anonyme Schwertzieher und der nackt fliehende junge Mann aus der Verhaftungsperikope sollten durch ihre Anonymität geschützt werden.

[153]LAMPE, Christen, 202.

[154]A. a. O., 203.

gungen sind dem Polykarpmartyrium vergleichbar: Die Kenntnis des Verfassers über die Vorgänge stammt direkt aus der Gemeinde, der Zeitabstand ist gering. Iustinus verzichtet aber völlig auf legendarische oder kreativ-exegetische Ausgestaltung. Vielmehr legt er Wert auf den moralisch hochstehenden Charakter der Märtyrer, den er als repräsentativ für das Christentum darstellt.

2.3 Vitae Prophetarum

Im Bereich der biographischen Literatur sind die sog. *Vitae Prophetarum* eine interessante Erscheinung. Es handelt sich um eine mehr oder minder abgeschlossene Sammlung mit kurzen Abrissen über Herkunft, Tod, Grab und Verkündigung biblischer Propheten. Die Sammlung ist durch einen Titel und einen Schluss gerahmt. Die *Vitae Prophetarum* werden zumeist für frühjüdisch oder frühchristlich gehalten; dagegen hat David Satran für eine frühbyzantinische Herkunft plädiert.[155] Von den 23 Texten wurden hier fünf ausgewählt, die unterschiedliche Aspekte der *Vitae Prophetarum* repräsentieren.

2.3.1 Jesaja

Literatur

Text: SCHWEMER, Studien 1, 96f. (Rezension An1); Übersicht der Rezensionen SCHWEMER, Synopse, 3*–8*. Eine deutsche Übersetzung und Kommentar bei SCHWEMER, Studien 1, 96ff. sowie SCHWEMER, JSHRZ 1/7 (1997), 561–567. Einleit. u. engl. Übersetzung HARE, Lives, 379–386. Vgl. auch MITTMANN-RICHERT, JSHRZ 6/1 (2000), 156–171 und VERMES/MILLAR/GOODMAN, History 3.2, 783–786.

Übersetzung

(1) Jesaja aus Jerusalem stirbt, von Manasse entzwei gesägt, und wurde unter der Eiche Rogel beigesetzt, nahe beim Übergang über die Gewässer, die Ezekias zerstörte, indem er sie zuschüttete. (2) Und wegen des Propheten tat Gott das Zeichen des Siloam, weil er vor dem Sterben schwach wurde und um Wasser zu trinken betete, und sofort wurde es ihm daraus gesandt. Deshalb hieß er Siloam, was ›gesandt‹ übersetzt wird.
  [...]
(5) Und weil dies ja durch Jesaja geschah, begrub ihn das Volk um des Andenkens willen in der Nähe, sorgfältig und in Ehren, damit sie durch seine Fürbitten auch nach seinem Tod den Genuss des Wassers hätten, weil ihnen auch ein Orakel über es [oder: ihn] gegeben worden war. (6) Das Grab liegt aber in der Nähe der Grablege der Könige, hinter der Grablege der Priester, auf dem Grundstück nach Süden hin. (7) Denn Salomo machte die Gräber, nach dem Entwurf Davids, auf der Ostseite des Zion, die einen Zugang von Gabaon hat, zwanzig Stadien von der Stadt entfernt. Und er schuf eine gebogene, ungewöhnliche Konstruktion; und bis heute ist sie den meisten (Priestern), dem Volk aber ganz unbekannt.

---

[155]Vgl. SATRAN, Prophets, 118.

Auslegung

TEXTOBERFLÄCHE   Die Frage nach Jesajas Grab beschäftigt im weiteren Sinn die gan-
ze Jesajavita. Nach der Todes- und Grabnotiz in § 1 folgt die Erzählung von zwei
Wasserwundern am Siloahteich, die auf Jesajas Fürbitte hin geschehen sein sollen.
Das Wasserwunder in § 2 wird mit seinem Tod in Verbindung gebracht, das in
§ 3f. ist zu Hiskias Lebzeiten situiert und schließt wohl an die in § 1 erwähnte
Zuschüttung von Gewässern an. Dieses Wunder ist Anlass, in § 5 wieder auf Jesaja
Bestattung zurückzukommen. »Man könnte zugespitzt sagen, nur um der Beschrei-
bung des Grabes willen waren sie [sc. die Siloahlegenden] mitgeteilt worden.«[156]
Seine Bestattung »sorgfältig und in Ehren« soll eine fortwährende Teilhabe an dem
Wasserwunder sicherstellen. Eine dritte Information über die Lage des Grabes folgt
in § 6–8, bevor die Vita § 9 mit einer Notiz über Hiskias Frevel an den Königsgräbern
schließt.

Die Erzähltechnik der Jesaja-Vita bietet keine Besonderheiten. Die Erzählung
und Fokalisation sind durchgehend extern gehalten. Nicht-narrative Abschnitte
finden sich in Erzählerkommentaren wie der Namensätiologie § 2 und der Lagebe-
schreibung § 6f.

Die Vita ist als kurzer erzählender Text ohne direkte oder indirekte Rede gestaltet
und bis auf das in den *Vitae Prophetarum* seltene[157] historische Präsens θνῄσκει (§ 1)
im Aorist gehalten. Die einleitende Notiz enthält Angaben, die in keine Vita der
Sammlung fehlen: Name, Herkunft, Todesart[158] und Grabort des Propheten. Nach
dieser Notiz folgt die Vita keiner chronologischen, sondern einer thematischen
Gliederung, die die Inhalte assoziativ aneinander anschließt.[159]

Wegen der genauen Ortsbeschreibungen wurde der Vorschlag gemacht, die *Vitae Prophetarum* insgesamt als eine Art Reiseführer zu verstehen, der Pilgern das
Aufsuchen der Prophetengräber erleichtern und die damit verknüpften Tradition
weitergeben sollte. Diese These ließe sich nur für Jerusalem mit einiger Berechti-
gung aufrecht erhalten.[160] David Satran hat plausibel gemacht, dass der »flavor of
geographical exactness«[161] am besten im Zusammenhang der frühbyzantinischen
Palästinafaszination zu erklären ist. Von einem ähnlichen Geist geleitet wie Eusebs

---

[156]SCHWEMER, Studien 1, 140.

[157]Vgl. a. a. O., 103.

[158]Bei gewaltsam umgekommenen Propheten bringen die *Vitae Prophetarum* die Todesnotiz stets zu
Beginn. Vgl. a. a. O., 102.

[159]Die Grobstruktur der Jesajavita erscheint zunächst unübersichtlich, folgt aber einem klaren
Schema, indem sie drei abweichende Traditionen zur Lokalisierung des Jesajagrabes mitteilt: bei
einem Baum (§ 1), bei einem Gewässer (§ 2–5), in einer Höhle (§ 6–9). Baum, Gewässer und Höhle
sind typische heilige Orte. Vgl. a. a. O., 98.

[160]»Denkbar ist, daß die (Fest-) Pilger aus der Diaspora in Jerusalem unsere VP oder ähnliche
Schriften, die uns nicht erhalten sind, käuflich erwerben konnten. Es deutet aber mehr auf den
Abfassungsort und die Weise der Verbreitung als auf den Abfassungszweck hin.« A. a. O., 37.

[161]SATRAN, Prophets, 105.

Onomastikon, ist es »an attempt to wed bible and land.«[162] Satran denkt bei der Gattungsbestimmung nicht an einen Reiseführer, sondern eher an eine Sammlung kurzer Heiligenviten und führt als Vergleich die Mönchsvitensammlungen von Palladius und Theodoret an.[163]

SINNGEBUNG Die Fokalisation der Erzählung bleibt stets extern. Eine Identifikation der Leserschaft mit bestimmten Akteuren der Erzählung scheint nicht angestrebt zu werden – das gilt auch für die anderen Viten (eine Ausnahme bildet hier vielleicht, in Ansätzen, die Daniel-Vita).

Über den Charakter des Protagonisten Jesaja ist wenig zu erfahren. Seine Agonie beim Zersägungstod wird angedeutet.[164] Charakterzeichnung ist generell kein Anliegen der *Vitae Prophetarum*, die Darstellung ist zumeist knapp und sachlich gehalten.

Die Jesaja-Vita enthält mehrere Motive, die sich in anderen Viten der Sammlung oder außerhalb auch finden. Der gewaltsame Tod der Propheten ist ein deuteronomistischer Topos, der später auch auf andere Propheten ausgedehnt wurde.[165] Die Tradition der Zersägung haftet an der Person des Propheten Jesaja.[166] Die Zweiteilung durch Zersägen ist nicht nur grausam, sondern hat eine rituelle Bedeutung als Beseitigung eines Gottesfeindes – eine Konzeption mit mythischen Wurzeln.[167] Jesaja erhält (§ 5) ein Begräbnis »in Ehren«. Diese Würdigung wird in der Sammlung mehreren Propheten zuteil. Die späteren Rezensionen dehnen das Privileg noch auf weitere Propheten aus.[168] Auch das Baumgrab von § 1 kann als »ein Heroengrab«[169] verstanden werden. Wichtig ist der Gedanke der fortgesetzten Wirksamkeit des heiligen Mannes in seinem Grab, die sich die Jerusalemer erhoffen (§ 5). Das Grab ist zugleich »the ultimate point of union between holy man and holy land.«[170]

Die Zeitstrukturen wirken verwirrend. Das liegt daran, dass die Vita kein chronologisches, sondern ein thematisch-assoziatives Ordnungskonzept verfolgt. Szenische (§ 2.3.5.9) und geraffte (§ 1) wechseln mit wiederholten (§ 4) und unabgeschlossenen (§ 9) Darstellungen. Ereignisse unter König Manasse (§ 1f.5f.) wechseln mit solchen unter Hiskia (§ 1.3f.9) und gar Salomo (§ 7f.).

Träger der Sinngebung sind, zusammenfassend, die erzählten Ereignisse und Motive.

---

[162] A. a. O., 107.
[163] Vgl. a. a. O., 99f.
[164] Zur Übersetzung von ὀλιγωρήσας mit »schwach werden« vgl. SCHWEMER, Studien 1, 125–127.
[165] Etwa Joel, vgl. unten.
[166] Vgl. dazu a. a. O., 107–115.
[167] Vgl. SPEYER, Hinrichtung, 308 u. ö.
[168] Vgl. wieder Joel.
[169] SCHWEMER, Studien 1, 118.
[170] SATRAN, Prophets, 111.

EREIGNISBEZUG   Die Fabula umfasst nach der Anlage eines Grab-Ortes unter Salomo einen Grabfrevel durch Hiskia, ein von Jesaja gewirktes Wasserwunder unter Hiskia, ein Wasserwunder unter Manasse, Jesajas Tod und Begräbnis. Die Zeitspanne der erzählten Ereignisse ist, wie bei allen *Vitae Prophetarum,* sehr unbestimmt.

Der zeitliche Abstand bis zur Abfassung des Textes im ersten Jahrhundert n. Chr. beträgt über 700 Jahre. Mehr als die Frage nach der Historizität des Erzählten ist darum die Frage nach der Entwicklung der in der Vita bezeugten Traditionen sinnvoll und interessant. Die Täterschaft Manasses ist auch in der AscIs bezeugt,[171] die in der vorliegenden Form in das 2. Jh. n. Chr. datiert wird.[172] Über die Qualität der Ortsangaben gibt es unterschiedliche Auffassungen. Satran plädiert: »The birth and burial notices of the *Lives of the Prophets* should no longer be regarded as a repository of Jewish traditions from the close of the Second Temple or beginning of the rabbinic periods.«[173] Die Angaben passten besser in das aufblühende palästinische Christentum des vierten Jahrhunderts mit seinem entstehenden Pilgerwesen.[174] Überhaupt seien die meisten Ortsnamen auf exegetischem Wege aus dem Alten Testament gewonnen. Im Falle der Jesajavita ist es aber m. E. plausibler, mit Anna-Maria Schwemer »verschiedene Jerusalemer Lokaltraditionen über den Begräbnisort des Propheten« zu vermuten.[175] Die Baumtradition, die in das Kidrontal weist,[176] widerspricht der Lokalisierung am Siloah[177] und wird daher unabhängig von der Siloahtradition entstanden sein.[178] § 5 kann einen (posthum errichteten) Grabbau bezeichnen und steht nach Schwemer in Verbindung mit der Tradition Lk 11,47 Q: »Ihr baut den Propheten Grabmäler; eure Väter aber haben sie getötet.«[179]

FAZIT   Die Jesajavita eröffnet eine Sammlung kurzer, stark formalisierter Viten. Jede enthält Angaben über Namen, Herkunft, Todesart und Grabort des jeweiligen Propheten. Das Interesse der *vita* am Tod ihres Protagonisten ist eher ›technisch‹ und auf den Ort der Bestattung fokussiert; Ansätze zur Deutung müssen aus einzelnen Motiven erschlossen werden. Das Verhältnis der *vitae* zur frühjüdischen und frühchristlichen Überlieferung ist umstritten: Neigt man zur Frühdatierung, sieht

---

[171]Vgl. SCHWEMER, Studien 1, 104. Belege für andere Tatzuschreibungen in der frühchristlichen Literatur vgl. a. a. O., 105 Anm. 42. Als Alternative zu Manasse kommt – wieder nach deuteronomistischer Überzeugung – vor allem Gesamt-Israel in Frage.

[172]Vgl. MÜLLER, Himmelfahrt, 548.

[173]SATRAN, Prophets, 46.

[174]Vgl. a. a. O., 48f.

[175]SCHWEMER, Studien 1, 99.

[176]Vgl. a. a. O., 115.

[177]SATRAN, Prophets, 53f., sieht (mit Vorbehalt) in der Siloahtradition eine Ableitung aus Joh 9,7. Egal, woher die Notiz stammt, sie widerspricht jedenfalls der Kidrontradition.

[178]Vgl. SCHWEMER, Studien 1, 121.

[179]Vgl. a. a. O., 142f.

man in ihnen eine Reihe alter Lokaltraditionen aufbewahrt; datiert man sie spät, erkennt man in den Detailangaben das Produkt ›kreativer Exegese‹.

2.3.2 Jeremia

Literatur

Text: SCHWEMER, Studien 1, 159–161 (Rezension An1); Übersicht der Rezensionen SCHWEMER, Synopse, 10*f. Eine deutsche Übersetzung und Kommentar bei SCHWEMER, Studien 1, 159ff. sowie SCHWEMER, JSHRZ 1/7 (1997), 570–576. Einleit. u. engl. Übersetzung HARE, Lives, 379–384.386f. Vgl. auch MITTMANN-RICHERT, JSHRZ 6/1 (2000), 156–171 und VERMES/MILLAR/ GOODMAN, History 3.2, 783–786.

Übersetzung

(1) Jeremia war aus Anathoth, und im ägyptischen Taphnas stirbt er, vom Volk gesteinigt.

(2) Er liegt aber am Ort des Hauses des Pharao, weil die Ägypter ihn verherrlichten, weil sie Wohltaten von ihm empfangen hatten.

[...]

(5) Wir haben aber von den Burschen des Antigonos und des Ptolemaios – alten Männern – gehört, dass Alexander, der Makedone, an den Ort des Propheten trat, seine Geheimnisse erkannte und seine Überreste nach Alexandreia überführte und sie ringsherum in Ehren beisetzte.

Auslegung

TEXTOBERFLÄCHE Der Ausschnitt umfasst die ersten zwei von 15 Paragraphen. Die in § 2 angesprochenen »Wohltaten« schließen sich direkt daran an.[180] Es folgt ein Schlangenwunder des Propheten, in § 5 die Umbettung der Gebeine Jeremias nach Alexandreia, sowie weitere Zeichenhandlungen und Prophetien.

In der knappen Todes- und Grabnotiz gibt es nur eine einzige Erzähl- und Fokalisationsebene. Sowohl Erzählung als auch Fokalisation sind extern gehalten. Interessanterweise stellt sich der Erzähler in § 5, wo die Umbettung der Gebeine berichtet wird, mit der einmaligen Formulierung »Wir haben gehört« stärker ein als sonst. – Nicht-narrative Elemente wie Kommentare und Rede kommen in der Vita zwar vor, nicht aber in der Todesnotiz.

Der erzählende Text ist eher schlicht gehalten, die vielfältigen Inhalte werden in kürzeren Sätzen dargeboten, die oft mit καί beginnen. Eingestreut sind direkte Rede des Propheten sowie erläuternde Kommentare. Wie bei Jesaja steht die Todes- und Grabnotiz am Anfang der Vita, gleich nach der Namens- und Herkunftsangabe. Während die Vita vorwiegend im Aorist verfasst ist, steht die Todesnotiz im historischen Präsens.

---

[180] Ηὔξατο γάρ – gegen SCHWEMER, Studien 1, 172, die die »Wohltaten« Jeremias in der im Jeremiabuch überlieferten Heilsprophetie für die Völker vermutet.

SINNGEBUNG   Die Fokalisation ist ganz extern. Die Präsentation der Ereignisse in der Erzählung erhält einen objektiven, sachlichen Charakter.

Die Figur Jeremias gewinnt in der Erzählung kaum Profil. Aus der Todesnotiz ist lediglich zu erkennen, dass er als Wohltäter angesehen wurde und entsprechender Ehrungen für würdig gehalten wurde.

Mehrere bekannte Motive lassen sich in der kurzen Todesdarstellung erkennen. Dazu gehört, dass der Protagonist in der Fremde stirbt und begraben wird. Der Urheber des gewalttätigen Todes ist der λαός, also das Volk Israel.[181] Die Bestattung und die Verlegung der Gebeine erfolgen ehrenvoll (ἐνδόξως, § 5), worauf die *Vitae Prophetarum* bei mehreren Propheten explizit hinweisen. Die Bestattung an einem königlichen Ort kennt auch die Daniel-Vita (s. u.).

Die Zeitstrukturen ordnen sich einer sachlichen Gliederung unter. Der Tod steht mit der Bestattung am Beginn, gleich nach der Herkunft. Als Rückblende schließen sich elegant die »Wohltaten« Jeremias für die Ägypter an. Durch sie ist die Wundertätigkeit seines Grabes motiviert, die wiederum die Umbettung der Gebeine nach Alexandreia begründet.

Vor allem die Motive transportieren in der Todesnotiz die Sinngebung.

EREIGNISBEZUG   Nach Wohltaten für die Ägypter stirbt Jeremia in Taphnas und wird beim Pharaonenpalast bestattet. Später lässt Alexander seine Überreste nach Alexandreia umbetten. Die Ereignisse verteilen sich über mehrere Jahrhunderte.

Die Vita macht keine Angaben über die Herkunft der Informationen in § 1f. Das Jeremiabuch weiß, dass Jeremia einige Zeit nach dem Fall Jerusalems 585 v. Chr. nach תַּחְפַּנְחֵס (Jer 43,7) bzw. Τάφνας (Jer 50,7 LXX) in Ägypten ging. Dort soll er in einer Zeichenhandlung die Eroberung Ägyptens durch Babylon angekündigt haben. Darauf verliert sich seine Spur; über seinen weiteren Verbleib sind keine historischen Angaben möglich. Die Legende von Jeremias Steinigung knüpft an die Überlieferung von der Zeichenhandlung mit Steinen in Taphnas an.[182] Auch die Annahme, er sei in Taphnas begraben worden, ist auf diese Überlieferung zurückzuführen.[183]

> Der Fortgang der Erzählung in den V[itae] P[rophetarum] zeigt, daß es eine jüdische Lokaltradition in Taphnas gegeben haben muß, die – z. Z. der Entstehung der V[itae] P[rophetarum] noch – mit der jüdischen Gründungslegende von Alexandria konkurrierte. Darin spiegelt sich die Geschichte der jüdischen Diaspora: Orte wie Taphnas werden in

---

[181] Israel als Mörder der Propheten ist eine deuteronomistische Konzeption. Vgl. SCHWEMER, Studien 1, 168f.

[182] Vgl. a. a. O., 168.

[183] Vgl. a. a. O., 170.

ihrer Bedeutung durch Alexandria überholt. Doch die Lokaltradition in Taphnas hat weiter bestanden.[184]

Die Überlieferung von der Umbettung der Gebeine nach Alexandreia dürfte an den heilkräftigen Sand vom Grab Jeremias (vgl. § 4) angeknüpft haben.[185]

> Die Bürgen für die Überlieferung von der Translation der Gebeine Jeremias [...] werden beschrieben als ›alte Männer‹, womit einerseits ihre Ehrwürdigkeit und Zuverlässigkeit betont und zum anderen die weite Zeitspanne von über 300 Jahren,[186] die etwa zwischen dem Ereignis selbst und dem gegenwärtigen Berichterstatter liegt, kühn legendär überbrückt wird.[187]

FAZIT Ähnlich wie in der Jesaja-Vita liegt eine stark formalisierte Todesnachricht vor; auch hier trägt die Biographie erbauliche Details aus unterschiedlichen Quellen und Überlieferungen zusammen (ohne im einzelnen gesteigerten Wert auf historische Plausibilität zu legen). Die Jeremia-Vita enthält die in den *vitae* häufigen Motive des Todes durch des Propheten eigenes Volk und der Bestattung »in Ehren«.

2.3.3 Daniel

Literatur

Text: SCHWEMER, Studien 1, 298 (Rezension An1); Übersicht der Rezensionen SCHWEMER, Synopse, 30*f. Eine deutsche Übersetzung und Kommentar bei SCHWEMER, Studien 1, 298ff. sowie SCHWEMER, JSHRZ 1/7 (1997), 607–609. Einleit. u. engl. Übersetzung HARE, Lives, 379–384.390f. Vgl. auch MITTMANN-RICHERT, JSHRZ 6/1 (2000), 156–171 und VERMES/MILLAR/GOODMAN, History 3.2, 783–786.

Übersetzung

(20) Dort starb er und wurde allein, in Ehren, in der Königshöhle bestattet. (21) Und derselbe zeigte ein Zeichen in Bezug auf die Berge oberhalb von Babylon: Wenn es von Norden her raucht, wird das Ende Babylons kommen, wenn es aber im Feuer liegt, das Ende der ganzen Erde. (22) Wenn aber im Süden Wasser fließen, wird das Volk in sein Land zurückkehren, und wenn Blut fließt, wird Beliars Morden sein auf der ganzen Erde. (23) Und der Fromme entschlief in Frieden.

Auslegung

TEXTOBERFLÄCHE Die Todesnotiz mit Daniels Prophetie von den Bergen schließt die Vita ab, welche sich in ihrem Hauptteil mit Daniels Fürbitte für Nebukadne-

---

[184] A. a. O., 167.
[185] Vgl. a. a. O., 186.
[186] 600 Jahre, wenn man die Spätdatierung zugrunde legt.
[187] A. a. O., 183.

zar beschäftigt hatte.[188] Sie umfasst vier von 23 Paragraphen und wird durch die redaktionelle Bemerkung § 19 klar von den vorherigen Ereignissen abgegrenzt.[189]

Der erzählende Rahmen der Todesnotiz ist extern erzählt und fokalisiert. Dagegen ist die eingebettete Prophetie Daniels nicht narrativ.[190]

Die Todesnotiz umrahmt in dieser Vita eine prophetische Passage in *oratio recta*. Sie steht zudem an anderer Stelle als in der Jesaja- und der Jeremia-Vita, nämlich am Schluss. Das bedeutet aber m. E. nicht, dass der Verfasser hier einen chronologischen Biographie-Aufbau verfolgt; vielmehr zeigt es, dass die Todesdarstellung ein Element in einer Art modularem thematischen Aufbau darstellt. »Stärker als die anderen Viten weist die Daniel-Vita auch die formalen Kennzeichen eines antiken βίος auf: Sogar der Charakter des Propheten wird beschrieben.«[191]

SINNGEBUNG   Die Erzählung ist stets extern fokalisiert. Zwar gibt sie im Anfangs- und Hauptteil auch Emotionen wieder (etwa § 3.9.11), doch kehrt sie bei der Todes- und Grabnotiz zu der in den *Vitae Prophetarum* üblichen Knappheit und Sachlichkeit zurück.

Die Daniel-Vita deutet, anders als andere Viten der Sammlung, eine Charakterzeichnung des Propheten immerhin an (s. o.). Er wird in § 3 äußerlich beschrieben, zeigt in § 18 seine fromme Bescheidenheit und wird insgesamt als ein Anteil nehmender, heiliger Asket gezeichnet. Die Todesnotiz trägt aber zur Charakterzeichnung nichts Wesentliches mehr bei.

Es finden sich ähnliche Motive wie in der Jeremia-Vita: Der Prophet findet sein Grab in der Fremde – man könnte das als anstößig ansehen, hätte der Prophet nicht seine Weisheit und die Tora als sein Erbteil und seinen Heimatersatz.[192] Auch er wird »in Ehren« an einem königlichen Ort bestattet, wie Jeremia. Dass er, anders als dieser, »in Frieden« stirbt, findet in den *Vitae Prophetarum* ebenfalls Parallelen, nämlich bei Hosea, Joel, Nahum und Nathan.[193] – Bei Daniels Prophetie handelt es sich, auch wenn das nicht ausdrücklich gesagt wird, der Stellung nach um letzte Worte. Sie ist eine eschatologische τέρας-Prophetie, die in den *Vitae* häufiger hinter die Grabnotiz gestellt wird.[194] Die τέρας-Prophetie der *Vitae Prophetarum* greift häufig auf Bilder aus der Natur zurück.[195]

---

[188]Die Nebukadnezar-Episode ist die längste narrative Einheit der ganzen Sammlung: SATRAN, Prophets, 79.
[189]Vgl. SCHWEMER, Studien 1, 361.
[190]In der Vita sind alle Abschnitte außer § 1–4 und 21f. narrativ.
[191]A. a. O., 370.
[192]Vgl. a. a. O., 362.
[193]Vgl. a. a. O., 369f.
[194]Vgl. a. a. O., 364.
[195]Vgl. SATRAN, Prophets, 66.

Die Zeitstrukturen der Erzählung folgen wiederum keinem chronologischen Interesse. Das Sterben Daniels wird zweimal erzählt, davon ist § 20 ein Vorausgriff.[196] Auch hier sind die Motive der hauptsächliche Träger der Sinngebung.

EREIGNISBEZUG Die Fabula der Todesnotiz ist kurz: Daniel spricht eine eschatologische Prophetie, stirbt in Frieden und wird bestattet. Über die Quellen werden wie immer keine Angaben gemacht. Ob die Grabtradition alt ist, ist schwer zu entscheiden.[197] Sie könnte auch in ›kreativer Exegese‹ aus dem Alten Testament gewonnen worden sein. Über die legendarische[198] Gestalt Daniels sind keine historischen Angaben zu machen, die mit den Traditionen der Vita in Verbindung zu bringen wären.

FAZIT Die Todesnotiz steht diesmal am Ende der Vita; sie fügt sich ein in den modular-thematischen Aufbau dieser Gattung. Auch hier wird der Prophet »in Ehren« bestattet, nachdem er »in Frieden« entschlafen ist. Interessant ist die Verknüpfung des Prophetentodes mit einem Zeichen (τέρας).

2.3.4 Joel

Literatur

Text: SCHWEMER, Studien 2, 40 (Rezension An1); Übersicht der Rezensionen SCHWEMER, Synopse, 35*f. Eine deutsche Übersetzung und Kommentar bei SCHWEMER, Studien 2, 40ff. sowie SCHWEMER, JSHRZ 1/7 (1997), 615. Einleit. u. engl. Übersetzung HARE, Lives, 379–384.392. Vgl. auch MITTMANN-RICHERT, JSHRZ 6/1 (2000), 156–171 und VERMES/MILLAR/GOODMAN, History 3.2, 783–786.

Übersetzung[199]

(1) Joel war aus dem Land von Ruben, aus dem Gehöft Bethomoron. (2) In Frieden starb er und wurde dort begraben.

Auslegung

TEXTOBERFLÄCHE Der kurze Text ist schon die ganze Joel-Biographie. Mit zwei Sätzen ist sie der kürzeste Text der ganzen Sammlung. Die Erzählung ist knapp formuliert, ohne Rede oder Kommentare, und extern erzählt und fokalisiert. Dabei enthält die Joelvita wie alle *Vitae Prophetarum* Angaben zu Name, Herkunft, Todesart und Grablege des Propheten. Dass sie, auch wenn sie sonst nichts über ihn zu erzählen hat, doch diese Angaben bringt, macht die Bedeutung dieser Art von

---

[196] Alternativ wäre die Todesnotiz in § 23 »ein neuer Schlußstrich«. SCHWEMER, Studien 1, 369.
[197] Vgl. a. a. O., 362.
[198] Vgl. LEBRAM, TRE 8 (1981), 325f.
[199] Die Übersetzung folgt dem griech.

Information für die Textsorte der *Vitae Prophetarum* erst richtig deutlich.[200] Das ist die wesentliche Erkenntnis aus diesem kurzen Text.

SINNGEBUNG Über den Charakter des Protagonisten ist angesichts der Kürze des Textes nichts weiter zu erfahren, außer dass er in Frieden starb, und der möglichen Andeutung, er sei stets in seiner Heimat geblieben.

Wie in anderen Viten aus der Sammlung findet sich auch hier das Motiv des Sterbens in Frieden.[201] Jüngere Rezensionen der *Vitae Prophetarum* ergänzen andere Informationen mit geprägter Bedeutung. So weiß die Rezension Ep1, dass Joel ἐνδόξως bestattet wurde (vgl. oben Jeremia und Daniel).[202]

EREIGNISBEZUG Die Fabula ist kurz: Joel aus Bethomoron stirbt und wird dort begraben. Die Herkunftsangabe wird wohl aus 1 Chr stammen.[203] Gemeint ist Beth-Meon oder Beth-Baal-Meon.[204] Schwemer will nicht ausschließen, dass die Grabnotiz auf eine Bethomoroner Lokaltradition zurückgeht.[205]

FAZIT Die Joel-Biographie zeigt den unaufgebbaren harten Kern der Gattung einschließlich Tod und Bestattung des Propheten. Auch diese Vita gewinnt ihre Details aus der biblischen Überlieferung.

2.3.5 Secharja ben Jehojada

Literatur

Text: SCHWEMER, Studien 2, 283 (Rezension An1); Übersicht der Rezensionen SCHWEMER, Synopse, 72*–74*. Eine deutsche Übersetzung und Kommentar bei SCHWEMER, Studien 2, 283ff. sowie SCHWEMER, JSHRZ 1/7 (1997), 652–654. Einleit. u. engl. Übersetzung HARE, Lives, 379–384.398. Vgl. auch MITTMANN-RICHERT, JSHRZ 6/1 (2000), 156–171 und VERMES/MILLAR/ GOODMAN, History 3.2, 783–786; zur Secharja-Tradition BLANK, Death, 327–346.

Übersetzung

(1) Secharja aus Jerusalem, Sohn des Priesters Jodae, den Joas, der König von Juda, tötete nahe beim Altar; und das Haus David vergoss sein Blut mitten vor dem Ailam. Und die Priester nahmen ihn und begruben ihn bei seinem Vater.

---

[200]Vgl. auch die Überschrift, die der *Codex Marchialanus* über die *Vitae Prophetarum* setzt: »Die Namen von Propheten, und woher sie stammen, und wo sie starben und wie, und wo sie begraben liegen« (Ὀνόματα προφητῶν καὶ πόθεν εἰσὶ καὶ ποῦ ἀπέθανον καὶ πῶς καὶ ποῦ κεῖνται).

[201]Spätere Joelbiographien berichten für Joel einen gewaltsamen Tod und reihen ihn damit in ein Konzept ein, nach dem Propheten grundsätzlich gewaltsam sterben. Vgl. SCHWEMER, Studien 2, 41.

[202]Ep1 berichtet auch davon, dass Joel während einer Vision (ὁρῶν) starb. Vgl. a. a. O., 42.

[203]Vgl. a. a. O., 41.

[204]Vgl. SATRAN, Prophets, 44f.

[205]Vgl. SCHWEMER, Studien 2, 42.

Auslegung

TEXTOBERFLÄCHE Der Satz bildet die erste Hälfte der kurzen Secharjavita. In der zweiten Hälfte wird von Vorzeichen im Tempel und von Störungen des priesterlichen Orakelwesens berichtet, die aus Secharjas Tod resultierten.

Die Erzählstrukturen bieten keine Besonderheiten. Erzählung und Fokalisation sind extern gehalten; es gibt keine nicht-narrativen Einsprengsel.

Die Vita enthält in der Eingangswendung die aus den anderen *Vitae Prophetarum* bekannten inhaltlichen Gesichtspunkte: Name, Herkunft, Todesart (und -ort), Grabstätte. Die Todesnotiz ist als *parallelismus membrorum* gestaltet. Die Vita ist ohne historisches Präsens formuliert (nur Aorist und Imperfekt). Die Gliederung ist diesmal chronologisch wie thematisch sinnvoll.

SINNGEBUNG Die Fokalisation ist, wie in den *Vitae Prophetarum* üblich, ganz extern. Vielfältige Perspektiven auf die Ereignisse werden nicht angestrebt.

Charakterzeichnung ist ebenfalls kein Interesse dieser Vita. Außer der priesterlichen Herkunft ist über den Propheten nichts Persönliches zu erfahren. Es fällt allerdings auf, dass er nur in der Eingangsformulierung im Nominativ auftaucht.[206] Danach wird er zum Objekt der Vorgänge – diese Beobachtung wird auch bei anderen Todesdarstellungen zu machen sein.

Mit dem Tod Secharjas verknüpfen sich mehrere bekannte Motive. Secharja ist paradigmatisch für die Konzeption vom gewaltsamen Tod der Propheten.[207] Wie bei Jesaja (s. o.) wird die Schuld bei einem judäischen König gesucht, in diesem Fall Joasch.[208] Mit dem Propheten Secharja verbindet sich darüber hinaus deutlich die Vorstellung von der Wirksamkeit des vergossenen Blutes, die hier in der Formulierung »vergoss sein Blut« zumindest angedeutet wird. Spätere Traditionen betonen diesen Aspekt von Secharjas Tod deutlicher.[209] Dass ein Mord im Heiligtum nicht ungestraft bleiben kann, illustrieren die »Vorzeichen« in § 2.

Die Zeitstrukturen sind unproblematisch, was in erster Linie der Kürze der Vita geschuldet ist. Das Erzählinteresse der Verfasser dürfte dennoch nicht chronologisch, sondern thematisch sein.

Träger der Sinngebung sind die Ereignisse, die erzählt werden, und die alle mit Bedeutungen aufgeladen sind.

---

[206]Vgl. SCHWEMER, Studien 2, 287.

[207]Vgl. etwa Lk 11,51 Q. Secharja gilt als der letzte im hebräischen Kanon getötete Prophet.

[208]Dagegen wiederum Lk 11,51 Q, wo Israel bzw. Jerusalem als Täter erscheint, vgl. a. a. O., 291. Vgl. oben S. 84 für ähnliche Variationen in der Schuldzuschreibung beim Tod Jesajas.

[209]Vgl. etwa die unerfreuliche Erzählung bGit 57b, wo Secharjas Blut immer weiter sprudelt, bis der Mord durch eine große Zahl von Tötungen in der Stadt gesühnt wird. Zur Entfaltung der Blut-Secharjas-Tradition vgl. BLANK, Death, 340, der ihre Entstehung in die Verfolgungszeit unter Hadrian datiert.

EREIGNISBEZUG Die Fabula ist denkbar knapp: Secharja wird ermordet und bestattet; daraufhin ereignen sich Vorzeichen. Wie bei den anderen *Vitae Prophetarum* ist die Zeitspanne, in der sich diese Ereignisse abspielen, nicht klar abgegrenzt.

Als Quelle ist zunächst vor allem 2 Chr 24,17–22 zu benennen. Der vorliegende Text weicht davon allerdings ab, indem er die Steinigung auslässt und dafür den Ort des Verbrechens näher beschreibt.[210] Der *parallelismus membrorum* in der Todesnotiz lässt eine schriftliche Quelle in einer semitischen Sprache plausibel erscheinen.[211]

Die Identität von »Zacharias, Sohn des Jodae« ist vielfältigen Verwechslungen ausgesetzt gewesen. Die hebräische Bibel kennt neben dem Priester Secharja ben Jojada (2 Chr 24) einen Secharja ben Jeberechja (Jes 8) und den ›kleinen‹ Propheten Secharja ben Iddo (Esr 5; 6; Neh 12; Sach 1[212]). In der späteren Traditionsbildung wurden sie in allen denkbaren Varianten miteinander identifiziert, sodass das Martyrium des Priesters Secharja besonders auch für den ›kleinen‹ Propheten Secharja überliefert wurde.[213] In den *Vitae Prophetarum* spricht der hier wiedergegebene Text des *Codex Marchialanus* (Rez. An1) vom Priester Secharja ben Jojada, während die anderen Rezensionen von Zacharias, dem Vater Johannes des Täufers sprechen.[214] Dazu kommt, das die Rezension Ep2 den Tempelmord durch Joasch sowohl für den Dodeka-Propheten Secharja als auch für den Priester Secharja ben Jojada überliefert.[215]

Die Lokalisierung des Mordes im vorliegenden Text ist historisch nicht glaubhaft. Der Raum zwischen dem Ailam, also der Vorhalle des Tempelgebäudes, und dem Altar ist nicht besonders groß und nicht öffentlich einsehbar. »Nur in der theologisierenden Legende kann dieser Ort zur Stelle für eine Steinigung geworden sein.«[216] Trotzdem kommt auch Q zu einer ähnlichen Lokalisierung,[217] vielleicht gehen beide Versionen auf die gleiche Quelle zurück.[218]

Das Begräbnis »bei seinem Vater«, das in einer Priesterfamilie naheliegt,[219] ist bis heute mit einer Lokaltradition im Kidrontal verbunden.[220]

---

[210]Vgl. SCHWEMER, Studien 2, 288.

[211]Vgl. a. a. O., 287, wo auch ein Rückübersetzungsvorschlag wiedergegeben wird.

[212]Dort Secharja ben Berachja ben Iddo. Es dürfte eine Angleichung des wohl historischen Namens Secharja ben Iddo an den Secharja ben Jeberachja aus Jes 8 vorliegen, vgl. BLANK, Death, 328f.; hier sind bereits die späteren Verwechslungen der drei Secharjas angelegt.

[213]Dieser dürfte etwa in Mt 23,34f. gemeint sein, vgl. a. a. O., 331.

[214]Vgl. dazu SCHWEMER, Studien 2, 294–296.

[215]Die Verwechslungen setzen sich in der rabbinischen Traditionsbildung fort. So gibt es die Legende, Secharja sei im Tempel verstummt, sowohl für den neutestamentlichen Zacharias als auch für Secharja ben Jojada, vgl. BLANK, Death, 333ff. Anm. 13.

[216]SCHWEMER, Studien 2, 297.

[217]»Zwischen Altar und Tempel« Lk 11,51. Vgl. a. a. O., 298.

[218]Vgl. a. a. O., 321. Auch SATRAN, Prophets, 54, hält es in diesem Fall für glaubhaft, dass eine frühe jüdische Tradition dem Text zugrunde liegt.

[219]Wenn man davon absieht, dass Jojada nach 2 Chr 24,16 im königlichen Erbbegräbnis beigesetzt wurde.

[220]Vgl. SCHWEMER, Studien 2, 304; allerdings verquickt mit der Tradition von Zacharias, dem Vater des Täufers.

FAZIT Diese Biographie lässt in ihren verschiedenen Rezensionen besonders gut die Einbettung dieser Gattung in den etwas verzweigten Überlieferungsstrom erkennen, der vom Mord an den Propheten berichtet und der mit 2 Chr 24 begonnen hatte.

2.4 Rabbinische Texte

Im Folgenden werden ausgewählte Märtyrerberichte aus der rabbinischen Literatur besprochen. Das Martyrium der Rabbinen Schi'mon und Jischmael und das von Pappus und Lulianus stammen aus der Midraschliteratur des frühen 3. Jhs. Mit den Martyrien von R. Aqiba und R. Ḥanina b. Teradion werden auch Texte aus den beiden Talmudim besprochen, die verschiedene Stadien der Traditionsbildung widerspiegeln.

2.4.1 Rabbi Schim'on und Rabbi Jischmael (MekhY, Mišpaṭim 18)

Literatur

Text: Horovitz/Rabin, Mechilta, 313. Eine englische Übersetzung bei Lauterbach, Mekilta, 141–143; zur Einleitung vgl. Stemberger, Einleitung, 249–254.

Übersetzung

Wenn du doch unterdrückst:[221] Das eine ist eine große Unterdrückung und das andere ist eine kleine Unterdrückung. Andere Interpretation: *Wenn du doch unterdrückst:* Es zeigt, dass man nicht schuldig ist, bis man unterdrückt und es wieder tut.

Einmal wurden Rabbi Jischmael und Rabbi Schim'on zur Hinrichtung vorgeführt. Da sagte Rabbi Schim'on zu Rabbi Jischmael: »Rabbi, mein Herz vergeht mir, weil ich nicht weiß, wofür ich hingerichtet werde.« Rabbi Jischmael sagte zu Rabbi Schim'on: »Ist nicht in deinen Tagen (einmal) ein Mann zu dir zum Gericht gekommen oder zu einer Anfrage, und du hast ihn einen Moment warten lassen, um aus deinem Gefäß zu trinken, oder einen Moment, um deinen Schuh zuzubinden, oder einen Moment, um deinen Mantel anzuziehen? Und die Tora sagt: *Wenn du doch unterdrückst,* das eine ist eine große Unterdrückung und das andere ist eine kleine Unterdrückung.« Und nach diesem Wort sagte er zu ihm: »Du hast mich getröstet, Rabbi.«

Und als Rabbi Jischmael und Rabbi Schim'on hingerichtet waren, da sagte Rabbi Aqiba zu seinen Schülern: »Bereitet euch auf die (göttliche) Rache vor, denn wenn künftige Gnade in unserer Generation kommen sollte, niemand würde sie als erster empfangen, außer Rabbi Schim'on und Rabbi Jischmael. Aber es war offen und bekannt vor dem, der sprach, sodass die Welt entstand, dass große künftige Rache in unserer Generation kommen würde. Und er hob sie auf aus unserer Mitte, um zu bestätigen, was gesagt ist (Jes 57,1–3): *Der Gerechte*

---

[221] אם ענה תענה (Ex 22,22) verbindet den Infinitivus absolutus von ענה pi. mit einer finiten Form desselben Verbs, um die Wortbedeutung zu verstärken, vgl. Gesenius/Kautzsch, Grammatik, 113 l. Auf diese Verdopplung, die in der Übersetzung nicht wiedergegeben wird, bezieht sich die Auslegung des Midraschs.

vergeht, und kein Mensch nimmt es sich zu Herzen; begnadete Männer sterben, und keiner versteht. Und es heißt: Friede wird kommen, und sie werden auf ihren Betten liegen, die recht wandeln. Und zuletzt: Und ihr, kommt hierher, ihr Söhne einer Zauberin, Nachkommen eines Ehebrechers und einer Hure!«

Auslegung

TEXTOBERFLÄCHE   Mekhilta de-Rabbi Jischmael (MekhY) ist ein Midrasch über Teile des Buches Exodus. Er ist nach Jischmael benannt, weil die Auslegung mit seinem Namen beginnt.[222] Ursprünglich war das Werk nach seinem Inhalt in Traktate aufgeteilt, heute ist es sekundär nach der synagogalen Leseordnung gegliedert.[223]

Der vorliegende Textabschnitt steht im Zusammenhang der Auslegung von Vorschriften des Bundesbuches, genauer des Verbotes der Benachteiligung von Witwen und Waisen Ex 22,22f. Der Satz »Wenn du doch unterdrückst« wird mit zwei Auslegungsmöglichkeiten erklärt. Die erste davon wird durch die anschließende Erzählung illustriert.[224] Nach der Erzählung geht der Midrasch mit der Erklärung des nächsten biblischen Halbverses weiter.

Der Blick auf die Erzählstrukturen ergibt folgendes Bild: Der Erzähler der kurzen Geschichte bleibt stets an der Handlung unbeteiligt (extern) und wechselt nicht. Er gibt auch keinen Einblick in die Gedanken und Gefühle der Akteure. Wechsel der Erzählebene liegen vor, wo die Akteure selber zu Wort kommen und so zum Fokalisator werden. Große Anteile des Textes sind selbst nicht narrativ. Dazu gehört die Auslegung des Bibelverses, die zu Beginn zitiert wird, sowie alle wörtliche Rede. Eigentlich narrativ sind nur die knappen Sätze dazwischen.

Bei der Formbestimmung zeigt sich zunächst, dass die Geschichte in der Vergangenheit erzählt ist.[225] Die Erzählung wird von wörtlicher Rede dominiert, die Schriftzitate und ein Vaticinium enthält. Die Perikope zielt auf einen Ausspruch von R. Aqiba, der sich auf die vorhergehende Handlung bezieht. Das macht den Text zu einer *Chrie.* »Als Chrie bezeichnet man veranlaßte, doch die Situation transzendierende Rede oder Handlung im Leben einer bedeutenden Person.«[226]

Der vorliegende Text wurde zwar von Gary G. Porton nicht unter den tannaitischen, mit den Evangelien vergleichbaren *pronouncement stories* angeführt.[227] Er entspricht aber der Beschreibung von Chrien, wie sie Klaus Berger gibt. Auch Schriftzitate und Vaticinien sind in Chrien nicht ungewöhnlich.[228] Bei genauerer

---

[222]Vgl. STEMBERGER, Einleitung, 250.

[223]Vgl. a. a. O., 251.

[224]Die zweite Auslegungsmöglichkeit hat zu der Erzählung keinen Bezug, vgl. VAN HENTEN/ AVEMARIE, Martyrdom, 167 Anm. 197.

[225]Im Mischna-Hebräisch wird (anders als im biblischen Hebräisch) mit der vollendeten Form eindeutig die Vergangenheit ausgedrückt, vgl. STEMBERGER, Einleitung, 108.

[226]BERGER, Formen, 142, im Original teilweise kursiv.

[227]PORTON, Pronouncement Story, 81–99.

[228]Vgl. BERGER, Formen, 148f.

Differenzierung lässt sich das Martyrium von Pappus und Lulianus als *commendati-on*[229] – d. h. als Empfehlung – beschreiben, oder genauer als *laudation:* Die laudation »differs from the commendation in that the praise is for the story's primary character, delivered by an outside party.«[230]

SINNGEBUNG Die Fokalisation zeigt keine Besonderheiten: Die wörtliche Rede gibt jeweils den Blickwinkel des Sprechers wieder. R. Jischmael macht sich in seiner Antwort die Perspektive von R. Schim'on zu eigen. Am Ende dominiert R. Aqiba.

Die Charaktere der Beteiligten gewinnen kaum Profil. Allenfalls die Worte »mein Herz vergeht mir« lassen erkennen, wie schwer R. Schim'on das Sterben ohne ein Urteil fällt. Es beruhigt ihn zu wissen, dass die Tora ihn verurteilt. Das Mittel der Charakterisierung ist ausschließlich die eigene Rede der Protagonisten. Interessant ist nicht ihre Person, sondern was sie zur Auslegung der Schriftstelle beizutragen haben.

Der Bewertung der beiden Protagonisten dienen mehrere Motive: Aqiba nennt die beiden »gerecht« (הצדיק mit Jes 57,1). Dem entspricht die Verunsicherung R. Schim'ons, der sein Urteil nicht kennt – das Wissen um eine noch so geringe Schuld lässt ihn sein Urteil als gerecht akzeptieren. Zur Deutung des Todes dient auch das Motiv des jenseitigen Lohnes (טובה עתידה), den sich die beiden erworben haben, während alle anderen die göttliche Rache (פורענות) zu fürchten haben.

Aufschlussreich ist, dass die Vorgeschichte der Hinrichtung und auch die Hinrichtung selbst überhaupt nicht erzählt werden (Ellipse). Berichtet wird nur das Dass ihres Todes. Bei aller Knappheit kann man aber doch von einer szenischen Darstellung sprechen. Alles Gewicht liegt auf der wörtlichen Rede der beiden Protagonisten und R. Aqibas.

Im vorliegenden Text ist – neben dem Setting des Textes im Kontext – die wörtliche Rede der einzige Träger der Sinngebung. Der Tod der beiden Rabbinen erfährt dabei zwei Deutungen: Von R. Jischmael wird er gemäß einer überlieferten Toraauslegung als angemessene Strafe für eine »kleine Unterdrückung« interpretiert, von R. Aqiba dagegen als der Tod zweier Gerechter bzw. Frommer gedeutet. Aber auch für Aqiba steht ihr Martyrium im weiteren Zusammenhang des göttlichen Gerichts.

EREIGNISBEZUG Folgende Ereignisse werden erzählt: In einer unbestimmten Vergangenheit begehen R. Schim'on und R. Jischmael eine Tat, die sie später als »kleine Unterdrückung« deuten. Sie werden – ohne ihr Urteil zu kennen – zur Hinrichtung vorgeführt, sprechen miteinander darüber und werden hingerichtet. Später spricht R. Aqiba zu seinen Schülern über die Bedeutung dieses Ereignisses. Die Ereignisse

---

[229]Vgl. TANNEHILL, Semeia 20 (1981), 7.
[230]AVERY-PECK, Classifying, 236.

um R. Schim'on und R. Jischmael und die um R. Aqiba nehmen jeweils nur wenige Stunden ein; der Zeitraum dazwischen ist ganz unbestimmt.

Wer sind die beiden Rabbinen? Beide sind ohne Patronym nicht klar identifiziert. Bei Schim'on handelt es sich wohl um R. Schim'on ben Gamaliel,[231] einen Tannaiten der zweiten Generation.[232] Die mittelalterliche Erzählung rechnet ihn zu den »Zehn Märtyrern«.[233] Jischmael ist nach der Tradition der Zehn Märtyrer R. Jischmael ben Elischa, ebenfalls ein Tannait der zweiten Generation.[234]

Der Verfasser dürfte die Geschichte aus der rabbinischen Schultradition kennen. Es sind mehrere Fassungen der Erzählung überliefert,[235] aber ob sie literarisch voneinander abhängig sind oder gemeinsame schriftliche Quellen benutzt haben, ist unklar. Auch der Widerspruch zwischen den Deutungen Jischmaels und Aqibas, der in dem Text zum Ausdruck kommt, lässt sich m. E. nicht literarkritisch auswerten. Die Herkunft des Stoffes muss damit im Dunkeln bleiben.

Der Inhalt der Mekhilta de-Rabbi Jischmael geht vielleicht im Kern auf die Schule Jischmaels zurück und wurde in amoräischer Zeit mehrfach redigiert. Stemberger datiert die Endredaktion in die zweite Hälfte des 3. Jhs.[236]

Das Ereignis liegt entsprechend bei der Abfassung schon eine Weile zurück.[237] Der Verfasser ist bei der Verwendung der Geschichte von historischen Interessen ganz unberührt. Für ihn hat die Erzählung eine lehrhafte Abzweckung. Das lässt – zusammen mit dem vermuteten längeren mündlichen Traditionsprozess – eine genauere historische Rückfrage kaum aussichtsreich erscheinen.

FAZIT   Eine kurze Erzählung aus der rabbinischen Schultradition wird herangezogen zur Erklärung eines Schriftwortes. Dieser Kontext ist den hier besprochenen rabbinischen Martyrien gemeinsam. Die Erzählung ist dabei als *Chrie* auf einen Ausspruch hin ausgerichtet. In der Erzählung konkurrieren zwei Todesdeutungen: Er wird einerseits als Gottes Strafe (wenn auch für einen kleinen Fehltritt) angesehen, andererseits als Sterben der Gerechten, für das es jenseitigen Lohn gibt.

2.4.2   Pappus und Lulianus (Sifra, Emor 9,5)

Literatur

Text: Eine kritische Ausgabe war nicht auffindbar; die Übersetzung folgt den Faksimiles FINKELSTEIN, Sifra, 442, und MAKOR, Torath Cohanim, 184. Übliche (nichtkritische) Ausgabe:

---

[231] Vgl. VAN HENTEN/AVEMARIE, Martyrdom, 140.
[232] Vgl. STEMBERGER, Einleitung, 86.
[233] Vgl. REEG, Geschichte, § 22 (S. 68) bis § 28 (S. 73).
[234] Vgl. STEMBERGER, Einleitung, 80.
[235] Vgl. dazu VAN HENTEN/AVEMARIE, Martyrdom, 166 Anm. 192.
[236] Vgl. STEMBERGER, Einleitung, 253.
[237] כבר = »vor einiger Zeit«, vgl. JASTROW, Dictionary, 609.

Weiss/ben David/Schlossberg, Sifra, 99d. Zur Einleitung vgl. Stemberger, Einleitung, 257–262.

Übersetzung

Von daher sagten sie: Der sich selbst ausliefert zu dem Zweck, dass ihm ein Wunder geschieht, dem geschieht kein Wunder. Wem es gleichgültig ist, ob ihm ein Wunder geschieht, dem geschieht ein Wunder. So finden wir über Ḥananja, Mischael und Azarja, dass sie zu Nebukadneṣar sagten (Dan 3,16–18): »Wir haben nicht nötig, dir in dieser Angelegenheit zu antworten. Wenn unser Gott, dem wir dienen, uns aus dem Ofen von brennendem Feuer befreien kann, wird er uns (auch) aus deiner Hand befreien, König! Und wenn nicht, sei dir bekannt, König, dass wir deinem nichtigen Gott nicht dienen, und das goldene Standbild, das da steht, nicht anbeten.«

Und als Trugianus Pappus und seinen Bruder Lulianus tötete,[238] sagte er zu ihnen: »Seid ihr nicht von dem Volk von Ḥananja, Mischael und Azarja? Euer Gott soll kommen und euch aus meiner Hand holen.« Da sagten sie zu ihm: »Ḥananja, Mischael und Azarja waren geeignet. Und Nebukadneṣar war wert, dass unter seiner Hand ein Wunder geschah. Ja, du, du bist ein gottloser König! Und du bist nicht wert, dass unter deiner Hand ein Wunder geschieht. Aber wir sind des Todes schuldig vor dem Himmel; und wenn du uns nicht tötest: (Es gibt) viele Dämonen vor dem Allgegenwärtigen, viele Bären, viele Löwen, viele Tiger, viele kriechende Schlangen, viele Skorpione, die uns belästigen (können). Aber am Ende wird der Allgegenwärtige unser Blut von deinen Händen fordern.«

Man sagt, er war nicht von dort weggegangen, bis dass Briefe gegen ihn aus Rom kamen, und man schlug ihm mit Äxten das Gehirn heraus.

Auslegung

TEXTOBERFLÄCHE »Sifra ist ein halakhischer Midrasch zu Lev[iticus], der im jetzigen Überlieferungszustand ganz Lev[iticus] Vers für Vers, oft sogar Wort für Wort kommentiert.«[239] Der vorliegende Text steht im Zusammenhang der Auslegung von Lev 22,32 »Entheiliget nicht meinen heiligen Namen, damit ich geheiligt werde unter den Israeliten«. Das wird so präzisiert: »Liefere dich selbst aus, um meinen Namen zu heiligen.«[240] Als Beispiel dienen die beiden Märtyrergeschichten, deren zweite (Pappus und Lulianus) sich auf die erste (Ḥananja, Mischael und Azarja) bezieht.

Trotz ihrer Knappheit ist die Erzählung durchaus komplex: Auf einer oberen Erzählebene wird der Dialog von Trugianus und den Angeklagten erzählt (»Und als Trugianus ...«, »Da sagten sie ...«). Die Rede der drei Männer im Feuerofen und der Tod des Trugianus werden auf einer unteren Erzählebene erzählt (»So

---

[238] וכשהרג טרוגיינוס את פפוס ואת לוליינוס אחיו nach den beiden wichtigsten Handschriften MS Assemani 66 (Finkelstein, Sifra) und MS Vat. 31 (Makor, Torath Cohanim). Weiss/ben David/Schlossberg, Sifra, lesen וכשתפס מריינוס את פפוס etc. »Und als Marinus Pappus und seinen Bruder Lulianus festnahm«. Woher diese Lesart stammt, war nicht zu eruieren.

[239] Stemberger, Einleitung, 258.

[240] מסור את עצמך לקדש את שמי, Emor 9,4. Vgl. auch van Henten/Avemarie, Martyrdom, 144.

finden wir . . . , dass sie zu Nebukadneṣar sagten«,»Man sagt, er war nicht von dort weggegangen«). Alle Erzähler sind nicht am Geschehen beteiligt (externe Erzähler). Der Einleitungssatz der Erzählung ist nicht narrativ. Er gibt rabbinische Lehre wieder (»Von daher sagten sie . . . «). Die Geschichte von Pappus und Lulianus bezieht sich nicht auf diesen Satz, sondern auf den davor (»Liefere dich selbst aus, um meinen Namen zu heiligen«).

Die Form der Erzählung ist wieder vor allem durch die wörtliche Rede der Angeklagten bestimmt. Das Handlungsgerüst ist in der Vergangenheit erzählt; ein Schriftzitat ist vorangestellt. Die Rede der Angeklagten beginnt mit einem Scheltwort und endet mit einem Drohwort, das sogleich in Erfüllung geht – eine Kombination prophetischer Kleingattungen. Das Schema Anrede–Antwort lässt wieder an eine Chrie denken.

SINNGEBUNG   Im Dialog zwischen Trugianus und den Märtyrern wechselt mit der wörtlichen Rede der Fokalisator. Die Erzählung macht so den Kontrast zwischen der Innen- und der Außenperspektive auf Zugehörigkeit zum jüdischen Volk und seinem Gott besonders deutlich.

Alle Charaktere, die drei Männer im Feuerofen, Trugianus und die Märtyrer selbst, erscheinen nur durch die Brille der Märtyrer. Ihr Werteraster ist die Perspektive, in die der Leser mit hineingenommen wird. Ihre Rede, die durch den Tod des Trugianus beglaubigt wird, ist der maßgebliche Träger der Sinngebung in dieser Erzählung.

Im vorliegenden Text hängen Märtyrermotive eng zusammen mit Motiven von der Rettung eines leidenden Gerechten.[241] Ḥananja, Mischael und Azarja wird ein Rettungswunder zuteil, weil sie »geeignet« (כשרים) sind. Dass es bei Pappus und Lulianus ausbleibt, dient der Deutung ihres Todes: Sie waren nicht »geeignet«. Die Märtyrer bezichtigen sich selbst als schuldig »vor dem Himmel«. Sie sehen Gott als ihren eigentlichen Richter an, der sie auch durch wilde Tiere töten könnte. Damit deuten die Märtyrer ihren Tod selbst und charakterisieren sich auch selbst. Auf Trugianus' Aufforderung, ihr Gott möge kommen, antworten sie, indem sie Gott als den »Allgegenwärtigen« (המקום) bezeichnen. Der Gott der Märtyrer erweist sich so als überlegen. Das eigentliche Martyrium wird nicht mit geprägten Motiven charakterisiert, es fehlt ganz. Dafür wird die Ermordung des Widersachers als von Gott gewirkte Blutrache angesehen, mit der sich die Ankündigung der Märtyrer erfüllt. Der Widersacher wird beschimpft und eines Wunders nicht für wert erachtet.

Die Zeitstrukturen der Erzählung weisen keine Besonderheiten auf. Sie teilt sich in drei Szenen – die Antwort an Nebukadneṣar, das Verhör vor Trugianus und die Ermordung des Trugianus –, die alle sehr knapp erzählt werden. Während der

---

[241]Nach BERGER, Formen, § 108 (S. 397), stellen Erzählungen von der Rettung des leidenden Gerechten eine eigene Gattung dar.

zeitliche Abstand zwischen der ersten und zweiten Szene sehr groß ist, folgen die zweite und dritte Szene unmittelbar aufeinander.

EREIGNISBEZUG Die Fabula der Erzählung ist knapp. Ḥananja, Mischael und Azarja reden mit Nebukadneṣar. Ihre Befreiung aus dem Ofen (Dan 3,25–30) wird als bekannt vorausgesetzt und nicht erzählt. Trugianus verhört Pappus und Lulianus.[242] Die Hinrichtung wird nicht erzählt. Trugianus wird auf einen Brief aus Rom hin ermordet. Alle Ereignisse lassen sich an einem Tag unterbringen.

Die Identität des Römers, der die Hinrichtung der Märtyrer verantwortet, ist textkritisch unsicher, nach der Ausgabe Weiß heißt er Marinus (s. o. S. 97). In einer Parallele dieser Erzählung in bTaan 18b ist es Traianus (טוריינוס). Die Lesart »Trugianus« aus Codex Assemani 66, die oben in der Übersetzung wiedergegeben ist, dürfte aus »Traianus« verschrieben sein.[243] Über die Identität der Märtyrer ist nichts weiter bekannt. Nach einer in Sifra, Beḥuqotai 5,2 (111d), wiedergegebenen Tradition lauten ihre vollen Namen Pappus ben Jehuda und Lulianus aus Alexandrien.

Sifra ist ein uneinheitliches Werk, das Traditionen unterschiedlicher Herkunft vereinigt.[244] In der Regel wird es in die zweite Hälfte des dritten Jahrhunderts datiert, hat aber eine »nicht hinreichend geklärte Nachgeschichte«[245].

Wenn mit dem verantwortlichen Römer tatsächlich Trajan gemeint ist, lägen zwischen dem Ereignis und der Redaktion von Sifra etwa 150 bis 200 Jahre (oder auch noch mehr). Auch wenn van Henten und Avemarie die Tradition im Kern für historisch halten,[246] lassen der relativ große Abstand und das lehrhafte Interesse der Schultradition eine historische Rückfrage nicht als besonders aussichtsreich erscheinen.

FAZIT Das Martyrium von Pappus und Lulianus verdient Beachtung. Wieder handelt es sich um eine kurze Chrie, die zur Exegese eines Schriftwortes herangezogen wird. Der Text verdeutlicht dabei besonders, wie unterschiedliche Traditionen assoziativ miteinander verknüpft und narrativ weiterentwickelt werden. Lev 22,32 wird erklärt mit Dan 3,16ff. Dieses Wort ist Modell für die narrative Gestaltung der Pappus-Tradition, die wiederum auch an anderen Stellen der rabbinischen Überlieferung auftaucht. An der vorliegenden Stelle wird klar sichtbar, wie die Deutungshoheit allein bei den Märtyrern selbst liegt. Ihr Richter stirbt einen Straftod.

---

[242]Nach dem Text der Ausgabe WEISS/BEN DAVID/SCHLOSSBERG, Sifra, wird auch ihre Festnahme erzählt.
[243]Vgl. VAN HENTEN/AVEMARIE, Martyrdom, 145 Anm. 63.
[244]Vgl. STEMBERGER, Einleitung, 258f.
[245]A. a. O., 260.
[246]Vgl. VAN HENTEN/AVEMARIE, Martyrdom, 135.

2.4.3   Rabbi Aqiba (jBer 9,7/8 [14b])

Literatur

Text: Ein kanonischer Text des palästinischen bzw. Jerusalemer Talmuds liegt nicht vor. Die Übersetzung folgt der Ed. Venedig von 1523f., abgedruckt in Schäfer/Becker, Synopse I/1–2, 250. Die maßgebliche deutsche Übersetzung mit erläuternden Anmerkungen bei Horowitz, jBer, 243f. Zum Traktat Berakhot vgl. Stemberger, Einleitung, 115; zur Einleitung in den palästinischen bzw. Jerusalemer Talmud a. a. O., 167–190.

Übersetzung

Rabbi Aqiba wurde vor Turnus Rufus, den Gottlosen, vor Gericht gestellt, und es kam die Zeit, das Sch'ma vorzutragen. Er begann das Sch'ma vorzutragen und lachte. Da sagte der zu ihm:»Alter, entweder bist du ein Zauberer, oder du verachtest die Qualen.« Er sagte zu ihm:»Die Seele von diesem Mann vergehe! Ich bin kein Zauberer und ich verachte die Qualen nicht, sondern alle Tage habe ich diesen Vers vorgetragen, und ich war bedrückt und sagte: ›Wann wird es in meine Hand kommen, diese drei (Gebote zu erfüllen): *Und du sollst JHWH deinen Gott lieben mit deinem ganzen Herzen und deiner ganzen Seele und deinem ganzen Vermögen.*‹ Und ich liebte ihn mit meinem ganzen Herzen, und ich liebte ihn mit meinem ganzen Vermögen. Aber mit meiner ganzen Seele, da wurde ich (noch) nicht geprüft. Und jetzt kommt ›mit meiner ganzen Seele‹ und trifft mit der Zeit, das Sch'ma zu sprechen, zusammen; und mein Verstand wurde nicht gemindert, gemäß dem ich so vortrage und lache.« Er hatte nicht zu Ende geredet, da flog seine Seele davon.

Auslegung

TEXTOBERFLÄCHE   Der Talmud ist die Auslegung und Ergänzung der tannaitischen Lehre, der Mischna, durch Lehrdiskussionen und Erzählungen. Der Traktat Berakhot (»Segenssprüche«) hat die Gebete zu verschiedenen Tageszeiten und anderen Anlässen zum Thema.[247] Das Martyrium des R. Aqiba ist eines von mehreren Beispielen zur Auslegung der Mischna »Der Mensch ist verpflichtet, für das Böse (das ihm widerfährt) ebenso (Gott) zu lobpreisen, wie er (ihn) für das Gute (das ihm zuteil wird) lobpreist; denn es heißt: Liebe den Herrn, deinen Gott, von ganzem Herzen [. . .], von ganzer Seele und mit all deiner Kraft.«[248]

Diese eingebetten narrativen Sätze (»alle Tage habe ich diesen Vers vorgetragen . . . «) liegen auf einer unteren Erzählebene, der Erzähler ist an den Akteur Aqiba gebunden. Auf der oberen Erzählebene ist der Erzähler unbeteiligt (extern). Nicht-narrative Anteile sind die Bemerkung des Turnus Rufus sowie Anfang und Ende von Aqibas Rede.

---

[247]Vgl. Stemberger, Einleitung, 115.
[248]Übers. Horowitz, jBer, 240. Damit hat dieser Text die gleiche Mischna-Grundlage wie seine Parallele bBer 61b.

Wieder handelt es sich um eine Chrie, und zwar um eine, die ihre Pointe sowohl in einer Rede als auch in einer Handlung besitzt.[249] Auf eine knappe Anrede von Turnus Rufus antwortet R. Aqiba relativ ausführlich. Seine Antwort enthält ein Schriftzitat, ein Scheltwort und eingebettete narrative Sätze.

SINNGEBUNG In der wörtlichen Rede treten Turnus Rufus und Aqiba als akteurgebundene Fokalisatoren auf. Während der erste die römische (Außenseiter-) Perspektive auf Aqibas Verhalten bietet, zeigt Aqiba die eigene jüdische Perspektive darauf. Der Erzähler konfrontiert die Sichtweisen nicht einfach, sondern lässt Aqibas Sicht am Ende stehen und macht sie damit zur normativen. Die Deutung des Turnus Rufus wird ausdrücklich zurückgewiesen. Die (Rahmen-) Erzählung ergreift die Partei Aqibas, wenn sie Turnus Rufus als »Gottlosen« (הרשע) bezeichnet.

Die Wertung »Gottloser« ist das Hauptcharakteristikum für Turnus Rufus, daneben die Schelte Aqibas und die Tatsache, dass sein Deutungsangebot (»bist du ein Zauberer oder du verachtest die Qualen«[250]) zurückgewiesen wird (und bleibt). Aqiba dagegen charakterisiert sich selbst als verlässlicher Erfüller der Gebote Gottes und als Mann von Verstand. Er hat Freude am Bestehen seiner Prüfung.

Das herausragende Motiv bei der Darstellung des Märtyrers ist die Leichtigkeit, mit der er seine Qualen erträgt. Sein Widersacher hält ihn darum für einen Zauberer. Sein Tod wird nicht im Detail beschrieben,[251] aber es wird festgehalten, dass er mit dem Sch'ma-Gebet, d. h. der vorgeschriebenen Rezitation von Dtn 6,4ff. zusammenfällt. R. Aqiba deutet sein Martyrium als Prüfung Gottes. Durch sein Verhalten im Tod kann er Gottes Gebote erfüllen.

Ein Blick auf die Zeitstrukturen ergibt folgendes Bild: Die Rahmenhandlung ist als Szene gestaltet. In Aqibas eingebetteter Erzählung wird eine wiederholte Handlung (»alle Tage«) stellvertretend nur einmal erzählt, die Erfüllung der Gebote ebenfalls nur einmal summarisch berichtet. Die Einbettung der Erzählung ist zugleich eine Rückblende, die auf einen früheren Zeitraum in Aqibas Leben zurückgreift.

Die Erzählung vom Martyrium Aqibas ist in allen ihren Teilen stark mit Sinn gebenden Elementen aufgeladen.[252] Durch ihren halakhischen Kontext erhält sie zugleich eine pragmatische Dimension: R. Aqiba ist ein Vorbild, dem man folgen kann.

---

[249]Vgl. dazu Berger, Formen, 142ff.

[250]אי חרש את אי מבעט בייסורין את:

[251]Ganz im Gegensatz zur Darstellung in bBer 61b, wo Folter und Tod Aqibas farbenfroh ausgemalt werden.

[252]Die parallele Erzählung bBer 61b setzt im Übrigen ähnliche Sinngebungsmittel ein wie die im Folgenden besprochene Geschichte von R. Ḥanina b. Teradion, etwa einen Dialog mit den Schülern und eine himmlische Stimme (בת קול).

EREIGNISBEZUG Folgende Ereignisse werden in der Rahmenhandlung erzählt: R. Aqiba wird vorgeführt und gefoltert[253]. Er beginnt, das Sch'ma zu rezitieren und zu lachen. Turnus Rufus spricht ihn an, er antwortet und stirbt rezitierend. In der Fabula der inneren Erzählung betet Aqiba vielfach das Sch'ma. Parallel dazu wünscht er sich, die Gebote Gottes erfüllen zu können. Gott prüft seine Bereitschaft, die Gebote zu erfüllen. Alles muss nicht länger als einige Minuten dauern.

Bei Turnus Rufus[254] handelt es sich um Quintus Tineius Rufus, den römischen »Gouverneur von Judäa zur Zeit des Bar-Kochba-Aufstandes«.[255]

Es gibt eine fast identische Fassung dieser Erzählung in jSot 5,7/6 [20c], allerdings in einem etwas anderen Kontext, nämlich in einer Reihe von Beispielen für Gottesliebe.[256] Wenn keine literarkritische Abhängigkeit vorliegt, werden beide die gleiche schriftliche Vorlage benutzt haben. Dass die Parallele bBer 61b die gleiche Mischna-Grundlage hat, kann bedeuten, dass diese Erzählung schon bald ihren Platz in der Kommentierung dieser Mischna gefunden hat. Die Herkunft des Stoffes ist damit noch nicht geklärt. Es werden auch keine Gewährsleute genannt, die eine Zuordnung zu einer bestimmten rabbinischen Schule ermöglichen könnten.

Der Jerusalemer oder palästinische Talmud wurde in der ersten Hälfte des fünften Jahrhunderts abschließend redigiert.[257] Zwischen dem Tod Aqibas im Bar-Kochba-Aufstand 132–135 n. Chr.[258] und der Endredaktion des Jerusalemer Talmuds liegen demnach etwa 300 Jahre. Da die Vorgeschichte des Textes kaum zu erhellen ist, ist auch ein Urteil über die Historizität dieser Legende schwer möglich.[259]

FAZIT Diese im Endtext etwas jüngere Legende dient wieder als exegetisches Beispiel, diesmal zur Veranschaulichung einer Mischna. Er dürfte schon auf eine schriftliche Vorlage zurückzuführen sein, wie eine fast wörtliche Parallele in jSot zeigt. Das Sterben wird hier, in den Worten des Märtyrers, als Bewährung gedeutet.

---

[253]Die Folter wird nicht erzählt, ist aber aus Turnus Rufus' Bemerkung zu erschließen.

[254]טורנוס רופוס mit MS Paris u. London; auch טונוס טרופוס Ed. Venedig/MS Leiden oder oder טונסרופוס MS Vatikan.

[255]HÜTTENMEISTER, jSot, 141 Anm. 187. Zur Diskussion der rabbinischen Verschreibungen des Namens vgl. FLUSS, PW 6 A (1937), 1376: Möglicherweise ist ein Wortspiel mit τύραννος eingeflossen. Es handelt sich nicht um T. Annius Rufus, wie irrtümlich JASTROW, Dictionary, 527, und HOROWITZ, jBer, 243 Anm. 151a, annehmen.

[256]Vgl. VAN HENTEN/AVEMARIE, Martyrdom, 151.

[257]Vgl. STEMBERGER, Einleitung, 173. Die Vorstufen dieser Redaktionen sind noch wenig systematisch erforscht. Die Entwicklung des Stoffes dürfte sich so vollzogen haben: »Kommentierung von M[ischna] im Schulbetrieb – Sammlung und Ergänzung solcher Schulnotizen durch verschiedene Meister [. . .] – Auswahl, Kombination und Bearbeitung dieser Sammlungen in Tiberias«: a. a. O., 182, nach Epstein.

[258]Vgl. JACOBS, RGG⁴ 1 (1998), 665.

[259]Für Aqiba gilt generell: »Um seine Person ranken sich Legenden, deren Historizität kaum überprüfbar ist«, ebd., 664f

2.4.4 Rabbi Ḥanina ben Teradion (bAZ 17b–18a)

Literatur

Text: Die Übersetzung folgt der nicht-kritischen Ausgabe Makon »Tevel«, מסכת עבודה זרה, 17b–18a. Die maßgebliche deutsche Übersetzung bei Goldschmidt, Talmud 9, 487–489; eine englische Übersetzung bei Epstein, 'Aboda Zarah, 90–93. Zum Traktat Avoda Zara vgl. Stemberger, Einleitung, 120; zur Einleitung in den Babylonischen Talmud vgl. a. a. O., 191–221.

Übersetzung

Sie brachten Rabbi Ḥanina ben Teradion; sie sagten zu ihm:»Warum nur hast du dich mit dem Bibellesen beschäftigt?« Er sagte zu ihnen:»Wie es mir JHWH, mein Gott, befohlen hat.« Sie verurteilten ihn zur Verbrennung und seine Frau zur Hinrichtung und seine Tochter zur Prostitution. Zur Verbrennung, weil er den Namen (JWHW) mit (allen) seinen Buchstaben ausgesprochen hatte. Und warum hatte er das getan? Wir lernten doch: Diese haben keinen Anteil an der künftigen Welt: Der sagt, die Tora ist nicht vom Himmel, und: Es gibt keine Auferstehung der Toten in der Tora. Abba Scha'ul sagt: auch der, der den Namen (JWHW) mit (allen) seinen Buchstaben ausspricht. Um zu üben tat er es, wie gelehrt wird: Du sollst nicht lernen, um zu tun; aber du (darfst) lernen um zu verstehen und zu lehren. Aber aus welchem Grund wurde er bestraft? Weil er den Namen (JWHW) öffentlich aussprach. Und seine Frau zur Hinrichtung, weil sie nicht dagegen protestiert hatte. Von daher sagte man: Jeder, in dessen Hand es ist, zu protestieren, und er protestiert nicht: der soll bestraft werden. Und seine Tochter zur Prostitution, weil R. Joḥanan gesagt hatte:»Einmal ging seine Tochter vor den Großen Roms. Die sagten: ›Wie hübsch sind die Schritte dieses Mädchens.‹ Daraufhin achtete sie auf ihre Schritte.« Das entspricht dem, was R. Schim'on ben Laqisch gesagt hatte:»Warum steht geschrieben: *Die Schuld meines Absatzes hat mich umgeben?* Die Schulden, die ein Mensch mit seinen Absätzen in dieser Welt tritt, umgeben ihn am Tag des Gerichts.«

In der Stunde, als die drei herausgingen, rechtfertigen sie das Gericht über sich. Er sagte:»*Der Fels, makellos ist sein Werk!*« Und seine Frau sagte:»*Ein Gott der Treue und nicht des Betrugs.*« Seine Tochter sagte:»*Groß ist der Ratschluss und mächtig die Regierung (Gottes), dass deine Augen sehen auf alle Wege.*« Rabbi sagte:»Wie groß sind diese Gerechten, dass ihnen die drei Verse der Rechtfertigung des Gerichts einfielen zur Stunde der Rechtfertigung des Gerichts.«

Die Rabbinen lehrten: Als Rabbi Jose ben Qisma krank war, ging Rabbi Ḥanina ben Teradion, ihn zu besuchen. Der sagte zu ihm:»Ḥanina, mein Bruder, weißt du nicht, dass dieses Volk vom Himmel zur Herrschaft (bestellt ist)? Das sein Haus zerstört und seinen Tempel verbrannt hat, das seine Frommen erschlagen und seine Besten vernichtet hat, und es steht noch fest! Aber über dich habe ich gehört, dass du sitzt und dich mit der Tora beschäftigst [und große Versammlungen versammelst] und eine Buchrolle liegt dir im Schoß.« Er sagte zu ihm:»Vom Himmel her werden sie Erbarmen haben.« Der sagte zu ihm:»Ich sage dir Worte von Verstand, und du sagst zu mir, ›Vom Himmel her werden sie Erbarmen haben.‹ Ich wundere mich, wenn sie nicht dich und die Torarolle im Feuer verbrennen!« Er sagte zu ihm:»Was (bin) ich für das Leben der kommenden Welt?« Der sagte zu ihm: »Ist irgendeine Tat an deine Hand gekommen?« Er sagte zu ihm: »Purimgeld geriet mir durcheinander mit Spendengeld, und ich zahlte es an die Armen aus.« Der sagte zu ihm: »Wenn es so ist, soll dein Anteil mein Anteil sein und dein Los mein Los.«

Man sagte, es waren nicht wenige Tage, bis Rabbi Jose ben Qisma starb, und alle Großen Roms kamen, ihn zu begraben, und betrauerten ihn sehr. Und als sie zurückkehrten, fanden sie Rabbi Ḥanina ben Teradion, der saß und sich mit der Tora beschäftigte, und große Versammlungen versammelte, und eine Torarolle lag in seinem Schoß. Sie führten ihn vor und wickelten ihn in die Torarolle ein, und umgaben ihn mit Bündeln von Zweigen und taten das Feuer daran. Und sie brachten Wollbäusche und tränkten sie mit Wasser und legten sie auf sein Herz, damit seine Seele ihn nicht zu schnell verlasse. Seine Tochter sagte zu ihm: »Vater, dass ich dich so sehe!« Er sagte zu ihr: »Wenn ich allein verbrannt würde, wäre die Sache schwer für mich. Jetzt werde ich verbrannt und die Torarolle mit mir. Wer die Beleidigung der Torarolle rächt, wird auch meine Beleidigung rächen.« Seine Schüler sagten zu ihm: »Rabbi, was siehst du?« Er sagte zu ihnen: »Das brennende Pergament und davonfliegende Buchstaben.« – »Auch du, mach deinen Mund auf und atme das Feuer ein!« Er sagte zu ihnen: »Der (meine Seele) gegeben hat, soll sie von mir nehmen; aber keiner soll sich selbst verletzen.« Der Henker sagte zu ihm: »Rabbi, wenn ich das Feuer groß mache und die Wollbäusche von deinem Herzen nehme, wirst du mich in das Leben der kommenden Welt bringen?« Er sagte zu ihm: »Ja.« – »Schwöre es mir!« Er schwor es ihm. Sofort machte der das Feuer groß und nahm die Wollbäusche von seinem Herzen, und seine Seele verließ ihn schnell. Auch der sprang und fiel mitten ins Feuer. Eine himmlische Stimme kam hervor und sprach: »Rabbi Ḥanina ben Teradion und der Henker – sie sind erwählt zum Leben der kommenden Welt!«

Auslegung

TEXTOBERFLÄCHE Der Traktat Avoda Zara (»Götzendienst«) regelt Kontakte mit Nichtjuden. Im Rahmen einer Mischna-Vorschrift, die die Kooperation mit Nichtjuden bei der Vorbereitung von Hinrichtungen verbietet (bBer 16a), findet sich ein »cluster of stories about R. Hanina ben Teradion«.[260] Die Erzählungen sind assoziativ verknüpft. Dem hier besprochenen Text geht eine Geschichte voraus, bei der R. Ḥanina wegen Beschäftigung mit der Tora im Gefängnis sitzt und mit R. El'azar b. Perata ein Gespräch führt.

Die Erzählstrukturen des Textes sind komplex. Ein kurzer Dialog Ḥaninas mit einigen Kritikern steht voran; hier ist der Erzähler unbeteiligt (extern), die jeweiligen Sprecher fokalisieren (akteurgebundene Fokalisation). Der folgende Lehrdialog ist m. E. nicht narrativ, auch wenn die angeführten Begründungen von Handlungen berichten. Die zwei Sätze R. Joḥanans sind eine kleine eingebettete Erzählung. Joḥanan ist hier auf einer unteren Erzählebene (Erzählung und Fokalisation extern), die zitierten Römer sind akteurgebundene Fokalisatoren. Die kurze Szene der Rechtfertigung des Gerichts ist wieder erzählend. Die drei Zitate geben die

---

[260]VAN HENTEN/AVEMARIE, Martyrdom, 159.

Perspektive der Verurteilten auf sich selbst wieder (akteurgebundene Fokalisation). Im zweiten Textblock wird durchgängig von einem externen Erzähler erzählt. Durch die Dialoge wird jeweils die Perspektive des Märtyrers mit der von anderen Personen (alle Fokalisatoren akteurgebunden) konfrontiert. Der Erzähler wechselt also ingesamt wenig. Der Großteil der wörtlichen Rede ist nicht narrativ (so auch alle Schriftzitate); die narrativen und die nicht-narrativen Elemente sind aber eng miteinander verquickt und wechseln sich kleinteilig ab.

Bei der Formbestimmung ist zu berücksichtigen, dass der Text in zwei Blöcke zerfällt. Der erste Block erzählt von der Verurteilung Ḥaninas und seiner Familie, die in einem längeren Lehrdialog diskutiert wird. Prägend sind hier die umfangreichen Zitate verschiedener Rabbinen. Eine kurze Szene schließt sich an, in der die drei Verurteilten ihr Urteil rechtfertigen. Dazu zitiert jede(r) von ihnen aus der Schrift. Dieser Teil schließt mit einer Beurteilung Rabbis. Der zweite Block besteht aus zwei zusammengehörigen Teilen – mit teilweise wörtlichen Entsprechungen –, die Ḥanina erst im Gespräch mit R. Jose b. Qisma und dann auf dem Scheiterhaufen zeigen. Auch dieser Teil ist von Dialogen dominiert, zuerst mit R. Jose, dann mit drei Parteien bei seiner Hinrichtung.

SINNGEBUNG Die Fokalisation ist in den beiden Textblöcken unterschiedlich strukturiert. Im ersten Block teilen die Märtyrer und die kommentierenden Rabbinen die gleiche Beurteilung des Geschehens. Die Fragen und Antworten, die externen und die charaktergebunden Fokalisationen ergeben zusammen ein stimmiges Meinungsbild. Im zweiten Textblock wird dagegen die Deutung des Geschehens durch die Konfrontation der Perspektiven gewonnen. Ratschläge, Einwände und Anfragen verschiedener Parteien werden von R. Ḥanina beantwortet und korrigiert. Seine Perspektive auf das Geschehen bleibt am Ende stehen und wird durch die himmlische Stimme beglaubigt.

Die Akteure werden stets durch Worte und Taten, nie durch Beschreibungen charakterisiert. Bei Ḥanina steht im ersten Block sein Vergehen im Mittelpunkt, auch wenn er am Ende gerecht dasteht. Im zweiten Block erweist er sich in seinen Antworten an R. Jose und die anderen als aufrecht und nicht anpassungsbereit; er bleibt gelassen bis in den Tod. Ḥaninas Tochter wird in der kurzen eingebetteten Erzählung als eitel dargestellt. Ihr Verhalten wird offensichtlich als anstößig wahrgenommen. R. Jose erweist sich durch seine Worte als ein überzeugter Anhänger der Anpassung an Rom. Diese Überzeugung will er auch weitergeben. Der Henker wird durch seine Worte und Taten als menschenfreundlich und fromm charakterisiert.

Die beiden Textblöcke sind von wichtigen, teils widersprüchlichen Motiven durchzogen: So sind die Märtyrer im ersten Block vor Gott schuldig und anerkennen das Gericht über sich,[261] ihre Schuld wird auch ausführlich diskutiert; im zweiten Block wird die praktische Unschuld des Märtyrers betont. Der Märtyrer widersetzt sich der Anpassung an die herrschende Besatzung und dem Verbot der Beschäftigung mit der Tora. Das wird besonders in seinem Dialog mit dem angepassten, kollaborierenden R. Jose deutlich.

Bei der Darstellung des Martyriums lässt der Erzähler R. Ḥanina sagen, wie leicht ihm das Leiden fällt, und das, obwohl sein Tod extra verzögert wird. Der Scharfrichter lässt sich durch den Märtyrer überzeugen und schließt sich ihm im Tode an. Der Deutung des Todes dienen mehrere Motive: Bei der Verbrennung hat der Märtyrer eine Vision – er sieht die Buchstaben der Tora davonfliegen. Auf die beiden Sterbenden wartet himmlischer Lohn, ein Anteil am Leben der kommenden Welt. Das wird durch eine himmlische Stimme (בַּת קוֹל) autoritativ bestätigt.

Auch für die Erfassung der Zeitstrukturen müssen beide Blöcke gesondert betrachtet werden. Der erste Block beginnt mit der Aufgreifung und Verhaftung Ḥaninas, und entwickelt im Lehrdialog wie in einer Rückblende die Vorgeschichte der Verurteilung der ganzen Familie. Die Rechtfertigung des Gerichts schließt an die Verurteilung an. Der zweite Block weist dagegen keine Besonderheiten in der Reihenfolge auf. In beiden Blöcken sind die narrativen Elemente als Szenen gestaltet.

Der Träger der Sinngebung ist in beiden Erzählblöcken die Rede, sowohl der Beteiligten als auch der kommentierenden Rabbinen. Der ganze Text gewinnt so eine stark lehrhafte Prägung.

EREIGNISBEZUG Die Fabulae der Erzähleinheiten überschneiden sich teilweise: Nach dem ersten Block begegnet in einer unbestimmten Vergangenheit Ḥaninas Tochter einigen Römern. Ḥanina wird (wohl mit der Tora) entdeckt und befragt, in seiner Antwort spricht er den JHWH-Namen aus. Er wird mit seiner Familie verurteilt; alle drei rechtfertigen ihre Verurteilung. Nach dem zweiten Block spricht R. Ḥanina mit R. Jose, wird später nach dessen Beerdigung mit der Tora entdeckt, dafür verurteilt und mit der Torarolle angezündet. Nach drei kurzen Gesprächen stirbt er, danach stirbt sein Henker. Die Zeiträume sind unbestimmt.

Für den Erzählstoff der beiden Textblöcke werden keine Gewährsleute angegeben. Das Material ist anonym überliefert bis auf die Tochter-Perikope, die zwei Rabbinen der zweiten Amoräergeneration zugeschrieben wird (R. Joḥanan, R. Schim'on b. Laqisch). Widersprüche im Detail[262] sprechen für eine unterschiedliche Herkunft der beiden Erzählblöcke. Durch die redaktionelle Verbindung der beiden Blöcke wird es möglich, die Widersprüche der Tradition zu diskutieren.[263]

---

[261] Das wird ihnen wiederum von Rabbi als Gerechtigkeit ausgelegt.
[262] Ausführlich zusammengestellt bei VAN HENTEN/AVEMARIE, Martyrdom, 159f.
[263] So a. a. O., 160.

Wie der Jerusalemer ist auch der babylonische Talmud eine Auslegung der Mischna. Es handelt sich um »kein Werk aus einem Guß«[264], sondern um eine komplexe Sammlung, die einen mehrschichtigen Redaktionsprozess durchlaufen hat. Nach Ergänzungen in saboräischer und auch gaonäischer Zeit wurde das Werk spätestens im achten Jahrhundert abgeschlossen.[265] Die Endfassung dieses Textes ist also erheblich jünger als andere hier diskutierte Texte.

Traditionell wird R. Ḥaninas Tod in die Verfolgungszeit unter Hadrian datiert. Der Erzählstoff ist mit den beiden Amoräern der zweiten Generation am Ende des dritten Jahrhunderts verortet.[266] Der Text in seiner jetzigen Fassung dürfte noch ein ganzes Stück jünger sein. So ist auch hier die historische Begebenheit von den Verfassern und Redaktoren weit entfernt. Der Text hat ein lehrhaftes und kein historisches Interesse.

FAZIT Dieser Text sticht in der vorliegenden Untersuchung heraus durch sein junges Alter. Er ist der längste hier besprochene rabbinische Text, der in einem langen, mehrschichtigen Redaktionsprozess gewachsen ist und sichtlich unterschiedliche und widersprüchliche Traditionen assoziativ verknüpft, sodass sie eine Mischna auslegen und auch sich gegenseitig erhellen. Wieder treffen wir auf konkurrierende Todesdeutungen: Einmal ist die Hinrichtung Gottes Strafe für einen kleinen Fehltritt (das ist die Deutung der Märtyrer selbst – das Motiv wird צדוק הדין genannt), dann aber das Sterben des Gerechten, das mit ewigem Leben belohnt wird.

---

[264]STEMBERGER, Einleitung, 196.
[265]Vgl. a. a. O., 202–208.
[266]R. Joḥanan starb 279, R. Schim'on b. Laqisch schon früher, vgl. a. a. O., 93.

3. Tod durch Unrechtsurteile

Hatte das vorige Kapitel einen klaren Fokus auf alttestamentliche, frühjüdische und frühchristliche Literatur, so wird nun der Blick auf zumeist pagane Texte gerichtet. Untersucht werden Texte, in denen Menschen auf dem Weg eines gerichtlichen Verfahrens den Tod finden, obwohl sie – zumindest in der Perspektive des jeweiligen Textes – unschuldig sind. Diese Blickrichtung teilen sie mit dem markinischen Passionsbericht.

Den jüdischen und christlichen Märtyrerakten und Martyrien steht der Bereich der paganen *Acta* und der *exitus illustrium virorum* nahe. Behandelt wird zunächst der Tod des Sokrates, der in Platons *Phaidon* überliefert ist, und der bei einigen Texten erkennbar vorausgesetzt wird; sodann Texte aus den *Annalen* des Tacitus, bei denen in der Forschung *exitus* als Quelle vermutet wurden.[1] Um die Charakteristika der Gattung ausloten zu können, wurden wiederum sowohl kurze als auch lange Passagen, bedeutende und weniger bedeutende Protagonisten sowie Passagen mit augenscheinlich enkomiastischer wie mit kritischer Tendenz berücksichtigt. Aus dem nach verbreiteter Forschungsmeinung verwandten Korpus der *Acta Alexandrinorum*[2] wurden aus pragmatischen Gründen nur Texte ausgesucht, die so gut erhalten sind, dass sich zumindest abschnittsweise fortlaufende Übersetzungen anfertigen ließen. Ergänzend wird die Hinrichtung Phokions in der Darstellung Plutarchs herangezogen, sowie der Tod der Königin Mariamme aus den *Antiquitates* – eine Erzählung, die eine Frau in der Protagonistenrolle zeigt.

3.1   Einzelne Justizmorde

3.1.1   Sokrates (Platon Phd. 115b–118)

Literatur

Text: STRACHAN, Φαίδων, 181–186. Französische Übersetzung und Kommentar bei DIXSAUT, Phédon; deutsche Übersetzung und Kommentar bei EBERT, Phaidon; weitere Kommentare: BURNET, Phaedo; ROWE, Phaedo. Einführend vgl. LEISEGANG, PW 20/2 (1950), 2431–2441; SZLEZÁK, DNP 9 (2000), 1095–1109. Über Sokrates vgl. STENZEL, PW 3 A/1 (1927), 811–890; DÖRING, DNP 11 (2001), 675f.

---

[1] Es handelt sich um eine Häufung von etwa zwei Dutzend Todesberichten in den beiden letzten Annalenbüchern.

[2] In der Ausgabe MUSURILLO, Pagan Martyrs, handelt es sich um 23 Texte, wenn die unsicheren Fragmente mitgezählt werden.

Übersetzung

(115 b) Als er nun so redete, sagte Kriton: »Also gut, Sokrates, was trägst du denen oder mir auf wegen der Kinder oder irgendetwas anderem, dass wir, wenn wir es tun, dir damit am meisten einen Gefallen tun?«

»Was ich immer sage, Kriton,« sagte der, »nichts Neues: dass ihr euch um euch selbst kümmert und mir und den Meinen und euch selbst zu Gefallen tut, was immer ihr tut, auch wenn ihr mir jetzt nichts versprecht. Aber wenn ihr euch nicht um euch selbst kümmert und ihr nicht in unseren Fußstapfen leben wollt, und wie es dem jetzt und in der Vergangenheit Gesagten entspricht, (c) werdet ihr keinen Erfolg haben, auch wenn ihr in der Gegenwart sehr viel versprecht.«

Er sagte: »Das wollen wir dann gerne so machen. Sollen wir dich auf eine bestimmte Weise begraben?«

Der sagte: »Wie ihr wollt, wenn ihr mich denn erwischt und ich euch nicht entkomme.« Er lachte in Ruhe, schaute uns an und sagte: »Männer, ich kann Kriton nicht überzeugen, dass ich der Sokrates bin, der sich jetzt unterhält und jedes Wort richtig einordnet, sondern er meint, ich sei der Tote, den er wenig später sehen wird, (d) und fragt schon, wie er mich begraben soll. Weil ich längst viele Worte darum gemacht habe, dass ich, wenn ich das Gift trinke, nicht länger bei euch bleibe, sondern dahinscheiden und weggehen werde zu den Seligkeiten der Glücklichen, muss ich ihm das anscheinend anders sagen und zugleich euch und mir selbst Mut machen. Verbürgt euch für mich bei Kriton«, sagte er, »mit einer Bürgschaft, die der entgegengesetzt ist, mit der er sich für mich vor den Richtern verbürgte. Denn er hat sich verbürgt, dass ich sicherlich bleibe, ihr aber, dass ich sicher nicht bleibe, wenn ich sterbe, sondern weggehe, (e) damit Kriton es leichter erträgt, und er nicht um mich trauert, wenn er meinen Leib verbrannt oder begraben werden sieht, als ob ich (dabei) Schlimmes erleide, und er bei meiner Beerdigung nicht sagt, dass (der lebendige) Sokrates aufgebahrt oder herausgetragen oder begraben wird. Denn wisse wohl, bester Kriton,« sagte er, »dass ungutes Reden nicht nur an sich falsch ist, sondern auch Schlechtes in die Seelen bringt. Du aber musst mutig sein und sagen, dass mein Leib bestattet werde, und so bestattet werde, wie es dir lieb ist und am ehesten angebracht scheint.«

(116 a) Als jener das gesagt hatte, ging er hinauf in ein Zimmer um sich zu waschen, und Kriton folgte ihm, uns aber befahl er zu warten. Wir warteten also und unterhielten uns im Stillen über die Worte, und blickten nach oben, gingen dann aber wieder das ganze Unglück durch, das uns widerfahren war, und glaubten einfach, wie Waisen, die des Vaters beraubt sind, das kommende Leben verbringen zu müssen. Als er sich gewaschen hatte, wurden auch seine Kinder zu ihm gebracht (b) – er hatte nämlich zwei kleine Söhne und einen großen – und jene verwandten Frauen kamen, und als er sich in Kritons Gegenwart (mit ihnen) unterhalten hatte und aufgetragen hatte, was er wollte, befahl er den Frauen und Kindern zu gehen, er selbst aber kam zu uns. Und es war nahe dem Sonnenuntergang; er hatte nämlich viel Zeit drinnen verbracht. Und als er nach dem Waschen herkam, setzte er sich hin, und es war nicht viel, was er danach redete.

Da kam der Diener der Elf und trat zu ihm und sagte: (c) »Sokrates, ich werde dich nicht beschuldigen, wie ich andere beschuldige, dass sie mir zürnen und fluchen, weil ich ihnen ja anordne, das Gift zu trinken, weil es die Archonten erzwingen. Aber dich habe ich auch sonst in dieser Zeit als den edelsten und sanftesten und besten Mann kennengelernt von denen, die ja hierher gekommen sind, und auch jetzt weiß ich wohl, dass du nicht mir böse bist – denn du kennst die Schuldigen –, sondern jenen. Und jetzt, denn du weißt ja, was ich dir zu befehlen gekommen bin, (d) leb wohl und versuche, das Unumgängliche möglichst leicht zu ertragen.« Und zugleich weinend wandte er sich um und ging fort.

Und Sokrates sah zu ihm auf und sagte: »Auch du leb wohl, und wir werden das machen.« Und zugleich sagte er zu uns: »Wie höflich der Mensch ist! Und die ganze Zeit kam er zu mir und unterhielt sich manchmal mit mir und war der freundlichste Mann. Und wie edel beweint er mich jetzt! Aber los, Kriton, wir wollen ihm gehorchen, und jemand soll das Gift bringen, wenn es gerieben ist; aber wenn nicht, soll der Mensch es reiben.«

(c) Da sagte Kriton: »Aber ich glaube, Sokrates, dass die Sonne noch über den Bergen steht und noch nicht untergegangen ist. Und zugleich weiß ich, dass auch andere es sehr spät getrunken haben, als es ihnen befohlen wurde, nachdem sie sehr gut gegessen und getrunken hatten und mit einigen Verkehr gehabt hatten, mit denen sie wollten. Aber dränge nicht, denn es ist noch Zeit.«

Und Sokrates sagte: »Ganz passend tun jene das, von denen du redest, Kriton; denn sie glauben zu gewinnen, wenn sie das tun – und ich werde das ganz passend nicht tun: Denn ich glaube, nichts zu gewinnen, (117 a) wenn ich es etwas später trinke, als dass ich Gelächter über mich selbst verdiene, weil ich am Leben klebe und es schone, obwohl nichts mehr (für mich) darin ist.«

Und als Kriton das hörte, winkte er dem Burschen, der am nächsten stand. Und der Bursche ging heraus, und nachdem er geraume Zeit verweilt war, kam er und führte den herein, der das Gift verabreichen sollte, das er gerieben in einem Becher brachte. Als Sokrates den Menschen sah, sagte er: »Also gut, mein Bester, du kennst dich damit aus. Was muss ich tun?«

»Nichts weiter,« sagte der, »als trinken und umhergehen, bis dir die Schenkel schwer werden, dann dich hinsetzen. Und so wird es wirken.« (b) Und zugleich reichte er Sokrates den Becher.

Und der nahm ihn und sagte ganz heiter, Echekrates, ohne zu zittern oder seine Farbe oder seinen Gesichtsausdruck zu verändern, sondern wie er es gewohnt war, wie ein Stier den Menschen ansehend: »Was sagst du darüber, von diesem Getränk jemandem zu opfern? Geht das oder nicht?«

Der sagte: »Sokrates, wir reiben so viel, wie wir glauben, dass zu trinken angemessen ist.«

(c) »Ich verstehe,« sagte der, »aber irgendwie zu den Göttern zu beten ist möglich und notwendig, dass die Reise von hier nach dort glücklich verläuft, worum ich auch bitte, und möge sie so verlaufen.« Und als er das sagte, setzte er zugleich (den Becher) an und trank sehr ruhig und zufrieden aus. Und inzwischen konnten die meisten von uns zu Recht die Tränen zurückhalten, aber als wir ihn sahen, wie er trank und getrunken hatte, nicht mehr, sondern mir liefen mit Gewalt und in Strömen die Tränen herunter, sodass ich mich verbarg und mich selbst beweinte – nämlich nicht jenen, sondern mein eigenes Schicksal, dass ich eines solchen Freundes beraubt sein sollte. (d) Kriton aber ging noch vor mir hinaus, weil er die Tränen nicht zurückhalten konnte. Apollodoros aber hörte auch in der Zeit davor nicht auf zu weinen, und es gab keinen von den Anwesenden, den er mit seinem Heulen, Weinen und Trauern nicht erschütterte – außer Sokrates.

Jener aber sagte:»Was macht ihr denn, ihr Wunderlichen! Ich habe vor allem deswegen die Frauen weggeschickt, damit sie nicht diesen Fehler machen. (e) Denn ich habe gehört, dass man im rechten Schweigen sterben muss. Aber seid ruhig und standhaft!«

Und als wir das hörten, beruhigten wir uns und hielten die Tränen zurück. Er aber ging umher, und als er sagte, dass ihm die Schenkel schwer würden, legte sich auf den Rücken – denn so hatte es der Mensch geraten –, und zugleich hielt der ihn fest, der ihm das Gift gegeben hatte, ließ etwas Zeit verstreichen und sah auf seine Füße und Schenkel, und dann drückte er ihn fest in den Fuß und fragte, ob er es spürte, der aber sagte nein. (118) Und danach wiederum die Waden; und nach oben gehend, zeigte er uns, dass er kalt und steif wurde. Und er hielt ihn fest und sagte, dass, wenn es ihm ans Herz komme, er dann sterben würde.

Schon war ihm also die Kälte nahe an die Gegend des Unterleibs gekommen, da deckte er sich auf – er war nämlich zugedeckt worden – und sprach – das waren seine letzten Worte:»Kriton,« sagte er,»wir schulden dem Asklepios einen Hahn. Aber gebt ihn ihm und kümmert euch darum.«

»Aber das soll sein,« sagte der,»aber schau, ob du noch etwas anderes sagst.«

Als er das gefragt hatte, antwortete der nichts mehr, sondern nach kurzer Zeit bewegte er sich, und der Mensch deckte ihn zu, und seine Augen erstarrten; als aber Kriton das sah, schloss er ihm den Mund und die Augen. Dieses Ende, Echekrates, widerfuhr unserem Freund, wie wir wohl sagen können, von denen, die wir damals kennengelernt haben, dem besten und auch sonst vernünftigsten und gerechtesten Mann.

Auslegung

TEXTOBERFLÄCHE   Ein in der Stadt Phlius situierter Rahmendialog zwischen dem Sokratesschüler Phaidon und dem Pythagoreer Echekrates (57a–59c; 88c–89a; 102a) ist der Anlass für eine ausführliche Erzählung Phaidons vom letzten Tag im Leben des Sokrates und den Gesprächen, die er an diesem Tag mit seinen Freunden im Gefängnis führte.[3] In 59b–c zählt Phaidon die anwesenden Gesprächspartner auf – Platon ist nicht unter ihnen. Im Verlauf des Dialoges führt Sokrates Gespräche mit den Thebanern Kebes und Simmias über die Unsterblichkeit der Seele und ihre Zukunft nach dem Tod des Menschen. Die anderen Anwesenden hören zu, erst in der Schlussszene treten andere Personen (Kriton, der Diener der Elfmänner, der Scharfrichter) als Sprecher auf. Dieser Textausschnitt, der letzte Teil des *Phaidon*, schließt unmittelbar an Sokrates' abschließenden Diskurs über das Jenseits (107d–115a) an und ist ein Teil der Erzählung Phaidons. Der Tod des Sokrates wird am Schluss, also an einer besonders exponierten Stelle, erzählt.

Mehrere Erzählebenen verbinden sich kunstvoll miteinander. Da ist zunächst der Rahmendialog zwischen Phaidon und Echekrates als oberste Ebene, die auch im Schlussabschnitt zweimal in Form der Anrede»Echekrates« sichtbar wird. Auf

---

[3]Der Rahmendialog unterbricht mehrmals die Erzählung Phaidons. Das ist bei Platon selten und hebt den Unterbrecher Echekrates besonders hervor, vgl. EBERT, Phaidon, 97.

dieser Ebene tritt kein Erzähler auf. Die zweite Erzählebene ist die Erzählung Phaidons, der als Erzähler und Fokalisator fungiert und in seiner Erzählung selbst als Akteur auftritt – er ist der Ich-Erzähler der Todesszene. Gedanken, Gefühle und Körperwahrnehmungen der anderen Akteure gibt Phaidon nur wieder, sofern sie nach außen hin sichtbar werden. Die Wortbeiträge des erzählten Dialogs sind die dritte Ebene, in ihr fokalisieren die jeweiligen Sprecher. In der Schlussszene sind alle drei Ebenen präsent und die Erzählung durchaus komplex.

Die nicht-narrativen Textbestandteile haben unterschiedliche Funktionen: Entweder haben sie, wie die Anweisungen des Scharfrichters, eine praktische Aufgabe im Erzählverlauf, oder sie dienen, wie die Worte des Sokrates und der Schlusssatz, der Deutung des Geschehens.

Während der *Phaidon* insgesamt fast ausschließlich in Dialogform,[4] d. h. in direkter Rede gehalten ist, wird das Gespräch etwa in der Mitte (89ab) und in der Schlussszene narrativ aufgelockert. Die *oratio recta* dominiert zwar noch und weicht erst am Ende einmal der *oratio obliqua*, aber zu den kurzen Redeeinleitungen (ἔφη o. ä.) kommen ausführlichere erzählende Passagen. Die letzten Worte des sterbenden Sokrates werden ausdrücklich als solche markiert.

SINNGEBUNG Die Fokalisation geschieht in der Schlussszene nur durch am Geschehen beteiligte Akteure, Phaidon und die unterschiedlichen Sprecher. Sie betont vor allem den großen Kontrast zwischen der fröhlichen Ruhe des Sokrates und der Angst und Trauer seiner Freunde. Interessant ist auch die Beobachtung, dass die Kritik am Urteil des Athener Gerichts dem Diener der Elfmänner in den Mund gelegt wird und nicht Sokrates oder seinen Freunden. Die Kritik gewinnt dadurch an Glaubwürdigkeit.[5]

Die dominierende Gestalt in der Erzählung ist Sokrates. Seine Äußerungen zeigen einen frommen, gelassenen und humorvollen Menschen, der sich mehr um die anderen kümmert als um sich selbst. Dazu passen die Beschreibungen, die vor allem seine Gefasstheit betonen (z. B. 117d).[6] Zur Charakterisierung des Sokrates gehört auch der Schlusssatz, der ihn als den »besten« seiner Zeitgenossen ausweist. – Die anderen Anwesenden werden als Charaktere weniger deutlich herausgearbeitet. Ihr gemeinsames Bemühen um Fassung, ihre Angst und Trauer und auch ihr Selbstmitleid kommen in den Worten Phaidons deutlich zur Sprache. Unter den Freunden nimmt Kriton eine besondere Stellung ein. Er versucht, die praktischen Probleme zu besprechen, seine Fragen erscheinen im Licht der Worte des Sokrates manchmal etwas unpassend.

---

[4] Zur Gattung Dialog vgl. GÖRGEMANNS, DNP 3 (1997), 517f.
[5] Vgl. EBERT, Phaidon, 457f.
[6] Zu den Beschreibungen gehört auch sein Blick »wie ein Stier« (ταυρηδὸν ὑποβλέψας, 117b). Was damit gemeint ist, ist nicht ganz klar. Ein bedrohlicher Blick dürfte es eher nicht sein, vielleicht ist einfach ein fester Blick gemeint.

Motive aus der vorliegenden Sterbeszene sind für Texte der Folgezeit prägend geblieben. Dazu gehört zunächst die heitere Gelassenheit, mit der der Philosoph in den Tod geht, und die vor der Folie der Trauer der anwesenden Freunde umso stärker hervortritt. Sokrates verbringt seinen letzten Tag im philosophischen Gespräch, seine Lebensführung und sein Gang in den Tod passen also zusammen. – In der Darstellung der Ereignisse fällt auf, dass die unangenehmen körperlichen Erscheinungen des qualvollen Vergiftungstodes allenfalls angedeutet werden.[7] Der Tod soll jenes erfreuliche Ereignis bleiben, als das er zuvor bezeichnet worden ist (z. B. 63c). Ein wirkungsvolles Motiv ist auch der Frömmigkeitserweis des Protagonisten kurz vor seinem Tod. Sokrates möchte eine Libation spenden,[8] zu den Göttern beten und bittet schließlich Kriton in seiner letzten Äußerung, also an einer besonders exponierten Stelle, dem Asklepios einen Hahn zu opfern.[9] Zu den sinngebenden Motiven ist schließlich noch die Jenseitshoffnung und die Überzeugung von der Trennung von Seele und Leib nach dem Tod zu rechnen, die den ganzen *Phaidon* durchzieht.

Die Zeit, die Sokrates mit seinen Freunden verbringt, ist szenisch erzählt. Dagegen wird sein Aufenthalt im Bad und das Gespräch mit den Frauen und Kindern, was einige Stunden gedauert haben muss,[10] in wenigen Sätzen gerafft erzählt. Das ist plausibel, da der Erzähler Phaidon nicht dabei war und nur Ereignisse erzählt, die für ihn als Akteur wahrnehmbar sind. In der Reihenfolge der erzählten Ereignisse gibt es keine Abweichungen.

Die Todesszene beschließt einen Dialog über die Seele, ihre Unsterblichkeit und ihre Trennung vom Körper im Moment des Todes. Nichts illustriert diese Überzeugungen besser als Sokrates' Haltung beim Gang in den Tod. Zugleich bieten die Sinngebungselemente dieser Szene eine wirksame Widerlegung der Asebievorwürfe, die gegen Sokrates erhoben worden waren. Der *Phaidon* rückt durch seine kontrastreiche und farbige Darstellung den Tod des Sokrates in ein überaus günstiges Licht und wurde so zu einem wirkungsvollen Beispiel für den würdigen und angemessenen Philosophentod.

---

[7] Vgl. EBERT, Phaidon, 461.

[8] Der Adressat der Libation und ihre Bedeutung gehen aus dem Text nicht hervor und sind dementsprechend umstritten, vgl. dazu a. a. O., 458.

[9] Die Bedeutung des Asklepiosopfers dürfte noch rätselhafter und strittiger sein als die der Libation. Die Literatur dazu seit dem 18. Jahrhundert hat Glenn Most aufgearbeitet. Demnach lassen sich die Positionen der Forschung in zwei Gruppen einteilen. *Entweder* dankt Sokrates Asklepios in allegorischem oder mystischen Sinn für die bald durch den Tod erfolgende ›Heilung‹ von der ›Krankheit‹ des Lebens, vgl. MOST, Cock, 100–103. *Oder*, und das ist wahrscheinlicher, er dankt für die schon erfolgte Heilung einer Person von einer tatsächlichen Krankheit, etwa seiner selbst, eines Familienangehörigen, oder – diese Deutung favorisiert Most – Platons, dessen Krankheit in Phd. 59b erwähnt wird; vgl. a. a. O., 104–110; ähnlich auch DIXSAUT, Phédon, 408 Anm. 382. Wie die Opferanweisung auch zu deuten ist, eine religiöse Handlung liegt in jedem Falle vor.

[10] Vgl. BURNET, Phaedo, 144.

EREIGNISBEZUG Folgende Ereignisse werden erzählt: Sokrates beendet seinen Monolog, regelt sein Begräbnis und geht sich waschen. Die Freunde trauern. Inzwischen spricht Sokrates mit seinen Frauen und Kindern, schickt sie fort und geht wieder zu den Freunden. Der Diener der Elfmänner kommt und verabschiedet sich. Kriton lässt auf Sokrates' Bitte einen Burschen den Scharfrichter holen. Der kommt, erklärt das Vorgehen und reicht Sokrates das Gift. Sokrates betet, trinkt das Gift und weist seine weinenden Freunde zurecht. Er geht umher, legt sich dann nieder; der Scharfrichter hält ihn fest und prüft den Fortschritt der Vergiftung. Sokrates spricht letzte Worte und stirbt. Das ganze nimmt etwa einen Abend in Anspruch.

Die Szene ist möglichst anschaulich gehalten und beansprucht – innerhalb der Erzählung – die Authentizität eines Augenzeugenberichts. Dieser Anspruch wird aber relativiert durch Phaidons Behauptung, Platon – der Verfasser des Textes – sei an jenem Abend krank gewesen (59b).[11] Der Quellenwert der Erzählung wird dadurch bewusst in der Schwebe gehalten. Unter dem unmittelbaren Eindruck von Sokrates' Tod hatte es Platon vermieden, über dieses Ereignis zu schreiben. Erst etwa 20 Jahre später, in der so genannten mittleren Phase seines Schaffens, machte er den Tod seines Lehrers zum Thema (der *Phaidon* gehört zur Gruppe der mittleren Dialoge Platons,[12] und wird etwa in das Jahr 383/382 v. Chr. datiert[13]).

Dementsprechend gehen die Meinungen der Forschung über die historische Glaubwürdigkeit des Berichtes sehr auseinander. Das Problem des historischen Sokrates ist umfangreich diskutiert worden. Es weist gewisse Ähnlichkeiten zur historischen Rückfrage nach Jesus auf, und während es seit Schleiermacher einen gewissen Forschungskonsens über Sokrates und seine Philosophie gibt,[14] waren auch radikale Antworten zu hören: Äußerte John Burnet starkes Vertrauen in die platonische Darstellung,[15] so vertrat Olof Gigon die entgegengesetzte Position: Sokrates sei als historische Gestalt praktisch nicht greifbar,[16] nach der Entwicklung der sokratischen Philosophie aus ihrem athenischen Kontext müsse man unter weitestgehender Absehung von Sokrates selbst fragen.[17] Generell ist die Quellenlage unübersichtlich[18] und die Diskussion dauert an.[19] Ohne Berücksichtigung der Quellen in ihrer Breite ist ein historisches Urteil über Sokrates kaum möglich. Die

---

[11]Diese Behauptung ist ein raffiniertes literarisches Gestaltungsmittel – »se faire, d'un même mouvement, apparaître et disparaître comme auteur d'un dialogue où il présente […] sa propre conception de la philosophie«: DIXSAUT, Phédon, 37.

[12]Vgl. SZLEZÁK, DNP 9 (2000), 1100; kritisch: ROWE, Phaedo, 12.

[13]Vgl. DIXSAUT, Phédon, 28.

[14]Vgl. PATZER, Sokrates, 38.

[15]Vgl. BURNET, Phaedo, xif.xxvi–xxxvii.

[16]Vgl. GIGON, Sokrates, 41.

[17]Vgl. a. a. O., 192ff. Beachte die Nähe zum etwa zeitgleichen Zugang der älteren Formgeschichte und ihrer Ablehnung der historischen Jesusfrage.

[18]Vgl. PATZER, Sokrates, 4.

[19]In letzter Zeit wurden etwa Beiträge über den in der *Apologie* aufgezeichneten Prozess des Sokrates vorgelegt, gesammelt bei PRIOR, Socrates. Historical Assessments.

Sterbeszene des *Phaidon* scheint mir durchaus plausibel dargestellt zu sein, auch wenn der Eindruck der Augenzeugenschaft in dem Bericht offensichtlich Fiktion ist; Sokrates' vorausgehende Äußerungen über die Unsterblichkeit der Seele würde ich dagegen vorsichtiger beurteilen.

FAZIT   Platons Erzählung vom Sterben des Sokrates gehört nicht ohne Grund zu den bekanntesten Todesberichten der Alten Welt. Von höchster literarischer Qualität, wurde er zum Modell für den Tod des Philosophen – in der Praxis wie in der Literatur: Sokrates stirbt ruhig und heiter, ohne Widerstand, nach einem Tag des philosophischen Gesprächs. Seine letzten Worte erweisen zugleich seine Frömmigkeit. Dabei hat Platon die Erzählung vom Tod seines Lehrers ganz in den Dienst einer Philosophie gestellt, die den Tod als Befreiung der Seele ansieht. Entsprechend ist der qualvolle Vorgang des Sterbens beschönigend erzählt, sodass am Ende das Bild eines idealen Todes stehen bleibt.

3.1.2   Phokion (Plu. Phoc. 33–37)

Literatur

Text: ZIEGLER/LINDSKOG, Vitae parallelae 2/1, 27–31. Plutarch von Chaironeia war ein ausgesprochen produktiver Schriftsteller. Neben einem Korpus philosophischer und naturwissenschaftlicher Schriften verfasste er Biographien der römischen Kaiser von Augustus bis Vitellius und ab 96 n. Chr. eine Reihe von 23 sog. Parallelbiographien, in denen je ein bedeutender Grieche und Römer gegenübergestellt werden. Von den Kaiserbiographien sind nur die von Galba und Otho erhalten, von den Parallelbiographien sind 22 Paare überliefert. – Zur Einführung vgl. ausführlich ZIEGLER, PW 21 (1951), 636–962; PELLING, DNP 9 (2000), 1159–1165. Zur jüngeren Forschung an den Biographien vgl. den Forschungsbericht von PODLECKI/DUANE, Survey, 4053–4127, und den Literaturüberblick bei TITCHENER, Trends, 4128–4153. Zur Chronologie: BROŻEK, Selbstzitate, 68–80; JONES, Chronology, 61–74. – Über Phokion: LENSCHAU, PW 20/1 (1941), 458–473; ENGELS, DNP 9 (2000), 942–944, sowie GEHRKE, Phokion.

Übersetzung

(33,1) Als das geschah,[20] wurde Phokion verschrien und missachtet, weil er die Athener herausführen wollte; Alexander aber, der Sohn Polyperchons, kam mit einer Streitmacht, wobei er mit Worten die in der Stadt gegen Nikanor unterstützte und mit Taten versuchte, wenn er könne, die Stadt einzunehmen, die in Verwirrung gefallen war. (2) Denn die Verbannten gingen mit ihm zurück und sofort in die Stadt, und als die Ausländer und die Rechtlosen gemeinsam zu ihnen überliefen, versammelte sich eine zusammengewürfelte und ungeordnete Volksversammlung, in der man Phokion der Führung entkleidete und andere Feldherren wählte. (3) Wenn Alexander nicht mit Nikanor zu Verhandlungen zusammengekommen wäre und sich alleine bei der Mauer gezeigt hätte und sie durch häufige

---

[20]Sc. als Phokion zur Verteidigung gegen Nikanor die Truppen aus der Stadt führte.

Wiederholung Verdacht bei den Athenern geweckt hätten, wäre die Stadt der Gefahr nicht entkommen.

(4) Weil aber der Redner Hagnonides sofort die um Phokion hart bedrängte und sie des Verrats anklagte, verließen die um Kallimedon und Charikles aus Angst die Stadt, Phokion aber und die verbleibenden Freunde mit ihm gingen zu Polyperchon, (5) und mit ihnen gingen, Phokion zuliebe, der Plataier Solon und Deinarchos der Korinther, die als Freunde und Vertraute Polyperchons galten. (6) Weil aber Deinarchos an einer Krankheit litt, verbrachten sie lange Tage in Elateia, in denen das (Athener) Volk, nachdem Hagnonides es überzeugt und Archestratos den Beschluss eingebracht hatte, eine Gesandtschaft schickte, die Phokion anklagen sollte. (7) Beide trafen aber zugleich bei Polyperchon ein, der mit dem König reiste, bei dem Dorf Pharyx in Phokis, das unter dem Berg Akrourion liegt, der jetzt Galate heißt.

(8) Dort stellte nun also Polyperchon den goldenen Baldachin auf, setzte den König und seine Freunde darunter und befahl sofort, Deinarchos aus der Auffahrt zu holen und ihn mit Gliederausrenken zu töten; den Athenern aber gab er das Wort. (9) Als sie nun Lärm und Geschrei machten und einander vor dem Rate gegenseitig anklagten, und Hagnonides vortrat und sagte:»Steckt uns alle in einen Käfig und schickt uns den Athenern, dass wir unsere Sache entscheiden,« da lachte der König, aber die um den Rat herumstehenden Makedonier und Freunde hatten Muße und wollten (den Fall) hören, und die Gesandten wurden mit einem Wink gebeten, hier ihre Anklage zu machen. (10) Es war aber nichts fair, sondern Polyperchon hinderte Phokion oft am Sprechen, bis der mit dem Stab auf die Erde schlug, wegging und schwieg. (11) Als aber Hegemon sagte, dass er Polyperchon als Zeuge seines Wohlwollens gegen das Volk habe und Polyperchon zornig antwortete,»Hör auf, mich vor dem König zu verleumden!«, sprang der König auf und versuchte, Hegemon mit einer Lanze zu schlagen. Polyperchon aber hielt ihn schnell auf; so wurde die Versammlung aufgelöst.

(34,1) Als eine Wache Phokion und seine Leute umstellte, retteten sich die Gefährten, die zufällig nicht in der Nähe standen, als sie es sahen, indem sie sich versteckten oder davonliefen. (2) Jene aber brachte Kleitos nach Athen, vorgeblich, damit sie dort gerichtet würden, in der Tat aber als zum Tode Verurteilte. (3) Und es war ein trauriger Anblick, als sie durch das Kerameikos zum Theater gebracht wurden, denn dort führte Kleitos sie vor und hielt sie fest, bis die Archonten die Volksversammlung füllten, ohne Sklaven, Ausländer, Rechtlose zu unterscheiden, sondern allen Männern und Frauen ausdrücklich Bühne und Theater überlassend. (4) Als aber ein Brief des Königs verlesen wurde, der sagte, er habe befunden, die Männer seien Verräter geworden, er überlasse aber ihnen das Urteil, die sie ja frei und autonom seien, und als Kleitos die Männer hereinbrachte, (5) da verhüllten sich die besten Bürger beim Anblick Phokions und beugten sich und weinten, einer aber stand auf und sagte, da der König dem Volke ein solches Urteil anvertraut habe, sei es angemessen, dass die Sklaven und die Ausländer die Volksversammlung verließen. (6) Als aber die Menge nicht aufstand, sondern laut danach rief, die Oligarchisten und Volksfeinde zu erschlagen, versuchte kein anderer, für Phokion zu sprechen. (7) Der aber sagte – nur mit Mühe und kaum zu hören:»Wollt ihr zu Recht oder zu Unrecht töten?« Als aber einige antworteten, dass zu Recht, da sagte er:»Und wie werdet ihr das erkennen, wenn ihr nicht zuhört?« (8) Als sie nun kein bisschen mehr zuhörten, trat er näher hervor und sagte:»Zwar bekenne ich, Unrecht getan zu haben, und bewerte meine Regierungsmaßnahmen mit dem

Tod; aber weshalb, ihr Männer von Athen, wollt ihr diese da töten, die kein Unrecht getan haben?« (9) Als aber viele antworteten, »Weil sie mit dir befreundet sind,« trat Phokion zur Seite und schwieg, Hagnonides aber, der den geschriebenen Beschluss hatte, las ihn vor, wonach das Volk über die Männer abstimmen musste, ob sie Unrecht getan zu haben schienen, und ob die Männer, wenn sie verurteilt wurden, sterben mussten.

(35,1) Als der Beschluss verlesen war, verlangten einige hinzuzufügen, dass Phokion nach Gliederausrenken sterben solle, und schlugen vor, das Rad hereinzubringen und die Folterknechte zu rufen. (2) Hagnonides aber sah, dass auch Kleitos angewidert war, und hielt die Tat für barbarisch und schändlich und sagte: »Wenn wir den Schurken Kallimedon erwischen, ihr Männer von Athen, werden wir ihm die Glieder ausrenken; aber über Phokion schreibe ich so etwas nicht.« (3) Da rief einer von den Anständigen: »Zu Recht tust du das! Denn wenn wir Phokion foltern, was sollen wir erst mit dir machen?« (4) Als aber der Beschluss bestätigt wurde und die Stimmen abgegeben wurden, blieb niemand sitzen, sondern alle – die meisten aber mit Kränzen auf dem Kopf – standen auf und befanden für sie auf Tod. (5) Es waren aber mit Phokion Nikokles, Thudippos, Hegemon, Pythokles; für Demetrius den Phalerer und Kallimedon und Charikles und einige andere Abwesende wurde auf Tod befunden.

(36,1) Wie sie also die Volksverammlung auflösten, brachten sie die Männer ins Gefängnis, andere gingen mit Jammern und Klagen, als die Freunde und Verwandten sie umarmten; als sie aber das Antlitz Phokions sahen, wie wenn ein Feldherr aus der Volksversammlung geleitet würde, bestaunten sie die Leidenschaftslosigkeit und Großherzigkeit des Mannes. (2) Die Feinde aber redeten schlecht, als sie vorbeiliefen, einer aber spuckte ihn an, als er entgegenkam. Da soll Phokion die Archonten angesehen und gesagt haben: »Hält denn keiner diesen Mann von seinem skandalösen Tun ab?« (3) Als aber Thudippos ins Gefängnis kam und sah, wie der Schierling gerieben wurde, und als er jammerte und das Unglück beweinte, dass er so unwürdig mit Phokion sterben solle, sagte der: »Dann bist du nicht zufrieden, dass du mit Phokion stirbst?« (4) Als aber einer von den Freunden fragte, ob er seinem Sohn Phokos etwas ausrichten solle, sagte er: »Vor allem also sage ich, er soll den Athenern nichts nachtragen.« (5) Als aber Nikokles, der ihm der treueste Freund war, bat, er möge ihn zuerst das Gift trinken lassen, sagte er: »Deine Bitte ist für mich hart und betrüblich, Nikokles, aber weil ich dir nie in deinem Leben einen anderen Gefallen abgeschlagen habe, gestehe ich dir auch das zu.«

(6) Als aber schon alle getrunken hatten, ging das Gift aus, und der Beamte sagte, er würde kein anderes reiben, wenn er nicht zwölf Drachmen bekäme; um diesen Preis kaufe er die (nötige) Menge. (7) Als aber Zeit und Weile verstrichen, rief Phokion einen seiner Freunde und sagte, »Wenn für die Athener nicht einmal das Sterben umsonst ist!« und befahl, dem Mann das Geld zu geben.

(37,1) Es war aber der neunzehnte Tag des Monats Mounychion, und die Reiter, die dem Zeus die Prozession veranstalten, zogen vorbei; von ihnen nahmen die einen ihre Kränze ab, die anderen sahen mit Tränen auf die Gefängnistür. (2) Denen aber, die nicht ganz und gar roh und durch Zorn und Neid an der Seele verderbt waren, schien es vollkommen gottlos zu sein, diesen Tag nicht zu warten und die feiernde Stadt von einem öffentlichen Mord rein zu halten. (3) Aber nein, sondern es schien den Feinden gewissermaßen dringlicher zu sein, auch den Leib Phokions fortzuschaffen, und dass kein Athener zu dem Begräbnis ein Feuer anzünde. (4) Deswegen wagte auch kein Freund, den Leichnam zu berühren;

ein gewisser Komopion aber, der so etwas gegen Lohn durchzuführen pflegte, brachte den Toten über die Eleusis, nahm Feuer aus der Gegend von Megara und verbrannte ihn. (5) Seine Frau aber war mit den Mägden dabei und häufte dort einen leeren Grabhügel auf und opferte (eine Libation), nahm aber die Gebeine in ihren Schoß und brachte sie nachts in die Stadt und vergrub sie beim Herd mit den Worten:»Dir, lieber Herd, vertraue ich die Überreste dieses guten Mannes an; du aber bring sie in die väterlichen Gräber, wenn die Athener vernünftig werden.«

Auslegung

TEXTOBERFLÄCHE   Die Phokion-Vita ist Teil des umfangreichen biographischen Schaffens Plutarchs und gehört zur Werkgruppe der sog. Parallelbiographien, in denen jeweils ein Grieche und ein Römer paarweise zusammengestellt werden. Sie gehört zu einer »Gruppe mit den großen Römern der späten Republik, die oft mit Griechen des 4. Jh. v. Chr. gepaart sind; diese Gruppe war offenbar als separates Projekt vorbereitet worden.«[21] Phokion ist hier mit Cato Uticiensis gepaart.

Die Kapitel 33–37 gehören zum Schlussabschnitt der Vita. Zuvor hatte der makedonische Regent und königliche Vormund Polyperchon durch die Wiederherstellung der attischen Demokratie – nach einer Phase oligarchischer Herrschaft unter Phokion und Demades[22] – versucht, seine Position gegenüber dem makedonischen Heerführer Kassandros zu stärken. Um dieser Absicht Polyperchons entgegenzutreten, hatte Nikanor, der Kassandros-treue Kommandant der makedonischen Besatzung in der Festung Munychia, den athenischen Hafen Piräus besetzt (Kap. 32). – Zuletzt schließt sich ein Bericht vom Ende der Gegner Phokions und von seinem nachträglichen Staatsbegräbnis an; Phokion wird abschließend mit Sokrates verglichen (Kap. 38).

Der Erzähler ist durchgehend extern; es gibt keine Erzählerwechsel. Wechsel der Erzählebene gibt es, wo der Fokalisator wechselt. Das ist bei den Abschnitten in direkter Rede und bei den Passagen der Fall, wo die Situation aus der Perspektive eines der Akteure wahrgenommen wird: Viermal »sehen« Akteure etwas, nämlich Phokions Begleiter (34,1), Hagnonides (35,2), Phokions Freunde (36,1) und Thudippos (36,3); auch Thudippos' »Unglück« (36,3) ist aus seinem Blickwinkel wahrgenommen. – Nicht-narrativ sind alle Zitate von direkter Rede; sie unterbrechen fast immer den Erzählfluss. Hier ist ein Interesse erkennbar, mit Hilfe der Zitate ein Charakterbild des Protagonisten zu zeichnen. Andere Kommentare, die aus dem Erzählfluss herausfallen, finden sich nicht.

---

[21] PELLING, DNP 9 (2000), 1161.
[22] Phokion wurde – obwohl kaum populär – 42mal zum Strategen gewählt, vgl. LEHMANN, Herrschaft, 32f.; seine letzten vier Lebensjahre (322–318) führte er im Auftrag der makedonischen Herrscher die Verwaltung Athens, vgl. a. a. O., 13. TRITLE, Phocion, 134, bezeichnet die Verfassung dieser Jahre nicht als oligarchisch, sondern als »essentially democratic, though based on a qualifying census«. Auch LEHMANN, Herrschaft, 29, betont den geringen Einfluss »antidemokratischer Fanatiker« wie Kallimedon unter Phokion. Vgl. auch GEHRKE, Phokion, 95.

Plutarchs Viten gelten als Biographien κατ᾽ ἐξοχήν.[23] Der Form nach sind die vorliegenden Kapitel zusammenhängend in der Vergangenheit erzählt. In der Form von Apophthegmata sind zahlreiche anekdotische Aussprüche Phokions und auch anderer Akteure eingestreut; sie sind fast immer in *oratio recta* gehalten. Für den Fortschritt der Erzählhandlung sind die Passagen in wörtlicher Rede selten erforderlich, mit Ausnahme der Äußerungen in der Volksversammlung.

SINNGEBUNG   Die Fokalisation erfolgt über weite Strecken durch einen externen Fokalisator. Dieser Fokalisator bezieht eindeutig Stellung für Phokion und gegen seine Widersacher, und macht immer wieder deutlich, wer »anständig« ist und wer nicht (etwa 34,5; 35,3; 37,2). Die Fokalisation durch Nebenakteure (s. o.) verdeutlicht punktuell die Motivation dieser Akteure und macht die Erzählung anschaulicher, sie trägt aber nicht weiter zur Deutung des Geschehens bei.

Ein Charakterbild des Protagonisten zu zeichnen, ist die eigentliche Aufgabe der plutarchischen Biographien. Die Schluss- und Todesszene ist nur ein Ausschnitt aus dieser Charakteristik, die sich aller narrativen und nicht-narrativen Mittel bedient. Phokion erweist sich durch sein Handeln als zurückhaltend, korrekt und würdevoll, durch die Zitate zugleich als anständig und als ironisch und in den kurzen Kommentaren des Erzählers als aufrichtiger Bürger.

Motive sind u. a.: bei der Charakterisierung des Protagonisten sein Schweigen im Gerichtsverfahren (gleich zweimal: 33,10; 34,9) und seine Gefasstheit nach dem Urteil (36,1). »Das ganze Kapitel der Biographie, welches der Sterbeszene gewidmet ist, steht eindeutig unter einem Leitmotiv, nämlich der ἀπάθεια und μεγαλοψυχία Phokions im Angesicht des Todes«[24] – damit orientiert es sich an Sokrates. Bei der Darstellung der Ereignisse fällt die Tatsache auf, dass der Deliquent für seine eigene Hinrichtung bezahlt;[25] zur Einordnung und Deutung ist auf die Illegitimität

---

[23]Dass Biographien als eigener Gattungsbereich gelten können, dürfte kaum umstritten sein – trotz der großen Vielfalt biographischen Schreibens in der Antike, vgl. BERGER, Formen, 403. Für eine Übersicht vgl. BERGER, Gattungen, 1232–1236, und umfangreicher SONNABEND, Geschichte. Es gab immer wieder Versuche der formgeschichtlichen Differenzierung, am prominentesten bei LEO, Biographie, der in seiner Untersuchung der antiken Biographie zwei Hauptrichtungen biographischen Schreibens sah: zum einen die Biographietradition der alexandrinischen Grammatiker (bis zu Sueton), die wissenschaftlich knapp formulieren und Varianten in der Überlieferung verzeichnen. Dem steht die ›nicht-wissenschaftliche‹, peripatetische Biographietradition gegenüber, in der Plutarch steht und die sich ausdrücklich von der Historiographie abgrenzt. Die erste Form eignet sich laut Leo besonders für Philosophen- und Dichterviten, die andere vorzugsweise für Staatsmänner. Leos scharfe Unterscheidung zweier Formtypen ließ sich nicht halten; man wird stattdessen einem flexibleren Modell den Vorzug geben, wie es FRICKENSCHMIDT, Evangelium, ausgearbeitet hat.

[24]GEHRKE, Phokion, 140.

[25]Dieses Motiv findet sich auch bei den Martyrien Cyprians und Maximilians, vgl. GNILKA, Ultima Verba, 15–17; dort aber wohl, um den Tod als eine bezahlenswerte Wohltat zu deuten. Gnilka ordnet in den gleichen Zusammenhang die Opfer von Sokrates, Seneca und Thrasea ein, vgl. a. a. O., 8–11.

des Gerichts[26] zu verweisen und auf und die ausgesprochen negative Bedeutung einer Hinrichtung an einem Feiertag (37,1f.).[27]

Die Zeitstruktur bietet keine Besonderheiten. Es gibt keine Abweichungen in der Erzählreihenfolge; die Erzählung ist szenisch bis auf kurze geraffte Passagen in 33,2.5; 34,2.

Es haben also alle Elemente des Textes eine Aufgabe bei der Sinngebung. Insgesamt wird ein differenziert-positives Bild von Phokion gezeichnet (in den Schlusskapiteln überwiegt eindeutig das Positive, vgl. aber die deutliche Kritik in Kap. 32). Zugleich wird das Verhalten seiner Widersacher als verwerflich beurteilt.

EREIGNISBEZUG Die Fabula von Kap. 33–37 ist relativ umfangreich: Bei der Verteidigung des Piräus meutern die Soldaten, Polyperchons Sohn Alexander kommt zum Entsatz des Piräus, beginnt aber mit Nikanor zu verhandeln. Phokion wird als Stratege abgesetzt; Delegationen Phokions und der athenischen Bürgerschaft reisen zu Polyperchon und verhandeln vor ihm und dem makedonischen König. Phokion und seine Begleiter werden nach Athen überführt, dort von einer improvisierten Volksversammlung zum Tode verurteilt. Nach ihrer Abführung und kurzen Gesprächen im Gefängnis werden sie durch Vergiftung hingerichtet. Phokions Leichnam wird außerhalb Athens verbrannt und heimlich bestattet.

Kap. 33–37 decken eine Zeitspanne von etwa drei Wochen ab.[28] Gemessen an den über 80 Jahren, die Phokion erreichte,[29] erhalten die letzten Wochen damit ein überproportionales Gewicht. Das mag zum Teil der Quelle geschuldet sein, ist aber kohärent mit der antiken Auffassung, dass im Sterben der Charakter eines Menschen besonders deutlich zum Ausdruck kommt.

Plutarch benennt für seine Darstellung in Kap. 33–37 keine Quellen.[30] Der Kon-

---

[26]Die Sklaven und Rechtlosen in der Volksversammlung tauchen bereits bei der Absetzung Phokions vom Strategenamt auf (33,2); dann wieder bei seiner Verurteilung zum Tod (34,4–6). LEHMANN, Herrschaft, 40 Anm. 45, spricht von »tendenziöser, grotesk übertreibender Charakterisierung der zwangsläufig improvisierten Ekklesia-Versammlung in Athen«. Die Rechtlosen (ἄτιμοι) sind die 12000 früheren athenischen Bürger, die unter Phokions Verwaltung ausgebürgert wurden, weil sie nicht den Besitz von 2000 Drachmen nachweisen konnten, vgl. LENSCHAU, PW 20/1 (1941), 468; GEHRKE, Phokion, 91f.

[27]Schon die Besetzung der Festung Munychia durch die Makedonier erfolgte an einem Feiertag, wodurch ihre negative Bedeutung unterstrichen wurde (Kap. 28). Zu beachten ist allerdings, dass in 37,1f. die Athener als Urheber des Frevels erscheinen, also ihre Schuld dadurch unterstrichen wird, während in Kap. 28 die Makedonier den Termin wählen, was die Athener als Zeichen der Gottverlassenheit interpretieren können.

[28]Vgl. LENSCHAU, PW 20/1 (1941), 471.

[29]Vgl. ENGELS, DNP 9 (2000), 942.

[30]Eine ausführliche quellenkritische Untersuchung der ganzen Vita bietet TRITLE, Phocion, 18–35, der philosophische, rhetorische und (lokal-) historiographische Werke sowie Anekdotensammlungen als Quellen benennt. Dass Plutarch gerne Kompilationen benutzte, ist lange bekannt, vgl. ZIEGLER, PW 21 (1951), 911.

trast von historischer Erzählung und knappen Zitaten legt die Zusammenarbeitung einer historischen Quelle und einer Anekdotensammlung nahe.[31]

Die alte Forschungsmeinung von der »nicht zu bestreitende[n] historische[n] Unzulänglichkeit P[lutarch]s«[32] ist in den letzten Jahrzehnten der Auffassung gewichen, die Viten Plutarchs seien »one of the most sophisticated products of ancient historiography.«[33] Die Tatsache, dass zwischen dem Tod Phokions 318 v. Chr.[34] und der Abfassung der Biographie wahrscheinlich vor 116 n. Chr.[35] etwa 430 Jahre liegen, zeigt, dass Plutarch für seine Arbeit allein auf schriftliche Überlieferung angewiesen war. Die historische Beurteilung des Erzählten hängt damit von der Qualität der verwendeten Quellen ab. Die Darstellung von Phokions Ende muss im Detail auf ihre historische Wahrscheinlichkeit geprüft werden,[36] erscheint aber über weite Strecken durchaus plausibel.[37] Die Darstellung von Kap. 36, insbesondere die Apophthegmata, wecken dagegen den Verdacht einer Stilisierung hin auf einen sokratischen Tod.[38]

FAZIT   Der vorliegende Text ist der Schlussteil eines kaiserzeitlichen griechischen βίος peripatetischer Prägung. Er ist vor allem am Charakter seines Protagonisten interessiert und bedient sich dafür differenzierter narrativer und kommentierender Mittel. Phokion wird vom Verfasser in die Tradition des sokratischen Todes (s. o.) eingeordnet (38,5). Auffällig ist, dass die im Hauptteil der Vita durchaus stark gemachte Kritik am Protagonisten im Schlussteil merklich zurücktritt, sodass ein weitgehend positives Bild von einem integren, auch im Tode unerschütterlichen Phokion entsteht.

3.1.3   Mariamme (Jos. AJ 15,202–246)

Literatur

Text: NIESE, Antiquitatum 3, 368–376. Eine deutsche Übersetzung bei CLEMENTZ, Altertümer, 325–332. Zur Einleitung in die *Antiquitates* vgl. VERMES/MILLAR/GOODMAN, History 1, 48–52. Zu Josephus: HÖLSCHER, PW 9/2 (1916), 1934–2000; MAYER, TRE 17 (1988), 258–264; SCHRECKENBERG, RAC 18 (1998), 761–801; RAJAK, RGG⁴ 4 (2001), 585–587; VILLALBA I VARNEDA, Method. Zu Herodes: OTTO, PW Suppl. 2 (1913), 1–158; SCHWARTZ, RGG⁴ 3 (2000),

---

[31]Zumindest ergibt die Abziehung der Apophthegmata ein stringentes Narrativ, vgl. TRITLE, Phocion, 35. Die Untersuchung von Gehrke, der alle 62 erhaltenen Phokion-Apophthegmata untersucht, macht allerdings wahrscheinlich, dass Plutarch sie nicht aus einer Sammlung bezog, sondern aus verschiedenen historischen Quellen zusammenstellte, vgl. GEHRKE, Phokion, 133.

[32]ZIEGLER, PW 21 (1951), 909.

[33]TRITLE, Phocion, 2, nach D. A. Russell.

[34]Vgl. PELLING, DNP 9 (2000), 943.

[35]Vgl. JONES, Chronology, 68f. Vgl. auch die Chronologien bei ZIEGLER, PW 21 (1951), 713.902.

[36]Eine ausführliche historische Rekonstruktion der berichteten Ereignisse bietet GEHRKE, Phokion, 108–120, der dabei vor allem Plutarch und Diodor folgt.

[37]A. a. O., 128f., nimmt für den Ekklesia-Prozess sogar einen Augenzeugenbericht als Vorlage an.

[38]Vgl. ausführlich a. a. O., 140.

1675–1677; Schalit, König; Richardson, Herod; zu den Herodianern Hanson, Herodians I, 75–84; Hanson, Herodians II, 142–151; Hanson, Herodians III, 10–21. Zu Mariamme: Bringmann, DNP 7 (1999), 892.

Übersetzung

(202) Als er (sc. Herodes) damals in sein Königreich zurückkam, fand er sein Haus in Aufruhr und seine Frau Mariamme und ihre Mutter Alexandra verärgert vor. (203) Denn weil sie den Verdacht hatten, dass sie – wie man vermuten konnte – nicht zu ihrer leiblichen Sicherheit an diesem Ort untergebracht waren, sondern sie wie unter Bewachung weder über andere noch über sich selbst verfügen konnten, waren sie erbittert. (204) Und Mariamme deutete die Liebe des Königs als gespielt und als Täuschung, die zu seinem Vorteil geschah, ärgerte sich aber darüber, dass sie seinetwegen keine Hoffnung hatte zu überleben, wenn jenem ein Unglück zustoßen sollte, und sie erinnerte sich an die Weisungen, die man Joseph gegeben hatte. So gewann sie durch Schmeichelei bald die Wächter, vor allem den Soaimos, an dem alles lag, wie sie wusste. (205) Soaimos aber war anfangs treu und missachtete keine von Herodes' Vorschriften; da ihm aber die Frauen beharrlich mit Worten und mit Geschenken schmeichelten, fügte er sich schon nach kurzer Zeit und verriet zuletzt alle Anweisungen des Königs, vor allem weil er nicht erwartete, er (sc. der König) werde mit der gleichen Macht zurückkehren. (206) Damit glaubte er der Gefährdung durch ihn zu entkommen und den Frauen einen nicht geringen Gefallen zu tun, die der Würdigung des (dem Herodes) Überlegenen wahrscheinlich nicht entgehen, sondern noch mehr profitieren würden, wenn sie als Königinnen herrschen oder dem (zukünftigen) König nahestehen würden. (207) Nicht weniger machte ihm Hoffnung, dass, auch wenn Herodes erfolgreich handeln und zurückkehren würde, es nichts gäbe, das er dem Willen seiner Frau entgegensetzen könnte; denn er wusste, dass die Liebe des Königs zu Mariamme größer war als seine Vernunft. (208) Diese (Gedanken) machte er sich zu eigen und verriet Mariamme die Anweisungen.[39] Die hörte ihn mit Ärger an, weil ihre Gefährdungen durch Herodes kein Ende haben sollten. In ihrer schlechten Stimmung bat sie inständig darum, er möge seinen gerechten Teil bekommen, weil sie ein Leben mit ihm für unerträglich hielt. Das zeigte sie später auch offen und verbarg ihren Kummer nicht.

(209) Dieser wiederum hatte wider Erwarten großen Erfolg, und als er herabgesegelt war, brachte er natürlich zuerst ihr die guten Nachrichten davon; wegen seiner Liebe aber und weil sie ihm vertraut war, erwies er ihr als der einzigen von allen die Ehre und küsste sie. (210) Sie war aber weder bereit, eher fröhlich als ärgerlich zu sein, als er von seinem Glück erzählte, noch konnte sie ihre Leidenschaft verbergen. Sondern wegen ihrer Schmach und wegen ihrer überlegenen adeligen Abstammung seufzte sie zu seinen Küssen, über seine Erzählungen aber schien sie eher zu unwillig zu sein als sich mit ihm zu freuen, sodass nicht nur ein Verdacht, sondern ihr offensichtliches (Verhalten) Herodes beunruhigte. (211) Denn er wurde verlegen, als er den unvernünftigen Hass der Frau auf ihn so wenig versteckt sah; er war aber über diese Tatsache bedrückt und blieb, unfähig die Liebe zu ertragen, nicht bei Wut oder Versöhnung stehen, sondern wechselte von einem in das andere und war

---

[39] AJ 15,186: »Jene hatten aber die Anweisung, die beiden (Frauen) zu beseitigen, wenn sie etwas Ungünstiges über (Herodes' Schicksal) erfahren sollten, um die Königsherrschaft nach Möglichkeit seinen Kindern zusammen mit seinem Bruder Pheroras zu erhalten.«

ganz ratlos. (212) So zwischen Hass und Liebe eingeschlossen und oft dazu bereit, ihr ihren Stolz zu vergelten, war er doch zu schwach, sich von der Frau zu trennen, weil seine Seele (von ihr) ergriffen war. Er fürchtete überhaupt, wenn er sie bestrafte, einer noch größeren Strafe für ihren Tod nicht zu entgehen, die von ihm gefordert werden würde. (213) Dass er sich so gegen Mariamme verhielt, erkannten seine Schwester und seine Mutter genau und hielten den Moment für besonders geeignet, um für ihren Hass gegen sie (Genugtuung) zu bekommen und brachten mit Verleumdungen den Herodes beträchtlich auf, sodass sie ihm Hass und Neid einflößen konnten. (214) Der aber hörte solche Worte nicht ungern, wagte jedoch nicht, etwas gegen seine Frau zu tun, als ob er sie glaubte. Er verhielt sich aber unangenehmer ihr gegenüber, und seine Leidenschaft wurde noch mehr angeheizt, weil sie ihre Stimmung nicht verbarg, er aber beständig seine Liebe in Zorn wandelte.

(215) Und bald geschah etwas Unheilvolles: Als jetzt gemeldet wurde, der Caesar habe den Krieg gewonnen und halte nach Antonius' und Kleopatras Tod Ägypten, da eilte er zum Caesar, um ihn zu treffen, und ließ die Umstände in seinem Haus so zurück, wie sie waren. (216) Als er aufbrach, empfahl ihm Mariamme Soaimos an, pries sehr seine Gewissenhaftigkeit und erbat vom König eine Distriktkommandantur für ihn. Und jener erhält diese Würde. (217) Herodes aber kommt nach Ägypten und führt ein sehr offenes Gespräch mit dem Caesar, weil er schon als Freund der Größten gewürdigt wurde. Der schenkte ihm vierhundert von Kleopatras galatischen Leibwächtern, und gab ihm das Land wieder zurück, dessen er durch sie beraubt worden war. Er fügte aber an sein Königreich an: Gadara, Hippos, Samaria, und an der Küste Gaza, Anthedon, Ioppe und Stratons Turm. (218) Weil er dies dazubekam, wurde er noch bedeutender und begleitete den Caesar bis nach Antiochien; er selbst aber ging nach Hause, und so wie er meinte, dass sich durch die auswärtigen Angelegenheiten seine Dinge zum Glücklichen entwickelten, so sehr wurde ihm durch seine häuslichen Angelegenheiten und besonders durch seine Ehe, in der er früher glücklicher zu sein schien, Mühsal bereitet: Denn er war zu Recht nicht weniger in Mariamme verliebt als die Großen der Geschichte.

(219) Sie aber war ansonsten besonnen und treu ihm gegenüber, hatte aber von Natur aus etwas Weibisches und zugleich Schlechtgelauntes: Sie verspottete ihn ausgiebig wegen seiner Begierden, und ohne Rücksicht darauf, dass der andere ihr König war und über sie herrschte, verhielt sie sich oft hochmütig ihm gegenüber, und jener ertrug beherrscht, wenn er lächerlich gemacht wurde. (220) Öffentlich verhöhnte sie seine Mutter und Schwester wegen ihrer nichtadeligen Abstammung und redete schlecht über sie, sodass in den Frauen bald Aufwallung und unversöhnlicher Hass aufkam, darauf dann aber größere Verwünschungen. (221) Und der Verdacht wurde genährt und wuchs zugleich seit der Zeit, da Herodes von dem Caesar zurückgekehrt war. Der vorher begründete (Verdacht) brach aus folgendem Anlass voll aus: (222) Der König legte sich zur Mittagszeit nieder, um sich auszuruhen, und rief Mariamme wegen seiner Liebe, die er immer zu ihr hatte. Die kam zwar zu ihm, legte sich aber trotz seines Bittens nicht zu ihm, sondern schmähte und beschimpfte ihn, er habe ihren ⟨Groß⟩vater und ihren Bruder umgebracht. (223) Als jener über ihren Stolz zornig wird und zu einer übereilten (Tat) bereit ist, bemerkt Salome, die Schwester des Königs, den großen Lärm, schickt seinen vorher instruierten Mundschenk hinein, und trägt ihm auf zu sagen, dass Mariamme ihn gebeten habe, ihr einen Liebestrank für den König zuzubereiten. (224) Und wenn er aufgeregt werde und (zu erfahren) verlange, was das denn gewesen sei, solle er sagen, dass jene ein Gift habe, er aber gebeten worden sei

zu servieren. Wenn er aber von dem Liebestrank nicht bewegt werde, solle er nichts weiter sagen; denn es bringe ihm keine Gefahr. Dazu präparierte sie ihn vorher, und schickte ihn zu jenem Zeitpunkt hinein, um es zu erzählen. (225) Der ging treu und eilig hinein und sagte, Mariamme habe ihm Geschenke gegeben und ihn überredet, ihm einen Liebestrank zu geben. Als er sich daraufhin aufregte und fragte, was das für ein Liebestrank sei, sagte der, ihm sei von jener ein Wirkstoff gegeben worden, dessen Wirkung er nicht kenne, und deswegen melde er es, in dem Glauben, das sei sicherer für ihn und den König. (226) Herodes, der schon vorher schlecht gestimmt war, wurde, als er diese Worte hörte, noch mehr beunruhigt und ließ den Eunuchen, der mit Mariamme am vertrautesten war, foltern und über das Gift befragen, weil nichts Größeres oder Kleineres ohne jenen geschehen sein konnte. (227) Als der Mann in diese Zwangslage kam, hatte er nichts zu sagen über das, worüber er befragt wurde. Er sagte aber, der Hass der Frau sei aufgekommen wegen der Worte, die Soaimos zu ihr gesprochen habe. (228) Als er das noch sagte, schrie der König laut auf und sagte, Soaimos, der ihm und dem Königreich sonst immer völlig treu gewesen sei, hätte die Anweisungen nicht verraten, wenn er nicht mit Mariamme in weitergehender Gemeinschaft gestanden hätte. (229) Und er befiehlt, Soaimos sofort festzunehmen und hinzurichten; seiner Frau aber ließ er den Prozess machen, indem er seine Vertrautesten zusammenrief und eilig Anklage erhob wegen der Liebestränke und der Gifte, von denen in den Verleumdungen (die Rede gewesen war). Er war aber unbeherrschter in seinen Worten und zorniger als im Gericht (angemessen ist), und die Anwesenden erkannten seine Stimmung und verhängten letztlich den Tod über sie. (230) Als das Urteil gefällt war, kamen er und einige der Anwesenden zu der Auffassung, sie nicht so schnell hinzurichten, sondern sie in einer der Festungen des Reiches zu verwahren. (231) Den Frauen um Salome war es dringlich, die Person aus dem Weg zu schaffen, und sie beredeten den König noch mehr und rieten ihm, sich vor Unruhen in der Menge zu hüten, wenn sie am Leben bliebe. So wurde also Mariamme zu Tode gebracht.

(232) Alexandra aber überblickte die Situation, und da sie nur geringe Hoffnung hatte, nicht selbst ähnliches durch Herodes zu erleiden, wandelte sie sich im Gegensatz zu früher und wurde frech und schamlos. (233) Denn weil sie deutlich machen wollte, dass sie nichts von dem wisse, dessen jene beschuldigt worden war, griff sie ihre Tochter für alle hörbar an und beschimpfte sie und schrie, sie sei böse und undankbar gegen ihren Mann gewesen und leide zu Recht für solche Anmaßungen; denn sie habe dem, der ihr all das Gute getan habe, unschicklich geantwortet. (234) Als sie plötzlich ohne Scham so heuchelte und sogar wagte, ihre Haare zu packen, erkannten natürlich die anderen ihre unanständige Falschheit, noch mehr aber wurde sie von der Verurteilten selbst bloßgestellt. (235) Denn die sprach überhaupt kein Wort mehr mit ihr, noch war sie erschüttert beim Blick auf deren Widerlichkeit, sondern sie zeigte, dass sie durch ihren Stolz über deren schamlos begangene Sünde noch unwilliger war. (236) Sie selbst ging freilich mit unerschütterter Haltung und unveränderter Gesichtsfarbe in den Tod und ließ auch in ihrem letzten Moment ihren Adel für die Betrachter klar erkennen.

(237) Und so starb jene Frau, die so beherrscht und aufs beste hochherzig war; die Mäßigung aber fehlte ihr, und in ihrem Wesen war zu viel Streitsucht; durch ihre körperliche Schönheit aber und die Würde ihres Auftretens übertraf sie mehr, als man sagen kann, die Frauen um sie herum. (238) Und das war auch umso mehr der Anlass, dass sie dem König nicht angenehm war und es von daher nicht zu einem Leben in Vergnügen kam; denn

durch seine Liebe hofiert und ohne von jenem etwas Schlimmes zu erwarten, redete sie unangemessen freimütig. (239) Sie war unwillig über das, was sie und ihre Verwandten betraf, und hielt es für angemessen, ihm all das zu sagen, was sie erlitten hatte; zuletzt brachte sie es dazu, dass die Mutter und die Schwester des Königs ihre Feinde wurden, sogar jener selbst, dem allein sie vertraut hatte, dass sie nichts Schlimmes erleiden müsste.

(240) Als sie aber hingerichtet war, da entbrannte die Begierde des Königs (nach ihr) noch mehr, weil er eben so gestimmt war, wie wir vorher gezeigt haben: Denn seine Liebe zu ihr war nicht leidenschaftslos oder gewohnheitsmäßig, sondern wie sie schon früh begeistert begann, wurde sie auch durch ihre Freimütigkeit nicht gehindert, immer größer zu werden; (241) dann freilich schien er noch mehr – als eine göttliche Strafe – den Tod Mariammes auf sich lasten zu haben, und oft rief er nach ihr, oft beklagte er sie ohne Scheu. Er wollte sich mit allem Möglichen vergnügen und gab sich Trinkgelagen und Gesellschaft hin, und nichts davon half. (242) Er entzog sich den Verwaltungsaufgaben in seinem Königreich und unterlag so sehr dem Leid, dass er schon den Dienern auftrug, Mariamme zu rufen, als ob sie noch am Leben wäre und es hören könnte. (243) In diesem Zustand befiel ihn eine pestartige Krankheit, die auch viele aus dem Volk und seine verehrtesten Freunde dahinraffte und alle vermuten ließ, sie sei als Vergeltung für das an Mariamme geschehene Unrecht eingetreten. (244) Das verschlechterte den Zustand des Königs, und zuletzt begab er sich in die Wüste unter dem Vorwand der Jagd, wurde dort aber sehr geplagt und schaffte es nicht, mehrere Tage durchzustehen, und wurde von einer besonders schlimmen Krankheit befallen: (245) Das war nämlich eine Entzündung und ein Genickleiden und Gemütsschwankungen, und unter den Heilmitteln gab es nichts, was eine Besserung bewirkte, sondern sie brachten das Gegenteil und führten ihn allmählich zur Verzweiflung. (246) So viele Ärzte auch um ihn waren, ging einerseits durch die Hilfsmittel, die sie brachten, die Krankheit nicht zurück, und als es andererseits dem König auch unter der von der Schwäche erzwungenen Diät nicht anders ging, da beschlossen sie, alles zu verabreichen, was jener sich bringen ließ, und die ohnehin unwahrscheinliche Genesung überließen sie in der willkürlichen Versorgung dem Zufall. Und jener wurde in Samaria, das heißt Sebaste, auf diese Art als Kranker gepflegt.

Auslegung

TEXTOBERFLÄCHE   Als Teil von Buch 15 gehört der vorliegende Abschnitt in die Anfangszeit der Regierung des Herodes. Schon in AJ 14,300 wird seine Heirat mit Mariamme berichtet. Der Erzählung von Mariammes Tod gehen nun unter anderem die Beseitigung ihres Bruders Aristobulos (60f.) und Großvaters Hyrkanos (173) voraus. Daran anschließend begibt sich Herodes – nach der militärischen Niederlage seines Patrons M. Antonius – auf eine Reise zu Oktavian, auf der er diesem seine Gefolgschaft anbietet (183–201). Auf diese Reise folgt eine größere Komposition, die thematisch durch mehrere von Herodes veranlasste Hinrichtungen zusammengehalten wird. Auf Mariamme (202–246) folgen ihre Mutter Alexandra (247–251, nach einem Umsturzversuch) und Herodes' Schwager, der Idumäer Kostobar, sowie die von ihm versteckt gehaltenen Söhne des Babas, die letzten verbliebenen Mitglieder der hasmonäischen Familie (251–266). Der Bericht von Mariammes Tod umfasst 45

Paragraphen, also etwa zwei Drittel der genannten Komposition von Todesfällen (65 Paragraphen) und zehn Prozent von Buch 15 (425 Paragraphen). Die Erzählsituation ist verhältnismäßig klar. Es gibt nur einen, externen Erzähler. Dafür fungieren neben dem externen Fokalisator auch alle (!) Akteure als Fokalisatoren. Das ist bemerkenswert. Einige Male wird ihre Perspektive in *oratio obliqua* eingebracht (223f. Salome, 225 der Mundschenk [seine Rede bringt keine neue Fokalisation], 227 der Eunuch, 228 Herodes, 231 Salome, 233 Alexandra). Die Reden in *oratio obliqua* sind stets zu Mariammes Nachteil. Ansonsten werden die Akteure durch ihre Wahrnehmungen, Emotionen und Gedanken als Fokalisatoren eingebracht[40] – ihre Perspektive ist dann stets für den Leser, aber nicht für die anderen Akteure kenntlich. Diese Art der akteurgebundenen Fokalisation ist vor allem bis 236 stark präsent. Sie bleibt immer in die Ebene der externen Fokalisation eingebunden, sodass diese die Kontrolle über die Präsentation und Bewertung des Geschehens behält.

Nur geringe Teile der Komposition sind nicht narrativ. Es handelt sich um Mariammes Charakteristik (237–239) und Herodes' Krankheitsbild (245).

Der vorliegende Textabschnitt ist eine personenzentrierte Passage innerhalb eines umfangreichen Geschichtswerks. Für eine genauere Gattungsbestimmung muss der starke Einsatz von akteurgebundener Fokalisierung und besonders von Emotionen berücksichtigt werden. Liebe, Eifersucht und Verdächtigungen (ἔρως, ζηλοτυπία, ὑπόνοια) sind Standardelemente des antiken Romans.[41] Emotionen gelten aber auch als spezifisches Kennzeichen der so genannten tragischen Historiographie. Der Text arbeitet in erster Linie mit narrativen Mitteln; eingebettete Kleingattungen sind die detaillierte Krankheitsbeschreibung und die Personencharakteristik nach dem Ableben einer Person[42] (beide nicht narrativ, s. o.).

SINNGEBUNG Wie schon gesagt, wird in die Erzählung eine Vielzahl akteurgebundener Fokalisationen eingebracht, stets aber eingebettet in die Ebene der externen Fokalisation und so durch diese kontrolliert. Ein deutliches Beispiel für die steuernde Funktion der externen Fokalisation ist 232–234: Alexandra wird als frech, schamlos, schändlich und heuchlerisch qualifiziert, ihre Rede wird damit als Identifikationsangebot ausgeschaltet.[43] Dagegen wird es dem Leser immer ermöglicht,

---

[40]203 Mariammes Ärger, 205f. Soaimos' Überlegungen, 208 Mariammes Ärger, 209 (»wider Erwarten«) Mariammes und Soaimos Überlegung (sehr subtiler Fokalisationswechsel), 210–214 Herodes' Wahrnehmung und Emotionen, 213 Salomes Wahrnehmung, 218 Herodes' Überlegung und Emotion, 219 Herodes' Wahrnehmung, 220 Salomes Emotion, 223 Herodes' Emotion, Salomes Wahrnehmung, 226 Herodes' Emotion, 229 Wahrnehmung der Zuschauer und Richter, 232–234 Wahrnehmung der Zuschauer, 235f. Mariammes Ärger in der Wahrnehmung der Zuschauer (komplex!), 240 Herodes' Emotion.

[41]Vgl. MOEHRING, Elements, 99.119.

[42]Vgl. u. S. 242; eine Liste dieser Charakteristiken bei VILLALBA I VARNEDA, Method, 203.

[43]Das war in 202f. noch anders: Hier sollte Alexandras Emotion für den Leser verständlich und akzeptabel erscheinen.

sich mit Mariamme und mit Herodes zu identifizieren. Die Emotionen, in die der Leser in reichem Maße Einblick erhält, werden zu Antriebskräften in einem psychologisch ausgefeilten Drama, in dem es nur Verlierer gibt.

Die Charaktere sind mit Sorgfalt gestaltet, wozu vor allem die Fokalisation beiträgt. *Herodes* wird von widersprüchlichen Emotionen geleitet. Einerseits ist er leicht reizbar, misstrauisch und mit dem Todesurteil schnell bei der Hand, er erscheint auch für Einflüsse von Salome sehr empfänglich; andererseits ist seine Liebe zu Mariamme außergewöhnlich stürmisch, sodass er zwar ihre Demütigungen lange schweigend erträgt, aber auch umso schneller eifersüchtig wird. Die Erzählung zeichnet einen psychisch wenig stabilen Herodes, der Angst vor Schuldgefühlen hat, der auf der anderen Seite politisch geschickt und entschlossen vorgeht. *Mariamme* wird ebenfalls als leicht reizbar gezeichnet; sie zeigt vor allem ein unerschütterliches Standesbewusstsein. Ihrem Mann gegenüber ist sie zumeist abweisend.[44] Der Text widmet ihr nach ihrem Tod eine eigene Charakteristik: Mariamme sei (im Guten) beherrscht, hochherzig,[45] würdevoll und schön gewesen, (im Schlechten) streitlustig, unmäßig und freimütig. Zu dieser Charakteristik passt ihr stolzer und unerschütterter Gang in den Tod (236). Diese Haltung ist nach der antiken Geschlechtskonstruktion für Männer durchaus angemessen – sie kann aber in bestimmten, extremen Situationen auch einer Frau zur Ehre gereichen.[46] Die Nebenfiguren, *Salome* mit ihrer und Herodes' Mutter sowie *Alexandra* erscheinen im vorliegenden Abschnitt als böse und intrigant. Dadurch dienen sie als Folie, vor der Mariammes Integrität und Würde umso deutlicher hervortritt.[47]

Die Motive im Text stammen aus verschiedenen Bereichen. Zum einen ist die Würde und der Stand des Tyrannenopfers (Mariamme) zu nennen. In ihrem unerschütterlichen Gang in den Tod ist sie den stoischen Opfern der Caesaren nicht unähnlich (vgl. Tac. ann. 15f.). In einem gewissen Kontrast dazu steht die Rede von der »weibischen« Streitlust (219) Mariammes und von ihrem »unvernünftigen Zorn« (211). Das widervernünftige Verhalten erscheint im Text durch die Weiblichkeit der Protagonistin zumindest teilweise erklärlich. Die Geschichte ist als großes Liebes- und Familiendrama stilisiert. In diesem Stoff hat das Motiv der unvernünftigen Liebe ihre Funktion als Antriebskraft der Ereignisse: Herodes' Liebe zu seiner Frau war »größer als seine Vernunft« (207). Ein wichtiges Motiv ist das der Palastintrige (verbunden mit dem Auftreten böser Nebenfiguren, die so ihre Interessen

---

[44]Hier liegt eine romanhafte Konstellation vor: MOEHRING, Elements, 99.

[45]Die Eigenschaften der ἐνκράτεια und μεγαλοψυχία sind nach SCHALIT, König, 569f., im Sinne von hochmütiger Verschlossenheit und hoher Selbsteinschätzung zu verstehen. Zwar kann μεγαλοψυχία nach LIDDELL/SCOTT/JONES, Lexicon, 1088, auch »arrogance« bedeuten, diese negative Interpretation wird hier allerdings durch das Wort ἄριστα »aufs beste« unmöglich gemacht.

[46]Vgl. GILMORE, Honor, 9.

[47]Durch die Verschwörung gegen sie und durch den Kontrast zu Alexandra wird die an sich wenig sympathisch erscheinende Mariamme zur Heldenfigur. Vgl. MOEHRING, Elements, 123.

durchsetzen), die den Tyrannen zur Ermordung seiner Opfer verleitet. Wieder ist an Tac. ann. 15f. zu erinnern, wo beispielsweise Ofonius Tigellinus immer wieder als die intrigante Kraft im Hintergrund stilisiert wird. Zuletzt ist die Krankheit des Herodes zu nennen, die als Strafe für die Bluttat an Mariamme interpretiert wird. Hier zeigen sich interessante Parallelen zu BJ 1,656–658: Jedesmal wird die Interpretation als Strafe Personen aus der Gesellschaft zugeschrieben, auch die unerfreulichen Details der Erkrankung und die erfolglosen Heilungsversuche zahlreicher Pfleger und Ärzte werden in beiden Texten berichtet.

Die zeitliche Strukturierung der Erzählung stellt ins Zentrum die Szene, in der Salomes Intrige berichtet wird und die zu Soaimos' Hinrichtung und Mariammes Verurteilung führt. Davor und danach sind längere Verläufe und wiederholt stattfindende Vorgänge (so die Schmeicheleien gegenüber Soaimos, Mariammes Schelten gegenüber Herodes, Salomes Anschuldigungen, Herodes zunehmende Verzweiflung) oft nur skizziert oder beispielhaft angedeutet. Das reicht aus, um ein Bild von der sich über einen längeren Zeitraum aufbauenden Entfremdung zwischen Herodes und seiner Frau zu entwerfen.

In der Reihenfolge des Erzählten schließt 202 an 201 an; 203–208 finden dagegen als Rückblende parallel zu Herodes' Reise zu Oktavian (183–201) statt. 209 beschreibt den gleichen Zeitpunkt wie 202, hier laufen die beiden Erzählfäden also wieder zusammen. Die Erzählung lässt sich so Zeit, um die Ereignisse allmählich aufzubauen.

EREIGNISBEZUG Folgende Ereignisse werden im vorliegenden Abschnitt erzählt: Während Herodes verreist ist, um Oktavian zu treffen, gibt Soaimos dem Drängen Mariammes und Alexandras nach und verrät ihnen die königlichen Anweisungen; die Frauen werden dadurch noch ärgerlicher. Nach seiner Rückkehr wird Herodes von Mariamme mehrfach herablassend behandelt. Salome und ihr Umkreis versuchen, Herodes gegen Mariamme aufzuwiegeln, nicht ohne Erfolg. – Herodes verreist wieder, wird von Oktavian politisch aufgewertet, sein Gebiet wird vergrößert. Nach seiner Rückkehr behandelt ihn Mariamme mehrfach schlecht, sie beschimpft auch Salome und Herodes' Mutter. Als ein Streit ausbricht, lässt Salome den Mundschenk Anschuldigungen gegen Mariamme vortragen. Der König lässt Mariammes Eunuchen foltern und auf dessen Aussage hin Soaimos hinrichten und Mariamme verurteilen. Alexandra wendet sich öffentlich von Mariamme ab; diese wird hingerichtet. Herodes beginnt, sie zu vermissen und an einer psychosomatischen Symptomatik zu leiden. Erholungs- und Heilungsbemühungen bleiben (zunächst) ohne Erfolg. – Für den Verlauf dieser Ereignisse müssen mehrere Monate,[48] für die zentralen Szenen wenige Tage angesetzt werden.

---

[48]Etwa ein Jahr lt. RICHARDSON, Herod, 219.

Mariamme starb 29 v. Chr.;[49] die *Antiquitates* wurden 93/94 n. Chr. veröffentlicht.[50] Der zeitliche Abstand zwischen dem historischen Ereignis und dem Text
beträgt demnach etwa 122 Jahre.

Die Frage nach der Historizität ist mit dem Problem der Quellen für diese Dar-
stellung unmittelbar verknüpft. Die Schwierigkeit liegt in einer ganz ähnlichen
Erzählung in AJ 15,65–87. Dort erhält Herodes' Onkel (θεῖος, 65) oder Schwager
(Salomes ἀνήρ, 81) die einstweilige Verwaltung des Reiches und den Auftrag, die
Frauen im Ernstfall zu töten. Auch er verrät es den Frauen und muss nach Hero-
des' Rückkehr dafür mit dem Leben bezahlen. Die Mariamme-Joseph-Geschichte
kommt auch in BJ 1,411–444 vor; dort wird mit Joseph auch Mariamme hingerichtet.
Schon lange wird deshalb vermutet, Josephus habe bei der Abfassung der *Antiqui-
tates* zwei Versionen eines einzigen Ereignisses vorliegen gehabt und es einmal ins
Jahr 35 (Joseph) und einmal ins Jahr 30 (Soaimos) gesetzt.[51] Dagegen hielt es Schalit für wahrscheinlich, dass zwei verschiedene (wenn auch ähnliche) historische
Ereignisse zugrunde liegen, die deshalb auch getrennt erzählt werden.[52] Im *Bellum* läge dann eine Ungenauigkeit bzw. Verschmelzung der beiden Vorgänge vor.
Die Mariamme-Joseph-Geschichte wird allerdings durch die offensichtliche Ver-
wechslung von verschiedenen Josephs und durch die Unklarheit über die jeweils
betroffene Reise des Herodes historisch unglaubwürdig. Nach Richardsons Rekonstruktion liegen demnach in den drei Versionen mehrere Verwechslungen vor. Die
Mariamme-Joseph-Geschichten seien beide »partly right and mostly wrong.«[53] Verlässlicher sei AJ 15,202–239:

> [S]ome of the circumstantial details are garbled, because there are ele-
> ments drawn from more than one tradition […] What is right about it
> is the following: Pheroras was left in charge [of the kingdom], Joseph
> a steward and Soëmus were in charge of Mariamme; in the end more
> guilt attached to Soëmus and he was summarily executed; the sequence
> of events was long and complex and took about a year; Mariamme got
> a trial; Alexandra in the end abandoned her. But the comings and go-
> ings are mixed up, the reference to news of the deaths of Antony and
> Cleopatra may be wrong[.][54]

Der Vergiftungsvorwurf mag eher ein Topos der Hofintrige als eine historische

---

[49]Vgl. Richardson, Herod, 219.
[50]Vgl. Schreckenberg, RAC 18 (1998), 755.
[51]Vgl. Otto, PW Suppl. 2 (1913), 8 Anm.; 40f.51. In eine ähnliche Richtung geht Moehrings Annahme, Josephus habe ein einziges Ereignis mehrfach erzählt, um das unterhaltsame romanhafte
Potential dieser Hofintrigen auszunutzen, vgl. Moehring, Elements, 112–117.
[52]Vgl. Schalit, König, 116.
[53]Richardson, Herod, 219.
[54]Ebd.

Reminiszenz sein.[55] Dass im Übrigen die ausführliche romanhafte Entfaltung von Emotionen im vorliegenden Text keinen historischen Quellenwert besitzt, dürfte deutlich sein.[56] Abraham Schalit versuchte dennoch, Herodes' stürmische Liebe zu Mariamme als die einzige Motivation für seine Ehe mit ihr zu erweisen, indem er zu zeigen versuchte, dass eine familiäre Verbindung mit dem Hasmonäerhaus keine politischen Vorteile für Herodes gebracht hätte.[57] Diese These darf inzwischen als widerlegt gelten. Die herodianische Heiratspolitik war nicht willkürlich oder emotionsgeleitet, sondern folgte traditionellen und berechenbaren Strategien, und dazu gehört auch der Zugewinn an Ehre und politischer Autorität durch die Heirat mit der Hasmonäerprinzessin Mariamme.[58]

FAZIT   Im Kontext einer großen historischen Monographie liegt hier eine ausführliche Todesdarstellung mit dramatisch, ja romanhaft ausgestalteten Zügen vor. Josephus folgt hier seiner Praxis, dem Sterben einer bedeutenden Person eine kurze, summarische Charakteristik folgen zu lassen. Die Erzählung unterstreicht den Stand und die Würde des Tyrannenopfers und ihre unerschütterte Haltung im Tod. Dabei bezieht die Erzählung mit ihren narrativen Mitteln (besonders der Fokalisation) deutlich Position für Mariamme und gegen ihre Widersacherinnen. Widersprüche zwischen den verschiedenen Versionen, die Josephus überliefert, lassen über die tatsächlichen Ereignisse einige Fragen offen.

3.2   So genannte *exitus illustrium virorum* bei Tacitus

Die Annalen sind Tacitus' zweites großes Geschichtswerk. Sie erzählen die Geschichte Roms unter der julisch-claudischen Dynastie ab dem Tod des Augustus 14 n. Chr. Verfasst etwa von etwa 110[59] oder 115[60] bis 120 n. Chr., wurden sie in mehreren Abschnitten veröffentlicht. Der überlieferte Text bricht im 16. Buch ab. Es ist unklar, ob Tacitus einen Umfang von 18, d. h. dreimal sechs Büchern ausführte oder zumindest anstrebte.[61] Vielleicht ist er über seinem Werk gestorben.[62]

Die taciteische Historiographie ist geleitet von einem rigiden ethischen Programm: »In einem bis dahin nicht gekannten Ausmaß unterwirft T[acitus] Personen und Handlungen moralischen Maßstäben; diese sind aber nicht ›allg[emein]

---

[55]Vgl. MOEHRING, Elements, 121–123.

[56]Vgl. SCHALIT, König, 585.

[57]Vgl. a. a. O., 62–66.

[58]Vgl. die instruktive Artikelserie HANSON, Herodians I, 75–84; HANSON, Herodians II, 142–151; HANSON, Herodians III, 10–21. Die gleiche Auffassung vertrat schon OTTO, PW Suppl. 2 (1913), 21, mit guten Gründen.

[59]Vgl. FLAIG, DNP 11 (2001), 1210.

[60]Vgl. VON SCHWABE, PW 4 (1901), 1578.

[61]So KOESTERMANN, Annalen 1, 22, etwa gegen VON SCHWABE, PW 4 (1901), 1577.

[62]Vgl. KOESTERMANN, Annalen 1, 23.

menschlich‹, sondern ausschließlich für das Standesethos einer winzigen Aristokratie im riesigen Imperium gültig«.[63]

3.2.1 Seneca (ann. 15,60,2–64,4)

Literatur

Text: RÖMER, Annalium Libri xv–xvi, 94–102. Kommentare: FURNEAUX, Annals 2, 397–403; KOESTERMANN, Annalen 4, 296–309. Zu Tacitus: VON SCHWABE, PW 4 (1901), 1566–1590; SYME, Tacitus; FLAIG, DNP 11 (2001), 1209–1214. Einführende Lit. zu Seneca s. unten S. 271.

Übersetzung

(60,2) Es folgt die Ermordung des Annaeus Seneca, sehr zur Freude für den Prinzeps, nicht weil er ihn sicher der Verschwörung überführt hatte, sondern (weil er begierig war,) mit der Waffe zum Ziel zu kommen, als er mit Gift keinen Erfolg hatte. (3) Freilich äußerte sich nur Natalis so weit, er sei zu dem kranken Seneca geschickt worden, um ihn zu sehen und zu erfragen, warum er Piso den Zugang verweigere: Es wäre besser, wenn sie in vertraulicher Zusammenkunft Freundschaft pflegten. Seneca habe geantwortet, Gespräche und oder häufige Unterredungen hättem keinem von beiden genützt; im übrigen hänge sein Wohlergehen von Pisos Unversehrtheit ab. (4) Gavius Silvanus, Tribun einer prätorischen Kohorte, erhält den Befehl, das zu übermitteln und Seneca zu befragen, ob er Natalis' Worte und seine Antwort kenne. Der war zufällig oder vielleicht vernünftigerweise zu diesem Tag aus Campanien zurückgekommen und hatte beim vierten Meilenstein auf dem Land vor der Stadt ausgehalten. Zu jenem kam der Tribun gegen Abend und umstellte das Landhaus mit Soldatenhaufen; dann übergab er ihm, der mit seiner Frau Pompeia Paulina und zwei Freunden beim Essen war, die Anweisungen des Kaisers.

(61,1) Seneca antwortete, Natalis sei zu ihm geschickt worden und habe im Namen Pisos angefragt, warum es ihm nicht gestattet werde, ihn zu besuchen, und er habe sich mit seiner Krankheit und seinem Ruhebedürfnis entschuldigt. Er habe keinen Grund gehabt, das Wohlergehen einer Einzelperson seiner eigenen Unversehrtheit vorzuziehen; noch habe er eine Veranlagung zur Schmeichelei. Das sei keinem besser bekannt als Nero, der öfter Senecas Freimut als seine Dienstbarkeit erfahren habe. (2) Als das vom Tribun in Anwesenheit von Poppaea und Tigellinus berichtet wurde, was der vertrauteste Rat für den wütenden Prinzeps war, fragte der, ob Seneca sich auf einen freiwilligen Tod vorbereiten würde. Da bestätigte der Tribun, er habe in seinen Worten oder seinem Gesichtsausdruck keine Anzeichen von Furcht, nichts Trauriges erkannt. (3) Also erhält er den Befehl, zurückzugehen und den Tod anzusagen. Fabius Rusticus erzählte, er sei nicht auf dem Weg zurückgegangen, auf dem er gekommen war, sondern sei zu dem Präfekten Faenius abgebogen, habe die Befehle des Kaisers dargestellt und gefragt, ob er gehorchen solle, und sei – aus der tödlichen Feigheit aller – von ihm ermahnt worden, er solle es vollstrecken. (4) Denn auch Silvanus war unter den Verschwörern und hatte die Verbrechen vermehrt, an deren Bestrafung er jetzt teilnahm. Dennoch ersparte er sich die Worte und den Anblick und schickte zu Seneca einen der Centurionen hinein, der die letzte Notwendigkeit verkünden sollte.

---

[63]FLAIG, DNP 11 (2001), 1211.

(62,1) Jener verlangt unerschrocken die Tafeln für das Testament; und als es der Centurio verweigert, wendet er sich zu seinen Freunden und bestimmt – da gehindert werde, ihren Verdiensten Dank zu erweisen –, ihnen das zu hinterlassen, was er als einziges und doch als schönstes noch besitze, das Bild seines Lebens; wenn sie das im Gedächtnis behielten, würden sie einen Ruhm für schöne Künste sowie für dauerhafte Freundschaft davontragen. (2) Ihre Tränen ruft er, bald durch Worte, bald durch strengeren Tadel, zurück zur Festigkeit, (immer wieder) fragend, wo denn die Erinnerung an die Weisheit, wo denn die über so viele Jahre gelernte Vernunft angesichts des Kommenden (geblieben sei). Denn wem sei Neros Grausamkeit unbekannt gewesen? Nach der Tötung von Mutter und Bruder sei nichts anderes mehr übriggeblieben, als dass er den Mord an seinem Erzieher und Lehrer hinzufügte.

(63,1) Wo er das und dergleichen gleichsam öffentlich erörtet hat, umarmt er seine Frau, und – etwas gegenüber seiner Entschlossenheit in dem Moment erweicht – bittet er sie, ihren Schmerz zu mäßigen, damit sie ihn nicht für immer aushalten müsse, sondern im Blick auf sein tugendhaft gelebtes Leben die Sehnsucht nach dem Ehemann mit ehrenvollem Trost ertrage. Jene erklärt, auch gegen sich selbst den Tod beschlossen zu haben, und verlangt nach der Hand des Töters. (2) Da stand Seneca ihrem Ruhm nicht entgegen und sagte zugleich aus Liebe, um seine einzig Geliebte nicht den Schmähungen zu hinterlassen:»Ich habe dir die Reize des Lebens gezeigt, du wählst lieber die Zierde des Todes: Ich werde dir deine Vorbildlichkeit nicht missgönnen. Die Standhaftigkeit eines so tapferen Todes sei bei (uns) beiden gleich, aber dein Ende glanzvoller.« (3) Danach schneiden sie sich zugleich mit dem Messer die Arme auf. Seneca öffnete, weil ja sein alter und durch die sparsame Lebensweise geschwächter Körper dem Blut nur ein langsames Ausfließen ermöglichte, auch die Adern der Unterschenkel und Knie; durch grausame Qualen erschöpft, rät er seiner Frau, in ein anderes Zimmer zu gehen, damit er nicht durch seinen Schmerz ihren Mut breche oder durch den Anblick ihrer Qualen ungeduldig würde. Und mit seiner in seinem letzten Augenblick vorhandenen Beredsamkeit diktierte er den herbeigerufenen Schreibern Vieles, was ich, da es in seinen Worten öffentlich herausgegeben worden ist, (in meinen Worten) wiederzugeben unterlasse.

(64,1) Aber Nero befahl, weil er keinen Hass auf Paulina selbst hatte, und damit keine Missgunst über seine Grausamkeit aufflamme, ihren Tod zu verhindern. Auf Aufforderung von Soldaten verbinden ihr Sklaven und Freigelassene die Arme, stillen die Blutung; es ist unsicher, ob sie bewusstlos war. (2) Denn wie das Volk zum Schlechteren eingestellt ist, fehlten nicht die, die glaubten, solange sie den unversöhnlichen Nero fürchtete, habe sie den Ruhm des gemeinsamen Todes mit ihrem Mann angestrebt, als sich hierauf eine angenehmere Hoffnung zeigte, sei sie den Schmeicheleien des Lebens erlegen. Diesem fügte sie danach noch wenige Jahre hinzu, (in denen) im löblichen Gedenken an ihren Mann sowohl ihr Mund als auch ihre Glieder zu so einer Blässe erblichen waren, dass deutlich war, dass (ihr) viel Lebensgeist ausgeströmt war.

(3) Seneca bittet inzwischen, da die Verzögerung und die Langsamkeit des Todes sich hinzieht, Statius Annaeus – lange bewährt in treuer Freundschaft zu ihm und in der Heilkunst –, das vorher vorbereitete Gift zu holen, mit dem die vom öffentlichen Gericht der Athener Verurteilten hingerichtet wurden, und als es gebracht wird, trinkt er es: umsonst, der Körper ist schon kalt und der Leib verschlossen gegen die Kraft des Giftes. (4) Danach betritt er ein Becken heißen Wassers, besprengt die nahe stehenden Sklaven und fügt

das Wort dazu, er opfere diese Flüssigkeit dem Jupiter Liberator. Daraufhin ins Dampfbad gebracht und durch dessen Dampf erstickt, wird er ohne irgendein feierliches Begräbnis verbrannt. So hatte er es in seinem Testament verfügt, als er – damals sogar noch reich und mächtig – für sein Ende vorsorgte.

Auslegung

TEXTOBERFLÄCHE   Nach der Aufdeckung der so genannten pisonischen Verschwörung in Kap. 54f. lässt Nero die Teilnehmer der Verschwörung beseitigen. Noch bevor das ganze Ausmaß der Verschwörung aufgedeckt wird, wird auch Neros früherer Erzieher und politischer Ratgeber Seneca als Verdächtiger in den Tod gezwungen: Antonius Natalis hatte ihn gleich als einen der ersten in 15,56,2 angezeigt. Auf den Tod Senecas folgen eine kurze Notiz, er sei an Pisos Stelle für die Nachfolge Neros in Frage gekommen (Kap. 65), und die Aufdeckung der Teilnahme der Offiziere an der Verschwörung (Kap. 66).

Die Erzählung ist einigermaßen komplex, Erzähler und Fokalisator wechseln mehrfach; die verschiedenen Ebenen des Textes werden mit Hilfe der indirekten Rede vermischt. Neben dem externen Erzähler treten in Kap. 60f. auch figurgebundene Erzähler auf, nämlich Natalis und Seneca. Sie lassen den Leser auf zurückliegende Ereignisse zurückblicken, und zwar auf die juridisch problematischen Ereignisse, in denen es um Senecas mögliche Teilnahme an der pisonischen Verschwörung geht. In dieser Schuldfrage hält sich der externe Erzähler zurück. – Auch die Fokalisation wechselt mehrfach zwischen dem externen Fokalisator (externer Fokalisator, d. i. der Fokalisator des Gesamtwerks) und figurgebundenen Fokalisatoren (Natalis, Seneca, Paulina). Besonders in Kap. 61–63 dominiert Seneca als Fokalisator. Senecas eigentlicher Tod in Kap. 64 wird dagegen durch den externen Fokalisator fokalisiert.

Die Erzählung enthält nicht-narrative Passagen. Dazu gehört vor allem die wörtliche und indirekte Rede Senecas ab Kap. 62 (seine Rede in Kap. 60f. ist narrativ). Nicht-narrativ sind auch die eingestreuten Kommentare und Erklärungen des Erzählers: »sehr zur Freude für den Prinzeps« (60,2); »was der vertrauteste Rat für den wütenden Prinzeps war« (61,1); »was ich [. . .] wiederzugeben unterlasse« (63,3) u. a.

Die Form- und Gattungsbestimmung zeigt, dass hier – wie generell in den letzten Annalenbüchern – der annalistische Charakter des Gesamtwerks zugunsten einer geschlossenen Einzelerzählung zurücktritt.[64] Die wörtliche und die indirekte Rede nehmen einen großen Raum ein. Im ersten Teil des Textes ist die Rede selbst narrativ und erzählt zurückliegende Ereignisse; im zweiten Teil des Textes ist sie lehrhaft, durchsetzt mit Ermahnungen und rhetorischen Fragen. Ein von Klaus

---

[64]Vgl. KOESTERMANN, Annalen 4, 159 u. ö.

Berger erarbeitetes Schema für die Gattung *exitus* ist mit der gebotenen Flexibilität auf den vorliegenden Text durchaus anwendbar.[65]

SINNGEBUNG Die Untersuchung der Fokalisation ergibt Folgendes: Die kritischen Ereignisse vor der Aufdeckung der Verschwörung werden durch die Brille der Beteiligten fokalisiert. Der Erzähler enthält sich eines Urteils über die Mitwisserschaft Senecas. Die Deutung des Todes wird vor allem dem akteurgebunden Fokalisator Seneca[66] überlassen. Der externe Fokalisator trägt zur Steuerung des Leserblicks auf die Ereignisse viel bei. So korrigiert er auch ausdrücklich die Perspektive des Volkes auf Paulina zugunsten einer positiven Wertung.

Die Charakterisierung der beteiligten Personen in dem hier besprochenen Textabschnitt kann natürlich nicht von ihrer Charakterisierung im Zusammenhang des Gesamtwerks getrennt werden. Das gilt besonders für die Person Neros. Für eine derart umfassende Würdigung ist hier kein Raum, aber die wichtigsten Charakterisierungsmittel des vorliegenden Textes können kurz genannt werden:[67] Seneca wird durch alle verfügbaren erzählerischen Mittel dargestellt: seine Äußerungen, sein Tun, Beschreibungen und Kommentare. Er ist durch Krankheit und sparsame Lebensweise gezeichnet, in der Situation beherrscht und entschlossen. Dieses Bild Senecas ist einseitiger positiv als das, das im Gesamtwerk von ihm gezeichnet wird.[68] Nero wird hier nur durch Äußerungen des externen Erzählers und Senecas über ihn charakterisiert. Stichworte wie *saeviens* (61,2) und Hinweise auf seine früheren Gewalttaten genügen für ein ungünstiges Charakterbild. Auch Neros Entschluss zur Rettung Paulinas wird ihm als Angst vor öffentlichem Gerede ausgelegt (64,1). Die Ausführenden der Tat, vor allem Silvanus, werden durch Kommentierung charakterisiert; dem Kommentator kommt es vor allem auf ihre Feigheit an (61,3f.).

Das entscheidende Motiv bei der Darstellung des Protagonisten ist seine gefasste Haltung beim Gang in den Tod. Er erträgt auch Schmerzen, nimmt aber Gift, um seinen Tod zu beschleunigen. Die Wahl des Giftes spielt auf den Tod des Sokrates

---

[65] Vgl. BERGER, Gattungen, 1258.

[66] Der erzählungsinterne akteurgebundene Fokalisator ›Seneca‹ als Funktion des Textes ist nicht unbedingt mit dem historischen Seneca identisch, auch wenn Tacitus die tatsächlichen Worte des historischen Seneca verwendet haben sollte.

[67] FLAIG, DNP 11 (2001), 1209–1214 vertritt allerdings die Auffassung: »T[acitus] schildert keine Charaktere, sondern sieht Typen senatorischen Verhaltens in bestimmten Personen verkörpert; und er versammelt eine Galerie von negativen oder positiven *exempla*«. Dass diese Einschätzung zumindest einseitig ist, zeigt schon die Existenz einer ganzen Dissertation zur Personencharakterisierung bei Tacitus, vgl. KROHN, Personendarstellungen.

[68] Das ist in der Literatur häufig beobachtet worden, und sowohl auf die Tendenz der verwendeten Quelle als auch auf die Begeisterung des Verfassers über den vorbildlichen Tod Senecas zurückgeführt worden. Vgl. KOESTERMANN, Annalen 4, 305: »Mag Seneca während seines Lebens im Zwiespalt zwischen Politik und Gewissen auch bisweilen geirrt haben, sein beispielhafter Tod löscht die Erinnerung daran aus.«

an,[69] die Libation wohl auch.[70] Motive, die zur Deutung des Todes dienen, sind etwa die Missgunst des Prinzeps (60,2) und die Feigheit der Ausführenden (61,3f.); vor allem aber die Denkwürdigkeit und Vorbildlichkeit eines solchen Todes. In seiner Vorbildlichkeit passt der Tod Senecas zu dem vorbildlichen Leben, das er abschließt.[71]

Die Erzählung beginnt mit einer relativ breiten szenischen Darstellung. So zieht sich der Todeskampf Senecas mit kaum erträglicher Langsamkeit hin; das Geschehen wird durch die eingeschaltete Rettung Paulinas noch zusätzlich retardiert. Zum Ende hin wird die Darstellung jedoch immer knapper und zügiger, was auch an den schnellen Orts- und Szenenwechseln sichtbar wird. Der eigentliche Tod wird dann mit der Verbrennung zusammen in einem kurzen Satz berichtet. – Mehrere Ereignisse werden in der Form von Rückblenden[72] erzählt: Natalis' und Senecas Wahrnehmung der Verschwörung (60,3; 61,1); Senecas Rückkehr aus Campanien (60,4); Silvanus' Beteiligung an der Verschwörung (61,4); Senecas testamentarische Begräbnisbestimmung (64,4). Das öffentliche Gerede über Paulina wird in einem Vorausblick erzählt. Auf diese Weise ist die Erzählung eng mit den davor- und danachliegenden Ereignissen vernetzt.

Träger der Sinngebung sind neben den Äußerungen Senecas vor allem die Kommentare und Beschreibungen des Erzählers, der Handlungen nie für sich allein stehen lässt. Die Hauptrichtung der Sinngebung ist in diesem Text die Betonung der Vorbildlichkeit des Todes Senecas. Ihr ordnen sich die anderen Sinnaspekte unter.

EREIGNISBEZUG   Die Fabula beginnt mit Senecas Testament als einem isolierten Ereignis in der Vergangenheit. In größerem Abstand folgen Gespräche Senecas mit Natalis über Piso. Nach Senecas Rückkehr aus Campanien wird er von Natalis denunziert. Silvanus verhört ihn, berichtet Nero, geht zu Faenius Rufus, weiter zu Seneca und schickt einen Centurio zu ihm hinein. Der lehnt Senecas Testamentswunsch ab. Seneca redet zu seinen Freunden und mit seiner Frau; beide öffnen sich die Adern. Seneca schickt Paulina heraus und diktiert letzte Worte. (Nero erfährt von Paulinas Suizidabsicht, das wird nicht erzählt.) Paulina wird auf Neros Anwei-

---

[69]Deshalb hielt RONCONI, RAC 6 (1966), 1259, den Schierlingsbecher für ein »rein literarisches Motiv, das zu dem geschichtlichen Detail des Verblutens einfach addiert ist«. GRIFFIN, Seneca, 369, hält das Detail dagegen für historisch und nimmt an, es habe tatsächlich dazu gedient, Senecas Tod nach dem des Sokrates zu gestalten. KOESTERMANN, Annalen 4, 307, geht offenbar ebenfalls von der Historizität dieses Details aus, meint aber Seneca gegen den Vorwurf verteidigen zu müssen, er »habe ein theatralisches Gegenstück zum Tod des Sokrates schaffen wollen«.

[70]»The selection of Jupiter Liberator instead of Ζεὺς Σωτήρ, the customary deity honoured at Greek banquets, must have been meant to mark the liberation of the soul from the body, which was celebrated in the *Phaedo*.« GRIFFIN, Seneca, 370. Eine Anspielung auf Sokrates' Asklepiosopfer sieht SCHUNCK, Sterben, 62.

[71]Seneca nennt sein Leben selbst »tugendhaft« in 63,1.

[72]Dieses erzählerische Mittel kommt in allen hier besprochenen Tacitus-Passagen vor. Es dient der Erklärung und Deutung von Ereignissen ebenso wie der Vernetzung der Texte mit ihrem Kontext.

sung hin gerettet. Seneca trinkt Gift, geht ins Bad und besprengt als Libation dort seine Sklaven, geht weiter ins Dampfbad, stirbt dort und wird verbrannt.

Die Annalen decken insgesamt einen Zeitraum von 54 Jahren ab,[73] der besprochene Text dagegen nur einen Abend. Der im Verhältnis große Umfang von fünf Kapiteln zeigt das Gewicht, das der Verfasser dem Tod des Seneca beimisst.

Tacitus wird diese Ereignisse aus schriftlicher Überlieferung gekannt haben. Cesare Questa hat als Hauptquellen des taciteischen Berichts über die Verschwörung die Geschichtswerke zum einen Plinius' d. Ä. und zum anderen des Fabius Rusticus – eines Freundes Senecas – ausgemacht.[74] Ausdrücklich verweist Tacitus in 61,3 auf Fabius Rusticus als Gewährsmann. Marx glaubte, eine auf Senecas eigene Initiative zurückgehende Sonderquelle ausmachen zu können.[75] Sein ›Nachweis‹ fällt allerdings etwas knapp aus; und man wird Koestermann darin Recht geben, dass es genügt, Fabius Rusticus als einzige Quelle für diesen Abschnitt anzunehmen.[76] Das öffentliche Gerede über Paulina (64,2) könnte Tacitus dagegen aus eigener Anschauung bzw. mündlicher Tradition gekannt haben.[77]

Der Tod Senecas fällt in das Jahr 65 n. Chr.,[78] die Abfassung der letzten Annalenbücher in die Zeit unter Kaiser Hadrian (ab 117 n. Chr.).[79] Der zeitliche Abstand beträgt also über 52 Jahre. Tacitus ist hier auf schriftliche Quellen angewiesen. Obwohl er in der Beurteilung der Ereignisse und der Quellen durchaus eigenständig ist, steht er im vorliegenden Text scheinbar »ganz im Bann der Darstellung des Fabius Rusticus [. . .], der naturgemäß bemüht war, Seneca von jeder Mitschuld an der Verschwörung freizusprechen und andererseits Nero anzuprangern«.[80] Dieses Urteil wird kaum relativiert durch die Beobachtung, dass Tacitus den externen Erzähler sich des Urteils über Senecas Mitverschwörung enthalten lässt. Dass Tacitus hier seiner (tendenziösen) Quelle so stark folgt, kann auch für die Beurteilung der Historizität des Erzählten nicht ohne Folge sein: Eine gewisse Vorsicht ist hier angebracht.

FAZIT   Eingebunden in ein großes historiographischen Werk, hat Senecas Tod im Nahkontext einiges Gewicht. Er steht bis in die Einzelzüge in der sokratischen Tradi-

---

[73]Nämlich die Jahre 14 bis 68 n. Chr., vgl. FLAIG, DNP 11 (2001), 1210.

[74]Vgl. QUESTA, Studi, 206.

[75]Vgl. MARX, Tacitus, 86f. Grundlage für diese Vermutung ist die 63,3 erwähnte Veröffentlichung der *ultima verba* Senecas.

[76]Vgl. KOESTERMANN, Annalen 4, 303.

[77]So QUESTA, Studi, 206.

[78]Vgl. HOHL, PW Suppl. 3 (1918), 348; DINGEL, DNP 11 (2001), 413.

[79]Vgl. VON SCHWABE, PW 4 (1901), 1578.

[80]KOESTERMANN, Annalen 4, 297 (dagegen SCHUNCK, Sterben, 13). So berichtet Tacitus in 60,2 einen Vergiftungsversuch Neros als Tatsache, von dem er in cap. 45 nur mit großer Zurückhaltung erzählt. Offenbar liegen den beiden Stellen unterschiedliche Quellen zugrunde, vgl. QUESTA, Studi, 203. – Tacitus ist sich der Einseitigkeit der Erzählung des Fabius Rusticus durchaus bewusst, wie seine kritische Anmerkung ann. 13,20,2 zeigt.

tion und hat viel Beachtung gefunden. Wie bei Sokrates soll das Sterben konzentrier-
ter Ausdruck der Überzeugung und Lebensführung des sterbenden Philosophen
sein. Seine letzten Worte stellt er bewusst als Vermächtnis hin. Der Textabschnitt
diskreditiert gezielt die Gegner des Protagonisten; deutlicher noch als bei Phokion tritt vorher laut gewordene Kritik am Protagonisten angesichts seines Sterbens
völlig zurück. Dass hier die Tendenz der Quelle durchschlägt, könnte vermutet
werden, ist aber nicht sicher.

3.2.2   Subrius Flavus (ann. 15,67)

Literatur

Text: Römer, Annalium Libri xv–xvi, 104f. Kommentare: Furneaux, Annals 2, 404f.; Koestermann, Annalen 4, 312–315. Einführende Lit. zu Tacitus s. oben S. 132. Zu Subrius Flavus
auch Stein, PW 4 A/1 (1931), 488–489.

Übersetzung

(67,1) Bald wird durch die Anzeige der gleichen (Personen) der Tribun Subrius Flavus
zugrunde gerichtet, der zuerst die Unterschiedlichkeit ihrer Gewohnheiten zu seiner Verteidigung anführte, und dass er als Bewaffneter kein solches Verbrechen zusammen mit
Unbewaffneten und Verweichlichten planen würde; (2) danach, als er in die Enge getrieben wurde, den Ruhm des Geständnisses ergriff. Und als er von Nero befragt wurde, aus
welchen Gründen er zum Vergessen seines Eides gekommen sei, sagte er:»Ich hasste dich!
Und kein Soldat war dir treuer, solange du geliebt zu werden verdientest; (dich) zu hassen,
begann ich, als du als Mörder von Mutter und Ehefrau, als Rennfahrer und Schauspieler
und Brandstifter hervortratest.« (3) Ich habe die Worte im Wortlaut berichtet, weil sie nicht
wie die Senecas veröffentlicht wurden, aber es sich nicht weniger gehörte, dass die unge-
schminkten und mutigen Gedanken eines Soldaten bekannt werden. In jener Verschwörung
kam Nero nichts Schwererwiegendes zu Ohren, der – so wie er geneigt war, Verbrechen zu
begehen – ungewohnt war gesagt zu bekommen, was er begangen hatte. (4) Die Bestrafung
des Flavius wird dem Tribun Veianus Niger aufgetragen. Der befahl, auf dem nächsten
Acker eine Grube auszuheben, die Flavus als (zu) niedrig und schmal verhöhnte, und den
umstehenden Soldaten rief er zu:»Nicht einmal das nach der Dienstvorschrift!« Aufgefordert, er möge tüchtig den Nacken vorstrecken, sagte er:»Schlag du nur genauso tüchtig
zu!«. Und nachdem jener, stark zitternd, mit kaum zwei Schlägen seinen Kopf abgehauen
hatte, prahlte er mit (dieser) Grausamkeit vor Nero mit den Worten, er sei mit eineinhalb
Schlägen von ihm getötet worden.

Auslegung

textoberfläche   Wie die Erzählung vom Tod Senecas steht dieser Text im Zusammenhang der Aufdeckung und Ahndung der pisonischen Verschwörung. Der Tod

des Centurio Subrius Flavus und der direkt folgende des Sulpicius Asper wird gerahmt vom feigen Verhalten ihres Vorgesetzten Faenius Rufus.[81]

Der Text ist trotz seiner Kürze durchaus komplex und auf mehreren Ebenen erzählt: Der externe Erzähler – der auch kommentierend in Erscheinung tritt – macht in 67,2 kurz Flavus als akteurgebundenem Erzähler Platz, dessen Erzählung auf die Vergangenheit zurückblickt. Neben dem externen Fokalisator treten Flavus und Veianus Niger als akteurgebundene Fokalisatoren auf. Wieder dient die indirekte Rede dazu, die verschiedenen Erzählebenen zu vermischen. Mit 67,3 ist auch ein nicht narrativer Abschnitt eingebunden, in dem das Geschehen kommentiert und beurteilt wird. Dieser Paragraph bezieht sich ausdrücklich zurück auf die letzten Worte Senecas, die nach Tacitus' Angabe anderswo veröffentlicht wurden (63,3).[82]

Formal fällt auf, dass der Text von der wörtlichen Rede des Protagonisten dominiert wird, während die Worte seine Widersacher stets nur in indirekter Rede berichtet werden. Erzähltempus ist fast immer die Vergangenheit. Großer Wert wird auf die Wiedergabe von *ultima verba* gelegt (so ausdrücklich in 67,3).

SINNGEBUNG Die externe Fokalisation nimmt die Partei des Protagonisten ein. In 67,3 bestärkt der externe Fokalisator ganz ausdrücklich die Richtigkeit der Perspektive des Fokalisators Flavus; dagegen korrigiert er in 67,4 die Perspektive des Fokalisators Veianus Niger. Dem Leser wird also deutlich gemacht, welche Sicht der Dinge angemessen sei.

Die Gestaltung der Charaktere betont bei Flavus ganz sein Soldatenethos: Er ist korrekt, zuverlässig, direkt. Sowohl seine eigenen Äußerungen als auch die Kommentierung des Erzählers heben das hervor. Dagegen wird bei seinem Kollegen Veianus Niger die Grausamkeit explizit vom Erzähler kritisiert (67,4). Für Nero – von dem ja andernorts ein ausführliches Charakterbild gezeichnet wird – bleibt hier nur eine ironische Bemerkung über die Feigheit vor seinen eigenen Taten (67,3).

Das leitende Motiv ist die Entsprechung zwischen Lebensführung und Sterben des Protagonisten. Wie bei Seneca korrespondiert die Art seines Todes genau mit der Art seines Lebens, hier nicht als Philosoph, sondern als Soldat. Das Ethos des *militaris vir* wird in 67,3 extra betont. Als geprägtes Motiv muss auch die Grausamkeit des Todes angesehen werden, die hier durch die inkompetente Enthauptung verursacht wird.

In 67,2f. finden sich zuerst ein Rückblick (»(dich) zu hassen, begann ich«[83]), dann ein Vorausblick (»In jener Verschwörung kam Nero nichts Schwererwiegendes zu Ohren«[84]). Beide dienen der Sinngebung: Der Rückblick dient der Rechtfertigung

---

[81]Vgl. KOESTERMANN, Annalen 4, 312.

[82]67,3 ist nicht so verstehen, als sollten die letzten Worte Senecas abgewertet werden, vgl. a. a. O., 314.

[83]*Odisse coepi* (67,2).

[84]*Nihil in illa coniuratione gravius auribus Neronis accidisse constitit* (67,3).

von Flavus' Verhalten – das wird vom Erzähler ausdrücklich unterstützt –, der Vorausblick der Einordung und Bewertung dieser Rechtfertigung durch den Erzähler. Träger der Sinngebung sind also gleichermaßen die Rede des Protagonisten wie die Kommentare und Beschreibungen des Erzählers. Beide deuten in die gleiche Richtung: »Tacitus ist fasziniert von der Persönlichkeit des Subrius Flavus und schildert mit größter innerer Anteilnahme seine auch durch den Tod bewiesene *constantia* [...] als einen Vorgang von exemplarischer Bedeutung.«[85]

EREIGNISBEZUG   Folgende Ereignisse werden erzählt: Scaevinus und Proculus zeigen Flavus an. Er leugnet, wird bedrängt und gesteht dann seine Teilnahme an der Verschwörung. Nero befragt ihn, er antwortet. Veianus Niger erhält den Auftrag ihn hinzurichten, lässt eine Grube graben, die Flavus kritisiert. Veianus Niger enthauptet ihn und erzählt es Nero. Die Bestattung selbst wird nicht erzählt.

Aus welcher Quelle wusste Tacitus von diesem Vorgang? Koestermann vermutet hinter dem Text die gleiche Quelle wie hinter dem Bericht des Dio Cassius.[86] Dagegen war Marx überzeugt: »Zweifellos schöpft Tacitus dabei aus unveröffentlichten Aufzeichnungen oder mündlichen Mitteilungen – doch wohl von Freunden des Getöteten.«[87] Auch Furneaux plädierte für »some private or otherwise little known written archive«.[88] Die Herkunft aus einer solchen Sonderquelle ist m. E. durchaus plausibel.

FAZIT   Deutlich wird vor allem Tacitus' Interesse an bemerkenswerten letzten Worten, die mit einiger Wahrscheinlichkeit verschiedenen Sonderquellen entnimmt. Die *ultima verba* werden hier überliefert, weil sie ein spezifisch soldatisch-römisches Ethos ausdrücken. In diesem Ethos liegt bei Subrius Flavus der besondere Zusammenhang von Leben und Sterben, der als erinnernswert hervorgehoben wird.

3.2.3   Annaeus Lucanus (ann. 15,70,1)

Literatur

Text: RÖMER, Annalium Libri XV–XVI, 109. Kommentare: FURNEAUX, Annals 2, 407f.; KOESTERMANN, Annalen 4, 319f. Einführende Lit. zu Tacitus s. oben S. 132. Zu Lucanus: MARX, PW 1/2 (1894), 2226–2236; VESSEY, DNP 7 (1999), 454–457.

Übersetzung

(70,1) Danach befiehlt er die Ermordung des Annaeus Lucanus. Als sein Blut herausfloss, merkte der, wie seine Füße und Hände kalt wurden und allmählich von außen das Leben

---

[85]KOESTERMANN, Annalen 4, 314.
[86]A. a. O., 313.
[87]MARX, Tacitus, 93.
[88]FURNEAUX, Annals 2, 405.

wich – während seine Brust (noch) warm und bei Bewusstsein war –, erinnerte sich an ein von ihm selbst verfasstes Gedicht, in dem er erzählte, ein verwundeter Soldat sei durch einen ähnlichen Tod gestorben, trug eben diese Verse vor, und das war seine letzte Äußerung.

Auslegung

TEXTOBERFLÄCHE Kurz vor dem Schluss des 15. Annalenbuches steht der Tod des Lucanus immer noch im Zusammenhang der Beseitigung politischer Gegner Neros nach der pisonischen Verschwörung. Voraus geht der erzwungene Suizid des Konsuls Vestinus, es folgt ein Summarium über die übrigen Hinrichtung in der Folge der Verschwörung.

Bei aller Knappheit des Textes besitzt die Erzählung zwei Ebenen. Der Erzähler bleibt extern, die Perspektive dagegen ist als die des Akteurs Lucanus auf einer unteren Ebene angesiedelt. Es gibt keine nicht-narrativen Einschübe.

Der Form nach ist der Text nur ein Satz »von größter Prägnanz und zugleich künstlerischer Geschlossenheit«[89] – reine Erzählung, ohne jegliche wörtliche oder indirekte Rede. Der Kürze des Textes entsprechend, sind keine weiteren Mikrogattungen verarbeitet.

SINNGEBUNG Die Fokalisation in der kurzen Passage bleibt extern, Fokalisator dagegen ist der Akteur Lucanus, er erlaubt dem Leser einen Einblick in seine Körperwahrnehmung. Die leibliche Dimension des Sterbens spielt in den taciteischen Darstellungen allgemein keine unbedeutende Rolle.

Die Darstellung des Charakters des Lucanus beschränkt sich hier völlig auf seine originellen *ultima verba* und seine Körperwahrnehmung; andere Fakten, die zu einer durchaus differenzierten Charakterisierung beitragen könnten (etwa aus 49,3; 56,4; 58,1[90]) werden völlig ausgeblendet.

Die Darstellung ist szenisch; der Vorgang des Adern-Aufschneidens ist ausgelassen. Trotz der Kürze des Satzes ist ein Rückblick eingebaut, nämlich auf die Komposition des Gedichtes.

Wie in den beiden vorigen Texten taucht das Motiv eines Todes auf, der genau zum Leben des Protagonisten passt: Der Dichter und Schriftsteller Lucanus stirbt mit eigenen Versen auf den Lippen. Diese Kongruenz von Leben und Tod zusammen mit der Originalität der *ultima verba* machen das Ereignis berichtenswert.[91]

---

[89]KOESTERMANN, Annalen 4, 320.
[90]Vgl. ebd.
[91]Kurz darauf (70,2) schreibt Tacitus: »Bald starben auch die übrigen Verschwörer, ohne dass eine Tat oder ein Ausspruch zu berichten wäre« – er hat demnach die interessanteren Todesfälle bewusst ausgesucht. Vgl. auch MARX, Tacitus, 94, und ann. 15,67,3, wo Tacitus begründet, warum er die letzten Worte des Subrius Flavus wiedergibt (s. o.).

EREIGNISBEZUG Erzählt wird folgendes: Nero befiehlt den Tod des Lucanus. (Ihm werden die Adern geöffnet, das wird nicht erzählt.) Lucanus spürt seinen Körper kalt werden, erinnert sich an Gedichtverse, zitiert sie (und stirbt).

Auf die Frage, aus welchen Quellen Tacitus diese Information nahm, wird noch zurückzukommen sein.

Lucanus war ein Neffe Senecas und »nach Vergil der namhafteste und einflussreichste Epiker Roms«.[92] Er verfasste die *Pharsalia*, ein Epos über den römischen Bürgerkrieg. Zunächst zum Kreis der Freunde Neros gehörig, entfremdete er sich später von ihm und wurde Parteigänger der stoischen Opposition. Er starb im Alter von 25 Jahren.

FAZIT Der kurze und dichte Todesbericht ist ganz auf die *ultima verba* fokussiert. Interessant ist auch der Einblick in die Körperwahrnehmung des Sterbenden, den die Erzählung ermöglicht.

3.2.4 Petronius (ann. 16,18f.)

Literatur

Text: RÖMER, Annalium Libri xv–xvi, 142–145. Kommentare: FURNEAUX, Annals 2, 451–453; KOESTERMANN, Annalen 4, 370–375. Einführende Lit. zu Tacitus s. oben S. 132. Zu Petronius: KROLL, PW 19 (1938), 1201–1214; ECK, PW Suppl. 14 (1974), 383; HABERMEHL, DNP 9 (2000), 672–676; RUDICH, Dissidence, 153–158.

Übersetzung

(18,1) Über C. Petronius muss ein wenig weiter ausgeholt werden. Denn der verbrachte den Tag im Schlaf, die Nacht mit den Verpflichtungen und Verbindlichkeiten des Lebens; und wie andere der Fleiß, so brachte ihn die Lässigkeit zu Ruhm, und er wurde nicht für einen Prasser und Verschwender gehalten wie die meisten, die ihren Besitz vertun, sondern für einen Kenner des Luxuslebens. Und seine Worte und Taten wurden, je ausgelassener sie waren und je mehr sie eine gewisse Nachlässigkeit verrieten, umso willkommener als Bild der Einfachheit aufgenommen. (2) Als Prokonsul von Bithynien und bald als Konsul zeigte er sich dennoch tatkräftig und den Aufgaben gewachsen. Danach kehrte er zu den Lastern zurück, oder zur Vortäuschung der Laster, und wurde unter die wenigen Vertrauten Neros aufgenommen, als Schiedsrichter über den guten Geschmack, indem (Nero) nichts für gefällig und für angenehmen Überfluss hält außer dem, was Petronius abgesegnet hatte. (3) Daher kam der Neid des Tigellinus wie gegen einen Konkurrenten und in der Wissenschaft von den Vergnügungen Überlegenen. Also geht er die Grausamkeit des Prinzeps an, welcher seine übrigen Begierden Platz gemacht haben, und legt Petronius die Freundschaft mit Scaevinus zur Last, nachdem er einen Sklaven zur Anzeige bestochen, ihm die Verteidigung entzogen und den Großteil seiner Familie verhaften hatte lassen.

---

[92]MARX, PW 1/2 (1894), 2226.

(19,1) Zufällig reiste der Kaiser in jenen Tagen nach Campanien, und der bis nach Cumae nachgereiste Petronius wurde dort festgehalten. Er ertrug keine weitere Verzögerung von Angst oder Hoffnung, (2) und trotzdem warf er nicht Hals über Kopf sein Leben von sich, sondern ließ sich die aufgeschnittenen Adern nach Belieben verbinden und wieder öffnen, und unterhielt sich mit Freunden, aber nicht über Ernsthaftes, oder etwas, womit er dauernden Ruhm angestrebt hätte. Und er hörte Schauspieler vortragen, nichts über die Unsterblichkeit der Seele oder die Lehren der Philosophen, sondern seichte Lieder und einfache Verse. Von den Sklaven bedachte er die einen mit Großzügigkeit, die anderen mit Schlägen. Er ging zum Essen, legte sich schlafen, damit der wiewohl erzwungene Tod einem zufälligen ähnlich sei. (3) Jedoch schmeichelte er in seinem Testament nicht – wie die meisten Lebenden – Nero oder Tigellinus oder einem anderen von den Mächtigen, sondern schrieb die Schandtaten des Prinzeps mit den Namen der Lustknaben und Frauen und die Nachrichten von einer jeder Unzucht genau auf, und schickte sie versiegelt an Nero. Und er zerbrach den Siegelring, damit er nicht zu einer Anklage dienen konnte.

Auslegung

TEXTOBERFLÄCHE   Das 16. Annalenbuch wird – nach Poppaeas Bestattung in Kap. 7 – geprägt von einer Reihe von Morden und Verbannungen, die durch Neros Neid oder Angst oder durch Intrigen motiviert sind. Tacitus beklagt in Kap. 16 ausdrücklich die Entsetzlichkeit dieser Mordserie. Nach Petronius' Tod geht die Reihe noch weiter, bis Buch 16 mitten in Kap. 35 abbricht.

In seiner Erzählstruktur ist der Text geschlossener als die Erzählungen vom Tod des Seneca, Subrius Flavus und Thrasea. Es gibt keine Wechsel beim Erzähler und Fokalisator, die Erzählperspektive ist deutlicher aus einem Guss. Auch die große Rückblende in 18,1f. bedingt keinen Wechsel der Erzählebene; es gibt keine nicht-narrativen Passagen.

Die Form zeigt Ähnlichkeiten zum Bericht vom Tod des Lucanus (s. o.), aber Unterschiede zu den Erzählungen über Seneca, Subrius Flavus und Thrasea. Der in der Vergangenheit erzählte Text enthält weder wörtliche noch indirekte Rede, sondern nur knappe Zusammenfassungen des Gesagten (und entspricht darin dem Tod des Lucanus in 15,70,1). Besonders geprägte Kleingattungen fehlen ebenfalls. Erzählt wird vom Abend des Todes, aber nicht über den Tod selbst oder das Begräbnis. Angesichts dieser Beobachtungen fällt es schwer, die vorliegende Erzählung der gleichen Gattung zuzuweisen wie etwa die vom Tod Senecas.[93]

SINNGEBUNG   Der durchweg externe Fokalisator sieht das Geschehen durch eine eher konventionelle Brille. Nur so kann deutlich werden, wie originell Petronius' Verhalten eigentlich ist. Erst aus einer konventionellen Perspektive wird die Ausnahme berichtenswert. – Der Erzähler erlaubt auch einen kurzen Einblick in die Gefühlswelt des Petronius: »Er ertrug keine weitere Verzögerung von Angst oder

---

[93]Gegen MARX, Tacitus, 83–103. Vgl. auch u. S. 154.

Hoffnung«.[94] Das differenziert etwas das Bild von Petronius' scheinbarer Gelassenheit angesichts des bevorstehenden Todes.

Petronius wird als in jeder Hinsicht exzentrisch gezeichnet.[95] Mittel dieser Charakterisierung ist eine ausführliche Beschreibung in der langen Rückblende 18,1f. und Petronius Verhalten in der Todesstunde – stets aus der eher konventionellen Perspektive des Erzählers. Dabei lässt der Erzähler erkennen, dass Petronius eine »gebrochene Persönlichkeit«[96] ist: Er zeigt sich durchaus als tatkräftig, wenn es von ihm verlangt wird. Auch der Einblick in Petronius' nur scheinbare Gelassenheit (s. o.) differenziert das Charakterbild.[97]

Obwohl das Motiv des vorbildlichen Lebenswandels gerade fehlt, passt auch hier wieder der Tod genau zur Lebensführung des Protagonisten: Er entzieht sich den gesellschaftlichen Konventionen. Das letzte Gespräch mit den Freunden und das Testament des Todgeweihten sind beide häufig wiederkehrende Topoi einer letzten Szene. Auch sie werden im Fall des Petronius originell ihrer konventionellen Bedeutung beraubt.[98]

Der Blick auf die Zeitverhältnisse zeigt, dass die Erzählung zum Ende hin immer gedehnter wird, die Zeiträume werden immer kürzer: Sie beginnen mit Petronius' ganzer Vorgeschichte, gehen über sein Konsulat und die Zeit bei Nero – das sind einige Jahre – weiter zu Tigellinus' Intrige, zu Petronius Reise, seinem letzten Abend und dem Moment der Testamentserstellung. Diese kunstvolle, gleichmäßige Steigerung zielt auf den entscheidenden Moment, den Tod, der aber nicht mehr berichtet wird.

EREIGNISBEZUG   Die Fabula beginnt mit Petronius' legerem und extravagantem Lebenswandel, bis er Prokonsul und Konsul wird. Er wird dann in Neros Kreis aufgenommen.[99] Tigellinus wird neidisch auf ihn und arrangiert einen Prozess gegen ihn. Nero reist nach Campanien, Petronius bis Cumae hinterher. Dort schneidet er sich die Adern auf, lässt sie sich verbinden und öffnen, spricht mit Freunden, hört Darbietungen, macht sein Testament, schickt es Nero und zerbricht den Siegelring (und stirbt).

---

[94] *Nec tulit ultra timoris aut spei moras* (19,1).

[95] Das Einmalige am Tod des Petronius ist nicht die Entspanntheit, mit der er seine letzten Dinge regelt – das findet sich z. B. auch beim Tod des Valerius Asiaticus (ann. 11,3) –, sondern die ironische Art und Weise, in der die traditionellen Motive umgestaltet werden.

[96] KOESTERMANN, Annalen 4, 372.

[97] Rudich hält gerade das differenzierte Charakterbild für authentisch: »the accumulation of contrasts produces a result both psychologically coherent and credible«, RUDICH, Dissidence, 153.

[98] Über die individuelle Gestaltung konventioneller Topoi vgl. auch ebd.: »This character study happily combines the typical with the individual«.

[99] Wenig plausibel erscheint mir Rudichs Vermutung A. a. O., 154f.: Petronius habe sich am Hof eingeschlichen, um sich zum ironischen Beobachter der kaiserlichen Schandtaten zu machen und sie bei Gelegenheit literarisch bloßzustellen. Rudich konstruiert hier einen Dissidenten aus Petronius, was durch die erhaltenen Quellen kaum gedeckt sein dürfte.

Bei der Person des Petronius handelt es sich um den Schriftsteller P. Petronius Arbiter, Autor der *Satyrica*, der identisch sein dürfte mit dem Konsul des Jahres 62 P. Petronius Niger.[100] Das im Text überlieferte Praenomen »C.« (Gaius) ist falsch. Traditionell wurde »T.« (Titus) für das Praenomen des Petronius gehalten,[101] dagegen ist »P.« (Publius) inschriftlich belegt.[102]

Auch hinter diesem Text vermutete Marx eine Sonderquelle der Gattung *exitus illustrium virorum*. Die Gestaltungsmittel des Textes unterscheiden sich aber deutlich von anderen Texten, die Marx für diese Gattung anführt. Auf das Problem wird zurückzukommen sein. Während Marx annahm, Tacitus habe sich gegen die positive Darstellung der ihm vorliegenden Quelle geradezu wehren müssen,[103] will Koestermann seinen Respekt für den Protagonisten erkennen:

> Tacitus ist ohne Zweifel fasziniert von dem einmaligen Schauspiel, dem er seinen Respekt nicht versagen konnte. In seinen Augen gab es verschiedene Möglichkeiten, dem Tod mit Anstand ins Auge zu sehen. Er zollt seine Anerkennung nicht minder Männern wie Seneca und Thrasea Paetus, die als stoische Philosophen in geistiger Auseinandersetzung mit tiefsten Menschheitsproblemen starben [. . .], wie den Offizieren, die mit unprätentiöser Tapferkeit ihr Schicksal auf sich nahmen [. . .], wie Silanus und Ostorius, die ihren Heroismus durch die Tat bewiesen [. . .], wie endlich auch Petron, obwohl er persönlich kaum einen Zugang zu dessen wertfreiem, aber kultivierten Epikuräertum hatte.[104]

FAZIT Tacitus' Interesse an besonderen Todesfällen findet in Petronius' ironischer Inszenierung seines eigenen Todes einen idealen Stoff. Auf unkonventionelle Weise passen wieder Leben und Sterben zusammen. Der Textabschnitt ist geschlossener in seiner Erzählstruktur und differenzierter in seiner Charakterzeichnung als die Berichte von Seneca und Subrius Flavus.

3.2.5 Thrasea Paetus, Barea Soranus und Servilia (ann. 16,21–35)

Literatur

Text: RÖMER, Annalium Libri xv–xvi, 146–165. Kommentare: FURNEAUX, Annals 2, 453–472; KOESTERMANN, Annalen 4, 376–410. Einführende Lit. zu Tacitus s. oben S. 132. Zu Thrasea:

---

[100]Vgl. HABERMEHL, DNP 9 (2000), 672. Pauly-Wissowa führten für den Schriftsteller und den Konsul noch zwei verschiedene Artikel: KROLL, PW 19 (1938), 1201–1214; ECK, PW Suppl. 14 (1974), 383.

[101]So auch sowohl KROLL, PW 19 (1938), 1201, als auch ECK, PW Suppl. 14 (1974), 383.

[102]Vgl. HABERMEHL, DNP 9 (2000), 672.

[103]Vgl. MARX, Tacitus, 91. Ähnlich SCHUNCK, Sterben, 6 Anm. 1.

[104]KOESTERMANN, Annalen 4, 373. Genau umgekehrt versteht GRIFFIN, Seneca, 368, die Darstellungen: Tacitus, dem Stoizismus eher abgeneigt, habe Petronius' Art des Sterbens der des Seneca offensichtlich vorgezogen.

Kunnert, PW 4 (1901), 99–103; Eck, DNP 3 (1997), 41–42; zu Barea: Henze, PW 3 (1899), 12–13; zum Prozess: Rudich, Dissidence, 158–179.

Übersetzung

(21,1) Nachdem so viele ausgezeichnete Männer niedergemetzelt waren, begehrte Nero, die Tugend selbst auszurotten mit dem Mord an Thrasea Paetus und Barea Soranus. Gegen beide war er längst erbittert, wobei als Grund gegen Thrasea noch dazukam, dass er sich aus dem Senat zurückgezogen hatte, als der über Agrippina verhandelt hatte, wie ich erzählt habe, und dass er den Iuvenalien nicht genug sichtbare Bemühung gewidmet hatte; und diese Kränkung saß umso tiefer, weil Thrasea in Patavium, wo er geboren war, bei den vom Troianer Antenor begründeten Fischerspielen gesungen hatte. (2) Auch an dem Tag, als der Prätor Antistius wegen einer gegen Nero verfassten Schmähung zum Tode verurteilt wurde, urteilte er milder und setzte sich damit durch; und als Poppaea göttliche Ehren zugesprochen wurden, war er absichtlich abwesend; bei ihrer Beerdigung war er nicht dabei. (3) Capito Cossutianus sorgte dafür, dass das nicht vergessen wurde, der über sein zu Schandtaten geneigtes Gemüt noch hinaus Thrasea feindsinnig war, weil er sich dessen Autorität beugen musste, als der die kilikischen Gesandten unterstützte, als sie Capito wegen Ausbeutung verhörten.

(22,1) Ja, er warf ihm Folgendes vor: Am Jahresanfang vermeide es Thrasea, den feierlichen Eid zu leisten; beim Ablegen der Gelübde sei er nicht anwesend, obwohl er das Priestertum der Fünfzehn innehabe, er habe nie für das Wohlergehen des Prinzeps oder seine himmlische Stimme geopfert; einst sich fleißig unermüdlich auch den alltäglichen Beschlüssen der Väter als Gönner oder Gegner zeigend, sei er seit drei Jahren nicht mehr in die Kurie gekommen; neulich erst, als man zur Bestrafung von Silanus und Vetus zusammenlief, habe er sich lieber für die privaten Geschäfte seiner Klienten freigenommen. (2) Das sei (an sich) schon eine politische Abspaltung, wenn viele das Gleiche wagten, sei es ein Krieg. »Wie damals über C. Caesar und M. Cato,« sagte er, »redet jetzt die skandalgierige Stadt über dich, Nero, und Thrasea. Und er hat Nachfolger oder besser noch Helfershelfer, die noch nicht der Trotzigkeit seiner Ansichten, aber schon seinem Auftreten und seinem Gesichtsausdruck folgen, streng und traurig, womit sie dir Freizügigkeit vorwerfen. (3) Für diesen einen sind deine Unversehrtheit ohne Belang und deine Künste ohne Ehre. Was dem Prinzeps günstig ist, verwirft er: Wird er auch durch deine Trauer und Schmerzen nicht satt? Der gleichen Gesinnung entspricht es, dass er Poppaea nicht für göttlich hält und nicht auf die Taten des göttlichen Augustus und des göttlichen Iulius schwört. Er verachtet die Gottesfurcht, er macht Gesetze zunichte. Die täglichen Nachrichten des römischen Volkes werden in den Provinzen und in den Heeren recht sorgfältig gelesen, damit man erfahre, was Thrasea *nicht* getan hat. (4) Lasst uns entweder zu diesen Grundsätzen übergehen – wenn sie mächtiger sind –, oder denen, die Neues wollen, werde ihr Anführer und Urheber fortgenommen! Diese Denkweise brachte die Tuberones und Favonii hervor, auch der alten Republik nicht gern gesehene Namen. Um die Staatsgewalt zu stürzen, ziehen sie die Freiheit vor: (5) Wenn sie sie niedergestürzt haben, werden sie die Freiheit selbst angreifen. Du hast Cassius umsonst beseitigt, wenn du die Brutusschüler wachsen und stark werden lässt. Überhaupt brauchst du über Thrasea nichts selbst zu schreiben: Lass den Senat für uns entscheiden!« (6) Nero verstärkt noch das zum Zorn geneigte Gemüt des Cossutianus und gesellt ihm Marcellus Eprius mit seiner scharfen Redegabe dazu.

(23,1) Den Barea Soranus hatte sich schon Ostorius Sabinus, ein römischer Ritter, als Angeklagten erbeten von seinem Prokonsulat in Asien her, in dem er den Ärger des Prinzeps mit seiner Gerechtigkeit und Tatkraft gesteigert hatte, und weil er seine Sorgfalt auf die Öffnung des Hafens von Ephesus verwendet und die Gewalttat der Stadt Pergamon, die verhindert hatte, dass der vom Kaiser freigelassene Akratos Statuen und Bilder ausführte, unbestraft gelassen hatte. Ihm wurde aber seine Freundschaft zu Plautus zum Vorwurf gemacht und der Ehrgeiz, die Provinz zu einem Aufstand zu gewinnen. (2) Für die Verurteilung wurde die Zeit ausgewählt, zu der Tiridates (nach Rom) kam, um die Herrschaft über Armenien zu übernehmen, damit durch Gerüchte über Außenpolitik das Verbrechen im Innern vertuscht würde oder damit (Nero) seine kaiserliche Größe durch den Mord an ausgezeichneten Männern erwiese wie durch eine gleichsam königliche Tat.

(24,1) Als also die ganze Bürgerschaft herausgeströmt war, um den Prinzeps zu empfangen und den König zu sehen, ließ Thrasea – an der Teilnahme gehindert – den Mut nicht sinken, sondern verfasste ein Schreiben an Nero, verlangte die Vorwürfe (zu erfahren) und sicherte zu, sich zu rechtfertigen, wenn er eine Mitteilung der Anschuldigungen und die Gelegenheit zur Widerlegung erhielte. (2) Diesen Brief nahm Nero eilends an, in der Hoffnung, ein erschreckter Thrasea habe etwas geschrieben, womit er die Herrlichkeit des Prinzeps erhöhte und seinen eigenen (guten) Ruf entehrte. Als das nicht in Erfüllung ging und er vor der Miene und dem Stolz und der Freimütigkeit des Schuldlosen obendrein Angst bekam, befiehlt er, die Väter zu rufen.

(25,1) Da beriet Thrasea mit seinen Nächsten, ob er die Verteidigung versuchen oder davon ablassen solle. Verschiedene Ratschläge wurden gemacht. Die davon überzeugt waren, dass er in die Kurie gehen solle, erklärten, sie seien von seiner Standhaftigkeit überzeugt; er würde nichts sagen, was nicht seinen Ruhm mehren würde. (2) Die Langsamen und Ängstlichen umgäben ihr Ende mit Heimlichkeit; das Volk solle einen todgeweihten Mann genau ansehen, der Senat solle übermenschliche Stimmen, gleichsam von einer Gottheit hören: Durch solch ein Wunder könne auch Nero bewegt werden. Wenn er auf seiner Grausamkeit beharrte, würden die Späteren sicher das Gedenken an einen ehrbaren Tod unterscheiden von dem an die, die aus Feigheit in der Stille dahingingen.

(26,1) Die dagegen meinten, er solle zuhause warten, (glaubten) über Thrasea selbst das gleiche, aber dass (ihm) Spott und Schmähungen bevorstünden: Er solle seine Ohren den Vorwürfen und Anschuldigungen entziehen. Nicht nur Cossutianus oder Eprius seien zum Verbrechen gewillt. (2) Es gebe mehr, die vielleicht Tätlichkeiten und Schläge in Unmenschlichkeit wagen würden; auch gute (Menschen) würden (dem) aus Furcht folgen. Er möge lieber vom Senat, den er sehr geziert hatte, die Schmach einer solchen Schandtat fernhalten, und im Ungewissen lassen, was die Väter im Angesicht des Angeklagten Thrasea entschieden hätten. (3) Dass Nero die Scham vor den Schandtaten ergreifen könnte, (hieße,) von nichtiger Hoffnung bewegt zu werden; und viel mehr sei zu fürchten, er werde gegen seine Frau, gegen seine Tochter und gegen seine übrigen Lieben wüten. Deswegen solle er makellos und unbefleckt, unter dem Ruhm der Vorzeichen und Bemühungen, nach denen er sein Leben geführt hatte, sein Ende anstreben. (4) Bei der Beratung war Rusticus Arulenus dabei, ein leidenschaftlicher junger Mann, und aus dem Wunsch, gelobt zu werden, bot er an, dem Senatsbeschluss entgegenzutreten, denn er war Volkstribun. (5) Thrasea dämpfte seinen Mut: Er solle nichts Eitles und für den Angeklagten Nutzloses, für den Einspruch Erhebenden Tödliches anfangen. Er selbst habe sein Leben gelebt, und dass der Verlauf seines Lebens so viele Jahre weitergehe, sei nicht wünschenswert; jener stehe am Anfang seiner Karriere und habe noch unvermindertes (Leben) vor sich. Gründlich solle er vor sich selbst abwägen, welchen Weg in die Politik er in dieser Zeit einschlagen wolle. Im Übrigen behielt er es selbst seiner eigenen Überlegung vor, ob es angemessen sei, in den Senat zu gehen.

(27,1) Aber am nächsten Morgen besetzten zwei bewaffnete prätorische Kohorten den Tempel der Venus Genetrix. Den Senatseingang besetzte ein Kreis von Soldaten in Zivil, ohne seine Schwerter zu verstecken, und über die Foren und Basiliken waren Einheiten von Soldaten verteilt. Unter ihren Blicken und Drohungen betraten die Senatoren die Kurie. Und eine Ansprache des Prinzeps wurde durch seinen Quästor vorgetragen: (2) Ohne jemanden namentlich in die Enge zu treiben, beschuldigte er die Väter, dass sie ihre öffentlichen Verpflichtungen vernachlässigten, und dass durch ihr Beispiel die römischen Ritter zur Nachlässigkeit gebracht würden. Und überhaupt komme keiner aus den auswärtigen Provinzen, weil die meisten, die ein Konsulat oder Priesterämter erreicht haben, lieber sich der Annehmlichkeit ihrer Gärten widmeten. Das griffen die Ankläger auf wie eine Waffe.

(28,1) Und nachdem Cossutianus den Anfang gemacht hatte, rief Marcellus mit noch mehr Kraft, der ganze Staat werde in Aufregung versetzt; durch die Trotzigkeit der Niederen werde die Milde des Regenten gemindert. Die Väter seien bis zu diesem Tag viel zu milde gewesen, die den abtrünnig werdenden Thrasea und seinen Schwiegersohn Helvidius Priscus in dem gleichen Wahnsinn straflos entkommen ließen, zugleich Paconius Agrippinus, der von seinem Vater den Hass auf die Prinzipes geerbt hatte, und Curtius Montanus, der abscheuliche Gedichte fabrizierte. (2) Ihm fehle im Senat ein Konsulare, bei Gelübden ein Priester, bei der Eidesleistung ein Bürger, wenn Thrasea nicht gegen die Einrichtungen und Bräuche der Vorfahren öffentlich die Rolle des Verräters und Feindes eingenommen hätte. Und überhaupt solle er doch den Senator spielen und kommen, um wie gewohnt die Widersacher des Prinzeps zu schützen, er solle vorschlagen, was er verbessern oder verändern wolle: Sie würden leichter einen ertragen, der über einzelnes schimpft, als sie das Schweigen dessen ertrügen, der *alles* verurteilt. (3) Habe jener Missfallen am Frieden auf Erden oder an den Siegen der tadellosen Truppen? Sie sollten nicht einen Menschen, der traurig über die Staatsgüter sei, der Foren, Theater und Tempel für eine Einöde halte, der sein Exil androhe, in den Genuss (der Früchte) seines niederen Ehrgeizes bringen. Ihm gelten weder diese Beschlüsse noch die Behörden der Stadt Rom etwas. Er solle sein Leben von dieser Stadt abschneiden, für die er einst die Sorge, jetzt auch den Blick abgelegt habe.

(29,1) Als damit und mit dergleichen Marcellus, finster und bedrohlich wie er war, mit Stimme, Miene und Augen in Rage griet, (entstand) nicht jene bekannte und an die Häufigkeit der Gefahren schon gewohnte Niedergeschlagenheit des Senates, sondern neue und größere Angst beim Anblick der Hände und Waffen der Soldaten. (2) Zugleich sah man (im Geiste) das ehrwürdige Gesicht Thraseas selbst; und mancher hatte Mitleid mit Helvidius, der für eine harmlose Verwandtschaft büßen würde. Was war Agrippinus vorzuwerfen als das traurige Schicksal seines Vaters, als auch jener unschuldig der Grausamkeit des Tiberius Platz machen musste? Ja sogar Montanus, ein tüchtiger junger Mann, wurde nicht wegen eines berühmten Gedichtes ins Exil getrieben, sondern weil er sein Talent gezeigt hatte.

(30,1) Und inzwischen kommt Ostorius Sabinus herein, der Ankläger von Soranus, und beginnt bei der Freundschaft mit Rubellus Plautus, und dass Soranus sein Prokonsulat in Asien eher auf seinen Ruhm hin angelegt als zum Nutzen der Gemeinschaft geführt habe, wobei er Aufstände in den Ländern gefördert habe. (2) Das sei alt, aber neu, und was seine Tochter in das Verfahren des Vaters verwickelte, (sei,) dass sie für Wahrsager Geld ausgegeben habe. Es war freilich durch die Treue Servilias – denn so hieß das Mädchen – dazu gekommen, die aus Liebe zum Vater, zugleich aus der Unvernunft ihres Alters, freilich nichts anderes angefragt hatte als über die Unversehrtheit ihrer Familie, und ob Nero versöhnlich gestimmt sei, und ob das Verfahren im Senat nicht Schlimmes bringen würde. (3) Also wurde sie in den Senat zitiert, und sie standen getrennt vor dem Tribunal der Konsuln, der alte Vater, gegenüber die Tochter im zwanzigsten Lebensjahr, nachdem kürzlich ihr Ehemann Annius Pollio ins Exil getrieben worden war, verwitwet und verlassen, und sah ihren Vater nicht an, dessen Gefährdung sie verschärft zu haben schien.

(31,1) Als dann der Ankläger fragte, ob sie ihren Hochzeitsschmuck, ob sie ihren Halsreif abgenommen und verkauft hatte, woher sie das Geld genommen habe, um magische Opfer zu machen, da sagte sie – erst auf den Boden ausgestreckt und nach langem Schweigen, dann an den Altar geklammert: »Ich habe keine verruchten Gottheiten und keine Zaubereien, ich habe nichts anderes mit meinen unglücklichen Bitten angerufen, als dass du, Kaiser, und ihr, Väter, diesen besten Vater unversehrt lassen möget. (2) So habe ich Kleider und Ehrenabzeichen gegeben, so wie wenn sie Blut oder Leben gefordert hätten. Diese (Leute), von denen ich vorher nicht wusste, sollen sehen, welchen Ruf sie haben, welche Künste sie ausüben. Ich habe den Prinzeps immer nur unter den Göttern erwähnt. Dennoch, mein ärmster Vater weiß von nichts, und wenn es ein Verbrechen ist, habe nur ich mich schuldig gemacht.«

(32,1) Soranus hört bis dahin die Worte der Sprechenden und ruft, sie sei nicht mit ihm in die Provinz gereist, könne wegen ihres Alters Plautus nicht kennen, sei in die Verbrechen ihres Ehemannes nicht verwickelt: Sie sollten die einer zu großen Treue Angeklagte gesondert beurteilen; und er selbst würde jedwedes Schicksal auf sich nehmen. Zugleich lief er der ihm entgegen kommenden Tochter in die Arme, doch die Liktoren traten dazwischen und stellten sich beiden in den Weg. (2) Bald wurde den Zeugen der Platz gegeben; und wieviel Mitleid die Grausamkeit der Anklage erregt hatte, soviel Ärger veranlasste der Zeuge P. Egnatius. (3) Der war ein Klient des Soranus, und dann gekauft, seinen Freund in die Enge zu treiben, trug er die Autorität der stoischen Schule zur Schau: geübt, mit Haltung und Mund den Eindruck eines ehrbaren (Mannes) zu machen, im übrigen perfide, hinterhältig, seine Gier und Willkür verbergend; als Geld dieses offengelegt hatte, gab er ein Beispiel, dass man sich denen, die sich falsch den Anschein der schönen Künste geben und Freundschaft vortäuschen, genauso hüten muss, wie vor denen, die in Betrug verwickelt oder mit Schandtaten befleckt sind.

(33,1) Der gleiche Tag brachte aber noch das ehrenhafte Beispiel des Cassius Asclepiodotus, der durch die Größe seines Reichtums unter den Bithyniern etwas Besonderes war; er hatte mit seiner Unterstützung den erfolgreichen Soranus gepriesen, er verließ ihn nicht, als er schwankte, und (wurde dafür) seines ganzen Vermögens entkleidet und ins Exil getrieben, durch die Gleichgültigkeit der Götter in Hinblick auf gute und schlechte Beispiele. (2) Thrasea, Soranus und Servilia wurde die freie Wahl der Todesart gewährt; Helvidius und Paconius aus Italien verbannt; Montanus wurde seinem Vater zuliebe begnadigt unter der Auflage, dass er nicht in die Politik gehen dürfe. Den Anklägern Eprius und Cossutianus wurden je fünf Millionen Sesterzen, Ostorius eine Million zweihunderttausend und die Quästurabzeichen bewilligt.

(34,1) Zu Thrasea, der sich im Garten aufhielt, wurde dann – als es schon Abend wurde – der Quästor des Konsuls geschickt. Er hatte häufige Zusammenkünfte bekannter Männer und Frauen veranstaltet (und war diesmal) besonders gespannt auf Demetrius, einen Lehrer der kynischen Lehre, bei dem er, wie man aus der Anspannung seiner Miene und aus dem Mitgehörten erschließen konnte, wenn sie etwas deutlicher aussprachen, über die Natur der Seele und die Trennung von Geist und Leib nachfragte, bis Domitius Caecilianus, einer seiner engsten Freunde, kam und ihm darlegte, was der Senat beschlossen hatte. (2) Also fordert Thrasea die weinenden und klagenden Anwesenden auf, eilig aufzubrechen und nicht ihre Gefährdung mit dem Geschick des Verurteilten zu verbinden, und er ermahnte (seine Frau) Arria, die dem Ende ihres Ehemannes und dem Beispiel ihrer Mutter Arria folgen wollte, ihr Leben zu behalten und der gemeinsamen Tochter nicht die einzige Unterstützung zu entziehen.

(35,1) Dann geht er in die Porticus und wird dort vom Quästor angetroffen, fröhlich, weil er erfahren hatte, dass sein Schwiegersohn Helvidius nur aus Italien verbannt wurde. Nach der anschließenden Annahme des Senatsurteils bringt er Helvidius und Demetrius in ein Zimmer; und nachdem er die Adern beider Arme ausgestreckt und Blut ausgegossen und über den Boden verspritzt hatte, rief er den Quästor näher heran und sagte:»Wir wollen dem Jupiter Liberator opfern. Schau her, junger Mann – die Götter sollen es freilich nicht zu einem (schlechten) Vorzeichen werden lassen. Du bist übrigens in solche Zeiten geboren, in denen es hilfreich ist, seinen Mut mit standhaften Beispielen zu stärken.« (2) Als ihm nachher die Langsamkeit des Todes schwere Qualen brachte, wandte er ⟨die Augen?⟩ an Demetrius [Der Text bricht hier ab.]

Auslegung

TEXTOBERFLÄCHE   Auf Petronius' Testament hin (19,3) werden noch eine Geliebte des Kaisers exiliert (20,1) und Minucius Thermus, ein Freund des Petronius, in einem Majestätsprozess getötet (20,2). Daran schließt das Ende von Thrasea Paetus und Barea Soranus an, das bis zum Abbruch von Buch 16 in Kap. 35 reicht und damit die längste Todesdarstellung in den ganzen Annalen ist.[105]

Insgesamt weist Text eine hohe Geschlossenheit auf; zwar wechselt mit dem Sprecher der auch der Fokalisator, und Ebenen werden mittels indirekter Rede vermischt, doch die Zahl der wechselnden Ebenen hält sich in Grenzen. In Erzählkomplexität passt der vorliegende Text eher zu den Berichten von Seneca und Subrius Flavus als zu denen von Lucanus und Petronius: Mit den wechselnden Sprechern werden unterschiedliche Erzählebenen eingebracht (und auch mittels *oratio obliqua* vermischt). Der Erzähler ist nicht am Geschehen selbst beteiligt (extern). Er gibt kaum Einblicke in die Gedanken und Gefühle seiner Akteure, d. h. er gibt vor allem diejenigen Äußerungen der Akteure wieder, die auch für andere Akteure der Erzählung wahrnehmbar sind. Fast alle Rede in dem vorliegenden Text ist

---

[105]Vgl. KOESTERMANN, Annalen 4, 377.

symbouleutisch-argumentierend oder juridisch argumentierend, und damit nicht narrativ.

In diesen sehr ausführlichen Text sind zahlreiche kleinere Gattungen eingebunden, vor allem *Reden:* Capitos Rede (Kap. 22) geht von einer dikanischen (Anklage-) in eine symbouleutische (politisch beratende) Rede über[106] – durchaus passend, denn es handelt sich um einen politischen Prozess. Symbouleutische Reden liegen auch in Thraseas privater Beratung (24,1–26,5) vor. Bei der Anklagerede vor dem Senat (Kap. 28) und Servilias Verteidigungsrede (31,1f.) handelt es sich um dikanische Reden. Eine typische, auch in diesem Text auftauchende Kleingattung sind die *ultima verba* (35,1), die hier wohl unvollständig erhalten sind. – Diese sind eingebunden in einen geschlossenen narrativen Zusammenhang mit mehreren Szenen, in denen Tacitus reichlich seine erzählerische Meisterschaft entfaltet.

SINNGEBUNG Der Blick auf die Fokalisation zeigt, dass die Perspektiven der verschiedenen Sprecher, ihre Erfassung der Situation, in der Argumentation ihrer Reden zur Sprache gebracht und dramatisch konfrontiert wird. Dabei ist der Erzähler keineswegs neutral. Als externer Fokalisator diskreditiert er die Gegner von Thrasea Paetus und Barea Soranus, indem ihre Motive als unlauter entlarvt werden. Als einziger der Protagonisten tritt Thrasea nicht mit einer eigenen Rede in Erscheinung. Seine Perspektive wird stattdessen durch Äußerungen des Erzählers repräsentiert.

Bei der Gestaltung der Charaktere der Hauptpersonen wurde kein Wert auf ›gebrochene‹ oder vielschichtige Persönlichkeiten gelegt. Anders als etwa Petronius (s. o.) sind hier die Akteure auf berechenbare Weise entweder aufrecht, besonnen, rücksichtsvoll und »die Tugend selbst« (21,1) oder aber »zu Schandtaten geneigt« (21,3), kaltblütig, unsachlich und nachtragend. Auch der falsche Zeuge P. Egnatius wird mit einem vernichtenden Kommentar bedacht (32,3).[107] Der scharf herausge-

---

[106]Die Rede Kap. 22 beginnt mit konkreten Anschuldigungen und Invektiven gegen Thrasea (dazu passt auch die rhetorische Frage in 22,3, vgl. BERGER, Gattungen, 1281–1287), leitet aber über zum beratenden Genus, so ganz deutlich »Lasst uns entweder zu diesen Grundsätzen übergehen . . . « (*aut transeamus ad illa instituta,* 22,4).

[107]Die Hauptcharaktere im einzelnen: Die bei weitem umfassendste Charakterisierung erhält *Thrasea.* Er wird durch den Rückblick auf seine früheren Taten (Kap. 21), die Reden zweier Gegner und seiner Freunde, durch eigene Äußerungen sowie durch Erzählerkommentare und Beschreibungen charakterisiert. Er erweist sich als ehrenhaft und aufrecht, rücksichtsvoll und stoisch gelassen. *Barea Soranus* wird ebenfalls durch einen Rückblick auf seine früheren Taten (Kap. 23) und die Rede seines Gegners sowie durch eine kurze eigene Rede (32,1) und Kommentare charakterisiert. Auch er erweist sich als tugendhaft, seiner Tochter gegenüber liebevoll. Die Anschuldigungen gegen ihn werden durch den Erzähler relativiert. *Servilia* gewinnt Gestalt durch den Rückblick auf ihre Tat, durch ihre Rede und durch die Beschreibung des Erzählers. Sie wird als emotional, treu und verlässlich und etwas naiv gezeichnet. – *Capito Cossutianus* wird charakterisiert über den Rückblick auf sein Verhältnis zu Thrasea, die Argumentation seiner Rede und die Kommentare des Erzählers. Er ist »zu Schandtaten geneigt« (21,3), hinterhältig und nachtragend. *Ostorius Sabinus* bleibt relativ farblos: Knappe Beschreibungen und sein Verhalten beim Verhör zeigen einen kaltblütigen römischen Ritter. *Eprius Marcellus* wird durch Beschreibungen (22,6; 29,1) und seine Rede (Kap. 28) charakterisiert. Er erweist sich als finster und als scharfer, aber unsachlicher Redner. *Nero* gewinnt hier schließlich vor

arbeitete Kontrast zwischen Gut und Böse, zwischen Tyrann und Opfer wird zu den charakteristischen Merkmalen der *exitus*-Literatur gerechnet.[108]

Der umfangreiche Text enthält eine Reihe geprägter Motive und Vorstellungen. Dazu gehört, dass der Protagonist mutig und offen seinen Gegner anspricht (hier brieflich, 24,1) und dass sein Tod zu seiner Lebensführung passen soll (26,3; dieses Motiv findet sich in allen besprochenen Tacitus-Passagen). – Motive bei der Gestaltung des Gerichtsverfahrens und des Todes sind zunächst die Rechtsbeugung in all ihren Facetten (etwa nachtragende Ankläger, Bedrohung des Senats durch Truppen, falsche Zeugen), dann ein Frömmigkeitserweis des Protagonisten kurz vor seinem Tod (hier eine Libation für Jupiter Liberator, 35,1[109]) sowie die Todesqualen, die mit dem Verbluten einhergehen.[110]

Zu den Zeitstrukturen: Die eigentliche Todesszene ist bis zum Ende aufgeschoben.[111] In die im Ganzen szenische Erzählung sind drei summarische Rückblenden eingeschaltet (21,1–3; 23,1; 30,2), die die Taten der Protagonisten in der Vergangenheit erzählen und damit den Hass der Widersacher zu begründen suchen. Durch seine Darstellung in diesen Rückblenden relativiert zugleich der Erzähler die Schuldzuweisungen, z. B.: »von seinem Prokonsulat in Asien her, in dem er den Ärger des Prinzeps mit seiner Gerechtigkeit und Tatkraft vermehrt hatte« (23,1), oder: »es war freilich durch die Treue Servilias [. . .] dazu gekommen« (30,2).

Träger der Sinngebung sind alle Elemente des Textes. Überall mit Deutungen aufgeladen, zielt die Geschichte vor allem auf eines: die Verherrlichung ihrer Protagonisten und die Diskreditierung ihrer Widersacher. In eindrücklichen Stimmungsbildern fällt zugleich ein ungünstiges Urteil über die politische Lage unter der Regierung Neros und über die Haltung des Senats. Bemerkenswert ist besonders Tacitus' kurzer, resignierter Kommentar über »die Gleichgültigkeit der Götter in Hinblick auf gute und schlechte Beispiele« (33,1). Das Entsetzen über die erzählten Ereignisse ist hier kaum verhüllt, auch wenn der Text danach wieder ganz sachlich mit der Urteilsverkündigung fortfährt.

EREIGNISBEZUG Die umfangreichen Ereignisse, die der vorliegende Text erzählt, lassen sich in folgender vereinfachten Übersicht zusammenstellen:

Tabelle 3.1: Übersicht ann. 16,21–35

Kap.	Ereignisse
21	Rückblende auf Thraseas Taten. Nero und Capito planen den Prozess.

. . .

allem in seinen Beschlüssen (21,1; 22,6) und in seiner Reaktion auf Thraseas Brief (24,2) Gestalt als hemmungsloser, eitler und zugleich ängstlicher Willkürherrscher.

[108]Vgl. MARX, Tacitus, 98; QUESTA, Studi, 241.

[109]Der Anklang an Pl. Phd. 117 b und Tac. ann. 15,64,4 ist offensichtlich.

[110]Die Deutung dieser Qualen in der vermutlich folgenden Rede ist uns leider nicht überliefert.

[111]Für Tacitus' »sehr überlegte ›Aufspartechnik‹« ist es auch charakteristisch, dass in den Kapiteln vor dem Thrasea-Prozess nirgends von Thrasea die Rede ist, vgl. KOESTERMANN, Annalen 4, 377.

Kap.	Ereignisse
22	Capito hält eine Rede gegen Thrasea. Nero akzeptiert seinen Plan.
23	Rückblende auf Barea Soranus' Taten. Nero setzt den Prozesstermin fest.
24	Tiridates kommt nach Rom. Thrasea wird vom Empfang abgewiesen und schreibt einen Brief an Nero. Nero nimmt den Brief an und eröffnet den Prozess.
25	Thraseas Rat: Freunde raten zur Verteidigung.
26	Thraseas Rat: Freunde raten gegen die Verteidigung. Thrasea weist Rusticus' Verteidigungsangebot zurück.
27	Militär besetzt die Umgebung der Kurie. Die Sitzung beginnt mit der Rede des Prinzeps.
28	Capito und Marcellus halten Reden.
29	Die Stimmung im Senat.
30	Ostorius erhebt Vorwürfe gegen Barea Soranus und Servilia. Servilia wird in den Senat zitiert.
31	Servilia verteidigt sich.
32	Barea Soranus antwortet. Die Liktoren hindern Barea und Servilia an einer Umarmung. Ein falscher Zeuge tritt auf.
33	Ein ehrlicher Zeuge tritt auf. Das Urteil wird gefällt.
34	Thrasea spricht mit Freunden und dem Philosophen Demetrius. Er erfährt das Urteil und schickt die Gäste heim.
35	Thrasea nimmt das Urteil entgegen. Er schneidet sich die Adern auf, versprengt Blut als Libation und spricht mit dem Quästor.

Woher wusste Tacitus von diesen Ereignissen? Die Nennung von Arulenus Rusticus (26,4) dürfte ein Hinweis darauf sein, dass Tacitus die von Rusticus verfasste Biographie Thraseas als Quelle verwendet hat.[112] Questa hat wahrscheinlich gemacht, dass Tacitus im Wechsel mit dieser Biographie eine Quelle der Gattung *exitus illustrium virorum* benutzt hat.[113] Als hauptsächliches Kriterium zur Quellenscheidung dient ihm der scharfte Tyrann-Opfer-Kontrast der *exitus,* der in einigen Passagen des vorliegenden Textes besonders deutlich hervortritt. So erklärt sich auch, dass Tacitus mehr Informationen über Thrasea bringt als über Barea Soranus: »il materiale sovrabbondava.«[114] Die Informationen über letzteren mögen aus einer vergleichbaren Sonderquelle stammen. Vielleicht genügt es für die Barea-Passagen aber auch anzunehmen, der Historiker habe die ihm als eine seiner Hauptquellen vorliegenden Senatsakten erzählerisch ausgestaltet.[115]

Über Barea Soranus ist über das bei Tacitus Überlieferte hinaus nicht viel bekannt.[116] P. Clodius Thrasea Paetus war ein stoisch geprägter Politiker und nach Kunnert »das Haupt der aristokratisch-republikanischen Opposition, der sei Cato bestehenden Tradition folgend«[117] – so zog er sich den Hass Neros zu. Tatsächlich

---

[112]Vgl. a. a. O., 390. Die Existenz dieser Biographie wird durch Tac. Agr. 2,1 belegt; Arulenus Rusticus musste dafür unter Domitian sterben, vgl. KROLL, PW 10 (1919), 1084. Die Abfassung des Werkes wurde von QUESTA, Studi, 181, in die Jahre 75 bis 77 datiert.

[113]Vgl. a. a. O., 244f.

[114]A. a. O., 246.

[115]So könnte etwa Servilias Rede aus den Senatsakten abgeleitet sein, vgl. RUDICH, Dissidence, 161.

[116]Vgl. HENZE, PW 3 (1899), 12f.

[117]Vgl. KUNNERT, PW 4 (1901), 101.

macht er den Eindruck eines moderaten Stoikers, der zuerst einem traditionell-römischen, senatorischen Ethos verpflichtet ist.[118]

F. A. Marx[119] hatte wie Ronconi[120] angenommen, der Text sei – wie beispielsweise auch der vom Tod Senecas – von der Topik der Gattung *exitus* maßgeblich geprägt.[121] So sei etwa die Libation vor dem Tod nur ein literarisches Motiv, das den Protagonisten an Sokrates annähern solle.[122] Dagegen halten Questa, Koestermann und Griffin[123] an der Möglichkeit fest, Seneca und Thrasea hätten als stoische Philosophen bewusst ihr Lebensende im Anklang an Vorbilder wie Sokrates – die ja aus der Literatur bekannt waren – gestaltet. Beide Möglichkeiten beanspruchen eine gewisse Plausibilität; ein abschließendes Urteil ist hier nicht zu fällen.

FAZIT Die lange und inhaltsreiche Erzählung nimmt einen großen Teil des letzten Annalenbuches ein. In seiner Erzählstruktur passt die Passage eher zu den Berichten über Seneca und Subrius Flavus als zu denen über Lucanus und Petronius. Sie ist klar parteiisch und zeigt wenig Interesse an differenzierter oder ›gebrochener‹ Charakterzeichnung. Der Stoiker Thrasea orientiert sich nach dieser Darstellung an Senecas Sterben und wie dieser auch an Sokrates als dem Idealbild des sterbenden Philosophen. Wie diese zeigt er heitere Gelassenheit vor dem Tod, dazu kommt sein freimütiges Auftreten gegenüber dem Prinzeps.

Exkurs: Zum Problem der *exitus illustrium virorum*

Plinius d. J. weist in mehreren seiner Briefe auf die Existenz einer Literaturgattung hin, die er *exitus illustrium virorum* nennt – Todesberichte, die zumindest teilweise in Sammlungen zusammengefasst sind. Gegenstand der von Plinius erwähnten Literatur sind speziell Männer, die der Politik Neros zum Opfer gefallen sind.[124] 1937 versuchte F. A. Marx zu erweisen, dass Tacitus in den Annalen auf so genannte *exitus illustrium virorum* als Quellen zurückgegriffen hat.[125] Seine These ist seither immer wieder bestätigt worden.[126] Gemeint sind nicht ganz allgemein Berichte vom

---

[118]Vgl. RUDICH, Dissidence, 164.

[119]Vgl. MARX, Tacitus, 92.

[120]RONCONI, Exitus, *passim.*

[121]Ganz ähnlich ist ja auch die Annahme von Gerd Buschmann über die christlichen Märtyrerakten, etwa das MartPol: »nicht die historische Darstellung, sondern die theologische Deutung steht am Beginn der Märtyrerüberlieferung«, BUSCHMANN, Martyrium Polycarpi, 2.

[122]Vgl. QUESTA, Studi, 248.

[123]Vgl. a. a. O., 248f.; KOESTERMANN, Annalen 4, 408f. GRIFFIN, Seneca, 370: Thraseas Tod »was a deliberate imitation of Seneca's in its echoes of Socrates' death and in the final libation«.

[124]*C. Fannius scribebat exitus occisorum aut relegatorum a Nerone,* ep. V 5, zit nach MARX, Tacitus, 83.

[125]Vgl. a. a. O., 86. Die Vermutung hatte schon REITZENSTEIN, Stück, 328, geäußert.

[126]Vgl. QUESTA, Studi; RONCONI, RAC 6 (1966), 1258–1268.

Tod bekannter Persönlichkeiten,[127] sondern Texte, die charakteristische Merkmale einer eigenen Literaturgattung aufweisen.

Kritischer äußert sich Schunck. Seine Einwände gründen vor allem auf dem stoischen Gepräge der Texte, auf die sich Plinius bezieht. Tatsächlich ist die Erzählung von Senecas Tod sehr stoisch geprägt, was nicht Tacitus' eigenen Interessen entspricht.[128] »Ich meine also, im Gegensatz zu Marx und Ronconi, daß Tacitus in weit geringerem Maße von seinen Quellen abhängig ist; er formt sie stärker nach seinen Absichten«.[129]

Der Versuch, diese Quellen hinter den taciteischen Berichten zu finden, ist grundsätzlich mit einem methodischen Problem belastet: Es sind keine Texte unmittelbar unter dem Etikett der *exitus* überliefert, die Beschreibung dieser Gattung ist daher nur sehr ungefähr möglich. Die bei Tacitus vermuteten *exitus* tragen zum Bild der Gattung wesentlich bei, umgekehrt bestimmt das Bild der Gattung die Quellenscheidung bei Tacitus. So basiert zum Beispiel Questas Quellenscheidung in ann. 16,21–35 auf der Annahme, die *exitus* seien vor allem durch einen Tyrann-Opfer-Gegensatz geprägt (s. o.).

Einige der in Frage kommenden Passagen aus Buch 15 und 16 wurden oben besprochen. Es handelt sich um Abschnitte, die Marx in seinem Aufsatz als mögliche *exitus* aufführt; dabei wurde versucht, möglichst vielfältige Texte zu berücksichtigen: Texte unterschiedlicher Länge; bedeutende und weniger bedeutende Protagonisten, Protagonisten, die Tacitus sympathisch zu sein scheinen und solche, für die das Gegenteil gilt.

Die besprochenen fünf Passagen aus den Annalen werfen für die Beschreibung der Gattung *exitus illustrium virorum* einige Fragen auf. Meines Erachtens lassen sich die fünf Texte in zwei Gruppen einteilen: Die eine Gruppe bilden die Berichte über Seneca, Subrius Flavus und Thrasea Paetus. In ihnen tritt der Protagonist in deutlichem Gegensatz zum Tyrannen Nero auf. Umfangreiche Reden, eindeutig gute oder böse Charaktere, die Betonung der Vorbildlichkeit des Todes prägen diese Texte. Die andere Gruppe bilden die Erzählungen über Lucanus und Petronius. In ihnen tritt der Tyrann nicht selbst auf. Die Charaktere sind etwas stärker differenziert. Betont wird vor allem die Originalität von Äußerungen und Verhalten in der letzten Stunde. Es gibt keine direkte oder indirekte Rede, die Texte sind vollständig narrativ.

---

[127]RONCONI, RAC 6 (1966), 1262–1264, rechnete auch Tyrannentode zu den *exitus;* vgl. auch BERGER, Gattungen, 1257. Für eine anwendbare Gattungsbestimmung ist damit wenig getan; der Straftod muss an anderer Stelle behandelt werden (das Einzige, das *exitus* und Straftod gemein haben, ist ein ausgeprägter Gut-Böse-Kontrast). Der Tyrannenmord wurde in der Antike auch theoretisch behandelt, vgl. PATZEK, DNP 12/1 (2002), 946. Zur Gattung *exitus illustrium virorum* vgl. auch BECKER, Markus-Evangelium, 344–349.376–380.

[128]Vgl. SCHUNCK, Sterben, 10f.

[129]A. a. O., 13; vgl. 142f.

Es gibt zwar Gemeinsamkeiten – so berichten alle über die letzte Äußerung des jeweiligen Protagonisten –, aber es genügt, dafür das redaktionelle Interesse des Tacitus verantwortlich zu machen.[130] Die genannten Unterschiede sprechen, auch bei Berücksichtigung der taciteischen Gestaltungskraft, gegen eine Herkunft aus Sonderquellen der gleichen Gattung.

3.3 *Acta Alexandrinorum*

Bei den folgenden Texten handelt es sich um eine Reihe ägyptischer Papyri aus dem zweiten und dritten nachchristlichen Jahrhundert. Sie zeigen jeweils alexandrinisch-griechische Würdenträger vor einem kaiserlichen Gericht; dabei weisen sie gewisse Merkmale antiker Protokoll-Literatur auf.[131] Seit Bauer[132] werden diese Papyri als »heidnische Märtyrerakten« bezeichnet. Man hält sie für verwandt mit den *exitus illustrium virorum*.[133] Eine kynische Prägung der *acta* wird teilweise angenommen bzw. zumindest diskutiert. Die These, die Fragmente seien Teile eines einheitlichen Sammelwerkes »Alexandrinische Märtyrerakten«,[134] darf inzwischen als widerlegt gelten.

Hier wurden nur Texte gewählt, die einigermaßen gut erhalten oder rekonstruierbar sind.[135]

3.3.1 *Acta Isidori*

Literatur

Text: Musurillo, Pagan Martyrs, 18–24; Ergänzungen von Textlücken folgen dem Text und kritischen Apparat dieser Ausgabe. Eine englische Übersetzung bei a. a. O., 24–26.

Übersetzung

Rezension a [... den Isid]oros. [Senator] Tarquinius [...] stand auf [...] die ganze [...] du wirst tun [...] für die Heimat [...] kämpfte, es war gerecht

[... es stand] der Senator Aviolaus auf [...] ist der Mensch und [...] Deshalb frage ich [dich, Herr (?) ...] zu dieser Zeit [...] in diesem Alter [...] steht zu [...] wenn diese nicht

[... in (?)] dem Rat setzte sich [der Kaiser auf den Thron (?)]. Die Gesandten [der Alexandriner] wurden gerufen, und der Kaiser vertagte ihre Anhörung auf den folgenden Tag. [Im 13. Jahr] des ehrwürdigen Kaisers [Claudius ...] am 5. Pachon.

---

[130]Vgl. etwa ann. 15,67,3.

[131]Fraglich ist in diesem Zusammenhang vor allem, ob tatsächliche Protokolle bei der Abfassung verwendet wurden; vgl. die Diskussion bei Wilcken, Antisemitismus, 828–839.

[132]Bauer, Märtyrerakten, 29–47.

[133]So schon Reitzenstein, Stück, 330; vgl. auch Ronconi, RAC 6 (1966), 1264.

[134]So etwa von Premerstein, Märtyrerakten, 64–68.

[135]Dabei folge ich weithin der kommentierten Ausgabe Musurillo, Pagan Martyrs, der sowohl die Textüberlieferung als auch die bisherigen Forschungen gründlich gebündelt hat.

Zweiter Tag: [6.] Pachon. Kaiser Claudius hört in den [lukul]lianischen[136] Gärten die (Streitsache) [des Isidoros,] des Gymnasiarchen der Stadt Alexandreia, gegen den König Agrippa; mit ihm sitzen zwanzig Senatoren, bei ihnen sechzehn Konsulare, in der Anwesenheit der Ehefrauen. [. . .] des Isidoros.

Isidoros sprach als erster:»Kaiser, mein Herr, vor deinen Knien (liegend) [flehe ich dich an], von mir zu hören, was [meine Heimat] plagt.«

Der Kaiser:»Ich teile dir diesen Tag zu.«

Alle beisitzenden Senatoren stimmten zu, weil sie wussten, was [Isidoros] für ein Mann war.

Kaiser Claudius:»Sage nichts [. . .] gegen meinen [Freund: Du hast nämlich schon] zwei andere Freunde von mir [getötet:] meinen Berater Theon [und den Präfekten Naevius].«

[. . . »]Die Heimat [hat mich als] Gesandten [geschickt« (?)].

Lampon zu Isidoros:»Ich sah [schon meinen (?)] Tod [. . .].«

Kaiser Claudius:»Bist du sicher (der Sohn) von einer Künstlerin?«

Isidoros:»Ich bin kein Sklave oder Sohn einer Künstlerin, sondern offensichtlich Gymnasiarch der Stadt Alexandreia. Du aber bist der wertlose Sohn der Jüdin Salome. Deswegen auch [dieser Niedergang der Regierung (?).]«

Lampon sagte zu Isidoros:»Was haben wir für eine andere (Möglichkeit) als dem wahnsinnigen Kaiser nachzugeben?«

Kaiser Claudius:»Denen ich den Tod von Isidoros und Lampon aufgetragen habe [. . .]«

REZENSION B   [. . . als sich] 20 Senatoren mit [ihm in den . . .] Gärten gesetzt hatten, [sechzehn] Konsulare im Beisein der Ehefrauen [. . .] die (Streitsache) des Isidoros.

[Isidoros aber] ergriff als erster das Wort und sagte:»Kaiser [mein Herr], vor deinen Knien (liegend) flehe ich dich an, von mir zu [hören], was meine Heimat plagt.«

Kaiser [Claudius]:»Ich teile dir [den Tag] zu.«

[Alle] beisitzenden Senatoren [stimmten zu], weil sie wussten, was [Isidoros] für ein Mann war.

Kaiser [Claudius]:»Sage nichts über [Theon (?)], meinen Freund! Du hast nämlich auch [. . . zwei] andere Freunde von mir getötet: denn [meinen Berater] Theon und Naevius, den Präfekten von Ägypten, [der auch] in Rom [Kommandant der Truppe ist], hast du getötet, und diesen [Mann verfolgst du].«

Isidoros:»Kaiser, mein Herr, was [liegt dir an Agrippa], dem wertlosen Juden, [. . .]?«

Kaiser Claudius:»[Was sagst du?] Du bist von allen Menschen [der Anmaßendste! . . .] jener [. . .] zu fragen.«

[Isidoros:». . .] ich werde nicht leugnen [. . .] er ist still [. . .]. Olympischer Kaiser!«

[. . .]

»Ich werde vorgeladen als Gym[nasiarch von Alexandreia], 56 Jahre alt, Griechen-[. . .].«

[. . . der] Redner zur Rechten [. . . zerriss] sein Gewand, warf [sich zu Boden?] und sprach:»Man darf nicht [. . .]!«

Kaiser Claudius: [. . . Isi]doros, gegen Theon [. . .] weder Rom noch Alexandreia [. . .].«

---

[136]Denkbare Ergänzungen der *lacuna* sind auch: in den [servi]lianischen/[lol]lianischen/[stati]lianischen Gärten.

Isidoros:»Gegen das [. . .]. Gymnasiarch von Alexandreia [. . .] von Natur aus [. . .] zu
den Augustustempeln [. . .].«
[. . . weg]geführt im Gewand des Gymnasiarchen.
Kaiser Claudius:»[. . .] Isidoros, Isidoros [. . .] du redest [gegen meinen] Freund [. . .]
ergriffen [. . .].«

REZENSION C   [. . .] Isidoros:»Ehrwürdiger Herr, B[albillos] redet [schön über] seine Angelegenheiten. [Dir aber,] Agrippa, werde ich bezüglich dessen, was du [über die Juden]
vorschlägst, entgegentreten. [Ich werfe ihnen vor, dass sie] auch die ganze bewohnte Erde
[aufrütteln wollen (?)]. Man muss (von der) Menge jeden einzelnen [. . . anschauen]. Sie
haben nicht die gleichen Gefühle wie die Al[exandriner], sondern nach Art der Ägypter
[. . .]. Sind sie nicht denen gleich, die Tribut zahlen?«
     Agrippa:»Die Herrscher legten den Ägyptern Tribute auf [. . .]; diesen aber niemand.«
     Balbillos:»Schau, was für eine Frechheit entweder [sein] Gott [oder . . .]!«

Auslegung

TEXTOBERFLÄCHE   Rezension A besteht aus zwei Fragmenten, die zur gleichen Rolle gehören (BGU 511 und Chrest. 14), aus der Zeit nach 200 n. Chr. Rezension B
(P. Lond. Inv. 2785) stammt ebenfalls aus dem frühen dritten Jahrhundert. Rezension C (P. Berol. Inv. 8877) stammt aus dem späten zweiten oder frühen dritten
Jahrhundert und ist offensichtlich »a distinct recension from A and B.«[137] Leider
fehlen bei allen Rezensionen Anfang und Ende des Textes, sodass nur Abschnitte
aus der Mitte des Gerichtsverfahrens erhalten sind.

     In den wenigen narrativen Passagen der Acta Isidori tritt ein rein externer Er-
zähler auf. In diesen Passagen gibt es keinerlei Einblicke in die nicht äußerlich wahrnehmbaren Äußerungen (Gedanken, Gefühle) oder Wahrnehmungen der beteiligten Personen. Dafür präsentieren sich die wechselnden Sprecher als Fokalisatoren,
die ihre jeweilige Wahrnehmung der Situation erkennen lassen. – Die Redepassagen
sind nicht erzählend, auch nicht streng argumentativ. Sie sind vielmehr durchsetzt
mit Bitten, Ermahnungen, Invektiven und rhetorischen Gestaltungsmitteln wie rhetorischen Fragen (so vor allem Rez. C).

     Man kann nur mit Einschränkungen von einem narrativen Text sprechen. Do-
minierend ist der Verhördialog in direkter Rede, der jeweils von einer knappen
Sprecherangabe eingeleitet wird. Erhalten sind außerdem kurze Angaben zu Ort
und Zeit des Verhörs und zu den beteiligten Personen – sowohl im Aorist als auch
im Präsens gehalten. Die Äußerungen im Verhör sind kaum narrativ. Die knappen
Angaben zu den Äußerlichkeiten des Verhörs ahmen den Stil antiker Gerichtsproto-
kolle nach.[138] Es kann sich allerdings nicht um ein authentisches Protokoll handeln:

---

[137]MUSURILLO, Pagan Martyrs, 138.
[138]So etwa die Nennung des Sprechers mit oder ohne εἶπεν, vgl. COLES, Reports, 38–41.

Protokolle wurden stets in *oratio obliqua* verfasst,[139] bis in die Zeit Diokletians wurden Protokolle nicht in Kurzschrift geschrieben.[140] Beim Vorliegen von direkter Rede kann es sich freilich um die Umgestaltung einer privaten Abschrift des offiziellen Protokolls handeln.[141]

SINNGEBUNG   Die Fokalisationen der verschiedenen Parteien treffen in dramatischer Konfrontation aufeinander und entladen sich in gegenseitigen Vorwürfen. Interessant ist, dass weder ein externer Fokalisator die Moderation übernimmt, noch eine der beiden Perspektiven sich eindeutig als überlegen durchsetzen kann – zumindest in den erhaltenen Partien des Textes.

Die Gestaltung der Charaktere wird allein durch deren eigene Reden erzielt. Auffällig ist hier vor allem der Umschwung in den Äußerungen des Isidoros: Zunächst fleht er den Kaiser untertänig an – dabei handelt es sich um keine bloße Höflichkeitsgeste[142] –, aber dann wechselt er schnell zum Angriff und zur Beschimpfung. Der Text stattet Isidoros so mit einem ungeduldigen, hitzigen Temperament aus. Die Raschheit des Umschwungs mag durch redaktionelle Kürzungen an der Vorlage des Textes noch gesteigert worden sein.

Das wichtigste Motiv der Akte ist das Insistieren des Protagonisten auf seiner edlen Abstammung und seiner Würde als Gymnasiarch.[143] Weitere wichtige Motive sind der Konflikt des Protagonisten mit einem Tyrannen und sein Konflikt mit Juden; beide äußern sich in Beschimpfungen.

Die Zeitstrukturen sind charakteristisch für diese Art Text: Das Gewicht liegt auf ausführlichen Dialogen, während alle Ereignisse nur gerafft und in knapper Auswahl wiedergegeben werden.

EREIGNISBEZUG   Die Fabula der erhaltenen Textpartien ist denkbar knapp: Über das Anliegen alexandrinischer Gesandter tagt (in deren Abwesenheit[144]) ein kaiserliches Gericht; die Gesandten werden gerufen und ihnen die Vertagung des Verfahrens mitgeteilt. Das Gericht tritt tags darauf wieder zusammen. Der Kaiser,

---

[139]Vgl. BERGER, Gattungen, 1248.

[140]Vgl. COLES, Reports, 24.

[141]Durch die Hinzufügung einer Vorgeschichte bzw. eines narrativen Rahmens wird dann aus dem Verhör eine Märtyrerakte, vgl. BERGER, Gattungen, 1249. Gemeinsamkeiten mit christlichen Märtyrerakten sind: »1. der dramatische Protokollstil der Vorlagen beibehalten, 2. Betonung des lebendigen wörtlichen Austauschs und Aphorismen, 3. Darstellung der heroischen Todesverachtung [...], 4. Verhältnismäßig lange Reden der Märtyrer, 5. Karikatur der römischen Administration«, a. a. O., 1251. Eine »szenisch gestaltete Verhör-Schilderung« heißt auch ἀνάκρισις, vgl. BERGER, Formen, 392.

[142]Vgl. MUSURILLO, Pagan Martyrs, 135.

[143]Der Gymnasiarch war als Gymnasions Leiter des dort stattfindenden Schulunterrichts und Koordinator der öffentliche Veranstaltungen im Gymnasion; er trug teils auch zum Unterhalt desselben bei. Zur Entwicklung des Amtes vgl. OEHLER, PW 7 (1912), 1969–2004.

[144]Vgl. WILCKEN, Antisemitismus, 804.

Isidoros, Lampon, sowie Agrippa und Balbillos sprechen vor Gericht. Die Identität der genannten Personen wurde von Musurillo ausführlich diskutiert.[145] Isidoros war 38 n. Chr. zusammen mit dem Präfekten Flaccus an der alexandrinischen Judenverfolgung beteiligt, wandte sich später aber gegen Flaccus.[146] Dass er tatsächlich hingerichtet wurde, bezeugen die Acta Appiani (s. u.). Sein Gegner in den Acta Isidori ist Agrippa II.[147]

Wenn das berichtete Verfahren tatsächlich stattgefunden hat, wird es in der Regel in das Jahr 53 n. Chr. datiert.[148] Die Protokollabschrift, die als Grundlage des vorliegenden Textes gedient hätte, wäre dann nicht viel später entstanden. Die Anrede »olympischer Kaiser« (Rez. B) kann auf eine Redaktion in der Zeit Hadrians hinweisen, unter dessen Regierung dieser Titel besonders populär war.[149]

Wenn den uns erhaltenen Acta Isidori ein echtes Prozessprotokoll zugrunde gelegen hat, ist es allerdings fast bis zur Unkenntlichkeit bearbeitet worden. Nicht nur die direkte Rede passt nicht in ein Protokoll (s. o.) – schon Niedermeyer hat ausführlich darauf hingewiesen, das die Darstellung in weiten Teilen historisch nicht plausibel ist.[150] Es ist daher auch denkbar, dass die berichteten Ereignisse insgesamt reine Fiktion sind.[151]

FAZIT   Die Situation der *Acta* ist stets gleich: Ein vornehmer Alexandriner steht vor einem kaiserlichen Gericht, wo er gegenüber dem kaiserlichen Tyrannen im Verhör seine Überlegenheit erweist – so hier auch Isidoros. Der Text ahmt Stilelemente eines Gerichtsprotokolls nach, unterscheidet sich aber in vielen Zügen auch davon. Er hat ein antijudaistisches Profil und betont besonders die vornehme Abstammung des Protagonisten. Das Hauptgewicht liegt auf den Reden der Prozessparteien, die – mit Bitten, Mahnungen, Invektiven – die Perspektiven der Parteien miteinander konfrontieren.

3.3.2   *Acta Hermaisci*

Literatur

Text: MUSURILLO, Pagan Martyrs, 44–47; Ergänzungen von Textlücken folgen dem Text und kritischen Apparat dieser Ausgabe. Eine englische Übersetzung bei a. a. O., 47f.

---

[145] Vgl. MUSURILLO, Pagan Martyrs, 124–131.
[146] Vgl. STEIN, PW 9 (1916), 2061.
[147] Vgl. MUSURILLO, Pagan Martyrs, 124.126–128.
[148] Ausführliche Diskussion a. a. O., 118–124.
[149] Vgl. a. a. O., 133.
[150] Vgl. NIEDERMEYER, Protokoll-Literatur, 24–26.28.
[151] Erwogen etwa von MUSURILLO, Pagan Martyrs, 124.

Übersetzung

[(Die Alexandriner bestimmen als Gesandte) . . . Dion]ysios, der zu vielen Prokuratorschaften gekommen war, und Salvius, Iulius Salvius, Teimagenes, Gymnasiarch Pastor, Iulius Phanias, den designierten Gymnasiarchen Philoxenos, Gymnasiarch Sotion, Theon, Athenodoros, den gebürtigen Tyrer Paulos als freiwilligen Fürsprecher für die Alexandriner. Als die Juden das erfahren, bestimmen sie auch selbst Gesandte für das eigene Volk; sie wählen aber Simon, Glaukon, Theudes, Onias, Kolon, Jakubos und den gebürtigen Antiochener Sopatros als Fürsprecher für die Juden. Sie segeln also aus der Stadt, jeder seine eigenen Götter im Gepäck [. . .]

[. . .]

Er unterhält sich mit denen, die mit ihm sind, und als der Winter zu Ende ist, brechen sie auf nach Rom. Der Kaiser erfuhr, dass Gesandte der Juden und der Alexandriner da sind, und setzt den Tag fest, an dem er beide anhören will. Plotina aber trifft die Senatoren, (um sie zu überreden,) dass sie den Juden gegen die Alexandriner beistehen und helfen.

Und die Juden gehen als erste hinein und grüßen den Kaiser Traianus; der Kaiser aber begrüßte sie sehr freundlich, er war selbst von Plotina im Voraus überredet worden. Nach ihnen gehen die Gesandten der Alexandriner hinein und grüßen den Kaiser; der aber empfing sie nicht, sondern sagte: »Ihr grüßt mich wie welche, die es wert sind, gegrüßt zu werden – ihr, die es wagt den Juden solche Schwierigkeiten zu machen? Aber aufzubrechen und [. . .]«

[. . .]

[(Der Kaiser:) ». . .] du willst sterben, du verachtest den Tod, dass du auch mir so anmaßend antwortest!«

Hermaiskos sagte: »Aber wir sind traurig, dass dein Rat voll von den gottlosen Juden ist.«

Der Kaiser sagte: »Schau, ich sage es dir zum zweiten Mal, Hermaiskos: Du antwortest anmaßend, weil du dich auf deine Abstammung verlässt.«

Hermaiskos sagte: »Was antworte ich dir anmaßend, größter Herrscher? Erkläre es mir!«

Der Kaiser sagte: »Dass du behauptest, mein Rat sei (voll) von Juden.«

Hermaiskos: »Also ist der Name der Juden nicht[152] problematisch? Du bist also verpflichtet, den Deinen wieder zu helfen und nicht die gottlosen Juden zu verteidigen.«

Als Hermaiskos das sagte, schwitzte plötzlich die Sarapisbüste, die die Gesandten dabei hatten, und als Traianus das sah, wunderte er sich sehr. Und kurze Zeit später gab es Aufläufe in Rom, und Geschrei, und mit ihrer ganzen Menge schrieen sie, und alle flohen auf die höheren Teile der Hügel [. . .]

Auslegung

TEXTOBERFLÄCHE Der Text ist auf einem Oyrhynchus-Papyrus aus dem späten zweiten oder frühen dritten Jahrhundert (P. Oxy. 1242) überliefert. Erhalten sind vier Spalten, bei denen oben je eine unbekannte Zahl von Zeilen fehlt. Die vierte Spalte

---

[152]So nach der Akzentsetzung οὔκουν, »expressing strong irony«: a. a. O., 177.

ist nur mehr rudimentär erhalten.[153] Das Ende fehlt damit, dafür ist die erste Spalte des Papyrus tatsächlich die erste Spalte des Textes.

Im Einsatz der erzählerischen Mittel ist auch dieser Text eher schlicht. Die Fokalisation wechselt im Verhördialog mit dem jeweiligen Sprecher; der Erzähler bleibt immer extern. Seine Perspektive umfasst so mehr als die der einzelnen Beteiligten, er gibt aber keine Einblicke in die Gefühle und Gedanken der Personen. Die einzige nicht-narrative Passage ist der Block in wörtlicher Rede. Er ist stärker als die narrativen Teile der unmittelbare Austragungsort der Konfrontation von Alexandrinern, Juden und Römern.

Anders als bei dem erhaltenen Teil der Acta Isidori überwiegen hier die narrativen Elemente; Aorist und historisches Präsens wechseln als Erzähltempora. Die Gattung des Prozessberichtes wird mit legendarischen und novellistischen Elementen angereichert. Gegen Beginn stehen zwei kurze Listen. Der Verhördialog nimmt höchstens ein Viertel des Textes ein, er ist ausschließlich in direkter Rede gehalten.

SINNGEBUNG   Der Konflikt der Parteien und ihrer Perspektiven kommt in dem Streitgespräch voll zum Tragen. Anders als in den Acta Isidori gibt es hier sehr wohl einen externen Fokalisator, der den Blick auf die Ereignisse steuert, und der die Position des Widersachers abwertet und die des Protagonisten aufwertet: So kommt die Perspektive des Kaisers durch die vorhergehende Überredung durch Plotina zustande, dagegen erfährt die des Hermaiskos eine supranaturale Beglaubigung.

Die Personen werden mit unterschiedlichen Mitteln charakterisiert: Hermaiskos wird durch seine eigene Rede und die des Kaisers als unerschrockener, todesmutiger Grieche von edler Abstammung gezeichnet, der sich nicht scheut, seine Meinung offen zu sagen. Der Kaiser erweist sich durch seine eigene Rede und die Erzählung über ihn als beeinflussbar und ungerecht-parteiisch. Seine Argumentation wird von Hermaiskos widerlegt. Plotina tritt nur als heimliche Beeinflusserin des Gerichts zu Gunsten der jüdischen Gesandtschaft in Erscheinung. Durch die Gestaltung der Charaktere stellt sich die Erzählung insgesamt klar auf die Seite der alexandrinischen Partei.

Zu den wichtigen Motiven der Acta Hermaisci gehören die Todesverachtung des Protagonisten und seine edle Abstammung. Beide werden ihm vom Widersacher, dem Kaiser, attestiert. Bei allen Beteiligten herrscht ein ausgeprägtes ethnisches Bewusstsein;[154] und ein ausgeprägter Antijudaismus schlägt sich in der Vorgeschichte und dem Verhördialog nieder. Ein typisches Motiv ist wieder der deutliche Gegensatz zwischen Tyrann und Opfer. Er äußert sich vor allem in den gegenseitigen Vorwürfen, die im Verhör laut werden. Eher ungewöhnlich ist dage-

---

[153]Vgl. MUSURILLO, Pagan Martyrs, 161.
[154]Auch zwischen unterschiedlichen hellenischen Gruppen herrscht ein Gefühl der Verbundenheit, wie das freiwillige Eintreten des Tyrers Paulos für die Alexandriner zeigt, vgl. a. a. O., 174.

gen das Wunder der schwitzenden Sarapisbüste. Es hat die Funktion, die Aussage des Protagonisten zu beglaubigen.[155] Hinsichtlich der zeitlichen Strukturen ist die Erzählung eher schlicht gehalten. Die angedeutete Rückblende »er war selbst von Plotina im Voraus überredet worden« fällt kaum ins Gewicht. Die Erzählung ist als eine Kette von Szenen gestaltet, zwischen denen relativ große Lücken (Ellipsen) sind, und in denen den Dialogen viel Raum gegeben wird.

Mit allen erzählerischen Mitteln wird, zusammenfassend, das Bild eines parteiischen Gerichtsverfahrens gezeichnet, in dem sich die ›gute‹ Partei trotz ihrer Benachteiligung bewährt, was durch das Sarapiswunder zusätzlich untermauert wird.

EREIGNISBEZUG   In der Erzählung bestellen alexandrinische Griechen und Juden Delegationen und schicken sie nach Rom. Nach deren Ankunft bestimmt Kaiser Traian den Termin ihrer Anhörung, und Plotina beeinflusst das Gericht und den Kaiser. Der empfängt die jüdische Delegation freundlich, weist aber die griechische ab. Nach einem Streitgespräch zwischen Traian und Hermaiskos geschieht ein Wunder an der mitgeführten Sarapisbüste und es kommt zu Tumulten in Rom.

Falls tatsächlich ein Prozess vor dem Kaiser den Anstoß für die Abfassung der Acta Hermaisci gab, wäre er am ehesten vor dem Jahr 113 n. Chr. anzusetzen.[156] Es bleibt also ein Zeitraum von etwa 70 bis 100 Jahren bis zur Niederschrift der erhaltenen Rezension. Musurillo nimmt in diesem Zeitraum mehrere Bearbeitungsstufen an, möglicherweise auch durch den Redaktor der Acta Appiani.[157] Der relativ geringe zeitliche Abstand zum möglichen historischen Geschehen ist aber weitgehend ohne Belang, wenn der Verfasser kein historisches Interesse hatte.[158] Die Züge des vorliegenden Textes sind überwiegend fiktional. Die Kenntnis anderer Quellen über Traians Amtsführung lässt die Darstellung der Acta Hermaisci als außerordentlich unwahrscheinlich erscheinen.[159] Die Rekonstruktion eines konkreten juristischen Hintergrundes für diese hellenistische Novelle[160] ist praktisch nicht möglich. Ob Hermaiskos' Behauptung, der Kronrat des Kaiser sei »voll von den gottlosen Juden«,[161] eine historische Basis hat,[162] ist hier ohne Bedeutung.

---

[155]Für diese Deutung des Wunders vgl. a. a. O., 164 Zu ungenau dagegen NIEDERMEYER, Protokoll-Literatur, 28: »Sarapis bezwingt den Judengott und zwingt den römischen Kaiser in seinen Bann. Das ist das Motiv.«

[156]Vgl. die Diskussion verschiedener Datierungsvorschläge, MUSURILLO, Pagan Martyrs, 164–168.

[157]Vgl. a. a. O., 162.266.

[158]Das heißt natürlich nicht, dass der Text keine historisch interessanten Details überliefert haben kann (›Lokalkolorit‹). Vgl. etwa Musurillos Diskussion über Juden und Proselyten im kaiserlichen Kronrat.

[159]Vgl. a. a. O., 162.

[160]Vgl. NIEDERMEYER, Protokoll-Literatur, 28.

[161]Τὸ συνέδριόν σου ἐπλήσθη τῶν ἀνοσίων Ἰουδαίων.

[162]Vgl. MUSURILLO, Pagan Martyrs, 172f.

FAZIT   Stärker narrativ als die *Acta Isidori*, bieten die *Acta Hermaisci* dennoch eine scharfe Konfrontation von ›Tyrann‹ und ›Opfer‹, in der die Erzählung mehr oder minder subtil für die Alexandriner Partei ergreift. Wieder treten die edle Abstammung und der Antijudaismus der alexandrinischen Partei in den Vordergrund. Hermaiskos beweist seine Todesverachtung. Seine Rede wird durch ein Prodigium beglaubigt.

3.3.3   *Acta Pauli et Antonini*

Literatur

Text: MUSURILLO, Pagan Martyrs, 49–57; Ergänzungen von Textlücken folgen dem Text und kritischen Apparat dieser Ausgabe. Eine englische Übersetzung bei a. a. O., 57f.

Übersetzung

REZENSION A   [. . .] Der Kaiser:»Und [. . .]«

Theon las [den Beschluss] des Lupus vor, in [dem er befahl], die Waffen [auszuhändigen] und sich zurück[zuziehen . . .

Der Kaiser:]»Welche Anlässe hatte er [. . .] dass ihr zurückfordert [. . .] ihr hattet: Ihr wollt [. . .] prätorianische [Soldaten] und [. . .]. Ich werde fragen, was manche [. . .] über den König in der Bühnen[satire] genauer [. . .] und des claudianischen [. . . «]

[Pa]ulos [sprach (?)] über den König; er verkündete, wie sie ihn vorführten und [verspotteten(?)], und Theon las die diesbezügliche Anordnung des Lupus vor, in der er sie vorzuführen befahl und den König in der Bühnensatire verhöhnte. Soweit unsere (Aussage), und der Kaiser sagte spontan folgendes zu Paulos und unseren Leuten:»In solchen Streitigkeiten wird mir [. . .] in dem dacischen Krieg[« . . .]

einer von den [. . .] 60 Männer an der Zahl [. . .]

Der Kaiser [antwortete] den Juden:»Ich habe [von Lupus (?)] erfahren, wo der Anfang [des Aufstandes (?)] und des Krieges gelegen hat. [Er schrieb mir?] auch ein wenig über Anthimos [. . .] Dem Herrn wurde angezeigt, von wem [. . . der Krieg] angestoßen wurde, dass auch [. . .] Reise dies geschah.«

[Die Juden:»Aus] der Gefangenschaft holten sie [die Aufständischen (?)] heraus und verwundeten sie.«

[Der Kaiser:»Über] das alles habe ich eine Untersuchung durchgeführt: [Nicht gegen alle (?)] Alexandriner, sondern gegen die, die [das] getan haben, muss man vorgehen.«

[Die Juden:». . .] Theon [zeigt?] gottloses [. . .]. Kaiser, deine Gnade [. . .] Zeit: was über die [. . .] mehr als sie [. . . erkenne] wie vertrau-[. . .] wir über die, die [. . .].«

[Antoninus (?):»Herr, die Ale]xandriner [. . . ver]urteilt [wurden sechzig Alexa]ndriner [und ihre Sklaven. Und die Alexandriner . . . «]

[». . .] oder die für alle Menschen [vergossenen] Tränen rinnen ließen. So wurden, wenn einige aus Alexandreia [. . . verbannt] werden mussten, sie nichtsdestoweniger nicht [von uns] ergriffen, wie [(die Juden) sagen, sondern] sie wurden von denen ergriffen, um uns zu verleumden. Die, die schließlich, um gerettet zu werden, zu ihren Herren flohen, die wurden selbst von ihnen unterworfen und [bestraft].«

Die Juden:»Herr, die das sagen, lügen, und sie [wissen] nicht, wie viele [Männer] es waren.«

Der Kaiser zu den Juden:»Erklär[st (?)...] ihr könnt nicht [...] die Alexandriner sind mir [...] die Alexandriner [bitten...] getan zu haben oder ander[...]. Der Präfekt (sagte) mir in dem Erlass, den [er schrieb], dass [...] feige sind. Und [...] die Sklaven, die sich verfehlt haben [...] angemessen: denn alle [...] Griechen und ich selbst [...] die nutzlosen Sklaven [...] und die das getan haben, wurden [bestraft]; deswegen wurden sie bestraft.«

[...]

Paulos:»In Alexandreia ist für mein Grab allein gesorgt, das ich einzunehmen gedenke. Auf dem Weg dorthin werde ich nicht zu feige sein, dir die Wahrheit zu sagen. So höre mich, Kaiser, wie einen, den es nach dem Tag nicht mehr gibt.«

Antoninus:»Kaiser, mein Herr, ja: er redet bei deinem Heil wie einer, den es nach *einem* Tag nicht mehr gibt. Denn wenn dir Briefe geschickt worden sind, (zu der Zeit,) als so vieles uns bedrängte, und wenn er befohlen hat, dass sich die gottlosen Juden niederlassen, wo sie ohne Gefahr unsere gut beleumundete Stadt angreifen und Krieg gegen sie führen können; wenn du darüber keinen Brief in deine wohltätigen Hände erhalten hast, dann besteht Klarheit über (den Hintergrund) deiner erhabensten Worte. Denn es ist klar, dass er auch das gegen dich getan hat ohne irgendeinen Beweis zu haben für das Unheil, das uns geschehen ist.«

Der Kaiser:»Paulos soll freigelassen werden; Anton[inus] aber soll gefesselt werden [...] springen los auf uns [...] ungefähr jetzt.«

[... als Anto]ninus gefesselt war, befahlen die ehrwürdigen [Behörden] den Gefängniswärtern, Antoninus zu bestrafen und am Holz [aufzuhängen] und [im Feuer] seine Gebeine zu brennen. Und sie folterten [...]. Diesen Juden [...] eines anderen [...] zum Gesandten gemacht [...] und er hat offensichtlich Unrecht [getan...] Beschluss gegen die [Juden...] 60 A[lexandriner...] im Mund [...[163]].

Auslegung

TEXTOBERFLÄCHE Der Text besteht aus zwei zusammengehörigen Fragmenten (P. Lond. Inv. 1 und P. Louvre 2376 = Rez. A)[164] mit acht erhaltenen Kolumnen auf Vorder- und Rückseite – besonders das Ende des Textes ist jedoch in keinem guten Erhaltungszustand. Die hier nicht übersetzte Rezension B ist ein Fragment aus Fayûm (BGU 341) und gibt, soweit erhalten oder rekonstruierbar, eine gekürzte Version wieder.[165] Rez. A ist in einer Handschrift aus der ersten Hälfte des zweiten Jahrhunderts geschrieben.

Sofern man von einem erzählenden Text sprechen möchte, gibt es in den protokollarischen Passagen einen externen Erzähler. Die Reden der Beteiligten scheinen selbst teilweise narrativ zu sein, sind aber schlecht erhalten (so die Worte des Kaisers über den dacischen Krieg und der Aussage der Alexandriner über den Verlauf des

---

[163]Der Rest des Textes enthält vielleicht das Zitat eines Schreibens des Kaisers an Rammius, den Präfekten von Ägypten, vgl. a. a. O., 181.
[164]Vgl. a. a. O., 179.
[165]Vgl. a. a. O., 188.

Aufstandes). Die meisten Reden und damit der größte Teil des erhaltenen Textes sind aber nicht narrativ. Die Fokalisation erfolgt durch die jeweiligen Sprecher. Die Form der erhaltenen Partien ist wieder fast überall von direkter Rede bestimmt, die sich als dramatischer Verhördialog entfaltet. Dazwischen sind knappe, andeutungsweise narrative Protokolldetails eingeschaltet, so die Verlesung von Dekreten durch Theon am Anfang – gefolgt von einem kurzen »Wirstück«[166]: »Soweit unsere (Aussage)« ([ο]ὕτως ἡμῶν Z. 23) – und das Urteil am Schluss. Wenn es sich um eine Protokollabschrift handeln sollte, ist sie auf jeden Fall bearbeitet – das zeigt der Gebrauch der *oratio recta* –; da Kopf und Ende fehlen, lassen sich über weitere protokollarische Details keine Angaben machen.

SINNGEBUNG   Die Perspektiven der verschiedenen Fokalisatoren treffen in dramatischer Konfrontation aufeinander. Es gibt in den erhaltenen Textabschnitten keinen externen Fokalisator, der für die Alexandriner Partei bezieht.[167]

Die Charaktere werden ausschließlich in ihren eigenen und in fremden Äußerungen greifbar. Durch ihre Orientierung an den festen Rollen in einem Gerichtsverfahren bleiben sie aber weitgehend farblos. Eine persönliche Aussage ist vor allem die ›Todesrede‹ des Paulos, die ihn als mutige Persönlichkeit mit starker Heimatbindung präsentiert.

Es kehren Motive aus den anderen *Acta* wieder: Der Protagonist geht todesmutig in die Konfrontation.[168] Wieder ist ein ethnischer Streit zwischen alexandrinischen Juden und Griechen, der sich diesmal in einem Aufstand entladen hatte, der Hintergrund des Gerichtsverfahrens. Der Protagonist erweist sich auch hier als heimatverbundener Hellene, der in seiner Vaterstadt begraben sein möchte. Aus der Märtyrerliteratur ist auch das Motiv der Folterung des Märtyrers bekannt.[169]

Die zeitliche Strukturierung weist auch in den Acta Pauli keine Besonderheiten auf. Der Erzählrhythmus ist kaum bestimmbar, da sowohl die narrativen, als auch die dialogischen Passagen nicht gut erhalten sind. Auf Rückblenden wird verzichtet, es müssen aber einige im Streitgespräch vorausgesetzte Ereignisse aus dem Gespräch erschlossen werden.[170]

Insgesamt treten Sinn gebende Elemente in den Acta Pauli nicht so deutlich zutage wie in den anderen hier besprochenen Acta. Die Äußerungen und die erzählten oder zu erschließenden Ereignisse weisen vor allem auf den hellenistischen

---

[166]MUSURILLO, Pagan Martyrs, 189.

[167]Beachte aber das am Anfang erhaltene Wir-Stück: »soweit unsere (Aussage)«.

[168]A. a. O., 191, vermutete aber, die sog. Todesrede des Paulos (»höre mich, Kaiser, wie einen, den es nach dem Tag nicht mehr gibt«) sei einfach auf das hohe Alter des Paulos hin zu deuten.

[169]Berichtet wird in den Acta Pauli nicht die Hinrichtung, sondern die Folterung des Märtyrers, um weitere Informationen aus ihm herauszubekommen, vgl. a. a. O., 193, unter Berufung auf Wilcken und Weber.

[170]So ausführlich a. a. O., 181–186.

(Lokal-) Patriotismus und die persönliche Tapferkeit hin, die sich bei ethnischen Konflikten und im Angesicht eines feindlichen Gerichtes entfalten.

EREIGNISBEZUG Die Gerichtsverhandlung nimmt auf folgende, zu erschließende, Ereignisse bezug:[171]

– Ethnische Kämpfe in Alexandreia
– Präfekt Lupus befiehlt die Einstellung der Kämpfe (116/117 n. Chr.)
– Präfekt Lupus ordnet die Wiederaufführung einer Königs-Satire an (117)
– Q. Rammius Martialis wird Präfekt von Ägypten (28. Aug. 117)
– Wiederaufbau von Alexandreia; Rammius siedelt die jüdische Bevölkerung um (117–119)
– Aufruhr in Alexandreia, während Hadrian einen Aufstand anderswo niederschlägt; 60 Alexandriner und ihre Sklaven werden festgenommen, die Sklaven später durch den Präfekten bestraft (118/119)
– Hadrian schreibt an Rammius (vor Okt 120)
– Die in den Acta Pauli wiedergegebene *cognitio extra ordinem* (119/120)

»Both the date and style of Recension A of the *Acta Pauli* would incline one to believe that it is not far removed from the authentic *procès-verbal*; it has, however, been abridged and obviously revised in accordance with the Alexandrian sympathies of the author(s).«[172] Tatsächlich beträgt der Zeitabstand von den zu erschließenden Ereignissen unter Hadrian bis zur Niederschrift von Rezension A höchstens 40 Jahre. Wenn man annimmt, eine Abschrift des Prozessprotokolls habe zugrunde gelegen, mögen die Überarbeitungen in der Tat nicht zu umfangreich gewesen sein, abgesehen von der Umsetzung in *oratio recta*. Damit sind die Acta Pauli hinsichtlich ihrer Historizität vielversprechender als die übrigen Acta.

FAZIT Auch die *Acta Pauli et Antonini* sind vom Verhördialog dominiert, der allerdings kurze erzählende Elemente zu enthalten scheint. Wieder werden der Todesmut des Protagonisten und sein Stolz auf seine Heimatstadt Alexandreia hervorgehoben. Beachtlich ist besonders der kurze Zeitabstand zwischen dem mutmaßlichen Ereignis und der Handschrift der *Acta*.

3.3.4 *Acta Appiani*

Literatur

Text: MUSURILLO, Pagan Martyrs, 65–68; Ergänzungen von Textlücken folgen dem Text und kritischen Apparat dieser Ausgabe. Eine englische Übersetzung bei a. a. O., 69f.

---

[171]Vgl. dazu a. a. O., 186; von dort stammen auch die Datierungen. Vgl. auch WILCKEN, Antisemitismus, 814–820.
[172]MUSURILLO, Pagan Martyrs, 188.

Übersetzung

Appianos [sagte: ».. .] die [Weizen (?)] in die anderen Städte liefern, verkaufen (ihn) um den vierfachen (Preis), um wieder einzunehmen, was sie ausgegeben haben.«

Der Kaiser sagte: »Und wer ist es, der das Geld erhält?«

Appianos sagte: »Du.«

Der Kaiser: »Weißt du das auch sicher?«

Appianos: »Nein, aber wir haben es gehört.«

Der Kaiser: »Und bevor du das sicher weißt, hättest du das Wort nicht öffentlich machen sollen. Wache!«

Als Appianos abgeführt wurde, sah er einen Toten und sagte: »O Toter, wenn ich in mein Land komme, werde ich meinem Vater Herakleianos und [meiner Mutter (?)] sagen, dass kein Nutzen [. . .].«

Als er das sagte, wandte er sich um und sah Heliodoros und sagte: »Heliodoros, du sagst gar nichts, wenn ich abgeführt werde?«

Heliodoros sagte: »Und wem sollen wir (etwas) sagen, wenn wir keinen haben, der es hört? Laufe, mein Kind, stirb! Es ist eine Ehre für dich, für deine süßeste Heimat zu sterben. Keine Angst: Und [. . . ich werde hinuntergehen (?)] und dir [auf dem Fuße (?)] folgen [wenn ich dazu komme].«

Der Kaiser rief ihn zurück. Der Kaiser sagte: »Weißt du jetzt nicht, mit wem du redest?«

Appianos: »Ich weiß es, Appianos mit einem Tyrannen.«

Der Kaiser: »[Nein,] mit einem König.«

Appianos: »Sag das nicht. Dem göttlichen Antoninus, deinem Vater, gebührte es, Kaiser zu sein. Höre: Erstens war er ein Philosoph, zweitens nicht geldgierig, drittens liebte er das Gute. In dir aber wohnt das Gegenteil davon: die Tyrannei, der Hass auf das Gute, die Unbildung.«

Der Kaiser befahl, dass er abgeführt werde. Appianos sagte, als er abgeführt wurde: »Das gewähre mir, Herr Kaiser!«

Der Kaiser: »Was?«

Appianos: »Befiehl, dass ich in (den Abzeichen) meiner edlen Abstammung abgeführt werde.«

Der Kaiser: »Sollst du haben.«

Appianos nahm das Stirnband und setzte es auf den Kopf und zog seine Schuhe an und rief laut mitten in Rom: »Lauft zusammen, ihr Römer! Seht einen Gymnasiarchen und Gesandten der Alexandriner, der aus dieser Welt scheiden muss!«

Der *evocatus* kam sofort gelaufen und berichtete es seinem Herrn und sagte: »Herr, sitzt du herum? Die Römer murren!«

Der Kaiser: »Über was?«

Der Konsul: »Über die Abführung des Alexandriners.«

Der Kaiser: »Er soll zurückgeholt werden.«

Appianos kam herein und sagte: »Wer hat den zurückgerufen, der schon zum zweiten Mal den Hades gegrüßt hat und Theon und Isidoros und Lampon, die vor mir gestorben sind? Der Senat oder du Räuberherrscher?«

Der Kaiser: »Appianos, wir sind schon gewohnt, Wahnsinnige und Verrückte zur Vernunft zu bringen. Du redest, solange ich will, dass du redest.«

Appianos:»Ja, bei deinem Heil, ich bin weder wahnsinnig noch verrückt, sondern ich spreche im Namen für meine edle Abstammung und das, was mir zusteht.«

[Der Kaiser:»Wie?«]

Appianos:»Als Edler [und Gymnasi]arch.«

Der Kaiser:»[Du sagst also, dass wir] nicht edel sind?«

[Appianos:»Das] weiß ich nicht. Ich spreche [für meine] edle Abstammung und das, was mir zusteht.«

[Der Kaiser:]»Jetzt weißt du nicht, dass [...]?«

Appianos:»[Wenn du] das [wirklich nicht] weißt, werde ich es dir erklären. [Zuerst rettete Caesar] Kleopatra, [...] bezwang das [Reich, und wie] manche [sagen], borgte [...].«

Auslegung

TEXTOBERFLÄCHE Die Acta Appiani sind auf zwei Fragmenten von der selben Rolle (P. Yale Inv. 1536 und P. Oxy. 33) mit zusammen etwa sechseinhalb erhaltenen Spalten überliefert. Die Handschrift stammt aus der ersten Hälfte des dritten Jahrhunderts.[173] Der Text berichtet von einem Gerichtsverfahren; der erhaltene Abschnitt daraus beginnt in einem schon fortgeschrittenen Stadium des Prozesses.[174]

Im Fehlen ausführlicher narrativer Passagen gleicht der vorliegende Text z. B. den Acta Pauli.[175] Der externe Erzähler tritt kaum in Erscheinung, dazu tritt einmal Appianos als akteurgebundener Erzähler auf, und zwar in seinem historischen Exkurs über Caesar und Kleopatra – diese narrative Rede ist aber nicht gut erhalten. Auch der *evocatus* tritt als Erzähler auf (»die Römer murren!«[176]). Die meiste Rede und damit der größte Teil des erhaltenen Textes ist jedoch nicht narrativ. Die Fokalisation erfolgt fast ausschließlich durch die jeweiligen Sprecher.

Wieder wird die Form des Textes von der wörtlichen Rede des Verhördialogs dominiert. Erhalten sind auch zwei kurze narrative Passagen: Appianos wird jeweils zur Hinrichtung abgeführt und wieder zurückgeholt. Die Reden der Parteien (meist nur mit dem Namen oder Titel des Sprechers eingeleitet) sind teilweise rhetorisch durchgestaltet. Das gilt besonders für das Appianos' Lob auf den »göttlichen Antoninus« und für die Invektive gegen den Kaiser.[177] Auch Appianos' ›historischer‹ Exkurs (über Caesar und Kleopatra) gehört zu den rhetorischen Standard-

---

[173]Vgl. a. a. O., 205f.

[174]Vgl. a. a. O., 207.

[175]Dabei darf man nicht vergessen, dass ein Teil des Textes von unbekannter Größe verlorengegangen ist, der sehr wohl narrative Passagen enthalten haben kann.

[176]Ῥωμαῖωι γονγύζο[υσ]ι (Z. 71f.).

[177]Zur Analyse der rhetorischen Mittel vgl. a. a. O., 211.215.

Werkzeugen.[178] Im Stil und im Vokabular lassen die Acta Appiani eine gewisse
Nähe zu den Acta Hermaisci erkennen.[179]

SINNGEBUNG   Für die Fokalisation gilt das gleiche wie für die Acta Pauli: Die Perspektiven der verschiedenen Parteien treffen in einer dramatischen Konfrontation
aufeinander, ohne dass in den erhaltenen Textabschnitten ein externer Fokalisator
deutlich Partei bezieht.

Bei der Charakterisierung der Personen in den Reden bevorzugt der Text allerdings tatsächlich Appianos gegenüber seinem Gegner: Der Kaiser wird nicht nur
ausdrücklich »Tyrann« und »Räuberherrscher«[180] genannt, er erweist sich in seinen
eigenen Wortmeldungen als unwissend und unentschlossen. Dagegen nennt sich
Appianos »Edler [und Gymnasi]arch«[181], Heliodoros spricht ihm den Ruhm eines
Märtyrers zu. Seine Reden zeigen einen standesbewussten und unerschrockenen
Mann. Nur der Kaiser deutet an, dass er ihn für einen »Wahnsinnigen« hält.[182]

Durch die rhetorische Gestaltung und die Formulierung seiner Redebeiträge
– gerade im Gegensatz zu denen des Kaisers – geht Appianos aus der verbalen
Konfrontation als der Überlegene hervor. Darauf dürfte der Text abzielen. Dahinter
verbirgt sich freilich eine Spannung zwischen Appianos' Standesbewusstsein als
alexandrinischer Gymnasiarch und einer gewissen Hilf- und Rechtlosigkeit, der
Appianos als nicht-römischer Bürger vor einem römischen Gericht ausgeliefert
ist.[183]

Die in den Acta Appiani auftauchenden Motive sind schon aus den anderen
Acta bekannt: Der Protagonist betont im Verhör und bei seiner Abführung sehr
stark seine vornehme Abstammung und Würde. Heliodoros' Ermahnung an den
Todgeweihten spricht von der Ehre, die es ist, für seine Heimat zu sterben. Und
wieder durchzieht ein starker Gegensatz von Tyrann und Opfer den Text, der auch
vom Protagonisten ausdrücklich ausgesprochen wird.

Der Text kommt, wenn man von Appianos' historischem Exkurs absieht, ohne
Rückblenden aus. Dafür enthält er einige – etwas pathetische – Ausblicke in die
Zukunft. Die Darstellung ist, soweit sie narrativ ist, szenisch gehalten.

---

[178]»Wenn die letzte Rede des Appianos (V 10ff.) uns ganz erhalten wäre, würden wir wahrscheinlich
einen sehr amüsanten Einblick in die Chronique scandaleuse erhalten, wie sie sich in Alexandrien
über das Kaiserhaus, vom Divus Julius an, gebildet hatte [...]. Dieser politische Gegensatz der
Alexandriner gegen die Cäsaren dürfte das Primäre sein, der Antisemitismus nur eine sekundäre
Nebenerscheinung.« WILCKEN, Antisemitismus, 825. Vgl. auch MUSURILLO, Pagan Martyrs, 220.

[179]Vgl. a. a. O., 211.

[180]Τυράννῳ, Z. 48; λῄσταρχος, Z. 81.

[181]Εὐγ[ενὴς καὶ γυμνασί]αρχος, Z. 91f.

[182]Musurillos Vermutung, der Kaiser bezeichne sich hier selbst als »wahnsinnig«, halte ich für
wenig gedeckt. Vgl. a. a. O., 211.219.

[183]Diese Spannung könnte der Text von seiner Protokoll-Vorlage geerbt haben, vgl. a. a. O., 219.

EREIGNISBEZUG   Die erhaltene Fabula ist denkbar knapp: Appianos befindet sich im Verhör mit dem Kaiser. Zweimal wird er zur Hinrichtung abgeführt und wieder zurückgeholt. Beim ersten Mal spricht er mit Heliodoros. Der historische Hintergrund der Acta Appiani ist undurchsichtig. Der Kaiser dürfte Commodus sein,[184] sein Vater, der »göttliche Antoninus«, Mark Aurel.[185] Anlass des Verfahrens scheinen Anschuldigungen im Zusammenhang des Getreidehandels zu sein.[186] Möglicherweise ist der Appianos des vorliegenden Textes mit dem gleichnamigen Historiker verwandt.[187]

Wenn man das Ereignis um das Jahr 190 ansetzt,[188] bleiben bis zur Niederschrift des erhaltenen Papyrus etwa 50 bis 60 Jahre. In dieser Zeit kann der Text mehrfach überarbeitet worden sein. Auch eine Redaktion gemeinsam mit den Acta Hermaisci ist möglich (s. o.).

Es ist denkbar, dass eine Protokollabschrift als Quelle in die Acta Appiani eingeflossen ist. Passagen wie das Gespräch mit Heliodoros, die pathetische Apostrophe an den Leichnam und die Abführung in den Insignien der Gymnasiarchie können aber nicht aus einem Gerichtsprotokoll stammen. Einige Aspekte des Textes sind durchaus historisch plausibel: Commodus ließ eine Flotte für den Kornhandel bauen. Und nach dem positiven Verhältnis des Historikers Appianos zu Mark Aurel mag seine Familie mit dem so anders auftretenden Commodus umso schlechter zurechtgekommen sein. Aber die Historizität der in dem Papyrus wiedergegebenen Geschichte ist damit keineswegs begründet.

FAZIT   Wieder konfrontiert ein – hier rhetorisch besonders ausgestalteter – Verhördialog die Perspektiven von kaiserlicher und alexandrinischer Prozesspartei, wobei Appianos sich in seinen Reden als dem Kaiser überlegen erweist. Die Abstammung und Amtswürde des Alexandriners werden in diesem Text besonders durch die Verwendung seiner Amtsinsignien unterstrichen. Ob ein Gerichtsprotokoll als Quelle eingeflossen ist, muss umstritten bleiben; als alleinige Quelle kann es nicht gedient haben.

---

[184]Vgl. WILCKEN, Antisemitismus, 824 m. Lit.
[185]Vgl. MUSURILLO, Pagan Martyrs, 206f.
[186]Vgl. a. a. O., 210.212f.
[187]Er ist jedenfalls nicht der Sohn des Historikers, da sein Vater hier Herakleianos heißt. Vgl. a. a. O., 207.214.
[188]So a. a. O., 212.

4. Tod durch Feindschaft anderer

Dem Prozess Jesu geht die Verschwörung einer Gegnergruppe und der Verrat durch einen seiner Jünger voraus. Deswegen werden im folgenden Kapitel Berichte untersucht, in denen Tötungspläne eines oder mehrerer Gegner zu einem gewaltsamen Tod führen. Die Texte dieses Kapitels könnten streng genommen mit denen des vorangegangenen zusammengefasst werden, unterscheiden sich aber von jenen durch das außergerichtliche Setting. Sie stammen alle aus der antiken Biographie und Historiographie. In dieser weitreichenden Literatur gibt es zahllose Berichte gewaltsamen Sterbens, aus denen nur eine sehr kleine (und nicht unbedingt repräsentative) Auswahl getroffen werden konnte.

Die Wahl fiel bevorzugt auf Autoren, die in relativer zeitlicher Nähe zu Markus schreiben, nämlich Plutarch, Sueton und Tacitus. Als früherer Vertreter der biographischen Schriftstellerei wurde Nepos herangezogen. Bei den genannten Autoren finden sich Todesberichte in großer Zahl; eine weitere Einschränkung war nötig. Für den Vergleich mit Markus erschienen insbesondere solche biographischen und historiographischen Todesdarstellungen interessant, die etwas ausführlicher gestaltet waren und einen gewaltsamen Tod einschlossen. Bei Plutarch sollten zudem die gattungsmäßig interessanten Fälle der Doppel- und der Kaiserviten Berücksichtigung finden. Nach diesem Kriterium ergab sich die Auswahl von fünf Plutarch-Viten (Phoc. [oben in 3.1.2 besprochen], Pel., Caes., Agis/Cleom., Galba) und vier Nepos-Viten (Paus., Dion, Dat., Eum.); dazu kamen zwei ausführlichere und motivisch interessante Sterbeberichte bei Sueton (Aug. [unten 5.1.2], Claud.). Bei Tacitus sollte auch das zweite Hauptwerk, die Historien, herangezogen werden; hier war der Tod des Lucius Piso interessant.

4.1 Tötung durch einzelne Konkurrenten

4.1.1 Galba (Plu. Galb. 24–28)

Literatur

Text: ZIEGLER/LINDSKOG, Vitae parallelae 3/2, 373–378. Einführende Lit. zu Plutarch s. oben S. 116. Zur Vita vgl. GEORGIADOU, Lives, 349–356. Zu Galba vgl. FLUSS, PW 4 A/1 (1931), 772–801; ECK, DNP 4 (1998), 746–747; EDER, DNP 12/2 (2003), 204–205.

Übersetzung

(24,1) Unter diesen waren Veturius und Barbius, der eine ein Optio, der andere ein Tesserarius, denn so werden ⟨bei den Römern⟩ die genannt, die als Kommandanten und Aufseher Dienst tun. (2) Mit denen traf sich Othos Freigelassener Onomastos und bestach die einen mit Geld, die anderen mit Hoffnungen, die sie schon unredlich waren und noch einen

Vorwand brauchten. (3) Denn es war nicht in vier Tagen zu schaffen, ein gesundes Heerlager völlig aufzuwiegeln – so viele (Tage) lagen nämlich zwischen der Adoption und dem
Mord. Am sechsten (Tag nach Onomastos' Bemühungen) wurden sie nämlich getötet, den
die Römer als 18. vor den Kalenden des Februar führen.

(4) Denn an jenem Tag opferte Galba gleich morgens im Palast in Anwesenheit seiner
Freunde, der Opferpriester Umbricius aber nahm zugleich die Eingeweide des Opfertiers
in die Hand und sah darauf und sagte nicht in Rätseln, sondern geradeheraus, ⟨er sähe⟩
aus dem Kopf Zeichen eines großen Schreckens und eine listig bewirkte Gefahr dem Kaiser
bevorstehen – sodass die Gottheit Otho geradezu gefangen in seine Hand auslieferte. (5)
Denn der stand hinter Galba und gab acht auf alles, was von Umbricius gesagt und gezeigt
wurde. (6) Weil er erschrocken war und vor Angst ganz blass wurde, trat sein Freigelassener
Onomastos zu ihm und sagte, die Bauleute kämen und warteten zu Hause auf ihn. Das war
aber das Stichwort für den Moment, in dem Otho den Soldaten gegenüber treten musste.
(7) Er sagte also, er habe ein altes Haus gekauft und wolle den Verkäufern die verdächtigen
Stellen zeigen, ging fort und stieg durch das so genannte Tiberiushaus hinab zum Forum,
wo ein goldener Meilenstein steht, an dem die durch Italien führenden Straßen alle enden.

(25,1) Man sagt, dass die ersten, die ihn dort empfingen und als Kaiser anredeten,
nicht mehr als dreiundzwanzig waren. (2) Deshalb – obwohl er bei aller Weichlichkeit und
Weibischkeit seines Körpers nicht verzärtelt war, sondern mutig und unerschrocken in
die Gefahr ging – wich er aus Feigheit zurück. (3) Die Anwesenden ließen aber nicht ab,
sondern umringten mit nackten Schwertern seine Sänfte und befahlen, sie wegzutragen,
obwohl er oft murmelte, er sei verloren, und die Sänftenträger zur Eile anhielt. Denn einige
bekamen es mit und wunderten sich eher als dass sie erschraken über die geringe Zahl der
Wagemutigen. (4) Als er aber so über das Forum getragen wurde, begegneten ihm noch
einmal so viele, und (immer) wieder gingen andere zu dritt oder viert zu ihm hin; daraufhin
kehrten sie alle um, riefen ihn zum Kaiser aus und streckten ihre nackten Schwerter aus.
(5) Martialis aber, der von den Tribunen die Aufsicht über das Lager hatte, ohne, wie man
sagt, eingeweiht zu sein, erschrak vor dem Unerwarteten und fürchtete sich und ließ sie
ein. (6) Als er aber drin war, trat ihm niemand entgegen, denn die nicht Bescheid wussten
über die Vorgänge, wurden von den Mitwissern und Verschwörern einzeln oder zu zweien
zerstreut und umringt und folgten erst aus Furcht, dann aus Überzeugung.

(7) Es wurde aber sofort Galba im Palast gemeldet, als er noch beim Opfer war und
das Opfer in seinen Händen lag, sodass auch die, die an so etwas ganz und gar nicht
glaubten, erschraken und sich über das göttliche Zeichen wunderten. (8) Als aber alles
mögliche Volk vom Forum zusammenströmte, traten ihm Vinius und Laco und einige von
den Freigelassenen entgegen, die nackten Schwerter ausstreckend, Piso aber ging vor und
sprach mit den Leibwächtern, die den Palast bewachten. (9) Und weil die illyrische Legion in
der so genannten Vipsania-Halle lagerte, wurde Marius Celsus, ein guter Mann, geschickt,
um sich ihrer zu versichern.

(26,1) Als aber Galba beschloss, vorzutreten und Vinius ihn nicht ließ, Celsus aber und
Laco drängten und Vinius heftig angriffen, ging ein großes Gemurmel um, Otho sei im
Heerlager getötet worden; (2) und kurz darauf zeigte sich Iulius Atticus, der als einer der
Ausgezeichneten unter den Leibwächtern Dienst tat, trug das nackte Schwert vor sich her
und schrie, er habe den Gegner des Kaisers getötet, zwängte sich durch die Herumstehen-
den, und zeigte Galba das blutige Schwert. (3) Der sah ihn an und sagte: »Wer hat dir das

befohlen?«Als aber der Mensch von seiner Treue redete und von dem Eid, den er geschworen hatte, und als die Menge schrie, das sei gut, und applaudierte, da stieg er in seine Sänfte und ließ sich wegbringen, weil er Zeus opfern und sich den Bürgern zeigen wollte. (4) Als er aber das Forum betrat, kam ihm wie eine Drehung des Windes das Gerücht entgegen, Otho habe das Heerlager in seiner Gewalt. (5) Wie es in einer so großen Menschenmenge ist, riefen die einen, er solle umkehren, die anderen, er solle weitergehen, riefen die einen, er solle Mut haben, die anderen, er solle es nicht glauben, und die Sänfte wurde wie auf einer Woge hierhin und dorthin getrieben und neigte sich oft. Da zeigten sich zuerst Reiter, dann Hopliten, die durch die Paulusbasilika angriffen und wie mit einer Stimme laut riefen, die Privatpersonen sollten aus dem Weg gehen. (6) Die Menge lief also, wobei sie nicht in der Flucht zerstreut wurde, sondern die Säulenhallen und die höheren Teile des Forums besetzte. (7) Als aber Antillius Vergilio ein Bild Galbas zu Boden schleuderte, begannen sie den Kampf und beschossen die Sänfte von überall her mit Pfeilen; als sie ihn aber nicht erwischten, drängten sie mit gezogenen Schwertern vor. (8) Aber niemand wehrte sie ab oder hielt sie auf bis auf einen Mann, den als einzigen die Sonne ansah unter so vielen Zehntausenden als einen, der der Herrschaft der Römer wert war; das war der Centurio Sempronius Densus, dem von Galba privat nichts Gutes widerfahren war, um aber dem Guten und dem Gesetz zu helfen, stellte er sich vor die Sänfte. (9) Und er hob zuerst die Gerte hoch, mit der die Centurionen die zu bestrafen pflegen, die Schläge nötig haben, und er schrie die Herandrängenden an und forderte sie auf, den Herrscher zu verschonen. (10) Als sie dann mit ihm handgreiflich wurden, zog er das Schwert und wehrte sich lange Zeit, bis er – hinten ins Bein getroffen – fiel.

(27,1) Galba aber erschlugen sie im Andrang, als er sich beim so genannten Curtius-Teich aus der Sänfte lehnte und mit seiner Rüstung herausfiel. Er aber bot seinen Hals dar und sagte:»Tut es, wenn es für das römische Volk besser ist!«(2) Er empfing also viele Schläge gegen Arme und Beine, es tötete ihn aber, wie die meisten sagen, ein gewisser Camurius aus der xv. Legion. (3) Einige schreiben auch Terentius, andere Lecanius, andere Fabius Fabulus. Von dem sagt man auch, er habe ihm den Kopf abgeschlagen und, in sein Gewand gepackt, weggebracht, weil er wegen seiner Glatze nicht gut zu fassen war. (4) Als ihn dann, die mit ihm waren, den nicht verstecken, sondern ihn seine Tapferkeit für alle sichtbar machen ließen, habe er das Antlitz des alten und aufrichtigen Herrschers und Hohenpriesters und Konsuls auf einen Speer gespießt und hin- und hergeschwenkt, sei wie die Bacchantinnen herumgelaufen, habe sich herumgedreht und oft den blutüberlaufenen Speer geschüttelt.

(5) Man sagt, Otho habe ausgerufen, als ihm der Kopf gebracht wurde:»Das ist gar nichts, zeigt mir den Kopf des Piso!«(6) Kurz darauf kam er gebracht; der junge Mann war nämlich verletzt geflohen und wurde von einem gewissen Murcus verfolgt und bei dem Vestaheiligtum niedergemacht. (7) Es wurde aber auch Vinius getötet, der gestand, in die Verschwörung gegen Galba verwickelt gewesen zu sein, denn er rief, er sterbe gegen Othos Willen. (8) Aber auch seinen und Lacos Kopf brachten sie zu Otho und verlangten Belohnungen. (9) Wie aber Archilochos sagt,»Wenn sieben Tote fallen, die wir an den Füßen fassten, sind wir tausend Mörder,«so nahmen damals viele an dem Mord nicht teil, befleckten aber ihre Hände und Schwerter mit Blut, zeigten sie vor und verlangten Belohnungen, indem sie Otho Anträge gaben. (10) Hundertzwanzig zumindest wurden später aus den Dokumenten ausfindig gemacht, die Vitellius alle aufsuchte und tötete.

(11) Es kam aber auch Marius Celsus ins Lager, und als ihn viele anklagten, dass er den Soldaten befohlen habe, Galba zu helfen, und die Menge danach rief, ihn zu töten, wollte Otho es nicht. (12) Er hatte aber Angst zu widersprechen und sagte, man solle ihn nicht so schnell töten, es gäbe nämlich etwas, was man zuerst von dem Mann erkunden solle. Er befahl ihnen aber, ihn zu fesseln und zu bewachen, und übergab ihn denen, die am vertrauenswürdigsten waren.

(28,1) Sofort wurde ein Rat zusammengestellt, und als ob sie andere geworden wären – oder es andere Götter geworden wären – kamen sie zusammen und schworen für Otho den Eid, den er selbst, als er ihn (für Galba) geschworen hatte, nicht hielt; und redeten ihn als Caesar und Augustus an, während die kopflosen Toten noch in den Konsulsgewändern auf dem Forum herumlagen. (2) Für die Köpfe hatten sie keine Verwendung mehr. Den des Vinius überließen sie für 2500 Drachmen seiner Tochter; den des Piso erhielt seine Frau Verania, als sie darum bat; den des Galba schenkten sie den Sklaven des Patrobius und des Tigellinus. (3) Jene nahmen ihn und misshandelten und entwürdigten ihn auf jede erdenkliche Weise, und warfen ihn dahin, wo die von den Caesaren Bestraften sterben; der Platz heißt Sessorium. (4) Den Leib Galbas aber nahm Priscus Helvidius entgegen, als Otho ihm den überließ, der Freigelassene Argeios aber bestattete ihn nachts.

Auslegung

TEXTOBERFLÄCHE   Unter den Plutarch'schen Biographien nehmen die von Galba und Otho eine Sonderstellung ein. Sie sind die letzten beiden erhaltenen Exemplare einer Reihe von Kaiserviten, die die römischen Herrscher von Augustus bis Vitellius zum Thema hatten. Sie entstanden vor den Parallelbiographien (s. u.) und liegen also zeitlich nahe an den Ereignissen, die sie behandeln. Für den literaturgeschichtlichen Vergleich mit der Markuspassion macht sie das interessant. Exemplarisch ist hier die Galba-Vita besprochen. Auch der Umfang dieses Werks, das Gewicht der Erzählung auf den letzten Lebensjahren[1] und der Anteil von Verschwörung und Tod am gesamten Buch stellen eine beachtliche strukturelle Parallele zum Markusevangelium her.

Nach der Adoption Pisos durch den kinderlosen Galba sieht sich Otho in seinen Hoffnungen auf die Thronfolge enttäuscht und bereitet eine Verschwörung gegen Galba vor (Kap. 23). Dabei kommt ihm die Enttäuschung der Soldaten über Galbas strenge Politik zugute. Freilich wird das gewaltsame Ende Galbas schon im ersten Kapitel durch eine Todesankündigung vorgezeichnet: Die Kaiser des Unruhejahres 69 würden sich der Reihe nach gegenseitig töten, und Galba zuerst.[2] – Die Vita schließt in Kap. 29 mit einer abschließenden Bewertung Galbas, die seine Position

---

[1] Allerdings werden in der Galba-Vita große Teile von Othos Leben vorweggenommen und in der Otho-Vita schon Vitellius und Vespasian eingeführt, vgl. GEORGIADOU, Lives, 354 – man wird annehmen dürfen, dass in der Nero-Vita manches über Galba erzählt war. Auch Syme hält fest, dass die plutarchischen Kaiserviten wegen ihrer engen Verknüpfung untereinander nicht wirklich mit den Parallelviten oder mit Suetons Kaiserbiographien vergleichbar sind, vgl. SYME, Biographers, 104.

[2] Plu. Galba 1,8f. (zitiert unten S. 357).

bei der Überwindung Nero würdigt und seine Aufrichtigkeit und Orientierung an alten römischen Werten herausstellt. Die folgende Biographie Othos schließt direkt nach dessen Kaiserkrönung an; die beiden Viten sind eng miteinander verknüpft.[3] Die Erzählung wird von einem externen Erzähler und Fokalisator dargeboten. Gelegentlich kommt eine untere Erzählebene ins Spiel: Mehrere Details werden durch indirekte Formulierungen, eingeleitet mit φασί (25,1.5), λέγουσιν (27,2.5) oder ἱστοροῦσιν (27,3), zwischen der Ebene des obersten und eines untergeordneten externen Erzählers eingeordnet. Die Erzählung verliert an diesen Stellen etwas an Stringenz, die Strittigkeit einiger Details wird dafür in gelehrter Weise betont. Auch die Fokalisation changiert stellenweise: Nur dreimal treten in *oratio recta* ausdrücklich akteurgebundene Fokalisatoren auf.[4] Mehrfach werden durch *oratio obliqua* die Fokalisationsebenen vermischt.[5] Dadurch wird die Erzählung perspektivreicher und farbiger. Figurgebundene Fokalisation durch Wahrnehmung von Situationen, die in den untersuchten Parallelbiographien häufiger vorkam, fehlt hier.

Wenige nicht-narrative Kommentare unterbrechen die Handlung: 24,1 »denn so werden die genannt . . . «; 26,8 »den als einzigen die Sonne ansah . . . «; 27,9 »Wenn sieben Tote fallen . . . « und 28,1 »als ob sie andere geworden wären . . . «. Sie dienen ausdrücklich der Bewertung des Erzählten.

Es handelt sich der Form nach, wie bei den anderen besprochenen Texten Plutarchs, um eine biographische Erzählung. In diese Makrogattung sind wenige Stücke kleinerer Gattungen eingebunden: Besonders fällt ein poetisches Zitat aus Archilochos auf (27,9); dazu kommt eine kritische Diskussion der Überlieferung (27,3), und auch Galbas letzte Worte (27,1) können als solche als Exemplar einer Mikrogattung gelten.

SINNGEBUNG   Für die deutende Wahrnehmung des Geschehens ist die Perspektive des obersten externen Fokalisators entscheidend. Hier wird kommentiert und durch Auswahl der Begrifflichkeit deutlich bewertet. Die untergeordneten Fokalisatoren tragen zur Sinngebung wenig bei.

Die Hauptakteure, die sich in diesen Schlusskapiteln gegenüber stehen, sind Galba und Otho. Galba gewinnt hier durch eigene Taten nur wenig Profil. Auf das Prodigium reagiert er zunächst nicht. Auf dem Forum verliert er weitgehend die Kontrolle über die Situation (26,4–8). Seine Empörung über den vermeintlichen Mord an Otho (26,3) zeigt seinen Anstand, vielleicht auch fehlenden machtpolitischen Durchsetzungswillen. Bemerkenswert ist die Erwähnung von Galbas Glatze, die im Zusammenhang seiner Enthauptung skurril wirkt, die aber das Bild des

---

[3]Vgl. GEORGIADOU, Lives, 354.
[4]Galba 26,3; 27,1; Otho 27,5.
[5]Umbricius 24,4; Onomastos 24,6; Otho 24,7; 25,3; 27,12; Aufrührer 25,3; Iulius Atticus 26,2f.; Leute aus der Menge 26,3.5; Soldaten 27,11.

greisen Herrschers unterstreichen will.[6] Seine letzten Worte dokumentieren seine Unerschrockenheit und Selbstlosigkeit und sein hochstehendes Ethos. Das wird unterstrichen durch den Kommentar des Erzählers (27,4), durch die ausgesprochen positive Würdigung in Kap. 29 und durch den Kontrast mit seinen Widersachern, von denen kein positiver Eindruck bleibt: Rohheit und Geldgier kennzeichnen die Unterstützer Othos. Der fällt, obwohl eigentlich durch eine stramme Konstitution ausgezeichnet (25,2) durch Ängstlichkeit auf, nämlich beim Opfer (24,6), auf dem Forum (25,2) und im Lager (27,12). Nur in sicherer Position zeigt er sich kalt und entschlossen (27,5).

Alter und Würde des Opfers werden ausdrücklich betont (27,4). Dieses Motiv steht kontrastreich und wirkungsvoll im Zusammenhang der Entwürdigung seines Leichnams durch den Mörder, welche hier ausgesprochen breit ausgemalt ist. Die Handlung enthält mehrere topisch geprägte Ereignisse: zu nennen sind vor allem die Verschwörung (παρασκευή, 25,6), die den Tod vorbereitet, und das negative Prodigium, das dem Protagonisten sein Unheil ankündigt.[7]

Die zeitliche Strukturierung macht deutlich, dass sich der Erzähler für die entscheidenden Ereignisse viel Zeit nimmt. Die Verschwörung im Vorfeld ist gerafft erzählt (24,1–3), auch die Folge-Toten (27,5–10) werden in einer gerafften Folge von Momentaufnahmen berichtet, ansonsten wird szenisch erzählt. Bei Szenenwechseln sind häufiger kleine Ellipsen eingeschaltet. Durch die Szenenwechsel wird erkennbar, wie die Erzähl- und Ereignisfäden mehrerer Schauplätze miteinander verflochten sind. In der Erzählreihenfolge gibt es keine Abweichungen außer dem Ausblick auf die Tötung einiger Mitläufer (27,10), die deren Gewinnstreben als unredlich kennzeichnen.

Die Erzählung und ihre Wortwahl werten stark. Kommentare deuten das Geschehen zusätzlich; auch die drei Passagen in direkter Rede tragen zu den Charakterbildern bei. Man gewinnt den Eindruck, in diesen letzten Kapiteln gehe es weniger um Galbas Charakter als um den seiner Gegner, da er fast ganz zum passiven Objekt der Vorgänge wird, am anschaulichsten in der Menschenmenge auf dem Forum. Genauer wird man aber sagen, dass auf der Folie seiner Gegner Galbas zurückhaltender und anständiger Charakter umso mehr hervortritt.[8]

EREIGNISBEZUG   Die Fabula umgreift mehrere Schauplätze in Rom. Otho und sein Freigelassener Onomastos bereiten im Heerlager eine Verschwörung gegen Gal-

---

[6]Plutarch wählt bewusst einprägsame Körpermerkmale, die seine Charakterzeichnung unterstützen, vgl. GEORGIADOU, Lives, 355f.

[7]Interessanterweise wird auch auf die eingegangen, »die an so etwas ganz und gar nicht glaubten«, 25,7.

[8]Dem programmatischen Anfang der Galba-Biographie nach zu urteilen, sollte Plutarch in den Kaiserviten etwas mehr an den Ereignissen und weniger am ἦθος der Protagonisten interessiert sein als in den Parallelbiographien; wenn das zutrifft, hat er es in Othos Vita gründlicher umgesetzt als in der Galbas, vgl. a. a. O., 350f.356.

ba vor. Galba opfert in Othos Anwesenheit im Palatium und erhält ein negatives Vorzeichen; Otho geht zum Forum, um sich dort zum Kaiser ausrufen zu lassen. Aus Mangel an Unterstützern verlässt er das Forum, lässt sich aber bereden, zurückbringen und doch zum Kaiser ausrufen. Er begibt sich ins Heerlager, wo seine Unterstützer jeden Widerstand verhindern. Galba erfährt im Palatium davon, lässt die Menschenmenge zurückhalten und Unterstützung holen. Ein Gerücht von Othos Tod kommt auf, Iulius Atticus bestätigt es vermeintlich, und Galba lässt sich zum Forum bringen. Dort kommt das (zutreffende) Gerücht auf, Otho kontrolliere das Heerlager. Galba verliert sich im Gemenge. Unterstützer Othos verdrängen die Menschenmenge und töten Galba nach dem vergeblichen Widerstand des Centurio Sempronius Densus. Zu Otho ins Lager werden die Köpfe seiner Widersacher gebracht. Er lässt Celsus verhaften und sich den Treueeid schwören. Die Köpfe der Opfer werden verkauft und/oder misshandelt; vorgebliche Mittäter werden später von Vitellius getötet.

Diese Ereignisse spielen sich an einem einzigen Tag ab (vier Tage, wenn man die Verschwörung mitzählt); sie erhalten also großes Gewicht innerhalb der Biographie.

Die erhaltenen Viten von Galba und Otho werden i. A. in den Zeitraum von ca. 79–96 n. Chr. datiert,[9] sie fallen also vor die Zeit der Parallelbiographien. Der Tod Galbas fiel auf den 15. Januar 69 n. Chr.[10] Zwischen seinem Tod und der Abfassung der Vita können demnach zehn bis 27 Jahre liegen.[11] Der kurze Zeitabstand lässt neben der Benutzung schriftlicher Quellen[12] (so ausdrücklich: ἱστοροῦσιν, 27,3) die Verarbeitung mündlicher Überlieferungen als wahrscheinlich erscheinen.

Fluss betont den hohen Wert der Galbabiographie als zeitgenössische Quelle. Plutarch kam kurz nach Galbas Tod nach Rom und hatte dort Kontakt mit den Zeugen der Ereignisse. Die Vita wurde noch vor den Werken Tacitus' und Suetons publiziert.[13] Dementsprechend gilt sie als historisch glaubwürdig, sie spielt eine große Rolle bei der historischen Rekonstruktion der Ereignisse.[14]

FAZIT   Die Galba-Biographie hat als Kaiservita eine Sonderstellung im heute erhaltenen Plutarch'schen Opus. Die Erzählung wertet (besonders in den letzten Kapiteln) stark zugunsten ihres Protagonisten, indem sie die Verschwörer diskreditiert und ihn selbst mit vorteilhaften Attributen ausstattet.

---

[9]Vgl. JONES, Chronology, 71; ausführlicher SYME, Biographers, 106–108.
[10]Vgl. ECK, DNP 4 (1998), 747.
[11]Diese kurze Vita liegt demnach zeitlich noch näher an ihrem Protagonisten als das Markusevangelium an Jesus.
[12]Ronald Syme denkt an ein historiographisches Werk über die frühe Kaiserzeit als Hauptquelle für die ganze Vitensammlung: »Plutarch sliced up a narrative history«, SYME, Biographers, 105, das vermutlich nicht auf griechisch vorgelegen habe, vgl. a. a. O., 110.
[13]Vgl. FLUSS, PW 4 A/1 (1931), 772.
[14]Vgl. a. a. O., 795–798.

Interessant im Hinblick auf einen Vergleich mit der Markuspassion sind vor allem die Produktionsbedingungen: Eine Parallele zu Markus stellt sowohl die zeitliche Nähe des Textes zum Ereignis dar als auch die Benutzung einer schriftlichen (hier historiographischen) Hauptquelle, die durch mündliche Lokalüberlieferungen ergänzt und in ein biographisches Werk überführt wird.

4.1.2   Dion (Nep. Dion 8,1–10,3)

Literatur

Text: Marshall, Vitae, 37–39. Eine deutsche Übersetzung bei Wirth, Nepos, 149–153. Zu Nepos: Wissowa, PW 4/1 (1900), 1408–1417; Eigler, DNP 8 (2000), 839–840; Geiger, Cornelius Nepos. Zu Dion: Niese, PW 5/1 (1903), 834–846; Meister, DNP 3 (1997), 619f.; Berve, Dion.

Übersetzung

(8,1) Als jener das (sc. die Unruhe der Syrakusaner Bevölkerung) sah und nicht wusste, wie er es eindämmen sollte und fürchtete, wohin das führen möge, ging ein gewisser Kallikrates, ein athenischer Bürger, der mit ihm zugleich von der Peloponnes nach Sizilien gekommen war, ein gewiefter und zum Betrug geneigter Mensch, ohne irgendeine Ehrfurcht oder Treue, zu Dion und sagte, (2) er sei in großer Gefahr wegen der Kränkung des Volkes und des Hasses der Soldaten, dem er auf keine Weise entkommen könne, wenn er nicht einem der Seinen den Auftrag gebe vorzutäuschen, er sei ihm feind. Wenn er dazu einen Geeigneten finde, könne er leicht die Haltungen aller erkennen und die Gegner beseitigen, weil seine Feinde dem Abweichler ihre Meinung eröffnen würden. (3) Als solcher Ratschlag Beifall fand, übernahm Kallikrates selbst die Aufgabe und bewaffnet sich durch Dions Unvernunft. Er wirbt sich Komplizen an, um jenen zu töten, bringt seine Gegner zusammen, bestärkt sie durch eine Verschwörung. (4) Die Sache, von der viele wussten, dass sie betrieben wurde, wird bekannt und Dions Schwester Aristomache und seiner Frau Arete zugetragen. Jene kommen, durch die Furcht aufgeschreckt, mit dem zusammen, angesichts dessen Gefährdung sie sich fürchteten. Aber jener verneint, dass ihm von Kallikrates ein Hinterhalt gelegt werde, sondern was getrieben werde, geschehe auf seinen Befehl. (5) Nichtsdestoweniger führen die Frauen Kallikrates in den Proserpinatempel und zwingen ihn zu schwören, dass von ihm keine Gefahr für Dion ausgehen werde. Jener wurde durch jene religiöse Verpflichtung nicht nur nicht abgeschreckt, sondern zur Ausführung angetrieben, weil er fürchtete, sein Plan könne aufgedeckt werden, bevor er seine Absicht ausgeführt hatte.

(9,1) In dieser Überzeugung übergibt er am nächsten Festtag, als Dion sich von der Versammlung zurückgezogen hatte und in einem höhergelegenen Zimmer lag, den Mitwissern des Verbrechens die befestigten Stellen der Stadt, umstellt das Haus mit Wachen, die von den Türen nicht weggehen sollten, und stellt verlässliche Leute davor. (2) Er rüstet eine Trireme mit Bewaffneten aus, übergibt sie seinem Bruder Philostratos und befiehlt, sie solle in den Hafen gefahren werden, als ob sie die Ruderer trainieren wolle, aus der Überlegung, dass er, wenn vielleicht das Schicksal seinen Plänen im Wege stehen sollte, etwas habe, wohin er sich in Sicherheit bringen könne. (3) Aus der Zahl der Seinen aber wählt er einige junge zakynthische Männer aus, so überaus stark wie überaus mutig, und gibt ihnen den Auftrag, unbewaffnet zu Dion zu gehen, sodass sie scheinbar um seinetwillen zusammenkämen. (4) Die werden wegen ihrer Bekanntheit eingelassen. Aber wie jene seine Schwelle überschritten haben, verriegeln sie die Türen und fallen über den auf seinem Bett Liegenden her und fesseln ihn; es gibt einen Lärm, der bis draußen gehört werden kann. (5) Hier, wie schon vorher oft gesagt, war für jeden leicht zu verstehen, wie verhasst die Alleinherrschaft und wie erbarmenswert das Leben derer ist, die lieber gefürchtet als geliebt werden wollen. (6) Denn selbst jene Wachen hätten, wenn sie verlässlich gesinnt gewesen wären, die Türen aufbrechen und ihn retten können, weil jene ihn ohne Waffen lebendig festhielten und (erst noch) von draußen eine Waffe verlangten. Als ihm niemand zur Hilfe kam, reichte ein gewisser Lykon aus Syrakus ein Schwert durchs Fenster, mit dem Dion getötet wurde.

(10,1) Als der Mord vollbracht war, und die Menge hereinkam um zu schauen, wurden einige Unwissende als Schuldige niedergemacht. Denn als sich schnell das Gerücht verbreitete, Dion sei Gewalt angetan worden, liefen viele zusammen, denen solch ein Verbrechen missfiel. Diese wurden von falschem Verdacht geleitet und töteten die Schuldlosen wie Verbrecher. (2) Wie sein Tod bekannt gemacht wurde, wandelte sich wundersam der Wille der Menge. Denn die ihn zu Lebzeiten einen Tyrannen genannt hatten, dieselben bezeichneten ihn als Befreier der Heimat und Vertreiber des Tyrannen. So folgte sofort das Mitleid dem Hass, sodass sie ihn, wenn möglich, mit ihrem Blut vom Acheron hätten zurückkaufen wollen. (3) Deshalb wurde er an einer prominenten Stelle in der Stadt öffentlich erhöht und mit einem Grabdenkmal geehrt. Zur Zeit, da er starb, war er etwa 55 Jahre alt, im vierten Jahr nach dem Jahr, als er von der Peloponnes nach Sizilien zurückgekehrt war.

Auslegung

TEXTOBERFLÄCHE Die vorliegende Passage bildet etwas weniger als das letzte Drittel der Dion-Biographie. In den vorausgehenden Kapiteln kehrt Dion aus dem peloponnesischen Exil nach Syrakus zurück und erobert es. Es kommt zu Konflikten mit der demokratischen Partei dort, als er sich, von platonischen Ideen angeregt, als Monarch etablieren möchte. Er besteht die Konflikte mit wechselndem Erfolg, und sieht sich zuletzt mit einiger Unruhe in der Bevölkerung und im Heer konfrontiert, woran 8,1 anknüpft.

Der Tod Dions wird von einem externen Erzähler erzählt und von einem externen Fokalisator präsentiert. Es gibt keine untergeordneten Erzähler; akteurgebundende Fokalisatoren deuten sich nur bei der indirekten Rede Kallikrates', Dions und der Frauen (8,2.4.5) an; mit den Befürchtungen der Frauen und des Kallikrates (8,4f.) werden auch nicht äußerlich wahrnehmbare Emotionen dargestellt. Insgesamt besitzt der Text eine hohe Einheitlichkeit, die obere externe Erzählebene ist stets präsent. Auch die sparsame Verwendung von nicht-narrativen Erzählerkommentaren (9,5.6a; alle anderen Kommentare sind narrativ) trägt zum einheitlichen Eindruck der Erzählung bei.

Der Gattung nach liegt eine geschlossene biographische Erzählung vor, mit einzelnen Erzählerkommentaren und Passagen in *oratio obliqua* (8,2.4.5). In 8,2 ist eine symbouleutische Rede des Verschwörers Kallikrates (»consilium«, 8,3) angedeutet. Ansonsten verzichtet der Autor auf die Einbettung weiterer Kleingattungen.

SINNGEBUNG Der externe Fokalisator zeigt durch die Auswahl und Präsentation die Ambivalenz von Dions Person, in den vorliegenden Kapiteln mit einem Schwerpunkt auf seiner Unvernunft und Naivität. Kallikrates kommt zwar relativ lange zu Wort, die eindeutige negative Bewertung zuvor lässt aber Lesersympathien für ihn gar nicht erst aufkommen.

Die entscheidenden Akteure in Kap. 8–10 sind Dion und Kallikrates. Dion wird hier in seinen Worten als naiver und in seinen Taten als weitestgehend passiver Akteur dargestellt.[15] Die Erzählerkommentare betonen seine »Unvernunft« (8,3) und erst am Ende seine plötzliche Hochschätzung durch das Volk (10,2). Kallikrates ist in seinen Worten verschlagen und unaufrichtig und in seinen Taten sehr umsichtig. Nachdem ihn der Erzählerkommentar gleich zu Beginn als skrupellos und böse dargestellt hat, sind andere Deutungsmöglichkeiten für die Leser praktisch blockiert. Mit Kallikrates als Folie lässt die Erzählung Dion besser davonkommen, als seine Charakteristik in den vorliegenden Kapiteln zunächst erwarten lassen würde. Dion bleibt also ambivalent.

Mehrere interessante Motive kommen vor. Die ambivalente Figur Dions wird nach seinem Tod in die geprägten Begriffe »Tyrann« und »Vertreiber des Tyrannen« gefasst (10,2). Der Wechsel der Volksmeinung an dieser Stelle zeigt, dass sich der Protagonist dieser Biographie einer eindeutigen *laudatio* oder *vituperatio* entzieht. Auch unter den erzählten Ereignissen finden sich bekannte Elemente, so die Verschwörung (*coniuratio*, 8,3), hier so wie öfters verbunden mit einer symbouleutischen Rede des Verschwörers an sein Opfer.[16] Der Verstorbene wird nach seinem Tod durch die Bevölkerung mit einem Denkmal geehrt. Dieses Motiv erhält eine interessante Wendung dadurch, dass die Bevölkerung überhaupt erst nach dem Tod »wundersam« wieder (10,2) Sympathie für den Protagonisten fasst.

Die Darstellung ist zumeist szenisch. Die Vorbereitung des Putsches (8,3) wird etwas gerafft, die Durchführung (9,1–6) etwas gedehnt. Vor der Ausführung des Mordplanes (9,1) ist eine Ellipse eingeschaltet, die wohl mehrere Tage umfasst. Die Erzählung legt also einen Schwerpunkt auf die zentralen Ereignisse am Todestag Dions. 10,3b fällt aus dem narrativen Zeitschema heraus und versucht eine Datierung der Ereignisse im Kontext von Dions Lebenslauf.

---

[15]Vgl. zur Passivität des Opfers ab dem Zeitpunkt seiner Todesfestsetzung wieder Plu. Caes. und die synoptischen Passionsberichte.
[16]Vgl. etwa auch bei Plu. Caes. 64.

Als Träger der Sinngebung erweisen sich damit vor allem die Erzählerkommentare. Sie steuern die Lektüre der Ereignisse und Äußerungen in der Erzählung und machen ihren Sinn eindeutig.

EREIGNISBEZUG Folgende Ereignisse werden erzählt: Die Bevölkerung und die Truppen geraten in Unruhe. Kallikrates geht auf Dion zu und macht ihm einen Vorschlag zur Lösung der Probleme. Dion geht darauf ein und beauftragt Kallikrates mit der Spionage unter seinen Gegnern. Der bereitet daraufhin einen gewaltsamen Umsturz vor. Die Frauen in Dions Umfeld wollen diesen warnen, er wiegelt aber ab. Ihr Versuch, die Gefahr abzuwenden und Kallikrates durch einen Eid zu binden, hat den gegenteiligen Effekt. Nach einigen Tagen besetzt Kallikrates mit seinen Leuten die strategisch wichtigen Stellen der Stadt und schickt einige Zakynthier zu dem schlafenden Dion, die ihn ungehindert fesseln, sich eine Waffe bringen lassen und ihn töten. Einige aus dem Volk lynchen zunächst Unschuldige; als dann die Tat bekannt wird, wird Dion posthum geehrt. – Diese Ereignisse nehmen einige Tage in Anspruch, die von Kap. 9 einen einzigen Tag. Entsprechend groß ist ihr Gewicht in der Gesamtbiographie.

Nepos macht keine Angaben zu seinen Quellen für diese Darstellung. Die erste Hälfte der Vita kann auf Timaios zurück gehen.»Die zweite Hälfte der Vita (6ff.) zeigt Dion mehr oder weniger als Tyrannen [...] und gibt damit eine Auffassung wieder, die man eher [...] einem Schriftsteller zuschreiben möchte, dem weniger an der Verherrlichung von Freiheitshelden gelegen war. Es ist daher von manchen Gelehrten an Theopompos gedacht [...] worden«[17] – doch auch hier ist Timaios als Quelle möglich.»Die weitgehende Übereinstimmung in der Schilderung von Dions Untergang bei Plutarch (54ff.) und Nepos (8ff.), die als gemeinsame Quelle Timaios erwarten läßt, dürfte dafür sprechen.«[18]

Zwischen Dions Tod 354 v. Chr.[19] und der Abfassung vor 32 v. Chr. liegen ca. 320 Jahre. – Die historische Genauigkeit seiner Darstellung ist unsicher. Generell wurde früher die historische Qualität von Nepos' Quellen nicht zu hoch angesetzt: »seine Quellen [sind] nicht sowohl die Historiker grossen Stiles als rhetorisierende Geschichtswerke und die panegyrische oder pikante Biographienlitteratur«.[20] Das liegt an Nepos' rhetorischen Interesse, die dargestellte Person nicht neutral darzustellen, sondern ausdrücklich zu bewerten. Inwischen ist die Forschung zu einer differenzierteren Einschätzung gekommen.[21]

[17] A. a. O., 15.
[18] A. a. O., 16.
[19] Vgl. MEISTER, DNP 3 (1997), 620.
[20] WISSOWA, PW 4/1 (1900), 1416.
[21] Vgl. SONNABEND, Geschichte, 112.

In den wichtigen historischen Quellen heißt Dions Widersacher nicht Kallikrates, sondern Kallippos.[22] – Helmut Berve hält Nepos Darstellung in wichtigen
Zügen für historisch plausibel. Besonders Kallippos' Überredungstaktik gegenüber
Dion und der eigentliche Mordvorgang können demnach als zuverlässig wiedergegeben betrachtet werden.[23] Gegenüber der Darstellung bei Plutarch und Nepos
folgt Berve aber Aristoteles in der Annahme, Kallippos habe sich bereits vor dem
Anschlag offen von Dion losgesagt und sich keineswegs seinen Frauen gegenüber
eidlich zum Stillhalten verpflichtet.[24] Widersprüchlich ist auch Nepos' Behauptung,
einerseits sei Dions Haus von Attentätern umstellt gewesen, andererseits hätten seine Leibwächter einfach helfen können, wenn sie gewollt hätten.[25] Zuletzt hält Berve
den plötzlichen Stimmungsumschwung nach Dions Tod für wenig glaubwürdig.
»Nach Plutarch (58,1) stand Kallippos glänzend da und hatte Syrakus in seiner
Hand« – von posthumen Ehrungen für Dion schweigt Plutarch dagegen.[26] Das
historische Interesse Nepos' ist freilich eher gering anzusetzen; die Bewertung der
Handelnden steht im Vordergrund.

FAZIT   Nepos' Dion-Vita ist eine eher kürzere Biographie mit hoher narrativer Geschlossenheit. Interessant ist, wie die Erzählung es ihrem Protagonisten ermöglicht,
sich einer eindeutigen Bewertung zu entziehen – obwohl die Nepos-Viten generell an einer rhetorischen *laudatio* oder *vituperatio* interessiert sind. Die Verschwörer
werden dagegen eindeutig diskreditiert. Nepos' Genauigkeit bei der Quellenbenutzung lässt Fragen offen.

4.1.3   Claudius (Suet. Claud. 43–46)

Literatur

Text: ROLFE, Suetonius 2, 78–83. Eine engl. Übersetzung ebd.. Kommentare: KIERDORF, Sueton, 149–153; SCHERBERICH, Untersuchungen. Zu Sueton: FUNAIOLI, PW 4 A/1 (1931), 593–641;
SALLMANN, DNP 11 (2001), 1084–1088; STEIDLE, Sueton. Zu Claudius: GAHEIS, PW 3/2 (1899),
2778–2839; ECK, DNP 3 (1997), 22–26.

Übersetzung

(43) Gegen sein Lebensende gab er einige recht deutliche Zeichen, dass er seine Ehe mit
Agrippina und die Adoption Neros bereute, denn als seine Freigelassenen ein Gerichtsverfahren lobend erwähnten, in dem er Tags zuvor eine des Ehebruchs Angeklagte verurteilt
hatte, bemerkte er, es sei sein Geschick, dass alle seine Ehe(frauen) schamlos, aber nicht

---

[22]Vgl NIESE, PW 5/1 (1903), 845; MEISTER, DNP 3 (1997), 620.
[23]Vgl. BERVE, Dion, 116–120.
[24]Vgl. a. a. O., 118f.
[25]Vgl. a. a. O., 120.
[26]A. a. O., 121.

straflos gewesen seien. Darauf umarmte er den bei ihm stehenden Britannicus[27] und mahnte, er möge wachsen und einen Bericht all seiner Taten empfangen; worauf er obendrein auf Griechisch folgen ließ:»Der verwundet hat, wird heilen.« Und als er beschlossen hatte, dem noch unreifen und zarten Burschen außerdem, wenn seine Größe es zuließe, die Toga zu verleihen, fügte er hinzu:»Damit das römische Volk endlich einen echten Caesar habe.«

(44,1) Nicht viel später schrieb er auch sein Testament und versiegelte es mit den Siegeln aller seiner Ämter. Bevor er also darüber hinaus fortschritt, wurde er von Agrippina aufgehalten, die – mehr als ihr Gewissen – nicht weniger auch die Verräter vieler Verbrechen bedrängten[28].

(2) Es besteht freilich Konsens, dass er mit Gift getötet wurde; wo aber, und durch wen es ihm gegeben wurde, geht man auseinander. Einige überliefern, beim Festmahl mit den Priestern in der Burg durch seinen Vorkoster, den Eunuchen Halotus; andere, bei einem Essen zuhause durch Agrippina selbst, die ihm – begierig nach solchen Speisen – einen vergifteten Pilz serviert habe. Auch über die folgenden Ereignisse gibt es verschiedene Versionen. (3) Viele sagen, er sei sofort nach der Einnahme des Giftes verstummt und sei, nachdem er die ganze Nacht von Schmerzen gequält wurde, nahe bei Tagesanbruch verschieden. Einige (sagen), er sei anfangs betäubt gewesen, habe dann wegen der Übermenge der Speisen alles erbrochen, und habe dann wiederum Gift genommen, möglicherweise einem Brei beigemischt, als ob er, erschöpft, sich mit einem Essen stärken sollte, oder mit einem Klistier eingeführt, als ob dem an Überfüllung Leidenden auch durch diese Art der Entleerung geholfen werden sollte.

(45) Sein Tod wurde geheim gehalten, bis man um seine Nachfolge alles geregelt hatte. Deshalb wurden auch Gelübde für ihn geleistet, als ob er krank sei, und zur Täuschung Schauspieler hereingeführt, als ob sie auf seinen Wunsch unterhalten sollten. Er starb am 3. vor den Iden des Oktober unter dem Konsulat von Asinius Marcellus und Acilius Avola, im 64. Lebensjahr, im vierzehnten Jahr seiner Regierung, und wurde im feierlichen Trauerzug der Prinzipes bestattet und unter die Götter erhöht; diese Ehrung, die von Nero vereitelt und aufgehoben wurde, erhielt er bald durch Vespasian.

(46) Die Vorzeichen seines Todes waren herausragend: der Aufstieg eines geschweiften Sterns, den man Komet nennt, und dass vom Himmel das Standbild seines Vaters Drusus getroffen wurde, und dass im gleichen Jahr viele Amtsträger aus allen Dienstgraden starben. Aber er scheint auch selbst um das (nahende) Ende seines Lebens gewusst und es nicht verheimlicht zu haben, wofür es freilich mehrere Begründungen gibt: Denn auch, als er die Konsuln bestimmte, bestimmte er niemand über den Monat hinaus, in dem er starb, und im Senat, dem er seit jüngstem angehörte, vertraute er, nachdem er seine Kinder viel zur Eintracht ermahnt hatte, die beiden in ihrer Jugend flehentlich den Vätern an; und in seinem letzten Gerichtsverfahren sagte er einmal und noch einmal vor dem Gericht – obwohl die, die es hörten, die Abwendung des Unglücks wünschten –, das Ende seines sterblichen Lebens sei gekommen.

---

[27]Seinen leiblichen Sohn.
[28]Konjektur: *urguebant* statt *arguebant*, vgl. KIERDORF, Sueton, 45.150.

Auslegung

TEXTOBERFLÄCHE   Im letzten Viertel der Claudiusvita präsentiert Sueton der Reihe nach Claudius' unangenehme Eigenschaften: Verschwendungssucht und Fresserei, Grausamkeit, Furchtsamkeit, Rachsucht und Neigung zum Jähzorn, Zerstreutheit und Unachtsamkeit; anschließend geht er auf seine Schriftstellerei ein. Abgegrenzt mit der Eingangswendung »Gegen sein Lebensende«[29], schließen dann die vier kurzen Kapitel 43–46 die Vita ab. Sie machen weniger als ein Zehntel des Textes aus.

Neben der obersten Erzählebene (externer Erzähler, externe Fokalisation) kommen auf einer unteren Ebene weitere externe Erzähler zu Wort (*quidam tradunt*, 44,2; *multi . . . aiunt*, 44,3). Dadurch wird an der kritischen Stelle der Rekonstruktion des Tathergangs die obere Erzählebene entlastet. Nur ein Akteur, nämlich Claudius, kommt kurz selbst zu Wort.

Nicht narrativ sind neben seinen Worten kurze gliedernde Erzähleräußerungen wie »es besteht freilich Konsens«, »Die Vorzeichen seines Todes« u. ä.

Es handelt sich formal wieder um eine biographische Erzählung. Die chronologische Ordnung der Erzählung ist allerdings nach sachlichen Gesichtspunkten teilweise umgestellt (s. u.). Sie enthält ein relativ ausführliches Referat von Überlieferungsvarianten. Wie die anderen Viten enthält auch diese ein genaues Todesdatum[30] nach dem Bericht vom Ableben des Protagonisten. An eingebetteten Mikrogattungen findet sich ein griechisches Sprichwort.[31]

SINNGEBUNG   Die Fokalisation bleibt – außer bei Claudius' kurzen Worten – extern; sie weckt kaum Lesersympathien für den Protagonisten, wirkt vielmehr bemüht um Sachlichkeit.

Claudius als Figur gewinnt etwas Profil durch seine eigenen Äußerungen in 43: Er erscheint dort als trocken-ironisch und familienpolitisch einigermaßen klarsichtig. Ab 44,2 ist er aber ganz passives Objekt. Gerade der mutmaßliche Verlauf seines Ablebens ist wenig diskret und damit einigermaßen demütigend dargestellt. Auch im Hauptteil der Vita werden bevorzugt seine negativen Eigenheiten hervorgehoben. – Agrippina wird als eindeutig böse charakterisiert. Neben der mutmaßlichen Tat stehen dafür vor allem die Einschätzungen ihres eigenen Gewissens und der vielen »Verräter« (44,1).

Motivlich relevant sind vor allem die Prodigien, die sich vor dem Tod ereignen, aber interessanterweise dem Todesfall nachgestellt werden. Diese Anordnung

---

[29] *Sub exitu vitae*, 43,1

[30] Vgl. KIERDORF, Sueton, 151.

[31] Das Sprichwort ὁ τρώσας ἰάσεται (43) bezieht sich auf die Achilleus-Sage, vgl. ROLFE, Suetonius 2, 78. »Cl[audius] könnte mit der Äußerung angedeutet haben, dass er willens war, die bisherige Zurücksetzung des Britannicus zu korrigieren.« KIERDORF, Sueton, 149.

findet sich bei Sueton auch in den sehr kurzen Todesdarstellungen des Vitellius und Domitian, während er sonst Prodigien bevorzugt vor dem Tod referiert (Caesar, Augustus, Tiberius, Caligula, Vespasian, Titus). Ein Komet gilt als bedrohliches Zeichen für Regierende.[32]

Wer den Text als Erzählung lesen möchte, wird vor allem durch das Referat der Überlieferungsvarianten irritiert. Sueton bietet an drei Punkten alternative Versionen der Ereignisse; dadurch wird die Zeitstruktur gerade an den entscheidenden Stellen aufgebrochen. Zusätzlich finden sich Rückblenden (»Tags zuvor« 43; die Prodigien in 46) und ein Ausblick auf die Apotheose unter Vespasian (45b).

Als Träger der Sinngebung kommt vor allem die Auswahl und Darbietung der erzählten Ereignisse in Betracht, sowie die kurzen, strukturierenden Gliederungshinweise.

EREIGNISBEZUG   Die Fabula ist durch Varianten aufgebrochen: Einige Zeit nach den Ereignissen, die als Prodigien gedeutet werden, spricht Claudius über ein Gerichtsverfahren, zeigt dabei Reue über seine Ehe mit Agrippina und redet liebevoll mit seinem Sohn Britannicus. Er schreibt sein Testament. Er wird dann von Halotus oder Agrippina vergiftet, stirbt entweder bald oder nachdem er erbrochen und im Brei oder durch ein Klistier neues Gift erhalten hat. Sein Tod wird zunächst verborgen. Er wird bestattet und später zum Gott erklärt. – Die entscheidenden Ereignisse spielen sich im Rahmen weniger Tage ab.

Sueton nennt seine Quellen nicht namentlich, macht aber auf ihre Benutzung deutlich aufmerksam. Von sieben anonymen Quellenhinweisen in der ganzen Vita liegen zwei in Kap. 44.[33] In Frage kommen vor allem die Historiker, die über die julisch-claudische Epoche schrieben, also Aufidius Bassus, M. Servilius Nonianus, Cluvius Rufus, Plinius d. Ä. und Fabius Rusticus, sowie weitere wenig bekannte Historiker.[34] Die Tradition, die Claudius' veränderte Haltung gegenüber Britannicus als Mordmotiv nennt, kann erst nach Neros Tod publiziert worden sein – vielleicht vom nerofeindlichen Plinius d. Ä.[35] Dass Sueton das in 44,1 erwähnte Testament einsah, ist möglich, aber nicht nachweisbar.[36]

Bei der Abfassung lag Claudius' Tod im Oktober 54[37] bereits bis zu 67 Jahre zurück.[38] Die Historizität der Details ist nicht mehr im einzelnen verifizierbar.

---

[32]Vgl. a. a. O., 152.
[33]Vgl. SCHERBERICH, Untersuchungen, 15.
[34]Vgl. a. a. O., 15–17.
[35]Vgl. KIERDORF, Sueton, 149.
[36]Vgl. SCHERBERICH, Untersuchungen, 18.
[37]Vgl. ECK, DNP 3 (1997), 25.
[38]Wenn man von einer Abfassung vor 122 ausgeht. SYME, Biographers, 119.121, hat dagegen für eine Spätdatierung der letzten sechs Viten plädiert. Dafür führt er vor allem an, dass in den späteren Viten die Qualität der Quellenbenutzung merklich abfalle, was darauf zurückgeführt werden könne, dass Sueton nach seiner Entfernung aus dem Amt des Sekräters *ab epistulis* im Jahr 122 keinen Zugang mehr zu den Archiven gehabt habe. Als Argument für die Spätdatierung verwendet Syme auch

Agrippinas Verantwortung für den Tod wird heute teilweise anerkannt;[39] gegen den Konsens der Antike ist aber auch ein natürlicher Tod denkbar, worauf auch die Neufassung des Testaments kurz vor dem Tod hinweist.[40] Suetons Annahme, Nero habe Claudius' Apotheose zurückgenommen, ist so nicht richtig.[41]

Die Verlässlichkeit von Berichten über Krankheiten und Todesfälle am kaiserlichen Hof ist schon von den Zeitgenossen offen in Zweifel gezogen worden. Tacitus klagt über die Einschränkung, die die Informationspolitik des Hofes für die historiographische Arbeit bringe. Nach dem Tod eines Prinzeps schlug die zu Lebzeiten schmeichelhafte Berichterstattung über ihn manchmal ins krasse Gegenteil um – entscheidend war dafür die Haltung des jeweiligen Nachfolgers.[42] Zu berücksichtigen ist, wer jeweils ein Interesse an der Weitergabe von Informationen über Krankheiten und Todesumstände gehabt haben kann.[43]

FAZIT　Der vorliegende Abschnitt ist ein Beispiel für den Schlussabschnitt einer thematisch gegliederten Biographie. Auffällig ist die Häufung der Varianten für die strittigen Vorgänge um Claudius' Tod, die aus verschiedenen Quellen referiert werden. Die Erzählung bietet insgesamt kein vorteilhaftes Bild ihres Protagonisten, doch die im Hauptteil laut gewordene Kritik wird im vorliegenden Schlussteil etwas zurückgenommen. Dagegen wird die Mörderin Agrippina eindeutig negativ gezeichnet. Prodigien kündigen den Tod im Voraus an. Als Einzelproblem ist weiterhin die Verlässlichkeit von Krankheitsinformationen aus Hofkreisen zu nennen – die Frage stellt sich auch bei anderen Texten.

4.1.4　Lucius Piso (Tac. hist. 4,48,1–50,2)

Literatur

Text: KOESTERMANN, Historiarum libri, 193–195. Eine deutsche Übersetzung z. B. bei VRETSKA, Historien, 523–527. Kommentar: HEUBNER, Historien 4, 112–117. Einführende Lit. zu Tacitus s. oben S. 132. Zu Piso: GROAG, PW 3/1 (1897), 1385.

---

die Notiz über die Geheimhaltung von Claudius' Tod (Claud. 44,2). Eine ähnliche Geheimhaltung fand auch nach Trajans Tod statt. Angesichts dessen wirkt Suetons Formulierung unvorsichtig, was darauf hindeuten könnte, dass er bei der Abfassung schon nicht mehr in kaiserlichen Diensten war und auf die Empfindlichkeiten seines Dienstherrn keine Rücksicht mehr nehmen musste. Vgl. SYME, Biographers, 127.

[39]Vgl. ECK, DNP 3 (1997), 25.

[40]Vgl. KIERDORF, Sueton, 150.

[41]»Die Divinisierung des Cl[audius] wurde keineswegs zurückgenommen [. . .], aber der Kult wurde insofern nicht voll praktiziert, als der Tempel des *divus Claudius* [. . .] nicht fertiggestellt, schließlich [. . .] sogar beseitigt wurde.« A. a. O., 152.

[42]Vgl. FLACH, Tacitus, 61–66.

[43]Vgl. GAUGER, JSJ 33 (2002), 42–64, und unten zu Herodes' Tod.

Übersetzung

(48,1) Zu der gleichen Zeit wird L. Piso während seines Prokonsulats getötet. Über diesen Mord werde ich möglichst genau berichten, wenn ich auch einiges darüber hinaus wiederhole, was mit Beginn und Ursachen solcher Verbrechen nicht ohne Zusammenhang ist. Die Legion und die Hilfstruppen, die in Afrika die Reichsgrenze sichern sollten, unterstanden unter den Prinzipes Augustus und Tiberius dem Prokonsul. Dann entzog der Caesar Gaius wegen seines unruhigen Gemüts und aus Furcht vor dem Statthalter in Afrika, Marcus Silanus, dem Prokonsul die Legion und übertrug sie einem dafür entsandten Legaten. (2) Die Anzahl der Stabssoldaten wurde zwischen beiden angeglichen, und weil die Aufträge beider vermengt waren, wurde Uneinigkeit hervorgerufen und in einem verwerflichen Wettbewerb noch gesteigert. Die Macht der Legaten wuchs durch die Länge ihrer Amtszeit, oder weil die Geringeren größeren Ehrgeiz haben, sich dagegen jeder besonders angesehene Prokonsul mehr um seine Sicherheit als um seine Macht kümmerte.

(49,1) Damals aber kommandierte Valerius Festus die Legion in Afrika, der nach einer Jugend im Luxus sich nicht um Bescheidenheit bemühte, und der wegen seiner Verwandtschaft mit Vitellius in Sorge war. Ob er in den häufigen Gesprächen Piso zum Aufstand überreden wollte, oder ob er dessen Überredungsversuchen sich widersetzte, ist unklar, weil ja niemand bei deren geheimen Treffen dabei war und weil sich nach Pisos Ermordung die meisten bemühten, dem Mörder gefällig zu sein. Es gibt auch keinen Zweifel, dass Provinz und Heer gegen Vespasian ablehnend eingestellt waren, und einige aus der Stadt geflohene Vitellianer eröffneten Piso, dass Gallien schwankte, Germanien (zum Aufstand) bereit war, und dass wegen der Gefahr für ihn, und weil er im Frieden verdächtig war, der Krieg für ihn sicherer sei.

(2) Inzwischen kam Claudius Sagitta, Präfekt der Petrianerbrigade, durch günstige Seeverhältnisse dem von Mucianus entsandten Centurio Papirius zuvor und bestätigte, dass dem Centurio der Befehl zur Tötung Pisos erteilt worden sei; sein Cousin und Schwiegersohn Galerianus sei (schon) gefallen. Die einzige Hoffnung auf Überleben liege im Wagemut, aber er könne zwei verschiedene Wege wagen: entweder sofort zu den Waffen greifen, oder mit dem Schiff nach Gallien fahren und sich den vitellianischen Truppen als Heerführer anbieten. Aber Piso unternahm nichts dahin. (3) Als der von Mucianus entsandte Centurio im Hafen von Karthago eintrifft, beglückwünschte er beständig und mit lauter Stimme Piso als den (neuen) Prinzeps und ruft die vor Verwunderung über die unerwartete Sache verblüfften Anwesenden auf, die gleiche Sache zu bejubeln. Der leichtgläubige Pöbel strömt auf das Forum und fordert das Auftreten Pisos. Sie füllten alles mit Jubel und Geschrei, unbekümmert um die Wahrheit und mit Lust an der Schmeichelei. (4) Piso trat auf Anraten Sagittas oder aus der ihm eigenen Bescheidenheit nicht an die Öffentlichkeit und lieferte sich nicht dem Eifer des Pöbels aus. Er befragte den Centurio, und nachdem er in Erfahrung gebracht hatte, dass man ihn zu verklagen und zu ermorden beabsichtigte, befahl er, ihn zu bestrafen – nicht so sehr aus Hoffnung auf Überleben, sondern aus Zorn auf den Mörder, weil derselbe aus der Gruppe der Mörder des Clodius Macer seine mit dem Blut dieses Legaten befleckten Hände wiederum zum Mord am Prokonsul erheben wollte. Nachdem er die Karthager in einem sorgenvollen Erlass beschuldigt hatte, übte er die gewohnten Amtsgeschäfte nicht mehr aus und schloss sich in sein Haus ein, damit sich auch nicht zufällig der Grund für eine Aufstandsbewegung ergab.

(50,1) Aber wo Festus die Aufregung des Pöbels, die Hinrichtung des Centurio und auf allerlei wahre und falsche Weise Gerüchte von noch mehr zu Ohren bekommt, schickt er Reiter zur Tötung Pisos. Diese reiten eilig im Dunkeln, bis zum Sonnenaufgang, und brechen mit gezogenen Schwertern in das Haus des Prokonsuls ein. Und ein Großteil von ihnen kannte Piso nicht, weil er (sc. Festus) für diesen Mord punische und maurische Hilfssoldaten eingesetzt hatte. (2) Nicht weit von dem Schlafzimmer trafen sie zufällig einen Sklaven und fragten ihn, wer er und wo Piso sei. Der Sklave antwortet in einer rühmlichen Lüge, er sei Piso, und wird sofort niedergehauen. Nicht viel später wird auch Piso getötet, denn es war auch einer dabei, der ihn kannte: Baebius Massa, einer der Prokuratoren von Afrika; er war schon damals für alle Guten verderbensvoll, und er wird unter den Ursachen für die Übel, die wir bald ertragen mussten, öfters auftauchen.

Auslegung

TEXTOBERFLÄCHE Der vorliegende Textabschnitt ist situiert im Bericht über die Ereignisse des sog. Vierkaiserjahres 69 n. Chr. Nach der Machtübernahme Vespasians und der flavianischen Partei in Rom (hist. 3,82–4,11) berichten die Historien zunächst vom Aufstand der Bataver, bis 4,38,1 der Blick wieder nach Rom schwenkt. Hier wird erstmals Lucius Piso genannt – in Rom kursieren Gerüchte, er plane einen Aufstand –, es ist die Rede vom Weiterbestehen der vitellianischen Partei. 39–47 folgen drei Senatssitzungen, in denen die Administration der Flavianer wirksam zu werden beginnt. Mit der Wendung »Zu der gleichen Zeit« *(sub idem tempore)* wird 48,1 nach Afrika, genauer in die Provinzhauptstadt Karthago gewechselt und vom Mord an dem dort als Prokonsul tätigen Lucius Piso erzählt. 50,3f. schildern Festus' Aktivitäten nach dem Mord an Piso; 51,1 erfolgt wieder ein Szenenwechsel, diesmal nach Alexandreia, wo Vespasian sich aufhält.

Die Erzählsituation ist einheitlich gehalten. Die Passage ist von einem externen Erzähler erzählt, der in 48,1 zweimal mit »ich«-Formen auf sich selbst Bezug nimmt, und der in 50,2 in einer »wir«-Form noch einmal anklingt.[44] Der externe Erzähler macht einmal einem akteurgebundenen Erzähler, nämlich Sagitta, Platz (49,2). Auch im Bereich der Fokalisierung gibt es neben dem externen Fokalisator eine Ebene akteurgebundener Fokalisatoren.[45] Die Ebenen sind immer vermischt, weil die akteurgebundenen Fokalisatoren immer in indirekter Rede oder in nichtwahrnehmbaren Emotionen oder Gedanken zu Wort kommen.

Nur geringe Anteile des Textes sind nicht narrativ, nämlich die rahmenden Sätze »Über diesen Mord werde ich möglichst genau berichten, wenn ich auch einiges darüber hinaus wiederhole, was mit Beginn und Ursachen solcher Verbrechen nicht

---

[44] *Quae mox tulimus* – der sonst meist streng externe Erzähler lässt hier (homodiegetisch) eine eigene Verwicklung in die erzählten Ereignisse anklingen.

[45] Akteurgebundene Fokalisatoren sind 48,1 Gaius Caligula; 49,1 unbenannte Anhänger der vitellianischen Partei; 49,2 Claudius Sagitta; 49,3 der unbenannte Centurio; 49,4 Piso (»aus Zorn«; »damit sich auch nicht . . . «) und 50,2 der Sklave Pisos. Während Piso durch seine Emotionen und Gedanken fokalisiert, tun die meisten anderen das durch gesprochene Äußerungen.

ohne Zusammenhang ist« (48,1)[46] und »er war schon damals für alle Guten verderbensvoll, und er wird unter den Ursachen für die Übel [. . .] öfters auftauchen«
(50,2)[47]. Sie haben im größeren Zusammenhang eine gliedernde Funktion.

Bei der Formbestimmung fällt auf, dass die Passage fast nur narrativ ist, weitgehend im Praeteritum gehalten (nur gelegentlich im *praesens historicum*). Es gibt keine
direkte Rede. Es handelt sich um eine Einzelepisode in einem größeren historiographischen Werk; ihre Zeitstruktur ist jener der anderswo behandelten taciteischen
Episoden ähnlich (s. u.). Es handelt sich diesmal nicht um ein *exemplum,* das zur
Veranschaulichung nachgeschoben wird, sondern um einen ›regulären‹ Teil des
Fortgangs der Ereignisse.

SINNGEBUNG   Mehrere Akteure treten als Fokalisatoren auf. Ihre Fokalisationsebene
ist aber vermischt mit jener der externen Fokalisation – diese behält also immer die
Kontrolle über die Perspektive, die den Lesern geboten wird. Die Beurteilung der
Ereignisse durch den externen Fokalisator ist eindeutig: Der Mord ist ein Verbrechen
(*facinus,* 48,1). Die Berücksichtung von Akteuren als Fokalisatoren dient in erster
Linie dazu, der Erzählung mehr Anschaulichkeit und Dramatik zu verleihen. Eine
größere Vielschichtigkeit der Deutungen wird nicht erreicht.

Zwei Gruppen von Akteuren kommen in der Erzählung vor: die flavianische
und die (potentiell) vitellianische Gruppe. Sie werden unterschiedlich charakterisiert. Zur flavianischen Partei gehört Valerius Festus. Er hatte hist. 2,98,1 aus
opportunistischen Erwägungen die ersten Kontakte mit Vespasian geknüpft. Über
seinen Charakter wird gesagt, dass er »nach einer Jugend im Luxus sich nicht um
Bescheidenheit bemühte«[48]; dass er einen Umsturz geplant habe, wird immerhin
für möglich gehalten (49,1). Festus wird in einer wenig schmeichelhaften Formulierung als Mörder (*interfector,* 49,1) bezeichnet, dem man gefällig sein wollte. Zu
seiner Partei gehört auch Baebius Massa, der nur als »verderbensvoll« und böse
erscheint. Seine Funktion ist es, das Opfer zu identifizieren – damit wird seine
spätere Rolle als gefürchteter Denunziant vorgezeichnet.[49] Auf der anderen Seite
gehört Lucius Piso, Rivale des Festus, nicht eindeutig zur vitellianischen Partei,
hat aber seine Kontakte in diesem Kreis. Er wird in hist. 4,38,1 eingeführt; dort
werden Gerüchte, er plane einen Umsturz, mit dem Hinweis entkräftet, er neige
von seiner Natur her nicht zum Aufruhr.[50] Dennoch wird im vorliegenden Text
(49,1) die Möglichkeit offengelassen, er habe sich an einer Verschwörung beteiligt.

---

[46] *Ea de caede quam verissime expediam, si pauca supra repetiero ab initio causisque talium facinorum non
absurda.*
[47] *Iam tunc optimo cuique exitiosus et inter causas malorum, quae mox tulimus, saepius rediturus.*
[48] *Sumptuosae adulescentiae neque modica cupiens* (49,1).
[49] »In den letzten Jahren Domitians galt Baebius Massa als einer der gefährlichsten Delatoren«,
HEUBNER, Historien 4, 117.
[50] *Nequaquam turbidus ingenio.*

Seine einzigen Aktivitäten in der Erzählung sind das Verhör und die Hinrichtung des Centurio und der Erlass an die Einwohner von Karthago. Er bleibt ansonsten das passive Objekt der Vorgänge. Auch von Claudius Sagittas Drängen (49,2) lässt er sich nicht zur Aktivität bewegen. Dieser tritt in der Erzählung vor allem durch seine Ratschläge an Piso und durch seine eindeutige Parteinahme für die Vitellianer in Erscheinung. Über seinen Charakter macht der Text kaum Andeutungen; immerhin wird ihm das politische Fingerspitzengefühl bescheinigt, Piso von einem öffentlichen Auftritt abgehalten zu haben. – Die beiden Gruppen von Akteuren sind mit Bewertungen besetzt. Die flavianische Gruppe um Festus (mit Mucianus[51] im Hintergrund) erscheint deutlich als böse. Dagegen wird die Gruppe um Piso nicht so eindeutig bewertet. Sie erscheint als gut vor allem durch den Kontrast mit ihren Kontrahenten.

Mehrere Motive lassen sich dem Text entnehmen: Zur Charakteristik der Personen gehört der Gedanke, dass eine Jugend in Maßlosigkeit einen Menschen diskreditiert. In der Erzählung reicht dieser kurze Hinweis, um Festus als unehrenhafte Person erscheinen zu lassen. Im weiteren Sinne zur Charakteristik der Akteure kann auch die negative Einschätzung des »Pöbels« (volgus) gezählt werden. Die Volksmassen erscheinen bei Tacitus immer in einem negativen Licht. Auch hier sind sie nur ein leichtgläubiges Werkzeug zur Durchsetzung politischer Einzelinteressen.

Ein interessantes Motiv findet sich kurz vor Pisos Ermordung: Ein Sklave stirbt einen stellvertretenden Tod für ihn, was als »rühmlich« (egregius) gewürdigt wird. Tacitus kann an anderer Stelle auch eine kultische Opferterminologie gebrauchen, um einen stellvertretenden Tod zu beschreiben.[52]

Besonders interessant ist hier aber, wie das Motiv der strukturellen und persönlichen Rivalität zweier Männer erzählerisch eingesetzt wird, um das Verbrechen zu motivieren. Die Konkurrenz der beiden wird erzählerisch ausführlich entfaltet. So kann – genuin historiographisch – der Verlauf der geschichtlichen Ereignisse von seinen Ursachen her erklärt werden.

Die Zeitstruktur der vorliegenden Episode entspricht, wie schon gesagt, etwa den Zeitstrukturen der beiden oben behandelten Texte. Nach einem einleitenden Satz in 48,1 wird in 48 gerafft ein Vorgang erzählt, der vor dem Beginn der Historien liegt. Es folgt eine Pause: Die Ereignisse mehrerer Jahrzehnte werden nicht erzählt. In 49,1 werden nun sich wiederholende Vorgänge beispielhaft einmal knapp erzählt. 49,2 endet die Rückblende; die Erzählung schließt an die Ereignisse von 47 an. Von nun an wird breiter, szenisch erzählt.

Zusammenfassend sind die Träger der Sinngebung in den narrativen Elementen

---

[51] Für eine durchaus differenzierte Charakteristik von Mucianus vgl. hist. 1,10,1–3.

[52] Vgl. hist. 1,58,2: Vitellius lässt den Centurio Crispinus »wie ein Sühnopfer« hinrichten, um einen anderen vor dem Zorn der Soldatenhaufen zu retten (ut piaculum obicitur centurio Crispinus).

des Textes zu suchen. Es gibt kaum deutende Kommentare, dafür arbeitet der Text viel mit wertbesetzten Attributen.

EREIGNISBEZUG   Folgende Ereignisse werden erzählt: Kaiser Gaius Caligula ordnet die Kommandostruktur einer in Afrika stationierte Legion[53] neu. Einige Jahrzehnte später gibt es zwischen dem Legionslegaten Festus und dem prokonsularischen Statthalter Piso über einen unbestimmten Zeitraum geheime Kontakte. Claudius Sagitta trifft in Karthago ein, erzählt vom Tod eines Verwandten Pisos und versucht, Piso zur Aktivität zu bewegen. Ein Centurio namens Papirius trifft in Mucianus' Auftrag ebenfalls in Karthago ein und versucht mit Druck von der Straße, Piso zu einem Umsturzversuch gegen die Flavianer zu bewegen – um ihn dafür hinrichten zu können. Piso verhört den Centurio und lässt ihn hinrichten. Darauf schickt Festus Soldaten zu Piso, um ihn zu töten. Die reiten hin, brechen in Pisos Haus ein, töten einen Sklaven, der sich als Piso ausgibt, und dann, nach einem Hinweis von Baebius Massa, Piso selbst. – Nachdem die Vorgeschichte erst einige Jahrzehnte und dann wohl einige Monate umfasst, nehmen die Ereignisse um Pisos Tod nur etwa einen Tag und eine Nacht ein.

Über die Quellen für die Erzählung dieser Ereignisse macht der Text keine Angaben. Zwischen den Vorfällen im Vierkaiserjahr 69 n. Chr. und der Abfassung der Historien 105–109 n. Chr.[54] liegen etwa 36 bis 40 Jahre. Gegen die historische Plausibilität der Erzählung bestehen keine gravierenden Bedenken. Sie ist von historiographischem Anspruch getragen und lenkt den Blick auf einen besonderen Aspekt dieses Anspruchs, nämlich Hintergründe und kausale Zusammenhänge der geschilderten Ereignisse erhellen zu können.

FAZIT   Im Kontext eines großen historiographischen Werkes stellt der vorliegende Abschnitt kein Beispiel, sondern einen ›regulären‹ Teil der Ereignisgeschichte dar. Er erklärt die Mordtat kausal aus der Entwicklung der Rivalität der beiden Männer, die narrativ sorgfältig entfaltet wird. Diese kausale Erklärung ist historiographische Arbeit von hoher Qualität. Interessant ist, das der Erzähler mehrfach auf sich selbst Bezug nimmt. Häufiger bei Tacitus findet sich die Vorstellung von der verhängnisvolle Rolle der Volksmenge. Bemerkenswert auch, dass der stellvertretende Tod eines Sklaven als »rühmlich« qualifiziert wird.

---

[53]Es handelt sich um die *legio* III. *Augusta*, vgl. a. a. O., 113.
[54]Vgl. FLAIG, DNP 11 (2001), 1210.

4.1.5   Pelopidas (Plu. Pel. 32–34)

Literatur

Text: Ziegler/Lindskog, Vitae parallelae 2/2, 99–103. Einführende Lit. zu Plutarch s. oben S. 116. Kommentar: Georgiadou, Pelopidas. Über Pelopidas vgl. Reincke, PW 19/1 (1937), 375–380; Beck, DNP 9 (2000), 499–500; vgl. auch Buckler, Hegemony, 175–180, und Beck, Polis.

Übersetzung

(32,1) Als er nun nach Pharsalos kam, versammelte er eine Streitmacht und marschierte sofort gegen Alexander. Der aber sah wenige Thebaner um Pelopidas, hatte aber selbst mehr als doppelt so viele Hopliten wie die Thessalier, und begegnete ihm in Thetideion. (2) Als nun jemand zu Pelopidas sagte, der Tyrann komme mit vielen entgegen, sagte er, »Umso besser, denn wir werden mehr besiegen.« (3) Als sie sich aber gegenüber lagen zwischen den abschüssigen und hohen so genannten Kynoshügeln, beeilten sich beide, diese mit den Fußsoldaten zu besetzen, seine Reiter aber, die viele und gut waren, schickte Pelopidas gegen die Reiter der Gegner. (4) Als sie aber überlegen waren und mit den Fliehenden in die Ebene drängten, besetzte Alexander zuerst die Hügel, und griff die später herankommenden und gegen feste und höherliegende Plätze streitenden Hopliten der Thessalier an, tötete die ersten, die anderen aber empfingen Schläge und richteten nichts aus.

(5) Als Pelopidas das beobachtete, rief er die Reiter herauf und befahl, gegen die Reihe der Gegner zu rennen; er selber mischte sich im Lauf unter die, die gegen die Hügel kämpften, ergriff sofort den Schild, (6) drängte durch die Hinteren zu den Ersten durch und flößte allen solche Kraft und solchen Mut ein, dass sie auch den Gegnern an Leib und Seele anders geworden zu sein schienen, als sie ihnen entgegen liefen. (7) Und sie wehrten zwei oder drei Angriffe ab, als sie diese aber stark angriffen und die Reiterschaft vor der Verfolgung weichen sahen, wichen sie zurück, indem sie mit Blick zum Feind einen Rückzug machten.

(8) Als aber Pelopidas von der Kuppe aus auf das ganze Lager der Gegner hinabsah, das zwar noch nicht zur Flucht gewandt, aber schon von Lärm und Unruhe erfüllt war, stand er auf und sah um sich, auf der Suche nach Alexander selbst. (9) Als er ihn zur Rechten sah, wie er die Söldner ermutigte und organisierte, hielt er nicht mit Vernunft seinen Zorn zurück, sondern geriet bei dem Anblick in Hitze, und überließ seinen Leib und die Führung seines Tuns der Emotion und rannte weit vor die anderen hinaus, und schrie und rief den Tyrannen. (10) Jener nahm den den Angriff nicht an und wartete nicht, sondern flüchtete zu seinen Wachen und verbarg sich. (11) Von den Söldnern fielen Pelopidas die ersten in die Hände und wurden von ihm zurückgedrängt, einige aber wurden geschlagen und starben, die meisten aber verwundeten ihn mit Speeren von ferne und indem sie ihn mit Waffen schlugen; bis die Thessalier wütend im Lauf von den Hügeln zur Hilfe kamen, war er aber schon gefallen; die Reiter aber ritten heran und brachten die ganze Phalanx zur Flucht, verfolgten sie und füllten den Großteil des Ortes mit Toten, indem sie mehr als dreitausend niederschlugen.

(33,1) Dass die anwesenden Thebaner das Ende des Pelopidas schwer ertrugen, die sie ihn Vater und Retter und Lehrer der größten und schönsten Güter nannten, war freilich nicht erstaunlich; (2) die Thessalier aber und die Bundesgenossen überboten jede einer menschlichen Tugend gebührende Ehre mit ihren Beschlüssen, und erwiesen mit ihren Leiden noch mehr ihren Dank gegen den Mann. (3) Man sagt, dass die, die bei der Tat anwesend waren, keine Rüstung ablegten und kein Pferd absattelten und keine Wunde verbanden, als sie von seinem Ende erfuhren, sondern ganz erhitzt zu dem Toten gingen und, als ob er es merkte, die Trophäen der Gegner im Kreis um seinen Leichnam häuften, (und dass sie aus Trauer) die Pferde schoren, sich selbst schoren, (4) dass viele aber weg zu den Zelten gingen, ohne ein Feuer anzuzünden oder ein Essen einzunehmen, dass im ganzen Lager Schweigen und Trauer geherrscht habe, als ob sie keinen offenkundigen und riesigen Sieg gewonnen hätten, sondern von dem Tyrannen bezwungen und versklavt worden wären.

(5) Aus den Städten kamen, als das bekannt gemacht wurde, die Autoritäten und mit ihnen junge Männer und Kinder und Priester zum Empfang des Leichnams, und brachten Denkmäler und Kränze und goldene Rüstungen. (6) Als aber der Leichnam herausgebracht werden sollte, kamen die Ältesten der Thessalier hinzu und baten die Thebaner, der Tote möge durch sie (selbst) bestattet werden. Einer aber von ihnen sagte: (7) »Ihr Herrn Verbündete, wir erbitten einen Gefallen von euch, der uns in diesem Unglück Zierde und Trost bringt. (8) Denn die Thessalier geben nicht einem lebenden Pelopidas ihr Geleit und erweisen die gebührenden Ehren keinem, der es merkt; aber wenn wir vielleicht den Toten berühren und den Leichnam selbst schmücken und bestatten (können), glauben wir doch, dass ihr sicher wisst, dass den Thessaliern ein größeres Unglück widerfahren ist als den Thebanern, (9) denn euch traf es nur, eines guten Führers beraubt zu werden, uns aber, auch der Freiheit. (10) Denn wie sollen wir es noch einmal wagen, einen anderen Feldherrn von euch zu erbitten, wenn ihr uns den Pelopidas nicht überlasst?« Das aber gestanden die Thebaner zu.

(34,1) Keine andere Beerdigung scheint herrlicher gewesen zu sein als jene, wenn einem das Herrliche nicht in Elfenbein oder Gold oder Purpur liegt – wie Philistos, der die Beerdigung des Dionysios besingt und bestaunt, obwohl sie der dramatische Schluss der großen Tragödie der Tyrannei geworden war. (2) Alexander der Große aber ließ beim Tod des Hephaistion nicht nur Pferde scheren und Maultiere, sondern auch die Befestigungen von den Mauern räumen, sodass die Städte zu trauern schienen, indem sie statt ihrer vorigen Gestalt ein geschorenes und unwürdiges Aussehen annahmen. (3) Wenn das also die Befehle der Herrscher sind, die mit viel Zwang und mit der Missgunst der Betroffenen und dem Hass der Gezwungenen ausgeführt werden, ist das kein Erweis der Dankbarkeit und Ehre, sondern von barbarischer Großtuerei und Eitelkeit und Prahlerei derer, die zum hohlen und unattraktiven Überfluss ihre Dinge anordnen. (4) Ein Mann aus dem Volk aber, der in der Fremde gestorben ist, ohne dass Frau, Kinder oder Verwandte zugegen sind, der ohne (jemand) zu bitten oder zu zwingen, von so vielen Städten im Wettstreit geleitet und gemeinsam herausgetragen wird, scheint zu Recht die vollendetste Glückseligkeit empfangen zu haben.

(5) Denn nicht besonders schwer, wie Äsopos sagt, ist der Tod der Glücklichen, sondern besonders selig, weil er das Wohlergehen der Guten in sicheres Land bringt und ⟨nicht⟩ vom Schicksal verändert werden lässt. (6) Deshalb sprach Lakon wohl, als er den Olympioniken

Diagoras, der in Olympia nicht nur mehrere siegbekränzte Söhne, sondern auch Enkel hatte, grüßte und sagte: »Stirb, Diagoras; du wirst nicht zum Olymp aufsteigen!« (7) Alle olympischen und pythischen Siege zusammengenommen wird, glaube ich, keiner mit den Kämpfen des Pelopidas vergleichen, von denen er viele erfolgreich gekämpft hat; und er, der den meisten Teil seines Lebens in Ruhm und Ehre gelebt hat, starb zuletzt, zum dreizehnten Mal Boiotarch, der sich die mit Tyrannenmord verbundene Auszeichnung erworben hat, für die Freiheit der Thessalier.

Auslegung

TEXTOBERFLÄCHE   Der Schlussteil der Pelopidas-Vita ist geprägt von dem Konflikt zwischen dem Tyrannen Alexander von Pherai und den thessalischen Städten, in deren Auftrag der Thebaner Pelopidas Alexander bekämpft (ab Kap. 26). Nach seiner Rückkehr von einer diplomatischen Mission im persischen Reich (Kap. 30) wird er wieder als Feldherr nach Thessalien gerufen, um gegen Alexander zu kämpfen (Kap. 31). Nach einer Sonnenfinsternis, die als schlechtes Vorzeichen gedeutet wird, verzichtet er auf die bereits eingeplanten 7 000 thebanischen Soldaten und nimmt nur 300 Freiwillige mit. – Auf Pelopidas' Bestattung folgt in Kap. 35 die militärische Niederlage Alexanders und, bereits durch Kap. 28 vorbereitet, seine Ermordung durch seine Ehefrau Thebe und deren Brüder.

Die Biographie hat einen externen Erzähler, der (zumindest in den Schlusskapiteln) nicht wechselt. Die beiden knappen Anekdoten 34,2.6 sind ebenfalls von einem externen Erzähler erzählt. Auch die Fokalisation ist fast durchgehend extern. Akteurgebundene Fokalisation findet sich – wie schon oben in der Phokion-Vita – vor allem dort, wo erzählt wird, dass Leute etwas sehen (Pelopidas 32,5.8.9; Alexander 32,1; Alexanders Soldaten 32,6.7). In den nicht-narrativen Reden 32,2; 33,7–10 liegt ebenfalls akteurgebundene Fokalisation vor.

Neben der Rede 33,7–10 ist das ganze Kapitel 34 nicht narrativ. Es unterbricht den stringenten Erzählfluss, der bis Kap. 33 reicht und in 35,1 wieder aufgenommen wird. Seine Funktion ist die Deutung der zuvor erzählten Ereignisse, und zwar unter Rückgriff auf die antike Bildungs- und Wertetradition. Gerade die Verbindung von erzählenden und nicht erzählenden Textelementen zeigt Plutarchs Willen zur interpretierenden Darbietung seines Stoffes, die von pädagogischer Absicht[55] geleitet ist.

In den biographischen Erzählkontext[56] sind einige Kleingattungen eingebunden. Es finden sich ein Apophthegma (32,2), eine Rede (33,7–10), zwei kleinere

---

[55]Vgl. auch den didaktischen Schlusssatz der Vita, GEORGIADOU, Pelopidas, 226.

[56]Die Todesdarstellung ist integraler Teil des Gesamtwerks. Wie in diesem Fall zu erwarten ist, ist sie durch zahlreiche Querverbindungen mit dem Rest des Werkes verbunden. Vgl. etwa die inhaltlichen Fäden, die durch Themen wie Alexanders Ehefrau Thebe (Kap. 28; 31; 35) oder Pelopidas' Kränkung durch Alexander (27; 31; 32) gesponnen werden.

anekdotische Erzählungstücke (34,2.6)[57] und zwei Anspielungen auf Literatur (auf Philistos 34,1; auf Äsop 34,5).

SINNGEBUNG Die Wechsel in der Fokalisation dienen in den vorliegenden Kapiteln nicht der Sinngebung, sondern der Anschaulichkeit und Farbigkeit der Erzählung von der Schlacht (ähnlich auch schon in der Phokion-Biographie). Der externe Fokalisator der biographischen Erzählung hält sich allerdings mit Beurteilungen und Kommentaren nicht zurück.

Der einzige relevante Akteur in diesen Kapiteln ist der Protagonist Pelopidas, von dem wiederum ein differenziert-positives Bild gezeichnet werden soll.[58] Das eine Logion in 32,2 zeigt ihn als sehr selbstbewusst. Seine Taten auf dem Schlachtfeld erweisen ihn als tatkräftige, stürmische[59] und emotionale Persönlichkeit. Die Reaktionen der Soldaten und des thessalischen Städtebundes belegen Pelopidas' Unersetzlichkeit (33,10) und Popularität, die Kommentare des Erzählers in Kap. 34 betonen seine Ehrenhaftigkeit, Leistungsfähigkeit und Relevanz.[60] Sein unmittelbarer Widersacher Alexander von Pherai, der sich in den Kapiteln davor bereits als niederträchtig und wortbrüchig erwiesen hatte,[61] taucht hier nur in 32,10 auf, wo er seine Feigheit unter Beweis stellt und dem Kampf ausweicht.

Prägende Motive sind u. a. folgende: Der Protagonist zeigt unerschütterliche Tapferkeit vor dem und im Kampf (Kap. 32). Es gelingt ihm aber nicht, »mit Vernunft seinen Zorn zurück« zu halten (32,9). – Die Trauerkundgebungen der Soldaten sind ebenso schlicht wie ergreifend; sie sind ein wichtiges deutendes Motiv. Die Schur

---

[57]Die Anekdote 34,6 wird auch als Apophthegma einzuordnen sein. Da schon der Beginn der Vita ein Apophthegma enthält, vermutet A. a. O., 220, eine Technik der Ringkomposition.

[58]Eine schärfere Kritik wäre Plutarch durchaus möglich gewesen, war aber wohl nicht erwünscht. Das kann auch an Kap. 25 beobachtet werden. Dort verschweigt Plutarch Pelopidas' unrühmliches Verhalten vor dem boiotischen Bundesgericht, das er offensichtlich kennt, weil er es in anderen Schriften erwähnt. »Plutarch's suppression of Pelopidas' conduct is, then, an instance of his tendency toward ›biographical distortion,‹ his tendency to treat his hero more favorably in his own *Life* than in the other *Lives* in which he may appear. This tendency is an aspect of his generally lenient attitude toward the subject of his *Life*, and is evident in *Pelopidas* 25«, BUCKLER, Trials, 41.

[59]Vgl. den Ausdruck »geriet bei dem Anblick in Hitze« (ἀλλὰ πρὸς τὴν βλέψιν ἀναφλεχθείς, 32,9). Das Wortfeld der Hitze dient häufiger zur Veranschaulichung von Wut, vgl. GEORGIADOU, Pelopidas, 213. – Plutarch gibt in Pel. 2,9–11 an, dass er Marcellus als Vergleichspartner wählte, weil beide ein stürmisches und verwegenes Temperament aufwiesen und damit in einer entscheidenden Situation auch das Wohl ihrer Truppen aufs Spiel setzten. Vgl. a. a. O., 29. – Fehlende Vernunft wird in der Erzählung skeptisch gesehen, vgl. wieder 32,8 oder auch Cassius' Unvernunft in Caes. 66,3.

[60]Dazu gehört auch die Bemerkung, Pelopidas habe bei seinem Tod zum dreizehnten Mal das Amt des Boiotarchen innegehabt. Der boiotische Bund (τὸ κοινὸν τῶν Βοιωτῶν, neu gegr. 378–375 v. Chr., hatte sieben Boiotarchen, die von der Volksversammlung immer für ein Jahr gewählt wurden, und die mit der Führung der Regierungsgeschäfte betraut waren. Niemand hatte das Amt öfter inne als Pelopidas. Vgl. BECK, Polis, 100–103.

[61]In Kap. 27 lässt Alexander Pelopidas bei Friedensverhandlungen gefangennehmen. Dieses Ereignis könnte auch durch Pelopidas' Naivität erklärt werden, eine Interpretation, die Plutarch aber gewissenhaft vermeidet – ganz zu gunsten seines Protagonisten.

ist (wie auch 34,2 zeigt) ein üblicher Trauerritus.[62] Die Trauer für Pelopidas und der Wettstreit um seine Bestattung erhalten noch eine zusätzliche Betonung durch die Entehrung der Leiche Alexanders, mit der die Pelopidas-Vita schließt. Dass Fremde freiwillig um den Gefallenen trauern, gilt dem Verfasser als »vollendetste Glückseligkeit« (34,4). – Zu den deutungstragenden Ereignissen gehört auch das böse Omen vor Pelopidas' Feldzug: Die Sonnenfinsternis (31,3) lässt nichts Gutes für den Protagonisten erwarten.[63] Pelopidas bricht trotzdem auf. Ihn leitet das Verlangen nach Ehre und der Wunsch nach der Freiheit ganz Griechenlands (31,6; vgl. auch 34,7): nach Georgiadou »a contrived effort to make Pelopidas' act of rashness nobler than that of Marcellus«.[64]

Die Zeitstrukturen weisen keine Besonderheiten auf. Alles wird szenisch dargestellt, nur zwischen den Trauererweisen der Soldaten und den Ehrungen durch die thessalischen Städte ist eine kleine Ellipse geschaltet. Die beiden Anekdoten in Kap. 34 sind gerafft erzählt.

Träger der Sinngebung sind damit wiederum alle Teile des Textes. Die erzählenden Passagen betonen besonders Pelopidas' vorpreschenden Charakter und seine Popularität, die kommentierenden Passagen seine Relevanz. »Plutarchs P[elopidas]-Vita und die Vita des Epameinondas (verloren) stilisierten zusammengenommen das Bild eines idealen Staatsmannes (P[elopidas]: Tapferkeit und jugendliches Charisma; Epameinondas: philos[ophische] Bildung).«[65]

EREIGNISBEZUG Folgende Ereignisse werden erzählt (ab Kap. 31): Pelopidas kehrt aus Persien zurück. Der thessalische Bund bittet Theben, Pelopidas zu schicken, die Thebaner sagen zu. Nach einer Sonnenfinsternis werden die eingeplanten Truppenzuweisungen abgesagt, Pelopidas geht mit wenigen Freiwilligen nach Thessalien. Er trifft auf Alexander von Pherai, es kommt zur Schlacht, in der er Alexander direkt angreift und dabei fällt. Die Thessalier gewinnen die Schlacht; die Soldaten und die thessalischen Gemeinden trauern um Pelopidas. Sie verhandeln mit Theben um die Bestattung und begraben ihn.

---

[62]»Der Grundzug der Trauerriten, nicht allein der antiken, scheint [. . .] asketischer Natur zu sein: Nahrungsenthaltung und Vernachlässigung der Körperpflege – von handgreiflicher Beschmutzung bis zum stilgerechten Verzicht auf goldenen Schmuck – sind Hauptzeichen der vorschriftsmäßigen Trauer. [. . .] Dazu gehört auch das Scheren oder Raufen und das Beschmutzen von Haaren.« HERZOG-HAUSER, PW 6 A/2 (1937), 2225f. Das Scheren von Pferden ist nach Angaben von Herodot ein persischer Trauerbrauch, vgl. GEORGIADOU, Pelopidas, 217.

[63]Solche Vorzeichen gehören zum Standardinventar der Plutarch'schen Biographien. Vgl. etwa hier die Viten von Caesar und Galba. Eine Parallele für die Missachtung eines negativen Vorzeichens findet sich in der zugehörigen Parallelvita des Marcellus, Kap. 28, vgl. a. a. O., 213.

[64]Ebd.

[65]BECK, DNP 9 (2000), 499. Vgl. auch GEORGIADOU, Pelopidas, 34: »The description of his ethos is made in such a way that the leading traits of his personality become harmoniously fused with those of Epameinondas«. Ganz anders dagegen der stürmische Marcellus und der vorsichtige Fabius Maximus, die in der Marcellus-Vita nicht harmonisch verbunden, sondern kontrastiert werden, vgl. a. a. O., 35.

Zwischen dem Tod des Pelopidas 364 v. Chr.[66] und der Abfassung der Vita als einer der ersten Parallelbiographien[67] liegen 460 bis 470 Jahre. Plutarch musste also schriftliche Quellen benutzen. Da nur ein Apophthegma vorliegt, wird er keine entsprechende Sammlung verwendet, sondern das Apophthegma aus einer historischen Quelle entnommen haben wie den Rest der berichteten Ereignisse. Eine Mehrheit der Forscher nimmt Kallisthenes als Hauptquelle an,[68] Beck dagegen die Universalgeschichte des Ephoros.[69] Auch Georgiadou plädiert dafür, Ephoros als Hauptquelle nicht voreilig auszuschließen.[70]

Die Historizität der Details ist im einzelnen zu prüfen; bei einer historischen Rekonstruktion[71] ist der vorliegende Text eine der Hauptquellen und durchaus belastbar. Die Erzählung will zwar erkennbar faktual und nicht fiktional sein, der Schwerpunkt liegt aber – und darin ist sie charakteristisch für Plutarch – auf den für die Charakterzeichnung bedeutsamen kleineren Gesten und Worten und weniger auf den größeren historischen Zusammenhängen.

FAZIT   Plutarchs Zielsetzung entsprechend legt der Text den Schwerpunkt auf die Charakterzeichnung des Protagonisten, vor allem durch die Erzählung kleiner Worte und Gesten. Es wird farbig und abwechslungreich erzählt. Bemerkenswert sind vor allem der Umfang und die Intensität der Trauerbezeugungen für Pelopidas. Der bereitwillig riskierte Tod im Gefecht wird als ehrenhaft angesehen.

4.2   Verschwörungen

4.2.1   Caesar (Plu. Caes. 62–68)

Literatur

Text: ZIEGLER/LINDSKOG, Vitae parallelae 2/2, 326–335. Einführende Lit. zu Plutarch s. oben S. 116. Zu Iulius Caesar vgl. GROEBE, PW 10/1 (1918), 186–259; WILL, DNP 2 (1997), 908–916.920–923.

Übersetzung

(62,1) So wendet sich die Menge an Marcus Brutus, der väterlicherseits angeblich von dorther[72] stammte, mütterlicherseits aber von den Serviliern, einer anderen berühmten Familie; den Schwiegersohn und Neffen Catos. (2) Dass dieser die Monarchie von sich aus

---

[66]Vgl. BECK, DNP 9 (2000), 499.

[67]Vgl. ZIEGLER, PW 21 (1951), 902; JONES, Chronology, 68; die Abfassung dürften dann kurz nach 96 zu datieren sein, vgl. a. a. O., 70.

[68]Vgl. GEORGIADOU, Pelopidas, 19f.

[69]Vgl. BECK, DNP 9 (2000), 499.

[70]Vgl. GEORGIADOU, Pelopidas, 23.

[71]Vgl. etwa BUCKLER, Hegemony, 175–180, mit Photographien und einer Karte des Schlachtfeldes. Buckler folgt Plutarch, Diodor und Nepos.

[72]Sc. von dem legendären ersten Brutus, der die Könige aus Rom vertrieb.

zu zerstören in Angriff nahm, verhinderten die Ehrungen und Gnadenerweise von Caesar. (3) Er war nicht bloß in Pharsalos bei der Flucht des Pompeius begnadigt worden und hatte viele Gefährten gerettet, indem er für sie bat, sondern er genoss auch großes Vertrauen bei ihm. (4) Und von den Prätoren erhielt er unter den damaligen die prominenteste, wollte aber im vierten Jahr Konsul sein und wurde im Streit mit Cassius vorgezogen. (5) Denn Caesar soll gesagt haben, dass Cassius Gerechteres sage, er selbst freilich Brutus wohl nicht übergehen werde. (6) Und als einige den Mann verleumdeten, als die Verschwörung schon erfolgt war, beachtete er es nicht, sondern berührte mit der Hand seinen Körper und sagte zu dem Verleumdern: »Brutus wird auf diese Haut warten«, als ob er durch seine Tugend des Amts würdig sei und wegen seiner Tugend nicht undankbar und unanständig werde.

(7) Die aber den Umsturz wollten und nur oder zuallererst auf jenen achteten, wagten nicht, mit ihm zu sprechen, und bedeckten nachts das Pult und den Amtssitz, an dem er seine Amtsgeschäfte als Prätor führte, mit Schmierereien, von denen die meisten derart waren: »Schläfst du, Brutus?« und »Du bist nicht Brutus!« (8) Als unter ihnen Cassius merkte, dass leise sein Ehrgeiz angestachelt wurde, drängte und provozierte er mehr als vorher, weil er selbst bei sich einen Hass auf Caesar hatte, aus Gründen, die wir in der Schrift über Brutus dargelegt haben. (9) Caesar hatte ihn freilich in Verdacht, sodass er auch einmal zu seinen Freunden sagte: »Was scheint Cassius mit uns vorzuhaben? Er gefällt mir nämlich gar nicht, er ist so blass!« (10) Wiederum soll er über Antonius und Dolabella gesagt haben, als ihn eine Anschuldigung erreichte, sie planten einen Umsturz: »Ich fürchte nicht diese Dicken und Langhaarigen, sondern diese Bleichen und Scharfsinnigen«, womit er Cassius und Brutus meinte.

(63,1) Das Schicksal scheint aber nicht so unerwartet gewesen zu sein, wie man darauf unvorbereitet war, weil sich wunderbare Zeichen und Schauungen gezeigt haben sollen. (2) Vielleicht ist es unangemessen, im Zusammenhang mit einem solchen Geschick an Himmelslichter und Donner zu erinnern, die sich nachts vielerorts ausbreiteten, und an unzeitig auf dem Forum landende Vögel. (3) Strabon der Philosoph aber erzählt, vielen seien feurig angreifende Menschen erschienen, der Sklave eines Soldaten habe aus seiner Hand eine große Flamme fahren lassen und zu verbrennen geschienen, als er aber aufhörte, sei es dem Mann nicht schlecht gegangen; (4) Caesar selbst sei beim Opfern das Herz des Opfertieres verschwunden, und das Erstaunen sei groß gewesen, denn von Natur aus gebe es kein Tier ohne Herz. (5) Es ist aber so, dass er vor langer Zeit gehört hatte, als irgendein Wahrsager ihm voraussagte, er solle sich an dem Tag des Monats März, den die Römer Iden nennen, vor einer großen Gefahr in Acht nehmen. (6) Als der Tag aber gekommen war, ging Caesar in den Senat und grüßte den Wahrsager und lachte ihn aus und sagte: »Die Iden des März sind da«, der aber sagte in Ruhe zu ihm: »Ja, sie sind da, aber sie sind noch nicht vorbei.« (7) Als ihm am Tag zuvor Marcus Lepidus zum Essen eingeladen hatte, unterschrieb er – wie gewohnt im Liegen – Briefe; als aber das Wort darauf kam, welcher Tod denn der beste sei, rief er vor allen aus: »Der unerwartete!« (8) Als er danach wie gewohnt bei seiner Frau lag, und zugleich alle Türen und Fenster des Schlafzimmers aufsprangen, und er zugleich durch das Geräusch und durch das Licht des Mondes aufgeschreckt wurde, da merkte er, dass Calpurnia zwar fest schlief, aber unverständliche Geräusche und undeutliche Seufzer aus dem Schlaf von sich gab: (9) Sie schien jenen zu beweinen, ihn ermordet in ihren Armen haltend. Andere aber sagen nicht, die Frau habe diese Vision gehabt, sondern – es war nämlich auf Senatsbeschluss an Caesars

Haus zur Zierde und Würde eine Dekoration angebracht –, wie Livius erzählte, Calpurnia soll, als sie diese im Traum herabstürzen sah, aufgeschrieen und geweint haben.

(10) Als es aber Tag geworden war, bat sie Caesar, dass er, wenn es möglich sei, nicht hingehe, sondern der Senat vertagt werde; dass aber, wenn er von ihrem Traum recht wenig halte, durch eine andere Wahrsagerei und durch Priester nach der Zukunft geschaut werde. (11) Aber auch jenen schien irgendein Verdacht und eine Angst zu festzuhalten; er hatte nämlich vorher keine weibliche Schwäche zum Aberglauben an Calpurnia bemerkt, da aber sah er sie aufgewühlt. (12) Als ihm aber die Priester nach vielen Opfern sagten, er habe keine guten Vorzeichen, beschloss er, Antonius zu schicken und den Senat zu entlassen.

(64,1) In der Zwischenzeit schmähte Decimus Brutus, genannt Albinus – der Caesars Vertrauen genoss, sodass er auch von ihm als zweiter Erbe benannt worden war, der aber mit denen um den anderen Brutus und um Cassius an der Verschwörung teilhatte – aus Angst, die Tat könnte verraten werden, weil Caesar jenen Tag umging, (2) die Priester und bedrängte Caesar, dass er Anschuldigungen und Verleumdungen beim Senat sich einhandle, welcher glaubte, er verachte ihn; (3) denn er komme, wenn jener es befehle, und alle seien zur Abstimmung bereit, damit er zum König der außeritalischen Provinzen ausgerufen werde und eine Krone trage, wenn er die übrige Welt und das Meer besuche. (4) Wenn aber jetzt, wo sie in Sitzung seien, ihnen jemand sagte, sie sollen heimgehen und wiederkommen, wenn Calpurnia vielleicht besser Träume habe, welche Worte werde es von den Neidern geben? (5) Oder welcher Freund würde weiterhin lehren, dass dies keine Knechtschaft und Tyrannei sei? Aber wenn es absolut (nötig) scheine, den Tag (aus religiösen Gründen) freizuhalten, sagte er, sei es besser, er selbst vertage den Rat, indem er selbst hingehe und eine Ansprache halte.

(6) Indem er das zugleich sagte, nahm Brutus Caesars Hand und führte ihn. Und als er gerade eben vor die Tür gegangen war, verlangte ein ausländischer Diener, ihn zu sprechen; als er dem Gedränge und der Menge um jenen unterlegen war, zwang er sich in das Haus und vertraute sich Calpurnia an und trug ihr auf, ihn zu behüten, bis Caesar eintreffe, weil er ihm große Dinge zu sagen hätte. (65,1) Der gebürtige Knidier Artemidoros aber, ein Fachmann für griechische Sprache und dadurch mit einigen um Brutus bekannt, sodass er das Meiste der Angelegenheiten kannte, kam und brachte in einem Dokument, was er verraten wollte. (2) Als er sah, dass Caesar von den Dokumenten jedes entgegennahm und an die Diener um ihn weitergab, ging er sehr dicht an ihn hin und sagte: »Caesar, lies das allein und schnell, denn darin steht etwas über wichtige Angelegenheiten, die dich betreffen.« (3) Caesar nahm es also, aber er wurde durch die Menge derer, die zu ihm sprechen wollten, gehindert, es zu lesen, obwohl er es oft versuchte; er behielt es aber als einziges in der Hand und hob es auf und ging hinein in den Senat. (4) Einige aber sagen, ein anderer habe dieses Dokument übergeben, Artemidoros aber sei nicht ganz hingegangen, sondern wurde überall abgedrängt.

(66,1) Das kommt vielleicht vom Zufall; aber an dem Ort, der jenen Mord und Kampf fassen sollte, an dem sich der Senat damals versammelte und der eine Stiftung des Pompeius zum Schmuck des Theaters war, war ein Bild von Pompeius aufgestellt; das zeigt deutlich, dass die Tat unter der Führung und dem Ruf eines Dämons dort ins Werk gesetzt werden sollte. (2) Denn man sagt auch, dass auch Cassius vor dem Unternehmen zu der Statue des Pompeius aufgeschaut und sie leise angerufen habe, obwohl er mit den Worten des Epikur vertraut war; (3) aber der Moment, wie es scheint, des gewaltigen Bevorstehenden gab ihm Begeisterung ein und Leidenschaft anstelle seiner bisherigen Vernunft.

(4) Den Antonius also, der mit Caesar vertraut und kräftig war, hielt Brutus Albinus draußen auf, indem er ihm absichtlich ein langes Gespräch aufnötigte; (5) als aber Caesar eintrat, stand der Rat auf, um ihm zu huldigen, von denen um Brutus aber umstellten die einen rückwärtig seinen Sitz, die anderen traten ihm gegenüber, als ob sie mit Tillius Cimber, der wegen seines exilierten Bruders vorsprach, gemeinsam bitten wollten, (6) und sie baten gemeinsam, wobei sie ihm zu seinem Platz folgten. Als er sich gesetzt hatte und die Bitten abwies, und, als sie dablieben, jedem energisch seinen Unwillen zeigte, ergriff Tillius seine Toga mit beiden Händen und riss sie ihm vom Genick, wie der Plan des Unternehmens war. (7) Als erster schlug Casca mit dem Schwert einen Hieb gegen den Hals, der weder tödlich noch fest war, aber – wie es scheint – war er anfangs vor einem großen Wagnis erschrocken, sodass sich Caesar umwandte, den Dolch ergriff und festhielt. (8) Sie riefen wohl gleichzeitig, der Geschlagene auf Lateinisch, »Du widerlicher Casca, was machst du?«, der zugeschlagen hatte aber auf Griechisch zu seinem Bruder, »Bruder, hilf mir!« (9) Als derart der Anfang gemacht war, hielt der Schrecken und das Schaudern über das Geschehen die nicht Eingeweihten fest, sodass sie weder zu fliehen noch zu helfen, aber auch keinen Laut von sich zu geben wagten. (10) Als aber von den zum Mord Bereiten jeder sein nacktes Schwert zeigte, und er in einem Kreis eingeschlossen wurde, und wohin er den Blick auch wandte, Schlägen entgegensah und dem Eisen, das gegen sein Gesicht und seine Augen geführt wurde, da wurde er, getrieben wie ein Tier, mit den Händen aller verwickelt; (11) denn alle mussten mitschlachten und den Mord kosten. Deshalb versetzte auch Brutus ihm einem Stoß in den Unterleib. (12) Es wird von einigen behauptet, dass er, während er hier und dort seinen Leib hinwandte und kämpfte und schrie, als er Brutus mit gezogenem Schwert sah, sein Gewand über den Kopf zog und sich ausstreckte – entweder durch das Schicksal oder durch die Tötenden zu der Säule gedrängt, auf der das Standbild des Pompeius stand. (13) Und der Mord befleckte es sehr mit Blut, sodass es schien, als hätte Pompeius ihn angeordnet aus Rache an dem Kriegsgegner, der zu seinen Füßen lag und sich wand unter der Menge der Wunden. (14) Denn man sagt, er habe dreiundzwanzig empfangen; und viele verletzten sich gegenseitig, weil sie so viele Schläge auf einen einzigen Körper richteten.

(67,1) Als aber der Mann überwältigt war, hielt es die Ältestenschaft – obwohl Brutus in die Mitte trat, als ob er etwas über die Vorfälle sagen wollte – nicht aus, stürzte durch die Türen hinaus und floh und erfüllte das Volk mit Schrecken und unbändiger Angst, sodass die einen ihre Häuser verschlossen, die anderen ihre Tische und Geschäfte verließen, die einen zu dem Ort liefen, um das Geschehene zu sehen, die anderen von dort weg, weil sie es gesehen hatten. (2) Antonius aber und Lepidus, Caesars beste Freunde, entwischten und flohen in andere Häuser. (3) Die um Brutus aber, weil sie noch erhitzt waren von dem Mord, wandten sich alle, ihre nackten Schwerter zeigend, gemeinsam weg vom Ratsgebäude und liefen zum Kapitol, nicht Fliehenden ähnlich, sondern sehr strahlend und stark, riefen die Menge zur Freiheit auf und empfingen die Besten, die ihnen begegneten. (4) Einige aber stiegen mit ihnen hinauf und mischten sich unter sie, als ob sie an der Tat teilgehabt hätten, und gaben sich den Anschein; zu ihnen gehörten auch Gaius Octavius und Lentulus Spinther. (5) Diese zahlten später den Preis für ihre Prahlerei, als sie von Antonius und dem jungen Caesar getötet wurden, und genossen auch nicht den Ruhm, für den sie starben, weil die anderen es nicht glaubten. (6) Und die, die sie bestraften, erhielten nicht Genugtuung für die Tat, sondern für den Willen. (7) Als die um Brutus nach einem Tag herunterkamen und eine Rede hielten, hörte das Volk ohne Kritik oder Lob für das Geschehene auf die Worte, deutete aber durch das viele Schweigen an, dass es Caesar bedauerte, Brutus aber scheute. (8) Der Senat aber verabschiedete für alle eine Amnestie und einen Vergleich, und beschloss, Caesar als Gott zu verehren und nicht das Geringste zu verändern, das er als Herrscher beschlossen hatte, (9) denen um Brutus aber wies er Provinzen zu und erwies ihnen die gebührenden Ehren, sodass alle meinten, die Lage hätte sich stabilisiert und der beste Kompromiss sei erreicht worden.

(68,1) Weil aber bei der Eröffnung von Caesars Testament jedem Römer ein bedeutender Betrag vermacht wurde, und weil sie sahen, dass sein Leib, der über das Forum getragen wurde, von den Hieben ganz verstümmelt war, da hatte ihre Leidenschaft keine Ordnung und kein Halten mehr, sondern sie häuften rings um den Toten Sitzbänke und Schranken und Tische vom Forum, zündeten ihn unten an und verbrannten ihn, (2) das Feuer aber hoben sie auf und brachten es zu den Häusern der Mörder, um sie anzuzünden; andere aber schwärmten überallhin in der Stadt aus und suchten, die Männer zu ergreifen und zu zerreißen. Ihnen begegnete keiner von jenen, sondern sie waren alle gut beschützt; (3) Cinna aber, einer von Caesars Gefährten, soll – wie man sagt – in der vorausgegangenen Nacht eine ungewöhnliche Vision gehabt haben: Er schien nämlich von Caesar zum Essen eingeladen zu werden, und von ihm, als er ablehnte, an der Hand geführt zu werden, nicht willig, sondern widerstrebend. (4) Wie er hörte, der Leib Caesars werde auf dem Forum verbrannt, stand er auf und schritt zum Ehrerweis, obwohl er zugleich den Anblick ängstlich und fiebernd ansah. (5) Und als ihn einer der vielen sah, sagte er einem anderen, der sich erkundigte, seinen Namen, und jener einem anderen, und bei allen ging das Gerücht um, dieser sei der Mann von den Mördern Caesars; (6) denn es war ein mit jenem gleichnamiger Cinna unter den Verschwörern, für den sie diesen voreilig hielten, und sie stürzten los und zerrissen den Menschen in ihrer Mitte. (7) Dadurch aufs höchste erschreckt, reisten die um Brutus und Cassius nach Ablauf weniger Tage aus der Stadt ab. Mit welchen Taten und Leiden sie umkamen, ist in dem Buch über Brutus aufgezeichnet.

Auslegung

TEXTOBERFLÄCHE Die Caesar-Biographie gehört, wie die Vita Phokions, zu einer Biographiengruppe, die sich den Römern der späten Republik und Griechen des 4. Jahrhunderts widmet.[73] Caesar ist dort mit Alexander dem Großen gepaart.[74]

Nachdem Caesar den römischen Bürgerkrieg erfolgreich für sich entschieden hat, wird er in Kap. 57 zum Diktator auf Lebenszeit berufen. Es folgt eine Besprechung einiger Errungenschaften seiner Regierung, insbesondere der Kalenderreform. Kap. 60 leitet den Schlussabschnitt der Biographie ein: Durch sein Streben nach der Königswürde zieht Caesar sich den Hass der Bevölkerung und insbe-

---

[73]Vgl. PELLING, DNP 9 (2000), 1161.
[74]Diese Zusammenstellung findet sich erstmals bei Velleius Paterculus, vgl. WILL, DNP 2 (1997), 921.

sondere der optimatischen Partei zu. Dadurch wird die Verschwörung in Kap. 62 vorbereitet. Die Vita schließt in Kap. 69 mit dem Ende von Caesars Hauptgegnern.[75] Wieder ist der Hauptstrang der biographischen Erzählung unter Verwendung eines externen Erzählers gestaltet; es gibt keine akteurgebundenen Erzähler. Bestimmte Details im Verlauf des Mordes werden mit λέγεται (66,2.12.14) aus der obersten Erzählebene herausgenommen. Besonders aber die kürzeren Narrative, in denen die Prodigien vor Caesars Ermordung erzählt werden, sind durch λέγεται (63,1) abgesetzt, auch die Formulierungen »Strabon der Philosoph aber erzählt«[76] und »andere aber sagen nicht«[77] betonen, dass sich dieser Abschnitt auf einer anderen Erzählebene befindet. Das Gleiche gilt für das Prodigium vor dem Lynchmord an Cinna, das mit ὥς φασι (68,3) abgesetzt ist. – Die Fokalisation, auf der obersten Ebene ebenfalls extern, wechselt öfters zu akteurgebundenen Fokalisatoren. Das ist stets bei direkter Rede der Fall (bei *oratio obliqua* werden die Ebenen vermischt: 62,5; 63,10.12; 64,2–5.6) und, wie häufig bei Plutarch, wo Akteure etwas wahrnehmen (Brutus Albinus 64,1; Artemidoros 65,2; Caesar 66,10; das Volk 66,9; 67,1) oder Emotionen haben (Caesar 63,11; die uneingeweihten Senatoren 66,9; der Senat und das Volk 67,1; die Verschwörer 68,7). Diese Art der Fokalisation taucht vorwiegend nach dem Schnittpunkt 63,10 auf und macht die Erzählung abwechlsungsreicher.

Abgesehen von den Passagen in *oratio recta* gibt es keine nicht-narrativen Passagen. Alle anderen Erzählerkommentare müssen als Teil der Erzählung gelten, sogar 66,1, weil es den Ort des Mordes einführt.

In den fortlaufenden Erzählfaden der Biographie sind verschiedene kleinere Gattungen eingebunden: In der Phase des Schlussabschnittes, die den Mord vorbereitet, finden sich mehrere Apophthegmata (62,5.6.9.10; 63,6.7) und mehrere kurze erzählende Abschnitte (63,1–5), die als Rückblende eingebaut sind. Ab 63,10 ist die Erzählung etwas flüssiger; in 64,2–5 liegt eine symbouleutische Rede vor, in 65,4 eine kurze Quellendiskussion. Der kurze Ausblick 67,5 und die Visionserzählung 68,3 fügen sich in den Erzählduktus gut ein. Interessant ist, dass keine *ultima verba* berichtet werden.

SINNGEBUNG   Die Fokalisation zeigt ähnliche Muster wie in den anderen besprochenen Plutarch-Biographien. Die akteurgebundene Fokalisation, die ab 63,10 relativ häufig auftritt, macht die spannende Erzählung farbiger und abwechslungsreicher, trägt aber m. E. für die Sinngebung nicht viel aus. Der externe Fokalisator der obersten Erzählebene bringt dagegen vielfach Deutungen in das Geschehen ein.

---

[75]Dabei ist 69,1 ein Trugschluss. Der tatsächliche Schluss eröffnet nach Caesars Tod eine neue Perspektive und lässt die Erzählung durch Rache an den Tätern zu einem Ruhepunkt kommen – so PELLING, Death, 249f.

[76]Στράβων δ᾽ ὁ φιλόσοφος ἱστορεῖ (63,3).

[77]Οἱ δ᾽ οὔ φασι (63,9).

Allerdings bleibt seine Parteinahme für den Protagonisten viel zurückhaltender als das etwa bei Phokion oder Pelopidas der Fall ist.

Das Bild des Protagonisten, das in den vorliegenden Kapiteln gezeichnet wird, bleibt eigenartig blass, es ist deutlich weniger positiv als etwa die Darstellungen von Phokion und Pelopidas. Besonders bemerkenswert ist die Passivität Caesars in diesen Kapiteln:[78] Er wird eher getrieben als dass er agiert, seine Aktivität scheint mit Kap. 61 zu enden. Das könnte nahelegen, Caesars Charakterbild werde in mehreren Phasen gezeichnet: Schon bei Caesars Eintritt in den gallischen Krieg (Kap. 15) wird ein Charakterwandel vom Erzähler ausdrücklich festgehalten. Dagegen spricht allerdings, dass Kap. 62–68 nur einen Zeitraum von wenigen Tagen umfassen. Während also die Gliederung der Vita eine phasenweise Charakterentwicklung andeutet, spricht die tatsächliche Zeitstruktur dagegen.

Caesar, das Opfer, wird »getrieben wie ein Tier«[79]. Der Vergleich des wehrlos Ermordeten mit einem Tier ist populär.[80] Ein wichtiges Motiv ist auch die bedeutungsvolle Abstammung eines Akteurs, in diesem Fall von Brutus, der von dem ersten Iunius Brutus abstammen sollte, der die Könige vertrieb, und außerdem der Schwiegersohn Neffe von Caesars langjährigem Gegner Cato Uticensis war (62,1).

Ereignisse mit geprägter Bedeutung sind die Visionen und Omina vor dem Tod, die hier besonders umfangreich wiedergegeben werden (63,1–9),[81] die Verschwörung (62,6) und die Verstümmelung des Opfers[82] (68,1). – Besonders hervorgehoben

---

[78] Diese Erscheinung findet eine auffallende Entsprechung in den Evangelien, wo Jesus mit seiner Gefangennahme (ab Mk 14,43 par.) ganz zur passiven Figur wird.

[79] Διελαυνόμενος ὥσπερ θηρίον (66,10).

[80] Der Vergleich mit einem Tier ist in diesen Fällen immer demütigend, weil der den Menschen seiner vernünftigen Handlungsmöglichkeiten entkleidet. Caesar wird hier mit einem Wildtier (θηρίον) verglichen, das gejagt wird. Häufig ist aber besonders der Vergleich mit einem Tier, das als Schlachtopfer dargebracht wird, vgl. Plu. Cleom. 57,6; Dio 57,4 und, besonders pejorativ, Ph. Flacc. 189.

[81] Interessant sind vor allem die Träume von Calpurnia und später von Cinna. Eine zusammenfassende Untersuchung der Träume in den Viten Plutarchs hat Frederick E. Brenk unternommen. Er unterscheidet nach einem antiken Schema symbolische, visionäre und Orakelträume, vgl. auch Dodds, Dream-Pattern and Culture-Pattern, 107. Plutarch hatte in De defectu oraculorum angedeutet, dass Träume, gerade kurz vor dem Tod einer Person, Aussagekraft für die Zukunft besitzen – was interessant ist angesichts von Plutarchs genereller Zurückhaltung gegenüber übernatürlichen Phänomenen, vgl. Brenk, Dreams, 338. Seine vorrangige Intention beim Gebrauch der Träume ist aber, nach Brenk, die Schaffung von Stimmungen und von farbigen Charakterzeichnungen. So sei »Plutarch's principal intention in the Caesar passage [. . .] to construct an atmosphere of apprehension, suspense, and distress before the assassination, while underscoring the ironic hesitation which almost saved Caesar's life. At the same time the dreams illustrate the validity of oneiromancy, with the lurking suggestion that had Caesar been less sceptical and rationalistic he might have averted his doom«, a. a. O., 339. Für die Charakterzeichnung ist interessant, dass viele Träume in Angstsituationen situiert werden. Hier bieten sie Einblicke in seelische Abgründe der Protagonisten, wie sie dem Biographen ansonsten verwehrt bleiben, vgl. a. a. O., 344. Brenk schließt: »The inclusion of so many dreams in the Lives is not just a coincidence. In contrast Plutarch seems reluctant to include many portents which occur in his sources. In spite of a certain freedom with the dreams it seems that he expected the reader to believe in them. [. . .] Perhaps Plutarch's major contribution – and a magnificent one at that – was the use of the dream in an age of individualism, to lay bare the recesses of the hero's soul when the lack of intimate details in his sources must have been a perplexing frustration.« a. a. O., 348.

[82] Die Verstümmelung des Opfers kann allerdings mit unterschiedlichen Bedeutungen aufgeladen

werden muss die supranaturale Führung der Ereignisse (66,1f.12f.), die Caesars Tod als Rache des Pompeius erscheinen lässt. In die entgegengesetzte Richtung weist die Interpretation, Caesar habe einen für ihn besonders glücklichen, weil unerwarteten Tod erlitten (63,7).

Interessant ist auch, auf welche Motive Plutarch bei der Darstellung von Caesars Tod verzichtet. Es fehlen aussagekräftige *ultima verba*.[83] Auch das bei Sueton überlieferte Wunder bei Caesars Bestattung[84] wird nicht erwähnt. Das passt in eine gegenüber wundersamen Erscheinungen generell skeptische Haltung, die auch in der Präsentation der freilich umfangreichen Prodigien zum Ausdruck kommt: Sie werden durch Berichtformeln (λέγεται u. ä.) auf eine andere Erzähllebene geschoben, und es wird eingeräumt, sie seien vielleicht unangemessen (63,2).

Die Zeitstrukturen sind vielseitig. In 62,1–63,6 ist der Hauptstrang der Erzählung gerafft erzählt, die eingebundenen Apophthegmata dagegen szenisch. 63,7–12 ist szenisch, 64,1–66,3 gedehnt erzählt: zum Höhepunkt hin verlangsamt sich die Erzählung, die Spannung steigt. Der eigentliche Mord und die anschließende Auflösung des Senats (66,4–67,4) sind szenisch erzählt, die nächsten Ereignisse gerafft (67,5–9). Die Bestattung und der Mord an Cinna sind entsprechend ihrer Bedeutung wieder szenisch gehalten (68,1–6), die Flucht der Gegner (68,7) ist in einer knappen Notiz gerafft wiedergegeben. – In die kontinuierlich verlaufende Erzählung sind in 63,1–5 und 68,3 (Prodigien) Rückblenden und in 67,5 (Strafe für die Mitläufer) ein Ausblick eingeschaltet. Die erzählerische Funktion der Rückblenden ist die Retardation und Erzeugung von Spannung; der Ausblick dient der Deutung und der Vernetzung mit anderen Ereignissen.

Wieder sind alle Erzählteile an der Sinngebung beteiligt. Das Ergebnis ist hier allerdings weniger eine Charakterzeichnung als eine spannende Erzählung, die zugleich die supranaturale Fügung von Caesars Ende und seine Relevanz betont.

EREIGNISBEZUG Die erzählten Ereignisse lassen sich knapp so zusammenfassen: Es bildet sich eine Verschwörung gegen Caesar, Brutus wird dafür gewonnen. Caesar und Calpurnia begegnen negative Omina, dennoch überredet Decimus Brutus Albinus Caesar, mit in den Senat zu kommen. Mehrere Warnungen erreichen Caesar nicht. Die Verschwörer umstellen ihn und stechen ihn nieder, er stirbt. Es entsteht

---

sein. Bedeutet sie in Ph. Flacc. 189 eine verdiente Strafe für den Ermordeten, betont sie hier die unangemessene Brutalität der Mörder.

[83] Besonders bekannt sind die bei Sueton und Dio überlieferten Worte καὶ σύ, τέκνον; DUBUISSON, Fils, 887ff., hält diese Überlieferung, gerade weil es sich um eine griechische Äußerung handelt, für authentisch. Er geht davon aus, dass Griechisch in Rom der späten Republik so verankert war, dass es für viele de facto die Muttersprache gewesen sei, so auch für Caesar, der angesichts des Tumultes und der schmerzhaften Überraschung von Brutus' Beteiligung ins Griechische zurückgefallen sei. Zu dieser These passt auch Cascas griechischer Ausruf in 66,8.

[84] Sueton berichtet Caes. 84,3 – also genau im Zentrum seines Bestattungskapitels – von »duo quidam gladiis succincti«, zwei supranaturalen Gestalten, die plötzlich auftauchen und den Leichnam auf dem Forum verbrennen.

Aufruhr, die Mörder laufen zum Kapitol, um anderntags vor das Volk und den Senat zu treten. Caesar wird auf dem Forum von der Volksmenge verbrannt, Cinna im Tumult getötet; die Mörder fliehen.

Diese Ereignisse erstrecken sich über wenige Tage (s. o.), ab Kap. 60 über wenige Wochen.[85] Sie nehmen aber im Gesamt der Biographie über ein Zehntel ein und erhalten also ein übergroßes Gewicht.

Zwischen Caesars Tod 44 v. Chr. und der Abfassung der Vita liegen etwa 150 bis 160 Jahre. Plutarch lässt mehrfach erkennen, dass ihm schriftliche Quellen vorliegen und dass er sie kritisch verwendete. Von diesen wird nur Strabon namentlich genannt, ein Zeichen, dass dieser nicht seine Hauptquelle war. Angesichts der Bedeutung Caesars wird Literatur in reichem Maße vorhanden gewesen sein,[86] das ist auch daran ersichtlich, dass etwa Sueton einige abweichende Überlieferungen berichtet. Schon Plutarch selbst musste hier kritisch sortieren, um der Legendenbildung zu begegnen. Pelling hat gezeigt, dass Plutarch die römischen Viten etwa zeitgleich geplant und in rascher Folge verfasst hat. Zur Vorbereitung las er neben seiner historiographischen Hauptquelle Asinius Pollio biographisches Material, weitere Historiker und zeitgenössische Werke seiner Protagonisten. Bei der Abfassung hatte Plutarch die Hauptquelle vor sich, das übrige Material gebrauchte er aus dem Gedächtnis.[87] Das gemeinsame Quellenmaterial konnte er in den verschiedenen Viten unterschiedlich fokussieren – Pelling zeigt das u. a. an verschiedenen Perspektiven, aus denen Caesars Tod im *Caesar* und im *Brutus* erzählt wird.[88]

FAZIT Plutarchs literarisch hochwertige und sehr ausführliche (auch im Werkkontext gewichtige) Darstellung von Caesars Ende bietet in vielen Einzelmotiven interessante Ansatzpunkte für einen literaturgeschichtlichen Vergleich. Zu nennen sind besonders die Prodigien, die Plutarch trotz seiner Skepsis gegenüber solchen Erscheinungen ausführlich referiert. Sie gelten als Vorzeichen auf Caesars Tod. Interessant sind auch die Kenntnisse, die wir über die Produktion dieser Vita haben, bei der Plutarch neben einer schriftlich vorliegenden Hauptquelle zahlreiche weitere Quellen aus dem Kopf hinzuzog und einarbeitete, wobei er die verschiedenen Deutungen der Quellen nach seinen Interessen gewichten konnte.

---

[85]In 69,1 hält Plutarch fest, dass Caesar kaum Gelegenheit hatte, sein erreichtes Ziel, nämlich die Alleinherrschaft, zu genießen.

[86]Die Vielzahl der noch erhaltenen Quellen lädt zur historischen Rekonstruktion von Caesars Biographie geradezu ein, so etwa ausführlich GROEBE, PW 10/1 (1918), 186–259.

[87]Vgl. PELLING, Method, 285–312. Zum gleichen Ergebnis kommt BROŻEK, Selbstzitate, 68–80 aufgrund seiner Untersuchung der wechselseitigen Querverweise zwischen einigen Biographien.

[88]Vgl. PELLING, Method, 272–277.

4.2.2   Agis und Kleomenes (Plu. Agis 18,4–20,1; Cleom. 57–59)

Literatur

Text: ZIEGLER/LINDSKOG, Vitae parallelae 3/1, 369–371.410–414. Einführende Lit. zu Plutarch s. oben S. 116. Einführend zu Agis und Kleomenes vgl. immer noch NIESE, PW 1/1 (1893), 819–821; LENSCHAU, PW 11/1 (1921), 702–710; außerdem WELWEI, DNP 1 (1996), 259–260; WELWEI, DNP 6 (1999), 580, und CARTLEDGE/SPAWFORTH, Sparta, 47.

Übersetzung

AGIS   (18,4) Nachdem aber Leonidas den Kleombrotos aus dem Weg geschafft hatte und die früheren Ephoren aus dem Amt gejagt und andere eingesetzt hatte, machte er sogleich Pläne gegen Agis. (5) Und zuerst beredete er ihn, aufzustehen und Mitkönig zu sein, weil die Bürger die Einwilligung gegeben hätten; er sei nämlich auch von Agesilaos getäuscht worden, weil er jung und ehrgeizig sei. (6) Als jener aber Verdacht schöpfte und an seinem Ort blieb, hörte er selbst auf zu lügen und zu täuschen, (7) Amphares aber und Damochares und Arkesilaos gingen regelmäßig hinauf und sprachen mit ihm; und nach einer Weile nahmen sie ihn auch mit und führten ihn vom Heiligtum hinunter zum Bad, und wenn er gebadet hatte, nahmen sie ihn wieder mit zum Heiligtum. (8) Und sie waren alle mit ihm vertraut, Amphares aber, der kürzlich auch kostbare Kleider und Gefäße von (Agis' Mutter) Agesistrata geborgt hatte, plante deswegen Böses gegen den König und seine Frauen, um ihnen (diese Dinge) vorzuenthalten. (9) Und vor allem soll dieser dem Leonidas hörig gewesen sein und die Ephoren (gegen Agis) aufgebracht haben, von denen er auch selbst einer war.

     (19,1) Weil aber Agis die andere Zeit im Heiligtum verbrachte, gelegentlich aber zum Bad herunterzukommen pflegte, beschlossen sie, ihn dort zu ergreifen, wenn er außerhalb des Heiligtums war. (2) Und sie passten ihn nach dem Baden ab, traten ihm entgegen und grüßten ihn und traten zusammen vor, wobei sie zugleich redeten und scherzten wie mit einem Vertrauten und jungen Mann. (3) Weil aber der Weg eine seitliche Abzweigung zum Gefängnis hatte, gingen sie, als sie zu der kamen, (dort entlang,) und Amphares ergriff wegen seines Amtes den Agis und sagte, »Ich bringe dich vor die Ephoren, Agis, damit du für deine Politik Rechenschaft ablegst.« (4) Damochares aber, der stark war und groß, warf ihm den Umhang um den Nacken und zog ihn. Andere aus der Verschwörung aber stoßen ihn von hinten an, niemand hilft, sondern Einsamkeit herrscht, und sie werfen ihn ins Gefängnis.

     (5) Sofort war Leonidas zur Stelle, der viele Söldner hatte und das Gebäude von außen umstellte; die Ephoren aber gingen hinein zu Agis und holten von den Ältesten die herzu in das Gebäude, die die gleiche Absicht hatten, so als ob ihm der Prozess gemacht würde; und sie befahlen ihm, sich für seine Taten zu verteidigen. (6) Als aber der junge Mann über ihre Verstellung lachte, rief Amphares, er sei verdammt und für seine Frechheit Rechenschaft schuldig; ein anderer aber von den Ephoren fragte ihn – als ob er ihm einen Ausweg aus der Anklage in die Hand geben und zeigen wollte –, ob er das unter dem Zwang von Lysandros oder Agesilaos getan habe. (7) Als aber Agis antwortete, er sei von niemand gezwungen worden, sondern mit Eifer und den Lykurgos nachahmend der gleichen Politik gefolgt, da fragte ihn der Gleiche wiederum, ob er die Taten bereue. (8) Als aber der junge

Mann sagte, er bereue sie nicht, auch wenn er sich sein Ende erleiden sehen werde, weil sie hervorragend geplant gewesen seien, da beschlossen sie seinen Tod und befahlen den Dienern, ihn in die sogenannte Dechas zu bringen, das ist ein Raum des Gefängnisses, in dem sie die Verurteilten zu Tod bringen, indem sie sie erdrosseln.

(9) Als Damochares sah, dass die Diener nicht wagten, Agis zu ergreifen, sich aber auch zugleich die anwesenden Söldner abwandten und die Tat scheuten, als ob es weder Recht noch Gesetz zuließen, an den Leib eines Königs Hand anzulegen, da drohte er ihnen und schmähte sie und zog Agis selbst in den Raum. (10) Denn schon hatten viele die Festnahme bemerkt, und es war Lärm vor den Türen und viele Fackeln, und es waren die Mutter und die Großmutter des Agis zugegen, die riefen und verlangten, der König der Spartaner solle unter den Bürgern Redemöglichkeit und Urteil erhalten. (11) Deshalb beeilten sie sich mit dem Mord, weil er ihnen entrissen würde, wenn noch mehr dazukämen. (20,1) Als Agis also zum Strang ging, und als er einen der Diener weinen und trauern sah, sagte er:»Hör mir auf zu weinen, Mann, denn obwohl ich so ungesetzlich und unrecht sterbe, bin ich meinen Mördern überlegen.« Und mit diesen Worten übergab er seinen Nacken freiwillig dem Strick.

[...]

KLEOMENES (57/36,1) Das war also traurig für Kleomenes, aber aus folgendem Ereignis hatte er noch elendere Erwartungen für die Zukunft: (2) Ptolemaios, der Sohn des Chrysermos, war ein Freund des Königs und vertrieb Kleomenes angenehm die ganze Zeit, und sie genossen eine gewisse Vertrautheit und Offenheit untereinander. (3) Als Kleomenes ihn bat, zu ihm zu kommen, kam dieser also und redete Maßvolles, räumte seinen Verdacht aus und verteidigte sich für den König; (4) als er aber wieder wegging aus dem Haus und nicht beachtete, dass Kleomenes ihm von hinten bis zur Tür folgte, machte er den Wachen harte Vorwürfe, weil sie ein großes und schwer zu bewachendes Biest nur unzuverlässig und leichtsinnig bewachten. (5) Dessen wurde Kleomenes Ohrenzeuge und ging weg, noch bevor Ptolemaios es bemerkte, und sagte es seinen Freunden. (6) Sofort ließen also alle die Hoffnungen, die sie zuvor gehabt hatten, fallen und rieten zornig, die Ungerechtigkeit des Ptolemaios und seinen Hochmut zu bestrafen und Spartas würdig zu sterben, und nicht zu warten wie Opfertiere, die zur Schlachtung gemästet werden. (7) Es wäre furchtbar, wenn Kleomenes – die Auseinandersetzung mit Antigonos, einem streitbaren und tatkräftigen Mann, überblickend – auf die Muße eines Bettelpriesterkönigs wartete, bis der erst einmal die Trommel aus der Hand legte und das Fest beendete und ihn tötete.

(58/37,1) Weil das richtig erschien und Ptolemaios zufällig nach Kanobos reiste, verbreiteten sie zuerst das Gerücht, seine Bewachung sei vom König aufgehoben worden; (2) dann bereiteten die Freunde nach einem königlichen Brauch, dass denen, die aus der Haft entlassen werden sollen, ein Essen und Gastgeschenke geschickt werden, viel davon für Kleomenes zu und schickten es herein, wobei sie die Wachen täuschten, die glaubten, es wäre vom König geschickt. (3) Er opferte nämlich und gab ihnen neidlos davon ab, und setzte Kränze auf und legte sich nieder und speiste mit seinen Freunden.

(4) Er soll sich schnell entschieden haben, zur Tat zu schreiten; weil er zugleich erfahren hatte, dass ein Diener, der zu den Mitwissern der Tat gehörte, mit der Frau geschlafen hatte, die er liebte; (5) und aus Angst vor Verrat zog er, weil es ja Mittag war und die Wachen ihren Rausch ausschliefen, das Leinengewand an und trennte die Naht an der Schulter auf und

machte mit den ähnlich ausgerüsteten Freunden mit nacktem Schwert einen Ausfall, bei dem sie dreizehn waren. (6) Hippitas aber stürzte, obwohl er lahm war, entschlossen mit dem ersten Angriff heraus, als er aber sah, dass sie seinetwegen langsamer vorankamen, befahl er, ihn zu töten und nicht die Tat scheitern zu lassen, weil sie auf einen unbrauchbaren Menschen warteten. (7) Zufällig aber führte einer von den Alexandrinern ein Pferd nahe der Tür, den warfen sie hinunter, setzten Hippitas darauf, eilten im Lauf durch die Gassen und riefen das Volk zu Freiheit auf. (8) Die schienen aber gerade so viel Stärke zu haben, dass sie Kleomenes' Mut lobten und bewunderten, aber keiner wagte zu helfen oder zu folgen.

(9) Als also Ptolemaios, Sohn des Chrysermos, aus dem Palast trat, stürzten sofort drei auf ihn los und töteten ihn; als aber ein anderer Ptolemaios, der die Stadt bewachte, mit einem Wagen auf sie losfuhr, griffen die Gegner an und zerstreuten die Diener und Söldner, ihn aber rissen sie vom Wagen herunter und töteten ihn. (10) Dann liefen sie zur Burg, weil sie das Gefängnis aufzubrechen und die Menge der Gefangenen für sich nutzen wollten. (11) Die Wachen kamen ihnen aber zuvor und verschanzten sich, sodass Kleomenes auch von diesem Versuch zurückgeworfen wurde und durch die Stadt getrieben wurde und umherirrte, wobei ihm niemand zur Hilfe eilte, sondern alle flohen und sich fürchteten. (12) So hielt er inne und sagte zu seinen Freunden: »Es war also kein Wunder, dass Frauen über Menschen herrschten, die vor der Freiheit flohen«, und bat alle, seiner und der Tat würdig zu sterben. (13) Als erster wurde Hippitas von einem der Jüngeren erschlagen, weil er darum bat; dann tötete jeder von anderen ruhig und furchtlos sich selbst, bis auf Panteus, der als erster Megalopolis eingenommen hatte. (14) Der König, der diesen aber, der von den Jungen der Schönste durch seine Jugend und der Stattlichste zur Militärausbildung war, als besten Freund gehabt hatte, befahl ihm, wenn er ihn und die anderen gefallen sähe, ebenso zu sterben. (15) Als sie aber schon alle dalagen, ging Panteus an ihnen entlang und prüfte sie im Vorbeigehen der Reihe nach mit dem Dolch, ob einer unbemerkt noch lebte. (16) Als er aber auch den Kleomenes am Fuß anstieß, sah er ihn das Gesicht verziehen, küsste ihn, dann setzte er sich daneben; und als der schon tot war, umarmte er den Toten und tötete danach sich selbst.

(59/38,1) So starb Kleomenes, der sechzehn Jahre König von Sparta und solch ein Mann gewesen war. (2) Als sich das Gerücht in der ganzen Stadt ausbreitete, gab Kratesikleia, obwohl sie eine edle Frau war, ihren Stolz auf angesichts der Größe des Unglücks, und umarmte die Kinder des Kleomenes und klagte. (3) Das älteste der Kinder aber ging fort, ohne dass jemand es merkte, und stürzte sich kopfüber vom Dach; es glückte ihm aber nicht und es starb nicht, sondern wurde davongetragen, schreiend und jammernd, dass es am Sterben gehindert werde.

(4) Als aber Ptolemaios das erfuhr, befahl er, den Leib des Kleomenes in Tierhäuten aufzuhängen, seine Kinder aber und seine Mutter und die Frauen um sie zu töten. (5) Unter diesen war auch die Frau des Panteus, von schönstem und edelstem Aussehen. Weil sie noch frisch verheiratet waren, traf sie das Schicksal auf dem Gipfel der Liebe. (6) Als sie (damals) sofort mit Panteus wegsegeln wollte, ließen die Eltern sie nicht, sondern sperrten sie gewaltsam ein und bewachten sie; wenig später aber besorgte sie sich ein Pferd und ein bisschen Geld und lief nachts weg, und nachdem sie stramm nach Tainaros geeilt war, brach sie von dort wiederum auf segelte nach Ägypten; (7) und sie gelangte zu ihrem Mann und verbrachte mit ihm unbetrübt und fröhlich das Leben in der Fremde. (8) Dieselbe führte

dann Kratesikleia, die von den Soldaten herausgebracht wurde, an der Hand, fasste sie am Kleid und bat sie, mutig zu sein, die den Tod nicht fürchtete und nur um eines bat, nämlich vor den Kindern zu sterben. (9) Als sie aber an den Ort kamen, an dem die Diener so etwas zu tun pflegten, brachten sie zuerst die Kinder unter den Augen der Kratesikleia um, dann jene, die bei diesen Leiden nur dies eine hervorbrachte: »Kinder, wohin seid ihr gegangen?« (10) Die Frau des Panteus aber, die stark und groß war, umgürtete ihr Gewand und versorgte schweigend und in Ruhe jede der Getöteten und kleidete sie mit dem an, was zulässig war. (11) Als sie sich zuletzt mit allen auch selbst geschmückt und ihr Gewand geradegezogen hatte, und niemand anderen hinzutreten oder sie berühren ließ außer den Henker, starb sie heldenhaft und brauchte keinen, der sie nach ihrem Ende schmückte oder verhüllte. (12) So blieb im Tod der Anstand der Seele und bewahrte die Achtung, mit der sie zu Lebzeiten ihren Leib umgeben hatte.

Auslegung: Agis

TEXTOBERFLÄCHE Die Biographie von Agis und Kleomenes ist unter den Parallel-biographien ein interessanter Sonderfall: Die beiden spartanischen Reformkönige Agis und Kleomenes werden den Brüdern und römischen Reformern Gaius und Tiberius Gracchus gegenübergestellt. Alle vier finden in politischen Auseinander-setzungen ein gewaltsames Ende. Hier wird der Tod der beiden Spartaner näher untersucht.

Agis hatte versucht, »durch Sozialreformen die traditionelle Gesellschaftsstruk-tur Spartas«[89] wiederherzustellen (Kap. 5–10), war aber dadurch in Konflikt mit den Machtansprüchen der besitzenden Bevölkerungsschicht und besonders seines Mitkönigs Leonidas gekommen (Kap. 11). Nach Leonidas Rückkehr aus dem Exil (Kap. 16) zieht er sich in den Schutz eines Heiligtums zurück. – Nachdem er mit Hilfe einer Verschwörung aus dem Weg geräumt ist (18, 4– 20,1), werden in Kap. 20 auch seine Großmutter Archidamia und seine Mutter Agesistrata nacheinander ins Gefängnis gebeten und dort ermordet. Kap. 21 stellt die Einmaligkeit der Ermor-dung eines spartanischen Königs und Agis' guten Charakter heraus und würdigt seine Taten. Die Biographie fährt dann mit Kleomenes' Geschichte fort: Er wird auf Wunsch seines Vaters Leonidas der neue Ehemann von Agis' Witwe Agiatis.

Die Erzählung weist in den vorliegenden Kapiteln eine große Geschlossenheit auf. Der Erzähler wechselt nicht (stets extern), die Fokalisation ebenfalls selten: zweimal liegt *oratio recta* vor (Amphares 19,3; Agis 20,1), siebenmal *oratio obliqua* (Leonidas 18,4; Amphares 19,6; ein Ephoros 19,6.7; Agis 19,7.8; die Königinnen 19,10). Durch den häufigen Einsatz der indirekten Rede wird eine geschlossene-re und einheitlichere Erzähloberfläche erreicht. Die unbestätigte Anschuldigung gegen Amphares (18,9) wird mit λέγεται abgesetzt. – Außer den kurzen Redeab-schnitten gibt es keine nicht-narrativen Passagen, der dichte Erzählfluss wird kaum

---

[89] WELWEI, DNP 1 (1996), 259.

unterbrochen. So geht die Erzählung auch in Kap. 20 weiter; erst Kap. 21 wird wieder kommentiert.

In die Erzählung ist nur ein Exemplar einer kleineren Gattung eingebunden, nämlich Agis' *ultima verba*, die in der Form eines Apophthegmas in den Erzählverlauf eingebunden sind.

SINNGEBUNG   Die kaum wechselnde Fokalisation lässt in den vorliegenden Kapiteln die Ereignisse aus einer einheitlichen Perspektive erscheinen, die sich zwar mit einer Bewertung des Agis etwas zurückhält (erst wieder ausdrücklich in Kap. 21), aber dafür die Gegner des Königs in einem ausgesprochen negativen Licht erscheinen lässt.

Unter den Akteueren fallen hier Agis, Leonidas, Amphares und Damochares besonders ins Gewicht. Agis ist nach Leonidas' Einschätzung (18,5) ein ehrgeiziger junger Mann; seine eigenen Worte und Taten offenbaren sowohl Stolz und Selbstvertrauen als auch Ehrlichkeit und Furchtlosigkeit. Seine letzten Worte lassen auch ein gewisses Gerechtigkeitsempfinden erkennen. Diesem positiven Bild steht ein einseitig negatives seiner Gegner gegenüber. Leonidas wird als machtbewusst, zielstrebig und auch verschlagen portraitiert (18,4f.). Dass er zum Scheinprozess gegen Agis seine Söldner mitbringt (19,5), zeigt seine Gewaltbereitschaft. Amphares ist unehrlich und hinterhältig, für Agis auch unberechenbar (18,7f.; 19,1–3). Er ist zugleich unselbstständig, weil er von Leonidas abhängig ist (18,9). Damochares gewinnt kaum Profil. Die Erzählung betont in erster Linie seine Grobheit (19,4.9).

An exponierter Stelle, nämlich in seinen letzten Worten, schätzt sich Agis als seinen Mördern überlegen (κρείττων, 20,1) ein – ein wichtiges Motiv und eine Einschätzung, die durch die Erzählung in keiner Weise relativiert wird. Mit κρείττων ist hier eine persönliche Überlegenheit gemeint, die nicht in phyischer oder politischer Stärke besteht. Zwei Motive betonen die Unrechtmäßigkeit von Agis' Tod: Zum einen fällt er einer Verschwörung zum Opfer (παρασκευή, 19,4), in der die Täter ihre Vertrautheit mit ihrem Opfer ausnutzen (18,8; 19,2). Zum andern wird der Prozess gegen Agis mit ὡς »als ob« (19,5) ausdrücklich als Scheinprozess gekennzeichnet. Dazu kommt, dass der Mord am König weder mit göttlichem Recht (θεμιτόν) noch mit menschlichem Gesetz (νενομισμένον, 19,9) vereinbar ist.

Auch die Zeitstrukturen lassen eine geschlossene Durchgestaltung erkennen: 18,4–19,1 sind gerafft, 19,2–20,1 und auch die folgenden Ereignisse szenisch erzählt; nur in 18,9 und 19,10 sind Rückblenden angedeutet. Der eigentliche Tod des Agis ist nur diskret angedeutet, auch der der beiden Frauen in Kap. 20 wird nur knapp angesprochen – entscheidend sind die Umstände dieser Morde.

Die Erzählung von Agis' Tod – deutende Kommentare kommen nicht vor – bietet also ein undifferenziert positives Bild von dem jungen König. Andere Stellen der Vita, zumal das Eingangskapitel, bieten eine durchaus kritische Betrachtung von Agis' politischer Haltung. Derartige Kritik tritt angesichts des Todes des Protagonisten völlig zurück und weicht in Kap. 21 einer ausdrücklichen positiven Würdigung.

EREIGNISBEZUG Folgende Ereignisse werden erzählt: Leonidas will Agis zum Mitkönigtum gewinnen, der lehnt ab. Amphares, Damochares und Arkesilaos, die Agis regelmäßig besuchen und zum Bad begleiten, planen seinen Tod, ergreifen ihn auf dem Rückweg vom Bad und bringen ihn ins Gefängnis. Dort wird er verhört, zum Tode verurteilt und nach einer letzten Äußerung hingerichtet.

Die Ereignisse bis 19,1 dürften einige Wochen, die in Kap. 19f. nur einen Tag in Anpruch genommen haben. Die entscheidenden Ereignisse erhalten in der Erzählung also größeres Gewicht als die vorbereitenden Ereignisse.

Die Doppelbiographie dürfte kurz vor 116 n. Chr. entstanden sein, es ist aber auch ein früheres Datum denkbar.[90] Zwischen Agis' Tod 241 v. Chr.[91] und der Abfassung der Vita liegen demnach etwas über 355 Jahre. Die demnach unumgängliche Benutzung schriftlicher Quellen deutet Plutarch mit λέγεται (18,9) selbst an. Allerdings sind ansonsten alle Quellen in der vorliegenden – wie gesagt, sehr geschlossen gestalteten – Erzählung ›eingeschmolzen‹ und zu einer einheitlichen Erzählung gestaltet.

Die Erzählung mag im Wesentlichen historisch zutreffend sein. Cartledge und Spawforth folgen in ihrer Darstellung von Agis' Beseitigung der Plutarch'schen Darstellung.[92]

Auslegung: Kleomenes

TEXTOBERFLÄCHE Die Szene spielt in Alexandreia. Kleomenes hatte, darin Agis folgend, die traditionelle spartanische Militärdisziplin wieder hergestellt, seine politische Stellung in Sparta durch einen Staatsstreich gestärkt und mit wechselndem Erfolg Kriege gegen den achäischen Feldherrn Aratos und den makedonischen König Antigonos geführt. Im Lauf der Konflikte hatte er seine Mutter Kratesikleia und seine Kinder als Geiseln zu seinem Unterstützer, den ägyptischen König Ptolemaios, geschickt (Kap. 22/1). Nach seiner endgültigen Niederlage gegen Antigonos folgt er ihnen ins Exil nach Alexandreia (Kap. 32/11), zieht dort aber das Misstrauen des ägyptischen Königs, des jüngeren Ptolemaios, auf sich, der ihn nach einer Palastintrige unter Hausarrest stellt (Kap. 35/14). Die Kleomenes-Vita schließt nach dem Tod der Frau des Panteus mit einer knappen Bemerkung über die Würde der umgekommenen Spartaner und mit einer Wundererzählung: Eine Schlange beschützt den gekreuzigten Leichnam des Kleomenes vor Aas fressenden Vögeln.

---

[90] Vgl. JONES, Chronology, 69f.
[91] Vgl. WELWEI, DNP 1 (1996), 259.
[92] Vgl. CARTLEDGE/SPAWFORTH, Sparta, 47.

Während der Erzähler unverändert extern bleibt, finden bei der Fokalisation häufigere Wechsel der Ebene statt. Zwei Typen von akteurgebundener Fokalisation lassen sich feststellen: zum einen bei direkter Rede (zweimal[93]) und bei indirekter Rede (siebenmal[94]), zum andern, wenn Akteure etwas wahrnehmen (viermal[95]). Die letzteren Vorkommen von akteurgebundener Fokalisation machen die Erzählung anschaulich und farbig; die ersteren dienen der Sinngebung.

Drei nicht-narrative Kommentare stehen wie Gliederungsmarkierungen im Text: der Einleitungssatz 57/36,1, die abschließende Bemerkung über Kleomenes 59/38,1 und die abschließende Bemerkung über Panteus' Frau 59/38,12.

Der Form nach handelt es sich bei den vorliegenden Kapiteln wieder um eine fortlaufende biographische Erzählung. In 57/36,6f. wird eine symbouleutische Rede angedeutet, sonst sind keine Kleingattungen eingebunden.

SINNGEBUNG   Generell stellt sich die Erzählung durch die Gestaltung der Fokalisation ganz auf die Seite der Spartaner. Der Fokalisator der Erzählung ist formal ein externer, er folgt aber durchgehend den Menschen um Kleomenes und privilegiert ihre Wahrnehmung. Dort, wo Charaktere sprechen und damit zu Fokalisatoren werden (s. o.), kommen nur die ›Guten‹ zu Wort – und die Äußerung des Widersachers in 57/36,4 wird durch die Brille des Kleomenes wahrgenommen. Durch diese Verteilung der ›Redezeit‹ trägt die Erzählung massiv zur Lenkung der Lesersympathie bei.

Bei der Charakterisierung der Akteure verfahren die vorliegenden Kapitel mit einer holzschnittartigen Einteilung in gut und böse.[96] Die Vita kann in ihrem Urteil durchaus differenziert sein,[97] diese Differenzierung tritt aber in den Schlusskapiteln völlig zurück.

Mehrere Motive aus dem Text sind schon in anderen hier besprochenen Texten aufgetaucht. Zu nennen ist zuerst die Bezeichnung des Protagonisten als wildes

---

[93]58,12 Kleomenes; 59,9 Kratesikleia.

[94]57,4 Ptolemaios, Sohn des Chrysermos; 57,6f. Kleomenes' Freunde; 58,8 Hippitas; 58,14 Kleomenes; 59,3 Kleomenes' Sohn; 59,8 die Frau des Panteus und Kratesikleia.

[95]57,5 Kleomenes; 58,2 die Wachen; 58,6 Hippitas; 58,16 Panteus.

[96]Die Akteure im einzelnen: *Kleomenes* ist schnell entschlossen, unnachgiebig und mit einem starken Ehrgefühl ausgestattet. Der Leser der Erzählung steht durch die subtile Sympathielenkung immer auf seiner Seite. *Hippitas* ist gelähmt, aber sehr entschlossen und vertritt ein streng lakonisches, selbstloses Ethos. Über *Panteus* erfahren wir nur, dass es sich um einen stattlichen jungen Mann handelt; er verhält sich zärtlich zu dem sterbenden König. *Kratesikleia* ist eigentlich eine stolze Frau, die aber durch das mehrfache Unglück zu einer gebrochenen Person wird. *Panteus' Frau* ist eigenwillig und nimmt ihre Sachen selbst in die Hand, wie die kurze Rückblende in ihre Vergangenheit zeigt. Sie ist umsichtig, züchtig und hat ebenfalls ein starkes Ehrgefühl. – Dagegen zeigen Taten und Worte von *Ptolemaios, Sohn des Chrysermos,* einen höfisch gewandten, aber hinterhältigen Menschen. *König Ptolemaios* ist aus der spartanischen Perspektive ein »Metragyrtenkönig« und folgt in seiner Regierung den Vorgaben seiner Frauen. Dass er Kleomenes' Leichnam entehrt, zeigt seine Grausamkeit.

[97]So bei der entscheidenden letzten Schlacht gegen Antigonus: »According to Plutarch, all but 200 Spartans perished – an exaggeraton, maybe, but if so not one calculated to polish the halo of the most famous Spartan survivor.« CARTLEDGE/SPAWFORTH, Sparta, 58.

Tier, hier eine Einschätzung des Gegners.[98] Der Tiervergleich hebt hier aber nicht auf die Wehrlosigkeit des Opfers (vgl. Plu. Caes. 66,10), sondern auf seine Gefährlichkeit und möglicherweise auch seine Rohheit ab (vgl. Nep. Eum. 11,1), wie sie vom Widersacher wahrgenommen werden. Daneben vergleichen sich Kleomenes und seine Männer mit wehrlosen, gemästeten Opfertieren.[99] Zu nennen sind auch bedeutungstragende Ereignisse: Die Vertrautheit mit dem Protagonisten (συνήθεια, 57/36,2) wird für eine Verschwörung ausgenutzt – der gleiche Begriff fiel auch bei Agis. Der Leichnam des Opfers wird nach seinem Tod entwürdigt (hier wieder das Tiermotiv, vgl. 59/38,4); das geschieht auch mit Galbas Leichnam (s. o.). Der Suizid ist die Todesart, die der Würde des spartanischen Königs und seiner Gesinnung entspricht (vgl 58/37,12–16 sowie 59/38,3). Nicht zuletzt werden für die Charakteristik einiger Akteure geprägte Vorstellungen und Begriffe gebraucht: König Ptolemaios wird als »Metragyrtenkönig« geschmäht,[100] Hippitas hält sich selbst für »unbrauchbar«[101] und offenbart damit spartanisches Ethos, das den Einzelnen dem Gemeinschaftszweck unterordnet, die Frau des Panteus bewahrt den »Anstand« und die »Achtung«, die einer Frau in gehobener Stellung angemessen sind (59/38,12). Diese drei Charakteristiken geben die Perspektive der spartanischen Seite wieder.

Der Rhythmus der Erzählung wechselt ständig zwischen szenischen und gerafften Darstellungen, als ob er abwechselnd mit engerer oder weiterer Einstellung auf die Ereignisse blickte. Zwischen 57/36,3.4 sowie 59/38,3.4 sind kurze Ellipsen eingeschaltet. Das Resultat ist eine spannende und abwechslungsreiche Erzählung. Die Art, mit der sie den Akteuren durch Alexandreia folgt, verstärkt subtil die Lesersympathie für die Protagonisten.

Über Panteus und seine Frau sind 58/37,13f. und 59/38,6f. kurze Rückblenden eingeschaltet. Die zweite ist eigentlich eine eigenständige kurze Erzählung, die sich nicht ganz zwingend in den Erzählverlauf einfügt; sie erklärt aber immerhin die Anwesenheit dieser Frau in Alexandreia.

EREIGNISBEZUG Die Erzählung enthält folgende Ereignisse: Kleomenes entdeckt bei seinem Vertrauten Ptolemaios heimliche Feindschaft; seine Freunde raten ihm zum Widerstand. Durch einen Trick setzen sie die Wache außer Gefecht, stürmen durch die Stadt, töten Ptolemaios, Sohn des Chrysermos, und andere Unterstützer des Königs Ptolemaios, scheitern aber bei dem Versuch, das Gefängnis in der Burg zu erstürmen. Als die Bevölkerung sie nicht unterstützt, nehmen sie sich alle das Leben, auch ein Sohn des Kleomenes unternimmt einen Suizidversuch. König Ptolemaios lässt Kleomenes' Leichnam entwürdigen und seine Verwandten hinrichten. Die

---

[98]῾Ως δὴ μέγα θηρίον καὶ δυστήρητον ἀμελῶς φυλάττουσι καὶ ῥᾳθύμως (57/36,4).

[99]Καὶ μὴ περιμένειν ὥσπερ ἱερεῖα παιαθέντας κατακοπῆναι (57/36,6).

[100]Μητραγύρτου βασιλέως (57/36,7). Die Metragyrten sind ein ekstatischer Kybelekult, vgl. HEINZE, DNP 8 (2000), 109.

[101]῎Αχρηστον ἄνθρωπον (58/37,6).

Frau des Panteus kümmert sich um die Leichen der Hingerichteten und stirbt zuletzt selbst.

Wieder erhalten damit Ereignisse, die nur ein oder zwei Tage in Anspruch nehmen, überproportionales Gewicht in der Biographie.

Plutarch deutet mit λέγεται (58/37,4) wieder vage die Benutzung von Quellen an. Da der Tod des Kleomenes bei der Abfassung bereits über 330 Jahre zurückliegt,[102] muss die Darstellung auf schriftliche Überlieferung zurückgehen. Plutarch kannte sowohl Aratos' Denkwürdigkeiten als auch die Historie des Phylarchos. Während er in der Aratosvita die Aufzeichnungen desselben benutzte, verwendete er in der Kleomenesbiographie die Überlieferung des Phylarchos, was wegen dessen positiver Sicht auf Kleomenes nahelag.[103]

FAZIT   Die beiden Todesberichte bilden jeweils den Schlussabschnitt des betreffenden Teils dieser interessanten Doppelbiographie und nehmen dort relativ viel Raum ein. Beide werden von je einem Schlusskapitel gefolgt. Die Erzählung gestaltet ihre beiden Protagonisten in ihrem Unterliegen als die Überlegenen – bei Agis besonders unterstrichen durch seine letzten Worte, bei Kleomenes durch die positive Wertung des Suizids. Sonst in der Vita vernehmbare Kritik an den Protagonisten tritt in den Todesberichten völlig zurück. Demgegenüber wird die Verschwörung gegen Agis einschließlich ihrer Teilnehmer deutlich abqualifiziert. Die Lenkung der Lesersympathien durch narrative Mittel ist besonderes im Kleomenes-Teil gut ablesbar.

4.2.3   Pausanias (Nep. Paus. 4,1–5,5)

Literatur

Text: MARSHALL, Vitae, 16f. Eine deutsche Übersetzung bei WIRTH, Nepos, 93–95. Einführende Lit. zu Nepos s. oben S. 180. Zu Pausanias: WELWEI, DNP 9 (2000), 442–443; zum Medismos BALCER, Medizing, 105–114; SCHUMACHER, Themistokles, 218–246.

Übersetzung

(4,1) In der Zwischenzeit öffnete ein gewisser Argilius, ein junger Mann, den Pausanias als Jungen mit fleischlicher Liebe geliebt hatte, als er einen Brief von diesem an (Perserkönig) Artabazus in die Hände bekam und ihm der Verdacht kam, etwas sei darin über ihn selbst geschrieben, weil niemand von denen zurückgekehrt war, die in dieser Angelegenheit zu demselben geschickt worden waren, die Verschlüsse des Briefes und erkannte, als er das Siegel abgenommen hatte, dass er sterben müsste, wenn er ihn weitergäbe. (2) In demselben Brief stand etwas betreffs der Vereinbarung zwischen dem König und Pausanias. Diesen Text

---

[102]Kleomenes starb 219 v. Chr., vgl. WELWEI, DNP 6 (1999), 580.
[103]Vgl. LENSCHAU, PW 11/1 (1921), 710; dass Personen in ihrer eigenen Vita positiver erscheinen als in anderen Viten, in denen sie vorkommen, wurde schon festgehalten, s. o. S. 197.

übergab er den Ephoren. (3) An dieser Stelle darf man die Besonnenheit der Lakedaimonier nicht übergehen. Denn sie wurden nicht einmal durch seinen Hinweis dazu gebracht, Pausanias zu verhaften, und glaubten nicht eher, man müsse Gewalt gegen ihn anwenden, als bis er selbst das Zeichen dazu gab. (4) In Tainaros gibt es ein Neptunheiligtum, das zu verletzen die Griechen für Frevel halten. Dorthin floh jener Verräter und ließ sich am Altar nieder. Nahe bei dem legten sie unter der Erde einen Platz an, von dem aus man hören konnte, wenn jemand mit Argilius redete. Einige von den Ephoren stiegen dort hinab. (5) Als Pausanias hörte, Argilius habe sich zu dem Altar geflüchtet, ging er bestürzt zu ihm. Wie er sah, dass dieser am Altar saß und den Gott anflehte, fragte er, was der Grund seines so unerwarteten Entschlusses sei. Jener eröffnete ihm, was er aus dem Brief entnommen hatte. (6) Jetzt noch bestürzter, fing Pausanias an zu bitten, er möge es nicht verraten, noch sich, wo er sich um jenen bestens verdient gemacht habe, selbst ausliefern; denn wenn er ihm diesen Gefallen erwiese und den in so viele Dinge Verstrickten erleichterte, stünde ihm eine große Belohnung in Aussicht.

(5,1) Als die Ephoren diese Dinge erfahren hatten, glaubten sie, das sei genug, um ihn in der Stadt festzunehmen. Als sie damit aufgebrochen waren und Pausanias, als Argilius nach seiner Meinung beruhigt war, nach Lakedaimon zurückkehrte, erkannte er unterwegs, als er schon auf der Straße war, auf der er verhaftet werden sollte, aus dem Blick eines Ephoren, der ihn warnen wollte, dass ihm ein Hinterhalt gelegt werden sollte. (2) Deshalb floh er, wenige Schritte vor seinen Verfolgern, in den Tempel der Minerva, der Chalkioikos genannt wird. Hier konnte er nicht heraus; sofort versperrten die Ephoren die Zugänge dieses Hauses und deckten das Dach ab, damit er unter dem freien Himmel schneller zugrunde ginge. (3) Man sagt, Pausanias' Mutter habe zu dieser Zeit schon in hohem Alter gelebt, aber, als sie von dem Verbrechen ihres Sohnes erfuhr, als eine der ersten einen Stein zur Tür des Gebäudes gebracht, um ihren Sohn einzuschließen. (4) So entehrte Pausanias seinen großen Kriegsruhm durch einen schändlichen Tod. Als er halbtot aus dem Tempel getragen wurde, hauchte er sofort den Geist aus. (5) Als einige meinten, man solle den Leib dieses Toten an der gleichen Stelle begraben, wo die Hingerichteten hingegeben werden, missfiel es den meisten, und sie vergruben ihn weit weg von dem Ort, an dem er gestorben war. Später wurde er nach einem Spruch aus Delphi dort ausgegraben und an der gleichen Stelle bestattet, wo er sein Leben gelassen hatte.

Auslegung

TEXTOBERFLÄCHE Der vorliegende Abschnitt bildet den Schluss einer kurzen biographischen Erzählung, von der er ca. ein Drittel des Umfangs einnimmt. Ihr gehen Pausanias' militärische Erfolge bei Plataiai und Byzantion und heimliche Kontakte zwischen Pausanias und dem Perserkönig (ab 2,2) voraus. Damit weckt er Verdacht (2,6; 3,5) und gerät mehrfach in Konflikt mit den Behörden von Sparta. In dieser Situation fängt Argilius den Brief des Pausanias ab (4,1).

Auch die Analyse der Erzählebenen weist auf eine große Geschlossenheit der Erzählung hin. Der Erzähler bleibt durchgehend extern. Mit »dicitur« (5,3) wird ein Erzähler niederer Ebene in die Erzählung gebracht, auch er ist extern. Die Fokalisation ist extern; die indirekte Rede des Pausanias (4,5f.) und einiger Spartaner

(5,5) verquickt zwei Fokalisationsebenen (extern und akteurgebunden). Dadurch, dass die Perspektive des externen Fokalisators durchgängig vorhanden ist, gewinnt der Text an Einheitlichkeit. Nicht-narrative Kommentare finden sich nur in 4,3: »An dieser Stelle darf man die Besonnenheit der Lakedaimonier nicht übergehen« und 5,4: »So entehrte Pausanias seinen großen Kriegsruhm durch einen schändlichen Tod«. Diese Kommentare haben eine deutende Funktion.

Der Text präsentiert sich in der Form einer fortlaufenden biographischen Erzählung, in die nur gelegentlich Erzählerkommentare eingestreut sind. *Oratio recta* fehlt ganz. Die Erzählung kommt ohne die Einbindung von weiteren Mikrogattungen aus, nur in 4,6 wird eine symbouleutische Rede angedeutet.

SINNGEBUNG In dem vorliegenden Textausschnitt bezieht die Erzählung durch die Fokalisierung, die Auswahl und Präsentation der Ereignisse, deutlich Stellung gegen ihren Protagonisten Pausanias. Der kommt zwar kurz selbst zu Wort (4,5f.), aber nicht ausreichend, um die Lesersympathie auf seine Seite zu lenken.

Unter den Charakteren fallen Pausanias, Argilius und Pausanias' Mutter besonders auf. Pausanias steht als Protagonist im Mittelpunkt. Die Lesersympathie wird aber von ihm weggelenkt. Seine einzige Äußerung in dem Abschnitt ist sein Überredungsversuch (4,5f.), mit dem er Argilius beruhigen (5,1) möchte. Angesichts seiner Vereinbarung mit dem König wirkt das wenig glaubwürdig, dazu kommt seine Flucht in das Heiligtum. Der Kommentar des Erzählers kontrastiert ausdrücklich den schändlichen Tod mit dem Ruhm des Pausanias. Diese Ambivalenz in der Gestalt des Protagonisten ist schon in 1,1f. angekündigt und mag überhaupt der Anstoß für die Wahl des Stoffes gewesen sein. – Unter den Nebencharakteren zeichnet sich Argilius, der als junger Mann dargestellt wird, durch seine Ehrlichkeit gegenüber den Behörden wie gegenüber Pausanias aus. Die Mutter, deren Alter betont wird, erweist sich dagegen durch ihre schnelle und unbarmherzige Reaktion als Vertreterin eines spartanischen Ethos, das ganz dem Staat verpflichtet ist.

Aus den erzählten Ereignissen lassen sich mehrere Motive herauslösen: Dazu gehört die Flucht des Protagonisten in einen Tempel angesichts einer tödlichen politischen Bedrohung (5,2; vgl. Plu. Agis). Die Bestrafung des Protagonisten durch ein Elternteil (5,3) findet sich auch bei Valerius Maximus, der dem Thema ein eigenes Kapitel widmet.[104] Der Tod tritt ein als rechte Strafe für den Verrat an der eigenen Polis. Deswegen sind die Gegner, die den Protagonisten vor seinem Tod ausspionieren, nicht negativ portraitiert.

Dieser Eindruck verstärkt sich beim Blick auf die Zeitstrukturen: Die Erzählung konzentriert sich nach Pausanias' Flucht auf wenige Ereignisse, nämlich die Reaktion der Mutter, den eigentlichen Tod und die Bestattung. Diese werden szenisch

---

[104]Val. Max 5,8: *de severitate patrum in liberos.*

dargestellt. Die Ereignisse, die dazwischen liegen müssen, nämlich die Meldung der Ereignisse in die Stadt und das Aushungern des Protagonisten, sind dagegen ganz ausgelassen. So bleiben nur die deutungsgeladenen Szenen übrig, die kein positives Licht auf Pausanias werfen. – Im Text liegt eine Rückblende vor (»weil niemand von denen zurückgekehrt war ... «[105]); sie vernetzt den Schlussabschnitt mit den vorausgehenden Ereignissen. Dadurch wird die Kohärenz der Erzählung erhöht.

Insgesamt zeichnen Ereignisse, Reden und Kommentare ein zwar differenziertes, aber doch im wesentlichen negatives Bild des Protagonisten. Sie lassen erkennen, dass er durch sein Eigeninteresse nicht dem Ideal seiner spartanischen Gesellschaft genügen kann.

EREIGNISBEZUG Folgende Ereignisse werden erzählt: Argilius öffnet den Brief, versteht die darin angedeuteten politischen Zusammenhänge, zeigt Pausanias an und flieht nach Tainaros. Die Ephoren bereiten die Spionage vor. Pausanias erfährt von Argilius' Flucht, besucht ihn und versucht, ihn zur Geheimhaltung zu bewegen. Die Ephoren hören mit und legen Pausanias einen Hinterhalt an der Straße von Tainaros nach Sparta. Ein Ephore warnt ihn, er flieht in den Athene-/Minervatempel und wird dort von den Ephoren und von seiner Mutter (und wohl von anderen benachrichtigten Spartanern) eingemauert. Er wird ausgehungert, herausgetragen, und stirbt. Zunächst wird er an einer anderen Stelle bestattet; eine unbestimmte Zeit später aber auf Anweisung des Orakels von Delphi exhumiert und an seinem Sterbeort bestattet.

Der Verfasser deutet mit »dicitur« (5,3) die Benutzung von Quellenmaterial bzw. Traditionsgut an, allerdings ohne genauere Angaben. Zwischen Pausanias' Tod 467[106] und der Abfassung der Vita vor 32 v. Chr. liegen ca. 435 Jahre. Die Beurteilung der Historizität der erzählten Ereignisse scheint damit vor allem von der Qualität der benutzten Quellen abzuhängen. Tatsächlich berichten historische Quellen davon, dass Pausanias bereits zuvor zweimal in Prozesse wegen Medismos, d. h. Kollaboration mit dem Großkönig verwickelt war.[107] In der Aktion, die zu Pausanias' Tod führte, war aber nach einer These von Leonhard Schumacher nicht Medismos, sondern ein Umsturzplan mit Beteiligung von Heloten ausschlaggebend: »Lassen wir die fabulöse Geschichte von der Überführung des Regenten wegen Medismos außer Betracht und ersetzen ›Kollaboration mit dem Großkönig‹ durch ›Kollaboration mit den Heloten‹, so haben wir den eigentlichen Grund für dessen Katastrophe im Vorfeld des (4.) Messenischen Krieges. Pausanias woll-

---

[105] *Quod nemo eorum redisset* ... (4,1).
[106] WELWEI, DNP 9 (2000), 443.
[107] Vgl. SCHUMACHER, Themistokles, 224.

te seine politischen Vorstellungen mit Hilfe der Heloten verwirklichen«.[108] Der Medismos-Vorwurf wäre dann konstruiert worden, um auch gegen Themistokles in Athen fingiertes Beweismaterial vorlegen zu können und diesen zu aus dem Weg zu schaffen. Thukydides (1,133), heute die wichtigste Quelle für die Ereignisse um Pausanias, hätte dann die offizielle spartanische Konstruktion übernommen,[109] und in seiner Folge steht auch die Darstellung des Nepos. Die Konsequenz ist, dass Nepos hier zwar nicht eine historisch plausible Darstellung bietet, dass er aber inhaltlich dem folgt, was zu seiner Zeit als plausibel und gut bezeugt angesehen wurde.

FAZIT   Hier liegt eine Biographie vor, die ihren ›Helden‹ im Schlussteil besonders negativ darstellt und die Verschwörung gegen ihn befürwortet. Was über ihn Positives zu sagen wäre, wird durch seine unehrenhaften Todesumstände entwertet. Der Schlussteil mit Verschwörung und Tod umfasst etwa ein Drittel des Gesamtwerks und hat entsprechendes Gewicht. Nepos benutzt hier Quellen, die zu seiner Zeit als gut abgesichert gelten durften.

4.2.4   Datames (Nep. Dat. 10,1–11,5)

Literatur

Text: MARSHALL, Vitae, 50f. Eine deutsche Übersetzung bei WIRTH, Nepos, 181. Einführende Lit. zu Nepos s. oben S. 180. Zu Datames: JUDEICH, PW 4/2 (1901), 2224–2225; KUHRT/SANCISI-WEERDENBURG, DNP 3 (1997), 332.

Übersetzung

(10,1) Dennoch wurde dieser so erfahrene Mann zuletzt gefasst durch eine List des Mithridates, des Sohnes des Ariobarzanes. Denn der sagte dem König zu, er werde ihn töten, wenn der König ihm gestatte, dass er, was immer er wolle, straffrei tun dürfe und ihm in dieser Sache nach persischer Sitte mit seiner Rechten die Treue gebe. (2) Wie er diese Entlassung vom König erhält, stellt er Truppen auf und schließt in Abwesenheit mit Datames Feundschaft, sucht die Provinzen des Königs heim, erobert Festungen, macht große Beute, von der er einen Teil an seine eigenen Leute verteilt, einen Teil an Datames schickt; auf die gleiche Weise liefert er ihm viele Festungen aus. (3) Indem er das eine Weile tat, überzeugte er den Menschen, er habe einen endlosen Krieg gegen den König aufgenommen, obwohl er keineswegs mehr sein Gespräch suchte oder sich bemühte, in seinen Blick zu kommen, um nur jenem keinen Verdacht über den Hinterhalt zu wecken. So unterhielt er in Abwesenheit die Freundschaft, dass sie nicht durch gegenseitige Begünstigung, sondern durch gemeinsamen Hass, den sie gegen den König hatten, fortzufahren schienen.

---

[108]SCHUMACHER, Themistokles, 230. Schumacher führt eine These von Balcer weiter, der bereits den Machtkampf zwischen den Ephoren und dem spartanischen Königtum (dem auch Pausanias zuzuordnen ist) als den eigentlichen Kontext für Pausanias' Beseitigung ansah und eine Beteiligung der Heloten andeutete, vgl. BALCER, Medizing, 110.

[109]Vgl. SCHUMACHER, Themistokles, 234.

(11,1) Als er glaubte, sich genug abgesichert zu zu haben, benachrichtigte er Datames, es sei Zeit, dass größere Unternehmungen in Angriff genommen würden und Krieg mit dem König selbst aufgenommen werde, und dass er in dieser Sache, wenn sie ihm recht erschiene, an einen Ort seiner Wahl zu einem Gespräch kommen möge. Als die Sache Billigung findet, werden die Zeit des Gesprächs und der Ort der Zusammenkunft bestimmt. (2) Hierhin kommt Mithridates mit einem, zu dem er größtes Vertrauen hat, einige Tage im Voraus und vergräbt an mehreren Stellen getrennt Schwerter und notiert sorgfältig diese Orte. Am eigentlichen Tag der Unterredung schicken beide Leute, die den Ort erkunden und (die anderen) selbst überprüfen sollen; danach kommen sie selbst zusammen. (3) Nachdem sie dort einige Zeit im Gespräch verbracht haben und in verschiedenen Richtungen auseinander gegangen sind, geht Mithridates, ehe er zu den Seinen zurückkehrt, damit er keinen Verdacht erweckt, zurück an den gleichen Ort und ließ sich dort nieder, wo die Waffe vergraben war, als ob er sich von der Müdigkeit ausruhen wolle, und rief Datames zurück, indem er vorgab, er habe in der Unterredung etwas vergessen. (4) Inzwischen zog er die Waffe heraus, die verborgen war, verdeckte sie, die der Scheide entblößt war, mit seinem Gewand und sagte zu dem herankommenden Datames, er habe beim Weggehen erkannt, dass ein bestimmter Ort, der zu sehen war, für ein Heerlager geeignet sei. (5) Als er mit dem Finger dorthin zeigte und jener sich umsah, durchbohrte er ihn von hinten mit dem Eisen und tötete ihn, bevor irgendwer zur Hilfe kommen konnte. So wurde jener Mann, der viele durch seinen Rat und niemand durch Untreue eingenommen hatte, durch eine vorgetäuschte Freundschaft erwischt.

Auslegung

TEXTOBERFLÄCHE   Der vorliegende Abschnitt ist das Ende der Vita des Karers Datames. Im Dienst des persischen Großkönigs führt er zunächst erfolgreich Krieg (Kap. 2–4), löst sich aber, als er durch eine Palastintrige gefährdet wird, heimlich vom König und nimmt Kontakte mit dem Satrapen Ariobarzanes auf (Kap. 5). Sein ältester Sohn Sysinas verrät Datames an den König, der setzt sich in Kilikien fest (Kap. 7), gewinnt in schier aussichtsloser Lage gegen eine königliche Übermacht (Kap. 8) und entgeht einigen Mordanschlägen (Kap. 9). Hier schließt sich der Schlussteil an, der nicht ganz ein Fünftel des Textes ausmacht.

Der Erzähler bleibt stets extern und wechselt nicht. Der Fokalisator ist formal ebenfalls extern, de facto werden die Ereignisse der letzten beiden Kapitel aus dem Fokus des Mithridates erzählt, sodass man besser von einem figurgebundenen Fokalisator sprechen wird. Die Rede ist in *oratio obliqua* gehalten, auch hier bleibt also die oberste Erzählebene präsent. Der Text enthält, da die Ebene nicht wirklich wechselt, den Charakter von großer erzählerischer Einheitlichkeit. – Nicht-narrativ ist nur der Rahmen der Episode (10,1a; 11,5b), ein Erzählerkommentar, der die Ereignisse einordnet und mit der restlichen Vita verknüpft.

Der Form nach handelt es sich um die Schlussepisode einer fortlaufenden biographischen Erzählung. Sie ist ganz im Präteritum erzählt, gelegentlich wird indirekte Rede verwendet. Es sind keine Mikrogattungen eingebunden.

SINNGEBUNG   Die Fokalisation bietet ein erstaunliches Bild: Datames' Tod wird aus dem Blickwinkel des Mithridates erzählt. Der Protagonist der Vita, bis Kap. 9 noch im Mittelpunkt, wird ab 10,1 nicht nur ganz zum passiven Objekt, sondern rückt auch gewissermaßen aus dem Bild, als ob Mithridates der Gegenstand der Darstellung wäre.

Die beiden zentralen Charaktere des vorliegenden Abschnittes sind Datames und Mithridates. Datames wird in den Erzählerkommentaren zwar als erfahren (*callidus,* 10,1) und ehrlich (11,5b) gewürdigt; er bleibt auch vor dem fatalen Treffen vorsichtig (11,2b). Seine Vorsicht reicht aber offenbar nicht aus. Insgesamt bleibt er in dieser Episode profillos und weitestgehend passiv. Mithridates erscheint dagegen als Protagonist der Schlussepisode. Seine Taten zeigen ihn als langfristig und hinterhältig planend, seine Worte als listig und trügerisch. Die Art der Fokalisation lässt durchaus Lesersympathien für ihn aufkommen.

Auffällige Motive sind wieder eine Verschwörung (hier *dolus,* 10,1, bzw. *insidiae,* 10,3), die hier die Form einer vorgetäuschten Freundschaft annimmt. Dem Tod geht auch die erklärte Tötungsabsicht des Herrschers voraus (10,1 und vorher). Der abschließende Erzählerkommentar (11,5b) betont eine negative Korrespondenz zwischen der ehrlichen Lebensführung des Protagonisten und seinem durch Täuschung herbeigeführten Tod.[110]

Während 10,1; 11,1–2a.2b–5a szenisch erzählt werden, sind Mithridates' Vorbereitungen 10,2f. gerafft erzählt. Das entspricht Nepos' episodischem Erzählstil. Vor dem Tod baut sich eine Spannung auf: Er wird schon in 10,1 angekündigt, wird aber dann ganz bis zum Ende herausgezögert.

Träger der Sinngebung sind damit neben den Erzählerkommentaren vor allem Auswahl und Präsentation der Ereignisse.

EREIGNISBEZUG   Die Fabula der Episode ist relativ knapp: Mithridates bietet dem Großkönig an, Datames zu beseitigen. Er täuscht Krieg gegen den König vor und gewinnt Datames als Partner. Nach einer Weile vereinbart er ein Treffen mit ihm, vergräbt Waffen am verabredeten Treffpunkt, spricht dort mit Datames. Sie trennen sich wieder; Mithridates ruft Datames mit einem Vorwand zurück und erdolcht ihn. – Die Zeiträume werden nicht beziffert. Für die Vorbereitungen sind wohl mehrere Monate, für die Ausführung der eigentlichen Tat nur wenige Tage anzusetzen.

Über seine Quellen macht Nepos im vorliegenden Abschnitt keine Angaben. Die überraschende Tatsache, dass Mithridates in Kap. 10f. so ins Zentrum rückt, legt eine Quelle für diese Kapitel nahe, die sich nicht in erster Linie mit Datames beschäftigte, oder die für Mithridates ein apologetisches Interesse hatte.

---

[110]Eine positive Korrespondenz zwischen Lebensführung und Todesgeschick findet sich z. B. in den oben diskutierten Todesdarstellungen bei Tacitus.

Datames lebte bis 362 v. Chr.,[111] der Zeitabstand bis zur Abfassung beträgt demnach etwa 330 Jahre.[112]

Angesichts des eher geringen historischen Interesses des Verfassers wird man die historische Qualität der Vita nicht überbewerten wollen. Das Fehlen weiterer Quellen erschwert jedoch eine historische Beurteilung und nötigt zu einem gewissen Vertrauen in Nepos' Bericht.[113]

FAZIT Bemerkenswert ist, wie wenig der Protagonist dieser Vita in den letzten Kapiteln (immerhin etwa ein Fünftel des Werkes) als Akteur oder Fokalisator hervortritt. Die Erzählung macht seinen Gegner zum eigentlichen Protagonisten; von Datames und von der Verschwörung bleibt ein ambivalentes Bild.

4.2.5 Eumenes (Nep. Eum. 10,1–12,4)

Literatur

Text: MARSHALL, Vitae, 70f. Eine deutsche Übersetzung bei WIRTH, Nepos, 227–231. Einführende Lit. zu Nepos s. oben S. 180. Zu Eumenes: KAERST, PW 6/1 (1907), 1083–1090; MEHL, DNP 4 (1998), 250–251.

Übersetzung

(10,1) So überlistete Eumenes den erfahrenen Herrscher durch seine Taktik und hielt seine Schnelligkeit auf, und gewann doch nicht viel. (2) Denn durch die Missgunst der Führer, mit denen er war, und die Untreue der makedonischen Soldaten wurde er, obwohl er als Sieger aus der Schlacht hervorging, Antigonos ausgeliefert – obwohl das Heer ihm dreimal vorher bei getrennten Anlässen geschworen hatte, es werde ihn verteidigen und niemals verlassen. Aber so groß war die Eifersucht einiger auf seine Tugend, dass sie lieber ihre Treue fahren ließen, als ihn nicht zu vernichten. (3) Und Antigonos, obwohl er ihm zutiefst feind war, hätte ihn verschont, wenn es von den Seinen erlaubt worden wäre, weil er verstand, dass ihm von keinem mehr geholfen werden könne in den Dingen, von denen schon allen klar war, dass sie bevorstanden. Denn es standen bevor (die Konflikte mit) Seleukos, Lysimachos und Ptolemaios, die durch ihre Mittel schon einflussreich waren, und mit denen er sich vor allen Dingen herumschlagen musste. (4) Aber die um ihn waren, duldeten es nicht, weil sie sahen, dass sie, wenn Eumenes aufgenommen würde, alle gering sein würden jenem gegenüber. Antigonos selbst aber war so entflammt, dass er allein durch die große Hoffnung auf größte Dinge besänftigt werden konnte.

(11,1) Als er ihn in Haft gab und der Kommandant der Wache fragte, auf welche Weise er ihn verwahren solle, sagte er deshalb: »Wie den schärfsten Löwen oder den wildesten Elefanten!« Er hatte nämlich noch nicht festgelegt, ob er ihn verschonen wollte oder nicht.

---

[111]Vgl. a. a. O., 332.

[112]Es gibt Anzeichen dafür, dass Nepos die Datamesvita erst in der zweiten Auflage seiner Biographiensammlung publizierte, vgl. LEO, Biographie, 196f.

[113]Solches Vertrauen zeigen etwa auch KUHRT/SANCISI-WEERDENBURG, DNP 3 (1997), 332.

(2) Es kamen aber beide Arten von Leuten zu Eumenes, sowohl die, die wegen ihres Hasses an seinem Fall ihre Augen weiden wollten, als auch die, die ihn wegen ihrer alten Freundschaft zu sprechen und zu trösten begehrten, viele auch, die seinen Charakter kennenzulernen suchten, was das für einer sei, den sie so lange und so sehr gefürchtet hatten, auf dessen Untergang sie ihre Siegeshoffnung gegründet hatten. (3) Doch Eumenes sagte, als er lange in Fesseln lag, zu Onomarchos, bei dem der Oberbefehl über die Wache lag, er wundere sich, warum er schon den dritten Tag so festgehalten werde: Es passe nämlich nicht zu Antigonos' Umsicht, dass er einem Besiegten so übel mitspiele; so solle er doch befehlen, dass er getötet oder freigelassen werde. (4) Als er sichtlich zorniger auf Onomarchos einredete, sagte der: »Was? Wenn du so mutig warst, warum bist du nicht lieber in der Schlacht gefallen statt dass du in die Gewalt deines Feindes kamst?« (5) Eumenes zu ihm: »Wäre das doch so gekommen! Aber es geschah deswegen nicht, weil ich nie mit einem Stärkeren zusammentraf. Denn ich habe meine Waffen nirgendwo hingewandt, ohne dass der mir unterlag. Denn ich bin nicht durch die Tapferkeit meiner Feinde, sondern durch die Treulosigkeit meiner Freunde gestürzt.« Und das war nicht falsch ⟨***⟩ denn er war von ehrhafter Würde und starken Kräften zum Tragen der Mühsal, und nicht so sehr von einem großen Körper als von anmutiger Gestalt.

(12,1) Weil Antigonos darüber nicht alleine zu entscheiden wagte, zog er sich zur Beratung zurück. Hier wunderten sich zuerst alle bestürzt darüber, dass der seine Strafe nicht schon erhalten habe, von dem sie bis jetzt so viele Jahre schlecht behandelt worden waren, dass sie oft zur Verzweiflung gebracht wurden, (2) und der die größten Führer getötet hatte, in dem allein schließlich so viel steckte, dass sie selbst nicht sicher sein konnten, solange er lebte; erst wenn er getötet wäre, würden sie Ruhe haben. Zuletzt, wenn er ihm die Verschonung gewährte, fragten sie, welche Freunde er haben würde: denn sie würden nicht zusammen mit Eumenes bei ihm bleiben. (3) Der ließ sich, als der Wille des Rates bekannt war, dennoch bis zum siebten Tag Zeit zum Überlegen. Dann aber, als er schon fürchtete, es könne sich ein Aufstand des Heeres erheben, verbot er, dass irgendwer zu ihm vorgelassen wurde, und befahl, ihm die tägliche Kost zu entziehen. Denn er weigerte sich, ihm Gewalt anzutun, der einmal sein Freund gewesen war. (4) Dennoch wurde der nicht länger als drei Tage vom Hunger gequält, und wurde, als das Lager verlegt wurde, ohne Antigonos' Wissen von den Wachen erdrosselt.

Auslegung

TEXTOBERFLÄCHE Fast die ganze Vita berichtet von Eumenes' Erlebnissen in den Diadochenkämpfen nach Alexanders Tod, in denen er erst für Perdikkas, dann für Olympias gegen Antigonos kämpft. Durch eine List gelingt es Eumenes zuletzt, einen Angriff der Makedonen zu verhindern (9,1–4) – trotzdem liefern seine Soldaten ihn an Antigonos aus, in dessen Lager er schließlich stirbt. An Eumenes' Tod schließt sich noch ein weiteres Kapitel an: Darin stehen zunächst chronologische Informationen (13,1), eine Einschätzung seiner politischen Bedeutung, illustriert an der Tatsache, dass die Alexander-Erben erst nach Eumenes' Tod den Königstitel angenommen haben (13,2f.) und seine Bestattung mit militärischen Ehren in Kappadokien (13,4).

Der Erzähler bleibt durchgehend extern und wechselt nicht. Dafür gibt der externe Fokalisator häufig anderen, figurgebundenen Fokalisatoren Raum: Antigonos (10,3 Gedanken; 11,1 *oratio recta*; 12,3 Gedanken), den Beratern (10,4 Gedanken; 12,1f. Gedanken und *oratio obliqua*), Onomarchos (11,1 *oratio obliqua*; 11,4 *oratio recta*) und Eumenes (11,3 *oratio obliqua*; 11,5 *oratio recta*). Durch die häufigen Wechsel ist die Erzählung einigermaßen lebhaft, die widerstreitenden Emotionen werden farbig illustriert.

Nicht narrativ sind neben den Passagen in direkter Rede nur die Erzählerkommentare 10,1 und 10,5b.

Der Form nach sind Kap. 10–12 das Ende einer fortlaufenden biographischen Erzählung; das Schlusskapitel 13 unterbricht diese und schließt erst in 13,4 wieder an die erzählten Ereignisse an. Anders als bei den vorher besprochenen Nepos-Texten haben in der hier vorliegenden Passage direkte und indirekte Rede sowie in indirekter Rede formulierte Gedanken verschiedener Akteure einen großen Anteil am Text. In 12,1f. scheint eine symbouleutische Rede angedeutet zu sein, die ganz in der epideiktischen Rahmengattungen aufgeht, ansonsten sind keine Kleingattungen eingebettet.

SINNGEBUNG Die Wechsel in der Fokalisation erlauben umfangreiche Einblicke in die Wahrnehmung der einzelnen Akteure. Dabei wird deutlich, dass bemerkenswerte emotionale Verwicklungen auftauchen, sobald Eumenes gegenwärtig ist. Vielfach werden Gefühle explizit benannt.[114] Eumenes ist Gegenstand all dieser Emotionen, er wird als eine Gestalt gezeichnet, die polarisiert und starke Reaktionen auslöst.

Die Charaktere werden scharf gezeichnet: Eumenes zeigt sich in seinen Worten und Gedanken als stolz, mächtig, geradezu unbesiegbar. Die Kommentare und Beschreibungen zeichnen einen polarisierenden, zugleich zähen und anmutigen Mann. Die Worte der Anderen stellen ihn als gefährliches Tier (Antigonos) und mächtigen Konkurrenten (die Berater) dar. Dagegen ist Antigonos in seinen Worten und Gedanken unentschlossen und ängstlich und in seinen Taten inkonsequent. Er wird als leicht reizbar beschrieben und von Eumenes als inkonsequent und taktlos kritisiert. Es scheint, als werde er durch Eumenes' Gegenwart im Lager geradezu blockiert. Der Wachkommandant Onomarchos dient nur als Stichwortgeber für die charakteristischen Äußerungen von Antigonos und Eumenes; er hat keine eigene Rolle. Die Berater schließlich geben in ihren Worten und Gedanken ihre Eifersucht, Angst und Bestürzung zu erkennen. Auch ihnen gelingt es nicht, Antigonos aus seiner Blockade zu lösen.

---

[114]Feindschaft 10,3; Zorn 10,4; 11,4; Hass 11,2; Furcht und Bestürzung 11,2; 12,1.3; Hoffnung 11,2. Zu nennen sind auch die Zuneigung und die ängstliche Neugier einiger Besucher, 11,2.

Zu den Motiven rechne ich die unangefochtene Größe und Konkurrenzlosigkeit des Protagonisten. Das wird durch den Tiervergleich (11,1) illustriert, der dem von Plutarch für Kleomenes gebrauchten ähnelt: Eumenes ist wie ein gefährliches Wildtier.[115] Seinem Tod geht der durch Missgunst motivierte Verrat seiner eigenen Leute voraus (10,2), der in einen demütigenden Tod führt, welcher so gar nicht mit der Größe des Eumenes korrespondiert (12,4). Die Bestattung mit militärischen Ehren (13,4) dient seiner Rehabilitation.

In das emotionale, pathetische Bild Bild passt, dass die Szenen 11,3–5 und 12,1f., die besonders mit Gefühlen aufgeladen sind, länger sind als alle anderen Szenen in dieser Episode.

Als Träger der Sinngebung erweisen sich damit alle Teile des Textes: Worte, Ereignisse, Beschreibungen und Kommentare.

EREIGNISBEZUG Folgende Ereignisse umfasst die Fabula: Eumenes besiegt Antigonos, wird aber von den eigenen Leuten an denselben ausgeliefert. Sein Eintreffen löst starke Emotionen aus. Antigonos lässt Eumenes einsperren, dort streitet der sich mit dem Wachkommandanten. Antigonos berät über Eumenes' Geschick, seine Ratgeber empfehlen die baldige Hinrichtung und drohen andernfalls mit ihrem eigenen Rückzug. Antigonos wartet noch eine Woche und lässt ihm dann die Nahrung entziehen. Das Lager wird drei Tage später verlegt, dabei erdrosseln die Wachen heimlich Eumenes.

Eumenes starb 316/315 v. Chr.[116] Das Ereignis lag bei der Abfassung also etwa 280 Jahre zurück. Ein ausgeprägtes historisches Interesse ist nicht erkennbar; die Darstellung ist etwas ungenau. Eumenes wurde nach anderen Quellen von seinen Truppen an Antigonos ausgeliefert, nachdem eine Schlacht geschlagen worden, aber unentschieden ausgegangen war. Dieser ließ ihn töten.[117]

FAZIT Die Erzählstrukturen sind weniger geschlossen als sonst bei Nepos; damit geben die vorliegenden Kapitel reichlich Einblick in emotional widerstreitende Positionen. Beachtlich ist, wie stark die Wirkung des Protagonisten auf die anderen Figuren hervorgehoben wird (besonders durch die Nennung von Emotionen). Die Verschwörung in Eumenes' eigenem Lager wird negativ bewertet.

---

[115]Vgl. Plu. Cleom. 57/36,4; oben S. 209.215.
[116]Vgl. MEHL, DNP 4 (1998), 251.
[117]Vgl. KAERST, PW 6/1 (1907), 1090.

5. Gutes und schlechtes Sterben

Die Einzeluntersuchungen der vorangegangenen Kapitel werden hier ergänzt durch einige Texte mit einem speziellen Fokus: nämlich auf gutes und schlechtes Sterben. Viele Todesberichte, auch unter den schon besprochenen, sind von der Frage geleitet, ob und warum ein Tod gut oder schlecht war. Dass dennoch ein eigenes Kapitel dieser Frage gewidmet ist, ist dadurch gerechtfertigt, dass die hier zusammengefassten Texte diese Frage besonders deutlich in den Mittelpunkt stellen.

Zwei Berichte über ›gutes Sterben‹ beschließen je ein Werk über einen großen Herrscher: Der Tod des Kyros in der frühen (etwa mit Platon zeitgleichen) Kyropädie Xenophons und der Tod des Augustus in der Sueton'schen Augustus-Vita. Aus der jüdischen und christlichen historiographischen Literatur stammen Texte vom schmählichen Ende der Tyrannen (Herodes, Agrippa). Sie scheinen wegen ihrer deutlich herrscherkritischen Tendenz[1] zunächst für Jesu Tod keine hilfreiche Spur zu sein. Da das Verhältnis solcher Berichte zu den *exitus illustrium virorum* geklärt werden musste, wurden solche Texte ebenfalls herangezogen; sie erweisen sich als wertvoll, weil sie besonders pointierte Deutungsmittel für die Todesumstände bereithalten. Ebenfalls von Josephus ist der ausführliche Bericht über die Belagerung und den Fall der Festung Masada. Aus einem historiographischen Werk (Tac. hist.) stammt auch der Bericht vom Tod des Ofonius Tigellinus. Zudem wurden einige rhetorische und polemische Todesberichte gewählt. Sie wurden herangezogen, weil in ihnen die narrativen Deutungsstrategien besonders deutlich hervortreten. Gewählt wurden neben Valerius Maximus zwei apologetische hellenistisch-jüdische Werke *(Contra Apionem; In Flaccum)* sowie Senecas *Apocolocyntosis.*

5.1 Gutes Sterben

5.1.1 Kyros (X. Cyr. 8,7)

Literatur

Text: MARCHANT, Institutio Cyri, 8,7. Engl. Übersetzung z. B. bei MILLER, *Xenophon* Cyropaedia 2, 423–439. Zu Xenophon: BREITENBACH, PW 9 A/2 (1967), 1571–1578.1707–1742; SCHÜTRUMPF, DNP 12/2 (2003), 633–642. Zu Kyros: WEISSBACH, PW Suppl. 4 (1924), 1129–1166; WIESEHÖFER, DNP 6 (1999), 1014–1017.

Übersetzung

(1) Als die Zeit so vergangen und Kyros schon sehr alt war, kam er zum siebten Mal in seiner Herrschaft nach Persien. Und sein Vater und seine Mutter waren, wie es ja natürlich ist,

---

[1] Vgl. RONCONI, RAC 6 (1966), 1262.

schon lange vor ihm gestorben; Kyros aber opferte die angemessenen Opfer und führte die Perser im Tanz nach der Vätertradition und gab allen Geschenke, wie er zu tun pflegte. (2) Als er aber im Königspalast schlief, hatte er folgenden Traum: Es schien ein übermenschlich großer (Mann) auf ihn zuzugehen und zu sagen:»Bereite dich, Kyros. Denn du gehst schon fort zu den Göttern.« Als er diesen Traum sah, wachte er auf und schien fast zu wissen, dass sein Lebensende gekommen war.

(3) Sofort nahm er also Opfertiere und opferte dem Zeus der Vorfahren und dem Helios und den anderen Göttern auf der Burg, wie die Perser opfern, und betete so: »Zeus meiner Vorfahren und Helios und alle Götter, nehmt an diese Dankopfer für viele und gute Taten und Dankopfer, dass ihr mir durch heilige und himmlische Zeichen und durch Vorzeichen und durch Weissagungen gezeigt habt, was ich tun musste und was nicht. Groß aber ist eure Gnade, dass auch ich eure Fürsorge kennen lernte und noch nie bei all dem Glück übermenschlich (stolz) dachte. Ich bitte euch aber, auch jetzt meinen Kindern und meiner Frau und meinen Freunden und meiner Heimat Glück zu geben, mir aber ein solches Ende zu verleihen, wie ihr mir Lebenszeit gegeben habt.«

(4) Als er solches getan hatte und nach Hause ging, meinte er, es sei angenehm auszuruhen, und legte sich nieder. Als es aber Zeit war und die Stunde kam, traten die Bediensteten hinzu und forderten ihn zum Bad auf. Er aber sagte, er ruhe angenehm. Die Bediensteten aber wiederum tischten, als es Zeit war, das Essen auf; ihm aber bereitete die Seele keinen Hunger, aber scheinbar Durst, und er trank gerne. (5) Als ihm aber am nächsten Tag und am dritten das Gleiche geschah, rief er seine Kinder, die aber waren ihm zufällig gemeinsam gefolgt und befanden sich in Persien. Er rief aber auch seine Freunde und die Würdenträger Persiens. Als alle anwesend waren, begann er folgende Rede:

(6) »Meine Kinder, und alle anwesenden Freunde, mein Lebensende ist schon da, aus vielen (Hinweisen) weiß ich das sicher. Ihr aber müsst, wenn ich sterbe, mich stets als einen Glücklichen bezeichnen und behandeln. Denn als ich ein Kind war, glaube ich, das was unter Kindern als schön gilt, genossen zu haben, als ich heranwuchs, das was unter Jugendlichen (als schön gilt), und ganz zum Mann geworden, das unter Männern. Mit der voranschreitenden Zeit glaubte ich zu entdecken, wie auch meine Kraft mitwuchs, sodass ich auch nie spürte, dass mein Alter schwächer geworden sei als meine Jugend, und ich weiß, was mir fehlte, ohne es zu versuchen oder zu begehren. (7) Und ich beobachtete, wie meine Freunde durch mich glücklich wurden, wie meine Kriegsgegner andererseits von mir versklavt wurden, und das Heimatland, das vorher in Asien für sich lebte, hinterlasse ich jetzt in einer Ehrenstellung. Von dem, was ich erwarb, weiß ich nichts, was ich nicht bewahrt habe. Und die vorbeigehende Zeit handelte ich so, wie ich gebetet hatte: Die Angst, die mich begleitete, ich könne in der Zukunft etwas Schwieriges sehen oder hören oder erleben, ließ mich nicht unangemessen stolz oder fröhlich werden.

(8) Wenn ich jetzt aber sterbe, lasse ich euch, Kinder, lebend zurück, die mir die Götter gegeben haben; ich lasse das Heimatland und meine Freunde glücklich zurück; (9) wie sollte ich also nicht selig ein ewiges Andenken erhalten? Ich muss aber auch eine schon geregelte Thronfolge hinterlassen, damit sie nicht uneindeutig wird und euch Schwierigkeiten macht. Ich also liebe euch beide gleichermaßen, Kinder. Zu planen und zu leiten, was an der Zeit zu sein scheint, das befehle ich aber dem Erstgeborenen und natürlich in mehr Dingen Erfahrenen. (10) Ich selbst wurde von meiner und eurer Heimat so erzogen, nicht nur den älteren Brüdern, sondern auch den älteren Bürgern den Vortritt und den Sitzplatz

und das Wort zu überlassen; euch aber, Kinder, habe ich von Anfang an so erzogen, die Älteren zu ehren und von den Jüngeren geehrt zu werden; wie ich also Althergebrachtes, Angemessenes und Rechtes sage, so sollt ihr es annehmen. (11) Du, Kambyses, sollst die Königsherrschaft haben, weil die Götter und ich, sofern es bei mir liegt, sie dir geben; dir aber Tanaoxares, gebe ich, Satrap zu sein von Medien, Armenien und drittens Kadousien. Indem ich dir das gebe, glaube ich, dem Älteren die größere Macht und den Königstitel zu vererben, dir aber das ungetrübtere Glück. (12) Ich sehe keine menschliche Freude, die dir fehlen wird, sondern alles, was Menschen wohl fröhlich machst, wird dir zur Verfügung stehen. Dass einer aber das Schwierigere liebt und sich um Vieles kümmert und keine Ruhe haben kann, weil er von der Nachahmung meiner Taten angespornt wird, dass muss den König mehr begleiten als dich. Was du genau wissen sollst: Es bringt viel Unruhe in die Freude.

(13) Du weißt also auch, Kambyses, dass es nicht dieses goldene Szepter ist, das deine Herrschaft bewahrt, sondern die treuen Freunde sind das wahrste und sicherste Szepter für Könige. Glaube aber nicht, dass Menschen von Natur aus treu heranwachsen; denn dann würden allen die gleichen Leute treu erscheinen, wie auch das andere Natürliche allen gleich erscheint. Aber die Treuen muss jeder für sich schaffen; man schafft sie sich niemals mit Gewalt, sondern vielmehr mit Wohltat. (14) Wenn du also versuchen wirst, auch andere zu Mitwächtern deiner Herrschaft zu machen, fang nirgendwo zuerst an als bei dem, der die gleiche Herkunft hat. Und Bürger sind vertrautere Menschen als Ausländer und Tischgenossen vertrautere als Auswärtige; die aber aus dem gleichen Samen aufwuchsen und von der gleichen Mutter ernährt und im gleichen Haus aufgezogen und von den gleichen Eltern geliebt wurden und die gleiche Mutter und den gleichen Vater anreden, wie könnten die nicht am vertrautesten sein von allen? (15) Macht also das, was die Götter zur brüderlichen Vertrautheit Gutes lehren, nicht zunichte, sondern baut sogleich darauf alle anderen freundschaftlichen Taten auf, und so wird eure Freundschaft immer von den anderen unübertroffen sein. Der sorgt für sich selbst, der sich um seinen Bruder kümmert; denn für wen anders ist es so schön, wenn der Bruder mächtig ist, als für seinen Bruder? Wer anders wird so geehrt durch einen Mann, der viel vermag, wie sein Bruder? Wem fürchtet man sich so, Unrecht zu tun, wenn sein Bruder mächtig ist, als dessen Bruder? (16) Keiner soll ihm also schneller gehorchen und bereitwilliger beistehen als du; denn keinem sind seine Sachen – gut oder schlecht – vertrauter als dir. Bedenke aber auch dies: Wem solltest du einen Gefallen tun in der Hoffnung, mehr zu bekommen als von ihm? Wem solltest du helfen, um ihn als stärkeren Mitstreiter zu erhalten? Wen nicht zu lieben ist schändlicher – als den Bruder? Nur wenn ein Bruder, Kambyses, bei seinem Bruder den ersten Platz hat, erreicht ihn auch nicht die Missgunst der anderen.

(17) Aber bei den Göttern der Vorfahren, Kinder, achtet einander, wenn euch denn daran liegt, mir einen Gefallen zu tun. Denn ihr scheint das wohl nicht recht zu wissen, dass ich nichts mehr sein werde, wenn ich das menschliche Leben abschließe, denn ihr seht auch jetzt nicht meine Seele; sondern an dem, was sie erreicht hat, seht ihr, dass es sie gibt. (18) Habt ihr beobachtet, welche Ängste die Seelen der Unrecht Leidenden den Mördern einjagen, welche Rache sie auf die Frevler losschicken? Glaubt ihr, dass die Ehren für die Verstorbenen noch fortbestehen, wenn die Seelen von keinem von ihnen mächtig waren? (19) Ich, Kinder, habe gewiss nie geglaubt, dass die Seele lebe, solange sie in dem sterblichen Leib ist, aber tot sei, wenn sie ihn verlasse: Ich sehe nämlich, dass auch die

sterblichen Leiber sich als lebendig erweisen, solange die Seele in ihnen ist. (20) Die Seele ist auch keineswegs vernunftlos, wenn sie von dem vernunftlosen Leib getrennt wird, auch das glaube ich nicht, aber wenn der Geist unvermischt und rein ausgesondert wird, ist klar, dass er dann das Vernünftigste ist. Wenn der Mensch sich auflöst, geht alles sichtbar dahin zu dem Gleichartigen, außer der Seele, die allein, weder wenn sie bleibt, noch wenn sie geht, gesehen wird. (21) Bedenkt aber«, sagte er,»dass keine menschliche Sache dem Tod näher steht als der Schlaf; die Seele des Menschen zeigt sich dann freilich als ganz göttlich, und dann sieht sie auch etwas aus der Zukunft voraus. Dann nämlich ist sie, wie es scheint, ganz befreit.

(22) Wenn es sich also so verhält, wie ich annehme, und die Seele den Leib zurücklässt, dann tut, was ich euch bitte, und habt Ehrfurcht vor meiner Seele. Wenn es aber nicht so ist, sondern die Seele im Leibe bleibt und stirbt, dann fürchtet die Götter, die ewig sind und alles sehen und alles vermögen, die auch diese Ordnung des Alls immer neu und alterslos und makellos und vor Schönheit und Größe unbeschreiblich erhalten, und tut noch plant nichts Gottloses oder Frevelhaftes. (23) Nach den Göttern habt auch Respekt vor dem ganzen Menschengeschlecht, denn die Götter verbergen euch nicht im Finstern, sondern eure Taten müssen für alle sichtbar fortleben. Was rein ist und sich außerhalb des Unrechts zeigt, wird euch unter allen Menschen als mächtig verkündigen; wenn ihr aber gegeneinander Unrecht im Sinn habt, habt ihr unter allen Menschen die Vertrauenswürdigkeit verwirkt. Denn keiner dürfte euch noch vertrauen, wenn er noch so bereit dazu wäre, wenn er sieht, wie der Unrecht erleidet, dem am meisten Freundschaft zukommt. (24) Wenn ich euch also recht lehre, wie ihr zueinander sein müsst (dann ist es gut) – wenn nicht, lernt ihr es auch bei den Vorfahren; denn das ist selbst die beste Schulung. Denn viele Eltern waren in ihrem Leben Freunde ihrer Kinder, Brüder Freunde ihrer Brüder; einige davon taten einander schon das Gegenteil. Welches von beiden ihr als zutreffend anseht, das man tun muss, das tut und ihr werdet wohl recht beschließen.

(25) Davon ist jetzt vielleicht schon genug (gesagt). Meinen Leib aber, Kinder, legt, wenn ich sterbe, weder in Gold noch in Silber noch in irgendetwas anderes, sondern gebt ihn möglichst bald in die Erde. Denn was ist seliger, als mit der Erde verbunden zu werden, die alles Schöne und alles Gute hervorbringt und nährt? Ich war aber auch sonst ein Menschenfreund, und jetzt scheint es mir angenehm, mit dem eins zu werden, das den Menschen wohltut. (26) Schon aber merke ich nämlich, wie meine Seele mir entweicht, so wie sie natürlich allen zu entweichen anfängt. Wenn also einer von euch meine rechte Hand fassen oder mir ins Auge sehen will, solange ich noch lebe, soll er vortreten; wenn ich mich aber verhüllen werde, bitte ich euch, Kinder, soll kein Mensch mehr meinen Körper sehen, nicht einmal ihr selbst. (27) Bittet alle Perser und die Verbündeten zu meinem Gedenken, dass sie sich mit mir freuen, dass ich schon in Sicherheit bin, sodass ich nichts Schlimmes mehr erleiden muss, weder, wenn ich zu dem Gott komme, noch wenn ich gar nichts mehr bin. Alle aber, die kommen, die schickt mit so viel Wohltaten fort, wie es gegenüber einem glücklichen Manne angemessen ist. (28) Und denkt«, sagte er,»an mein letztes Wort: Wenn ihr die Freunde gut behandelt, werdet ihr auch die Feinde bestrafen können. Und lebt wohl, liebe Kinder, und berichtet eurer Mutter von mir, und alle Freunde, die ihr da seid, und die ihr nicht da seid, lebt wohl.«

Mit diesen Worten grüßte er alle, verhüllte sich, und so starb er.

Auslegung

TEXTOBERFLÄCHE Der Bericht von Kyros' Tod ist das vorletzte Kapitel der Kyropädie, das etwa den vierzigsten Teil des umfangreichen Werkes einnimmt. Im achten Buch gehen ihm einige Kapitel voraus, die in Anekdoten die prachtvolle und durchdachte Hofhaltung Kyros' charakterisieren und seine Reiseorganisation darstellen sowie in Kap. 6 Bemerkungen zur Größe des Perserreichs und die Einrichtung von Satrapien.

Der Erzähler des Rahmens ist extern. In den ebenfalls narrativen Abschnitten 6f. ist Kyros der (akteurgebundene) Erzähler, der auch in den nicht narrativen Abschnitten (3.6–28) umfangreich zu Wort kommt. – Fokalisator ist durchgehend Kyros, auch in den narrativen Passagen: Er sieht (εἶδε, 2), spricht (3), fühlt und meint (ἔδοκει, 2.4; ἔδοξεν, 4).

Die Kyropädie ist nicht im eigentlichen Sinne eine Biographie. Es handelt sich eher um ein politisch-didaktisches Werk, der Kyros als beispielhafte Figur zur Nachahmung empfiehlt. Dem Stil nach ist es anekdotenhaft erzählend und wurde deshalb zu den Vorläufern der griechischen Romanliteratur gezählt. Es folgt freilich in seinem Aufbau dem Lebenslauf des Kyros von der Geburt bis zum Tod und hat insofern eine biographische Komponente. Bei dem vorliegenden Abschnitt handelt es sich der Form nach um eine symbouleutische Rede (in *oratio recta*) mit narrativem Rahmen (1–5.28). Der im Wesentlichen erzählende, epideiktische Charakter des Gesamtwerkes tritt dabei also, wie schon vorher gelegentlich, zugunsten der Rede in den Hintergrund. Der Rahmen wird durch ἔφη zweimal in der Rede aufgenommen (21.28). In ihn ist außerdem ein kurzes Dank- und Fürbittgebet (ebenfalls *oratio recta*) eingeschaltet (3). Die Rede hat folgende Gliederung:

6–7	Rückblick auf Kyros' Errungenschaften
8–12	Regelung der Thronfolge
13–16	Ratschläge an Kambyses und Tanaoxares zur Bruderliebe
17–21	Das Fortleben der Seele nach dem Tod
22–24	Paränetische Folgerungen daraus; weitere Mahnungen
25–27	Letzte Verfügungen
28	Letzte Worte; Abschied

SINNGEBUNG Die Fokalisation liegt ganz bei dem Protagonisten Kyros. Damit erhält er umfangreichen Raum zur Selbstdeutung, und die Lesersympathien werden eindeutig auf seine Seite gelenkt.

Kyros ist der einzige relevante Akteur. Seine Taten erweisen ihn als fromm (traditionelle Riten, 1; Gebet, 3) und züchtig (Verhüllung, 28). Die Prodigien, die er erlebt, deutet er selbst (3) als Privilegierung durch die Götter. Das Hauptcharakterisierungsmittel ist natürlich die lange Abschiedsrede: In ihr stellt sich Kyros als gerecht (8–12), weise (13–24) und philosophisch gebildet (17–21), maßvoll (7), traditionsbewusst (10.24), fromm (15.17.22) und als »Menschenfreund« (25) dar. Die rundum positive Darstellung entspricht dem Gesamtduktus des Werkes. Die Erzählung und die Rede greifen mehrere bekannte Motive auf. Dazu gehören die Frömmigkeitserweise des Protagonisten, also seine religiösen Übungen vor seinem Tod (3).[2] Ein häufiges und wichtiges Motiv sind auch Prodigien vor dem Tod, hier in Form eines Traumes (2). Kyros deutet das Prodigium selbst. Die letzten Worte (τελευταῖον) werden ausdrücklich als solche benannt (28). Der Tod bringt den Sterbenden in Sicherheit (27) – dieser Gedanke tauchte auch schon in anderen Texten auf.[3] Zuletzt wird man die Tatsache, dass der Protagonist eines friedlichen, natürlichen Todes stirbt, der zu dem erfolgreichen Charakter seines ganzen Lebens passt, angesichts der Fiktionalität der ganzen Szene (s. u.) als topisch betrachten dürfen.

Die Zeitstrukturen enthalten kaum Besonderheiten. Nach dem gerafften § 1 sind 2–5.28 szenisch erzählt. Während der langen Rede steht die Erzählung gleichsam still. – Eine Rückblende auf frühere Ereignisse findet sich in 6f. (auf einer anderen Erzählebene, s. o.). Sie gibt dem Redner Gelegenheit zur rückblickenden Selbstdeutung seines ganzen Lebens.

Sinnträger sind hier also zwar auch die Ereignisse, vor allem aber (allein schon quantitativ) die Rede. Wie die Kyropädie insgesamt »ein Bild gerechter Herrschaft zeichnen«[4] will, so bietet Kyros' Sterbeszene noch einmal konzentriert das Idealbild des gerechten, weisen und frommen Herrschers.

EREIGNISBEZUG Die Fabula des Kapitels umfasst wenige Ereignisse: Kyros kehrt heim nach Persien und nimmt dort an traditionellen Riten teil. Er hat einen Traum und deutet ihn als Ankündigung seines Todes, daraufhin opfert und betet er. Er ruht sich drei Tage lang aus, ruft dann seine beiden Söhne, Freunde und hohe Beamte zu sich, hält eine lange Abschiedsrede und stirbt.

Kyros II. starb 530 v. Chr.[5], das sind etwa 170 Jahre vor der Abfassung der Kyropädie ab 362 v. Chr.[6] Die vorliegende Szene ist allerdings vollkommen fiktiv. Der historische Kyros fiel auf dem Schlachtfeld.[7] Das Interesse des Werkes ist nicht historisch, sondern politisch-didaktisch, und das schlägt sich in der Fiktionalität einer so entscheidenden Stelle wie der Sterbeszene nieder.[8]

---

[2]Vgl. oben S. 114 über Sokrates' Frömmigkeit im etwa zur gleichen Zeit entstandenen Phaidon.
[3]Vgl. Plu. Pel. 34,5.
[4]Schütrumpf, DNP 12/2 (2003), 637.
[5]Vgl. Wiesehöfer, DNP 6 (1999), 1014.
[6]Vgl. Schütrumpf, DNP 12/2 (2003), 637.
[7]Vgl. Wiesehöfer, DNP 6 (1999), 1017.
[8]Vgl. Ronconi, RAC 6 (1966), 1260.

FAZIT Das Idealbild eines Herrschers, das die Kyropädie am Beispiel des Perserkönigs Kyros zeichnet, wird durch Kyros' Sterben vervollkommnet. Die Erzählung – zumeist anekdotisch mit romanhaften Zügen – tritt in der Sterbeszene zugunsten einer langen Abschiedsrede zurück, die die abschließende Deutung von Leben und Sterben in den Mund des Protagonisten legt. Dieser sehr frühe Text (4. Jh. v. Chr.) ist in der hier untersuchten Szene völlig fiktional.

5.1.2   Augustus (Suet. Aug. 97–101)

Literatur

Text: ROLFE, Suetonius 1, 274–287. Eine engl. Übersetzung ebd.. Einführende Lit. zu Sueton s. oben S. 184; zur Vita HANSLIK, Augustusvita, 99–144. Zu Augustus: WEBER, Princeps; FITZLER/SEECK, PW 10/1 (1918), 275–381; KIENAST, DNP 2 (1997), 302–314.

Übersetzung

(97,1) Auch sein Tod, von dem ich jetzt sprechen werde, und seine Apotheose nach seinem Tod wurden durch deutlichste Zeichen vorher bekannt. Als er auf dem Marsfeld vor einer großen Menschenmenge das Reinigungsopfer darbrachte, umkreiste ihn mehrfach ein Adler und flog dann hinüber in das benachbarte Gebäude und setzte sich über dem Namen Agrippas bei dem ersten Buchstaben nieder.[9] Als er es bemerkte, befahl er seinem Kollegen Tiberius, das Gelübde auszusprechen, das für das nächste Reinigungsopfer zu leisten Brauch ist. Denn er weigerte sich, es zu leisten, obwohl die Tafeln schon geschrieben und vorbereitet waren, weil er es nicht einlösen würde. (2) Zur gleichen Zeit verschwand unter einem Blitzschlag der erste Buchstabe der Aufschrift einer Statue von ihm; es wurde geantwortet, er habe von da an nur noch 100 Tage zu leben – diese Zahl bezeichnete der Buchstabe C –, und er würde in Zukunft unter den Göttern genannt werden, weil *aesar*, das ist der restliche Teils aus des Caesars Namen, in der etruskischen Sprache ›Gott‹ bedeute.

(3) Als er nun Tiberius nach Illyrien schicken und ihn bis Benevent begleiten wollte, als er aber von Klägern mit neuen und immer neuen Fällen bei der Rechtsprechung aufgehalten wurde, rief er aus – was man auch bald selbst unter die Vorzeichen rechnete –: Selbst wenn alles ihn aufhalte, werde er nicht länger in Rom bleiben. Und als er den Weg begonnen hatte, reiste er bis Astura und fuhr von dort wegen des günstigen Windes bei Nacht weiter – gegen seine Gewohnheit – und zog sich so die Ursache seiner Krankheit zu, beginnend mit Durchfall.

(98,1) Als er dann um die Küste Campaniens und die nahegelegenen Inseln herumgefahren war, verwendete er vier Tage auf Capri zu einem ganz entspannten Urlaub zur Erholung und Ermunterung seines Gemüts. (2) Zufällig hatten ihm, als er an der Bucht von Puteoli vorbeifuhr, die Reisenden und Seeleute eines alexandrinischen Schiffs, weiß gekleidet, bekränzt und Weihrauch opfernd, günstige Vorzeichen und großes Lob aufgehäuft: Durch ihn lebten sie, durch ihn könnten sie fahren, und durch ihn genössen sie (ihr) Glück.

---

[9]Der erste Buchstabe bei M. Agrippa bedeutet: »M – Marcus – Mors«, HANSLIK, Augustusvita, 142.

Dadurch höchst erfreut, verteilte er unter seinen Begleitern vierzig Goldstücke und verlangte den Eid und die Versicherung von jedem einzelnen, dass sie den gegebenen Betrag für
nichts anderes als für den Kauf von alexandrinischen Waren verwenden würden. (3) Aber
auch an den übrigen folgenden Tagen verteilte er unter verschiedenen kleinen Geschenken
obendrein Togen und Pallien[10], weil ein Gesetz eingebracht worden war, dass Römer griechische und Griechen römische Kleidung und Sprache gebrauchen sollten. Er beobachtete
die ganze Zeit die trainierenden jungen Männer, von denen es auf Capri seit alters her bis
jetzt eine Menge gab; er lud dieselben auch zu einem Festmahl in seiner Gegenwart, wobei
es erlaubt, sogar gefordert war, zu scherzen und sich die von ihm spendierten Früchte und
Süßigkeiten und allerlei Dinge zu nehmen. Überhaupt blieb er keiner Art von Belustigung
fern.

(4) Den Nachbarort auf Capri nannte er Apragopolis wegen des Müßiggangs deren,
die sich aus seiner Gefolgschaft dorthin zurückzogen. Aber einen seiner Freunde namens
Masgabas pflegte er κτίστης (»Gründer«) zu nennen, als ob er der Gründer der Insel wäre.
Als er vom Speisezimmer aus erblickte, dass das Grab dieses vor einem Jahr verstorbenen
Masgabas von einer großen Menge und mit vielen Fackeln besucht wurde, sprach er laut
einen Vers, den er aus dem Stegreif gedichtet hatte:

Des Gründers Grabmal seh ich, wie es brennt.

Und indem er sich an den gegenüber liegenden Gefährten des Tiberius, Thrasyllos, wandte,
der von der Sache nichts wusste, fragte er ihn, von welchem Dichter der wohl sei. Als der
zögerte, fügte er noch einen hinzu:

Siehst du, wie Masgabas mit Fackeln wird geehrt?

und befragte ihn auch über den. Als jener nichts anderes antwortete, als, von wem auch
immer sie seien, sie seien sehr gut, erhob er schallendes Gelächter und schüttete sich aus
vor Lachen.

(5) Bald setzte er nach Neapel über, obwohl auch dann seine inneren Organe durch
eine andere Krankheit geschwächt waren; trotzdem sah er auch bei dem fünfjährlichen
Sportwettkampf zu, der zu seiner Ehre eingerichtet worden war, und reiste mit Tiberius zu
dem festgesetzten Ort. Als aber auf der Rückreise seine Gesundheit sich verschlechterte,
legte er sich endlich in Nola nieder, rief Tiberius von seiner Weiterreise zurück und hielt
ihn lange in einem vertraulichen Gespräch fest, und wandte seinen Geist danach keinem
größeren Geschäft mehr zu.

(99,1) An seinem letzten Tag fragte er immer wieder, ob es seinetwegen draußen schon
einen Auflauf gebe, bat um einen Spiegel und ließ sich das Haar ordnen und die zitternden
Kiefer richten, und nachdem er Freunde hereingelassen und sie gefragt hatte, ob er ihnen
das Schauspiel des Lebens recht gespielt zu haben scheine, fügte er noch den Satz hinzu:

Weil's recht gut gespielt war, gebt Applaus,
und gebt mit Freude all' mir das Geleit.

Als darauf alle entlassen waren, und während er die von der Stadt Eintreffenden nach der
Tochter des Drusus fragte, die krank war, starb er plötzlich unter den Küssen der Livia, und
mit diesen Worten: »Livia, lebe im Andenken an unsere Ehe, und mach's gut.« Er bekam

---

[10]D. h. römische und griechische Oberbekleidung.

einen leichten Tod und einen, wie er ihn sich immer gewünscht hatte. (2) Denn beinahe täglich hatte er von irgendwem gehört, der schnell und ohne Qual gestorben war, und für sich und die Seinen eine ähnliche εὐϑανασία (einen guten Tod) – denn dieses Wort pflegte er zu gebrauchen – erbeten. Er gab vor seinem Ableben überhaupt nur ein Zeichen eines gestörten Geistes, weil er plötzlich ängstlich klagte, er werde von vierzig jungen Männern entführt. Auch das war eher eine Weissagung als ein Verlust des Verstandes, insofern genau so viele Prätorianer-Gardisten ihn (später) hinaustrugen.

(100,1) Er starb im gleichen Zimmer wie sein Vater Octavius, unter dem Konsulat der beiden Sextier, Pompeius und Appuleius, am 14. vor den Kalenden des September zur neunten Stunde, im Alter von 76 Jahren weniger 35 Tagen.

(2) Seinen Leichnam trugen Decurionen der Städte und Kolonien nachts – wegen der Jahreszeit – von Nola nach Bovillae, während er inzwischen in der Markthalle oder der größten Tempelanlage einer jeden Stadt niedergelegt wurde. Von Bovillae an übernahm ihn der Ritterstand und brachte ihn in die Stadt und bahrte ihn im Vestibül seines Hauses auf. Der Senat ging bei der Ausstattung seines Begräbnisses und der Ehrung seines Andenkens wetteifernd mit solchem Eifer vor, dass einige unter vielem anderem meinten, der Leichenzug müsse durch das Triumphtor führen, wobei die Victoria, die in der Kurie ist, voranziehen und die Kinder der vornehmsten Familien von beiderlei Geschlecht den Leichengesang singen sollten; andere, man müsse am Tag der Beerdigung die goldenen Ringe ablegen und eiserne tragen; einige, die Gebeine sollten durch die Priester der obersten Kollegien aufgelesen werden. (3) Es gab auch einen, der vorschlug, die Bezeichnung des Monats August auf den September zu übertragen, weil Augustus in diesem geboren, in jenem gestorben sei; einen andern, (der vorschlug,) dass die ganze Zeit vom ersten Tag seiner Geburt bis zu seinem Tod das Augusteische Zeitalter genannt und in den Chroniken so darauf Bezug genommen werde. In Wirklichkeit wurde ihm, obwohl Mäßigung auf die Ehrenbezeigungen angewandt wurde, die Leichenrede doppelt gehalten: vor dem Tempel des Göttlichen Julius von Tiberius, und vor den alten Rostra von Tiberius' Sohn Drusus; und auf den Schultern von Senatoren aufs Marsfeld getragen, wurde er verbrannt. (4) Es fehlte auch nicht ein Prätorianer, der schwur, er habe das Angesicht des Verbrannten zum Himmel aufsteigen sehen. Die Überreste lasen die vornehmsten Männer aus dem Ritterstand auf, in der Tunika und ohne Gürtel und mit bloßen Füßen, und legten sie ins Mausoleum. Dieses Bauwerk hatte er in seinem sechsten Konsulat zwischen der Via Flaminia und dem Tiberufer bauen lassen und die umgebenden Parks und Wege schon damals für den öffentlichen Gebrauch freigegeben.

(101,1) Sein Testament, das er unter dem Konsulat von L. Plancus und C. Silius am 3. vor den Nonen des April, ein Jahr und vier Monate vor seinem Ableben, gemacht hatte, und das in zwei Exemplaren teils von seiner eigenen, teils von der Hand seiner zwei Freigelassenen Polybios und Hilarion niedergeschrieben und bei den vestalischen Jungfrauen verwahrt war, holten diese zusammen mit drei gleichermaßen versiegelten Rollen hervor. (2) Er setzte als Haupterben ein: Tiberius zur Hälfte und einem Sechstel, Livia zu einem Drittel, denen er auch seinen Namen zu tragen befahl; als zweitrangige Erben: Tiberius' Sohn Drusus zu einem Drittel und Germanicus und seine drei männlichen Kinder zum Rest; drittrangig Angehörige und Freunde zu mehreren Teilen. Er vermachte dem römischen Volk 40 Millionen, den Stämmen dreimal 500 000 Sesterze, den Prätorianer-Gardisten je 1 000 Geldstücke, den städtischen Kohorten je 500, den Legionären 300 Geldstücke; diese

Summe befahl er (sofort) auszuzahlen, denn er hatte sie immer bar zurückgelegt. (3) Die übrigen Nachlässe vergab er verschiedentlich und bestimmte einige bis zu 20 000 Sesterze, für die er einen Auszahlungstermin in einem Jahr festsetzte, und entschuldigte mit der Mittelmäßigkeit seines Vermögens, dass nicht mehr an die Erben gelangen werde als 150 Millionen Sesterze – obwohl er in den letzten 20 Jahren 1,4 Milliarden aus den Testamenten von Freunden erhalten habe –, weil er fast alles, zusammen mit zwei väterlichen Erbteilen und weiteren Erbschaften für den Staat aufgewandt habe. Seine Tochter und seine Enkelin Julia verbot er in seinem Grab zu bestatten, wenn ihnen etwas zustoßen sollte. (4) In den drei Rollen gab er in der einen Anweisungen für seine Bestattung, in der anderen eine Liste mit Taten, die er vollbracht hatte, und von der er wollte, dass sie in eherne Tafeln eingegraben werde, die vor seinem Mausoleum aufgestellt werden sollten, und in der dritten eine Übersicht über das ganze Reich, wie viele Soldaten unter welchen Abzeichen überall waren, wie viel Geld in der Staatskasse und in seinen Privatkassen und in den übrigen Steuerkassen war. Er fügte auch die Namen der Freigelassenen und Sklaven an, von denen Rechenschaft eingeholt werden könne.

Auslegung

TEXTOBERFLÄCHE   Beim vorliegenden Abschnitt handelt es sich um die fünf Schluss-kapitel der längsten Vita der ganzen suetonischen Biographiensammlung. Sie neh-men etwa den zwanzigsten Teil der 101 Kapitel ein. Voraus gehen einige Kapitel über günstige Prodigien, die Augustus an verschiedenen Punkten in seinem Le-ben hatte; dadurch gelingt leicht die Überleitung zu den Todesprodigien und der Todesdarstellung.

Es gibt keine nennenswerten Wechsel in der Erzähllebene. Der Erzähler bleibt stets extern und wechselt nicht. Auch die Fokalisation ist grundsätzlich extern und weicht nur einer akteurgebundenen Perspektive, wo Augustus oder andere Akteure in direkter oder indirekter Rede zu Wort kommen.

Die nicht-narrativen Anteile fallen ebenfalls gering aus: Neben den Redepas-sagen und den testamentarischen Bestimmungen in Kap. 101 sowie der Datierung des Todes (100,1) ist der ganze Rest narrativ.

Gattungsmäßig liegt eine biographische Erzählung vor. Die Erzählung ist eher anekdotisch gestaltet und locker gefügt, bis sie mit dem Neueinsatz »An seinem letzten Tag« (99,1) stringenter wird. Es wird großzügig von griechischen Formu-lierungen Gebrauch gemacht, wo Augustus im Wortlaut zitiert werden soll; seine ebenfalls überlieferten letzten Worte sind allerdings auf lateinisch zitiert.[11] Die griechischen Zitate sind in gebundener Sprache formuliert. Das Schlusskapitel, das Augustus' Testamentsbestimmungen referiert, zeichnet sich durch eine formelhaf-te, juristische Sprache aus und hebt sich dadurch vom Rest der Erzählung ab. Solche

---

[11]Anders in Suetons Caesar-Vita, wo gerade die berühmten *ultima verba* auf griechisch zitiert werden. Vgl. zu Dubuissons Auslegung oben S. 206.

Wechsel in Stil oder Gattung sind möglicherweise für die Quellenfrage auszuwerten
(s. u.).

SINNGEBUNG   Die Fokalisation bleibt die meiste Zeit extern (s. o.). Damit werden
kaum Innenwelt-Einblicke in die Charaktere geboten. Die Perspektive bleibt vielmehr die ganze Zeit eine bewundernde, staunende Außenperspektive.

Der einzige Akteur, der im vorliegenden Text – wohl buchstäblich! – eine Rolle
spielt, ist Augustus. Seine Selbstcharakterisierung als Schauspieler (99,1) trifft gut
die erzählerische Gestaltung des Textes. Selbst auf dem Sterbebett bleibt Augustus
sorgfältig auf seine Wirkung nach außen bedacht. Auch vorher hat er Freude an
effektvoller Selbstdarstellung (vgl. 98,4). Dazu passt die Fokalisation, die wenig
Inneneinblicke erlaubt, dafür umso mehr den prophetischen, großzügigen, einfalls-
reichen und vielfach bewunderten Augustus bestaunt. Insofern lässt sich die Erzählung auf die Präsentations-Strategie des Protagonisten ein. – Hanslik beobachtete,
dass der suetonische Augustus in seinen letzten Lebenswochen »die Wesenszüge
eines *divus* aufweist«, er ist »hilaris wie ein Gott«.[12] Die Gestaltung der *hilaritas* als
Wesenszug führte Hanslik auf Suetons Komposition zurück.[13]

Unter den Motiven fallen zunächst die prominent plazierten Prodigien ins Auge,
die dem Tod vorausgehen (97f.). Auch nach dem Tod wird noch eine Äußerung des
Sterbenden als Weissagung gedeutet (99,2) und gegen den Vorwurf der Demenz
verteidigt.[14] – Augustus stirbt einen guten Tod (der Ausdruck εὐθανασία wird mit
dem Sprachgebrauch des Protagonisten begründet). Zugleich entspricht der Tod
seinen eigenen Wünschen.[15] Ein weiteres wichtiges Motiv ist die Pflege der *memoria*
des Verstorbenen; sie wird gleich zweimal angesprochen (99,1; 100,2).[16]

Die zeitliche Strukturierung bietet das Bild einer locker gefügten Szenenfolge.
Es gibt nur kurze Rückblenden (99,2; 100,4). Der Aufbau von Kap. 9–94 war dabei,
wie es für Sueton meistens als charakteristisch angesehen wird, nicht so sehr chronologisch, sondern vorwiegend thematisch strukturiert[17] – was nicht heißt, dass
der Zusammenhang des Lebenslaufes dadurch aus dem Blick geriete.[18] Die Erzählung von Augustus' Lebensende bietet danach wieder eine locker chronologische
Darstellung.

---

[12] A. a. O., 143.
[13] Vgl. a. a. O., 143f. Dabei darf Hansliks Interesse nicht übersehen werden, Suetons kompositorische
Leistung zu unterstreichen.
[14] Alle Prodigien der Augustus-Vita sind, dem vorwiegend thematischen Gliederungskonzept
entsprechend, in Kap. 94–97 zusammengefasst, auch Prodigien, die aus Augustus' Geburtsgeschichte
und Frühzeit stammen. Aus der großen Zahl der überlieferten Todes- und Apotheoseprodigien hat
Sueton nur drei ausgewählt und steigernd angeordnet, vgl. a. a. O., 142.
[15] Für das gleiche Motiv vgl. oben Plu. Caes. 63,7.
[16] Vgl. unten Suet. Otho 10,2.
[17] Programmatisch dafür ist die Bemerkung: *neque per tempora sed per species exequar*, Aug. 9,1.
[18] Vgl. a. a. O., 99.

Träger der Sinngebung sind damit vor allem die Erzählung und die Art der Fokalisation.

EREIGNISBEZUG   Die erzählten Ereignisse lassen sich so zusammenfassen: Augustus erhält Prodigien, die auf seinen nahen Tod gedeutet werden. Er reist nach Benevent ab, erkrankt unterwegs und unterbricht die Reise für einen Urlaub mit Belustigungen. Als sich die Krankheit verschlimmert, verabschiedet er sich von Tiberius, seinen Freunden und seiner Frau und stirbt in Nola. Er wird nach Rom überführt und dort nach einer Debatte über die Gestaltung der Trauerfeier aufwändig bestattet. Sein Testament wird eröffnet. Diese Ereignisse nehmen ca. eine Woche ein.

Die Erzählung enthält keine Angaben über verwendete Quellen. Der auffällig formale und detailreiche Stil, in dem die testamentarischen Bestimmungen wiedergegeben sind, lässt aber m. E. auf die Benutzung einer dokumentarischen Quelle, etwa aus einem Archiv, schließen. Diese Quelle hätte dann neben den Nachlassbestimmungen auch die Datierung des Testaments und die Unterschriften der Schreiber enthalten.[19] Die wörtlichen Zitate von selbstgedichteter Lyrik des Protagonisten könnten, da sie stets in einen geeigneten Kontext eingebettet sind, in einer Anekdotensammlung über Augustus oder in einem biographischen Werk überliefert worden sein. Die in 101,4 erwähnte Liste seiner Taten, die in eherne Tafeln graviert wurde, ist nicht im römischen Original, aber in einer Abschrift erhalten, dem sog. *Monumentum Ancyranum*.[20] Die von Sueton überlieferte Überschrift stimmt nur teilweise mit der in Ankara erhaltenen überein.[21]

Zwischen dem Tod des Augustus im Jahr 14 n. Chr.[22] und der Abfassung der Sueton-Viten bis zum Jahr 121/122 n. Chr.[23] liegen bis zu 107 Jahren. Gegen die historische Plausibilität der Erzählung ist wenig einzuwenden.

FAZIT   Der vorliegende Abschnitt ist der chronologische Schluss einer großen, thematisch geordneten Sueton-Vita. Die Erzählung ist anekdotisch, locker gefügt; Quellenbenutzung ist ablesbar. Wieder hervorgehoben werden Prodigien auf den Tod, der ganz dem vorher geäußerten Wunsch des Protagonisten entspricht und als εὐθανασία qualifiziert wird, außerdem die besonderen Trauerbezeugungen beim Begräbnis. Die Fokalisation gestaltet einen Blick auf den Protagonisten, der ganz in der Rolle aufgeht, die er ›spielt‹.

---

[19] Eine ausführliche Rekonstruktion der augusteischen Testamentsbestimmungen unternimmt WEBER, Princeps, 45–57, der sich dabei vor allem auf die Angaben Suetons stützt und sie aus Tacitus und Dio ergänzt.

[20] Vgl. GALSTERER, DNP 8 (2000), 388f.

[21] Vgl. WEBER, Princeps, 60.

[22] Vgl. KIENAST, DNP 2 (1997), 313.

[23] Vgl. SCHERBERICH, Untersuchungen, 11–13, gegen die These, einige Viten seien erst nach der 121/122 gesicherten Dedikation der Sammlung verfasst worden. Vgl. aber SALLMANN, DNP 11 (2001), 1085.

5.2   Straftod

5.2.1   Herodes (Jos. BJ 1,647–673)

Literatur

Text: MICHEL/BAUERNFEIND, De bello Judaico I, 172–179; dort auch eine deutsche Übersetzung. Zur Einleitung in das *Bellum* vgl. VERMES/MILLAR/GOODMAN, History 1, 46–48.
Einführende Lit. zu Josephus und zu Herodes s. oben S. 122. Zum Tyrannentod GAUGER, JSJ
33 (2002), 42–64.

Übersetzung

(647) Seine (sc. Herodes') Krankheit aber schritt zum Schlechteren fort, insofern ihn im Alter
Schwäche und Depression überkamen; denn er war schon fast siebzig Jahre alt, seine Seele
aber war gebeugt durch das Unglück seiner Kinder, sodass er auch bei Gesundheit nichts
Angenehmes zuließ. Eine Verschärfung seiner Krankheit war, dass Antipater am Leben
war, den er nicht nebenbei, sondern nach seiner Genesung zu töten beschlossen hatte. (648)
In seinem Unglück kommt es aber auch zu einem Volksaufstand. Es waren zwei Sophisten
in der Stadt, die das (Gesetz) der Vorfahren sehr genau zu kennen schienen und deshalb im
ganzen Volk größter Ehre für wert gehalten wurden: Judas, der Sohn des Sepphoraios, und
zum andern Matthias, Sohn des Margalos. (649) Zu diesen kamen nicht wenige von den
jungen Männern, als sie die Gesetze auslegten, und sie sammelten täglich eine Heerschar
von Jugendlichen. Als die damals erfuhren, dass der König von Depressionen heimgesucht
werde und von seiner Krankheit, machten sie die Bemerkung unter ihren Bekannten, dass
also (jetzt) der geeignete Moment sei, für Gott Rache zu üben und die gegen die Gesetze der
Vorfahren errichteten Kunstwerke niederzureißen. (650) Denn es sei ein Frevel, dass sich
im Tempel Bilder oder Büsten oder ein irgendeinem Lebewesen nachgebildetes Kunstwerk
befänden. Der König hatte aber über dem großen Tor einen goldenen Adler anbringen
lassen; die Sophisten riefen damals dazu auf, den nun herunterzuschlagen, wenn auch die
Gefahr bestehe, für das Gesetz der Vorfahren zu sterben; denn wer so sterbe, dem bleibe
die Seele unsterblich, und er habe ewig den Genuss des Guten; wer aber böse sei und ihre
Weisheit nicht verstehe, der hänge am Leben und ziehe statt des Todes aus Tugend den
durch Krankheit vor.

(651) Zugleich mit deren Worten verbreitete sich das Gerücht, der König sei gestorben,
sodass die jungen Leute ihr Unternehmen noch mutiger angingen. Mitten am Tag also, und
als viele zum Heiligtum hinaufgekommen waren, ließen sie sich mit dicken Seilen vom
Dach herunter und schlugen mit Äxten den goldenen Adler herunter. (652) Das wurde
sofort dem königlichen Kommandanten gemeldet, und jener läuft mit einer beträchtlichen
Truppe hinauf und ergreift etwa vierzig junge Männer und führt sie zum König. (653)
Als er als erstes fragt, ob sie es gewagt hatten, den goldenen Adler herunterzuschlagen,
bekannten sie es ihm. Dann, (als er fragte,) auf wessen Aufforderung hin, antworteten sie,
(auf die) des Gesetzes der Vorfahren. Als er fragte, warum sie so fröhlich seien, wo sie doch
getötet werden würden, sagten sie, weil sie nach ihrem Ende in den Genuss der größeren
Güter kommen würden. (654) Daraufhin bezwingt der König wegen des übergroßen Zorns
seine Krankheit, geht in die Volksversammlung und klagt dort die Männer heftig an, als

Tempelräuber und unter dem Vorwand des Gesetzes hätten sie etwas Größeres geplant, und er bestrafe sie als Frevler. (655) Das Volk fürchtete aber, die Untersuchung könnte viele betreffen, und bat (ihn), zuerst die Anstifter der Tat zu bestrafen, von den Übrigen aber seinen Zorn abzuwenden. Der König ließ sich kaum überreden, und die, die sich abgeseilt hatten, ließ er zusammen mit den Sophisten lebendig verbrennen, die übrigen Festgenommenen aber übergab er den Bediensteten zur Hinrichtung.

(656) Von da an ergriff die Krankheit seinen ganzen Körper und teilte sich auf verschiedene Leiden auf: Denn das Fieber war zwar nicht stark, aber das Jucken auf der ganzen Haut unerträglich, dazu Gliederschmerzen und um die Füße Schwellungen wie von Wassersucht und eine Unterleibsentzündung und eine Fäulnis der Genitalien, die Würmer hervorbrachte. Dazu konnte er nur aufrecht atmen und hatte Atemnot und Krämpfe an allen Gliedern, sodass die Gottesmänner sagten, die Erkrankungen seien Genugtuung für die Sophisten. (657) Er aber rang mit den Leiden und hielt fest am Leben und hoffte auf Rettung und sann auf Heilung; er überquerte also den Jordan und nutzte die heißen Quellen bei Kallirhoe: Diese fließen zwar ins Tote Meer, sind aber süß und trinkbar. Dort hatten die Ärzte die Idee, seinen ganzen Leib mit warmem Öl aufzuwärmen; doch in die Wanne gelegt, wird er ohnmächtig und verdreht die Augen wie ein Toter. (658) Als aber unter den Pflegern ein Aufruhr entstand, kam er durch den Lärm wieder zu sich, gab aber für die Zukunft die Hoffnung auf Besserung auf und befahl, an die Soldaten je fünfzig Drachmen und allen Besitz an die Offiziere und an seine Freunde zu verteilen.

(659) Er selbst aber zieht hinab und kommt nach Jericho, schon schwermütig, und schritt – nur für den Tod selbst nicht bedrohlich – zur Planung einer frevlerischen Tat: Denn die wichtigsten Männer eines jeden Dorfes in ganz Judäa ließ er zusammenholen in das so genannte Hippodrom, und befahl, sie einzuschließen. (660) Er rief aber seine Schwester Salome her und ihren Mann Alexas und sagte:»Ich weiß, dass die Juden meinen Tod feiern. Ich kann aber um anderer willen betrauert werden und einen strahlenden Grabstein haben, wenn ihr meinen Anweisungen folgen wollt. Diese bewachten Männer tötet, wenn ich mein Leben aushauche, damit ganz Judäa und jedes Haus auch gegen ihren Willen um mich weinen.«

(661) Das ordnete er an, und es kamen Briefe von seinen Gesandten in Rom, durch die bekannt wurde, dass Akme auf Befehl des Kaisers hingerichtet und Antipater zum Tode verurteilt worden war. Sie schrieben freilich, dass wenn der Vater ihn in die Verbannung schicken wolle, der Kaiser dem nachgebe. (662) Dieser kam kurz in gute Stimmung, dann aber – denn er wurde durch Mangel an Nahrung und einen Hustenanfall strapaziert – gab er den Schmerzen nach und beschloss, dem Schicksal zuvor zu kommen. Er nahm einen Apfel und verlangte auch ein Messer, weil er gewohnt war, Stücke (selbst) abzuschneiden und zu essen, dann sah er sich um, damit ihn keiner hindere, und hob die Rechte, um sich zu schneiden. Sein Cousin Achiab aber lief herbei und hinderte ihn, indem er seine Hand festhielt. (663) Sofort erhob sich ein großes Klagegeschrei im Königspalast, als ob der König tot sei, und bald hörte Antipater davon und fasste Mut und bat fröhlich die Wachen, ihn für Geld loszumachen und freizulassen. Der Kommandant aber verhinderte es nicht nur, sondern lief auch zum König und meldete ihm das Vorhaben. (664) Jener aber schrie auf – mächtiger als seine Krankheit – und schickte sofort seine Leibwächter, um Antipater zu töten. Er befiehlt, seinen Leichnam in Hyrkania zu bestatten und ändert wieder sein

Testament und schreibt als Nachfolger seinen ältesten Sohn Archelaos fest, den Bruder des Antipas, als Tetrarchen aber Antipas.

(665) Nach dem Mord an seinem Sohn lebte er noch fünf Tage und starb dann, nachdem er von dem Zeitpunkt an, an dem er Antigonos getötet hatte und sich der Herrschaft bemächtigt hatte, 34 Jahre, von dem Zeitpunkt an, da er von den Römern als König angenommen wurde, 37 Jahre als König regiert hatte; und in allem das rechte Glück gehabt hatte wie kein anderer, der als Privatmann eine Königsherrschaft erworben und so lange bewahrt und an seine Kinder weitergegeben hat – außer in seinen Familienangelegenheiten, wo er höchst unglücklich war. (666) Bevor die Soldaten von seinem Tod erfuhren, trat Salome mit ihrem Mann vor und entließ die Gefangenen, die zu töten der König befohlen hatte, wobei sie sagte, der König sei zu einer anderen Überzeugung gelangt und sende jeden wieder nach Hause. Als diese gegangen waren, informierten sie die Soldaten und führten sie mit dem restlichen Volk in die Volksversammlung im Amphitheater in Jericho. (667) Ptolemaios geht hinein, der auch vom König den Siegelring anvertraut bekommen hat, und preist den König glücklich, ermahnt das Volk und liest den Soldaten den zurückgelassenen Brief vor, in dem er viel zum Wohlwollen gegenüber seinem Nachfolger mahnte. (668) Nach dem Brief aber öffnete er das neue Testament und las es vor, in dem Philippos als Erbe der Trachonitis und der angrenzenden Gebiete, als Tetrarch aber, wie gesagt, Antipas, als König aber Archelaos eingesetzt wurde. (669) Diesem aber trug er auf, seinen Siegelring und die bezeichneten Aufteilungen des Königreiches dem Caesar zu bringen, denn der Caesar sei Herr über alles, was er verfügt habe, und Bestätiger des Testaments. Das übrige aber solle er nach dem früheren Testament ausführen. (670) Sofort erhob sich lautes Rufen derer, die Archelaos zujubelten, und dicht gedrängt kamen die Soldaten mit der Menge hin und gelobten ihr Wohlwollen, baten aber auch gemeinsam um das (Wohlwollen) bei Gott und wandten sich danach zur Bestattung des Königs. (671) Archelaos ließ aber nichts an Kostspieligkeit fehlen, sondern holte den ganzen königlichen Schmuck heraus, damit er dem König das Geleit gebe. Denn die Bahre, ganz aus Gold, war mit Edelsteinen besetzt, der Bezug aber von buntem Purpur, der Leib darauf aber mit Purpur bedeckt, und eine Krone lag auf seinem Kopf, darüber aber ein goldener Kranz, das Szepter aber zur Rechten. (672) Und um die Bahre die Söhne und die Menge der Verwandten, darauf die Leibwächter und die thrakische Truppe und Germanen und Galater, alle wie zum Krieg ausstaffiert. (673) Die restliche Streitmacht zog in Waffen voraus, den Kommandanten in Ordnung folgend, dazu fünfhundert Diener und Freigelassene, die Gewürze trugen. Der Leichnam wurde siebzig Stadien zum Herodeion getragen, wo er nach seinen Anweisungen bestattet wurde. Und die (Zeit) unter Herodes fand so ein Ende.

Auslegung

TEXTOBERFLÄCHE Der vorliegende Textabschnitt bildet das Ende des ersten Buches des *Bellum Iudaicum*. Dieser Teil des *Bellum* gehört zur Vorgeschichte des Krieges, der später ausbrechen wird. Ihr geht ein Prozess des Herodes gegen seinen ältesten Sohn Antipater voraus, dem die versuchte Ermordung seines Vaters vorgeworfen wird. Die ganze Komposition an dieser Stelle führt auf Herodes' Tod hin. Sie ist aus zahlreichen kürzeren Episoden zusammengesetzt, darunter auch mehrere Todesfälle von weniger bedeutenden Randfiguren, die in den Verlauf der Komposition integriert sind.

Der Umfang des vorliegenden Ausschnittes, 27 Paragraphen, ist zwar nur ein relativ kleiner Teil des Gesamtwerkes (allein 673 Paragraphen in Buch I), aber trotzdem durchaus beträchtlich. Insgesamt widmet Josephus im *Bellum Iudaicum* 493 Paragraphen,[24] also mehr als zwei Drittel von Buch I, dem Leben und der Karriere des Herodes. Im Vergleich dazu ist dem Auftreten (und Ableben) von Randfiguren deutlich weniger Raum gewidmet.

Die Erzählsituation ist relativ klar. Es gibt einen durchgehend externen Erzähler, der mit keinem der Akteure zusammenfällt; weitere Erzähler treten nicht auf. Anders die Fokalisation: Neben dem externen Fokalisator des Erzählrahmens treten Akteure als Fokalisatoren auf, wo sie zu Wort kommen – zumeist in *oratio obliqua*, die Erzählebenen werden hier also vermischt. Nur einmal spricht Herodes in *oratio recta*, als er seinen Hippodrom-Plan erklärt (660).

Diese Passage in direkter Rede und die zusammenfassende Bemerkung über das öffentliche Glück und private Unglück des Herodes (665) sind die einzigen nicht-narrativen Abschnitte, die in den Erzählverlauf eingebettet sind. Ansonsten ist alles narrativ; der Text macht nicht den Eindruck großer erzählerischer Komplexität.

Bellum Iudaicum ist der Gattung nach eine umfangreiche historische Monographie, der vorliegende Ausschnitt das Ende eines personenzentrierten Abschnitts daraus. Der Form nach werden die Ereignisse erzählend dargeboten, Rede wird (in der vorliegenden Passage fast ausschließlich) als *oratio obliqua* gefasst. Mehrere kleinere Gattungen sind in den großen Erzählfluss eingebettet, so die Krankheitsbeschreibung (656),[25], testamentarische Angaben (hier ziemlich formlos gehalten: 664.668f.) sowie eine abschließende und zusammenfassende Bewertung mit Angabe der Regierungsdauer, die sich direkt an die Todesnotiz anschließt.[26]

SINNGEBUNG Die Fokalisation als wichtiges Mittel der Sinngebung, bleibt hier letztlich in einer Hand. Zwar kommen mehrere Akteure zu Wort, sie erhalten aber nicht die Deutungshoheit über das Geschehen. Durch den Gebrauch der indirekten Rede behält der externe Fokalisator die Kontrolle über die Präsentation der akteurgebundenen Deutungen. Wo eine direkte Rede auftaucht (660), wird sie als »frevlerisch« qualifiziert und damit als mögliche Perspektive auf die Ereignisse disqualifiziert. Das Ganze behält so, über mehrere Episoden hinweg, eine gewisse Einheitlichkeit in der Perspektive.

---

[24] BJ 1,181–673.

[25] Vgl. AJ 15,245 – auch Krankheiten des Herodes.

[26] Für eine Liste derartiger Notizen bei Josephus vgl. VILLALBA I VARNEDA, Method, 203. Sie sind zahlreich und stehen immer nach dem Tod – die Dauer der Regierung wird natürlich nur bei Herrschern mitgeteilt. Mit Angabe der Regierungsdauer (und des Todesdatums) finden sie sich auch häufig in personenzentrierten historiographischen Darstellungen, etwa in Suetons Biographien.

Der Akteur, der eindeutig im Mittelpunkt der ganzen Komposition steht, ist Herodes. Seine Person hält die unterschiedlichen Orte und Ereignisse zusammen. Von ihm wird ein facettenreiches und durchaus nuanciertes Charakterbild[27] entworfen.[28] Die Beschreibungen, vor allem die Krankheitsbilder, und die Bewertungen durch andere Akteure und durch den Erzähler, sind ausführlich und vorwiegend negativ[29] (aber nicht ausschließlich, 665 wird ihm eine glückliche Hand in der Politik zugestanden[30]), auch in seiner eigenen Einschätzung ist er unpopulär (660). Herodes' Stimmungen sind meist düster, seine Reden lassen ihn in ungünstigem Licht erscheinen. Seine Taten werden teils neutral bewertet (so der Suizidversuch, 662), teils vom Erzähler (die Geiselnahme, die Hinrichtung Antipaters) oder von anderen Akteuren (die Anbringung des goldenen Adlers) sehr negativ eingeschätzt.

Die Randfiguren – hier sind vor allem die »Sophisten« zu nennen – erscheinen vor der Folie des Tyrannen Herodes als furchtlos und als populär (648.653).[31] Als weniger wichtige Akteure erhalten sie deutlich weniger Raum für eine facettenreiche Charakterzeichnung, dafür erscheinen sie umso profilierter.

Mehrere geprägte Vorstellungen und Motive verbinden sich mit der Person, dem Leiden und Tod des Herodes. Es handelt sich um Motive, die zur Darstellung eines Herrschers oder Tyrannen gehören. »Die Gottesmänner« (ἐπιθειάζοντες) deuten seine Krankheit als eine Strafe Gottes für die Hinrichtung der Gesetzeslehrer (656).[32] Für die Erzählung von der Geiselnahme und Herodes' Tötungsbefehl dürfte es zwar historische Ansatzpunkte geben (s. u.), sie ist aber literarisch als das letzte Blutgericht eines Tyrannen ausgestaltet.[33] Dadurch wird ein anderes bekanntes Mo-

---

[27]Gerade bei einem so ausführlichen und durchaus differenzierten Charakterbild wird man beachten müssen, dass es sich um ein literarisches Produkt handelt, das nicht ohne Vorbehalte über die historische Gestalt des Herodes Aufschluss gibt. Zu Recht warnt RICHARDSON, Herod, xiv, vor der Versuchung des »unlimited amateur psychologizing« – einer Versuchung, der Schalit in seiner methodisch ansonsten durchaus vorsichtigen Untersuchung häufig erlegen zu sein scheint. Auch VOGEL, Geschichtsschreibung, 535.545, wies jüngst darauf hin, dass die biographischen Nahaufnahmen bei Josephus immer dazu dienen, nach rhetorischen Regeln *konstruierte* Charaktertypen exemplarisch vorzustellen.

[28]Keinem anderen Akteur räumt Josephus so viel Raum ein und von keinem zeichnet er eine derart ausführliche Charakterskizze. Josephus' Herodesbild ist bei VILLALBA I VARNEDA, Method, 81–88, systematisiert. Villalba schließt aus der Länge der Herodeserzählung »that Josephus did not bear in mind the norm of symmetry in historiographic composition, which was so much postulated by the hellenistic historians«: a. a. O., 81.

[29]Die Geiselnahme im Hippodrom, hier als »frevlerisch« bewertet, wird in AJ 17,180 erheblich ausführlicher besprochen und als ganz unmenschlich (οὐδὲν ἀνθρώπειον) qualifiziert.

[30]In dem Schlüsselsatz BJ 1,431 deutet Josephus das private Unglück des Herodes als eine Rache des Schicksals für seine äußerlichen Erfolge, vgl. SCHALIT, König, 563. S. auch AJ 16,76.

[31]Die Begegnung zwischen Herodes und den Gesetzesschülern ist als narrative σύγκρισις arrangiert, vgl. VOGEL, Geschichtsschreibung, 542.

[32]Auch in AJ 15,245 folgen die detaillierten Krankheitsbilder direkt auf eine Bluttat des Herodes, in dem Fall Mariammes Hinrichtung, und auch hier deuten Kreise aus der Bevölkerung die Krankheit als Strafe. Die Uneindeutigkeit der Krankheitssymptome (s. u.) in BJ 1,656 deutet m. E. auch darauf hin, dass es sich in erster Linie um ein literarisches Motiv handelt, auch wenn eine historische Krankheitsbeschreibung verwendet worden sein sollte.

[33]Das gleiche Motiv findet sich in der MegTaan über Jannäus: vgl. SCHALIT, König, 641.

tiv, die Trauer des Volkes um den verstorbenen Staatsmann, mit Herodes' eigenen Worte über die Geiselnahme (659f.) ad absurdum geführt. Zum Tod eines Herrschers gehört neben der Trauer des Volkes eine prachtvolle Bestattung (671–673), deren Erzählung sich an den Todesbericht anschließt.[34]

Die Ereignisse werden – der zeitlichen Struktur nach – in mehreren Szenen präsentiert, wobei meist mehrere zusammenhängende Szenen eine Episode bilden. Zwischen den Episoden befindet sich jeweils eine Ellipse (d. h. Ereignisse werden ausgelassen), die i. d. R. mit einer Überleitunsformulierung überbrückt wird: »Von da an« (656), »Er selbst aber zieht hinab . . . « (659), »Das ordnete er an . . . « (661), »Nach dem Mord an seinem Sohn lebte er noch fünf Tage« (665).[35] – Die Reihenfolge der Ereignisse wird in der Erzählung nicht umgestellt. Der einzige Rückblick ist die Erwähnung der Anbringung des goldenen Adlers am Tempel (650).

Die Träger der Sinngebung sind insgesamt vor allem die Kommentare und Einschätzungen, die der Erzähler und die verschiedenen Akteure äußern, sowie die Fokalisation der Erzählung.

EREIGNISBEZUG　Die Fabula des Textes, also die Reihe der erzählten Ereignisse, ist relativ umfangreich. In fünf Episoden umfasst sie: Erstens das Auftreten der »Sophisten«, ihren Aufruf zur Demontage des goldenen Adlers und die Aktion ihrer Anhänger im Tempel, ihre Festnahme sowie ihr Verhör, ihre Verurteilung und ihre Hinrichtung durch Herodes.[36] Zweitens erkrankt Herodes schwer und geht nach Kallirhoe; dort versuchen die Ärzte erfolglos eine Besserung herbeizuführen, worauf er die Genesungshoffnung ganz aufgibt. Darauf begibt er sich, drittens, nach Jericho, lässt dort die judäischen Notabeln als Geiseln festsetzen und befiehlt für den Fall seines Todes ihre Ermordung. Die vierte Episode erzählt die Meldung der römischen Boten über die Verurteilung des Antipater, Herodes' Suizidversuch[37] und seine Rettung, Antipaters Ausbruchsversuch und Hinrichtung und die Änderung des Testaments durch Herodes.[38] In der fünften Episode stirbt Herodes, Salome und ihr Mann entlassen die Geiseln und berufen eine Versammlung ein; dort wird das Testament eröffnet, und zuletzt wird Herodes zur Bestattung feierlich zum Herode-

---

[34]Die Wichtigkeit dieser topischen prachtvollen Beerdigung bezeugen Herodes' Vorstellungen in AJ 17,177 (ebenfalls zur Geiselnahme): μέγαν τε αὐτοῦ τὸν ἐπιτάφιον γενήσεσθαι, καὶ ὁποῖος οὐδ᾽ ἄλλοις βασιλέων. – An anderer Stelle äußert sich Josephus grundsätzlich kritisch zur verschwenderischen Prachtentfaltung bei Begräbnissen, vgl. NIEBUHR, Tod, 62.

[35]Ἔνθεν (656); αὐτὸς δὲ ὑποστρέφων (659); ταῦτα ἐνετέλλετο, καὶ (661); μετὰ δὲ τὴν ἀναίρεσιν τοῦ παιδὸς ἐπιβιοὺς πέντε ἡμέρας (665).

[36]AJ 17,164–168 berichten zusätzlich von der Absetzung des Hohenpriesters Matthias durch Herodes im Gefolge der Adleraffäre.

[37]Es ist immerhin auffällig, dass gleich dreimal (651.658.663) Herodes irrtümlich für tot gehalten wird.

[38]AJ 17,190 berichtet Josephus weitere Details des Testaments, unter anderem umfangreiche Vermächtnisse an Augustus und seine Frau Livia; diese werden im *Bellum Iudaicum* schon im Zusammenhang der vorausgehenden Testamentsänderung berichtet: BJ 1,646.

ion überführt. Die ganzen im vorliegenden Abschnitt erzählten Ereignisse dürften einen Zeitraum von mehreren Wochen einnehmen; die einzige genaue Angabe ist, dass zwischen Antipaters und Herodes' Tod fünf Tage verstrichen (665).

Über die Quellen macht Josephus hier keine Angaben. Für seine Berichte vom Hof des Herodes gilt allgemein Nikolaos von Damaskus als seine Vorlage.[39] Das dürfte auch für den Bericht vom Ende des Herodes und dessen Umständen gelten.

Die Datierung der Ereignisse wird dadurch ermöglicht, dass Josephus in der Parallele AJ 17,167 eine Mondfinsternis am Tag der Hinrichtung der beiden »Sophisten« erwähnt. Die Finsternis kann auf den 13. März 4 v. Chr. berechnet werden.[40] Herodes wird wenige Wochen später gestorben sein. Weniger gesichert ist dagegen die Datierung des *Bellum Judaicum*: Die Datierungsvorschläge bewegen sich zwischen 75–79 n. Chr.[41] und 81 n. Chr.,[42] abhängig davon, ob Josephus das Werk vorgelegt hat oder nicht. Der zeitliche Abstand zu den Ereignissen betrug demnach bei der Abfassung etwa 79 bis 85 Jahre.

Die erzählten Ereignisse lassen sich zum Teil archäologisch[43] plausibel machen. Historisch problematisch erweist sich vor allem die Erzählung von der Geiselnahme im Hippodrom von Jericho. Nach Otto ließ Herodes tatsächlich die angesehenen Judäer als Geiseln festhalten, um seinem Nachfolger ein Pfand für die Anfangszeit in die Hand zu geben.[44] Dagegen nimmt Schalit an, Josephus habe zwei Versammlungen verwechselt und die Geschichte nach einem literarischen Topos ausgestaltet.[45] Seine Begründung ist vor allem, dass Salome keine Vollmacht zur Vollstreckung eines solchen Befehls gehabt habe. Anderweitige Kritik an der Historizität des Erzählten betrifft vor allem die Frage, ob sich die Ereignisse in dem verhältnismäßig

---

[39] Vgl. Vermes/Millar/Goodman, History 1, 30f.51.

[40] Vgl. Schalit, König, 638.

[41] Vgl. Michel/Bauernfeind, De bello Judaico I, XX; Rajak, RGG[4] 4 (2001), 586.

[42] Vgl. Wandrey, DNP 5 (1998), 1089, wohl nach Cohen.

[43] Zu Kallirhoe (heute *az-zāra*) vgl. Donner, Kallirhoë, 59–89; Strobel, Ortslage, 149–162. Der goldene Adler über dem »großen Tor« des Tempels macht Schwierigkeiten: Wo kann er so angebracht gewesen sein, dass er erst einige Jahre nach seiner Anbringung den Protest der ›Ikonoklasten‹ auslöste? Richardson, Herod, 17, schlägt eine Positionierung über dem Tor vor, das von der Stadt aus über den Wilsonbogen erreicht wurde, d. h. dort, wo sich heute das *bāb as-silsila* befindet. Problematisch bleibt auch nach wie vor die Angabe, Herodes sei im oder beim Herodeion beigesetzt worden. Die Ausgrabung innerhalb Festung förderten kein Grab zutage, es galt daher lange als unklar, »[whether t]he structure was designed for use as Herod's mausoleum after his death« (so a. a. O., 182). Lange Zeit konnten auch Ausgrabungen in der Palastanlage am Fuß des Festungshügels das Herodesgrab nicht nachweisen; sie schienen aber relativ wahrscheinlich zu machen, dass das Grab im Umfeld des sog. *monumental building* befand und der 30 × 350 m große Korso für den Bestattungszug des Herodes konzipiert wurde; vgl. Netzer, Architecture, 195–199; 398 Taf. 22; 402 Taf. 28. Schließlich wurden 2007 in einer Struktur am Hang Überreste des vermuteten Herodes-Sarkophags gefunden; weitere Funde aus dem Jahr 2008 scheinen die Identität des Herodesgrabes zu bestätigen (Pressemitteilung vom 19. November 2008: Hebrew University of Jerusalem, New excavations strengthen identification of Herod's grave at Herodium).

[44] Vgl. Otto, PW Suppl. 2 (1913), 144.

[45] Vgl. Schalit, König, 641, nach Willrich. Zum literarischen Motiv des letzten Blutgerichts s. o.

engen Zeitraum unterbringen lassen, was aber möglich sein dürfte.[46] Über die Krankheit des Herodes gehen die Einschätzungen auseinander, verschiedene Versuche wurden unternommen, um den Symptomkomplex zu erklären.[47] Allerdings lässt sich kaum plausibel machen, jemand aus dem nahen Umfeld des Königs habe ein Interesse an der Verbreitung der Krankheitsdetails gehabt. »Dann wäre diese ganze Schilderung nur darauf angelegt, möglichst abstoßende Symptome zu ballen.«[48]

FAZIT Die umfangreiche historische Monographie *Bellum Iudaicum* widmet Herodes einen ausgesprochen langen Abschnitt, der in zahlreiche Episoden untergliedert ist. Die ausführliche Darstellung ermöglicht ein differenziertes (nicht so sehr profiliertes) Charakterbild des Protagonisten. Die mit Deutungen besetzten Todesumstände verschieben dieses Charakterbild in Richtung eines Tyrannen-Portraits: Nach letzten Morden (und einem geplanten Blutgericht) stirbt er an einer ekelerregenden Krankheit. Herodes' Sterben wird so ganz ausdrücklich als Strafe verstanden. Hervorzuheben ist auch, wie ambivalent das Motiv der Volkstrauer gebraucht wird.

5.2.2 Apion (Jos. CA 2,137–144)

Literatur

Text: THACKERAY, Against Apion, 346–349; dort auch eine engl. Übersetzung; eine deutsche Übersetzung bei CLEMENTZ, Geschichte, 648f. Zu *Contra Apionem* vgl. VERMES/MILLAR/ GOODMAN, History 1, 54f; GERBER, Bild; LABOW, Contra Apionem, und die Beiträge in FELDMAN/LEVISON, *Contra Apionem*. Einführende Lit. zu Josephus s. oben S. 122. Zu Apion: MONTANARI, DNP 1 (1996), 845–847; leider sehr unsachlich COHN, PW 1/2 (1894), 2803–2806.

Übersetzung

(137) Es war angemessen, den übrigen Inhalt seiner Anklageschrift unwidersprochen zu lassen, damit er selbst der Ankläger seiner selbst und der übrigen Ägypter würde. Er wirft (uns) nämlich vor, dass wir Zuchttiere opfern und kein Schwein essen, und er schmäht die Beschneidung der Genitalien. (138) Was also die Tötung von Zuchttieren betrifft – das ist auch allen anderen Menschen gemeinsam; wenn aber Apion die Schlachtenden anklagt, beweist er seine eigene ägyptische Abstammung. Denn kein Grieche oder Makedone hätte sich (darüber) geärgert. Diese geloben nämlich, den Göttern Hekatomben zu opfern, und verwenden die Opfertiere zum Festmahl, und das führte nicht dazu, dass die Erde vom Mastvieh entvölkert wurde, wie Apion befürchtete. (139) Wenn freilich alle den Bräuchen

---

[46]Vgl. RICHARDSON, Herod, 18 Anm. 11.
[47]Darmkrebs: OTTO, PW Suppl. 2 (1913), 143; Darmkrebs oder Leberzirrhose: SCHALIT, König, 640; Syphilis: RICHARDSON, Herod, 18.
[48]GAUGER, JSJ 33 (2002), 56.

der Ägypter folgten, würde die Erde der Menschen entvölkert, aber mit den wildesten Tieren angefüllt, die diese liebevoll aufziehen, weil sie sie für Götter halten. (140) Wenn freilich einer ihn gefragt hätte, welche von allen Ägyptern er für die weisesten und gottesfürchtigsten halte, hätte er ganz klar bekannt: die Priester. (141) Denn er sagt, ihnen seien von Anfang an von den Königen zwei Dinge aufgetragen gewesen: die Verehrung der Götter und die Pflege der Weisheit. Nun – jene beschneiden sich alle und enthalten sich der Nahrung vom Schwein; freilich opfert auch von den übrigen Ägyptern kein einziger den Göttern Schweine. (142) War also Apion blind im Geiste, als er sich darauf einließ, uns für die Ägypter zu schmähen, dabei aber jene anklagte, die nicht nur die von ihm geschmähten Bräuche pflegen, sondern auch die anderen lehrten, sich zu beschneiden, wie Herodot mitteilt?

(143) Von daher scheint mir Apion zu Recht die angemessene Strafe für die Lästerung gegen die Gesetze seiner Vorfahren empfangen zu haben: Er wurde nämlich aus Notwendigkeit beschnitten, weil ihm ein Genitalgeschwür gewachsen war, und er hatte keinen Nutzen von der Beschneidung, sondern verfaulte unter großen Schmerzen und starb. (144) Denn die, die bei Verstand sind, müssen gründlich ihre heimischen Gesetze über die Gottesverehrung befolgen, dürfen aber die der anderen nicht verunglimpfen. Er aber mied diese, log aber über unsere. Dieses Lebensende widerfuhr Apion, und das soll denn auch bei uns das Ende der Abhandlung (über ihn) sein.

Auslegung

TEXTOBERFLÄCHE Die aus zwei Büchern bestehende Schrift *Contra Apionem* oder Περὶ τῆς τῶν Ἰουδαίων ἀρχαιότητος[49] kann in drei Hauptteile gegliedert werden: 1,6–218 »Das hohe Alter des Judentums«, 1,219–2,144 »Widerlegung von Schmähungen gegen die Juden«, 2,145–286 »Verteidigung des Judentums anhand seiner Gesetze«.[50] Die Verteidigung des Judentums gegen Apion (2,1–144) bildet die zweite Hälfte des zweiten Hauptteils. Darin widerlegt Josephus der Reihe nach Vorwürfe, die der Grammatiker Apion in einer Schrift gegen die Juden vorgetragen hat:

1. Unhaltbare Vorstellung über den Exodus und die angebliche Abstammung der Juden aus Ägypten (8–32),
2. Vorwürfe gegen die alexandrinischen Juden (sie besäßen zu Unrecht ihr Bürgerrecht, 33–64, und verehrten nicht die alexandrinischen Götter, 65–78),
3. Unhaltbare Vorstellungen über den Jerusalemer Kult (sie verehrten einen goldenen Eselskopf, 79–88.112–120, begingen Ritualmorde, 89–111, und gelobten Hass gegen alle Fremden, 121–124),
4. Den Vorwurf des Misserfolgs (sie seien immer unterdrückt worden, 129–134, und brächten keine großen Männer hervor, 135f.),
5. Verschiedene Vorwürfe (Opfer von Zuchttieren, Verzicht auf Schwein, Beschneidung, 137–144).

---

[49] Zum Titel vgl. SCHRECKENBERG, RAC 18 (1998), 777f.
[50] Nach GERBER, Bild, 67–70. Derselbe Aufbau auch bei HÖLSCHER, PW 9/2 (1916), 1995, und jetzt wieder bei LABOW, Contra Apionem, LXXXI.

Mit der kurzen Erzählung vom Tod Apions und der Abschlussbemerkung (143f.) werden das Beschneidungsthema und der Abschnitt 137–144, sowie der ganze zweite Hauptteil effektvoll abgeschlossen.

Der größere Teil des Kontextes ist nicht narrativ. Nur in 143 ist ein einziger narrativer Satz in den nicht-narrativen Argumentationszusammenhang eingebaut und als abschließendes Argument verwendet. Die Erzählstruktur ist, der Kürze des Abschnittes entsprechend, denkbar einfach: Es gibt nur einen externen Erzähler und einen externen Fokalisator. Die Ebene wechselt nicht.

Die Form des ganzen Textes ist rhetorisch-argumentativ. Als Verteidigung gegen eine Anklageschrift ist er den dikanischen Gattungen zuzuordnen[51] und kann entsprechend als »Apologie« bezeichnet werden – das gilt besonders für den zweiten Hauptteil.[52] Die Argumentationsstruktur ist hier so aufgebaut, dass die Vorwürfe der Gegner je einzeln widerlegt werden. Dazu werden sie gegeneinander ausgespielt, ad absurdum geführt oder gegen den Gegner selbst oder alle Ägypter gewendet.[53] Auch die gezielte Diskreditierung des Gegners ist ein bewährtes Mittel in dikanischen Texten.[54]

Im vorliegenden Abschnitt werden nun drei Vorwürfe zusammengefasst eingeführt (»der übrige Inhalt seiner Anklageschrift«[55]) und dann teils nacheinander, teils miteinander abgehandelt: die Opfer (138f.), der Verzicht auf Schweinefleisch (140f.) und die Beschneidung (140–143). Die rhetorische Technik ist wieder die Wendung der Vorwürfe gegen pagane Gruppen, nämlich Griechen und Makedonen (138f.), sowie gegen Ägypter (140–142). Dieses Vorgehen wird in 137 angekündigt. Wie gesagt ist der Schluss der Argumentation nun (zumindest andeutungsweise) narrativ und wird, wie häufig bei Todesnotizen, von einem deutenden Resümee begleitet.

SINNGEBUNG Die Fokalisation in dem einen narrativen Satz ist extern. Man könnte meinen, die »großen Schmerzen« (δειναῖς ὀδύναις, 143) ließen Apion als Fokalisator zu Wort kommen. Tatsächlich soll diese Bemerkung aber nicht etwa Sympathien für Apion wecken, sondern die Erkrankung möglichst gravierend erscheinen lassen und so den Leser von einer Identifikation mit Apion gerade abhalten.

Das Charakterbild Apions ist rein negativ. Nach vielen diskreditierenden Formulierungen überall im weiteren Kontext[56] fallen besonders zwei Dinge auf: Seine ägyptische Herkunft wird ausführlich betont[57] und ihm der Anspruch auf das alexandrinische Bürgerrecht abgesprochen (29f.41f. – dieser Gedanke wird in 138 wieder

---

[51]Vgl. zum Gebrauch juridischer Sprache KASHER, Methods, 170f.

[52]In den anderen Hauptteilen ist die Sache nicht so eindeutig. Deshalb ordnete MASON, *Contra Apionem*, 216–222, das Werk als einen λόγος προτρεπτικός ein.

[53]Vgl. GERBER, Bild, 84.

[54]KASHER, Methods, 163.

[55]Τὰ δὲ λοιπὰ ἐν τῇ κατηγορίᾳ γεγραμμένων.

[56]Zusammenstellung bei a. a. O., 162f.

[57]Die Herkunft aus Ägypten soll vor einer römisch-griechischen Leserschaft eine Person diskredi-

aufgegriffen); und sein ekelerregender Tod wird als eine verdiente Strafe für den Gesetzesübertreter und Verleumder Apion hingestellt (143f.). Durch diese Strategie wird eine positive Deutung der Person Apions ganz unmöglich gemacht.[58]

Das Sterben Apions ist in zweifacher Hinsicht als ein bedeutendes Motiv. Zum einen handelt es sich um einen Straftod (δοῦναι δίκην, 143) für die Lästerung (βλασφημία) Apions, also seine Schmähung des ägyptischen Beschneidungsbrauches, d. h. – wie auch in der Schlussbemerkung festgehalten wird – für die Gegnerschaft zu seinen eigenen nationalen religiösen Bräuchen (144).[59] Als Tod eines religiösen Übertreters fällt Apions Ableben möglichst ekelerregend aus und ist von Fäulnis bei lebendigem Leibe begleitet (vgl. etwa 2 Makk 9,9).[60] Zum anderen findet sich eine klare Entsprechung zwischen der zu Lebzeiten begangenen Übertretung Apions und seinem Tod: Er schmähte die Beschneidung und musste sich vor seinem Sterben selbst der Beschneidung unterziehen – wenn auch ohne Erfolg.[61]

Die Zeitstruktur ist klar: entsprechend der Kürze der Todesnotiz ist die Darstellung gerafft; das Ende der Person Apion steht auch (wie ausdrücklich betont wird) am Ende der Abhandlung über ihn. Diese Position ist exponiert und damit besonders effektvoll. Das gleiche Mittel setzt Philon in seiner Polemik *In Flaccum* ein (s. u.). Martin Meiser macht darauf aufmerksam, dass die Stellung von Apions Tod vor dem Beginn des dritten Hauptteils bedeutsam ist:

> Beschließt nun Josephus mit der Erwähnung seines Todes die Invektive gegen ihn, um erst dann zur eigentlichen positiven Darstellung der Religion Israels überzugehen, soll dies textintern dem heidnischen Leser signalisieren: Es gibt Menschen, die dessen nicht würdig sind, die Wahrheit zu erfahren.[62]

Was sind die vorrangigen Träger der Sinngebung? Neben der topischen Grausamkeit des Todes ist die Deutung in erster Linie in dem (kommentierend, also nicht-narrativ hergestellten) Bezug zwischen Apions Tod und seinem Verhalten zu suchen.

EREIGNISBEZUG Die Fabula ist ganz knapp: Irgendwann nach der Publikation seiner antisemitischen Schmähschrift erkrankt Apion an einem Geschwür im Geni-

---

tieren. Vgl. dazu BERTHELOT, Use, 185–221. Nach der Darstellung in *Contra Apionem* versuchte Apion, diese Abstammung zu vertuschen.

[58]So hat sich z. B. auch COHN, PW 1/2 (1894), 2803–2806, von Josephus' diskreditierender Strategie verleiten lassen, kein gutes Haar an Apion zu lassen.

[59]Die ägyptische Abstammung Apions muss auch hier vorausgesetzt werden. Seine Abkehr von Ägypten wird, wie in 29f.41f., negativ interpretiert – diesmal aber nicht, weil damit etwas Unehrenhaftes vertuscht werden soll, sondern weil Apion damit törichterweise etwas Hochwertiges aufgibt.

[60]Allerdings ohne Wurmfraß, die Stelle entfällt also als Beleg für das Würmertodmotiv bei Gottesfeinden, vgl. GAUGER, JSJ 33 (2002), 50.

[61]Zu dieser Entsprechung vgl. a. a. O., 46 Anm. 11.

[62]MEISER, Apologetik, 169.

talbereich und wird ›beschnitten‹; trotzdem führt der weitere Krankheitsverlauf, begleitet von Schmerzen und Fäulnis, zum Tod. – Ein Zeitrahmen lässt sich für diese Ereignisse nicht angeben. Woher hatte Josephus diese Information? Die Quellenlage in *Contra Apionem* ist nicht eindeutig. Nach der alten These von Hölscher[63] stammte das verarbeitete Material großteils aus jüdischer Schultradition.[64] Die meisten Exegeten gehen zwar von einer einheitlichen Verfasserschaft des Gesamtwerkes aus,[65] die Notiz über Apions Krankheit und Tod muss aber – wenn sie nicht ganz fiktiv ist – aus einer bereits vorliegenden apionfeindlichen Überlieferung stammen. Zwar wurde Apion von verschiedenen Seiten immer wieder angefeindet,[66] und die topische Entsprechung von Vergehen zu Lebzeiten und Art des Sterbens kann gut aus dem paganen hellenistisch-römischen Bereich stammen, doch eine (alexandrinische?) jüdische (Schul-?) Tradition kommt angesichts der Feindschaft zwischen Apion und den Juden besonders in Betracht.

Zwischen Apions Tod nach 40 n. Chr.[67] und der Abfassung von *Contra Apionem* nach 100 n. Chr.[68] liegen etwas über 50 Jahre. Für die Historizität der Todesdarstellung ist das ohne Belang. Die Darstellung ist zu polemisch plaziert und zu perfekt als der topische Tod eines Bösen inszeniert, um glaubwürdig zu sein. Selbst wenn man die Möglichkeit einräumen mag, Apion sei an einer Krankheit gestorben oder habe sich sogar einer Genitaloperation unterzogen, so hätten Personen aus seinem nahen Umfeld, die von diesen Details wissen konnten, in der Regel kein Interesse gehabt, die Details bekannt werden zu lassen – überprüfbar ist jedenfalls nichts.

FAZIT   Die knappe Erzählung von Apions Tod begegnet in einem rhetorischen, polemischen Argumentationszusammenhang, in dem jedes Detail gegen Apion gewendet wird, und bildet darin das effektvolle Schlussargument. Die Redestrategie

---

[63]Vgl. HÖLSCHER, PW 9/2 (1916), 1996.

[64]Zuletzt behauptete O'NEILL, Who, 270, das ganze Werk enthalte überhaupt kaum Passagen, die auf Josephus selbst zurückgehen, sondern sei von ihm oder von Assistenten fast ganz aus bestehenden Traktaten zusammengesetzt worden. Die Geschichte von Apions Tod wäre dann Teil einer »collection, Against Apion, consisting of three sections«, gewesen, vgl. a. a. O., 272.281. Leider bietet O'Neill im Einzelnen keine Belege für seine These.

[65]»Einzigartig im Sinne des Hervorragenden ist Josephus' Contra Apionem freilich aufgrund der theologischen Kohärenz, wiewohl auch diese Schrift nicht einem alles umfassenden Gesamtentwurf verwechselt werden darf.« MEISER, Apologetik, 186.

[66]»Kaiser Tiberius nannte ihn sarkastisch *cymbalum mundi* (Plin. n. h. praef. 25)«, COHN, PW 1/2 (1894), 2804.

[67]In diesem Jahr leitete er die antijüdische alexandrinische Gesandtschaft an Caligula, vgl. MONTANARI, DNP 1 (1996), 846.

[68]Die traditionelle Datierung geht vom Zeitraum 93–96 aus wegen der Widmung an einen 96 verstorbenen Epaphroditos, vgl. HÖLSCHER, PW 9/2 (1916), 1995; SCHRECKENBERG, RAC 18 (1998), 777. Dagegen hat LABOW, Contra Apionem, lxxv, gezeigt, dass als Adressat der Widmung eher eine nach 100 verstorbene Person gleichen Namens in Betracht kommt, und sieht in CA 1,46–56 eine Bezugnahme auf das nach 100 erschienene *Bellum Iudaicum* des Justus von Tiberias – die Spätdatierung ist also doppelt begründet.

unterbindet mögliche Lesersympathien mit Apion. Der Ekel erregende Tod wird als Strafe interpretiert. Interessant ist die Entsprechung zwischen der Art der Schuld und der Art der Strafe – die Apion wegen seiner Kritik an der ägyptischen (!) Beschneidungspraxis ereilt.

5.2.3   Avillius Flaccus (Philon, Flacc. 169–191)

Literatur

Text: Colson, Philo 9, 394–403. Engl. Übersetzung ebd. und bei van der Horst, Flaccus, 84–87. Kommentare: Box, In Flaccum; van der Horst, Flaccus, 233–245. Zu Philon: Leisegang, PW 20/1 (1941), 1–50; Mach, TRE 26 (1996), 523–531; Runia, DNP 9 (2000), 850–586; zu Einzelaspekten Goodenough, Politics; Frick, Providence. Zu Avillius Flaccus (jeweils mit Philon als Hauptquelle): von Rohden, PW 2/2 (1896), 2392; Kienast, DNP 2 (1997), 371.

Übersetzung

(169) Er (sc. Flaccus) soll aber auch einmal mitten in der Nacht wie die Verehrer der Korybanten in Ekstase geraten sein, und er soll aus seinem Landhaus herausgetreten sein und den Blick zum Himmel und zu den Sternen erhoben und die wahre Welt gesehen haben, die in dieser Welt ist, und er soll ausgerufen haben: (170) »König der Götter und der Menschen, du vernachlässigst also das Judenvolk nicht, und man lügt nicht über deine Vorsehung; sondern wer sagt, sie hätten dich nicht als Verteidiger und Fürkämpfer, der verfehlt die gesunde Lehre. Ich bin ein deutlicher Beweis: Was ich in meinem Wahn gegen die Juden getan habe, ist mir selbst widerfahren. (171) Ich erlaubte den Raub ihres Besitzes und gab den Plünderern meine Einwilligung: Deswegen wurde ich des väterlichen und mütterlichen Erbes beraubt und aller Dinge, die ich gnadenhalber und geschenkt erhielt oder sonst auf andere Weise erwarb. (172) Ich warf ihnen einmal ihre Rechtlosigkeit und ausländische Abstammung vor, die sie doch vollberechtigte Einheimische sind, damit ihre Gegner Freude hätten, die ungeordnete und bewegliche Masse, von denen geschmeichelt ich Unglücklicher mich täuschen ließ: Deswegen wurde ich entrechtet und ging weg aus der ganzen bewohnten Welt ins Exil und bin hier gefangen. (173) Ich ließ einige ins Theater bringen und befahl zu Unrecht, sie vor den Augen ihrer größten Feinde zu peinigen: Also wurde ich zu Recht nicht in *ein* Theater oder *eine* Stadt gebracht – mit äußerster Entwürdigung und statt am Leib an der edlen Seele gepeinigt –, sondern marschierte durch ganz Italien bis Brundisium, durch die ganze Peloponnes bis Korinth, durch Attika und über die Inseln bis nach Andros, meinem Gefängnis. (174) Und ich bin fest überzeugt, dass das nicht das Ende meiner Missgeschicke ist, sondern andere warten schon, die Vergeltung vollzumachen für das, was ich getan habe. Ich tötete einige, und wenn sie von anderen getötet wurden, verfolgte ich (die Täter) nicht. Einige wurden gesteinigt, und die einen lebend verbrannt, die anderen mitten über das Forum geschleift, bis ihre Körper ganz aufgerieben waren. (175) Ich weiß, dass mich dafür schon die Furien erwarten und die Rächer schon an den Schranken stehen und zum Morden drängen, und jeden Tag, ja jede Stunde sterbe ich vor Erwartung viele Tode statt des einen endgültigen.«

(176) Oft aber geriet er in Furcht und schrak zusammen, und vor Zittern erbebten seine Glieder und Körperteile, und bebend vor Furcht zitterte seine Seele mit Keuchen und

Erschütterung, als ob er des einzigen beraubt worden wäre, was das menschliche Leben von Natur aus trösten kann – der guten Hoffnung. (177) Kein günstiges Vorzeichen zeigte sich ihm, alle waren ungünstig – ungute Prophezeiungen, schmerzliches Wachen, angstvoller Schlaf, die Einsamkeit wie die von Tieren. Aber war ihm die Menschenmenge am liebsten? Am allerwenigsten lieb waren ihm seine Aufenthalte in der Stadt. Bot die schmachvolle Einsamkeit auf dem Land ihm Sicherheit? Eine Gefahr, die sich nicht verdrängen ließ. Wer einzeln auf ihn zukam, war ihm verdächtig: (178) »Er plant etwas gegen mich«, sagte er, »der da so schnell läuft, kommt sicher zu nichts anderem, als mich zu verfolgen. Der Schöne dort lauert. Der da offen redet, verachtet mich. Essen und Trinken gibt man mir wie dem Schlachtvieh. (179) Wie lange werde ich eisern solch einem Unglück standhalten? Ich weiß, dass ich im Angesicht des Todes weich werde; durch die Grausamkeit eines Dämons, der mir nicht zugesteht, den Faden meines unseligen Lebens kurzerhand abzuschneiden wegen eines Übermaßes unheilbarer Übel, die er gegen mich aufhäuft, um den hinterhältig (von mir) Ermordeten Gutes zu tun.« (180) Dies hatte er im Sinn und erwartete zuckend das Ende seines Schicksals; und die dauernden Schmerzen wühlten seine Seele sehr auf.

Gaius aber hatte von Natur aus ein grausames Gemüt und war unersättlich in seinen Strafen, sodass er nicht wie einige die einmal Bestraften freiließ, sondern – ohne Ende zürnend – immer neues, großes Unglück über sie brachte. Flaccus aber verabscheute er besonders, und aus Abneigung gegen seinen Namen verdächtigte er alle, die genauso hießen. (181) Oft überkam ihn Reue, weil er ihn zur Verbannung verurteilt hatte und nicht zum Tod, und seinen Fürsprecher Lepidus beschuldigte er, obwohl er Scheu vor ihm hatte, sodass dieser sich zurückzog aus Furcht vor der Rache an ihm. (182) Er fürchtete nämlich, ganz natürlich, er könne, nachdem er für einen anderen die leichtere Strafe erbeten hatte, selber die schwerere erhalten. Da also keiner mehr wagte, etwas zu seiner Fürsprache vorzubringen, handelte er mit uneingeschränkter und ungedämpfter Wut, die, statt mit der Zeit dumpfer zu werden, noch schärfer wurde, so wie die Rückfälle von Krankheiten im Körper, denn die sind schmerzhafter als die früheren (Krankheiten). (183) Man sagt also, dass er einmal, als er nachts wachlag, an die verbannten Amtsträger dachte, die der Bezeichnung nach in dem Ruf standen, unglücklich zu sein, die aber ein bequemes, ruhiges und freies Leben hatten. (184) Er änderte also die Bezeichnung und nannte es »Auslandsreise« und sagte: »Bei dem Genuss von solchen Leuten, die das Nötige reichlich zur Verfügung haben und mit Bequemlichkeit und Ruhe leben können und ein philosophisches Leben ernten, handelt es sich nämlich um eine Art Auslandsreise.« (185) Da befiehlt er, die Angesehensten und im höchsten Ruf Stehenden zu töten, und fertigt eine Namensliste aus, die Flaccus anführt.

Als aber die nach Andros kamen, denen ihn zu töten aufgetragen war, und Flaccus gerade vom Land in die Stadt kam, diese (ihm) aber aus dem Hafen entgegenkamen, da erkannten sie einander von weitem. (186) Daher versteht er, was sie vorhaben – die Seele eines jeden ist höchst seherisch, und besonders die der Menschen im Unglück –, wendet sich vom Weg ab und flieht durch die Wildnis, wobei er vielleicht vergessen hat, dass es eine Insel und kein Festland ist – welchen Zweck hat da die Schnelligkeit, wenn sie vom Meer umschlossen ist? Eines von beiden muss geschehen, entweder man läuft weiter und stürzt in die Wellen, oder man wird gefasst, wenn man an die eigentliche Grenze kommt. (187) In der Abwägung der Übel ist der Untergang zu Lande besser als der im Meer, weil die Natur den Menschen und allen Landtieren die Erde als gewohntestes Gebiet zugewiesen hat, nicht nur den Lebenden, sondern auch den Sterbenden, damit der gleiche (Bereich) den ersten Anfang und die letzte Lösung aus dem Leben beherbergt.

(188) Die aber verfolgen ihn, ohne Atem zu holen, und ergreifen ihn; und die einen gruben gleich eine Grube, die anderen zogen mit Gewalt den Tobenden und Schreienden und Kämpfenden, weswegen auch sein ganzer Körper verletzt wurde, weil er wie die Tiere noch in die Hiebe hineinlief. (189) Denn da er handgreiflich wurde und seine Mörder packte, die nun gehindert waren, die Schwerter gegen ihn zu führen, dafür aber seitlich die Hiebe führten, wurde er schuld an seinen eigenen noch schwereren Verletzungen. Zerschlagen und zerhackt an Händen, Füßen, Kopf, Brust, Seiten, wie ein Opfertier tranchiert, lag er da, weil die Gerechtigkeit einem einzigen Körper die gleiche Zahl von Schlägen zufügen wollte, wie die Morde an den (von ihm) ungesetzlich getöteten Juden. (190) Und der ganze Ort schwamm vor Blut, das aus vielen Adern, die der Reihe nach zerhauen waren, wie ein Springbrunnen auslief; als aber der Leichnam in die Grube geschleift wurde, die man gegraben hatte, zerfiel er in die meisten Teile, weil die Sehnen zerschnitten waren, durch die die ganze Einheit des Körpers zusammengehalten wird.

(191) Das erlitt Flaccus und wurde so zum untrüglichen Beweis, dass das Judenvolk nicht der Hilfe von Gott beraubt wurde.

Auslegung

TEXTOBERFLÄCHE Philons *In Flaccum* war der dritte Band einer fünfteiligen Publikation über Judenverfolgungen. Erhalten sind davon nur noch *In Flaccum* und die *Legatio ad Gaium,* die wohl den vierten Teil bildete.[69] Das Werk über Flaccus ist zweiteilig; die beiden Teile sind fast gleich groß. Die Paragraphen 1–96 erzählen von dem Pogrom gegen die Juden in Alexandreia, das vom römischen Präfekten Flaccus toleriert und sogar gefördert wird; 97–191 erzählen von Flaccus' Niedergang, Prozess und Tod.

Der hier gewählte Textausschnitt beginnt erst nach dem Prozess gegen Flaccus in Rom, weil der Prozess noch nicht zum Todesurteil führte. Vielmehr wurde § 169 als Einstiegspunkt gewählt. Hier, im Exil auf der Mittelmeerinsel Andros, eröffnet Flaccus in einem ekstatischen nächtlichen Gebet einen unmittelbaren Ausblick auf seinen bevorstehenden Tod. Es folgen negative Omina und Beschreibung von Flaccus' großer Angst, schließlich der Todesbeschluss und Flaccus' Ermordung und Bestattung.

Die vorrangige Erzählinstanz ist ein externer Erzähler. Zweimal macht er im vorliegenden Abschnitt Platz für Erzähler auf untergeordneten Erzählebenen: Einmal für Flaccus selbst als akteurgebundenen Erzähler, der in 171–174 mehrere narrative Sätze mit Interpretationen verbindet, und einmal für einen weiteren externen Erzähler in 183 (φάσιν οὖν). Daneben wechselt die Fokalisierungsebene relativ häufig. Neben dem externen Fokalisator fungieren Flaccus und Gaius Caligula als akteur-

---

[69]Vgl. VAN DER HORST, Flaccus, 5f.

gebundene Fokalisatoren – entweder in direkter Rede[70] oder durch ihre Emotionen, Wahrnehmungen und Gedanken.[71] Die Wechsel in der Ebene dienen sowohl der Anschaulichkeit und Dramatik als auch dazu, die richtigen Leute die richtigen Dinge sagen zu lassen (s. u.).

Während *In Flaccum* und auch der vorliegende Ausschnitt daraus vorwiegend narrativ sind, sind nicht-narrative Abschnitte an zum Teil prominenten Stellen eingebettet. Zu nennen sind die Passagen in *oratio recta* (170–175 [teilweise wiederum narrativ].178f.184), Erzählerkommentare (186bf.190f.) und eine Beschreibung (180b).

In Flaccum wird in der Regel zusammen mit der *Legatio* als der historiographische Teil des philonischen Opus bezeichnet. Das kann nicht ohne Einschränkung gelten, wie auch am vorliegenden Abschnitt sichtbar wird. Die Gestaltungsmittel haben zwar in der Historiographie durchaus ihren Platz: der reiche Gebrauch von *oratio recta,* gelehrte Kommentare (186bf.: teilweise sarkastisch?), die Freude an blutigen Details. Man muss auch zugestehen, dass gerade die erste Hälfte von *In Flaccum* einen starken Bezug zu den tatsächlichen Vorgängen in Alexandreia hat[72] – in der zweiten Hälfte des Werkes ist der Bezug zu historischen Ereignissen deutlich loser: Philo konnte von Flaccus' Erlebnissen und Empfindungen auf Andros keine detaillierten Nachrichten haben. Wenn sich Historiographie durch den Anspruch auszeichnet, auf geschichtliche Ereignisse bezogen zu sein, so muss die Bestimmung von *In Flaccum* als historiographisches Werk für die zweite Hälfte zumindest modifiziert werden. »What Philo presents in *In Flaccum* is dramatic or rhetorical historiography: it aims at evoking emotions, indignation and anger, pity and sadness, piety and awe for the deity.« Das Werk »is a mixture of historiography, pastoral theology, apologetics and theodicy.«[73] Es zeigt erkennbar romanhafte Elemente.[74]

Zwei Kleingattungen verdienen besondere Erwähnung. Der relativ lange Monolog 170–175, inhaltlich ein Schuldeingeständnis, ist durch die Anrede »König der Götter und der Menschen« (βασιλεῦ θεῶν καὶ ἀνθρώπων) als Gebet gekennzeichnet. Nach dem Ableben des Protagonisten folgt keine zusammenfassende Ekphrasis, sondern ein negativ wertender Kommentar (191), vergleichbar dem in Jos. CA 2,144.

Auch gewisse strukturelle Parallelen zum Markusevangelium lassen sich benennen: Es handelt sich jeweils um ein mittelgroßes Werk (einmal freilich Teil einer Publikationsreihe), das den Schlussabschnitt aus dem Leben und Wirken ei-

---

[70]Flaccus: 170–175.178f.; Gaius: 184.

[71]Flaccus: 176f.185; Gaius: 180bf.183.

[72]Die Verfolgungen lagen noch nicht lange zurück und waren vielen Menschen bekannt, Fiktion oder grobe Übertreibung kommt hier also kaum in Betracht – gezielte Auswahl und Präsentation selbstverständlich schon: Vgl. van der Horst, Flaccus, 12.

[73]Ebd.

[74]Vgl. a. a. O., 11.

ner Person erzählt – jeweils stark deutend, aber mit erkennbarer Bezugnahme auf historische Ereignisse.

SINNGEBUNG Die häufigen Wechsel in der Fokalisierung steigern, wie gesagt, die Anschaulichkeit und Dramatik der Erzählung. Sie transportieren zugleich Deutungen. Die externe Fokalisation ist wie ein Augenzeugenbericht ausgestaltet und fast voyeuristisch in der Freude an brutalen Details.[75] Flaccus kommt als akteurgebundener Fokalisator viel zu Wort. Dadurch wird der Leser verlockt, sich mit ihm zu identifizieren – eine Identifikation, die zum Ende hin immer unbequemer wird; fast möchte man von einer Identifikationsfalle für die Leser sprechen. In einem längeren Monolog wird Flaccus eine umfassende Selbstbezichtigung in den Mund gelegt (170–175). Indem ihm selbst diese Bewertung seines Geschicks zugeschrieben wird, kann sein bisheriges Verhalten umso deutlich als Irrweg qualifiziert werden.

Für die Charakterzeichnung sind verschiedene Punkte im Werk relevant. Besonders ist die Einleitung (1–5) hervorzuheben. Sie ist eine kurze Erzählung oder eine Art Ekphrasis, in der Flaccus anhand seiner Vorgeschichte charakterisiert wird. Hier hat der Text nur Gutes über ihn zu sagen. Das dient aber laut 6f. nur dazu, seine spätere Bosheit umso deutlicher hervortreten zu lassen:»Denn dem, der sündigt, ohne das Bessere zu kennen, gewährt man Verzeihung, wer aber aus Wissen heraus Unrecht tut, hat keine Entschuldigung: Er ist schon verurteilt vor dem Gericht seines Gewissens.«[76] Im Schlussabschnitt fällt neben seiner Selbstbeschuldigung vor allem die zunehmende Entmenschlichung des Akteurs Flaccus auf. Vernunftgeleitetes Wirken tritt ganz zugunsten des affektgesteuerten Handelns zurück. Die Kraft zum Suizid fehlt ihm (hier diskreditiert er sich selbst). Zuletzt wird er zweimal mit Tieren verglichen. Die Steuerung der Ereignisse hat er da längst aus der Hand gegeben. Der Akteur Flaccus hat textintern auch die Funktion als »Beweis« (πίστις) für Gottes Vorsehung zu dienen, d. h. er hat die unangenehme Aufgabe, ein Exempel an sich statuieren zu lassen.

Eine Reihe von Motiven soll genannt werden: Das wichtigste Motiv ist Gottes Vorsehung (πρόνοια, 170; auch Gerechtigkeit, δίκη, 189).[77] Sie steuert alle Ereignisse, wie sowohl der Betroffene Flaccus (170) als auch der Erzähler (189.191) explizit

---

[75] Anlässlich von Flaccus' Verhaftung lässt Philon die Juden sagen:»Wir jubeln nicht, o Herrscher, über die Bestrafung des Feindes, weil wir durch die Heiligen Gesetze gelehrt wurden, menschlich zu fühlen« (οὐκ ἐφηδόμεθα [. . .] ὦ δέσποτα, τιμωρίαις ἐχθροῦ, δεδιδαγμένοι πρὸς τῶν ἱερῶν νόμων ἀνθρωποπαθεῖν, 121). Diese Vorbemerkung steht in gewissem Kontrast zu der später folgenden, durchaus ausgekosteten Detailbeschreibung der Strafen für Flaccus.

[76] Τῷ μὲν γὰρ ἀγνοίᾳ τοῦ κρείττονος διαμαρτάνοντι συγγνώμη δίδοται, ὁ δ᾽ ἐξ ἐπιστήμης ἀδικῶν ἀπολογίαν οὐκ ἔχει προεαλωκὼς ἐν τῷ τοῦ συνειδότος δικαστηρίῳ (7).

[77] Πρόνοια und δίκη werden in In Flaccum praktisch miteinander identifiziert. Vgl. FRICK, Providence, 188. Philon hat in dem Dialog De Providentia Gottes Vorsehung apologetisch verteidigt und ist auch in anderen Werken auf die πρόνοια zurückgekommen. Er hat die Konzeption nicht systematisch entfaltet, sie dient jedoch in seinem Denken als Brücke zwischen dem transzendent gedachten Gott und seinem Einwirken auf die Schöpfung: vgl. a. a. O., 193.

festhalten. Die Wirksamkeit der Vorsehung zu erweisen, ist – auch und gerade nach der exponierten Schlussbemerkung zu urteilen – eines der Hauptanliegen des ganzen Werkes. Mit der Vorstellung von Gottes Vorsehung hängt der Gedanke zusammen, dass die zu Lebzeiten begangenen Untaten in der Strafe eine genaue Entsprechung finden. Der Gedanke wird vom Bestraften selbst vorgetragen und sogar einzeln aufgeschlüsselt. Auch ein Erzählerkommentar spricht das Prinzip an und führt es ausdrücklich auf die Vorsehung zurück: »weil die Gerechtigkeit einem einzigen Körper die gleiche Zahl von Schlägen zufügen wollte, wie die Morde an den (von ihm) ungesetzlich getöteten Juden.«[78]

Der Heide Flaccus wendet sich in einem nächtlichen Gebet an den Gott Israels. Dieser ungewöhnliche Vorgang wird durch einen ekstatischen Zustand (ἐνθοῦς) erklärt, der der Ekstase vergleichbar sei, die im Korybantenkult[79] erzielt wird (169).[80] Flaccus' Selbstbeschuldigung und Einsicht in sein fehlgeleitetes Tun wird also durch einen übernatürlichen Eingriff bewirkt. Damit muss nicht notwendig ein Eingreifen des Gottes Israels gemeint sein, denn – wie wenig später bemerkt wird – »die Seele eines jeden ist höchst seherisch, und besonders die der Menschen im Unglück« (186).[81] Belege für diesen Gedanken finden sich häufiger in der antiken Literatur.[82]

Zwei spezielle Motive dienen der Charakteristik des Flaccus: Zum einen wird er, wie er selbst zu seiner Schande gesteht, »im Angesicht des Todes weich« (179).[83] Durch diese Todesangst wird er am (durchaus positiv gewerteten) Suizid gehindert. Er interpretiert auch das als übernatürliche Strafe (ἐξ ἐπηρείας δαίμονος).[84] Außerdem wird Flaccus gleich zweimal mit Tieren verglichen. Dieses Motiv ist in der vorliegenden Arbeit bereits öfter aufgetaucht. Solche Vergleiche können verschiedene Funktionen haben. Der Vergleich mit einem Wildtier (καθάπερ τὰ θηρία, 188) unterstreicht Flaccus' affektgesteuerte, instinktive, aber unvernünftige und letztlich Reaktion auf den Angriff der Schergen. Der Vergleich mit einem geschlachteten Opfertier (ὡς ἱερείου τρόπον κρεουργηθῆναι, 189) ist mehrfach besetzt: Durch die grausame Entstellung wird der Ermordete erniedrigt, zugleich wird angedeutet, was anderswo ausdrücklich gesagt wird, nämlich dass die ›Opferung‹ des Flaccus Gott wohlgefällig ist.

Die zeitliche Strukturierung ist sorgfältig gearbeitet. Das nächtliche Gebet des Flaccus ist in eine Szene eingebettet (169–175; das Gebet selbst ist eine Pause), darauf folgen zwei etwa gleichzeitige und auch etwa gleich strukturierte Abschnitte: Flac-

---

[78]Τῆς δίκης σφαγὰς ἰσαρίθμους τοῖς φόνοις τῶν ἐκνόμως ἀναιρεθέντων Ἰουδαίων ἑνὶ σώματι βουληθείσης ἐργάσασθαι (189).

[79]Vgl. dazu Schwenn, PW 11/2 (1922), 1442f.

[80]Einen Anklang an Dan 4,30–34 sieht Wilcken, Antisemitismus, 783 Anm. 1.

[81]Μαντικώτατον γὰρ ἡ ἑκάστου ψυχή, καὶ μάλιστα τῶν ἐν κακοπραγίας.

[82]Vgl. etwa Most, Cock, 108.

[83]Οἶδ᾽ ὅτι μαλακίζομαι πρὸς θάνατον.

[84]Die qualvolle Einsamkeit des exilierten Statthalters – ebenfalls eine übernatürliche Strafe – hat zum Teil biblische Vorbilder (z. B. Dtn 28,66f.; Dan 4,31–37): vgl. Box, In Flaccum, xlviii Anm. 1.

cus und Gaius werden beide »oft« (πολλάκις, 176.181) von Gedanken und Emotionen heimgesucht. Dieses wiederholte Erleben wird gerafft skizziert und von einer wörtlichen Rede abgeschlossen (176–180a und 180a–185). Die Erzählung schließt mit einer längeren, gedehnt erzählten Szene (185b–190).

Zusammenfassend lassen sich in allen Elementen der Erzählung und in den nicht-narrativen Textabschnitten Träger von Sinngebung ausmachen.

EREIGNISBEZUG   Folgende Ereignisse werden erzählt: Flaccus befindet sich im Exil auf Andros. In einem nächtlichen Gebet bezieht er seine Strafen auf seine Taten als Statthalter. Er wird von häufigen Sorgen und einer psychosomatischen Symptomatik geplagt. Etwa gleichzeitig beschließt Kaiser Gaius Caligula in Rom, Flaccus töten zu lassen. Die Schergen erreichen Andros, verfolgen den flüchtenden Flaccus bis an die Küste der Insel, und während die einen ihn gegen verzweifelten Widerstand brutal erschlagen, graben die anderen eine Grube, in der sein Leichnam anschließend verscharrt wird. – Für das Gebet und für die Ermordung des Flaccus sind je wenige Stunden in der Nacht bzw. am Tag anzusetzen, dazwischen liegt ein unbestimmter Zeitraum, der mehrere Wochen umfassen mag.

Über Quellen macht der Text keine Angaben. Es ist kaum plausibel, dass Philon über das bloße Faktum der Ermordung des Flaccus im Exil hinaus irgendwelche Kenntnisse von den Ereignissen dort besaß. Box nimmt an »that Philo ascertained the general circumstances of the exile's habit of life and that upon some foundation of fact he built an edifice of psychological inferences«[85] – aber natürlich musste dieses Gebäude für die zeitgenössischen Leser eine gewisse Plausibilität besitzen.

Der Zeitraum zwischen Abfassung und Ereignis wird in der Forschung sehr kurz angesetzt. Van der Horst nimmt an, Philon habe das Material, das er für *In Flaccum* gesammelt hatte, schon für seine Gesandtschaft nach Rom 39–40 verwendet, und datiert deshalb ins Jahr 40/41 n. Chr.[86] Denkbar erscheint auch eine Veröffentlichung erst nach Caligulas Tod im Jahr 41[87], weil dieser scharf angegriffen wird (180). Flaccus starb 39 n. Chr.[88]

Der kurze zeitliche Abstand hielt den Verfasser nicht von einer weitgehend fiktionalen Darstellung ab. Als historisch durchaus plausibel darf allerdings gelten, was sich Flaccus in 171–174 selbst vorwirft: Für die Plünderung (171), öffentliche Folter (173) und Ermordung (174) von Juden in Alexandreia unter seiner Statthalterschaft muss es ausreichend Zeugen gegeben haben, als Philon das Werk publizierte. Die Frage des Bürgerrechtes der alexandrinischen Juden, das diese nach Philons Darstellung scheinbar besaßen (172: »die sie doch vollberechtigte Einhei-

---

[85] A. a. O., xlviii.
[86] Vgl. van der Horst, Flaccus, 4 (oder gilt diese Begründung nur für die erste Hälfte des Werkes?).
[87] Vgl. Gelzer, PW 10/1 (1918), 415.
[88] Vgl. Kienast, DNP 2 (1997), 371.

mische sind«[89]), ist durch ein Schreiben des Claudius geklärt worden, das dieser nach den Ausschreitungen an die Bevölkerung von Alexandreia richtete und das auf Papyrus erhalten ist (CPJ 153): Sie besaßen zwar einen eigenen Status innerhalb der Stadt, aber nicht das alexandrinische Bürgerrecht.[90] Philons Formulierung ist hier nicht juridisch eindeutig, aber sehr wohl interessegeleitet.[91]

FAZIT   Wieder bildet der Todesbericht den Schlussstein einer Polemik gegen einen einzelnen Feind des Judentums – aber stärker narrativ ausgestaltet als in *Contra Apionem* und daher der dramatischen bzw. rhetorischen Historiographie nahe stehend. Die Deutung des grausamen Todes als Strafe wird dem Protagonisten selbst in den Mund gelegt und dabei wieder eine Analogie zwischen Schuld und Strafe hergestellt (bewirkt durch die Vorsehung Gottes). Der Text wendet alle rhetorischen und narrativen Mittel gegen seinen Protagonisten, der am Ende weder die Vernunft noch die Kraft zum ehrenhaften Tod besitzt. Wie in *Contra Apionem* ist das Interesse an historischer Glaubwürdigkeit nicht leitend.

5.2.4   Agrippa I. (Apg 12,18–23)

Literatur

Text: NA[27], 356f. Einleitung: SCHNELLE, Einleitung, 305–323. Kommentar: PESCH, Apostelgeschichte 1, 359–370; FITZMYER, Acts, 484–492.

Übersetzung

(12,18) Als es aber Tag wurde, entstand ein beträchtlicher Aufruhr unter den Soldaten, was denn mit Petrus geschehen sei. (19) Herodes aber bestellte ihn her und fand ihn nicht; er befragte die Wächter und befahl sie abzuführen. Und er zog von Judäa herab nach Caesarea und blieb (dort).

(20) Er war aber zornig über die Einwohner von Tyros und Sidon; sie kamen aber einmütig zu ihm und überredeten Blastus, den Kämmerer des Königs, und baten um Frieden, weil ihr Land durch das (Land) des Königs versorgt wurde. (21) An dem festgesetzten Tag aber zog Herodes ein königliches Gewand an, setzte sich auf die Tribüne und hielt eine Ansprache vor ihnen, (22) das Volk aber rief: »Das ist die Stimme eines Gottes und nicht

---

[89] Ἐπιτίμοις οὖσι κατοίκοις.

[90] »The Jews, on the other hand, I order not to aim at more than they have previously had [...] and not to intrude themselves into the games presided over by the *gymnasiarchoi* and the *kosmetai* [»or ›electoral contests for these offices‹«: Box, In Flaccum, xxx], since they enjoy what is their own, and in a city which is not their own they possess an abundance of all good things.« (καὶ Ἰουδέοις δὲ ἄντικρυς κελεύωι μηδὲν πλήωι ὧν πρότερον ἔσχον περιεργάζεσθαι [...] μηδὲ ἐπισπαίειν γυμνασιαρχι- κοῖς ἢ κοσμητικοῖς ἀγῶσει, καρπουμένους μὲν τὰ οἰκῖα ἀπολά(υ)οντας δὲ ἐν ἀλλοτρίᾳ πόλει περιουσίας ἀπθόνων ἀγαθῶν), CPJ 153, Z. 88–95.

[91] Das Interesse an der Vorsehungsthematik kann nicht darüber hinwegtäuschen, dass *In Flaccum* ein sehr politisches Buch ist, vgl. GOODENOUGH, Politics, 9–12.19f. Philon verlangte generell die Verbindung von Philosophie *und* Politik in der Lebensführung, vgl. a. a. O., 67–69.75f.

eines Menschen!« (23) Sofort aber schlug ihn ein Engel des Herrn, dafür dass er Gott nicht die Ehre erwies, und von Würmern zerfressen hauchte er (sein Leben) aus.

Auslegung

TEXTOBERFLÄCHE In den Kapiteln 8 bis 12 geht der Blick der Apostelgeschichte über Jerusalem hinaus, die Erzählung springt zwischen verschiedenen Schauplätzen hin und her. Durch die Zerstreuung der Gemeinde 8,1a war dieser Erzählabschnitt eingeleitet worden. Nun missioniert zunächst Philippus in Samaria und Judäa (8,4–40); bei Damaskus wird Saulus bekehrt (9,1–31); Petrus missioniert und tauft in Lydda, Joppe und Caesarea (9,32–10,48). Nun werden auch Nichtjuden in die Mission einbezogen, wofür sich Petrus in Jerusalem rechtfertigt (11,1–18). Auch in Antiochia entsteht eine christliche Gemeinde (11,19–30). In 12,1 schwenkt der Blick – ohne das ausdrücklich zu sagen – wieder nach Jerusalem:»König Herodes« lässt den Zebedaiden Jakobus enthaupten und Petrus gefangennehmen. Petrus wird aber durch ein Wunder befreit (12,1–17). Als Anhang an dieses Befreiungswunder wird der Straftod des Herodes erzählt (12,18–23). Ein Summarium über Missionserfolge und eine Notiz über die Rückkehr von Saulus, Barnabas und Johannes Markus aus[92] Jerusalem schließen diesen Teil der Apostelgeschichte ab und bilden die Überleitung zum weiteren Erzählverlauf. Mit 13,1 beginnen die paulinischen Missionsreisen.

Die Erzählsituation in der vorliegenden Passage ist klar: Es gibt nur einen (externen) Erzähler. Fast die ganze Erzählung wird aus der Perspektive eines externen Fokalisators dargeboten. Nur der Zuruf des Volkes (v. 22) bringt kurz akteurgebundene Fokalisatoren ins Spiel.[93] Außer der Akklamation des ganzen Volkes und einem knappen Erzählerkommentar (»dafür dass er Gott nicht die Ehre erwies«[94]) ist der ganze Text narrativ.

Die Erzähloberfläche ist also relativ schlicht gestaltet, auch die sprachliche Gestaltung ist eher einfach. *Oratio obliqua* fehlt. Die kurze Erzählung, eine Episode innerhalb der Makrogattung ›Historische Monographie‹, kann genauer als Anhang an eine Befreiungswundererzählung und – ihren Motiven nach (s. u.) – als Tyrannentoderzählung[95] charakterisiert werden.

SINNGEBUNG In der Fokalisation dominiert klar der externe Fokalisator. Die Volksmenge tritt zwar in ihrer Akklamation als Fokalisator in Erscheinung, es ist aber

---

[92]Die Lesart »aus Jerusalem« (ἐξ Ἰερουσαλήμ) ist textkritisch strittig, aber durch den Kontext geboten.

[93]Man könnte »Er war aber zornig« (Ἦν δὲ θυμομαχῶν, v. 20) für akteurgebundene Fokalisation halten, weil es eine Emotion wiedergibt. Tatsächlich dürfte damit aber eher eine Handlung als eine Emotion beschrieben sein; man wird an ein Handelsembargo gegen die beiden phönizischen Städte denken, vgl. ROLOFF, Apostelgeschichte, 191 u. a. Dass diese politische Maßnahme emotionsgeleitet sein kann, ist damit nicht in Abrede gestellt.

[94]Ἀνθ᾽ ὧν οὐκ ἔδωκεν τὴν δόξαν τῷ θεῷ (v. 23).

[95]Ein eigenes »genre« nach FITZMYER, Acts, 491.

undeutlich, welche Perspektive sie in die Erzählung einbringt. Ob die Leute tatsächlich vom Auftreten des Königs überwältigt sind oder ob es sich um Schmeichelei handelt (so in der Parallele bei Josephus), bleibt im Unklaren. Eindeutig ist nur, dass aus der Perspektive des externen Fokalisators Herodes die Ehrung hätte zurückweisen müssen. Die potentiell positive Sichtweise des Volks auf Herodes wird also durch die externe Fokalisierung diskreditiert.

Der Hauptakteur der kurzen Episode ist König Herodes. Das von ihm in Kap. 12 entworfene Charakterbild ist sehr negativ gehalten. Er ist an Popularität interessiert (daher sein Vorgehen gegen die Christengemeinde, v. 3, und die Annahme der Huldigung des Volkes, v. 22f.); hochmütig, weil er nicht dem Ehre erweist, der höher steht als er, nämlich Gott; zugleich zornig und grausam (er lässt Jakobus und wohl auch die Wächter des Petrus hinrichten, v. 2.19; er geht aus Zorn gegen die phönizischen Städte vor). Als Frevler wird er zu Recht bestraft (v. 23). Letzte Worte fehlen, sodass dem Protagonisten kein eigene Deutung des Geschehens eingeräumt wird.[96] Der einzige positive Blick auf ihn, d. i. der Zuruf des Publikums in Caesarea, wird durch den externen Fokalisator negativ umgedeutet.

Der kurze Text ist mit einer Vielzahl von Motiven aufgeladen. Darunter fallen einige Anklänge an die Tyros-Orakel des Ezechielbuchs auf. Mark Strom hat eine ganze Reihe von mutmaßlichen Parallelen zwischen Ez 26–28 und Apg 12,20–23 benannt.[97] Tyros wird in Ez 26,2 als Unterdrücker Israels verstanden, Herodes tritt Apg 12,1–4 als Unterdrücker der christlichen Gemeinde auf. Der Fürst von Tyros, der sich Ez 28,13 im herrschaftlichen Ornat zeigt (vgl. Apg 12,21), überhebt sich in seinem Herzen gegen Gott (Ez 28,2.6, vgl. Apg 12,23) und wird dafür durch den Cherub Gottes getötet (Ez 28,16 LXX, vgl. Apg. 12,23).[98] Die Anklänge an das Ezechielbuch sind keine wörtlichen Parallelen, sondern nur inhaltlicher Art.[99]

Näher liegt als Parallele 2 Makk 9,1–28, besonders v. 9,5–9. An dieser Stelle erzählt das 2. Makkabäerbuch mit der charakteristischen Freude am Detail den schlimmen Tod Antiochus' IV. Epiphanes. Nach einer knappen Skizze des historischen Hintergrundes (2 Makk 9,1–4, vgl. Apg. 12,20) wird Antiochus von Gott mit einer Krankheit geschlagen, die mit Wurmfraß und Fäulnis einhergeht und nach einigem Leiden zum Tode führt (v. 28). Apg 12,20–23 zeigt z. T. wörtliche Anklänge an diesen Text (ἐπέταξεν, v. 5, σκώληκας, v. 9).[100] Wieder handelt es sich um einen Verfolger des Gottesvolkes, den Gott für seinen Hochmut bestraft (ὑπερηφανία, v. 7, vgl. Ez 28,2.6 und auch Lk 1,51b). Apg 12,23 redet nicht ausdrücklich von »Hoch-

---

[96]Vgl. VOGEL, Evangeliengattung (unveröff.).

[97]Vgl. STROM, Background, 299.

[98]Ein Engel, der Gottes Strafe vollstreckt, findet sich auch in 2 Sam 24,16; 2 Kön 19,35.

[99]Alle weiteren Parallelen, die Strom anführt, sind zu ungenau, um gelten zu können, oder haben einen falschen Ansatzpunkt.

[100]Allerdings wurde 2 Makk 9 von GAUGER, JSJ 33 (2002), 57–61, erst nach 70 n. Chr. datiert, eben weil das Motiv des Würmertodes eines Gottesfeindes hier am ausführlichsten entfaltet ist.

mut«, doch ist genau das gemeint, wenn Herodes Gott den geschuldeten Ehrerweis verweigert.

Tyrannen sterben eines grausamen Todes: Das ist ein verbreitetes Motiv in der antiken Literatur ganz allgemein.[101] Dieser Straftod ist in der vorliegenden Perikope geschickt als Anhang eines Befreiungswunders plaziert. Der Tod des Herodes erscheint so nicht nur als Strafe für seinen Hochmut gegenüber Gott, sondern auch für seine Unterdrückung der christlichen Gemeinde.

Die Zeitstruktur ist charakteristisch für eine historiographische Einzelepisode: Nachdem in Apg 12,18f. das Befreiungswunder seinen Zielpunkt erreicht hat, schließt in 20–23 eine neue Geschichte an. In v. 20 wird stark gerafft die Vorgeschichte des Ereignisses skizziert (es dürfte sich bei v. 20a um eine Rückblende handeln); 21–23 sind dann szenisch erzählt. Im Mittelpunkt steht nicht das Sterben des Herodes und nicht so sehr die konkrete historische Situation seines Todes.

Die Träger der Sinngebung sind, zusammenfassend, vor allem die Motive des Tyrannentodes, die aus der Septuaginta und der paganen antiken Literatur weitergeführt werden, sowie der Erzählerkommentar »dafür dass er Gott nicht die Ehre erwies«, der die Deutung des Ereignisses knapp bündelt.

EREIGNISBEZUG Folgende Ereignisse werden erzählt: Herodes reist von Jerusalem herab nach Caesarea. Eine Delegation aus Tyros und Sidon kommt zu Verhandlungen zu ihm. Bei einem Festakt mit dieser Delegation hält er im königlichen Ornat eine Ansprache; das Volk akklamiert ihn als einen Gott. Der Engel Gottes schlägt ihn mit einer Krankheit, an der er bald stirbt. – Die Verhandlungen mit der Delegation dürften mehrere Tage, der Festakt und nach der vorliegenden Darstellung auch der Tod einen einzigen Tag gedauert haben.

Über Quellen macht der Text keine Angaben. Die Tatsache, dass der Straftod des Herodes Agrippa auch in einer gesonderten Überlieferung bei Josephus vorliegt (mit geringen Unterschieden), ist ein starkes Indiz dafür, dass die Erzählung aus einer anderen Quelle stammt als das Befreiungswunder um Petrus.[102] Man muss allerdings nicht zwingend annehmen, beide Texte seien erst durch die lukanische Redaktion miteinander verbunden worden – die Verknüpfung kann vielmehr schon relativ früh erfolgt sein.[103] Beide Stoffe können aus palästinischer Überlieferung stammen;[104] die Erzählung von Agrippas Tod kann aus einer jüdischen, d. h. nichtchristlichen Quelle entnommen sein.[105]

---

[101] Beispiele bei FITZMYER, Acts, 491.

[102] Vgl. HAENCHEN, Apostelgeschichte, 373; ROLOFF, Apostelgeschichte, 188.

[103] Vgl. PESCH, Apostelgeschichte 1, 361.367.

[104] Vgl. FITZMYER, Acts, 86.

[105] Vgl. SCHWARTZ, Agrippa I. The Last King of Judaea, 146f. Schwartz schließt das aus der Tatsache, dass der Tod Agrippas im engeren Zusammenhang als Strafe für die Akzeptanz göttlicher

Herodes Agrippa I. starb am 10. März 44.[106] Wird die Apostelgeschichte etwa in die 80er Jahre datiert, bleibt ein zeitlicher Abstand von rund 40 Jahren. Bei dem »König Herodes« handelt es sich um Agrippa I., der 41 n. Chr. die Königsherrschaft über Judäa erhielt (vgl. Cass. Dio 60,8,2; Jos. AJ 19,274f.).[107] Lukas nennt ihn wie den Antipas (Lk 9,7–9; 23,7–12; Apg 4,27) einfach »Herodes« nach seiner Abstammung aus der herodianischen Familie.[108] – Um die Historizität der Erzählung zu beurteilen, ist ein Blick auf die parallele Überlieferung bei Josephus, AJ 19,343–350, lohnend.[109] Auch hier tritt Agrippa im silbernen Festtagsgewand bei einem Festakt auf (343f.). Durch die Schmeichler (κόλακες, 345) wird er als Gott angeredet (θεὸν προσαγορεύοντες). Agrippa weist diese Ehrung ausdrücklich nicht zurück (346) und erkrankt bald an einer schmerzhaften Krankheit. Bald stirbt er an heftigen Bauchschmerzen (350). Anders als Lukas erzählt Josephus von der Reue Agrippas und der Buße des Volkes, die die Krankheit abwenden sollen. Das Leiden habe fünf Tage gedauert. Dagegen erzählt er nichts vom Wurmfraß und vom Eingreifen Gottes bzw. seines Engels. Bei diesen beiden Punkten handelt es sich um alttestamentliche Motive, die den Vorgang deutend ausgestalten, und die durch lukanische Redaktion in den Text gekommen sein können.[110] Die Deutung des grausamen Todes als Straftod für die Überhebung gegen Gott ist dagegen beiden Texten gemeinsam.

FAZIT   In die historische Monographie Apostelgeschichte fügt sich diese Erzählung vom Tyrannentod als eine Episode ein. Durch den Nahkontext wird sie geschickt als Strafe für eine Christenverfolgung gedeutet. Die erzählerischen Mittel werden für ein eindeutig negatives Bild des Protagonisten eingesetzt. Die Grausamkeit des Straftodes, mit wenigen Federstrichen angedeutet, ist mit deutlichen biblischen Anklängen (2 Makk 9) gestaltet.

Ehren erscheint und erst durch den weiteren Zusammenhang auch als Strafe für die Verfolgung der Gemeinde.
  [106]Vgl. PESCH, Apostelgeschichte 1, 368. Dagegen hält SCHWARTZ, Agrippa I. The Last King of Judaea, 111, einen Tod schon im September oder Oktober 43 für wahrscheinlich; vgl. aber auch die Diskussion a. a. O., 203–207. Der Unterschied von ca. einem halben Jahr ist hier nicht von großem Belang.
  [107]Vgl. AMELING, DNP 5 (1998), 461–462.
  [108]Auch durch die Art der Erkrankung wird eine Parallelität zur (bösen) Lebensführung Herodes' I. angedeutet, vgl. GAUGER, JSJ 33 (2002), 52.
  [109]SCHWARTZ, Agrippa I. The Last King of Judaea, 16.20–23.180–182, führt diesen Text auf ein verlorenes historiographisches Werk des Philon von Alexandreia zurück (das in Zusammenhang mit der Legatio stand).
  [110]Vgl. a. a. O., 148.

5.3 Sterben in Ehre oder Schande

5.3.1 Einige ungewöhnliche Todesfälle (Val. Max. 9,12f.)

Literatur

Text: BRISCOE, Valerii Maximi facta 2, 617–627 (alte Ausgabe: KEMPF, Valerii, 457–464). Engl. Übersetzung: WALKER, Valerius, 339–344. Zu Valerius Maximus: HELM, PW 8 A/1 (1955), 90–116; RÜPKE, DNP 12/1 (2002), 1116–1117.

Übersetzung

(9,12) ÜBER AUSSERGEWÖHNLICHE TODESFÄLLE Die Bestimmung eines menschlichen Lebens enthält vor allem der erste und der letzte Tag, weil es sehr viel ausmacht, unter welchen Vorzeichen es beginnt und mit welchem Ende es abgeschlossen wird, und deshalb halten wir den für besonders glücklich, dem es zuteil wurde, das Licht sowohl günstig zu empfangen als auch friedlich abzugeben. Der Lauf der Zeit dazwischen verläuft, je nachdem wie Fortuna das Steuer führt, bald in rauher, bald in ruhiger Bewegung, und ist stets weniger (gut), als man hofft, solange es durch Wünsche begierig in die Länge gezogen wird und so ziemlich ohne Vernunft verstreicht. Denn wenn du es sinnvoll nutzen willst, wirst du auch ein kurzes (Leben) zu einem umfangreichen machen, indem du die Zahl der Jahre durch die Zahl deiner Taten übertriffst. Was hilft es sonst, sich der Sitten des Faulen zu erfreuen, wenn du mehr Leben herausbekommst, als du sinnvoll verbringen kannst? Aber ich will nicht länger ausholen, sondern von denen berichten, die durch eine außergewöhnliche Todesart verstorben sind.

(1) Tullus Hostilius verbrannte, vom Blitz getroffen, mit seinem ganzen Haushalt. Ein einzigartiges Schicksal, durch das der höchste Mann der Stadt in der Stadt selbst getötet wurde und nicht von den Bürgern nicht mit der höchsten Ehre des Begräbnisses ausgezeichnet werden konnte, von der Flamme des Himmlischen aber in einen Zustand gebracht wurde, in dem er zugleich Hausgötter und Wohnung und Scheiterhaufen und Grab hatte.

(2) Man macht sich kaum eine Vorstellung davon, dass die Freude einem das Leben genauso entreißen kann wie ein Blitz, und trotzdem vermag sie das Gleiche. Als nämlich die Niederlage gemeldet wurde, die sich am Trasimenischen See ereignet hatte, da starb die eine Mutter, die dem unversehrten Sohn bei dem gleichen Tor entgegenkam, in seinen Armen – eine andere, die nach der irrtümlichen Nachricht vom Tode ihres Sohnes zuhause saß, starb beim ersten Anblick des Heimkehrenden. Eine unerhörte Art von Fall! Was der Schmerz nicht ausgelöscht hatte, beendete die Freude. Aber es wundert mich nicht so sehr, weil es ja Frauen waren.

(3) Konsul M. Iuventius Thalna, Kollege des Ti. Gracchus bei dessen zweitem Konsulat, erhielt, als er auf Korsika opferte, das er gerade unterworfen hatte, einen Brief, der ihm ein Dankfest des Senats ankündigte, und als er ihn voll Aufregung las, wurde ihm schwarz vor Augen, er brach zusammen und lag tot auf dem Boden. Durch was anderes, sollen wir annehmen, wurde er getötet, als durch zu große Freude? Und dem wäre die Zerstörung von Numantia oder Karthago übertragen worden!

(4) Eines etwas größeren Geistes war der Feldherr Q. Catulus, der an dem Cimbrischen Triumphzug für C. Marius teilnahm, was ihm der Senat gewährt hatte, aber ein

gewalttätigeres Ende erlebte: Denn als ihm nach dem Bürgerkrieg ebenderselbe Marius den Todesbefehl zuschickte, schloss er sich in ein Zimmerchen ein, das mit frischem Kalk gestrichen und mit viel Feuer erhitzt war, und starb. Die so harte Unausweichlichkeit seines ⟨Schicksals⟩ erwies sich als die größte Schande für Marius' Ruhm.

(5) In diesem Sturm des Staates entging auch der Konsular und Jupiterpriester L. Cornelius Merula, damit er nicht zum Gespött der unverschämten Sieger würde, im Jupiterheiligtum mit aufgeschnittenen Adern dem Ruf eines schmählichen Todes, und die uralten Opferbecken liefen voll von dem Blute ihres Priesters.

(6) Leidenschaftlich und ungestüm war auch das Lebensende von Herennius Siculus, der für C. Gracchus Zeichendeuter und Freund war: Als er nämlich in dessen Namen in den Kerker geführt wurde, zerschmetterte er seinen Kopf am Eingang desselben, brach am Eingang zu seiner Schande zusammen und gab seinen Geist auf, einen Schritt diesseits der öffentlichen Hinrichtung und der Hand des Henkers.

(7) Durch eine ähnliche Veranlassung zum Tod stieg der Praetorianer C. Licinius Macer, Vater des Calvus, angeklagt wegen Erpressung, als das Urteil beraten wurde, auf einen Balkon am Forum. Als er freilich sah, wie M. Cicero, der das Urteil zu fällen hatte, die (Toga) Praetexta ablegte, schickte er jemand zu ihm, der ihm sagen sollte, er werde nicht als Verurteilter, sondern als Angeklagter sterben, und seine Güter werde man nicht der Versteigerung ausliefern können, und sofort hielt er sich mit einem Schweißtuch, das er zufällig in der Hand hielt, den Mund und Rachen zu, schloss seinen Atem ein und kam so der Strafe zuvor. Als Cicero von der Sache erfuhr, verkündete er kein Urteil über ihn. So wurde ein bekannter und begabter Redner (sc. Macers Sohn) durch das ungewöhnliche Schicksal seines Vaters vor dem Verlust des Familienvermögens und vor dem Vorwurf einer Verurteilung in der Familie bewahrt.

(8) Sein Tod war tapfer – der von denen lächerlich: Cornelius Gallus nämlich, ein Praetorianer, und T. Etereius, römischer Ritter, wurden beim Liebesakt mit Knaben dahingerafft. Freilich, wozu soll man sich über ihr Geschick lustig machen, die nicht ihre Lust, sondern das Maß menschlicher Gebrechlichkeit tötete? Weil unser Lebensende vielfältigen und verborgenen Ursachen ausgesetzt ist, nehmen manchmal Dinge, die unverdient sind, den Titel des letzten Schicksals ein, weil sie eher zufällig zum Todeszeitpunkt auftreten, als dass sie selbst den Tod verursachten.

(Ext. 1) Auch auswärtige Todesfälle sind wert, berichtet zu werden. Ein solcher ist unter den ersten der von Koma, der, wie man berichtet, Bruder des großen Banditenführers Kleon war: Als dieser nämlich zu dem Konsul P. Rutilius nach Henna gebracht wurde, das die Banditen gehalten hatten, und das nun wieder unter unsere Macht gekommen war, und man ihn über die Kräfte und Unternehmungen der Flüchtigen befragte, da nahm er sich Zeit um sich zu sammeln, verhüllte sein Haupt und stützte sich auf die Knie, hielt zwischen den bloßen Händen der Wächter den Atem an, und in Anblick des höchsten Befehlshabers wünschte er sich Sicherheit und entschlief. Die Unglücklichen, (in deren Situation) Sterben nützlicher ist als Überleben, mögen sich quälen und in unruhiger und ängstlicher Überlegung fragen, auf welche Weise sie denn aus dem Leben scheiden können. Sollen sie ihr Eisen schärfen, Gift bereiten, Stricke holen, große Höhen erwägen, als ob man einen großen Apparat oder eine hervorragende Vorbereitung bräuchte, damit die an schwachem Bande hängende Gemeinschaft von Leib und Seele getrennt wird. Nichts davon (brauchte) Koma, sondern in die Brust eingeschlossen fand seine Seele ihr Ende: Es darf wirklich ein Gut nicht durch zu großen Eifer festgehalten werden, dessen hinfälliger Besitz durch einen so leichten Luftzug der Gewalt erschüttert werden und zerfallen kann.

(2) Der Heimgang des Dichters Aischylos aber ist, sowenig er freiwillig war, doch wegen der Besonderheit des Falles zu berichten. Auf Sizilien verließ er die Mauern der Stadt, in der er sich aufhielt, und ließ sich an einem sonnigen Ort nieder. Über ihm wurde ein Adler, der eine Schildkröte trug, durch den Glanz seines Hauptes getäuscht – er hatte nämlich keine Haare – und zerschlug sie (darauf) wie auf einem Stein, damit er das aufgebrochene Fleisch fressen könne, und mit diesem Schlag wurde der Ursprung und Urheber der mächtigen Tragödie ausgelöscht.

(3) Ungewöhnlich soll auch Homers Todesursache gewesen sein, von dem man annimmt, er sei auf der Insel Io vor Schmerz gestorben, weil er eine von Fischern gestellte Frage nicht lösen konnte.

(4) Doch um einiges grausamer fand Euripides sein Ende: Als er von einem Mahl bei dem König Archelaos in Makedonien zum Haus seines Gastgebers zurücklief, starb er, von bissigen Hunden zerfleischt: eine Grausamkeit des Schicksals, die einem solchen Genius nicht angemessen ist.

(5) Wie jene Todesfälle der Lebensführung und der Werke berühmter Dichter höchst unwürdig sind, so hatte Sophokles, schon im höchsten Alter, als er zu einem Wettbewerb eine Tragödie einreichte, lange beunruhigt über den ungewissen Ausgang des Urteils, aber irgendwann doch durch ein Urteil der Sieger, zur Todesursache die Freude.

(6) Philemon aber raffte die Macht eines maßlosen Gelächters dahin. Als ein Esel Feigen fraß, die er sich hergerichtet und in seinem Blickfeld abgelegt hatte, rief er einen Burschen, dass er ihn wegtriebe. Als der kam, als schon alle aufgefressen waren, sagte er: »Weil du ja zu spät gekommen bist, gib doch jetzt dem Esel noch Wein dazu.« Und sofort, als er den Witz gesprochen hat, wird er von einem heftigen Lachanfall ergriffen, und das ungleichmäßige Atmen ermüdete seine greise Kehle.

(7) Pindar jedoch legte im Gymnasium seinen Kopf einem Knaben in den Schoß, an dem er besondere Freude hatte, und genoss die Ruhe, und man bemerkte erst, dass er tot war, als der Gymnasiarch den Ort schon zusperren wollte, und er nicht mehr geweckt werden konnte. Ihm wurde wirklich, glaube ich, durch dieselbe Güte der Götter so viel dichterische Fruchtbarkeit und ein so ruhiges Lebensende zuteil.

(8) Wie auch dem Anakreon, der das gewöhnliche Maß des menschlichen Lebens überschritten hatte, und den, als er mit dem Geschmack von Rosinen seine schwachen und flüchtigen Kräfte stärkte, das hartnäckige Hindernis eines einzigen Kerns im trockenen Rachen dahinraffte.

(9) Ich will jene anhängen, die sowohl ihr Vorhaben als auch ihr Ableben gleichmachte. Milon aus Kroton sah unterwegs eine Eiche, die durch einen hineingetriebenen Keil gespalten war, ging im Vertrauen auf seine Kräfte zu ihr hin, steckte seine Hände hinein und versuchte ihn herauszuziehen. Der Baum – zu seiner Natur zurückgerufen – zerdrückte diese, als die Keile draußen waren, und überließ ihn mit seinen so sportlichen Händen den wilden Tieren zum Fraß.

(10) Genauso der Athlet Polydamas: Er wurde durch ein Unwetter gezwungen, in eine Höhle zu gehen, und als die durch einen plötzlichen und starken Wassereinbruch erschüttert und geflutet wurde und alle Gefährten auf der Flucht vor der Gefahr herausgelaufen waren, blieb er allein zurück, als ob er mit seinen Schultern die Last des ganzen Einsturzes tragen

wolle, aber von der Last erdrückt, die mächtiger war als jeder menschliche Körper, bekam er den Unterschlupf vor dem Regen zum Grab des wahnsinnig Gewordenen. Diese (beiden) können ein Beispiel geben, wie durch zu viel körperliche Anstrengung die Verstandeskraft erlahmt, wie wenn die Natur, Großzügigkeit in beiden Gütern verwehrend, damit nicht ein und derselbe, über die Glücklichkeit der Sterblichen hinaus, sehr tapfer *und* sehr weise sei.

(9,13) ÜBER DAS HÄNGEN AM LEBEN   Doch da wir tapfere und mannhafte, auch einige tollkühne Todesfälle in unserer Rede behandelt haben, wollen wir nun kraftlose und verweichlichte der Aufmerksamkeit unterziehen, damit durch denselben Vergleich offengelegt wird, um wie viel das Streben nach dem Tod bisweilen nicht nur kraftvoller, sondern auch weiser ist als das Streben nach dem Leben.

(1) M. Aquilius wollte, als er ruhmreich hätte sterben können, lieber in Schande dem Mithridates dienen. Wird man ihn nicht mit Recht eher der Hinrichtung in Pontus als der Herrschaft in Rom würdig nennen, weil er ja verschuldete, dass eine persönliche Schmach sich als öffentliche Schande erwies?

(2) Auch Cn. Carbo ging mit großer Ängstlichkeit in die Annalen Latiums ein. Als er während seines dritten Konsulats auf Pompeius' Befehl zur Hinrichtung geführt wurde, erflehte er unterwürfig und kläglich von den Soldaten, dass er seinen Darm erleichtern dürfe, bevor er sterbe. Von diesem Genuss des elenden Tageslichtes machte er ziemlich lange Gebrauch, bis er es so in die Länge zog, dass ihm schließlich der Kopf abgetrennt wurde, als er noch an dem schandbaren Ort saß. Die Worte dessen, der von solcher Schmach erzählt, ringen mit sich selbst, denn sie sind dem Verschweigen nicht freund, weil es nicht vertuscht zu werden verdient, noch dem Erzählen zugeneigt, weil es so widerlich auszusprechen ist.

(3) Was für ein geringes und unseliges Quäntchen Leben erkaufte sich D. Brutus durch so viel Unehre! Als dieser von Furius ergriffen wurde, den Antonius geschickt hatte, um ihn zu töten, zog er nicht nur seinen Nacken unter dem Schwert weg, sondern schwor mit genau diesen Worten, als man ihn mahnte, ihn hinzuhalten: »Wenn ich am Leben bleibe, dann halte ich ihn hin!« O unselige Verzögerung des Schicksals! O dumme Eidesverpflichtung! Aber du maßloser Trieb, das Leben zu behalten, führst diese Leidenschaften zum Kampf gegen das Maß der gesunden Vernunft, die das Leben zu schätzen, den Tod aber nicht zu fürchten lehrt.

(Ext. 1) Du, derselbe, zwangst auch König Xerxes, für die bewaffnete Jugend ganz Asiens Tränen zu vergießen, weil sie binnen hundert Jahren sterben würde. Er scheint mir nach außen hin eine fremde, in Wirklichkeit aber seine eigene Bestimmung beklagt zu haben, er, der eher durch die Größe seines Reichtums als durch die Höhe seiner Gesinnung glücklich war – denn welcher halbwegs vernünftige Mensch wird darüber weinen, dass er sterblich geboren ist?

Auslegung

TEXTOBERFLÄCHE   Die *Facta et dicta memorabilia* des Valerius Maximus sind eine Sammlung in neun Büchern von über tausend kurzen Einzelgeschichten aus einer Vielzahl von Themenbereichen. Die Geschichten sind nach sachlichen Gesichtspunkten zu Gruppen zusammengestellt; die Texte einer Gruppe sind beispielsweise auf dieselbe Person bezogen oder werden durch gemeinsame Themen oder durch

Kontraste in Beziehung gesetzt.[111] Die Erzählungen der beiden vorliegenden Abschnitte sind durch die kontrastierenden Themen Tod und Todesangst verknüpft. Im neunten und letzten Buch, das sich hauptsächlich gewalttätigen und unsozialen Haltungen widmet, stehen sie – etwas unverbunden – gegen Ende. Die Überschriften, die das Material strukturieren, unterbrechen gelegentlich den Textfluss, auch wenn sie inhaltlich passend sind. Wenn sie nicht sekundär sind, könnten sie also zuerst am Rand gestanden haben und wären dann später in den Text eingedrungen.[112] Für die Abschnittsgliederung sind die kurzen Einleitungsabschnitte bzw. Vorbemerkungen relevant, die den Erzählungen vorgeschaltet werden – so auch hier jeweils am Beginn von 9,12 und 9,13 und dann wieder in 9,13,ext. 2. Innerhalb der Abschnitte sind die Geschichten wiederum assoziativ oder kontrastierend angeordnet; Römer und *externi* werden getrennt behandelt.

Die narrative Struktur des Textes ist nicht komplex. Jedes *exemplum* wird neu von einem externen Erzähler erzählt. In 9,13,2 nimmt der Erzähler auf sich selbst Bezug: »Die Worte dessen, der von solcher Schmach erzählt, ringen mit sich selbst«.[113] Die Fokalisation ist ebenfalls weitgehend extern; allerdings wird in einigen Geschichten auch der jeweilige Protagonist durch seine Rede, Wahrnehmung, Gedanken oder Emotion als akteurgebundener Fokalisator eingebracht (s. u.). Zumeist werden die Fokalisationsebenen dabei vermischt. Die Besonderheit des Textes liegt aber in der Verkettung unabhängiger kurzer Erzählungen. Durch sie entsteht das, was Mieke Bal ›Interdiskursivität‹ nennt.[114] Die Verkettung erfolgt mittels der nicht-narrativen Einleitungs- und Überleitungssätze, die fast immer mit einem bewertenden Kommentar verbunden sind.

Der Gattung nach handelt es sich um eine Sammlung kurzer *exempla* zum schnellen Nachschlagen[115] für den rhetorischen Gebrauch. Eine kurze Erzählung wird jeweils mit einem einordnenden und bewertenden Kommentar verbunden, der zugleich mögliche Zusammenhänge für den Gebrauch des jeweiligen Beispiels andeutet. Der Stil brachte E. Norden dazu, Valerius Maximus in die »Reihe der durch ihre Unnatur bis zur Verzweiflung unerträglichen Schriftsteller in lateinischer Sprache«[116] einzuordnen: Neben einer Neigung zu archaisch-konservativen Sprachmerkmalen (z. B. *exiguom* statt *exiguum*, 9,13,3; Vermeidung der Konsonantenassimilation bei Präfixen) fällt der variantenreiche, komplexe Satzbau auf. In dem Bemühen um stilistische Gewähltheit und Virtuosität zeigt der Text seine Zugehörigkeit zum rhetorischen Schulmilieu.[117]

---

[111]Vgl. Helm, PW 8 A/1 (1955), 95–97.
[112]Vgl. a. a. O., 97f.
[113]*Ipsa uerba tale flagitium narrantis secum luctantur.*
[114]Vgl. Bal, Narratology, 65.
[115]Vgl. Helm, PW 8 A/1 (1955), 93f.
[116]Zit. bei a. a. O., 98.
[117]Vgl. auch Kramer, Geschichte, 147.

SINNGEBUNG Die Fokalisation der Erzählungen ist im allgemeinen extern gehalten. Nur zweimal kommen akteurgebundene Fokalisatoren unmittelbar, d. h. in direkter Rede zu Wort.[118] Meist sind ihre Äußerungen[119] und ihre Wahrnehmungen, Gedanken und Emotionen[120] in die obere, externe Fokalisierungsebene eingebunden. Die Perspektive der Akteure wird dadurch ganz von der Perspektive des externen Fokalisators überlagert; in seiner Hand liegt folglich die Deutung. Gerade wörtliche Äußerungen von Akteuren erhalten stets einen Kommentar, der sie einordnet. In der externen Perspektive gibt es eine klare Unterscheidung von guten und schlechten bzw. angemessenen und unangemessenen Verhaltensweisen und Schicksalen. Gewisse Uneindeutigkeiten gibt es nur im Falle der beiden beim Geschlechtsverkehr verstorbenen Männer (9,12,8).

Die Darstellung des Todes verbindet sich programmgemäß immer mit einem Urteil über die Person, »weil es sehr viel ausmacht, unter welchen Vorzeichen (das Leben) beginnt und mit welchem Ende es abgeschlossen wird«.[121] Charakteristisch ist also jeweils eine Tat bzw. ein Schicksal und eine allfällige damit verbundene Äußerung. Für alle bis auf die zwei Soldatenmütter (9,12,2) wird ein Name angegeben. Die Charakterzeichnung für die 24 verschiedenen Akteure bleibt ansonsten undifferenziert und ›flach‹; der Erzählerkommentar, der den Tod jeweils interpretiert, rundet das Bild ab.

Mehrere Motive, die mit dem Sterben verknüpft sind, sollen hervorgehoben werden. An erster Stelle und sehr dominierend im Text sind zahlreiche Vokabeln, die dem Ehre-Schande-Diskurs zuzurechnen sind. Bei allen Römern, auch bei den beiden Frauen, finden sich entsprechende Ausdrücke.[122] Bei den Nichtrömern finden sie sich gelegentlich.[123] Damit in Beziehung steht der Gedanke, Todesangst sei unangemessen, sowohl unter dem Gesichtspunkt der Ehre als auch unter dem Gesichtspunkt der Vernunft.[124] Diesem Thema wird sogar ein eigener Abschnitt gewidmet. Durchaus angemessen sind dagegen die zahlreichen Suizide, vor allem bei den Römern, aber auch bei dem Nichtrömer Koma.

Ein wichtiges Motiv ist auch die Entsprechung von Leben und Sterben. Dass die

---

[118] 9,12,ext. 6 Philemon; 9,13,3 D. Brutus.

[119] 9,12,7 Licinius Macer; 9,13,2 Cn. Carbo; 9,13,ext. 1 Xerxes.

[120] 9,12,3 Thalna – Aufregung; 5 Cornelius Merula – Vermeidung von Schande; 6 Herennius Siculus – Vermeidung von Schande; 7 Licinius Macer – Blick auf Cicero; 9,12,ext. 3 Homer – Schmerz; ext. 9 Milon – Vertrauen auf seine Kraft.

[121] *Quia plurimum interest quibus auspiciis inchoetur et quo fine claudatur* (9,12). Im Sterben »wird auch der individuelle Charakter einer letzten Bewährungsprobe unterzogen«, VOGEL, Geschichtsschreibung, 537.

[122] 9,12,1 *columen, honore*; 2 *sed minus miror, quod mulieres*; 3 *en cui ... !* 4 *Marianae gloriae rubor*; 5 *contumeliosae mortis denuntiationem*; 6 *ignominiae*; 7 *insolentissimi, a crimine domesticae damnationis*; 8 *perridicula*; 9,13,1 *gloriose, obprobium, rubor*; 2 *sordidus, flagitium*; 3 *quanto dedecore*.

[123] 9,12,ext. 4 *non debita*; ext. 5 *indignissimi*; ext. 6 *immoderati*; 9,13,ext. 1 *altiore animi sensu*.

[124] Vgl. zu letzterem: »welcher halbwegs vernünftige Mensch wird darüber weinen, dass er sterblich geboren ist?« (*quis enim mediocriter prudens mortalem se natum fleuerit?* [9,13,ext. 1]).

Lebensführung und die Todesart eines Menschen in engem Zusammenhang stehen und der Tod deswegen einen Menschen im Positiven wie im Negativen charakterisieren kann, wird durchgehend vorausgesetzt und in der Vorbemerkung zu 9,12 auch expliziert. Auffällig ist dann, wenn zwischen dem Leben (bzw. Lebenswerk) und dem Sterben gerade kein Zusammenhang bzw. ein starker Kontrast festgestellt wird, so bei den vier griechischen Dichtern Aischylos, Homer, Euripides und Sophokles (9,12,ext. 2–5). Überraschend ist auf dem Hintergrund dieser Überzeugung eine kritische Auseinandersetzung mit dem Leben-Sterben-Zusammenhang in 9,12,8: Eine bestimmte Todesart kann auch dem Zufall geschuldet sein.[125] Ein hohes Gut und dementsprechend auch Zeichen einer angemessenen Lebensführung ist ein »ruhiger« Tod (9,12 Vorrede und 9,12,ext. 1.8).

Es ist auch möglich, dass Todesfälle nicht nur wegen ihrer Aussagekraft, sondern schlicht wegen ihrer Ungewöhnlichkeit berichtet werden. Formulierungen wie »ein einzigartiges Schicksal«, »wegen der Besonderheit des Falles« oder »ungewöhnlich«[126] weisen darauf hin.

Die Zeitstruktur ist nicht komplex. Die Ereignisse werden meist gerafft erzählt, von szenischer Darstellung kann man bei den etwas ausführlicheren Abschnitten sprechen (9,12,7.ext. 1.6.9.10; 9,13,2.3). Von der Reihenfolge der Ereignisse wird in der Darstellung nie abgewichen. Es gibt aber keine zeitliche Verknüpfung der Erzählungen; die kurzen Abschnitte sind nicht *narrativ* miteinander verbunden, und ihre Inhalte stehen in keinem zeitlichen oder kausalen Ereigniszusammenhang untereinander.

Sinngebend sind alle Teile des Textes, die narrativen wie die kommentierenden.

EREIGNISBEZUG   Die 22 Kurz-Fabulae des vorliegenden Textausschnittes enthalten jeweils die Umstände und die Ursache eines oder zweier Todesfälle. Die römischen Fälle enthalten zumeist eine Angabe zum zeitgeschichtlichen Umfeld – etwa kriegerische Ereignisse oder bekannte Zeitgenossen.[127] Bei den *externi* fehlen solche Angaben.[128] In 9,12 wird in jeder Einzelerzählung das Eintreten des Todes ausdrücklich konstatiert, in 9,13 dagegen nur einmal (Cn. Carbo). Die Ereignisse einer Fabula sind jeweils im Zeitraum weniger Stunden unterzubringen.

Der Text gibt keine Hinweise auf Quellen oder Gewährsleute. Man nimmt ge-

---

[125]Wenn das freilich so ist, steht es offensichtlich dem Rhetor frei, je nach seinem Redeinteresse (Lob oder Tadel, ἐγκώμιον oder ψόγος) negative Todesumstände für zufällig zu erklären oder sie für eine negative Charakteristik auszuwerten.

[126]*Singularem fati sortem* (9,12,1); *propter nouitatem casus* (ext. 2); *non uulgaris* (ext. 3).

[127]9,12,2 die Schlacht am Trasimenischen See, 3 Tiberius Gracchus, 4 Marius und der Bürgerkrieg, 5 der Bürgerkrieg, 6 Gaius Gracchus, 7 Cicero; 9,13,1 Mithridates, 2 Pompeius, 3 Antonius.

[128]Als Ausnahme kann Koma gelten, dessen (ohnehin ›römisch‹ anmutender) Tod im Zusammenhang mit der Auseinandersetzung um Henna und zur Zeit des Konsuls Publius Rutilius steht.

nerell an, Valerius Maximus habe sowohl aus bestehenden Sammlungen als auch aus eigener Lektüre geschöpft.[129]

Der Zeitabstand vom Ereignis zur Abfassung in den Jahren 27–31 n. Chr.[130] schwankt gewaltig. Neben Decimus Brutus (9,13,3), der 43 v. Chr. starb,[131] stehen Homer und der römische König Tullus Hostilius, also Gestalten, die im 8. bzw. 7. Jahrhundert v. Chr. lebten und noch mythische Züge tragen.[132] Der zeitliche Abstand ist für den vorliegenden Text generell unwichtig; es werden zwar zeitgeschichtliche Einordnungshilfen gegeben, aber für die Sinngebung und die rhetorische Verwendung der *exempla* spielt das keine Rolle.

An Genauigkeit in der Überlieferung scheint ebenfalls kein großes Interesse zu bestehen; ob die hier besprochenen Berichte historisch plausibel sind, ist schwer zu beurteilen. Einige Vorfälle sind auch mit anderen Protagonisten überliefert. So soll sich Herodes' Bruder Phasael nach Josephus (AJ 14,367) wie hier Herennius Siculus den Kopf vor dem Gefängnis zertrümmert haben, um der Hinrichtung zu entgehen. Diogenes Laertius berichtet (7,185), Chrysippus habe sich über seinen eigenen Witz totgelacht – es handelt sich um den gleichen Witz vom Esel und den Feigen wie hier bei Philemon (9,12,ext. 6). Während der Phasael-Herennius-Vorfall auch zweimal geschehen sein mag, muss die Geschichte vom Witz durch Ungenauigkeiten in der Überlieferung an verschiedene Protagonisten geknüpft worden sein.

FAZIT   Valerius bietet eine ausführliche Sammlung rhetorisch verwendbarer *exempla*. Die dargebotenen Todesfälle wählt er aus, weil sie ihm aussagekräftig oder ungewöhnlich und deshalb zum rhetorischen Gebrauch besonders geeignet erscheinen. Valerius versieht jedes Beispiel mit einem wertenden Kommentar, die den jeweiligen Todesfall im Rahmen des Ehre-Schande-Diskurses deutet und häufig die Art des Sterbens zur Lebensführung oder dem Lebenswerk des jeweiligen Protagonisten in Beziehung setzt (meist passt beides zueinander, selten benennt er einen – unverdienten – Kontrast).

---

[129]HELM, PW 8 A/1 (1955), 102, stellt das Vorgehen so dar: Valerius exzerpierte zunächst sowohl vorliegende Sammlungen als auch andere Werke, die er las, gruppierte in einem zweiten Schritt das Material (wobei manche Details in Unordnung gerieten) und gestaltete es schließlich nach seinen stilistischen Vorstellungen, wobei er auch die Zusammenhänge zwischen den einzelnen *exempla* und Abteilungen herstellte. Zur Quellenfrage vgl. allgemein a. a. O., 102–114.

[130]Vgl. RÜPKE, DNP 12/1 (2002), 1116.

[131]Vgl. WILL, DNP 6 (1999), 62.

[132]Vgl. LATACZ, DNP 5 (1998), 687; GRAF, DNP 5 (1998), 745.

5.3.2   Claudius (Sen. apocol. 4,2–5,1)

Literatur

Text: RONCALI, Ἀποκολοκύντωσις, 6f. Eine engl. Übersetzung und Kommentar bei EDEN, Apocolocyntosis, 35f.80–82. Zu Seneca: GRIFFIN, Seneca; MAURACH, Seneca; DINGEL, DNP 11 (2001), 411–419. Zu Claudius: GAHEIS, PW 3/2 (1899), 2778–2839; ECK, DNP 3 (1997), 22–26.

Übersetzung

(4,2) [. . .] Doch Lachesis, die auch selbst Gefallen an diesem wunderschönen Mann (sc. Nero) hatte, tat jenes mit vollen Händen und gab Nero viele Jahre aus ihrem Vorrat. Sie befehlen aber, dass alle dem Claudius »mit Freuden und Lobpreis das Geleit aus dem Hause geben.« Jener freilich sprudelte sein Leben heraus und hörte von da an auf, lebendig auszusehen. Er hauchte (es) aber aus, während er sich Komödianten anhörte – du weißt also, dass ich jene nicht ohne Grund fürchte. (3) Seine letzten Worte, die man unter Menschen hörte, waren – nachdem er noch einen lauteren Ton mit jenem Körperteil von sich gegeben hatte, mit dem ihm das Sprechen leichter fiel:»O je, ich glaube, ich habe mich angeschissen!« Ob er das wirklich getan hat, weiß ich nicht; jedenfalls hat er alles (andere) verschissen.

(5,1) Es ist überflüssig, mitzuteilen, was sich danach auf Erden abgespielt hat. Ihr wisst es nämlich sehr gut, und es besteht keine Gefahr, dass das in Vergessenheit gerät, was die allgemeine Freude dem Gedächtnis eingeprägt hat: Keiner vergisst, was ihn glücklich macht. Hört (stattdessen), was sich im Himmel zutrug. Die Zuverlässigkeit (der Information) liegt bei meiner Quelle.

Auslegung

TEXTOBERFLÄCHE   Senecas *Divi Claudii* ἀποκολοκύντωσις[133] ist eine Satire auf die Apotheose des Kaisers Claudius. Die kurze Todesszene ist eingebettet in eine Reihe von Ereignissen, die sich im Himmel abspielen. In Kapitel 3 bittet Merkur die Parze Clotho, endlich Claudius von seinem Leben zu erlösen. Nach kurzem Zögern willigt sie ein und schneidet Claudius' Lebensfaden ab. Währenddessen (4,1) spinnt ihre Schwester Lachesis den langen und goldenen Lebensfaden Neros, und ihr Bruder Phoebus Apollo preist den jungen Nero in poetischer Sprache als einen zweiten Apoll. Mit dem Kontrast Nero – Claudius wird der Übergang zur Todesszene geschaffen. Auf Claudius' Tod folgt schließlich sein Eintreffen im Himmel, wo er um Aufnahme ansucht.

Die Erzählstruktur des knappen Ausschnitts ist einfach: Es gibt nur einen (externen) Erzähler. Auch die Fokalisierung ist extern gehalten bis auf den Befehl der Parzen (4,2; in *oratio obliqua,* d. h. die Ebenen werden vermischt) und Claudius' letzte Worte (4,3). Nicht-narrativ sind nur eben diese letzten Worte und der Kommentar, der den Übergang zu den Ereignissen im Himmel bildet (5,1).

---

[133]Der Titel des Werkes ist bei Cassius Dio 60 (61),35,3 bezeugt (συνέθηκε μὲν γὰρ καὶ ὁ Σενέκας σύγγραμμα, ἀποκολοκύντωσιν αὐτὸ ὥσπερ τινὰ ἀθανάτισιν ὀνομάσας). Er bedeutet »Verkürbissung« und ist wohl als Verballhornung von ἀποθέωσις »Vergöttlichung« gebildet.

Der Gattung nach ist die Apokolokyntosis eine sog. Menippeische Satire. Diese Gattung soll auf Menippos aus Gadara zurückgehen. Sie zeichnet sich durch den Wechsel von Prosa- und Verspassagen[134] oder genauer, durch die Kombination von Konventionen bzw. Inhalten verschiedener Gattungen[135] aus. Auch bestimmte *settings* wie z. B. Himmelsszenen sind charakteristisch für Menippeische Satiren.[136] In dem vorliegenden Ausschnitt sind als Mikrogattungen ein griechisches Dichterzitat[137] (4,2) und eine ausdrücklich gekennzeichnete *ultima vox* (4,3) eingebunden.

SINNGEBUNG   Die externe Fokalisation stellt sich ganz gegen den Protagonisten und unternimmt alles, um ihn zu diskreditieren. Der Ausspruch der Parzen mahnt zur Freude über den Tod des Claudius – davon spricht auch der Kommentar (5,1) nach seinem Ableben –, und wo dieser selbst als Fokalisator auftritt, wird ihm seine eigene Demütigung in den Mund gelegt.

Dazu passt, dass die ganze Charakterzeichnung vernichtend ist. Das vorherrschende Mittel, den sterbenden Claudius zu blamieren, sind physische Unzulänglichkeiten.[138] Natürlich fällt die drastisch vorgetragene fehlende Kontrolle des Stuhlgangs auf, aber auch Blähungen[139] und ein Sprachfehler (»mit dem ihm das Sprechen leichter fiel« [4,3]).[140] Ganz charakteristisch für die Menippeische Satire verbindet sich hier Phantastisches und Symbolisches mit einem extremen und groben Naturalismus.[141] Später im Werk führen weitere Gebrechen (z. B. Hinken) zur Ablehnung im himmlischen Senat (apocol. 11,3).[142] Claudius' körperliche Minderwertigkeit erscheint noch deutlicher im Kontrast zu Nero, von dem kurz vorher gesagt wird, er sehe aus und habe eine Stimme wie Apoll.[143]

Das bekannte Motiv der *ultima verba* wird im vorliegenden Text karikiert. Aus anderen Quellen sind keine ›letzten Worte‹ des Claudius überliefert, und die Apokolokyntosis füllt die Lücke (die Wendung *ultima vox* wird terminologisch gebraucht).[144] Man nimmt an, die letzte Äußerung eines Sterbenden werfe ein bezeichnendes Licht auf seinen Charakter und sein Leben.[145] Diese Sicht wird auch im vorliegenden Text

---

[134] Vgl. BAUMBACH, DNP 7 (1999), 1244.

[135] Vgl. RIIKONEN, Menippean Satire, 12.

[136] Vgl. a. a. O., 24.

[137] Aus Euripides, Cresphontes fr. 449 v. 4, vgl. EDEN, Apocolocyntosis, 80.

[138] »Den Zeitgenossen trat der Abstand zwischen dem C[laudius], den sie selbst gekannt hatten, und dem Gotte C[laudius] allzu stark vor die Augen. Der Spott, der den Kaiser zeitlebens verfolgt hatte, fand auch in diesem Contraste ein dankbares Object«, GAHEIS, PW 3/2 (1899), 2816.

[139] Vgl. Aristophanes, Ach. 30; Petronius, Cena 47: RIIKONEN, Menippean Satire, 43. Man könnte (mit Weinreich) annehmen, der Kaiser hauche seinen Geist durch den After aus, vgl. ebd.

[140] *Quo facilius loquebatur.*

[141] Vgl. a. a. O., 23.

[142] Vgl. VOGEL, Commentatio, 140.

[143] *Ille mihi* [sc. Apolloni] *similis vultu similisque decore nec cantu nec voce minor* (4,1). Die Kontrastierung der beiden Kaiser ist als Beitrag zur ideologischen Fundierung der neronischen Regierung zu verstehen. »Nothing is sacred here – except Nero«: GRIFFIN, Seneca, 131.

[144] Vgl. EDEN, Apocolocyntosis, 81.

[145] Vgl. GNILKA, Ultima Verba, 7.

bestätigt, denn Claudius hat auch »alles (andere) verschissen« (4,3).[146] Interessant ist auch, dass Claudius sich vor seinem Ende von Komödianten unterhalten lässt. So starb einige Jahre später auch Petronius (Tac. ann. 16,19,2) – das steht in markantem Kontrast zu dem philosophischen Diskurs, den Stoiker wie Thrasea oder Seneca selbst oder auch schon Sokrates unmittelbar vor ihrem Lebensende pflegten. – Das Zitat aus Euripides erhält im vorliegenden Kontext eine neue Bedeutung:

> The original context recommends grief (for future woes) at a birth, and joy (for troubles past) at a death – the opposite of common practice. But the present context invests the quotation with cynical irony: poeple are to rejoice not for Claudius' release from mortal misfortunes, but for their release from him.[147]

Die Zeitstrukturen werfen keine Unklarheiten auf. Mit dem Dichterzitat endet eine Szene, die bei den Göttern lokalisiert ist; es folgt die eher knappe Todesszene auf der Erde. 5,1 ist die nicht-narrative Überleitung zu der folgenden Szene, die wieder im Kreise der Götter spielt. Die Ereignisse werden in der Reihenfolge ihres Geschehens erzählt; es gibt keine Umstellungen.

Alle Elemente des Textes transportieren Deutungen. Das gilt aber vor allem die nicht-narrativen Mittel, also Kommentare, Beschreibung und Rede.

EREIGNISBEZUG   Die Fabula der Erzählung ist nicht umfangreich: Die Parzen ordnen Claudius' Bestattung an. Dieser hat, während er Komödianten beim Spiel zusieht, Probleme mit Blähungen, spricht davon, einen Stuhlabgang gehabt zu haben, und stirbt. Das ganze dauert nur wenige Momente.

Hatte der Verfasser irgendwoher genaue Informationen über das Ende des Claudius? Der Kaiser starb, angeblich an einem vergifteten Pilzgericht, am 13. Oktober 54.[148] Die Abfassung der Apokolokyntosis wird im November oder Dezember desselben Jahres angesetzt,[149] also nur wenige Wochen später.[150] In der Darstellung von Claudius' Tod lassen sich einige Anspielungen auf Informationen erkennen, die auch anderswo überliefert sind: Komödianten wurden nach Suet. Claud. 45 zu dem gerade verstorbenen Claudius geholt, um seinen Tod noch für einige Stunden zu kaschieren. Das *concacavi me* mag eine Anspielung auf das Gerücht sein, Claudius habe nach einem ersten Vergiftungsversuch (dem Pilzgericht) einen Einlauf erhalten, der den gestörten Verdauungstrakt entlasten sollte,[151] der jedoch abermals vergiftet gewesen sei und zum Tod führte (Suet. Claud. 44,3). »But our author

---

[146]*Omnia certe concacavit.*

[147]EDEN, Apocolocyntosis, 80.

[148]Vgl. GAHEIS, PW 3/2 (1899), 2815.

[149]Vgl. GRIFFIN, Seneca, 129 Anm. 3; EDEN, Apocolocyntosis, 4f.

[150]Nach Bakhtin ist die Menippeische Satire ein journalistisches Genre, das sich mit tagesaktuellen Ereignissen befasst, vgl. RIIKONEN, Menippean Satire, 26f.

[151]Vgl. EDEN, Apocolocyntosis, 81.

is silent about the cause of death, yet knowledgeable about the circumstances«.[152] Das alles spricht dafür, dass Seneca, der der mutmaßlichen Täterin Agrippina und dem vom Tod des Claudius profitierenden Thronfolger Nero nahestand, hier mit Anspielungen auf die am Hof bekannten Umstände des Todes eine fiktionale Todesdarstellung schuf, die für Nero unterhaltsam[153] und instruktiv[154] sein sollte und zugleich seiner eigenen biographisch bedingten Abneigung[155] gegen Claudius entsprach.

FAZIT   In der Form einer Menippeischen Satire greift Seneca die am Hof kursierenden Gerüchte über Claudius' Tod auf. Das Werk bedient sich aller Mittel, um seinen Protagonisten ins Lächerliche zu ziehen, und betont dabei besonders dessen körperliche Schwächen. Die Satire karikiert dabei geprägte Konventionen und verbindet Phantastisch-symbolisches mit grob naturalistischen Zügen.

5.3.3   Ofonius Tigellinus (Tac. hist. 1,72)

Literatur

Text: KOESTERMANN, Historiarum libri, 41. Eine deutsche Übersetzung z. B. bei VRETSKA, Historien, 113–115. Kommentar: HEUBNER, Historien 1, 152–154. Einführende Lit. zu Tacitus s. oben S. 132. Zu Ofonius Tigellinus: STEIN, PW 17/2 (1937), 2056–2061; ECK, DNP 8 (2000), 1120.

Übersetzung

(1) Gleicher Jubel folgte aus anderen Gründen, als man das Ende des Tigellinus erreicht hatte. Ofonius Tigellinus, von niederen Eltern, abscheulich in seiner Jugend, schamlos im Alter, hatte das Kommando der Feuerwache und des Prätoriums und andere Tugend-Auszeichnungen durch seine Laster erhalten, weil das schneller ging, und übte sich bald in Grausamkeit, dann in Habgier, also in Männer-Verbrechen. Er verführte Nero zu jeder Schandtat, wagte einiges auch ohne sein Wissen und verließ und verriet denselben zuletzt. Daher verlangten aus unterschiedlicher Neigung die Hasser und die Verehrer Neros für niemanden beständiger die Bestrafung. (2) Bei Galba wurde er durch den Einfluss des Titus Vinius geschützt, der vorgab, seine Tochter sei von ihm gerettet worden; und ohne Zweifel war sie durch ihn gerettet worden, (aber) nicht aus Milde – er hatte ja so viele umgebracht –, sondern als Ausweg für die Zukunft, weil jeder Böse, der aus Misstrauen vor der Gegenwart, und weil er Veränderung fürchtet, gegen den Hass in der Öffentlichkeit die

---

[152]EDEN, Apocolocyntosis, 82.

[153]Nero dürfte der erste Adressat der Schrift gewesen sein, vgl. DINGEL, DNP 11 (2001), 415.

[154]Auch die politische Praxis des Claudius wird in der Apokolokyntosis diskreditiert, die damit die Funktion erhält, »to make of Claudius an example to Nero of how not to govern«: EDEN, Apocolocyntosis, 13. Somit ergänzt sie Senecas Tätigkeit als Redenschreiber für Nero und seinen an Nero adressierten Traktat *de clementia*, vgl. a. a. O., 11f.

[155]Claudius hatte zwar ein Todesurteil gegen Seneca verhindert, ihn aber acht Jahre ins Exil auf Corsica geschickt, was dieser ihm nie verzieh; vgl. MAURACH, Seneca, 29–36.

Gefälligkeit im Privaten vorbereitet. Daher (hat man) kein Interesse an Unschuld, sondern (sucht) gegenseitige Strafverschonung.

(3) Umso aufgebrachter liefen die Leute, da zum alten Hass auf Tigellinus die Missgunst gegen Titus Vinius dazukam, aus der ganzen Stadt auf dem Palatin und den Foren zusammen und verteilten sich, wo die Frechheit des Pöbels am größten ist, im Zirkus und den Theatern, und tobten mit aufrührerischem Geschrei, bis Tigellinus beim Sinuessa-Gewässer die Nachricht von seiner letzten Pflicht erhielt und sich unter Unzucht mit Konkubinen und unter Küssen und schmachvoller Verzögerung sich mit einem Messer die Kehle durchschnitt und sein schimpfliches Leben auch noch durch einen zu späten und ehrlosen Tod beschmutzte.

Auslegung

TEXTOBERFLÄCHE Die Erzählung vom Tod des Ofonius Tigellinus steht im Kontext der Ereignisse des Vierkaiserjahres 69 n. Chr. Otho ist nach Galbas Ermordung als neuer Princeps anerkannt (1,47), befindet sich aber noch im Krieg gegen Vitellius. Von den Ereignissen in Vitellius' Truppen und von den Planungen seines Feldherrn Caecina in Helvetien und Transpadanien schwenkt in 1,71,1 der Blick nach Rom *(interim)* und zu Othos »wider aller Erwarten«[156] durchaus ernsthafter Amtsführung – für Tacitus eine geheuchelte Ernsthaftigkeit. Als Beispiele für diese Amtsführung werden die Begnadigung des Marius Celsus (1,71), der Tod des Tigellinus (72) und ein Verfahren gegen Calvia Crispinilla (73) erzählt; mit 1,74,1 wendet sich die Erzählung dann wieder dem Otho-Vitellius-Konflikt zu.

Die Erzählsituation im vorliegenden Abschnitt ist einheitlich gehalten: Es gibt nur einen externen Erzähler; auch vor und nach dem Kapitel wechselt der Erzähler nicht. Ein Wechsel in der Fokalisationsebene wird allenfalls angedeutet, als in 72,2 Tigellinus' Motivation für die Rettung von Titus Vinius' Tochter entfaltet wird (Tigellinus als akteurgebundener Fokalisator). Am Ende von § 2 ist der Kommentar ab »weil jeder Böse [. . .]« nicht narrativ.

Für die Formbestimmung muss die starke rhetorische Durchgestaltung des Abschnittes berücksichtigt werden. Besonders die Arbeit mit Antithesen und Gegensätzen fällt auf (s. u.). Im Wesentlichen ist der Aufbau des ganzen Kontextes chronologisch, in Episoden gegliedert. Für die Sache wichtige Informationen oder Einschätzungen können bei den jeweiligen Episoden als Rückblende nachgetragen werden (s. u.). Die gattungsmäßige Einordnung des Gesamtwerkes als historische Monographie wird durch diese Beobachtungen präzisiert.[157]

SINNGEBUNG Die Präsentation der erzählten Ereignisse wird durch einen externen Fokalisator ganz unverhohlen gesteuert. Die Perspektive dieses Fokalisators wird

---

[156]*Contra spem omnium.*
[157]Die *exempla*-Struktur gilt generell als charakteristisch für die annalistischen Werke des Tacitus, vgl. BECKER, Markus-Evangelium, 140.

durch den reichen Gebrauch von Antithesen geschärft ausgedrückt: »Gleicher Jubel folgte aus anderen Gründen«, »Auszeichnungen für die Tugend durch seine Laster«, »aus unterschiedlicher Neigung die Hasser und Verehrer«, »gegen den Hass in der Öffentlichkeit die Gefälligkeit im Privaten«, »kein Interesse an Unschuld, sondern gegenseitige Strafverschonung«.[158] Wo dagegen Tigellinus als Fokalisator angedeutet wird, nämlich mit seiner Motivation für die Rettung von Vinius' Tochter, werden seine Gedanken sofort als die eines *pessimus quisque* diskreditiert und die Möglichkeit der Identifikation mit diesem Akteur dadurch ausgeschaltet.

Protagonist des Geschehens ist Ofonius Tigellinus (zumeist auch das grammatische Subjekt im vorliegenden Abschnitt). Er erscheint als grundsätzlich böse.[159] Das wichtigste Mittel zu seiner Charakterisierung sind hier ist die massive Präsenz von wertbesetzten Vokabeln bei der Beschreibung seiner Person und bei der Erzählung seiner Taten. Dadurch wird Tigellinus als Verbrecher[160] und als ehrlos [161] charakterisiert. Er wird als *pessimus quisque* eingeordnet; eine gute Tat, die immerhin berichtet wird, wird sofort als rein taktische Maßnahme abqualifiziert. So ergibt sich »[e]in beeindruckend negatives Portrait«.[162]

Ganz entsprechend zeigt der Blick auf die Motive ein starkes Gewicht auf dem Ehre-Schande-Diskurs. Tigellinus wird so eindringlich wie möglich jegliche Ehre abgesprochen. Die Art des Sterbens ist selbst nicht eindeutig unehrenhaft:[163] Der Suizid wird nicht durch das übliche Aufschneiden der Pulsadern, sondern durch Durchschneiden der Kehle vollzogen.[164] Auch der Verkehr mit Konkubinen zum Aufschub des Suizid wird als unehrenhaft gekennzeichnet. – Ein anderes Motiv, das in der taciteischen Literatur häufig auftaucht, ist die Zügellosigkeit *(licentia)* der Massen.[165] In seiner Unbeherrschtheit reißt der Pöbel die Kontrolle an sich. So tritt Kaiser Otho, um dessen Amtsführung der weitere Kontext ja kreist, in der Episode um Tigellinus' Tod ganz zurück.[166] Die *licentia* der Massen bringt immer Unheil.

Die Zeitstruktur zeigt eine Konzentration am Ende des Textes: Der Werdegang des Tigellinus und das Jahr unter Galba beanspruchen je einen Paragraphen, der

---

[158] *Par exultatio disparibus causis* (§ 1), *praemia virtutum [. . .] vitiis adeptus* (ebd.), *diverso affectu, quibus [. . .] et quibus* (ebd.), *adversus publicum odium privatam gratiam* (§ 2), *nulla innocentiae cura, sed vices impunitatis* (ebd.).

[159] Vgl. auch ann. 14,51,3; 57,1–3; 60,3 und immer wieder in ann. 15.

[160] *Vitiis, scelera, facinus, desertor ac proditor,* § 1.

[161] *Obscurus, foedus, impudicus, corruptus, stupra, deformis, infamis, foedare, inhonestus,* § 1.3.

[162] Eck, DNP 8 (2000), 1120.

[163] Dieses Detail ist zu berücksichtigen, denn die »physische Person (der Körper) ist normalerweise symbolisches Abbild des sozialen Wertes Ehre.« Malina, Welt, 50.

[164] Ein ehrenhaftes Durchschneiden der eigenen Kehle ist auf der Trajanssäule belegt: Der dacische König entgeht auf diese Weise der Gefangennahme durch die Römer; Abbildung bei McMaster Trajan Project, Trajan's Column Image Database. Dank an Mihai Grigore (Erlangen/Erfurt) für den Hinweis.

[165] Zur *licentia*, besonders der Soldatenhaufen, vgl. Vretska, Historien, 756f.

[166] Vgl. Heubner, Historien 1, 152.

dritte Paragraph umfasst nur einen Tag. In diesem Paragraphen sind drei angedeutete Szenen – das Zusammenlaufen des Volkes, die Übermittlung des Suizidbefehls und der Suizid – in einem Satz zusammengeschlossen. Der Abschnitt ist als Rückblende strukturiert: Der Eröffnungssatz gehört an das Ende der Ereigniskette, der Rest ist Rückschau. Dabei liegen die Ereignisse von § 1f. vor dem Beginn des Buches (d. h. vor dem 1. Januar 69), § 3 schließt an hist. 1,71,2 an. Innerhalb von § 2 ist die Rettung der Tochter des Titus Vinius wiederum eine Rückblende. Die Zeitstruktur des Abschnittes ist also sorgfältig gearbeitet.

Träger der Sinngebung sind, zusammenfassend, sowohl narrative als auch nicht-narrative Passagen, vor allem aber die Fokalisation und die dauernde Präsenz von (negativ) bewertenden Vokabeln.

EREIGNISBEZUG Die Erzählung umfasst folgende Ereignisse: Ofonius Tigellinus wächst unehrenhaft auf, erreicht auf illegalem Weg mehrere Ehrenämter und tritt als grausam und gierig auf. Er gewinnt Einfluss auf Nero, rettet Vinius' Tochter, verrät schließlich Nero. Durch Vinius' Einfluss wird er von Galba verschont. Unter Otho verlangt das Volk seine Bestrafung, er erhält einen Suizidbefehl und nimmt sich in Gegenwart von Konkubinen das Leben. Jubel folgt auf seinen Tod. Die Ereignisse umfassen zunächst den unbestimmten Zeitraum seines Heranwachsens und öffentlichen Auftretens, dann das Jahr unter Galba und schließlich seinen letzten Tag; die Zeiträume werden also kürzer (s. o.).

Über Quellen macht Tacitus hier keine Angaben. Tacitus war 69 n. Chr. erst etwa zwölf Jahre alt. Er muss also schriftliche Quellen verwendet haben. Bis zur Abfassung der Historien (105–109 n. Chr.[167]) vergingen noch 36 bis 40 Jahre.

Die historische Glaubwürdigkeit des Abschnittes ist differenziert einzuschätzen. Die unerfreulichen Details von Tigellinus' Ableben werden nicht zu hoch zu bewerten sein, sie erwecken vielmehr den Eindruck einer Komposition, die Tigellinus' Ehrlosigkeit bis zum Äußersten treibt. Dagegen erscheint das Gerüst der Handlung, also der Einfluss der Massen auf das Todesurteil durch Otho, die Protektion des Tigellinus unter Galba durch Titus Vinius und die ›Rettung‹ von dessen Tochter (auch wenn über diesen Vorgang Unklarheit besteht[168]) durchaus plausibel.

FAZIT Im Rahmen der episodischen Struktur der Historien bringt Tacitus Tigellinus' Tod als *exemplum* für Othos Amtsführung ein; das Gewicht der Episode liegt dementsprechend auf der Todesszene. Der rhetorisch stark durchgestaltete Abschnitt lenkt mit allen Mitteln den Blick auf Tigellinus' Ehrlosigkeit; die Steuerung durch die externe Fokalisation ist klar sichtbar, das Vokabular ist vom Ehre-Schande-Diskurs geprägt.

---

[167]Vgl. FLAIG, DNP 11 (2001), 1210.
[168]Vgl. HEUBNER, Historien 1, 153.

5.3.4   Masada (Jos. BJ 7,275–406)

Literatur

Text: Michel/Bauernfeind, De bello Judaico II,2, 124–149; dort auch eine deutsche Über-
setzung; Kommentar: a. a. O., 265–281. Zur Einleitung in das *Bellum* vgl. Vermes/Millar/
Goodman, History 1, 46–48. Einführende Lit. zu Josephus s. oben S. 122. Zur Belagerung
Masadas: Cohen, JSJ 33 (1982), 385–405; Roth, Length, 87–110; zur Forschungsgeschichte:
Yadin, Excavation; Yadin, Masada; Ben-Yehuda, Myth; Ben-Yehuda, Sacrificing Truth.

Übersetzung (Auszüge)

(275) Gegen Eleazar also und die Sikarier, die mit ihm Masada hielten, zog der römische
Feldherr mit seinen Streitkräften und bemächtigte sich sogleich der ganzen Gegend, indem
er in ihren günstigsten Teilen Wachen stationierte; (276) er zog aber eine Mauer rings
um die Festung, sodass es für niemanden leicht war, den Belagerern zu entkommen, und
disponierte die Bewacher. (277) Er selbst lässt ein Lager aufschlagen, wofür er einen Ort
wählt, der zur Belagerung möglichst günstig ist, bei dem die Felsen der Festung an den
nächsten Berg angrenzen, der andererseits ungünstig für die Lebensmittelversorgung ist,
(278) denn nicht nur die Nahrung wurde von weither gebracht und mit großer Mühe für
die dazu bestimmten Juden, sondern auch das Trinkwasser musste ins Lager transportiert
werden, weil der Ort keine nahegelegenen Quellen hergab. (279) Nachdem er also derart
vorgesorgt hatte, wandte sich Silva zur Belagerung, die viel technisches Geschick und
Anstrengung erforderte wegen der Stärke der Festung, die folgende Beschaffenheit besaß:
[…]

(304) Weil, wie gesagt, der Feldherr der Römer den ganzen Ort von außen schon mit
einer Mauer umgeben hatte, und gründlichste Vorkehrung getroffen hatte, dass keiner entkommen konnte, schritt er zur Belagerung, indem er den einzigen Ort herausfand, der
die Aufschüttung eines Dammes zulassen konnte. (305) Denn hinter dem Turm, der den
Weg absperrte, der von Westen zum Königspalast und zum Gipfel führte, gab es einen
Felsvorsprung, der von beträchtlicher Größe war und weit herausragte, dreihundert Ellen
unterhalb der Spitze von Masada; man nannte ihn Leuke. (306) Silva stieg zu ihm hinauf
und nahm ihn ein und befahl dem Heer, Schutt hinzuschaffen. Weil die aber bereitwillig
und mit großer Kraft arbeiteten, wurde der Damm auf zweihundert Ellen fest aufgeschüt-
tet. (307) Den Baumeistern schien dieses Maß freilich weder fest genug noch ausreichend
für den Aufstieg zu sein, sondern darauf wurde eine Lage von großen zusammengesetzten
Steinen angelegt, fünfzig Ellen breit und hoch. (308) Die Ausstattung der anderen Geräte
war aber denen vorher unter Vespasian ähnlich und den danach unter Titus zur Belagerung
entworfenen, (309) und ein Sechzig-Ellen-Turm wurde hergestellt, ganz mit Eisen gepan-
zert, von dem aus die Römer durch den Beschuss mit Pfeilen und Steinschleudern die von
der Mauer aus Kämpfenden schnell vertrieben und am Vornüberbeugen hinderten. (310)
Zugleich ließ Silva einen großen Rammbock machen und befahl, ständige Angriffe auf die
Mauer zu machen; als er endlich also einen Teil durchbrach, riss er sie nieder.

(311) Die Sikarier kommen ihm zuvor, indem sie von innen schnell eine andere Mauer
bauen, die von den Maschinen nicht das Gleiche erleiden sollte. Damit sie flexibel war
und die Wucht des Angriffes abschwächen konnte, bauten sie sie folgendermaßen: (312)

Sie fügten große Balken zusammen, die längs an den Schnittflächen aneinander grenzten; es waren davon aber zwei parallele Reihen in einem solchen Abstand wie die Dicke der Mauer war, und zwischen die beiden füllten sie Schutt. (313) Damit die Erde nicht zerstreut würde, wenn der Schutt aufgeworfen wurde, verbanden sie mit weiteren Querbalken die längs liegenden. (314) Jenen also erschien das Werk einem Hausbau ähnlich zu sein; die Schläge der Maschinen, die gegen das nachgiebige (Bauwerk) gerichtet wurden, wurden abgeschwächt und durch das Schwanken machten (sie) es noch fester, weil sich (die Schutt-füllung) setzte. (315) Das sah Silva und glaubte, Feuer werde die Mauer eher nehmen, und befahl den Soldaten, gemeinsam brennende Fackeln hinein zu schleudern. (316) Die aber war ja vorwiegend aus Holz konstruiert und wurde schnell vom Feuer ergriffen, und wegen ihrer lockeren Bauweise ließ sie aus dem Feuer über die Breite (der Mauer) hin eine große Flamme aufsteigen. (317) Als also das Feuer schon brannte, wehte ein Nordwind die Römer an und flößte ihnen Angst ein, denn er wandte sich von oben herab und trieb die Flammen zu jenen hin, und fast sahen sie schon ihre Maschinen in Flammen aufgehen. (318) Dann aber drehte er sich unerwartet zum Südwind wie durch göttliche Vorsehung und blies heftig gegen die Mauer und trug (die Flammen) an sie heran, und schon ging das Ganze in seiner ganzen Dicke in Flammen auf. (319) Die Römer hatten also Gottes Beistand und kehrten fröhlich ins Lager zurück, mit dem Entschluss, am nächsten Tag die Feinde anzugreifen, und verstärkten nachts die Wachen, damit keiner durch Flucht entkommen konnte.

(320) Eleazar zog freilich weder selbst eine Flucht in Erwägung noch wollte er irgendeinem anderen zugestehen, das zu tun. (321) Weil er aber sah, dass die Mauer vom Feuer verzehrt wurde, er aber keine andere Möglichkeit der Rettung oder Abwehr sah, und als er sich vor Augen führte, was die Römer ihnen und Kindern und Frauen antun würden, wenn sie siegten, beschloss er für alle den Tod. (322) Und da er unter den bestehenden Umständen das für das Beste befunden hatte, rief er seine mutigsten Gefährten zusammen und rief sie mit folgenden Worten zur Tat auf:

(323) »Da wir längst beschlossen haben, beste Männer, weder den Römern noch irgendwem sonst zu dienen als Gott, denn er allein ist der wahre und gerechte Herrscher der Menschen, kommt jetzt der Moment, der den Gedanken mit Taten zu bewähren verlangt. (324) Wir, die wir zuvor auch keine gefahrlose Knechtschaft duldeten, jetzt aber, wenn wir lebend unter die Römer geraten, eine Knechtschaft von grausamer Rache wählen, sollten uns dazu nicht herabwürdigen: Denn wir sind als allererste (von ihnen) abgefallen und haben sie noch als letzte bekämpft. (325) Ich glaube aber auch, dass uns von Gott diese Gnade gegeben ist, schön und frei sterben zu können, wie sie andere nicht hatten, die entgegen ihren Hoffnungen überwältigt wurden. (326) Uns ist die Gefangenschaft bewusst, die uns am nächsten Tag widerfahren wird, uns steht aber die Wahl des edlen Todes mit unseren Liebsten frei. Denn weder können die Feinde das verhindern, wenn sie auch noch sehr sich wünschen, uns lebend gefangen zu nehmen, noch können wir jene noch im Kampf besiegen. (327) Denn vielleicht war es von Anfang an, als für uns, die wir unsere Freiheit beanspruchen wollten, alles gegen die eigenen Leute schwer lief und gegen die Feinde noch schlechter, nötig gewesen, auf Gottes Urteil zu achten und zu erkennen, dass er längst sein geliebtes jüdisches Volk verurteilt hatte. (328) Wäre er uns noch wohlgesonnen oder wenigstens nur maßvoll gegen uns erzürnt, würde er den Untergang so vieler Menschen nicht mit ansehen; er lieferte aber seine heiligste Stadt dem Feuer und der Zerstörung durch die

Feinde aus. (329) Wir aber hofften als einzige aus dem ganzen Judenvolk übrig zu bleiben und unsere Freiheit zu bewahren, als ob wir sündenfrei gegen Gott wären und an keiner Übertretung teilgehabt hätten, wir, die wir auch die anderen lehrten? (330) Darum also seht, wie er uns überführt, dass wir Nichtiges erwartet haben, indem er eine schreckliche Zwangslage veranlasst, die stärker ist als unsere Hoffnungen. (331) Denn auch die uneinnehmbare Natur der Festung nützte nichts zu unserer Rettung, sondern auch im Besitz einer Fülle an Lebensmitteln und einer Menge an Waffen und der überfließenden übrigen Ausstattung wurden wir offensichtlich von Gott selbst der Hoffnung auf Rettung beraubt. (332) Denn das Feuer, das zu den Feinden geweht wurde, wandte sich nicht von selbst gegen die von uns gebaute Mauer, sondern das ist der Zorn über viele Unrechtstaten, die wir im Wahn gegen unsere Volksgenossen gewagt hatten.

(333) Dafür lasst uns nicht den allerfeindlichsten Römern, sondern Gott durch eigene Hand Rechenschaft ablegen – dieselbe (Rechenschaft) aber ist maßvoller als jene. (334) Die Frauen sollen ungeschändet sterben und die Kinder, ohne die Sklaverei kennengelernt zu haben, nach denen aber wollen wir uns einander die edle Gnade gewähren und die Freiheit wie ein schönes Leichenkleid bewahren. (335) Zuvor aber lasst uns die Sachen und die Festung durch Feuer vernichten, denn die Römer werden enttäuscht sein, ich weiß es genau, wenn sie sich nicht unserer Leiber bemächtigen können und ihnen auch noch der Gewinn entgeht. (336) Nur die Lebensmittel wollen wir übrig lassen, denn die werden nach unserem Tod für uns bezeugen, dass wir nicht vom Mangel bezwungen wurden, sondern – wie wir am Anfang beschlossen hatten – eher den Tod wählten als die Sklaverei.«

(337) Das sagte Eleazar. Freilich gewann er damit nicht die Meinungen der Anwesenden, sondern die einen eiferten zu gehorchen und wurden fast von Freude erfüllt, weil sie den Tod schön fanden, (338) die weicheren aber unter ihnen überkam Mitleid mit ihren Frauen und Nachwuchs, vor allem aber sahen sie angesichts ihres offensichtlichen eigenen Endes einander an und gaben mit Tränen zu erkennen, dass ihr Gemüt nicht wollte. (339) Eleazar sah diese feige zurückweichen und vor der Größe des Vorhabens ihr Herz brechen und fürchtete, sie könnten irgendwann auch die, die mutig auf seine Worte gehört hatten, aufweichen mit ihrem Zagen und Weinen. (340) Also hörte er mit dem Ermuntern nicht auf, sondern raffte sich auf, wurde voll von viel Kraft und versuchte erhabenere Worte über die Unsterblichkeit der Seele.

»[. . .] (378) Wer von uns wird, wenn er sich das bewusst macht, es noch ertragen, die Sonne zu sehen, auch wenn er gefahrlos leben könnte? Wer ist so ein Feind der Heimat, oder wer ist so unmannhaft und lebensgierig, dass es ihn nicht reut, überhaupt bis jetzt noch zu leben? (379) Wären wir doch gestorben, bevor wir die heilige Stadt durch die Hände der Feinde zerstört, bevor wir den heiligen Tempel so frevelhaft durchpflügt werden sahen. (380) Weil uns aber eine nicht unschickliche Hoffnung täuschte, sie möglichst bald an den Feinden rächen zu können, weil sie jetzt aber zunichte geworden ist und wir allein in der Notlage zurückgeblieben sind, lasst uns eifern, dass wir schön sterben! Haben wir Mitleid mit uns selbst und unseren Kindern und Frauen, solange wir von uns selbst den Gnadenstoß erhalten können! (381) Denn zum Tod sind wir geboren und haben wir unsere Kinder gezeugt, und auch die Glücklichen können ihm nicht entgehen; (382) Schande aber und Sklaverei, und die Frauen mit den Kindern zur Schändung geführt werden zu sehen, das ist kein Übel, das den Menschen von Natur aus notwendig ist, sondern das erleiden diejenigen durch ihre eigene Feigheit, die nicht dann sterben wollen, wenn es für sie möglich ist. (383) Wir aber waren stolz wegen unserer Mannhaftigkeit und fielen von den Römern ab, und jetzt, wo sie uns zuletzt die Rettung anboten, gehorchten wir nicht. (384) Wem ist ihr Zorn nicht klar, wenn sie uns lebend überwältigen? Elend die jungen Männer, die wegen ihrer Körperkraft viele Foltern aushalten werden! Elend die Alten, deren Alter das Unglück nicht ertragen kann! (385) Man wird sehen, wie seine Frau zur Vergewaltigung geschleppt wird, man wird die Stimme seines Kindes hören, das den Vater ruft, aber die Hände werden einem gebunden sein. (386) Aber solange sie frei sind und ein Schwert halten, sollen sie einen schönen Gefallen erweisen: Lasst uns von unseren Feinden unversklavt sterben! Lasst uns frei mit Kindern und Frauen gemeinsam aus dem Leben gehen! (387) Das befehlen uns die Gesetze, darum flehen uns Frauen und Kinder an; den Zwang dazu hat Gott gesandt, davon wollen die Römer das Gegenteil, und sie fürchten, es könnte einer von uns vor der Gefangennahme sterben. (388) Eifern wir also, dass wir statt der Vergeltung an uns, auf die sie hoffen, den Schrecken des Todes und das Staunen über unseren Mut hinterlassen!«

(389) Als er noch alle ermutigen wollte, schnitten sie ihm (das Wort) ab und drängten zur Tat, erfüllt von einem Drang, den keiner aufhalten konnte. Ganz besessen liefen sie weg und versuchten, einer dem andern zuvor zu kommen, und hielten es für einen Erweis ihrer Mannhaftigkeit und Entschlossenheit, dass ja keiner unter den Letzten sich sehen ließ. Eine solche Begierde, ihre Frauen und Kinder und sich selbst zu schlachten, war in sie gefahren. (390) Und sie wurden auch nicht, wie man meinen könnte, beim Zugehen auf die Tat entmutigt, sondern sie bewahrten fest ihren Entschluss, obwohl alle Mitleid mit ihren Verwandten und Lieben hatten, weil der Gedanke sie überwältigte, den sie aufs Stärkste für die Liebsten gefasst. (391) Denn zugleich umarmten und küssten sie ihre Frauen und umarmten unter Tränen ihre Kinder und schmiegten sich mit letzten Küssen an sie, (392) zugleich aber, wie mit fremden Händen, setzten sie ihren Beschluss um, und trösteten sich in der Not des Tötens mit dem Gedanken an die Übel, die sie erleiden würden, wenn sie unter ihre Feinde gerieten. (393) Und zuletzt fand sich keiner, der im solchen Wagemut zurückstand, vielmehr gingen alle der Reihe nach (tötend) ihre Angehörigen durch, unglücklich über die Zwangslage, denen es so leicht erschien, mit ihrer eigenen Hand ihre eigenen Frauen und Kinder zu töten.

(394) Weil sie freilich den Schmerz über ihre Taten nicht mehr ertrugen und sie den Getöteten Unrecht zu tun glaubten, wenn sie sie auch nur für kurze Zeit überlebten, brachten sie schnell allen Besitz an einem Ort zusammen und legten Feuer an ihn. (395) Sie losten aber zehn aus sich aus, die alle töten sollten; und sie streckten sich neben Frau und Kind, die dalagen, aus und umschlangen sie, und boten bereitwillig ihre Kehlen denen, die den schweren Dienst erfüllten. (396) Als diese ohne Regung alle ermordet hatten, bestimmten sie für einander die gleiche Losregel, damit der Erloste erst die neun töten und sich dann selbst umbringen sollte. So vertrauten sich alle, dass sie sich weder im Tun noch im Leiden unterschieden. (397) So hielten sie zuletzt ihre Kehle hin, der eine aber überschaute zuletzt die Menge der Daliegenden, ob in dem vielen Morden noch einer übrig sei, der seiner Hand bedürfe; als er erkannte, dass alle getötet waren, legte er Feuer an die Paläste, stieß sich aber mit geballter Kraft das ganze Schwert durch und fiel nahe bei seinen Verwandten.

(398) Und sie starben in der Meinung, den Römern nichts Lebendiges von ihnen als Besitz zurückzulassen; (399) es war aber eine alte Frau versteckt und eine andere, die mit Eleazar verwandt war und sich in Gesinnung und Bildung weit von (anderen) Frauen

unterschied, und fünf Kinder, verborgen in den unterirdischen Kanälen, die Trinkwasser durch die Erde leiteten, während die anderen mit dem Schlachten beschäftigt waren, (400) die der Anzahl nach 960 waren, die Frauen und Kinder mit ihnen mitgerechnet; (401) und das Leid geschah am 15. des Monats Xanthikos.

(402) Die Römer aber erwarteten noch den Kampf; sie rüsteten sich vor Morgengrauen, überbrückten den Zugang von den Dämmen aus mit Leitern und machten einen Angriff. (403) Sie sahen aber keinen von ihren Feinden, sondern überall schreckliche Verlassenheit und drinnen Feuer und Schweigen, und es war ihnen unmöglich, das Vorgefallene zu erschließen, und zuletzt riefen sie wie beim Abschuss eines Geschützes, ob sie (damit) vielleicht einen von denen drinnen herausrufen könnten. (404) Die Frauen hören den Ruf und tauchen aus den Kanälen auf und berichten den Römern, wie sich das Geschehene verhielt, wobei die eine genau erzählte, wie man argumentiert und auf welche Weise man es getan hatte. (405) Die (Römer) folgten ihr freilich nicht leicht, weil sie die Größe der Wahnsinnstat nicht glauben konnten; sie versuchten aber das Feuer zu löschen und bahnten sich bald einen Weg und kamen ins Innere des Palastes. (406) Und als sie auf die Masse der Toten stießen, freuten sie sich nicht wie über Feinde, sondern bestaunten die Würde des Entschlusses und die unerschütterliche Todesverachtung in der Tat bei so vielen Menschen.

Auslegung

TEXTOBERFLÄCHE   Das siebte Buch des *Bellum Iudaicum* schildert den Verlauf des jüdisch-römischen Krieges nach der Einnahme Jerusalems. Einem Block, in dessen Mittelpunkt die Politik Vespasians und Titus' steht, und der 132–162 mit dem Triumphzug in Rom zur Einnahme Jerusalems abgeschlossen wird, folgen in 163–218 der Fall der Festungen Herodeion und Machairos und in 219–250 Probleme mit Antiochus von Kommagene und mit einem Raubzug der Alanen. Ab 252 kommt Josephus auf Masada zu sprechen (bis 406). Das Buch schließt dann mit der Niederschlagung jüdischer Unruhen in Alexandreia und Kyrene (bis 455). Der Fall Masadas nimmt mit 155 Paragraphen (252–406) etwa ein Drittel von Buch VII ein.

Die erzählerische Struktur dieses langen Textes ist ziemlich komplex. Zwar liegt nur ein (externer) Erzähler vor. Die Fokalisation bietet dagegen ein uneinheitliches Bild. Die Erzählung von Belagerung und Sturm Masadas und vom kollektiven Suizid wird von einem externen Fokalisator präsentiert. In seinen langen Reden ist Eleazar der Fokalisator. Häufig jedoch wird in den vom externen Fokalisator präsentierten Passagen einem anderen Blickwinkel Raum gegeben. In 275–279.304–319 ist es die Perspektive des römischen Kommandanten Silva, ab 320 die der Sikarier oder besonders die Eleazars. Sie sind es häufig, die sehen, beurteilen oder fühlen. Die verschiedenen Blickwinkel, die so zu Wort kommen, werden auf der obersten Erzählebene nicht harmonisiert.

In die Komposistion sind erhebliche nicht-narrative Anteile eingebunden. Der Exkurs über die Sikarier 254–274 ist eine Invektive, d. h. eine Scheltrede[169] und da-

---

[169]Definition vgl. BERGER, Gattungen, 1282.

mit ein rhetorisches Produkt. Bei dem Exkurs über die Beschaffenheit der Festung Masada (280–303) handelt es sich um einen Grenzfall. Im ganzen ist er nicht erzählend; er enthält jedoch einige Passagen, die als narrative Rückblende den Ausbau der Festung durch Herodes erzählen. Ganz rhetorisch durchgearbeitet sind wiederum die beiden Eleazar-Reden. Auch sie ›erzählen‹ von verschiedenen Vorfällen im Verlauf des Aufstandes (besonders 327–332.362–370), aber nicht in narrativen, sondern in argumentativen Zusammenhängen.[170]

Der Gattung nach ein historiographischer Text, greift die vorliegende Komposition Passagen verschiedener anderer, kleinerer Gattungen auf. Umfangreiche Reden dürfen als charakteristisches Element antiken historiographischen Arbeitens gelten. Dazu kommt eine rhetorisch gearbeitete Invektive. Die ›römischen‹ Passagen, d. h. die Passagen, die immer wieder die Perspektive Silvas durchscheinen lassen, sind an den Stil römischer *commentarii* angelehnt: Sie bieten knappe Lagebeurteilungen und Tathergänge.[171] Die Ortsbeschreibung (279–303) kann als große Ekphrasis gelten.[172] Für den Suizidbericht wurde von Shaye Cohen geltend gemacht, dass hier ein Exemplar einer besonderen Textsorte ›Kollektiver Suizid in einer belagerten Stadt‹ vorliege. Für diese Gattung führt er 16 Beispiele an, die sich nach inhaltlichen Kriterien in zwei Haupttypen aufteilen lassen; die Masada-Erzählung lässt sich als Mischform aus den beiden Haupttypen bestimmen.[173]

SINNGEBUNG   Die Fokalisation in dem umfangreichen Text ist spannungsreich. Der externe Fokalisator der Rahmenerzählung lässt Eleazar[174] viel Raum für die Bewertung der Ereignisse.

> Josephus wanted Eleazar, the leader of the Sicarii, to make a speech in which he would publicly confess that he and his followers, those who had fomented the war, had erred and were now receiving condign punishment from God for their sins.[175]

Interessant ist aber vor allem, dass außerhalb der Reden die Perspektive verschiedener Akteure im Text durchscheint (s. o.). Während im Verlauf der Belagerung und des Mauerdurchbruchs der römische Blickwinkel überwiegt, sind die Beratungs- und Tötungsszenen in der Nacht nach dem Mauerdurchbruch von sikarischer Perspektive geprägt. Die Fokalisation erfolgt dann stets durch einzelne Sikarier, nicht

---

[170]Für eine nützliche Gliederung der beiden Reden vgl. LINDNER, Geschichtsauffassung, 33–36.
[171]Vgl. MICHEL/BAUERNFEIND, De bello Judaico II,2, 269.
[172]Vgl. VILLALBA I VARNEDA, Method, 173.
[173]Vgl. COHEN, JSJ 33 (1982), 393.
[174]Hier ist, das darf nicht übersehen werden, Eleazar als Akteur, also als Funktion des Textes gemeint und nicht die historische Gestalt Eleazar.
[175]A. a. O., 396. Diese Auffassung steht gegen die These, in den Reden würden die Sikarier nicht diffamiert, so MICHEL/BAUERNFEIND, De bello Judaico II,2, 269f. Die Formulierung »Lasst uns ... Rechenschaft ablegen« (δίκας ... ὑποσχῶμεν, 333) spricht allerdings deutlich gegen die Sikarier.

durch Kollektive; durch ihr Wahrnehmen und Empfinden wird der Leser zumindest andeutungsweise auf die Tragik der Einzelschicksale aufmerksam gemacht. – Wichtig für die Wahrnehmung des ganzen Abschnitts ist die Präsentation der Tötungsszene. Das Töten erfährt hier keine eindeutige Wertung: Wörter wie δαιμονέω (389), φόνος (397) oder σφαγή (399) sind nicht positiv besetzt;[176] die starke Betonung der Emotionen der Betroffenen[177] lenkt aber die Lesersympathie auf ihre Seite.

Der Akteur, der im Zentrum steht, ist Eleazar ben Yair. Zwar ist er nicht im gleichen Maße Protagonist wie Akteure in den langen personenzentrierten Abschnitten (vgl. Herodes in BJ 1 oder Josephus selbst in BJ 3), doch die langen Reden und seine Verantwortung für die Entwicklung des Geschehens stellen ihn in den Mittelpunkt der Erzählung. In 253 bezeichnet ihn Josephus als δυνατὸς ἀνήρ, also als eine mächtige, charismatische Figur. Die Darstellung der Ereignisse vertieft diese Einschätzung: Im Exkurs über die Beschaffenheit von Masada erscheint er als ›der‹ Besatzer der Festung (297); nach dem Fall der Mauer ist er es, der den Überblick über die Situation behält und verantwortlich für alle beschließt. Die Reden schließlich (die ihm Züge einer Lehrergestalt geben[178]) legen die Interpretation der Kriegsereignisse als Verwerfung durch Gott in seinen Mund.

Eine Fülle geprägten Gedankengutes wird zur Interpretation von Eroberung und Suizid aufgeboten. Zu unterscheiden sind vor allem zwei Diskurse. *Erstens* werden der Niedergang des jüdischen Aufstands und zuletzt der Fall der Festung in geschichtstheologischen Kategorien interpretiert: Gott hat sein Volk Israel verworfen (327–332), sein Beistand ist auf die römische Seite übergegangen (318f.332). Das wird vor allem am Fall Jerusalems ersichtlich – die Trauer um die Heilige Stadt verbietet schon fast das Weiterleben (328.375f.379). Die Belagerten befinden sich damit in einer von Gott herbeigeführten Zwangslage (ἀνάγκη, 330.380.387). Damit werden sie für ihre eigenen Sünden bestraft (329.332). *Zweitens* wird die Würde eines freien Todes herausgestellt, insbesondere gegenüber einem Leben in Unfreiheit. »Schön und frei sterben zu können«[179] ist eine Gnade und Auszeichnung. Das gilt besonders, weil die Sikarier ein Leben in Knechtschaft von vornherein ausgeschlossen haben (323). Angst vor dem Tod (343) oder am Leben zu kleben (φιλόψυχος, 378) ist ungebührlich, bewundert wird vielmehr – pointiert als Schlusswort des ganzen Abschnitts gesetzt – die Todesverachtung (θανάτου καταφρόνησις, 406). Der Tod ist also vorzuziehen: Dieser These sind auch die Gedankengänge über die Unsterblichkeit der Seele (344–348), das Beispiel aus der Traumlehre (349f.) und das Vorbild der indischen Asketen (352–356) zugeordnet. Sie lassen sich, überraschend

---

[176]Hier klingen die harten Vorwürfe des Sikarierexkurses 254–274 nach, in dem diese Widerstandsgruppe als grausam und verrückt präsentiert wurde.
[177]Eine Liste der emotionsgeladenen Wörter in der Szene: VILLALBA I VARNEDA, Method, 156.
[178]Vgl. MICHEL/BAUERNFEIND, De bello Judaico II,2, 269.
[179]Δύνασθαι καλῶς καὶ ἐλευθέρως ἀποθανεῖν (325).

im Mund eines Zelotenführers, aus der hellenistischen Schulphilosophie ableiten.[180] Ihre Funktion im Kontext ist (nach H. Lindner) die rhetorische Explikation einer bis zur Todesbereitschaft radikalen Toraauslegung, die Fremdherrschaft auf keinen Fall anerkennen kann.[181]

Die zeitliche Struktur der Erzählung ist die einer sich steigernden Verdichtung. Bis 303 nähert sich die Kompostion langsam an die Vorgänge an. In zwei Blöcken (jeweils kürzere Erzählung und längerer Exkurs: 252–274.275–303) wird die Situation abgesteckt, die Ausgangslage der Belagerung und Erstürmung wird beschrieben und bewertet. In 304 beginnt der eigentliche Vorgang: Silva nimmt die Belagerung in Angriff. Die Erzählung schreitet bis zum Mauerdurchbruch zügig voran und wird dann dichter; 310b ist der Umbruch, ab dem die Ereignisse nicht mehr gerafft, sondern breit szenisch erzählt werden. In 317f. wird ein erster Spannungshöhepunkt erreicht, als der Wind dreht und den Römern die Festung in die Hand gibt. Das Geschehen wird nun durch zwei lange Pausen noch zusätzlich retardiert, in denen Eleazar spricht. Die erzählerische Dichte lässt erst nach, als die Römer keinen Widerstand antreffen (der Leser weiß bereits, warum) und die Leichname finden.

Die Ereignisse, die die Einnahme von Masada betreffen, sind in der Reihenfolge ihres Stattfindens erzählt. In den Plotpausen dagegen (Exkurse, Reden) wird immer wieder auf zurückliegende Ereignisse eingegangen, jedoch nicht in narrativer, sondern in rhetorischer, argumentativer Absicht. Herodes' Ausbau der Festung ist ein Grenzfall, er könnte auch als narrative Rückblende gelten (im Zusammenhang eines beschreibenden Abschnitts). Die Vorfälle während des jüdischen Aufstandes werden dagegen immer nur gedeutet vorgebracht: Sie illustrieren entweder die Grausamkeit der Sikarier (254–274) oder die Verwerfung Israels durch Gott.

Die ganze Komposition ist dicht mit sinngebenden Elementen aufgeladen. Besonders treten die langen nicht-narrativen Abschnitte als Deutungsträger hervor; aber auch die Fokalisation der Tötungsszene erweist sich als entscheidend für die Sinngebung. Kürzere wertbesetzte oder interpretierende Formulierungen finden sich überall im Text. Die Ambivalenzen und Spannungen zwischen verschiedenen Perspektiven und Interpretationen werden auf der Ebene des Endtextes nicht ausgeglichen, was zu der fesselnden und beklemmenden Wirkung des Textes beiträgt. Die Erzählung vom kollektiven Suizid auf Masada konnte auch für das moderne Israel identitätsstiftende Wirkung entfalten.[182]

---

[180]Vgl. Lindner, Geschichtsauffassung, 38f., nach W. Morel.

[181]Vgl. a. a. O., 39.

[182]Von dem israelischen Epiker Yitzhak Lamdan stammt die Parole מצדה שנית לא תיפול – Masada soll nicht noch einmal fallen (1927). Die Bedeutung, die Masada als identitätsstiftendes Symbol in den Jugendbewegungen und Milizen des Jischuw und in den Anfängen des Staates Israel hatte, bis es ab 1967 von anderen Orten im Land langsam in dieser Funktion abgelöst wurde, ist anschaulich und kritisch beschrieben bei Ben-Yehuda, Myth.

EREIGNISBEZUG   Die Exkurse und Reden berichten vom Ausbau der Festung, einigen Kriegsereignissen und der Besetzung von Masada durch Eleazar und seine Gruppe. Die eigentliche Ereignisfolge beginnt mit der Übernahme des Kommandos durch Silva. Er lässt die Festung mit Mauern und Lagern einschließen und organisiert seine Versorgung. Zur Belagerung lässt er eine Rampe fast bis zum Gipfel aufschütten und unter Deckungsfeuer die Festungsmauer durchbrechen. Die Besatzung versucht den Bau einer flexiblen Holzmauer, die von den Römern aber (dank einer Drehung des Windes) niedergebrannt wird. Die Römer ziehen sich für die Nacht in ihre Lager zurück. Eleazar beschließt nun den kollektiven Suizid; mit zwei Reden überzeugt er die Verteidiger von diesem Plan. Nach der Ermordung der Frauen und Kinder besorgen zuerst zehn, dann ein durchs Los ausgewählter Mann die Tötung der Männer und die Brandschatzung der Gebäude und Gerätschaften. Die Römer finden am nächsten Morgen die Festung verlassen vor und erfahren durch versteckt überlebende Frauen vom Hergang der Tat.

Diese Ereignisse nehmen zunächst mehrere Wochen ein;[183] ab § 310 (dem Mauerdurchbruch) finden alle Ereignisse an einem Abend statt.

Josephus macht hier keine Angaben über die Herkunft seiner Informationen. Michel und Bauernfeind postulierten neben von Josephus selbst formulierten Abschnitten (252–274) eine römische Quelle (175–179.304–319.402–406) und eine jüdisch-hellenistische Quelle aus dem Umfeld Agrippas II. (320–401), dazu in 300–303 »eine Sondertradition (λέγεται)«.[184] Damit soll die spannungsreiche, bisweilen uneinheitliche Gestaltung des Textes erklärt werden. Besonders durch die Wechsel in Fokalisation (s. o.) und Stil gewinnt die These einige Plausibilität. Vor einer zu schematischen Anwendung dieser Quellenhypothese wird man sich allerdings hüten müssen. Wie oben gezeigt, ist besonders die Passage, die auf eine hellenistisch-jüdische Quelle zurückgehen soll, keineswegs so eindeutig »propagandistisch«, wie Michel und Bauernfeind meinen.

Der Text ist nur wenige Jahre nach dem Vorfall verfasst worden: Masada fiel 74 n. Chr.[185], die Abfassung von BJ 7 könnte (bei Berücksichtigung der Differenzen in der Forschung) zwischen 79 und 81 angesetzt werden; es ergibt sich ein Zeitabstand von etwa fünf bis sieben Jahren.

Der josephische Bericht ist zumindest in Teilen plausibel und wird durch den archäologischen Befund bestätigt.[186] Das gilt vor allem für den Belagerungshergang, der allerdings weniger eindrucksvoll war, als Josephus es vielleicht impliziert.[187]

---

[183]Ca. sieben Wochen, s. u.
[184]MICHEL/BAUERNFEIND, De bello Judaico II,2, 269.275.
[185]Vgl. COHEN, JSJ 33 (1982), 401 Anm. 52.
[186]Zur Baugeschichte vgl. jetzt NETZER, Architecture, 17–41.
[187]Die Belagerungsrampe ist auf einem anstehenden Felsgrat errichtet, das fast bis zum Gipfelplateau reicht und von den Römern nur noch geringfügig überhöht werden musste, vgl. GILL, Spur, 569–570. Die Römer hatten Erfahrung in der Verwendung von Dämmen zur Einnahme von Festungen

Auch die Errichtung einer hölzernen Mauer durch die Verteidiger[188] und plötzliche Wechsel der Windrichtung[189] sind plausibel; auch dass sich etliche Verteidiger das Leben nahmen, ist in jedem Fall wahrscheinlich und dürfte die Grundlage für den vorliegenden Bericht darstellen.[190]

Dagegen hielt Cohen den Rückzug der Römer am Abend nach dem Mauerdurchbruch für unplausibel. Für ein solches Vorgehen gebe es keine Motivation; und Kampfhandlungen in der Nacht waren den Römern möglich.[191] Man könnte allerdings vermuten, die hölzerne Mauerkonstruktion habe bis in den Morgen gebrannt.[192] Die Römer hätten im Übrigen das Feuer in der Festung sehen müssen, zumal das Plateau von dem auf dem Vorgebirge gegenüber gelegenen Lager H aus eingesehen werden kann.[193] Auch der archäologische Befund weckt hier Zweifel an der Darstellung bei Josephus. Die Brandspuren deuten nicht auf einen einzelnen, sondern auf mehrere Brände hin.[194] Das von Josephus beschriebene Losverfahren erscheint umständlich. Zwar fand Yadin bei den Ausgrabungen elf Ostraka, die er als die ›Lose‹ interpretierte[195] – aber warum sollten es gerade elf sein? Josephus' Bericht wird durch den Fund jedenfalls nicht plausibel bestätigt.[196] Das größte Problem sind die Skelettfunde. Die Grabungen auf Masada förderten nur menschliche Überreste im unteren Teil des sog. Nordpalastes[197] und einige Skelette in einer Höhle am südlichen Abhang[198] zutage. Letztere wurden lange für gefallene oder versteckt gestorbene Sikarier gehalten.[199] Tatsächlich handelt es sich wohl um eine Grablege von Römern, die in der Nähe starben.[200] Damit sind nur römische Skelette

(vgl. zu Machaerus BJ 7,190). Aufgrund einer sorgfältigen Abwägung der zur Verfügung stehenden Arbeitskräfte und der zur Belagerung auszuführenden Arbeiten kommt ROTH, Length, 109, auf eine Belagerungsdauer von ca. sieben Wochen.

[188]Vgl. COHEN, JSJ 33 (1982), 395. Die gefüllte Holzkonstruktion dürfte sich *innerhalb* der Kasemattenmauer befunden haben, vgl. ROTH, Length, 107f.

[189]Vgl. YADIN, Masada, 231.

[190]Vgl. COHEN, JSJ 33 (1982), 399.

[191]Vgl. Vespasians nächtlicher Angriff auf Jotapata in BJ 3,235.323: a. a. O., 396.

[192]Vgl. ROTH, Length, 108f.

[193]Vgl. YADIN, Masada, 222f.

[194]Vgl. COHEN, JSJ 33 (1982), 394; gegen YADIN, Masada, 207, der »von einer einzigen riesigen Feuersbrunst« spricht – eine solche hätten die Römer erst recht bemerken müssen.

[195]Vgl. a. a. O., 201.

[196]Vgl. COHEN, JSJ 33 (1982), 397.398 Anm. 42; BEN-YEHUDA, Sacrificing Truth, 115.

[197]Vgl. YADIN, Excavation, 16f.: Locus 8. Anders als dort beschrieben, kann man nicht sicher davon ausgehen, dass tatsächlich es sich bei dem Fund tatsächlich um drei Skelette handelte. Möglicherweise liegen nur zwei teilweise erhaltene (römische?) Skelette und das Kopfhaar einer Frau vor, vgl. BEN-YEHUDA, Sacrificing Truth, 125.

[198]Locus 2001: vgl. ZIAS/SEGAL/CARMI, Remains, 366.

[199]Mit COHEN, JSJ 33 (1982), 394; gegen YADIN, Masada, 197. Die Skelette sind undatiert, die Karbonuntersuchung von Textilfunden macht aber wahrscheinlich, dass es sich um Menschen des 1. Jh. n. Chr. handelt, vgl. ZIAS/SEGAL/CARMI, Remains, 367.

[200]Eine neue anthropologische Auswertung der Fotografien von Locus 2001 ergab, dass sich in der Höhle drei Grabstätten mit insgesamt fünf bis neun (nicht, wie bisher angenommen, 25!) Individuen befanden; zwei der Grabstätten wurden durch aasfressende Hyänen oder Schakale gestört, vgl. ZIAS, Remains, 734–736. Zwischen den Skeletten gefundene Schweineknochen weisen nicht auf die Schändung eines jüdischen Grabes hin – so noch ZIAS/SEGAL/CARMI, Remains, 367 –, sondern auf ein

gesichert; über den Verbleib der angeblich über 960 sikarischen Leichname lässt sich keine Angabe machen. Da die Römer eine Besatzung in die Festung legten, müssen alle Leichen beseitigt worden sein, entsprechende Funde wurden aber nicht gemacht.[201]

FAZIT   Josephus' Bericht über den Fall Masadas ist ein ungewöhnlich ausführlicher und komplexer Text. Interessant ist die Weise, in der die konkurrierende Deutungen nebeneinander gestellt, aber nicht harmonisiert werden. Das lässt sich sowohl an den Reden als auch an den Erzählpassagen beobachten: Die Reden erklären den Suizid in Freiheit für ehrenhaft, legen aber zugleich Eleazar das Eingeständnis in den Mund, Gott habe die Sikarier verworfen. Die Erzählpassagen lenken die Lesersympathien zu den tötenden Sikariern, ohne die Grausamkeit zu beschönigen. Der archäologische Befund ermöglicht heute eine differenzierte Bewertung der Referenzialität der Erzählung: Während der Verlauf der Belagerung weitgehend zutreffend wiedergegeben ist, wirft der Bericht vom Massensuizid große Fragen auf. Möglicherweise lässt sich dieser Sachverhalt, zusammen mit den Uneinheitlichkeiten in der Fokalisierung, quellenkritisch auswerten.

---

paganes, wohl römisches Begräbnis, zu dem eines der in der Region eher seltenen Schweine gefangen und geopfert wurde, vgl. ZIAS, Remains, 736–738. Diese Einschätzung Zias' scheint allerdings nicht allgemein akzeptiert worden zu sein, vgl. BEN-YEHUDA, Sacrificing Truth, 144 Anm. 27.
[201] Vgl. ZIAS/SEGAL/CARMI, Remains, 367.

6. Ergebnis: Strategien der Todesdarstellung

In den vorausgehenden Kapiteln wurde eine Reihe von Todesberichten aus der griechisch-römischen Antike und aus dem frühen Judentum und Christentum vorgestellt. Jede literarische Todesdarstellung verwendet bestimmte Darstellungsmittel oder Strategien, um einen Todesfall textförmig zu präsentieren und zu deuten. Dabei lassen sich verschiedene wiederkehrende Elemente beschreiben, die es ermöglichen, bestimmte Aspekte eines Todesfalls in der literarischen Darstellung besonders zur Geltung zu bringen. Wesentliche Ergebnisse sollen im Folgenden gebündelt dargestellt werden.

6.1 Textoberfläche

6.1.1 Literarischer Kontext

Todesdarstellungen können in einer Vielzahl von Textsorten begegnen. Entsprechend groß ist die Bandbreite literarischer Kontexte, in die sie eingebettet sein können. Je größer der Anteil einer Todesdarstellung am Gesamtwerk ist, desto spezifischer ist auch ihre Verwendung.

Am häufigsten begegnen Todesfälle, die nur einen kleinen Abschnitt eines größeren Werkes ausmachen. Es handelt sich um eine heterogene Gruppe von Texten, ausführlichere und kürzere Erzählungen oder auch nur bloße Notizen. Gerade historiographische Werke kommen ohne Erwähnung von Todesfällen kaum aus. So formuliert Tacitus die Vorankündigung eines historiographischen Werkes über die augusteische Zeit:

> Aber die Todesfälle anderer (Männer) sowie die übrigen (Ereignisse) jener Zeit werde ich berichten, wenn ich nach der Fertigstellung meines Vorhabens noch Lebenszeit für weitere Aufgaben überhabe (ann. 3,24).[1]

Um Eingang in ein umfangreicheres Werk zu finden, muss ein Todesfall in irgendeiner Form aussagekräftig sein. Charakteristisch ist daher die Verwendung von *exitus* unterschiedlichster Art als Beispiele, *exempla,* die historische oder andere Zusammenhänge anschaulich und repräsentativ darstellen, einer historiographischen Hypothese Evidenz verleihen oder der Paränese dienen. Die aus Tacitus entnommenen Texte sind gute Beispiele für diese Verwendung von Todesberichten. Tacitus sammelt Todesfälle nicht um der Vollständigkeit willen, sondern wegen ihrer

---

[1] *Sed aliorum exitus, simul cetera illius aetatis memorabo, si effectis in quae tetendi plures ad curas vitam produxero.*

Aussagekraft.[2] Ebenfalls Beispielcharakter besitzen die Notizen über den Tod der Propheten und Märtyrer bzw. des Petrus und Paulus im Hebräer- und 1. Clemensbrief. Sie sind nicht erzählerisch entfaltet, sondern in paränetische Abschnitte des Werkes integriert und verfolgen paränetische Absichten.

Stärker auf einen Todesfall fokussiert sind biographische oder auf eine Einzelperson zentrierte Werke. In der Regel erzählen sie gegen Ende hin vom Tod ihres Protagonisten. Das eigentliche Sterben ist aber selten das Ende; zumeist schließt sich eine Nachgeschichte an.[3] Neben dem Begräbnis – ausgeführt oder nur notiert – kann von posthumen Ehrungen[4] oder dem schmachvollen Ende der Widersacher des Protagonisten[5] erzählt werden. Auch das Markusevangelium ist auf eine Einzelperson zentriert, und auch hier gibt es mit der Doppelperikope von Grablegung und leerem Grab eine Nachgeschichte. Eine Ausnahme bilden die sog. *Vitae Prophetarum*, die teilweise den Tod (auf den sie großes Gewicht legen) gleich zu Beginn notieren. Neben biographischen bzw. person-zentrierten erzählenden Werken enden gelegentlich auch argumentative Texte oder Teile davon mit dem Tod einer zentralen Person. Das gilt für Platons Dialog Phaidon, der mit der berühmten Todesszene des Sokrates schließt, aber auch für polemische Schriften wie Philons *In Flaccum* oder Josephus' *Contra Apionem* (Apions Tod am Ende des zweiten Hauptteils). Wenn der Tod gegen Ende steht, fällt der Zusammenhang zwischen der Art des Todes und dem vorangegangenen Leben oder den vorausgehenden Erörterungen besonders in den Blick – darauf wird noch zurückzukommen sein.

Zuletzt besteht die Möglichkeit, einen ganzen Text einem einzigen Sterbefall zu widmen. Ein Teil der Märtyrerakten und Martyrien folgt diesem Modell. Der älteste solche Text in der vorliegenden Untersuchung ist das Polykarpmartyrium aus der Mitte des 2. Jahrhunderts; wenig später folgen die paganen so genannten Märtyrerakten. Ältere Texte dieser Art sind im ersten Jahrhundert durch Plinius belegt,[6] aber nicht mehr selbstständig erhalten. Die Strategie solcher Texte ist die Fokussierung auf einen einzigen Fall, der entsprechend gewichtig erscheint. Diese konzentrierteste Form von Todesdarstellung ist zugleich die seltenste.

6.1.2   Erzählebenen

Die Erzählstruktur einer jeden Todesdarstellung ist individuell. Gewisse Gemeinsamkeiten lassen sich dennoch benennen. Dazu gehört, dass fast alle hier bespro-

---

[2]Erkennbar ist das beispielsweise an der summarischen Bemerkung, mit der er die lange Hinrichtungsreihe in ann. 15 abschließt:»Bald starben auch die restlichen Verschwörer, ohne dass eine Tat oder ein Ausspruch festzuhalten wäre« (*mox reliqui coniuratorum periere, nullo facto dictove memorando*, ann. 15,70,2).

[3]Für die Plutarchbiographien zusammengestellt und typisiert bei PELLING, Death, 228–250.

[4]Zum Beispiel Nep. Dion 10,2f., oben S. 181.

[5]Zum Beispiel Plu. Caes. 69,2–14

[6]Vgl. den Exkurs zu den *exitus illustrium virorum*, S. 154.

chenen Texte von einem externen Erzähler erzählt werden und nicht von einem Erzähler, der selbst am erzählten Geschehen teilnimmt. Dass der jeweils sterbende Protagonist nicht seinen eigenen Tod erzählen kann, ist klar (auch wenn Claudius in der *Apokolokyntosis* Zeuge seiner eigenen Beerdigung werden kann); andere Akteure könnten aber theoretisch die Erzählerrolle einnehmen. Obwohl diese Erzählperspektive aus antiken Werken bekannt ist – nicht zuletzt aus Phaidons Erzählung in Platons gleichnamigem Dialog –,[7] kommt sie in der hier vorgenommenen Auswahl von Texten kaum vor. In den untersuchten Texten treten allerdings in einigen Fällen Akteure als Erzähler auf einer unteren Erzählebene auf. Es handelt sich stets um kurze Abschnitte, die auf die Todesdarstellung in ihrer Gesamtheit wenig Einfluss haben.

Häufiger sind Wechsel in der Fokalisierung.[8] Auch hier gilt für die meisten besprochenen Texte, dass die Fokalisationsinstanz grundsätzlich extern ist, also nicht mit einem der Akteure zusammenfällt. Dass der externe Fokalisator aber streckenweise das Wort (vielleicht besser: die Brille) an einen anderen Fokalisator auf einer unteren Ebene abgibt, ist durchaus die Regel; und solche Wechsel der Fokalisationsebene geschehen häufiger als Wechsel der Erzählebene.[9] Grundsätzlich ist das der Fall, wenn Charaktere wahrnehmen – sehen, hören –, empfinden oder sich in direkter Rede äußern. Ein Sonderfall ist die indirekte Rede, in der zwei Fokalisationsebenen vermischt werden.[10]

Ausschlaggebend ist, welche Vielstimmigkeit ein Text zuzulassen bereit ist, ob mehrschichtige, komplexe Perspektiven erwünscht sind oder nicht. Die Texte sind sehr individuell in dieser Hinsicht. Die Bandbreite reicht von Texten, die praktisch nie Akteure als Fokalisatoren einsetzen, über solche, in denen größere Partien von der Wahrnehmung eines einzelnen Charakters beherrscht werden, zu solchen, die häufige Wechsel der Fokalisation zulassen.

6.1.3 Nicht-narrative Anteile

Als nicht-narrative Anteile werte ich die Sätze, in denen keine Ereignisse erzählt werden. In fast allen erzählenden Texten gibt es solche Anteile, also Beschreibungen oder Kommentare.

Umfangreiche Redeabschnitte werden bevorzugt *vor* der eigentlichen Todesnotiz plaziert. Sie bieten die Möglichkeit, den Protagonisten noch einmal zu Wort

---

[7] Auch von Lukian sind mehrere, mehrheitlich fiktionale Werke überliefert, in denen Ich-Erzähler am erzählten Geschehen teilnehmen, etwa *Verae historiae, De morte Peregrini* u. a.

[8] Was die Fokalisierung für die Analyse der Sinngebungs-Strategien austrägt, wird auf S. 296ff. besprochen.

[9] Vgl. auch BAL, Story-Telling, 93.

[10] Die hier behandelten Autoren zeigen in aller Regel eine eindeutige Vorliebe entweder für direkte oder für indirekte Rede; die Autoren, die vorzugsweise indirekte Rede gebrauchen, haben damit ein Mittel in der Hand, die Fokalisierung stärker einheitlich zu gestalten und damit zu kontrollieren.

kommen zu lassen (und ihm so Möglichkeiten zur Deutung des eigenen Todes einzuräumen). Lange Abschiedsreden halten etwa Kyros in der Kyropädie oder Eleazar ben Yair in Josephus' Masada-Episode. Der ganze platonische *Phaidon* kann als ein langes Abschiedsgespräch gelten. Man wird auch an die Abschiedsreden des johanneischen Jesus denken (Joh 13–16). Umfangreiche Reden können auch an Gegner des Protagonisten gerichtet sein, so im Fall des Stephanus (Apg 6–8). In anderen Fällen sind Verhördialoge vor der Hinrichtung des Protagonisten so umfangreich, dass sie den narrativen Rahmen fast verdrängen. Zu nennen sind die *Acta Alexandrinorum*, in denen man die narrativen Anteile bisweilen sogar für sekundäre Erweiterungen gehalten hat.

Beschreibungen fallen i. d. R. knapp aus, beschränken sich oft auf wenige Worte. Umfangreichere Beschreibungen sind häufig narrativiert, d. h. ein Zustand wird durch die Erzählung seiner Genese beschrieben.[11] Ein gutes Beispiel ist die Ekphrasis der Festung Masada, die teilweise als Erzählung von ihrer Errichtung durch Herodes I. gestaltet ist.[12]

Kommentare sind zumeist ebenfalls knapp gehalten. Sie sind wichtige Deutungsträger, denn sie können sachliche Zusammenhänge oder Interpretationen direkt explizieren, wie dieses Beispiel aus Plutarchs Pelopidas-Vita zeigt:

> Ein Mann aus dem Volk aber, der in der Fremde gestorben ist, ohne dass Frau, Kinder oder Verwandte zugegen sind, der ohne (jemand) zu bitten oder zu zwingen, von so vielen Städten im Wettstreit geleitet und gemeinsam (zum Begräbnis) herausgetragen wird, scheint zu Recht die vollendetste Glückseligkeit empfangen zu haben.[13]

Kommentare eröffnen gelegentlich auch einen Blick hinter den Text auf Lebenszusammenhänge des Verfassers:

> (Baebius Massa) war schon damals für alle Guten verderbensvoll, und er wird unter den Ursachen für die Übel, die wir bald ertragen mussten, öfters auftauchen.[14]

---

[11]Vgl. dazu auch BAL, Story-Telling, 115.

[12]Vgl. oben S. 283.

[13]Ἀνὴρ δὲ δημοτικὸς ἐπὶ ξένης τεθνηκώς, οὐ γυναικὸς, οὐ παίδων, οὐ συγγενῶν παρόντων, οὐ δεομένου τινός, οὐκ ἀναγκάζοντος, ὑπὸ δήμων τοσούτων καὶ πόλεων ἁμιλλωμένων προπεμπόμενος καὶ συνεκκομιζόμενος καὶ στεφανούμενος, εἰκότως ἐδόκει τὸν τελειότατον ἀπέχειν εὐδαιμονισμόν (Plu. Pel. 34,4), vgl. oben S. 195.

[14]*Baebius Massa* [...] *iam tunc optimo cuique exitiosus et in⟨ter⟩ causas malorum, quae mox tulimus, saepius rediturus* (Tac. hist. 50,2), vgl. oben S. 190.

6.1.4 Form und Gattung

Ausgangspunkt ist die Frage nach der Form, d. h. der konkreten sprachlichen Gestalt, jedes einzelnen Textes.[15] Sie ist, auch wenn sich Gemeinsamkeiten finden lassen, für jeden Text individuell zu beantworten.

Für die Gattungsbestimmung müssen neben der Form des betreffenden Textabschnitts auch andere Aspekte berücksichtigt werden: der literarische Kontext, spezielle Motive oder Konstellationen von Charakteren, die Auswahl der erzählten Ereignisse und auch der Grad, in dem ein Text faktuale Geltung[16] beansprucht. Unterschiedliche Gattungen können gewählt werden, um von einem Tod zu berichten. Je nach der Größe der Gattung stellt der Todesbericht nur einen – evtl. kleinen – Teil des Werkes oder aber seinen hauptsächlichen Bestandteil dar.

Große bis mittelgroße Gattungen

An erster Stelle sind *historiographische Gattungen* zu nennen.»Geschichtsschreibung im weiteren Sinne hat es [. . .] mit der schriftlichen Tradition, Gestaltung und Deutung von kollektiver Erinnerung zu tun.«[17] Mögliche Formen dafür sind Universalgeschichten (die in der vorliegenden Untersuchung nicht vorkommen), annalistische Geschichtswerke (hier sind vor allem die taciteischen Historien und Annalen zu nennen, die freilich an vielen Stellen die streng annalistische Form sprengen) und die thematisch stärker fokussierte historische Monographie[18] – neben der Apostelgeschichte des Lukas gehört etwa Josephus' *Bellum* in diese Kategorie. Todesdarstellungen bilden stets nur mehr oder weniger knappe Ausschnitte aus solchen Werken (s. o.), entweder weil sie an sich aussagekräftig erscheinen, oder weil sie einen bestimmten Sachverhalt exemplarisch verdeutlichen können.

Weiter sind *biographische Gattungen* zu nennen. Das Problem besteht darin, eine beschreibungskräftige Definition von ›Biographie‹ zu finden. Holger Sonnabend plädiert für einen weiten Biographiebegriff,[19] auch Dirk Frickenschmidt hat eine offene Biographiekonzeption, die nicht mit einer Definition zu arbeiten versucht, sondern ein modulares dreiteiliges Modell zur Beschreibung von Biographien anbietet.[20] Demgegenüber unterscheidet Eve-Marie Becker eine biographische von einer bloß personenzentrierten Darstellungsform. Im Gegensatz zur ersten fungiert

---

[15]Vgl. BERGER, Formen, 7–10. Ich verwende ›Form‹ nicht wie die ältere Formgeschichte als Begriff für Kleingattungen oder mündliche Überlieferungsstrukturen.

[16]Vgl. dazu grundsätzlich NÜNNING, Art. Fiktionssignale, 178, und unten 6.3.5, S. 323.

[17]BECKER, Markus-Evangelium, 62, nach Hubert Cancik; im Original teilweise kursiv.

[18]»In modern discussion the phrase is commonly applied to ancient historical writings which deal with a limited issue or period without regard to the length of the books themselves«: PALMER, Acts, 4. Es können also auch sehr umfangreiche Werke dieser Gattung zugerechnet werden. Im engeren Sinne werden vor allem einbändige Werke als historische Monographien bezeichnet, vgl. a. a. O., 5.

[19]Er lehnt sich an Arnaldo Momigliano an. Demnach »ist eine Biographie die Darstellung des Lebens eines Menschen von der Geburt bis zum Tod«; vgl. SONNABEND, Geschichte, 18f.

[20]Vgl. FRICKENSCHMIDT, Evangelium, 81–86.192–209.

in der letzteren die »Person [...] als Protagonist der Handlung, nicht als Thema der Erzählung.«[21] Nach dieser engeren Definition qualifizieren sich von den untersuchten Texten auf jeden Fall die Werke von Nepos, Sueton und Plutarch als Biographien, daneben auch die kurzen *Vitae Prophetarum*. Rechnete man auch die ›personenzentrierten‹ Werke in den biographischen Bereich, ließen sich auch Xenophons Kyropädie und die langen, Herodes gewidmeten Abschnitte in Josephus' *Bellum* und *Antiquitates* hier nennen. In allen diesen Texten nimmt der Tod des Protagonisten einen substantiellen, aber nicht den überwiegenden Teil des Textes ein, und er wird – mit der Ausnahme einzelner Prophetenviten[22] – gegen Ende hin erzählt.

Die vorliegende Untersuchung hat auch Todesberichte in *anderen größeren Gattungen* berücksichtigt. Es handelt sich um Werke, die mehr oder weniger offen der Propaganda bestimmter Überzeugungen gewidmet sind. Der älteste und wirkmächtigste unter diesen Texten ist Platons Dialog *Phaidon,* ein Diskurs über das Geschick der Seele nach dem Tod, der an Sokrates' letztem Abend situiert ist und mit der Erzählung seines Todes schließt. Zu nennen sind auch zwei polemische Apologien des Judentums, Josephus' *Contra Apionem* und Philons *In Flaccum.* In beiden bildet der Tod eines Widersachers den Höhe- und Schlusspunkt eines argumentativen Zusammenhangs. Senecas *Apokolokyntosis* gehört zum relativ klar definierten Genre der mennippeischen Satire, die den Tod des Claudius zum Anlass nimmt, diesen in jeder Hinsicht lächerlich zu machen. Zwei frühchristliche Briefe (Hebr und 1 Clem) sowie die rhetorische Exempelsammlung des Valerius Maximus führen Todesfälle als Beispiele an – die Episteln für Glaube bzw. für die Nachteile von Streit und Missgunst, Valerius für die Werte einer aufstrebenden römischen Verwaltungselite.

Mittelgroße bis kleine Gattungen

Neben den genannten Makrogattungen sind für die Untersuchung von Todesdarstellungen einige spezielle mittelgroße bis kleine Gattungen von Interesse. Es handelt sich um – teils selbstständige, teils unselbstständige – Texte, in denen ein einzelner Todesfall im Mittelpunkt steht. Die Grenzen zwischen diesen Textsorten sind fließend und beruhen i. d. R. auf den Inhalten der jeweiligen Erzählungen.

Die *Prozessberichte* bzw. so genannten *Märtyrerakten* bilden einen solchen Gattungsbereich.[23] Märtyrerakten beruhen auf – echten oder fiktionalen – Prozessprotokollen, die gerahmt und mehr oder weniger stark ausgestaltet sind, müssen aber

---

[21] BECKER, Markus-Evangelium, 193.
[22] Eine Ausnahme bieten die *Vitae Prophetarum* wegen ihrer Kürze auch in Hinblick auf den anteilsmäßigen Umfang der Todes- und Begräbnisdarstellung; vgl. etwa den extremen Fall der Joel-Vita (s. o. S. 89).
[23] Vgl. dazu BERGER, Gattungen, 1248–1256.

nicht notwendig den Tod des Angeklagten erzählen. Im paganen Bereich fallen hier vor allem die *Acta Alexandrinorum* ins Auge, die die Konfrontation alexandrinischer Angeklagter mit dem Kaiser dramatisch entfalten.

Texte, die auch auf die näheren Umstände eines Todesfalls eingehen, werden oft mit dem – durchaus unscharfen – Begriff τελευτή zusammengefasst; auch von *Philosophenmartyrien* ist gelegentlich die Rede.[24] Als Vorbild und Vorläufer dieser Texte wird üblicherweise Platons Erzählung von Sokrates' Tod angesehen, als dominierendes Gattungsmerkmal dagegen auch hier die bei Sokrates fehlende Konfrontation des Todgeweihten mit einem Unrechtsherrscher ausgemacht. Durch Plinius ist die Existenz einer Gattung *exitus illustrium virorum* belegt: selbstständige Erzählungen von der Hinrichtung stoisch orientierter Oppositioneller im frühen Prinzipat, die bald auch zu Sammlungen zusammengefasst wurden.[25] Exemplare dieser Gattungen ließen sich bei Tacitus nachweisen.[26] Auch sie verbinden Sterbedetails mit dem Tyrann-Opfer-Kontrast. Der ebenfalls häufig gebrauchte Begriff des *edlen Todes* ist als Gattungsbezeichnung m. E. wenig geeignet. Der Begriff steht in Zusammenhang mit dem Ehre-Schande-Code (s. u.). Er wird für Fälle gebraucht, in denen Menschen auf entwürdigende Weise sterben und gewinnt seinen Sinn aus dem Kontrast zwischen dem gerechten Deliquenten und dem ungerechten Tyrannen.

Die jüdischen *Martyrien*[27] stehen dieser Literatur nahe; sie sind (unselbstständige) Erzählungen von der Hinrichtung gerechter Männer und Frauen für ihr Bekenntnis zum Judentum. Zu nennen sind die Hinrichtungen in den Makkabäerbüchern und die Martyrien in der rabbinischen Literatur.

Zwar sind auch die Makkabäer- und die Rabbinen-Martyrien durch die Figurenkonstellation von Gerechtem und Tyrann geprägt, durch ihre konkrete Gestaltung fallen sie aber in andere Gattungen. 2 Makk 6 und 7 enthalten deutliche Merkmale einer Lehr-Erzählung.[28] Von den vier untersuchten rabbinischen Texten erwiesen sich drei als Chrien bzw. Apophthegmata; die jüngste dieser vier Erzählungen (bAZ 17b–18a) hat dagegen durch einen langen Wachstumsprozess ihre gattungsmäßige Eindeutigkeit verloren.

Kleingattungen

In den meisten Texten lassen sich eine Reihe von Mikrogattungen und formelhaften Wendungen ausmachen. Im vorliegenden Textcorpus gilt das besonders für Abschnitte in direkter Rede.

---

[24]Vgl. etwa a. a. O., 1249.

[25]Es empfiehlt sich, den Begriff *exitus illustrium virorum* nicht auf alle Berichte vom Tod prominenter Personen auszudehnen und vor allem den Tyrannentod nicht unter darunter zu subsumieren.

[26]Vgl. oben S. 154.

[27]Üblicherweise so genannt, auch wenn der Begriff μάρτυς im Sinne von »Blutzeuge« erst Mitte des 2. Jahrhunderts n. Chr. im Polykarpmartyrium belegt ist.

[28]Vgl. KELLERMANN, Auferstanden, 53.

Zu nennen sind beispielsweise prophetische Logien, z. B. Scheltworte (2 Chr 24,20[29]), beratende (symbouleutische) oder Gerichtsreden,[30] sowie Apophthegmata bzw. Chrien.[31] Auch Sätze in poetisch geprägter Sprache können in die Erzählung eingebunden werden, sie sind regelmäßig den Werken bekannter Dichter entnommen.[32]

Besonders hervorzuheben sind die letzten Worte, die *ultima verba* eines Sterbenden. Wenn *ultima verba* hier unter den Kleingattungen genannt werden, soll damit nicht behauptet werden, solche letzten Worte seien immer gattungsmäßig gebunden; vielmehr soll darauf aufmerksam gemacht werden, dass in vielen Todesberichten die letzte Äußerung durch eine eindeutige Markierung hervorgehoben wird:

> Schon war ihm also die Kälte nahe an die Gegend des Unterleibs gekommen, da deckte er sich auf – er war nämlich zugedeckt worden – und sprach – das waren seine letzten Worte: »Kriton,« sagte er, »wir schulden dem Asklepios einen Hahn.«[33]

> »Und denkt«, sagte er, »an mein letztes Wort: Wenn ihr die Freunde gut behandelt, werdet ihr auch die Feinde bestrafen können. Und lebt wohl, liebe Kinder, und berichtet eurer Mutter von mir, und alle Freunde, die ihr da seid, und die ihr nicht da seid, lebt wohl.«[34]

Die Einbeziehung von Mikrogattungen in größere Texteinheiten ist jederzeit möglich und trägt zum individuellen Profil eines Textes bei.

6.2 Sinngebung

6.2.1 Fokalisation

Erzählende Texte haben erstaunliche Möglichkeiten zu steuern, wie die erzählten Ereignisse wahrgenommen werden. Hier wird durchaus Macht ausgeübt, und das Mittel der Wahl zur Analyse dieser Steuerung ist die Analyse der Fokalisierung.

---

[29]Vgl. oben S. 41.

[30]Beides beispielsweise in Tacitus' Bericht von Thraseas Ende, oben S. 146.

[31]Gehäuft im Schlussteil der Plutarch'schen Phokionvita, oben S. 116.

[32]Vgl. etwa das Archilochos-Zitat in Plu. Galba 27,9 (oben S. 175). Es wäre zu diskutieren, ob die alttestamentlichen Zitate in frühjüdischen Schriften (etwa 2 Makk 7,6, oben S. 50) eine ähnliche Funktion erfüllen können wie die Zitate aus ›kanonischen‹ Dichtern in der hellenistischen und kaiserzeitlichen paganen Literatur.

[33]Ἤδη οὖν σχεδόν τι αὐτοῦ ἦν τὰ περὶ τὸ ἦτρον ψυχόμενα, καὶ ἐκκαλυψάμενος – ἐνεκεκάλυπτο γάρ – εἶπεν – ὃ δὴ τελευταῖον ἐφθέγξατο – Ὦ Κρίτων, ἔφη, τῷ Ἀσκληπιῷ ὀφείλομεν ἀλεκτρυόνα (Pl. Phd. 118, oben S. 112).

[34]Καὶ τοῦτο, ἔφη, μέμνησθέ μου τελευταῖον, τοὺς φίλους εὐεργετοῦντες καὶ τοὺς ἐχθροὺς δυνήσεσθε κολάζειν. καὶ χαίρετε, ὦ φίλοι παῖδες, καὶ τῇ μητρὶ ἀπαγγέλετε ὡς παρ' ἐμοῦ· καὶ πάντες δὲ οἱ παρόντες καὶ οἱ ἀπόντες φίλοι χαίρετε (X. Cyr. 8,7,28, oben S. 230).

Wie oben gesagt, ist nicht nur der Erzähler, sondern auch die Fokalisationsinstanz in den meisten vorliegenden Texten extern, d. h. der ›Blick‹ auf das Erzählte ist nicht der Blick der Akteure. Eine externe Perspektive aber ist nicht neutral, sondern kann in reichem Maße Bewertungen in einen Text einbringen.

Das Beispiel von Suetons Augustusvita zeigt eine solche ›parteiische‹ externe Perpektive. Wie oben gezeigt wurde,[35] treten kaum akteurgebundene Fokalisatoren auf, auch der Protagonist Augustus fokalisiert selten. Der Akteur Augustus erscheint als Schauspieler, als ein Meister der Selbstinszenierung, und seine letzten Worte bezeichnen sein Leben als ein Bühnenstück, das nun zu Ende geht. Der externe Fokalisator kollaboriert mit dieser Inszenierungsstrategie: Er ›sieht‹ nur Dinge, die die Zuschauer des Augustus sehen *sollen,* und stellt sich so, mehr oder weniger subtil, auf die Seite des Protagonisten.

Die Perspektive von Akteuren – Protagonisten und anderen – macht Texte vielstimmig und interessant. Konflikte zwischen verschiedenen Perspektiven bleiben dabei kaum aus. Üblicherweise verhält sich eine Erzählung hier keineswegs neutral. Sie wird vielmehr steuernd eingreifen und etwa manchen Akteuren mehr Raum für ihre Reden oder Emotionen einräumen als anderen und so ihre Perspektive privilegieren, oder sie wird Akteure zwar zu Wort kommen oder ihre Blickwinkel zur Geltung kommen lassen, sie aber zugleich diskreditieren und so den Lesern die Möglichkeit verschließen, sich mit dem betreffenden Akteur zu identifizieren. Statt dessen wird deutlich gemacht, welche Perspektiven angemessen sind und welche nicht.[36]

Ein besonders augenfälliges Beispiel für die quantitative Privilegierung des Protagonisten ist Apg 6,8–8,3.[37] Stephanus steht vor einem Synhedrialgericht und antwortet auf die Anklage mit einer längeren Rede. In der Summe spricht Stephanus 55 Verse – seine Gegner nur vier Verse. Subtiler ist Tacitus kurze Notiz vom erzwungenen Suizid des Annaeus Lucanus.[38] Der Erzähler ist extern, die Fokalisation aber erfolgt durch Lucanus und macht auch Raum für seine Körperwahrnehmung:

Als sein Blut herausfloss, merkte der (sc. Lucanus), wie seine Füße und Hände kalt wurden und allmählich von außen das Leben wich – während seine Brust (noch) warm und bei Bewusstsein war –, (und) erinnerte sich an ein von ihm selbst verfasstes Gedicht . . .[39]

So wird dem Leser die Identifikation mit dem Akteur angeboten.

[35] Vgl. oben S. 237.
[36] Jede Erzählung hat eigene, klare Regeln für diese Prozesse. Vgl. BAL, Story-Telling, 101.
[37] Vgl. oben S. 58.
[38] Vgl. oben S. 141.
[39] *Is profluente sanguine ubi frigescere pedes manusque et paulatim ab extremis cedere spiritum fervido adhuc et compote mentis pectore intellegit, recordatus carmen a se compositum* (Tac. ann. 15,70,1), vgl. oben S. 140.

Um die Perspektive eines Akteurs zu diskreditieren und die Identifikation mit ihm auszuschließen, genügen wenige Worte. Von Herodes überliefert Josephus folgende Notiz:

> Er selbst aber zieht hinab und kommt nach Jericho, schon schwermütig, und schritt – nur für den Tod selbst nicht bedrohlich – zur Planung einer frevlerischen Tat: Denn die wichtigsten Männer eines jeden Dorfes in ganz Judäa ließ er zusammenholen in das so genannte Hippodrom, und befahl, sie einzuschließen. Er rief aber seine Schwester Salome her und ihren Mann Alexas und sagte: »Ich weiß, dass die Juden meinen Tod feiern. Ich kann aber um anderer willen betrauert werden und einen strahlenden Grabstein haben, wenn ihr meinen Anweisungen folgen wollt. Diese bewachten Männer tötet, wenn ich mein Leben aushauche, damit ganz Judäa und jedes Haus auch gegen ihren Willen um mich weinen.«[40]

Die Erzählung räumt wohl Herodes ein, sein Vorhaben selbst zu deuten. Doch allein das Wort »frevlerisch« im ersten Satz genügt, um diese Selbstdeutung zu disqualifizieren.

Reizvolle narrative Möglichkeiten eröffnen sich durch die Gegenüberstellung zweier Fokalisatoren. Gerade in Verhördialogen können die verschiedenen Perspektiven dramatisch miteinander konfrontiert werden. Auch hier ist die Erzählung in den seltensten Fällen neutral. Die *Acta Hermaisci,* eine Komposition aus narrativen Blöcken und Verhördialogen,[41] können das illustrieren. Das Verhörgespräch zwischen Hermaiskos und Kaiser Trajan kommt nicht zu einer Entscheidung. In dem vorausgehenden – extern fokalisierten – Abschnitt war jedoch Trajan dabei zu sehen, wie er sich durch die Lobby Hermaiskos' jüdischer Gegner vereinnahmen ließ. Er ist also als Richter disqualifiziert. Das Verhör wird schließlich durch eine Wundererscheinung unterbrochen, die offensichtlich Hermaiskos' letzte Aussage beglaubigen soll. Eine bewährte Technik zur Privilegierung eines Gesprächsteilnehmers ist es, seine Äußerung als letzte unwidersprochen stehen zu lassen. Sie findet sich besonders deutlich in drei der oben besprochen rabbinischen Texte.[42]

---

[40] Αὐτὸς δὲ ὑποστρέφων εἰς Ἱεριχοῦντα παραγίνεται μελαγχολῶν ἤδη, καὶ μόνον οὐκ ἀπειλῶν αὐτῷ τῷ θανάτῳ προέκοπτεν εἰς ἐπιβολὴν ἀθεμίτου πράξεως· τοὺς γὰρ ἀφ' ἑκάστης κώμης ἐπισήμους ἄνδρας ἐξ ὅλης Ἰουδαίας συναγαγὼν εἰς τὸν καλούμενον ἱππόδρομον ἐκέλευσεν συγκλεῖσαι. προσκαλεσάμενος δὲ Σαλώμην τὴν ἀδελφὴν καὶ τὸν ἄνδρα ταύτης Ἀλεξᾶν «οἶδα, ἔφη, Ἰουδαίους τὸν ἐμὸν ἑορτάσοντας θάνατον, δύναμαι δὲ πενθεῖσθαι δι' ἑτέρων καὶ λαμπρὸν ἐπιτάφιον ἔχειν, ἂν ὑμεῖς θελήσητε ταῖς ἐμαῖς ἐντολαῖς ὑπουργῆσαι. τούσδε τοὺς φρουρουμένους ἄνδρας ἐπειδὰν ἐκπνεύσω τάχιστα κτείνατε περιστήσαντες τοὺς στρατιώτας, ἵνα πᾶσα Ἰουδαία καὶ πᾶς οἶκος ἄκων ἐπ' ἐμοὶ δακρύσῃ.» (BJ 1,659f.) vgl. oben S. 240.

[41] Vgl. oben S. 161.

[42] In Sifra, Emor 9,5 und jBer 9,7/8 [14b] gegenüber dem Richter; in bAZ 17b–18a gegenüber einem anderen Rabbi. Vgl. oben Abschnitt 2.4.

Zuletzt gibt es auch die Möglichkeit, dass die externe Fokalisierung nicht stark genug ist oder nicht stark genug sein will, um Widersprüche zwischen den Perspektiven auszugleichen oder den Leserblick eindeutig zu steuern. Dann entstehen spannungsvolle und vielschichtige Texte. Am augenfälligsten ist das vielleicht in Josephus' Erzählung vom Fall von Masada: In den verschiedenen Passagen dieses Textes dominieren abwechselnd verschiedene Perspektiven, die römische auf den Belagerungshergang, die der Sikarier auf ihre ausweglose Situation und die des externen Fokalisators auf die Sikarier. Besonders die Tötungsszene ist spannungsreich; während das Vokabular die Tat in negatives Licht rückt, lenkt die Betonung der Emotionen der Täter die Lesersympathie auf ihre Seite.[43] Ein Ausgleich findet nicht statt.

6.2.2 Charaktere

Charaktere sind ein entscheidendes Element jeder Erzählung. Zu beachten ist zum einen die Ausgestaltung der Akteure, d. h. der Handlungsträger, zu Charakteren und zum anderen die Figurenkonstellation, d. h. das Verhältnis der Charaktere zueinander.

Ein wichtiges Mittel, um von einem Akteur ein Charakterbild zu entwerfen, ist, wie eben dargestellt, die Fokalisierung. Wie wird er von anderen Fokalisatoren wahrgenommen? Nimmt er selbst wahr? Erhalten die Leser Einblicke in seine ›Innenwelt‹?

Hinzu kommen die Taten und Worte des jeweiligen Akteurs. An einer bekannten Stelle schreibt Plutarch:

> Und es sind überhaupt nicht die berühmtesten Taten, die Güte oder Bosheit (eines Menschen) aufweisen, sondern oft bot eine kurze Tat, ein Wort, irgendein Scherz ein besseres Charakterbild als Kämpfe mit zehntausenden Toten oder die größten Schlachten oder Belagerungen von Städten.[44]

Relevant ist in diesem Zusammenhang auch, ob einem Akteur die Möglichkeit eingeräumt wird, seinen bevorstehenden Tod selbst zu deuten. Von dieser Möglichkeit wird tatsächlich vielfach Gebrauch gemacht. Die sieben Brüder aus 2 Makk 7,[45] Julius Caesar[46] oder Seneca[47] sind nur wenige Beispiele. Die Deutung des eige-

---

[43]Vgl. oben S. 283.

[44]Οὔτε ταῖς ἐπιφανεστάταις πράξεσι πάντως ἔνεστι δήλωσις ἀρετῆς ἢ κακίας, ἀλλὰ πρᾶγμα βραχὺ πολλάκις καὶ ῥῆμα καὶ παιδιά τις ἔμφασιν ἤθους ἐποίησε μᾶλλον ἢ μάχαι μυριόνεκροι καὶ παρατάξεις αἱ μέγισται καὶ πολιορκίαι πόλεων (Alex. 1,2).

[45]Vgl. oben S. 53.

[46]Vgl. oben S. 200.

[47]Vgl. oben S. 132.

nen Todes kann freilich auch verweigert oder, noch schlimmer, anderen Akteuren
überlassen werden:

(Pappus und Lulianus zu ihrem Richter:) »am Ende wird der Allgegenwärtige unser Blut von deinen Händen fordern.« Man sagt, er war nicht
von dort weggegangen, bis dass Briefe gegen ihn aus Rom kamen, und
man schlug ihm mit Äxten das Gehirn heraus.[48]

Neben Worten, Taten und der Fokalisation ist die äußerliche Beschreibung von
Akteuren ein entscheidendes Mittel zur Charaktergestaltung. In den hier untersuchten Texten sind solche Beschreibungen zumeist auf wenige Worte beschränkt
und skizzieren oft nur ein einzelnes Merkmal: Größe, Gestalt, Haltung, Sprache
oder anderes. Wie oben gesagt (6.1.3), können Beschreibungen auch narrativiert,
d. h. als Vorgang ausgestaltet werden. Das Sterben eines Akteurs bietet vor allem
dann Anlass, körperliche Merkmale zu beschreiben, wenn sich eine Veränderung
ergibt. Man denkt etwa an Polykarps Entkleidung vor seiner Hinrichtung (MartPol
13,2),[49] vor allem an die Entstellung von Körpern durch Folter und grausame Hin-
richtungsmethoden. Im Polykarpmartyrium werden Christen

durch Geißelhiebe zerfleischt, so daß bis zu den Adern und Blutgefäßen
im Innern der Bau des Körpers sichtbar wurde.[50]

Auch zahlreiche andere Texte ersparen dem Leser nicht die blutigen Einzelheiten
der Hinrichtung; unter den untersuchten Texten ragt besonders 2 Makk 7[51] hervor.

Nach dem Tod eines Akteurs bietet sich hin und wieder die Gelegenheit, eine
zusammenfassende, abschließende Charakteristik zu geben. Besonders Josephus
macht von dieser Möglichkeit häufig Gebrauch.[52] Eine solche Ekphrasis wird eher
allgemeine Charaktereigenschaften (Würde, Mäßigung, Hochmut o. dgl.) oder Kör-
pereigenschaften (z. B. Schönheit) nennen als physische Details. Eine instruktive
Ausnahme in dieser Hinsicht bietet übrigens Suetons Otho-Biographie. Nach Othos
Suizid bringt sie eine relativ detailreiche Charakteristik:

Othos derartigem Mut entsprach sein Körper und sein Auftreten in keiner Weise. Man überliefert, er sei von unbedeutender Statur, schlecht zu
Fuß und krummbeinig gewesen, aber fast von weiblicher Eitelkeit, mit
einem unbehaarten Körper, und mit einer kleinen Perücke, die wegen

---

[48]אלא סוף שהמקום עתיד לתבוע דמינו מידך: אמרו לא נסע משם עד שבאת עליו טיפלי מירומי והוציאו את מוחו
בפקעיות: (Sifra, Emor 9,5; vgl. oben S. 97).

[49]Vgl. oben S. 72 – ebenfalls narrativiert.

[50]Οἳ μάστιξιν μὲν καταξανθέντες, ὥστε μέχρι τῶν ἔσω φλεβῶν καὶ ἀρτηριῶν τὴν τῆς σαρκὸς
οἰκονομίαν θεωρεῖσθαι (2,2). Übers. LINDEMANN/PAULSEN, Väter, 263.

[51]Vgl. oben S. 53. Noch mehr Freude am Detail zeigt das spätere 4. Makkabäerbuch, das sich
speziell diesen Martyrien widmet.

[52]Vgl. etwa zu Mariamme: AJ 15,237–239; oben S. 125.

des Mangels an Haaren an seinen Kopf angepasst und befestigt war, sodass niemand sie bemerkte; er pflegte sogar, täglich sein Gesicht zu rasieren und mit eingeweichtem Brot einzureiben, und das habe er schon bei dem ersten Flaum begonnen, damit er nie bärtig würde; er habe auch oft öffentlich die Isis-Riten im religiösen Leinengewand begangen.[53]

Dieser Text zeigt, dass physische Eigenschaften nicht neutral, sondern mit sozialen Wertungen konnotiert sind. Die Sorge um körperliche Gepflegtheit wird als »weibliche Eitelkeit« interpretiert; für einen Mann, zumal einen Soldatenkaiser, scheint sie unangemessen. Dass der Text den Kontrast zwischen äußerer Erscheinung und dem im Tod erkennbaren tatsächlichem Charakter betont, zeigt, dass erstere normalerweise als Indikator des letzeren galt.

Mit der Charakteristik hängt die *Figurenkonstellation* eines Textes zusammen. Die Anzahl der Akteure und ihre Stellung zu einander ist je nach Gattung und Interesse unterschiedlich ausgeführt. Häufig lassen sich Protagonisten eindeutig benennen, die im Zentrum eines ganzen Werkes oder zumindest eines längeren Handlungsstranges stehen. Wie stark ein einzelner Charakter entfaltet wird, hängt deshalb von der Textsorte und von der Stellung des betreffenden Akteurs ab. Wenn Josephus im *Bellum* in über 400 Paragraphen den Werdegang des Herodes schildert, kann und will er ein facettenreicheres und nuancierteres Bild zeichnen als von den Nebenfiguren, und auch seinen Todeskampf in mehr Einzelheiten schildern als etwa das Ende der jugendlichen Aufrührer, die die Tempeldekoration beschädigen.[54] Neben die Protagonisten der Haupthandlung treten immer wieder ›kleine‹ Protagonisten von Nebensträngen oder Einzelepisoden einer Erzählung, beispielsweise Seneca, Petronius oder Thrasea in einem Erzählzusammenhang, der von Nero dominiert wird (Tac. ann. 15f.).

Die Figurenkonstellation ist in manchen Fällen zu einem Gattungsmerkmal gemacht worden: Eine scharfe Konfrontation von Tyrann und Opfer gilt als Merkmal der so genannten *exitus illustrium virorum*.[55] Zutreffend ist daran jedenfalls, dass die Konstellation von Angeklagtem und (ungerechtem) Herrscher geradezu nahelegt, die Gegner profiliert herauszuarbeiten. Das bedeutet aber nicht, dass dann die Charaktere individuell oder mit Tiefenschärfe gezeichnet sind – vielmehr drängt der Tyrann-Opfer-Kontrast die Figuren in klischeehafte Rollen, die selten verlassen werden.

---

[53]*Tanto Othonis animo nequaquam corpus aut habitus competit. Fuisse enim et modicae staturae et male pedatus scambusque traditur, munditiarum vero paene muliebrium, vulso corpore, galericulo capiti propter raritatem capillorum adaptato et adnexo, ut nemo dinosceret; quin et faciem cotidie rasitare ac pane madido linere consuetum, idque instituisse a prima lanugine, ne barbatus umquam esset; sacra etiam Isidis saepe in linea religiosaque veste propalam celebrasse* (Suet. Otho 12,1).
[54]Vgl. oben S. 239.
[55]Vgl. QUESTA, Studi, 241.

6.2.3 Motive

Der hier »Motive« genannte Bereich der Sinngebung ist heterogen und unübersichtlich. Man definiert Motiv literaturwissenschaftlich als »[k]leinste selbständige
Inhalts-Einheit oder tradierbares intertextuelles Element eines literarischen Werkes«,[56] bezeichnet aber in der Exegese auch Begriffe und Formulierungen damit,
die relativ festgelegte zusätzliche Konnotationen besitzen.[57] An dieser doppelten
Bestimmung des Motivbegriffs ist festzuhalten. Damit ist ein weites Feld von Sinn
gebenden Elementen eröffnet.

Die Motive, also die kleinen Inhaltseinheiten und geprägten Begriffe, lassen sich
für den Zweck der vorliegenden Untersuchung unterteilen in Motive, die konkret
auf Charaktere der Erzählung bezogen sind, auf solche, die auf der Ereignisebene
der Erzählung angesiedelt sind, und auf solche, die inhaltliche Zusammenhänge
bezeichnen oder geprägte Formulierungen oder Zitate aufgreifen.

Ereignisse

Die Frage nach den Ereignissen, die die Erzählungen enthalten, ist erst weiter
unten zu besprechen. Hier ist auf erzählte Ereignisse nur insoweit einzugehen, als
sie mit spezifischen sozialen Bewertungen konnotiert sind. Ihr Vorkommen oder
Ausbleiben bestimmt dann die Deutung eines Todesfalls.

PRODIGIEN Ein Todesfall kann von Prodigien[58] begleitet werden. Prodigien zeigen
an, dass das Sterben eines Menschen im Zusammenhang supranaturaler Einflüsse gesehen werden soll. Hier kann nur eine kleine Auswahl solcher Vorzeichen
gegeben werden.

Himmelserscheinungen sind klassische Prodigien. Zu nennen sind Sonnenfinster-
nisse (Plu. Pel. 31 – gedeutet als Vorzeichen einer militärischen Niederlage) und
Gewitter (Plu. Caes 63,2 – gedeutet auf Caesars Tod[59]) als Vorboten von Unheil. Das
unerwartete *Erscheinen von Tieren*, z. B. von Vögeln, kann auf einen bevorstehenden
Todesfall gedeutet werden: Sueton schreibt über Augustus:

---

[56]DRUX, RLW 2 (2000), 638.
[57]Vgl. oben S. 30.
[58]*Prodigium* bezeichnet ein als außergewöhnlich wahrgenommenes Ereigniss, das für gewöhnlich
als Ankündigung von Unglück gedeutet wird – selten schreibt man ihm positive Bedeutung zu. Im
römischen Staatskult bezeichnet es üblicherweise ein Vorzeichen, das der Gemeinschaft ein – durch
Expiation abzuwendendes – Unglück ankündigt; als solches muss es vom Senat anerkannt werden.
Daneben kann *prodigium* auch eine auf eine Einzelperson bezogene Vorankündigung bedeuten (und
besonders solche sind hier von Interesse). Vgl. dazu HÄNDEL, PW 23/2 (1959), 2283–2285; DISTELRATH,
DNP 10 (2001), 369–370. Im Wortgebrauch überschneidet sich *prodigium* mit dem allgemeineren Begriff
omen, vgl. RIESS, PW 18/1 (1942), 352.357. – Für eine allgemeine Zusammenstellung möglicher Omina
vgl. a. a. O., 360–378.
[59]Vgl. oben S. 200.

Als er auf dem Marsfeld vor einer großen Menschenmenge das Reinigungsopfer darbrachte, umkreiste ihn mehrfach ein Adler und flog dann hinüber in das benachbarte Gebäude und setzte sich über dem Namen Agrippas bei dem ersten Buchstaben nieder.[60]

Augustus versteht, dass sich das Zeichen auf seinen bevorstehenden Tod bezieht.[61] Im Zusammenhang der römischen Staatsreligion sind *fehlerhafte Opfertiere* stets ein ungutes Signal. Unter anderem für Caesar und Galba hat Plutarch solche misslungenen Opfer als Prodigien notiert.[62] Prodigiencharakter kann ferner auch *unbelebten Gegenständen* zukommen. Ebenfalls über Augustus wird folgender Vorfall notiert:

> Zur gleichen Zeit verschwand unter einem Blitzschlag der erste Buchstabe der Aufschrift einer Statue von ihm; es wurde geantwortet, er habe von da an nur noch 100 Tage zu leben – diese Zahl bezeichnete der Buchstabe C –, und er würde in Zukunft unter den Göttern genannt werden, weil Aesar, das ist der restliche Teils aus des Caesars Namen, in der etruskischen Sprache ›Gott‹ bedeute.[63]

An diesem Beispiel wird auch ersichtlich, dass Erscheinungen an unbelebten Gegenständen einer ausdrücklichen Interpretation bedürfen.

Ein wichtiger Bereich sind *Träume*. Diese können den Tod einer Person ausdrücklich ankündigen oder – *ex eventu* interpretiert – mehr oder weniger klar andeuten.[64] Ähnliche Funktion haben *bedeutsame Äußerungen* eines Verstorbenen, die *ex eventu* auf seinen Tod bezogen werden können. Sueton notiert von Kaiser Claudius gleich mehrere derartige Äußerungen und schließt daraus:

> Aber er scheint auch selbst um das (nahende) Ende seines Lebens gewusst und es nicht verheimlicht zu haben.[65]

Vorzeichen werden gerne zu *Listen* zusammengestellt. In der vorliegenden Untersuchung fanden sich solche Listen vor allem in Biographien,[66] sie sind aber auch in Geschichtswerken verbreitet.[67]

---

[60]*Cum lustrum in campo Martio magna populi frequentia conderet, aquila eum saepius circumvolavit transgressaque in vicinam aedem super nomen Agrippae ad primam litteram sedit* (Aug. 97,1, vgl. oben S. 233). Der betreffende erste Buchstabe ist das M von Marcus und wird auf *mors* gedeutet.

[61]Vgl. für unzeitige Vögel auch Plu. Caes. 63,2; oben S. 200. Dort sind die Vögel erst *ex eventu* auf Caesars Tod bezogen.

[62]Plu. Caes. 63,4; Galb. 24,4, vgl. oben S. 174.200.

[63]*Sub idem tempus ictu fulminis ex inscriptione statuae eius prima nominis littera effluxit; responsum est, centum solos dies posthac victurum, quem numerum C littera notaret, futurumque ut inter deos refferetur, quod aesar, id est reliqua pars e Caesaris nomine, Etrusca lingua deus vocaretur* (Suet. Aug. 97,2; vgl. oben S. 233).

[64]Eine klare Ansage erhält Kyros (X. Cyr. 8,7,2; vgl. oben S. 228). Weniger klar und daher interpretationsbedürftig ist Calpurnias Traum (Plu. Caes. 63,8), vgl. dazu die Anm. auf S. 205. Man wird auch an den Traum der Frau des Pilatus denken (Mt 27,19). Die Schau des zu erwartenden Geschicks kennt auch MartPol 5,2; 12,3 (oben S. 71), allerdings nicht im Traum, sondern während des Gebetes.

[65]*Sed nec ipse ignorasse aut dissimulasse ultima vitae suae tempora videtur* (Claud. 46, vgl. oben S. 185).

[66]Vgl. Plu. Caes. 63; Suet. Aug. 97,1f.; Claud. 46.

[67]Vgl. BECKER, Markus-Evangelium, 304–316.

ERWEISE VON FRÖMMIGKEIT Eine Reihe von Texten erzählt von religiösen Handlungen ihrer Protagonisten kurz vor ihrem Ableben, die ich unter dem Oberbegriff ›Erweise von Frömmigkeit‹ zusammenfasse. Ein frühes Beispiel für solche Frömmigkeitserweise ist sehr wirksam geworden: Sokrates möchte vor seinem Tod eine Libation spenden und trägt seinen Schülern ein Opfer für Asklepios auf.[68] Diese Libation greifen Seneca und Thrasea Paetus vor ihrem Sterben auf.[69] Derartige fromme Gesten werden positiv bewertet.

Umgekehrt können durch eine Tötung auch religiöse Gefühle verletzt werden. Plutarch zeigt, wie Phokions Hinrichtung an einem Feiertag als Frevel empfunden wird:

> Denen aber, die nicht ganz und gar roh und durch Zorn und Neid an der Seele verderbt waren, schien es vollkommen gottlos zu sein, diesen Tag nicht zu warten und die feiernde Stadt von einem öffentlichen Mord rein zu halten.[70]

Auch der Mord an Secharja ben Jojada im Vorhof bzw. Priesterhof des Jerusalemer Tempels fällt in diese Kategorie.[71]

TRAUERKUNDGEBUNGEN Viele Todesdarstellungen erzählen von einer Bestattung des Verstorbenen und von Trauerkundgebungen der Angehörigen und Freunde. Von Interesse ist hier die Bewertung dieser Trauerbezeigungen. Generell gelten aufwändige Begräbnisse als Ehre für den Verstorbenen. Das kann die Motivation dafür sein, zahlreiche Details der Zeremonie erzählerisch festzuhalten – etwa nach dem Tod des Augustus oder des Herodes.[72] Hervorzuheben ist demgegenüber Plutarchs Erörterung über die Authentizität von Trauerzeremonien:[73] Der Umfang und die Extravaganz der Trauerriten entscheiden nur vordergründig über die Ehre, die dem Verstorbenen zuteil wird. Wirklich bedeutend ist dagegen die echte Trauer der Hinterbliebenen, die in ernsthafter Zuneigung und Dankbarkeit wurzelt. Deshalb kann sich eine Inkongruenz auftun, wenn eine Person nach ihrem Tod ausgerechnet von ihren Bedrängern geehrt wird. Im Falle Dions wird diese Inkongruenz ausdrücklich festgehalten und narrativiert: »Wundersam« ändert sich der Wille der Menge.[74]

---

[68]Pl. Phd. 117b.118, vgl. oben S. 111.112.
[69]Tac. ann. 15,64,4; 16,35,1; vgl. oben S. 134.150.
[70]Ἐφάνη δὲ τοῖς μὴ παντάπασιν ὠμοῖς καὶ διεφθαρμένοις ὑπ' ὀργῆς καὶ φθόνου τὴν ψυχὴν ἀνοσιώτατον γεγονέναι τὸ μηδ' ἐπισχεῖν τὴν ἡμέραν ἐκείνην, μηδὲ καθαρεῦσαι δημοσίου φόνου τὴν πόλιν ἑορτάζουσαν (Plu. Phoc. 37,2; vgl. oben S. 118).
[71]Vgl. 2 Chr 24,21 (oben S. 40); *Vitae Prophetarum* Secharja 1 (oben S. 90). Das Aushungern des Pausanias in einem Tempel ist zumindest umstritten: Nep. Paus. 5,5 (oben S. 217).
[72]Vgl. oben S. 235.241.
[73]Plu. Pel. 34, vgl. oben S. 195.
[74]Vgl. oben S. 181.

Sueton berichtet von Fällen, in denen Männer vor ihrem Tod verwandten Frauen die Pflege ihrer *memoria* anbefehlen.[75] Die Gemeinde von Smyrna schreibt im Polykarpmartyrium, dass sie zum Gedächtnis (μνήμη) der Märtyrer jährliche Gedenktage planen.[76] Mit dieser Art Gedächtnispflege hängt auch das Interesse an den Grabstätten der Propheten zusammen, das die *Vitae Prophetarum* zeigen.[77]

Vor diesem Hintergrund wird deutlich, wie schwer die Entehrung eines Leichnams und die Verweigerung einer angemessenen Bestattung wiegt. So muss Phokion heimlich außerhalb Athens bestattet werden, weil eine Beerdigung innerhalb der Stadt politisch zu gefährlich sein dürfte – ein Vorgehen, das Plutarch als religiösen Frevel interpretiert.[78] Schlimmer noch ist die Schändung der Leiche. Sie geschieht nicht im Verborgenen, sondern ostentativ. Der tote Kleomenes wird bei Plutarch in Tierhäuten aufgehängt;[79] den Kopf Galbas habe Fabius Fabulus

> auf einen Speer gespießt und hin- und hergeschwenkt, sei wie die Bacchantinnen herumgelaufen, habe sich herumgedreht und oft den blutüberlaufenen Speer geschüttelt.[80]

Später können Patrobius' und Tigellinus' Sklaven mit dem Kopf ihren Mutwillen treiben.

Protagonist

Hier ist auf Motive einzugehen, die speziell auf den Protagonisten einer Todesdarstellung bezogen sind. Die im Folgenden genannten Motivkomplexe ermöglichen es einer Erzählung, den Hauptakteur im Kontext geprägter Vorstellungen zu charakterisieren und seinen Tod zu deuten.

DER EHRE-SCHANDE-DISKURS   Als ersten Bereich greife ich den Komplex der um den Ehre-Schande-Diskurs gruppierten Motive auf. Dieser Diskurs ist mit dem Zusammenhang von Leben und Sterben eng verknüpft. Er ist prägend für die meisten Gesellschaften des Mittelmeerraumes.[81] Auch Sterben und Tod werden in diesen

---

[75]Suet. Aug. 99,1; 100,2; vgl. oben S. 235; ähnlich Otho 10,2.

[76]MartPol 18,3; vgl. oben S. 73.

[77]Vgl. dazu Jeremias, Heiligengräber, 126–138.

[78]Plu. Phoc. 37,3; vgl. oben S. 118.

[79]Plu. Cleom. 59,1; vgl. oben S. 210.

[80]Περιπείραντα περὶ λόγχην καὶ ἀναπήλαντα [. . .] δρόμῳ χωρεῖν ὥσπερ αἱ βάκχαι, πολλάκις μεταστρεφόμενον καὶ κραδαίνοντα τὴν λόγχην αἵματι καταρρεομένην (Plu. Galb. 27,4; vgl. oben S. 175).

[81]Pitt-Rivers, Honour, 21, definiert:»Honour is the value of a person in his own eyes, but also in the eyes of his society. It is his estimation of his own worth, his *claim* to pride, but it is also the acknowledgement of that claim, his excellence recognized by society, his *right* to pride.« – »As the basis of repute, honour and shame are synonymous, since shamelessness is dishonourable; a person of good repute is taken to have both, one of evil repute is credited with neither«, a. a. O., 42. Die Entstehung des Ehre-Scham-Schande-Codes wurde von Schneider, Vigilance, 1–24, überzeugend auf eine Situation zurückgeführt, in der kleine, ökonomisch unabhängige Familieneinheiten ohne effektive staatliche

Kategorien wahrgenommen.[82] Es ist zu fragen, wie einzelne Texte die Zuschreibungen von Ehre oder Schande an ihre Protagonisten terminologisch fassen. Eine starke Durchdringung von Todesberichten mit der Begrifflichkeit von Ehre und Schande findet sich vor allem bei Valerius Maximus; sie kommt dort in allen römischen Beispielen vor.[83] Es überrascht nicht, dass die starke terminologische Präsenz des Ehre-Schande-Codes gerade in einem schulrhetorischen Text zu finden ist, da die antike Rhetorik das Todesthema nach den Regeln von Lob und Tadel (ἐγκώμιον und ψόγος) abhandelt.[84] Auch historiographische Todesberichte können vom Begriffsfeld von Ehre und Schande durchdrungen sein, wie Tacitus' Notiz von Tigellinus' Tod zeigt.[85] Diese Textpassage treibt die Zuschreibung von Ehrlosigkeit bis ins Extreme.

Der Begriff des *edlen Todes,* manchmal als Gattungsbezeichnung gebraucht, hat hier, im Zusammenhang des Ehre-Scham-Schande-Diskurses, seinen Ort. Er lenkt den Blick auf den konstruktiven Charakter von Ehre wie von Schande: Der Anspruch einer Person auf Ehre bedarf der Anerkennung durch ihre Umwelt. In den Situationen des ›edlen‹ Sterbens wird der Todeskandidat in bisweilen extremer Weise entwürdigenden Todesumständen ausgesetzt, gibt aber trotzdem seinen Anspruch auf Ehre nicht auf. Während die (innertextlichen) Widersacher des Todeskandidaten seinen Ehranspruch als erledigt ansehen, akzeptiert der Text diesen Anspruch als weiterhin gültig. Ein Tod, der in seiner Grausamkeit alles andere als ›edel‹ ist, wird also durch die literarische Darstellungsstrategie dazu gemacht.

Der Suizid ist in diesem Zusammenhang anzusprechen. Steht einer Person der Verlust ihrer Ehre in Aussicht, ist der frei gewählte Tod in weiten Teilen der antiken Überlieferung eine akzeptierte Option.[86] Josephus' Eleazar bringt es auf den Punkt: Schande

> ist kein Übel, das den Menschen von Natur aus notwendig ist, sondern das erleiden diejenigen durch ihre eigene Feigheit, die nicht dann sterben wollen, wenn es für sie möglich ist.[87]

Aufsicht um knappe Güter (Weideland, Vieh, Frauen) konkurrierten. Die Konzeption ist regional unterschiedlich entwickelt, dennoch dürfte für den ganzen Mittelmeerraum die Verbindung von Ehre und (bedrohter, zu beweisender) männlicher Geschlechtsidentität typisch sein, vgl. GILMORE, Honor, 9–17. Für Ehre und Schande im 1. Jh. n. Chr. vgl. vor allem MALINA, Welt, 40–66.

[82]Vgl. VOGEL, Commentatio, 45, der aber die Verbindung von Ehre und Schande als Deutung von Sterben und Tod und Ehre und Schande als gesellschaftsstrukturierenden Kategorien offen lässt.

[83]Zusammenstellung in der Anm. oben S. 268.

[84]Vgl. a. a. O., 84.

[85]Vgl. Tac. hist. 1,72,1–3; Zusammenstellung der betreffenden Termini oben S. 276.

[86]Vor allem in Teilen der Sophistik, im Kynismus und Stoizismus; nicht im Platonismus. Vgl. SCHIEMANN, DNP 11 (2001), 1093.

[87]Οὐκ ἔστιν ἀνθρώποις κακὸν ἐκ φύσεως ἀναγκαῖον, ἀλλὰ ταῦτα διὰ τὴν αὐτῶν δειλίαν ὑπομένουσιν οἱ παρὸν πρὸ αὐτῶν ἀποθανεῖν μὴ θελήσαντες (Jos. BJ 7,382; S. 281).

Demgegenüber ist das γενναίως ἀποθανεῖν gerade durch Freiwilligkeit gekennzeichnet.[88] Aus dem gleichen Grund ist in Rom eine Verurteilung zum Tod nach eigener Wahl ein besseres Los als die Hinrichtung *more maiorum*, d. h. mit dem Beil. Die ›freie‹ Todeswahl führt lange Reihen römischer Oppositioneller – Seneca vornan – dazu, sich auf Neros Druck hin die Adern aufzuschneiden und so nach Möglichkeit ihre Ehre zu wahren.

ZUSAMMENHANG VON LEBEN UND STERBEN   Zwischen Leben und Sterben besteht ein Zusammenhang – das ist eine Grundannahme, die vielen der hier versammelten griechischen oder römischen Texte zugrunde liegt.»In der Situation des Sterbens verdichtet sich der individuelle Lebenslauf zu einer Ereignisfolge, die über die charakterliche Disposition eines Menschen insgesamt Aufschluss gibt.«[89] Zahlreiche der untersuchten Texte geben ausdrücklich an, dass sie einen Todesfall in diesem Zusammenhang deuten, oder lassen einen Akteur diese Konzeption explizieren. So kündigt Seneca seinen Freunden an, mit seinem Sterben

ihnen das zu hinterlassen, was er als einziges und doch als schönstes noch besitze, das Bild seines Lebens.[90]

Der Zusammenhang gilt selbstverständlich nicht nur für angenehme, würde- und ehrenvolle, sondern auch für eigenwillige, unangenehme und ehrlose Sterbesituationen. Ein gutes Beispiel ist der Tod des Petronius.[91] Die Verknüpfung von Lebensführung und Todesgestaltung wird nicht ausdrücklich benannt, sondern narrativ entfaltet: Die Textpassage ist zweiteilig und erzählt zunächst von Petronius' Lebensführung, dann von seinem letzten Abend. Dabei werden jeweils zuerst die üblichen sozialen Erwartungen benannt (tagsüber arbeiten und Fleiß und Ordnung wahren; philosophische Diskurse am letzten Abend; im Testament dem Herrscher schmeicheln) und dann Petronius' Abweichungen davon (tagsüber feiern; am letzten Abend Schauspieler hören; im Testament den Herrscher bloßstellen). So entsteht das Bild einer bis zuletzt durchgehaltenen Exzentrizität.

Wenn das Ableben eines Menschen sich nicht mit seiner Lebensführung zusammenbringen lässt, verdient das, ausdrücklich hervorgehoben zu werden, etwa am Ende von Nepos' Datames-Biographie:

---

[88] BJ 7,326; S. 279.
[89] VOGEL, Commentatio, 30. Vgl. auch SCHUNCK, Sterben, 54ff.
[90] *Quod unum iam et tamen pulcherrimum habeat, imaginem vitae suae relinquere* (Tac. ann. 15,62,1; vgl. oben S. 132).
[91] Tac. ann. 16,18f.; vgl. oben S. 142.

So wurde jener Mann, der viele durch seinen Rat und niemand durch Untreue eingenommen hatte, durch eine vorgetäuschte Freundschaft erwischt.[92]

Hier werden die Todesumstände – wenn auch nach der Tendenz der Erzählung unverdient – schlechter bewertet als der Charakter des Akteurs zu Lebzeiten.

Eine solche Inkongruenz kann auch Anlass sein, den Leben-Sterben-Zusammenhang kritisch zu reflektieren. Valerius Maximus, der die Annahme dieses Zusammenhangs grundsätzlich teilt,[93] kennt auch Fälle, die ihn problematisch erscheinen lassen:

> Cornelius Gallus nämlich, ein Praetorianer, und T. Etereius, römischer Ritter, wurden beim Liebesakt mit Knaben dahingerafft. Freilich, wozu soll man sich über ihr Geschick lustig machen, die nicht ihre Lust, sondern das Maß menschlicher Gebrechlichkeit tötete? Weil unser Lebensende vielfältigen und verborgenen Ursachen ausgesetzt ist, nehmen manchmal Dinge, die unverdient sind, den Titel des letzten Schicksals ein, weil sie eher zufällig zum Todeszeitpunkt auftreten, als dass sie selbst den Tod verursachten.[94]

Zu bedenken ist, dass auch diese Passage den Leben-Sterben-Zusammenhang nicht grundsätzlich ablehnt, sondern in erster Linie zu kritischem und genauem Bedenken der einzelnen Todesumstände aufruft.

ÜBERLEGENHEIT DES PROTAGONISTEN   Einen weiteren auf den Protagonisten bezogenen Motivbereich sehe ich in Hervorhebungen seiner Überlegenheit. Es gehört zum festen Inventar zahlreicher – jüdischer wie paganer – Todesberichte, die *Schönheit*, das *Alter* und die *Würde* ihres Hauptakteurs hervorzuheben. So ist Eleazar

> ein Mann, der schon im Alter vorgerückt war und mit einem sehr schönen Gesicht,[95]

und Plutarch spricht vom

---

[92] *Ita ille uir, qui multos consilio, neminem perfidia ceperat, simulata captus est amicitia* (Nep. Dat. 11,5; vgl. oben S. 221).

[93] Vgl. 9,12 Vorrede; oben S. 263.

[94] *Cornelius enim Gallus praetorius et T. Etereius, eques Romanus, inter usum puerilis ueneris absumpti sunt. quamquam quorsum attinet eorum cauillari fata, quos non libido sua sed fragilitatis humanae ratio abstulit? fine namque uitae nostrae uariis et occultis causis exposito interdum + quae + inmerentia supremi fati titulum occupant, cum magis in tempus mortis incidant quam ipsa mortem accersant.* (Val. Max. 9,12,8) vgl. oben S. 264.

[95] Ἀνὴρ ἤδη προβεβηκὼς τὴν ἡλικίαν καὶ τὴν πρόσοψιν τοῦ προσώπου κάλλιστος (2 Makk 6,18), vgl. oben S. 49.

Antlitz des alten und aufrichtigen Herrschers und Hohenpriesters und Konsuls[96]

Galba. Eine Entsprechung dazu haben die *Acta Alexandrinorum* in ihrem beständigen Insistieren auf der vornehmen Abstammung ihrer Protagonisten, die oft auch das angesehene Amt des Gymnasiarchen bekleiden.[97] Ein prominentes und in der christlichen Theologie wirkmächtiges Gegenmodell ließ sich allerdings in dem prophetischen vierten Gottesknechtslied finden:

> Er hatte keine Gestalt und keine Pracht, und wir sahen ihn, und er hatte kein Aussehen, und wir hatten kein Gefallen an ihm.[98]

Obwohl nach den tatsächlichen Kräfteverhältnissen die Gegner des Protagonisten stets überlegen sind – denn sie sind es, die ihn töten können –, können Erzählungen den Todgeweihten zum >eigentlich< Überlegenen stilisieren. *Überlegenheit* ist nicht nur an Abstammung, Aussehen und würdigem Auftreten ablesbar, sondern kann auch durch die Erzähltechnik erzeugt oder durch die Selbsteinschätzung eines Akteurs ausgedrückt werden.

> Als Agis also zum Strang ging, und als er einen der Diener weinen und trauern sah, sagte er: »Hör mir auf zu weinen, Mann, denn obwohl ich so ungesetzlich und unrecht sterbe, bin ich meinen Mördern überlegen.«[99]

In den gleichen Zusammenhang gehört die *Todesverachtung* des Todgeweihten. Außerordentliche viele der vorliegenden Texte – jüdische, christliche und pagane, unabhängig von ihrem Alter – betonen die Gelassenheit, mit der ihre Protagonisten Folter und Sterben auf sich nehmen, bis hin zum freudigen Lachen während des Sterbens.[100] Umgekehrt ist die *Todesangst* in vielen Bereichen keine akzeptable Haltung für Sterbende. Valerius Maximus widmet dieser Überzeugung ein eigenes Unterkapitel.[101]

Wird ein Protagonist derart als gerecht und überlegen gekennzeichnet, liegt es nahe, dass er sich kontrastierend von der Folie seiner Umgebung abhebt. Das Recht wird gebeugt, die Widersacher sind feige und ungerecht.[102]

---

[96]Πρεσβύτου πρόσωπον ἄρχοντός τε κοσμίου καὶ ἀρχιερέως καὶ ὑπάτου (Plu. Galb. 27,4), vgl. oben S. 175.

[97]Vgl. Abschnitt 3.3.

[98]לֹא־תֹאַר לוֹ וְלֹא הָדָר וְנִרְאֵהוּ וְלֹא־מַרְאֶה וְנֶחְמְדֵהוּ: (Jes 53,2), vgl. oben S. 43.

[99]Ὁ μὲν οὖν Ἆγις ἐπὶ τὴν στραγγάλην πορευόμενος, ὡς εἶδέ τινα τῶν ὑπηρετῶν δακρύοντα καὶ περιπαθοῦντα, «παῦσαί με» εἶπεν «ὦ ἄνθρωπε κλαίων· καὶ γὰρ ὕτως παρανόμως καὶ ἀδίκως ἀπολλύμενος κρείττων εἰμὶ τῶν ἀναιρούντων» (Plu. Agis 20,1), vgl. oben S. 209.

[100]Rabbi Aqiba, vgl. oben S. 100.

[101]Vgl. oben S. 266.

[102]Beispielsweise wieder Plu. Agis 19,5–8; oben S. 208.

LEICHTES UND QUALVOLLES STERBEN Mit diesem Begriff fasse ich eine Motivgruppe zusammen, die sich auf die unmittelbaren Todesumstände bezieht. So steht in Suetons Augustus-Vita nach der Erzählung von Augustus' Tod der Kommentar:

> Er bekam einen leichten Tod und einen, wie er ihn sich immer gewünscht hatte. Denn beinahe täglich hatte er von irgendwem gehört, der schnell und ohne Qual gestorben war, und für sich und die Seinen eine ähnliche εὐθανασία – denn dieses Wort pflegte er zu gebrauchen – erbeten.[103]

Für das gute Sterben gibt es hier einen geprägten Begriff: εὐθανασία. Ein Tod in Ruhe und Frieden ist eine Idealvorstellung, deren Erreichen eigens hervorgehoben zu werden verdient. Deshalb sprechen die *Vitae Prophetarum* stereotyp davon, dieser oder jener Prophet sei »in Frieden« gestorben.[104] Vom Glück eines ruhigen Todes spricht auch Valerius Maximus.[105] Bemerkenswert ist auch, dass Platons *Phaidon* die offensichtlichen Qualen, die der Gifttod üblicherweise mit sich bringt, ausblendet und so das Idealbild eines friedlichen und gelassenen Todes konstruiert.[106]

Im Kontrast dazu werden die Qualen der jüdischen und christlichen Märtyrer bisweilen in extremen Details entfaltet, und doch

> erschraken der König selbst und die mit ihm waren über die Seele des jungen Mannes, wie er die Schmerzen für nichts achtete.[107]

Auch das Polykarpmartyrium berichtet davon,

> dass die edelsten Zeugen Christi – zu dieser Stunde gefoltert – außerhalb ihres Fleisches weilten, mehr noch, dass der Herr dabeistand und mit ihnen redete[108]

und kein Jammern hören lassen – während die Zuschauer anstelle der Gefolterten wehklagen. Dabei geht es nicht so sehr um die Erfahrung des Aus-dem-Körper-Seins an sich, sondern um eine von Gott geschenkte Leichtigkeit, mit der auch die grausamsten Qualen erduldet werden. Sie erfahren die Folter als einen Moment der Gottesnähe, in dem Christus mit ihnen spricht. Auch zum römischen Sterbeideal gehört Standhaftigkeit im Ertragen von Qualen.[109]

---

[103] *Sortitus exitum facilem et qualem semper optaverat. Nam fere quotiens audisset cito ac nullo cruciatu defunctum quempiam, sibi et suis* εὐθανασίαν *similem – hoc enim et verbo uti solebat – precabatur* (Aug. 99,1f., vgl. oben S. 235). Auch Caesar erhält einen Tod, der seinen vorher geäußerten Wunschvorstellungen entspricht: Plu. Caes. 63,7; vgl. oben S. 200.

[104] Vgl. etwa Daniel 23; Joel 2; oben S. 87.89.

[105] Val. Max. 9,12,ext. 7; vgl. oben S. 265.

[106] Vgl. dazu oben S. 114.

[107] Ὥστε αὐτὸν τὸν βασιλέα καὶ τοὺς σὺν αὐτῷ ἐκπλήσσεσθαι τὴν τοῦ νεανίσκου ψυχήν, ὡς ἐν οὐδενὶ τὰς ἀλγηδόνας ἐτίθετο (2 Makk 7,12, vgl. oben S. 50).

[108] Ὅτι ἐκείνῃ τῇ ὥρᾳ βασανιζόμενοι τῆς σαρκὸς ἀπεδήμουν οἱ γενναιότατοι μάρτυρες τοῦ Χριστοῦ, μᾶλλον δέ, ὅτι παρεστὼς ὁ κύριος ὡμίλει αὐτοῖς (MartPol 2,2; vgl. oben S. 71). Vgl. auch THRAEDE, Leiden, 38.

[109] Vgl. SCHUNCK, Sterben, 76ff.

TIERVERGLEICHE Zuletzt sind Tiervergleiche ein Mittel zur Bewertung eines Protagonisten. Solche Vergleiche sind möglich, weil mit Tieren geprägte Konnotationen verknüpft sind. Sie gewinnen je nach Kontext und konkreter Gestaltung unterschiedliche Funktion. Relevant sind vor allem drei Arten von Vergleich: mit Opfertieren, mit Jagdwild und mit gefährlichen Wildtieren. Polykarp wird wie ein Widder zum Ganzopfer an den Scheiterhaufen gebunden,[110] hier eine positive Würdigung seines Todes; dagegen wird Flaccus wie ein Schlachtopfer zerstückelt,[111] in diesem Fall ein Zeichen äußerster Entwürdigung. Beiden gemeinsam ist freilich ihre Wehrlosigkeit in der Rolle des »Opfers«. Die Wehrlosigkeit kann auch durch den Vergleich mit einem Wildtier (θηρίον) unterstrichen werden – so im Falle Caesars, als er von seinen Mördern eingekreist und niedergemacht wird.[112] Das Wort kann aber genauso gerade einen wehrhaften und unberechenbaren Akteur kennzeichnen. Das ist dann die Motivation für den Mord an dem so Bezeichneten, durch den sich die anderen Akteure schützen wollen.[113]

Funktionen des Sterbens

Weitere Motive lassen sich nach dem Aspekt systematisieren, dass sie dem Sterben eine bestimmte Funktion zuschreiben.

TOD ALS STRAFE Wird der Tod als rechtmäßige Strafe empfangen, gilt er generell als entwürdigend – ob es sich um eine rechtmäßige Strafe handelt, liegt im Deutungsspielraum der Erzählung. Das lässt sich anhand der römischen Beamten illustrieren, die der Willkür der Kaiser zum Opfer fallen: Trugianus, der Richter des Pappus und des Lulianus,[114] und Flaccus, ehemaliger Gouverneur von Alexandreia,[115] werden auf Anweisung aus Rom hin niedergemacht. Rechtlich ist keine konkrete Schuld Anlass ihres Todes, doch die Erzählungen betrachten den Mord ausdrücklich als Strafe für Vergehen gegen Juden.[116] Auch Annaeus Lucanus wird auf Neros Anweisung in den Tod getrieben.[117] Er war offensichtlich an der Verschwörung gegen Nero beteiligt, wird aber durch die Erzählstrategie zu einem Opfer der neronischen Tyrannei.[118]

---

[110]MartPol 14,1, vgl. oben S. 72.

[111]Ph. Flacc. 189, vgl. oben S. 253. Vgl. auch Plu. Cleom. 57,6 (oben S. 209); auch hier wird die »Opfer«-Rolle negativ bewertet.

[112]Plu. Caes. 66,10, vgl. oben S. 202.

[113]Vgl. wiederum Kleomenes: Plu. Cleom. 57,4 (oben S. 209), und Eumenes: Nep. Eum. 11,1 (oben S. 223).

[114]Sifra, Emor 9,5, vgl. oben S. 97.

[115]Ph. Flacc. 180b–185, vgl. oben S. 252.

[116]Bei Philo ausdrücklich auf Gottes Vorsehung zurückgeführt.

[117]Tac. ann. 15,70,1, vgl. oben S. 140.

[118]Im Zusammenhang von recht- und unrechtmäßiger Strafe gehört auch ein Motiv, das die Unschuld des Verurteilten beglaubigt: Die Reue des Schergen. Das Polykarpmartyrium erzählt, dass »viele aber bereuten, gegen so einen gottgefälligen Alten gezogen zu sein« (πολλούς τε μετανοεῖν ἐπὶ

Auch ekelerregende Krankheiten lassen sich als Strafe für vorangegangene Freveltaten deuten. Herodes hatte zwei ›Sophisten‹ töten lassen, und

> von da an ergriff die Krankheit seinen ganzen Körper und teilte sich auf verschiedene Leiden auf: Denn das Fieber war zwar nicht stark, aber das Jucken auf der ganzen Haut unerträglich, dazu Gliederschmerzen und um die Füße Schwellungen wie von Wassersucht und eine Unterleibsentzündung und eine Fäulnis der Genitalien, die Würmer hervorbrachte. Dazu konnte er nur aufrecht atmen und hatte Atemnot und Krämpfe an allen Gliedern, sodass die Gottesmänner sagten, die Erkrankungen seien Genugtuung für die Sophisten.[119]

Die Deutung wird hier bereits innerhalb des erzählten Geschehens angesiedelt. Die eben geschilderte Krankheit schließt auch Wurmfraß mit ein, zusammen mit Fäulnis ein wiederkehrendes Element des Straftodes, insbesondere im christlich-jüdischen Traditionsbereich.[120]

Eine Auffälligkeit bieten einige jüdische Martyrien: Die zum Tod verurteilten Gerechten erweisen sich der Erzähllogik nach eindeutig als unschuldig, sie werden Opfer einer religiösen Verfolgung. Trotzdem bezichtigen sie sich selbst, wegen unabsichtlicher und unbewusster Vergehen des Todes schuldig zu sein. Die älteste vorliegende Stelle dieser Art ist 2 Makk 7,32; auch drei der rabbinischen Texte kennen den Gedanken,[121] für den sich die rabbinische Bezeichnung ṣiddûq ha-dîn (צדוק הדין) eingebürgert hat.

Zuletzt ist die Bestrafung durch Mutter oder Vater anzusprechen. Es handelt sich um ein ambivalentes Motiv. Zum einen bedeutet es einen besonders schweren Vorwurf an einen Straftäter, wenn seine Eltern an seiner Hinrichtung teilnehmen.

> Man sagt, Pausanias' Mutter habe zu dieser Zeit schon in hohem Alter gelebt, aber, als sie von dem Verbrechen ihres Sohnes erfuhr, als eine der ersten einen Stein zur Tür des Gebäudes gebracht, um ihren Sohn einzuschließen.[122]

τῷ ἐληλυθέναι ἐπὶ τοιοῦτον θεοπρεπῆ πρεσβύτην; MartPol 7,3; vgl. oben S. 72). Und Rabbi Ḥaninas Scharfrichter fragt:»Rabbi, wenn ich das Feuer groß mache und die Wollbäusche von deinem Herzen nehme (sc., damit du leichter stirbst), wirst du mich in das Leben der kommenden Welt bringen?« bAZ אמר לו קלצטונירי: רבי אם אני מרבה בשלהבת ונוטל ספונין של צמר מעל לבך אתה מביאני לחיי העולם הבא?) 18a, vgl. oben S. 104).

[119] Ἔνθεν αὐτοῦ τὸ σῶμα πᾶν ἡ νόσος διαλαβοῦσα ποικίλοις πάθεσιν ἐμερίζετο· πυρετὸς μὲν γὰρ ἦν οὐ λάβρος, κνησμὸς δὲ ἀφόρητος τῆς ἐπιφανείας ὅλης καὶ κόλου συνεχεῖς ἀλγηδόνες περί τε τοὺς πόδας ὥσπερ ὑδρωπιῶντος οἰδήματα τοῦ τε ἤτρου φλεγμονὴ καὶ δὴ αἰδοίου σηπεδὼν σκώληκας γεννῶσα, πρὸς τούτοις ὀρθόπνοια καὶ δύσπνοια καὶ σπασμοὶ πάντων τῶν μελῶν, ὥστε τοὺς ἐπιθειάζοντας ποινὴν εἶναι τῶν σοφιστῶν τὰ νοσήματα λέγειν (Jos. BJ 1,656; vgl oben S. 240).

[120] Vgl. zum Würmertodmotiv GAUGER, JSJ 33 (2002), passim.

[121] Vgl oben S. 51.93.97; terminologisch fixiert in bAZ 18a, oben S. 103.

[122] Dicitur eo tempore matrem Pausaniae uixisse eamque iam magno natu, postquam de scelere filii comperi, in primis ad filium claudendum lapidem morte maculauit (Nep. Paus. 5,3; vgl. oben S. 217).

Valerius Maximus widmet in seiner Sammlung rhetorischer Beispiele diesem The-
ma ein eigenes Kapitel.[123] Auch wenn in seinen Beispielen die Söhne sich schwerer
Vergehen schuldig gemacht haben, legt er den Schwerpunkt auf die unangemessene
Strenge von Vätern, die ihre Kinder hinrichten lassen.[124]

TOD ALS BEWÄHRUNG   Das Sterben kann als eine Möglichkeit zur Bewährung interpretiert werden. Rabbi Aqiba freut sich über seinen Tod, weil er ihm Gelegenheit
gibt, seine Gesetzestreue bis zum Letzten zu bewähren.[125] Der Bewährungsgedanke
kann auch in die Metaphorik des Wettkampfes gekleidet werden. So spricht 1 Clem
5,1.5; 6,2 von »Wettkämpfern«, vom »Kampfpreis«, von der »sicheren Laufbahn des
Glaubens«,[126] wenn er das Sterben der Märtyrer meint.

SICHERHEIT UND JENSEITIGER LOHN   Manche griechischen Texte sprechen davon, dass
der Tod Sicherheit schafft für den Verstorbenen. Xenophons Kyros bittet am Ende
seiner Abschiedsrede darum:

> dass sie sich mit mir freuen, dass ich schon in Sicherheit bin, sodass ich
> nichts Schlimmes mehr erleiden muss.[127]

Auch Plutarch hebt diesen Gedanken hervor und nennt deswegen den Tod der
Glücklichen »besonders selig« ($\mu\alpha\chi\alpha\rho\iota\acute{\omega}\tau\alpha\tau\sigma\varsigma$).[128] Die christlich-jüdischen Texte spit-
zen diesen Gedanken theologisch zu, wenn sie von jenseitigem Lohn und vom »Le-
ben der kommenden Welt« (חיי העולם הבא) sprechen. Schon das 2. Makkabäerbuch
kennt den Gedanken:

> Unsere Brüder haben kurze Zeit die Marter ertragen und sind umge-
> kommen für das ewige Leben unter dem Bund Gottes.[129]

Ein kritisches Moment bringt demgegenüber der Hebräerbrief herein: Eine kata-
logartige Aufzählung unterschiedlicher Martern schließt mit der Bemerkung:

> Und alle diese, die durch den Glauben Zeugnis ablegten, erhielten nicht
> die Verheißung.[130]

---

[123]*De severitate patrum in liberos* (5,8).

[124]Das ist auch erkennbar an dem betonten Kontrast zu dem folgenden Kapitel: *De parentum adversus
suspectos liberos moderatione* (5,9).

[125]Vgl. jBer 9,7/8 [14b]; oben S. 100.

[126]Ἀθλητάς, βραβεῖον, τὸν τῆς πίστεως βέβαιον δρόμον; oben S. 68.

[127]Συνησθησομένους ἐμοὶ ὅτι ἐν τῷ ἀσφαλεῖ ἤδη ἔσομαι, ὡς μηδὲν ἂν ἔτι κακὸν παθεῖν (X. Cyr.
8,7,28; oben S. 230).

[128]Plu. Pel. 34,5; oben S. 195.

[129]Οἱ μὲν γὰρ ἡμέτεροι ἀδελφοὶ βραχὺν ὑπενέγκαντες πόνον ἀενάου ζωῆς ὑπὸ διαθήκην θεοῦ πε-
πτώκασι (2 Makk 7,36; oben S. 51).

[130]Καὶ οὗτοι πάντες μαρτυρηθέντες διὰ τῆς πίστεως οὐκ ἐκομίσαντο τὴν ἐπαγγελίαν (Hebr 11,39;
oben S. 65).

VORBILDCHARAKTER   Der Sterbende kann durch die Art seines Sterbens Vorbild für andere werden. Die Art, wie er Schmerzen erträgt und den Tod der Preisgabe von Überzeugungen vorzieht, soll anderen zur Nachahmung vor Augen stehen. Ausdrücklich deutet Eleazar sein Sterben auf diese Weise.[131] Sokrates' Tod wird im *Phaidon* nicht explizit als Vorbild benannt, hat aber als solches gewirkt: Als der jüngere Cato den Bürgerkrieg gegen Caesar verloren gibt und sich zum Suizid entschließt, verbringt er seinen letzten Abend mit der Lektüre des *Phaidon* (Cat. min. 68,2). Auf andere Weise zu – guten wie schlechten – Vorbildern werden die Todesfälle, die Valerius Maximus in seine Sammlung einschließt. Allein ihr Vorkommen in dem Werk macht sie zu Anschauungsfällen einer bestimmten römischen Ethik.

STELLVERTRETUNG UND SÜHNE   Die Funktion des Todes kann auch in Stellvertretung und Sühne gesucht werden. Das Sterben wird dann als Sterben für andere interpretiert. Beides verbindet bereits das vierte Gottesknechtslied Jes 53,4f.10. Stellvertretung wird hier zunächst nicht terminologisch, sondern narrativ ausgedrückt: Der Knecht trägt die Krankheit und Schmerzen anderer, er wird »durch« ihre Sünde und Schuld verwundet. »Sühne« wird dann in den Terminus אשם[132] gefasst – dieser kultische Begriff wird hier metaphorisch gebraucht. Auch Tacitus kennt den metaphorischen Gebrauch von Opfersprache für stellvertretende Lebenshingabe: Um den Präfekten Iulius Burdo vor dem Zorn der Soldatenhaufen zu retten, wird

inzwischen wie ein Sühnopfer der Centurio Crispinus preisgegeben.[133]

Es ist offensichtlich, dass hier nicht an eine kultische Handlung gedacht ist.

PROPHETENMORDE   Zuletzt ist das Prophetenmordmotiv anzusprechen. Eine Reihe biblischer und außerbiblischer Textstellen spricht davon, dass Israel oder Jerusalem die zu ihm gesandten Propheten getötet habe. Das Alte Testament freilich erwähnt namentlich nur zwei gewaltsam umgekommene Propheten: Uria ben Schemaja (Jer 26,20–24) und Secharja ben Jojada (2 Chr 24,22[134]). Beide werden wegen unbequemer Verkündigung auf Anordnung des jeweiligen Königs von Juda beseitigt. Gerade der Tod des letzteren ist in der Tradition besonders wirksam gewesen.[135] Spätere außerbiblische Berichte vom gewaltsamen Tod einiger konkreter Prophe-

---

[131] Ὑπόδειγμα, vgl. 2 Makk 6,24–28; oben S. 49.
[132] Vgl. zum אשם-Begriff die Anm. oben S. 47.
[133] *Interim ut piaculum obicitur centurio Crispinus* (Tac. hist. 1,58,2).
[134] Vgl. oben S. 40.
[135] Vgl. oben S. 91.

ten haben auch die *Ascensio Isaiae*[136], einige der *Vitae Prophetarum*[137] sowie einige rabbinische Schriften.[138]

Daneben gibt es alttestamentliche und vor allem neutestamentliche Stellen, die ohne Einschränkung und mit einer gewissen Selbstverständlichkeit von der Verfolgung und Tötung *der*, d. h. aller Propheten durch Israel bzw. Jerusalem sprechen.[139] Den Gedanken einer Verfolgung aller Propheten kennt z. B. auch die späte rabbinische Schrift Pesiqta Rabbati.[140] Während die alttestamentlichen Belege spärlich sind, kennt das Neue Testament die Vorstellung gleich in mehreren wichtigen Traditionsbereichen (Paulus, Q, Apg, Hebr)[141] – Mk gehört aber nicht dazu.

Bei den Prophetenmorden wiederholt sich die narrative Konstellation von unschuldigem Opfer und ungerechtem Täter in einem Umfeld der Rechtsbeugung. Als Prophet umzukommen, ist deshalb kein Makel. Die Schuldzuweisung an das Volk Israel oder an die Stadt Jerusalem ruft aber das Theologoumenon vom untreuen und ungehorsamen Gottesvolk in Erinnerung, das sich Gottes Ansprüchen widersetzt und sich deshalb der unbequemen Mahner entledigt. Israels Ungehorsam gegen seinen Gott ist ein deuteronomistischer Gedanke (1 Kön 19,10.14), aber auch ein Grundproblem der Prophetie. In Apg 7,52 ist er schon auf die jüdische Ablehnung von Jesu Botschaft gedeutet.

6.2.4 Zeitstrukturen

Die Zeitstrukturen einer Erzählung berühren verschiedene Punkte: die Erzähloberfläche, Form und Gattung, die Disposition der erzählten Ereignisse, und die Sinngebung. Unter Sinngebung sind die Zeitstrukturen in der vorliegenden Untersuchung eingeordnet, weil sie der Bereich sind, in dem gesteuert wird, wie viel der Leser von welchen Ereignissen mitbekommen soll.

Mit Mieke Bal lassen sich fünf *Erzählrhythmen* unterscheiden: Pause (Stillstand), Dehnung, Szene, Raffung und Ellipse.[142] In ihrer stets individuellen Kombination strukturieren und gewichten sie den Erzählinhalt.

– Pausen ergeben sich, wenn in den Erzählverlauf nicht-narrative Abschnitte eingeschaltet werden. Dazu gehört auch direkte Rede. Pausen eröffnen damit

---

[136]AscIsa 5,11. Eine mögliche Datierung ist das letzte Drittel des 1. Jh. n. Chr.; die betreffende Stelle kann älter sein: vgl. Hammershaimb, Martyrium, 19.

[137]Die *Vitae Prophetarum* werden für gewöhnlich ins 1. Jh. n. Chr. datiert, man rechnet mit älterem Traditionsmaterial. Wahrscheinlich ist jedoch eine Abfassung im 4. Jh. n. Chr. Vgl. oben Abschnitt 2.3.

[138]Belege bei Schoeps, Prophetenmorde, *passim*.

[139]Zu nennen sind 1 Kön 19,10.14; Jer 2,30; Mt 23,31f.; Lk 13,34; Apg 7,52; 1 Thess 2,15; Hebr 11,36f.

[140]»Welcher Prophet ist ihnen aufgestanden, und sie suchten nicht, ihn zu töten?« (אֵיזֶה נָבִיא יָצָא להם ולא בקש להורגו PesR 26, 129a) – Datierung ins 4.–9. Jh. n. Chr.: Stemberger, Einleitung, 295–297; Edition: Friedmann, Pesikta Rabbati.

[141]Vgl. Schoeps, Prophetenmorde, 1.

[142]Vgl. Bal, Narratology, 102.

Raum für verschiedene Stimmen (von Akteuren oder Kommentatoren), die der Erzählung Deutungen geben können.

– Gedehnt sind Darstellungen, die der Erzählung jedes Ereignisses besonders viel Raum geben. Im vorliegenden Textkorpus sind solche Passagen relativ selten.

– Szenische Darstellungen sind dagegen häufig anzutreffen. Mit ›Szene‹ wird die Disposition benannt, die in der Mitte des Spektrums angesiedelt, also weder besonders knapp noch besonders ausführlich ist. Es gibt freilich graduelle Übergänge in Richtung von gedehnten und gerafften Erzählungen.

– Raffungen sind ebenfalls häufig und schaffen nicht selten Übergänge zwischen szenischen Darstellungen.

– Ellipsen, d. h. Auslassungen von Ereignissen, die zur Erzähllogik dazugehören, finden sich fast in jeder Todesdarstellung – allerdings in unterschiedlichem Umfang. Interessant ist, dass in einigen Fällen das Sterben selbst ausgelassen wird, also gerade der Teil, der in anderen Texten mit großer Liebe zum Detail ausgeführt wird.

Die Variation des Erzählrhythmus gibt Möglichkeiten an die Hand, die Erzählung klimaktisch zu gestalten: Eine Erzählung kann von gerafften zu gedehnten Passagen fortschreiten und so eine zunehmende Intensivierung schaffen.

Ereignisse müssen nicht in der *Reihenfolge* erzählt werden, in der sie sich ereignen. Rückblenden und Ausblicke sind Mittel, Ereignisse, die zeitlich auseinander liegen, miteinander in Beziehung zu setzen und so ihre Zusammengehörigkeit deutlich zu machen. Es gibt Ereignisse, die mit dem Sterben eines Menschen häufig in Verbindung gebracht werden. Dazu gehören (in Rückblenden) Ausschnitte aus der Lebensgeschichte des Sterbenden, besonders auch Vorfälle, die zur Erklärung seines Todes herangezogen werden können, und (in Ausblicken) Vorfälle, die als Konsequenzen des Sterbefalls gedeutet werden können, etwa das weitere Geschick von Angehörigen oder Gegnern des Verstorbenen.[143]

Die zeitliche Strukturierung jeder Erzählung ist individuell, dennoch lassen sich manche charakteristischen Kombinationen von Erzählrhythmus und Erzählreihenfolge ausmachen. Ein typisches Modell sind die Episoden innerhalb längerer Geschichtswerke. Ein Akteur stirbt – in einer Rückblende wird nun zuerst, kurz und stark gerafft, die Vorgeschichte des Todesfalls vorgestellt, eventuell in der Kindheit oder Jugend beginnend und mit zunehmender Verlangsamung bis zum Anlass des Todes fortschreitend; dann wird in einer szenischen oder leicht gedehnten Darstellung das eigentliche Ableben des Akteurs erzählt.[144]

---

[143]Vgl. wieder bei Tacitus: Baebius Massa, der Lucius Piso dem Tod preisgibt, erweist sich auch später als ein gefährlicher Zeitgenosse (hist. 50,2; oben S. 190). Der verknüpfende Ausblick ist hier zugleich mit stark wertendem Vokabular gestaltet.

[144]In geradezu idealtypischer Form finden sich solche Strukturen in Tacitus' episodisch struktu-

6.3   Ereignisbezug

In diesem dritten Fragebereich geht es um die Ereignisse *in* der Erzählung und ihr Verhältnis und ihre Verbindung zu Ereignissen *außerhalb* der Erzählung. Nach der sog. postmodernen Theoriebildung sind historische Ereignisse immer nur textförmig greifbar; *dass* es außertextliche Ereignisse gibt, die zur Erzählung in Beziehung gesetzt werden können, sollte aber nicht bestritten werden. Vielmehr sind mit Becker Ereignis und Erzählung als interagierende Faktoren zu bezeichnen.[145]

6.3.1   Fabula

Die Ereignisfolge, die eine Erzählung erzählt – also die innertextlichen Ereignisse – wird auch Fabula genannt. Die Fabula ist für jede Erzählung individuell; sie kann länger oder kürzer sein, ausführlicher oder knapper, auch mehrere Fabulae können kunstvoll miteinander verschränkt oder ineinander eingebettet sein.

Die Frage nach der Fabula hat Bezüge zur Gattungsfrage und zur Motivfrage, denn manche erzählenden Gattungen sind ja durch ihre Inhalte beschrieben, also durch die Ereignisse, die sie erzählen,[146] und auch manche Motive müssen eigentliche präzise als ein Ereignis in der Fabula der Erzählung beschrieben werden (s. o.).

Vor dem Tod

Fast alle hier besprochenen Todesdarstellungen gehen in irgendeiner Form auf die Vorgeschichte jedes Todesfalls ein. Manche beginnen in der Kindheit oder Jugend des Protagonisten (etwa Biographien, oder historiographische Episoden), andere setzen kurz vor dem Tod ein. Interessant sind vor allem solche Ereignisse, die direkt auf den Tod hinführen, entweder weil sie ihn begründen, oder weil sie mit ihm eng verknüpft sind.

Als mittelbarer oder unmittelbarer Todesgrund können einem Tod etwa Verschwörungen, Verrat oder beides vorausgehen.[147] Auch eine militärische Niederlage kann einen Tod motivieren.[148] Umgekehrt kann eine Erzählung auch Ereignisse enthalten, die den Tod aufzuhalten versuchen. Dazu gehören Heilungsversuche,

---

rierten Geschichtswerken. Ist das Sterben einer Nebenfigur zu berichten, wird häufig ausgeholt, um exkursartig eine Auswahl ihrer Lebensgeschichte zu präsentieren und die Gründe des Todes anzudeuten, dann wird der Tod erzählt. Vgl. etwa Tacitus' Ausführungen über C. Petronius: ann. 16,18f. (oben S. 142) oder zu Ofonius Tigellinus: hist. 1,72 (oben S. 274).

[145]Vgl. Becker, Markus, 123.

[146]Etwa Märtyrerakten, die durch den Prozess, und Martyrien, die durch die Hinrichtung definiert sind.

[147]Vgl. besonders die Texte in Kapitel 4.

[148]So etwa im Falle Masadas (oben S. 278). Doch auch militärischer Erfolg schützt nicht vor dem Tod, wie Pelopidas (oben S. 194) und Eumenes (oben S. 223) zeigen.

um Krankheiten aufzuhalten,[149] oder ein politischer Umsturzversuch, der das Risiko birgt, erst recht zum Tod zu führen.[150]

Vielen der hier untersuchten Todesfälle geht ein mehr oder minder förmliches Gerichtsverfahren voraus, an dem der Protagonist als Angeklagter teilnimmt, und an dessen Ende er zum Tode verurteilt wird.[151] Das förmliche Recht kann dabei gegen den Protagonisten sein oder auch zu seinen Ungunsten gebeugt werden. Auch hier gibt es wieder Möglichkeiten, dem Tod zu entrinnen. Apostasie oder das Verlassen der bisherigen Grundsätze wird angeboten,[152] oder es besteht eine Möglichkeit zur Flucht.[153]

Wenn das Sterben unausweichlich geworden ist, erzählen viele Texte von letzten Beschäftigungen in der Zeit vor dem Tod. Dazu gehören spätestens seit Sokrates[154] letzte Gespräche und philosophische Diskurse mit Freunden oder ausführliche Abschiedsreden.[155] Eine programmatische Alternative dazu ist es, am letzten Abend Schauspieldarbietungen anzusehen.[156] Auch religiöse Verrichtungen werden berichtet, etwa Gebete[157] oder Opfer.[158] Visionen, Auditionen, Wunder und Prodigien werden kurz vor dem Sterben erzählt (s. o.).

Rund um den Tod

Dem Tod können Geißelungen und andere Foltern[159] unmittelbar vorausgehen, entweder ausführlich erzählt[160] oder nur angedeutet[161].

---

[149]Etwa für Herodes (oben S. 240).

[150]So bei Kleomenes (oben S. 209); auch L. Piso soll zu einem Umsturzversuch überredet werden, und das Gerücht, er habe tatsächlich einen unternommen, kostet ihn das Leben (oben S. 189). Es ist auch wahrscheinlich, dass Jesus, zumindest im Verfahren vor dem römischen Statthalter, der Vorwurf des politischen Aufruhrs gemacht wurde.

[151]Vgl. v. a. die Texte in Kapitel 3. Eine Besonderheit bietet MekhY Mišpaṭim 18: Die beiden Todeskandidaten sind zwar verurteilt, kennen aber ihr Urteil nicht, weswegen sie ein Urteil Gottes annehmen (vgl. oben S. 93).

[152]In 2 Makk (oben S. 49) oder MartPol (oben S. 72).

[153]Wieder Polykarp (oben S. 71); auch Pausanias (oben S. 217). Der eine gibt nach ersten Fluchtversuchen diesen Weg auf, der andere wird an seinem Fluchtort schließlich ausgehungert.

[154]Vgl. oben S. 110.

[155]Etwa bei Kyros (oben S. 228), auch Joh 13–16.

[156]So Claudius (nach Seneca, oben S. 271; anders Sueton, oben S. 185); Petronius (oben S. 142).

[157]Zu nennen sind Polykarps großes Gebet (oben S. 72) oder Rabbi Aqibas Gebet bis zu dem Moment, in dem er sein Leben aushaucht (oben S. 100).

[158]So Seneca und Thrasea (oben S. 134.150) in der Folge des Sokrates.

[159]In diesem Zusammenhang ist auch die – juristische, nicht die leibliche – Bedeutung der Folter anzusprechen. Folterungen können einerseits zur Bestrafung, andererseits zur Erzwingung einer Aussage im Gerichtsverfahren eingesetzt werden, vgl. EHRHARDT, PW 6 A/2 (1937), 1776. Während die Folter von Sklaven und vielleicht auch freien Provinzialen im Rom der Republik weitgehend akzeptiert war, findet die von freien römischen Bürgern erst in der Prinzipatszeit weitere Verbreitung, vgl. a. a. O., 1780–1782. Die vorliegenden Texte kennen Folter entweder als Leibesstrafe (etwa 2 Makk 6,28–30, oben S. 49; Plu. Phoc. 35,1f., oben S. 118) oder in einer Verbindung von Aussageerzwingung und Leibesstrafe (etwa 2 Makk 7,1.3ff., oben S. 49). Zu unterschiedlichen Techniken der Folter vgl. VERGOTE, RAC 8 (1972), 112–141.

[160]Vgl. 2 Makk 7 (oben S. 53).

[161]Vgl. jBer 9,7/8 [14b] (oben S. 100).

Interessant ist vor allem, ob das eigentliche Sterben erzählt (oder zumindest angedeutet), oder ob es ausgelassen wird (Ellipse). Ausführliche Erzählungen, die im Detail die leiblichen Vorgänge des Sterbens aufgreifen, sind selten; es ist vor allem Platon, der im *Phaidon* den Vorgang des Sterbens mit dem schrittweisen Taubwerden und Erkalten der Gliedmaßen in großer Ausführlichkeit schildert.[162] Größere Knappheit ist die Regel; auch wenn Foltern oder Krankheitserscheinungen im Detail berichtet wurden, fällt die eigentliche Todesnotiz meist kurz aus. Einige Texte beschränken sich darauf, das »Abführen« des Verurteilten zu berichten.[163] Schließlich besteht die Möglichkeit, vom Sterben selbst überhaupt nicht zu erzählen, entweder, indem die Erzählung vorher abbricht,[164] oder, indem sie es schlicht übergeht.[165]

Der Tod selbst tritt auf unterschiedlichem Wege ein. Die Texte erzählen vom Sterben durch Alter oder durch Krankheit, oder – häufig – durch Gewalteinwirkung: Menschen werden ermordet oder hingerichtet – gesteinigt, zersägt, enthauptet, erstochen, vergiftet – oder nehmen sich selbst das Leben.

Ein Begräbnis kommt nicht in allen Todesberichten vor. Wenn es erzählt wird, ist es i. d. R. besonders aussagekräftig. Prächtige Bestattungen zeugen von besonderer Ehre[166] (oder Ehrsucht[167]) des Verstorbenen. Manchmal müssen Angehörige eine politisch gefährliche Beerdigung von Freigelassenen oder bezahlten Kräften erledigen lassen,[168] oder der Tote wird an Ort und Stelle verscharrt.[169] Wird später eine Umbettung vorgenommen, weiß der Text auch eine Begründung dafür.[170]

Ein Todesfall kann ein ›Nachspiel‹ haben. So erzählen manche der vorliegenden Texte nach einem gewaltsamen Tod noch vom Schicksal der Mörder, die dann einen unerfreulichen (Straf-) Tod erleiden müssen.[171]

---

[162]Vgl. oben S. 111.

[163]Ἀπαχθῆναι, etwa bei Ptolemaios und Lucius (oben S. 77). Komplikationen beim Abführen berichten die *Acta Appiani* (oben S. 168).

[164]So in den *Acta Alexandrinorum* (oben Abschnitt 3.3), wo das Ende der Papyri allerdings meist fehlt.

[165]So im Falle von Pappus und Lulianus: Der Text (Sifra Emor 9,5; oben S. 97) geht nach dem Verhör der beiden sofort mit dem Straftod ihres Richters weiter. Die Hinrichtung der Protagonisten ist auch in MekhY Mišpaṭim 18 (oben S. 93) ausgelassen.

[166]Etwa Augustus, vgl. oben S. 235. Unklar ist die Bedeutung von Jes 53,9 »und man gab ihm mit den Frevlern sein Grab und mit den Reichen, als er starb« (וַיִּתֵּן אֶת־רְשָׁעִים קִבְרוֹ וְאֶת־עָשִׁיר בְּמֹתָיו), oben S. 47).

[167]Wohl bei Herodes, vgl. oben S. 241; vgl. auch den Kommentar Plu. Pel. 34,1–3; oben S. 195.

[168]Bei Phokion (oben S. 118), Galba (oben S. 176).

[169]So Subrius Flavus (oben S. 138), Flaccus (oben S. 253).

[170]Die Gebeine des Pausanias nach einem Orakelspruch aus Delphi (oben S. 217); die des Propheten Jeremia wegen ihrer apotropäischen Kräfte (oben S. 85).

[171]Im griechischen Bereich die Mörder Caesars (Plu. Caes. 69); im jüdischen Bereich Antiochos Epiphanes (2 Makk 9,5–9) oder Trugianus (Sifra, Emor 9,5; oben S. 97).

6.3.2   Zeitspanne

Die vorliegende Untersuchung fragt auch nach der Zeitspanne, die die Ereignisse der Fabula etwa umfasst haben können. Nicht immer ist die Frage sinnvoll zu stellen;[172] häufig lässt sich jedoch eine Schätzung vornehmen, seien die Ereignisse dem Anspruch nach faktual oder fiktional. Üblich ist ein Zeitraum von einem oder mehreren Tagen oder auch einigen Wochen für das Umfeld eines Todesfalls. Falls die Vorgeschichte oder Nachwirkung eines Todes miterzählt wird, kommen schnell einige Monate oder Jahre zusammen, die dann üblicherweise deutlich geraffter und in einer gewissen Auswahl wiedergegeben werden, soweit sie eben mit dem Tod in Beziehung stehen. Präzise Zeitangaben finden sich ausgesprochen selten. Mk 14 – 16 bietet dagegen ein überraschend genaues Zeitschema, ist also diesbezüglich eine Ausnahme.

6.3.3   Quellen und Gewährsleute

Die Schnittstelle, an der zwischen den innertextlichen und außertextlichen Ereignissen ein Bezug hergestellt werden kann, ist die literarische Fixierung. Einen Zugang dazu bietet in vielen Fällen die Frage nach Quellen oder Gewährsleuten.

Gewährsleute für mündliche Mitteilungen werden relativ selten benannt; eine solche Nennung muss in der Regel durch eine Besonderheit motiviert sein.[173] Ein grundsätzlich anderer Zugang lässt sich nur in der rabbinischen Literatur beobachten. Dort werden durchaus häufig Erzählungen oder Aussprüche auf bestimmte Lehrer zurückgeführt. Der Grund dafür dürfte in der über weite Strecken mündlichen Traditionspraxis der Rabbinenschulen zu suchen sein.[174]

Ebenfalls selten ist der Hinweis auf die Autopsie, also Augenzeugenschaft des Verfassers.[175] Durch ihn wird das Erzählte mit einem hohen Geltungsanspruch versehen. Ein gewisses Spiel mit dem Anspruch der Autopsie bietet Platons *Phaidon*, wo der Augenzeuge Phaidon über weite Strecken als Erzähler auftritt, der Authentizitätsanspruch des geschriebenen Werkes aber durch den Hinweis relativiert wird, Platon (der Verfasser) sei an dem betreffenden Abend abwesend gewesen.[176]

---

[172]Vgl. oben S. 32.

[173]So nennt Sueton in der Otho-Vita seinen eigenen Vater als Gewährsmann für die Umstände von Othos Tod: »Bei diesem Krieg war mein Vater Suetonius Laetus dabei, als plebeiischer Kriegstribun der xiii. Legion. Der pflegte in der Zeit danach zu erzählen . . . « (*Interfuit huic bello pater meus Suetonius Laetus, tertiae decimae legionis tribunus angusticlavius. Is mox referre crebro solebat . . . ;* Suet. Otho 10,1) Die besondere Nähe zum Verfasser und die Autopsie des Gewährsmannes motivieren die Nennung.

[174]Vgl. dazu Stemberger, Einleitung, 47–54.

[175]Samuel Byrskog hat in seiner Studie über Oralität und Geschichtsschreibung die Zusammenhänge von Autopsie und *oral history* beleuchtet. Er legt besonderen Wert auf die Tatsache, dass der Augenzeuge immer auch Interpret des von ihm Bezeugten und Berichteten ist, vgl. Byrskog, Story, 145–176.

[176]Phd. 59b, vgl. dazu oben S. 115.

Gewährsleute für schriftliche Überlieferungen werden ebenfalls vor allem in Fällen genannt, in denen die Tradition strittig oder eine Mitteilung unplausibel ist. So Tacitus beim Tod eines gewissen Iulius Mansuetus. Dessen Sohn war im Bürgerkrieg für die gegnerische Seite rekrutiert worden, tötete seinen Vater Mansuetus in der Schlacht und erkannte ihn erst danach. Für diesen tragischen und tatsächlich kaum wahrscheinlichen Fall führt Tacitus eine Quelle an:

> Die Sache und die Namen werde ich nach der Autorität des Vipstanus Messalla mitteilen.[177]

Messalla war in dieser Schlacht als Offizier anwesend und hatte anschließend ein Werk über den Bürgerkrieg verfasst. Die Stelle illustriert zugleich den Quellengebrauch: Der grundsätzliche Sachverhalt *(res)* und die Namen der Beteiligten *(nomina)* werden der Quelle entnommen; die Ausgestaltung der Details obliegt dagegen dem Quellenbenutzer. Aufschlussreich ist auch die Formulierung, die Tacitus für Senecas letzte Ansprachen gebraucht:

> Und mit seiner in seinem letzten Augenblick vorhandenen Beredsamkeit diktierte er den herbeigerufenen Schreibern Vieles, was ich, da es in seinen Worten öffentlich herausgegeben worden ist, (in meinen Worten) wiederzugeben unterlasse.[178]

Die Annahme ist, dass Tacitus die in Senecas eigenen Worten *(eius verbis)* vorliegende Quelle in eigenen Formulierungen wiedergegeben *(invertere)* hätte.

Ebenfalls in strittigen Fällen kommen Quellendiskussionen vor, insbesondere bei bestimmten Autoren. Sueton bietet eine relativ umfangreiche Diskussion von Überlieferungsvarianten über die Todesumstände des Kaisers Claudius:

> Es besteht freilich Konsens, dass er mit Gift getötet wurde; wo aber, und durch wen es ihm gegeben wurde, geht man auseinander ... Auch über die folgenden Ereignisse gibt es verschiedene Versionen.[179]

Sueton verzichtet allerdings darauf, seine Quellen beim Namen zu nennen. Ähnlich, ebenfalls ohne seine Quellen zu benennen, schreibt Plutarch über Galbas Tod:

> Es tötete ihn aber, wie die meisten sagen, ein gewisser Camurius aus der xv. Legion. Einige schreiben auch Terentius, andere Lecanius, andere Fabius Fabulus.[180]

---

[177] *Rem nominaque auctore Vipstano Messalla tradam* (hist. 3,25,2).

[178] *Et novissimo quoque momento suppeditante eloquentia advocatis scriptoribus pleraque tradidit, quae in vulgus edita eius verbis invertere supersedeo* (ann. 15,63,3; vgl. oben S. 133).

[179] *Et veneno quidem occisum convenit; ubi autem et per quem dato, discrepat [. . .] Etiam de subsequentibus diversa fama est* (Claud. 44,2f.; vgl. oben S. 185).

[180] Ἀπέσφαξε δ' αὐτόν, ὡς οἱ πλεῖστοι λέγουσι, Καμούριός τις ἐκ τοῦ πεντεκαιδεκάτου τάγματος. ἔνιοι δὲ Τερέντιον, οἱ δὲ Λεκάνιον ἱστοροῦσιν, οἱ δὲ Φάβιον Φάβουλλον (vgl. oben S. 175).

Wenn ein Text literarische Quellen nicht selbst benennt, lassen sie sich zwar häufig plausibel machen, aber fast nie eindeutig bestimmen. Dass überhaupt schriftliche Quellen verwendet wurden, lässt sich – bei manchen Autoren zumindest – an Hinweisen wie λέγεται oder ἱστοροῦσιν erkennen. Mit solchen Formulierungen kann die Verantwortung für den Inhalt auf die Quelle abgewälzt werden.

In anderen Fällen kann versucht werden, mit Methoden der Quellenkritik schriftliche Vorlagen plausibel zu machen. Kriterien der Quellenscheidung können deutlich ausgeprägte Gattungsmerkmale in Teilen des Textes sowie markante Unterschiede von Erzählperspektive und Stil sein, die bei der Integration der Quellen nicht ausgeglichen wurden. Mit Hilfe von Gattungsmerkmalen ließen sich etwa bei Tacitus Quellen der Gattung *exitus illustrium virorum* nachweisen.[181] In Plutarchs *Phokion* ließen sich nach Gattungsgesichtspunkten eine ganze Reihe von kleinen Apophthegmata einer anderen Quelle als der Hauptquelle zuweisen.[182] Mit Hilfe von Stil- und Perspektivendifferenzen ließen sich in Josephus' Bericht vom Ende der Festung Masada mehrere Blöcke unterschiedlicher Herkunft plausibel machen: eine römische und eine jüdisch-hellenistische Quelle, dazu ein ganz von Josephus formulierter Abschnitt.[183]

Das Vertrauen in die Möglichkeiten der Quellenkritik ist heute geringer als noch vor 100 Jahren. In der vorliegenden Untersuchung waren in vielen Fällen nur vorsichtige Vermutungen möglich, in zahlreichen Fällen musste ein Verfasser schriftliche Quellen verwendet haben, die sich nicht mehr erschließen oder identifizieren lassen.

6.3.4   Zeitlicher Abstand

Um die Relation von Text und Ereignis zu bestimmen, fragt die vorliegende Untersuchung auch nach dem zeitlichen Abstand zwischen der Abfassung des Textes und den mutmaßlichen außertextlichen Ereignissen. Es erwies sich, dass sich aus dem tatsächlichen zeitlichen Abstand nur wenig ableiten lässt. Die historische Qualität eines Todesberichts erhöht sich *nicht*, wenn er zeitlich nahe bei dem Ereignis liegt. Vielmehr scheint sich die historische Qualität der gesamten späteren Überlieferung bereits kurz nach dem Vorfall zu entscheiden.

---

[181]Vgl. den Exkurs dazu oben S. 154. Eve-Marie Becker weist darauf hin, dass bei der Aufnahme der biographisch ausgerichteten *exitus* in historiographisch ausgerichtete größere Werke die Texte ihren Charakter ändern, dass »gattungsspezifische Diffusionen oder sogar Mutationen auftreten können.« BECKER, Markus-Evangelium, 349. Der umgekehrte Vorgang lässt sich in Plutarchs Kaiserviten festmachen: Hier wurde eine historiographische Quelle aufgeteilt und stückweise in biographisch ausgerichtete Werke überführt. Die historiographische Ausrichtung der Hauptquelle lässt sich noch erkennen, das Ergebnis ist aber deutlich biographisch. Vgl. oben S. 179.

[182]Wobei auch die Möglichkeit nicht auszuschließen ist, dass Plutarch die Apophthegmata selbst aus mehreren Werken exzerpierte und kompilierte. Vgl. oben S. 121.

[183]Nach MICHEL/BAUERNFEIND, De bello Judaico II,2. Vgl. oben S. 286.

Eine gute Illustration dafür bietet die Überlieferung vom Tod des Pausanias. Nepos berichtet, Pausanias sei der Kollaboration mit dem Perserkönig (›Medismos‹) überführt und dafür nach einem Fluchtversuch zu Tode gehungert worden.[184] Nepos schreibt ca. 435 Jahre nach Pausanias' Tod; seine Beurteilung unterscheidet sich nicht wesentlich von der des Thukydides, der ca. 40 bis 70 Jahre nach dem Vorfall schreibt,[185] und von dem er vielleicht abhängig ist. Bereits Thukydides scheint hier einer Fiktion erlegen zu sein; wahrscheinlich ist vielmehr, dass der Medismosvorwurf nach Pausanias' Beseitigung von seinen Gegnern konstruiert wurde, um innenpolitische Motive zu verschleiern.[186] Diese Konstruktion, kurz nach Pausanias' Tod verbreitet, prägte die Jahrhunderte der folgenden Überlieferung.

Auch das Polykarpmartyrium, weniger als ein Jahr nach Polykarps Tod entstanden, als zahlreiche Augenzeugen noch am Leben sein mussten, ist von deutlich legendarischen Zügen durchsetzt, die sich auch nicht gut literarkritisch einer späteren Überlieferungsschicht zuweisen lassen.[187] Es verdeutlicht damit die Orientierung des Märtyrers an Christi Passion und Gottes Beistand für den Märtyrer, hat also eine erbauliche Abzweckung; eine historisch präzise Traditionsbildung ist nicht intendiert.

Andererseits kann ein Todesbericht historisch durchaus plausibel sein, selbst wenn er über 400 Jahre nach dem Vorfall verfasst wird – vorausgesetzt, die verwendeten Überlieferungen sind zuverlässig. Plutarch bietet immer wieder Beispiele dafür.

6.3.5   Historischer Referenzrahmen

Zu sagen,»wie es gewesen ist«, in historistisch-positivistischer Manier die historische Referenz der Erzählungen mit großer Eindeutigkeit zu bestimmen, ist nicht die Aufgabe dieser Untersuchung. Vielmehr sollten, wo möglich, außertextliche Ereignisse, auf die sich eine Erzählung bezog, plausibel gemacht werden oder gezeigt werden, wo ein Bezug zwischen erzähltem und historischem Ereignis unplausibel ist. Kriterium dafür ist – soweit möglich – der Vergleich mit anderen antiken Texten, die sich auf das gleiche Geschehen beziehen, sowie die Wahrscheinlichkeit des Erzählten im Lichte bekannter Realien oder sozialgeschichtlicher Zusammenhänge.

In den untersuchten Texten wird die ganze Bandbreite von sehr plausibel faktualen bis zu sicherlich fiktiven Erzählungen durchmessen. Daher stellt sich die Frage nach dem faktualen Geltungsanspruch, den die Erzählungen je selbst erheben. Diese Frage kann nicht unabhängig von der Abzweckung der Texte (und damit ihrer Gattung) beantwortet werden. Je nach Abzweckung ist der Zusammenhang

---

[184]Vgl. oben S. 216.
[185]Vgl. HORNBLOWER, DNP 12/1 (2002), 506f.
[186]Vgl. zu der Diskussion oben S. 219.
[187]Vgl. oben S. 75.

von Ereignis und Erzählung unterschiedlich stark ausgeprägt. Umgekehrt verrät der Faktualitätsanspruch, den eine Erzählung erkennen lässt, etwas über ihre Abzweckung. Der Anspruch auf hohe Genauigkeit findet sich vor allem bei einigen Historikern. Josephus schreibt:

> Mehr als alles andere müssen sich die Verfasser um Genauigkeit bemühen, wenn sie es vorziehen, nichts als das Wahre denen zu sagen, die ihnen in Hinblick auf das, worüber sie selbst nichts wissen, vertrauen werden.[188]

Da Josephus aber die gestalterische Qualität und Annehmlichkeit nicht vernachlässigen will, finden auch romanhafte und aus moderner Perspektive historisch zweifelhafte Passagen Eingang in sein Werk.[189] Ebenso schreibt Tacitus über seine Methode:

> Aber wer sich zur unverfälschten Wahrhaftigkeit bekennt, darf niemanden mit Vorliebe noch mit Hass besprechen.[190]

Aber auch Tacitus stellt die historische Genauigkeit in den Dienst eines moralischen Programms; seine historiographischen Rekonstruktionen bleiben bisweilen anfechtbar.[191]

Die biographischen Werke von Plutarch und Suetuon haben, auch wenn sie hin und wieder nicht über jeden Zweifel erhaben sind, an vielen Stellen einen hohen Quellenwert.[192] Im Vordergrund steht aber nicht ein Bemühen um historiographische Genauigkeit, sondern um Charakterisierung einer Person. Das geschieht anhand von aussagekräftigen Verhaltensdetails (Plutarch) bzw. anhand ihrer Karriere und ihres öffentlichen Auftretens (Sueton) – und zwar auf der Grundlage von Überlieferungen, die faktualen Geltungsanspruch erheben, und deren historische Zuverlässigkeit in der Regel vorausgesetzt wird.

Je nach der Tendenz einer Erzählung ist es möglich, dass sie die Faktualität des Geschehens zwar offenkundig voraussetzt, aber nicht weiter thematisiert. Dazu gehören z. B. die Märtyrertexte in 1 Clem und bei Justin.[193] Sie verweisen in paränetischen bzw. apologetischen Zusammenhängen auf die betreffenden Vorfälle. Als Stütze der jeweiligen Argumentation machen diese Beispiele nur Sinn,

---

[188]Πάντων δὲ μᾶλλον τῆς ἀκριβείας τοὺς συγγραφεῖς στοχάζεσθαι μηδὲν τοῦ τἀληθῆ λέγειν τοῖς περὶ ὧν οὐκ ἴσασιν αὐτοὶ πιστεύειν αὐτοῖς μέλλουσιν προτιμῶντας (AJ 14,3).

[189]Vgl. oben S. 128.

[190]Sed corruptam fidem professis neque amore quisquam et sine odio dicendus est (hist 1,1,3).

[191]Vgl. Flaig, DNP 11 (2001), 1213.

[192]Vgl. dazu grundsätzlich Sonnabend, Geschichte, 8–13.

[193]Vgl. oben S. 68.77.

wenn der Verfasser von ihrer Faktualität ausgeht. Das gleiche gilt, mit Einschränkungen, für einige der *Acta Alexandrinorum*,[194] etwa die *Acta Pauli et Antonini* oder die *Acta Appiani* – ein propagandistisches Anliegen und pathetische Elemente sind klar erkennbar; faktuale Ungenauigkeiten werden offenkundig in Kauf genommen. Dennoch scheint der grundsätzliche Anspruch der Faktualität nicht aufgegeben zu sein.

Eine große Gruppe von Texten setzt zwar möglicherweise die Genauigkeit ihrer Überlieferung voraus, lässt das aber nicht deutlich erkennen und nimmt vielfach gewisse Ungenauigkeiten problemlos in Kauf. Dazu gehören im jüdisch-christlichen Traditionsbereich die erbaulichen *Vitae Prophetarum*, die ihre Einzelheiten vielfach auf dem Wege ›kreativer Exegese‹ aus der Schrift und der Tradition gewonnen haben,[195] und die lehrhaft-erbaulichen rabbinischen Martyrien; auch für 2 Makk 6f. gilt diese Einschätzung. Die beiden jüdisch-polemischen Traktate *In Flaccum* und *Contra Apionem*[196] stellen die Fiktionalität in den Details gerne in den Dienst der polemisch-apologetischen Sache. Im römischen Bereich ist Valerius Maximus zu nennen. Ihm kommt es sowohl auf praktische Verwendbarkeit seiner Beispiele als auch auf ethische Wegweisung an; der faktuale Wert seiner Beispiele spielt dazu keine Rolle.

Wenige der besprochenen Texte sind offen fiktional. Dazu gehört zum Teil Senecas *Apokolokyntosis*, die zwar historische Ereignisse aufgreift, aber in den Kontext Claudius' fiktionaler Himmelsreise stellt. Die Absicht ist satirisch-polemisch; die Fiktionalität klar erkennbar. Gleich zu Beginn (1,2f.) karikiert Seneca mit seinem Verweis auf Augenzeugen den Glaubwürdigkeitsanspruch, der sonst in Proömien vorgetragen wird.

---

[194]Vgl. oben S. 156.
[195]Vgl. Satran, Prophets, 41f., und oben S. 89.
[196]Vgl. oben S. 246.251.

Teil III

Die Passion Jesu bei Markus im Kontext antiker Todesberichte

7. Der Tod Jesu (Mk 14,1–16,8)

7.1 Übersetzung

(14,1) Es war aber das Pascha und das Fest der ungesäuerten Brote in zwei Tagen. Und die Hohenpriester und die Schriftgelehrten suchten, wie sie ihn mit einer List verhaften und töten könnten. (2) Denn sie sagten: »Nicht bei dem Fest, damit es keinen Aufruhr des Volkes gibt.«

(3) Und als er in Bethanien im Haus Simons des Aussätzigen war, als er da lag, da kam eine Frau, die ein Alabastergefäß mit echtem teuren Nardenöl hatte, zerbrach das Gefäß und goss es ihm über den Kopf. (4) Es gab aber einige, die ärgerten sich bei sich selbst:»Wozu ist diese Verschwendung des Öls geschehen? (5) Dieses Öl hätte für über dreihundert Denare verkauft werden und den Armen gegeben werden können.« Und sie machten ihr Vorwürfe. (6) Jesus aber sagte:»Lasst sie. Was macht ihr ihr Ärger? Sie hat eine gute Tat an mir getan. (7) Denn die Armen habt ihr immer bei euch, und wenn ihr wollt, könnt ihr ihnen Gutes tun; mich aber habt ihr nicht immer. (8) Was sie konnte, hat sie getan: Sie hat die Salbung meines Leibes zum Begräbnis vorweggenommen. (9) Amen, ich sage euch aber, wenn die Frohbotschaft in der ganzen Welt verkündet wird, wird auch von dem geredet werden, was sie getan hat, zu ihrem Gedächtnis.«

(10) Und Judas Iskariot, der eine von den Zwölf, ging los zu den Hohenpriestern, um ihn ihnen auszuliefern. (11) Die aber freuten sich, als sie es hörten, und versprachen, ihm Geld zu geben. Und er suchte, wie er ihn zu einem günstigen Zeitpunkt ausliefern könne.

(12) Und am ersten Tag des Festes der ungesäuerten Brote, wenn man das Paschalamm schlachtet, sagen seine Schüler zu ihm:»Wo willst du, dass wir hingehen und vorbereiten, dass du das Paschalamm isst?« (13) Und er schickt zwei seiner Schüler los und sagt zu ihnen: »Geht in die Stadt, und ein Mann wird euch entgegen kommen, der einen Wasserkrug trägt. Folgt ihm, (14) und wo er hineingeht, sagt dem Hausherrn, dass euer Meister sagt: ›Wo ist mein Raum, wo ich mit meinen Schülern das Paschalamm esse?‹ (15) Und er wird euch ein großes Zimmer im Obergeschoss zeigen, das fertig gepolstert ist. Und dort bereitet es für uns vor.« (16) Und die Schüler gingen fort und kamen in die Stadt und fanden, wie er zu ihnen gesagt hatte, und bereiteten das Paschalamm vor.

(17) Und als es Abend geworden ist, kommt er mit den Zwölf. (18) Und als sie lagen und aßen, sagte Jesus:»Amen, ich sage euch: Einer von euch wird mich ausliefern, der mit mir isst.« (19) Sie fingen an, traurig zu werden und einer nach dem andern ihn zu fragen:»Doch nicht ich?« (20) Er aber sagte zu ihnen:»Einer von euch zwölf, der mit mir in die [gleiche] Schüssel eintunkt. (21) Denn der Menschensohn geht hin, wie von ihm geschrieben steht; weh aber jenem Menschen, durch den der Menschensohn ausgeliefert wird. Es wäre gut für ihn, wenn jener Mensch nicht geboren wäre.«

(22) Und als sie aßen, nahm er Brot, sprach den Lobpreis, brach es und gab es ihnen und sagte:»Nehmt, das ist mein Leib.« (23) Und er nahm den Becher, dankte und gab ihn ihnen, und alle tranken aus ihm. (24) Und er sagte zu ihnen:»Das ist mein Blut des Bundes, das für viele vergossen wird. (25) Amen, ich sage euch, dass ich vom Gewächs des Weinstocks nicht mehr trinke bis zu jenem Tag, wenn ich es in der Herrschaft Gottes aufs neue trinke.«

(26) Und als sie den Lobgesang gesungen hatten, gingen sie zum Ölberg hinaus. (27) Und Jesus sagt zu ihnen: »Ihr werdet alle zu Fall kommen, wie geschrieben steht:

Ich werde den Hirten schlagen,
und die Schafe werden zerstreut werden.

(28) Aber nachdem ich auferweckt werde, werde ich euch nach Galiläa vorangehen.« (29) Petrus aber sagte zu ihm: »Wenn auch alle zu Fall kommen – ich nicht!« (30) Und Jesus sagte zu ihm: »Amen, ich sage dir: Heute in dieser Nacht, bevor der Hahn zweimal kräht, wirst du mich dreimal verleugnen.« (31) Der aber redete noch weiter: »Wenn ich auch mit dir sterben müsste, ich werde dich nicht verleugnen.« So aber redeten auch alle (anderen).

(32) Und sie gehen zu dem Grundstück, das Gethsemani heißt, und er sagt zu seinen Schülern: »Setzt euch hierher, während ich bete.« (33) Und er nimmt Petrus und Jakobus und Johannes mit sich, und er fing an zu zittern und sich zu fürchten (34) und sagt zu ihnen: »Meine Seele ist betrübt bis zum Tod. Wartet hier und wacht!« (35) Und er ging ein wenig vor und fiel auf die Erde und betete, dass – wenn es möglich ist – diese Stunde an ihm vorüber ginge, (36) und er sagte: »Abba, Vater, alles ist dir möglich: Lass diesen Becher an mir vorübergehen; aber nicht, was ich will, sondern was du (willst).« (37) Und er kommt und findet sie schlafend und sagt zu Petrus: »Simon, du schläfst? Konntest du nicht eine Stunde wachen? (38) Wacht und betet, damit ihr nicht in Versuchung kommt! Der Geist ist bereit, aber das Fleisch schwach.« (39) Und er ging wieder weg und betete und sprach die gleichen Worte. (40) Und wieder kam er und fand sie schlafend, denn ihre Augen waren schwer und sie wussten nicht, was sie ihm antworten sollten. (41) Und er kommt zum dritten Mal und sagt zu ihnen: »Ihr schlaft weiter und ruht euch aus? Es reicht. Die Stunde ist gekommen; sieh, der Menschensohn wird in die Hände der Sünder ausgeliefert. (42) Steht auf, wir wollen gehen. Sieh, der mich ausliefert, ist nahe.«

(43) Und sofort, als er noch redet, kommt Judas, einer von den Zwölf, und mit ihm eine Menge mit Schwertern und Knüppeln von den Hohenpriestern und den Schriftgelehrten und den Ältesten. (44) Der ihn auslieferte, hatte ihnen ein Zeichen gegeben und gesagt: »Den ich küssen werde, der ist es – verhaftet ihn und führt ihn sicher ab!« (45) Und als er kommt, geht er sofort zu ihm hin und sagt: »Rabbi« und küsste ihn. (46) Sie aber legten ihre Hände an ihn und verhafteten ihn. (47) Einer der Umstehenden aber zog sein Schwert, schlug den Bediensteten des Hohenpriesters und schlug ihm das Ohr ab.

(48) Und Jesus antwortete und sagte zu ihnen: »Wie gegen einen Banditen seid ihr losgezogen mit Schwertern und Knüppeln, um mich zu ergreifen? (49) Tag für Tag war ich bei euch im Heiligtum und habe gelehrt, und ihr habt mich nicht verhaftet; aber (jetzt tut ihr es,) damit die Schriften erfüllt werden.« (50) Und alle verließen ihn und flohen. (51) Und ein junger Mann folgte ihm, der auf der bloßen Haut ein Leinengewand trug, und sie verhaften ihn; (52) er aber ließ das Leinengewand zurück und floh nackt.

(53) Und sie führten Jesus zum Hohenpriester, und alle Hohenpriester und Ältesten und Schriftgelehrten kommen zusammen. (54) Und Petrus folgte ihm von weitem bis in den Hof des Hohenpriesters und saß da mit den Dienern und wärmte sich am Feuer.

(55) Aber die Hohenpriester und das ganze Synhedrium suchten eine Zeugenaussage gegen Jesus, um ihn zu Tode zu bringen, und sie fanden keine. (56) Viele aber machten falsche Aussagen gegen ihn, und ihre Aussagen stimmten nicht überein. (57) Und einige standen auf und machten falsche Aussagen gegen ihn und sagten: (58) »Wir haben gehört,

wie er sagte: ›Ich werde diesen mit Händen gemachten Tempel einreißen und in drei Tagen einen anderen bauen, der nicht mit Händen gemacht ist.‹« (59) Und auch so stimmte ihre Aussage nicht überein. (60) Da stand der Hohepriester auf (und trat) in die Mitte und befragte Jesus und sagte:»Antwortetest du nichts (auf das), was diese gegen dich aussagen?« (61) Er aber schwieg und antwortete nichts. Wieder fragte ihn der Hohepriester und sagt zu ihm:»Bist du der Christus, der Sohn des Gepriesenen?« (62) Jesus aber sagte: »Ich bin es. Und ihr werdet den Menschensohn zur Rechten der Kraft sitzen und mit den Wolken des Himmels kommen sehen.« (63) Der Hohepriester aber zerriss seine Gewänder und sagt:»Was brauchen wir noch Zeugen? (64) Ihr habt die Lästerung gehört – was meint ihr?« Sie aber verurteilten ihn alle, dass er des Todes schuldig sei.

(65) Und einige fingen an, ihn anzuspucken und sein Gesicht zu verdecken und ihn zu schlagen und zu ihm zu sagen:»Weissage!« Und die Diener gaben ihm Ohrfeigen.

(66) Und während Petrus unten im Hof ist, kommt eine von den Mägden des Hohenpriesters, (67) und als sie Petrus sieht, wie er sich wärmt, schaut sie ihn an und sagt:»Du warst auch bei dem Nazarener, dem Jesus.« (68) Er aber leugnete und sagte:»Ich weiß nicht und kenne den nicht, von dem du redest.« Und er ging hinaus in den Vorhof [und der Hahn krähte].

(69) Und die Magd, die ihn gesehen hatte, fing wiederum an, zu den Umstehenden zu sagen:»Der ist einer von denen.« (70) Er aber leugnete es wieder. Und kurz darauf sagten die Umstehenden wieder zu Petrus:»Du bist wirklich einer von denen, du bist nämlich ein Galiläer.« (71) Er aber fing an sich zu verfluchen und zu schwören:»Ich kenne den Menschen nicht, von dem ihr redet.« (72) Und sofort krähte zum zweiten Mal der Hahn. Und Petrus erinnerte sich an das Wort, das Jesus zu ihm gesagt hatte: Bevor der Hahn zweimal kräht, wirst du mich dreimal verleugnen. Und als er daran dachte, weinte er.

(15,1) Und sofort am Morgen hatten die Hohenpriester mit den Ältesten und den Schriftgelehrten und dem ganzen Synhedrium eine Sitzung, ließen Jesus fesseln und abführen und übergaben ihn an Pilatus.

(2) Und Pilatus fragte ihn:»Bist du der König der Juden?« Er aber antwortete und sagte zu ihm:»Du sagst es.« (3) Und die Hohenpriester klagten ihn sehr an. (4) Pilatus aber fragte ihn wieder und sagte:»Antwortest du nichts? Schau, wie sehr sie dich anklagen.« (5) Jesus aber antwortete nichts mehr, sodass sich Pilatus wunderte.

(6) Zum Fest gab er ihnen (immer) einen Gefangenen frei, um den sie baten. (7) Es war aber der, der Barabbas hieß, mit den Aufständischen gefangen, die bei dem Aufstand einen Mord begangen hatten. (8) Und die Menge zog herauf und begann zu verlangen, (er solle tun,) wie er für sie zu tun pflegte. (9) Pilatus aber antwortete ihnen und sagte: »Wollt ihr, dass ich euch den König der Juden freilasse?« (10) Er erkannte nämlich, dass die Hohenpriester ihn aus Neid überantwortet hatten. (11) Die Hohenpriester aber wiegelten das Volk auf, dass er ihnen lieber den Barabbas freilassen solle. (12) Aber Pilatus antwortete wieder und sagte zu ihnen:»Was also [wollt ihr, dass] ich tue mit dem [den ihr den] König der Juden [nennt]?« (13) Sie aber schrieen wiederum:»Kreuzige ihn!« (14) Pilatus aber sagte zu ihm:»Was hat er denn Böses getan?« Die aber schrieen noch mehr:»Kreuzige ihn!« (15) Pilatus aber wollte das Volk zufrieden stellen und ließ ihnen Barabbas frei, und er übergab Jesus, dass er gegeißelt und gekreuzigt würde.

(16) Die Soldaten aber führten ihn in den Hof, das ist das Praetorium, und rufen die ganze Kohorte zusammen. (17) Und sie legen ihm ein Purpurgewand an und setzten ihm

einen geflochtenen Dornenkranz auf. (18) Und sie fingen an, ihn zu grüßen: »Sei gegrüßt, König der Juden!« (19) Und sie schlugen ihn mit einem Rohrstock auf den Kopf und spuckten ihn an und fielen auf die Knie und huldigten ihm. (20) Und als sie ihn verspottet hatten, zogen sie ihm das Purpurgewand aus und seinen Mantel an.

Und sie führen ihn hinaus, um ihn zu kreuzigen. (21) Und sie zwangen einen gewissen Simon aus Kyrene, der auf dem Weg vom Feld vorbeikam, den Vater des Alexander und des Rufus, dass er sein Kreuz trug. (22) Und sie bringen ihn an den Ort Golgotha, das ist übersetzt Schädelplatz. (23) Und sie gaben ihm Wein mit Myrrhe; er aber nahm ihn nicht. (24) Und sie kreuzigen ihn und verteilen seine Kleider, indem sie das Los warfen, wer was bekommen sollte. (25) Es war aber die dritte Stunde, und sie kreuzigten ihn. (26) Und die Aufschrift seiner Schuld war angeschrieben:

Der König der Juden.

(27) Und mit ihm kreuzigten sie zwei Banditen, einen zu seiner Rechten und einen zu seiner Linken. ⟦(28) Und die Schrift wurde erfüllt, die sagt: Und er wurde zu den Gesetzlosen gerechnet.⟧

(29) Und die vorbeigingen, lästerten ihn und schüttelten ihre Köpfe und sagten: »Ha, der du den Tempel einreißt und in drei Tagen aufbaust, (30) rette dich und steig herunter vom Kreuz!« (31) Ähnlich verspotteten ihn auch die Hohenpriester und sagten zueinander mit den Schriftgelehrten: »Er hat andere gerettet – sich selbst kann er nicht retten! (32) Der Christus, der König Israels, steige nun vom Kreuz, damit wir es sehen und glauben.« Und die mit ihm gekreuzigt waren, schmähten ihn.

(33) Und als es die sechste Stunde war, kam eine Finsternis über die ganze Erde bis zur neunten Stunde. (34) Und zur neunten Stunde schrie Jesus mit lauter Stimme:

»Elohi, elohi, lama sabachthani?«

Das ist übersetzt: Mein Gott, mein Gott, warum hast du mich verlassen? (35) Und einige von den Umstehenden hörten es und sagten: »Schau, er ruft nach Elija.« (36) Einer aber lief, tränkte einen Schwamm mit Essig, steckte ihn auf einen Rohrstock und gab ihm zu trinken und sagte: »Wartet, wir wollen sehen, ob Elija kommt und ihn herunter holt.« (37) Jesus aber gab einen lauten Schrei von sich und hauchte (sein Leben) aus.

(38) Und der Tempelvorhang riss entzwei von oben bis unten. (39) Als der Centurio, der ihm gegenüber stand, sah, dass er so (sein Leben) aushauchte, da sagte er: »Dieser Mensch war wirklich ein Gottessohn.«

(40) Es gab aber auch Frauen, die von weitem zusahen, unter ihnen auch Maria aus Magdala, und Maria, Jakobus' des Kleinen und Joses' Mutter, und Salome, (41) die ihm gefolgt waren und gedient hatten, als er in Galiläa war, und viele andere, die mit ihm nach Jerusalem heraufgezogen waren.

(42) Und als es schon Abend wurde, denn es war Rüsttag, das ist der Vorsabbattag, (43) ging Josef aus Arimathäa hin, ein ehrbares Ratsmitglied, der auch selbst die Gottesherrschaft erwartete, traute sich und ging hinein zu Pilatus und erbat von ihm den Leichnam Jesu. (44) Pilatus aber wunderte sich, ob er schon tot sein könne, rief den Centurio her und befragte ihn, ob er schon länger tot sei. (45) Und als er es vom Centurio erfahren hatte, schenkte er Josef die Leiche. (46) Und der kaufte Leinen, nahm ihn ab, wickelte ihn in das Leinen und legte ihn in ein Grab, das aus dem Felsen herausgehauen war, und rollte einen Stein vor

die Tür des Grabes. (47) Maria aus Magdala aber und Joses' Maria sahen, wohin er gelegt wurde.

(16,1) Und als der Sabbat vergangen war, kauften Maria aus Magdala und die Maria des Jakobus und Salome Gewürze, um hinzugehen und ihn zu salben. (2) Und sehr früh am Morgen am ersten Tag nach dem Sabbat gehen sie zum Grab, als die Sonne aufgeht. (3) Und sie sagten zu sich selbst:»Wer wird uns den Stein von der Tür des Grabes wegrollen?« (4) Und als sie aufschauen, sehen sie, dass der Stein weggerollt ist. Er war nämlich sehr groß.

(5) Und als sie ins Grab hineingingen, sahen sie auf der rechten Seite einen jungen Mann sitzen, der ein weißes Gewand trug, und sie erschraken. (6) Er aber sagt zu ihnen: »Erschreckt nicht! Ihr sucht Jesus, den Nazarener, der gekreuzigt wurde. Er ist auferweckt worden, er ist nicht hier. Schau, der Ort, wo sie ihn hinlegten. (7) Aber geht, sagt seinen Schülern und Petrus, dass er euch nach Galiläa vorausgeht; dort werdet ihr ihn sehen, wie er euch gesagt hat.«

(8) Und sie gingen hinaus und flohen von dem Grab, denn Zittern und Verwirrung hatte sie ergriffen. Und sie sagten niemandem etwas, sie fürchteten sich nämlich.

7.2   Auslegung

7.2.1   Textoberfläche

Literarischer Kontext

Die Leidensgeschichte Jesu ist zusammen mit der Erzählung vom leeren Grab der Schlussabschnitt des Markusevangeliums. Etwa das letzte Drittel des Evangeliums (11,1–16,8) erzählt von Jesu letzter Woche in Jerusalem; die eigentliche Passionsgeschichte bildet die zweite Hälfte dieses Abschnitts (rund ein Sechstel des Gesamtumfangs des Evangeliums) und beginnt in 14,1.

Für die Abgrenzung der Passionsgeschichte in 14,1 lassen sich eine Reihe von Gründen anführen. Der Abschnitt wird eingeleitet durch die unerwartete, relativ präzise Zeitangabe»Es war aber das Pascha und das Fest der ungesäuerten Brote in zwei Tagen«[1] (14,1). Es ist der einzige Einleitungssatz des Evangeliums, der ausschließlich eine Zeitangabe zum Thema hat.[2] Derartige Zeitangaben fehlen in Mk 1–13; sie durchziehen aber die letzten Kapitel.[3]

Schon Karl Ludwig Schmidt hatte argumentiert, Mk 10,46–13,37 seien leichter literarkritisch dekomponierbar als 14–16.[4] Auch wenn die literarkritischen Schlüsse Schmidts nicht nachvollzogen werden, lassen sich seine Beobachtungen dahingehend auswerten, dass die Erzählung ab 14,1 eine größere Geschlossenheit besitzt als die vorausgehenden Abschnitte. Allerdings spricht die Leidensweissagung in

---

[1] ῏Ην δὲ τὸ πάσχα καὶ τὰ ἄζυμα μετὰ δύο ἡμέρας.
[2] Vgl. BOOMERSHINE, Mark, 84f; VAN IERSEL, Mark, 414.
[3] Gegen LINNEMANN, Studien, 62. Auch die Ortsangaben in Mk 11–16 sind nicht so ungenau, wie sie a. a. O., 63, behauptet.
[4] Vgl. SCHMIDT, Rahmen, 274–103.

10,33f. dafür, dass das in 14,43 beginnende Geschehen als geschlossener Zusammenhang im Blick ist:

> Denn siehe, wir gehen hinauf nach Jerusalem, und der Menschensohn
> wird den Hohenpriestern und den Schriftgelehrten übergeben werden,
> und sie werden ihn zum Tode verurteilen und ihn den Heiden ausliefern
> und ihn verspotten und ihn anspucken und ihn auspeitschen und töten,
> und nach drei Tagen wird er auferstehen.[5]

Die Leidensgeschichte ist, ungeachtet der genannten Abgrenzungsmerkmale, ein integraler Bestandteil des Evangeliums. Dafür sprechen literarische und inhaltliche Indizien. Literarisch ist auf die weitgehend gleichbleibende erzählerische Strukturierung im ganzen Evangelium[6] hinzuweisen. Inhaltlich ist zu beobachten, dass eine ganze Reihe theologischer Themen in der Passionserzählung zusammenlaufen und dort kulminieren.[7] Das äußert sich sprachlich in Zitaten wichtiger Stichworte und Phrasen aus Mk 1–13 in 14–16.[8] Es gibt sowohl viele Vorverweise[9] auf die Passion in Mk 1–13 als auch Rückverweise von der Passionserzählung zu früheren Stellen.[10] Zu den durchlaufenden Themen gehören Jesu Konflikte mit seinen Gegnern[11] wie mit seinen Jüngern. Strukturell zusammengebunden werden Passion und Restevangelium auch durch das Schema von Verheißung und Erfüllung: Weissagungen Jesu (nicht nur die Leidensweissagungen) erfüllen sich detailliert in der Passionserzählung.[12]

Die zahlreichen Andeutungen und Hinweise, durch die die Leidensgeschichte schon früh im Verlauf der Erzählung vorbereitet wird, beginnen bereits weit vorne im Evangelium. Sie verdichten sich erstmals in den Kontroversen im zweiten und dritten Kapitel:[13] In 2,7 wird (im Stillen) der Vorwurf der Blasphemie gegen Jesus erhoben, das Wort von der Wegnahme des Bräutigams 2,20 ist eine direkte Anspielung auf Jesu Tod. In 3,6 wird bereits erstmals Jesu Tod geplant, in 3,19 Judas Iskariot als Auslieferer Jesu eingeführt. Der Tod Johannes des Täufers weist deutli-

---

[5]Ὅτι ἰδοὺ ἀναβαίνομεν εἰς Ἱεροσόλυμα, καὶ ὁ υἱὸς τοῦ ἀνθρώπου παραδοθήσεται τοῖς ἀρχιερεῦσιν καὶ τοῖς γραμματεῦσιν, καὶ κατακρινοῦσιν αὐτὸν θανάτῳ καὶ παραδώσουσιν αὐτὸν τοῖς ἔθνεσιν καὶ ἐμπαίξουσιν αὐτῷ καὶ ἐμπτύσουσιν αὐτῷ καὶ μαστιγώσουσιν αὐτὸν καὶ ἀποκτενοῦσιν, καὶ μετὰ τρεῖς ἡμέρας ἀναστήσεται. Ungenau ist dagegen Zeller, Handlungsstruktur, 217 Anm. 15, der in 10,33f. das in 14,1 beginnende Geschehen abgebildet sieht.

[6]Vgl. Rhoads/Michie, Mark, *passim*.

[7]Vgl. Kelber, Conclusion, 156f.

[8]Vgl. Boomershine, Mark, 264–268.

[9]Zusammengestellt bei Gielen, Passionserzählung, 25–27.

[10]Vgl. Boomershine, Mark, 82–259, *passim*.

[11]Der Konflikt zwischen Jesus und den Gegnern baut sich allmählich auf und kulminiert in Mk 14,61–64; danach lässt er etwas nach und findet in der Auferstehung zu seiner ironischen Auflösung. Vgl. Rhoads/Michie, Mark, 86–89.

[12]Ausführlich herausgearbeitet von Gundry, Mark, *passim*.

[13]Vgl. Dowd/Malbon, Significance, 274–276.

che Parallelen zu Jesu Tod auf.[14] Im Mittelteil des Evangeliums besitzen die direkten Ankündigungen Jesu eine besondere Bedeutung. In den Jerusalemer Kontroversen stehen mit dem Gleichnis vom Weinberg wiederum Todesbilder im Mittelpunkt.[15] Auch die apokalyptische Rede enthält Vorverweise: So tauchen die Uhrzeiten des Gleichnisses vom Wachen (13,35: Abend, Mitternacht, Hahnenschrei, Morgen) in der Passionserzählung wieder auf.

Mit 16,8 endet die Passions- und Auferstehungsgeschichte und das ganze Evangelium.[16]

Erzählstruktur

Die Erzählstruktur hat eine eigene Prägung. Nach der verbreiteten narratologischen Terminologie liegt im ganzen Markusevangelium ein auktorialer bzw. allwissender Erzähler vor.[17] Die Allwissenheit des Erzählers bedeutet, dass er Einblick in die nicht wahrnehmbaren Gedanken der Figuren hat; er ist auch in Szenen anwesend, zu denen bestimmte Akteure keinen Zugang haben. Die psychologische Allwissenheit des Erzählers[18] und sein ideologischer Standpunkt[19] lassen sich jedoch mit dem Gewinn größerer Trennschärfe unter dem Aspekt der Fokalisation besprechen (d. h. getrennt vom Erzähler; vgl. auch S. 338).

Unterscheidet man die Ebenen des Erzählers und des Fokalisators, so lässt sich beobachten: Der Erzähler[20] ist in der Passion fast durchgehend extern, d. h. er fällt mit keinem der Akteure zusammen. Nur mit den Falschzeugen vor dem Synhedrium (14,58) treten kurz Akteure als Erzähler auf – so kurz, dass es kaum ins Gewicht fällt. Darin unterscheidet sich die Passionserzählung vom Rest des Evangeliums, in dem häufig Jesus als Erzähler auftritt – vor allem als Erzähler von Gleichnissen, zuletzt bei dem kurzen eschatologischen Gleichnis 13,34.

---

[14]Hilfreich zusammengestellt bei PELLEGRINI, Elija, 282: »Wie Pilatus für Jesus, so hat auch Herodes Sympathie für Johannes; wie Pilatus Jesus, versucht schon Herodes, Johannes zu schützen; wie Pilatus läßt sich auch Herodes widerwillig von den ungünstigen äußeren Umständen (Tischgäste oder das aufgeregte Volk, eine politische Verpflichtung dem Kaiser oder königlichen Etikette gegenüber, ein guter Ruf usw.) umstimmen, weil er Angst [. . .] vor einflußreichen externen Mächten hat. Dabei dominiert der politische Nutzen. Wie Herodias Johannes haßt, so hassen auch die Ältesten und Schriftgelehrten Jesus und versuchen, ihn zu töten; sie können es aber nicht [. . .] und müssen daher eine List ersinnen und auf eine gute Gelegenheit – auch hier ein Fest – warten. Sowohl Herodes als auch Pilatus sind von der Schuldlosigkeit des Opfers überzeugt. Beim Tode beider Figuren treten die Jünger in den Hintergrund und tauchen erst später wieder auf, um sich um den Leichnam zu kümmern.« Vgl. auch GNILKA, Martyrium, 80f.

[15]Vgl. DOWD/MALBON, Significance, 288.

[16]Der kanonische sog. lange Markusschluss 16,9–20 lässt sich textkritisch als sekundär erweisen. Vgl. ALAND, Schluß, 435–470.

[17]So etwa BOOMERSHINE, Mark, 27.269; RHOADS/MICHIE, Mark, 35–38; PETERSEN, Perspektive, 78.

[18]Vgl. a. a. O., 88–90.

[19]Vgl. a. a. O., 80.

[20]Der Erzähler muss – auch in einem antiken Text wie dem vorliegenden – vom Autor unterschieden werden; gegen BOOMERSHINE, Mark, 4f.

Wird mit ›Erzähler‹ die Instanz bezeichnet, die das Erzählte versprachlicht, so ist der ›Fokalisator‹ die Instanz, aus deren Perspektive das Erzählte wahrgenommen wird. Diese kann außerhalb der Akteure liegen oder aber mit ihnen zusammenfallen – sie wird dann etwa durch Verben der sinnlichen Wahrnehmung (sehen, hören) markiert, oder sie kommt ganz ungefiltert in direkter Rede zur Sprache.[21]

Während bei der Erzählung praktisch nur die externe Ebene relevant ist, kommt bei der Fokalisierung die Akteur-Ebene fast gleichgewichtig dazu. Die Ereignisse werden zwar generell aus einer externen Perspektive fokalisiert, aber in fast allen Perikopen werden Akteure als Fokalisatoren eingebracht. Das geschieht meist durch *oratio recta,* nur einmal mittels *oratio obliqua* (15,44) und in einigen Fällen durch Gefühle oder Wahrnehmungen.[22] Eine einzige Szene kommt ganz ohne akteurgebundene Fokalisatoren aus: die Kreuzigung 15,21–27. Indem die verschiedenen Akteure unterschiedlich oft und unterschiedlich intensiv als Fokalisatoren herangezogen werden, kann die Erzählung einzelne Figuren privilegieren.

Nicht-narrativ sind alle Abschnitte in *oratio recta;* weitere nicht-narrative Abschnitte, vor allem Kommentare, gibt es dagegen so gut wie nicht.[23] Kommentare fallen also auch als Mittel der Charakterisierung aus.[24]

Form und Gattung

Die gattungsmäßige Einordnung der Passionserzählung ist umstritten. Schon die ältere Formgeschichte hatte gewisse Schwierigkeiten, die Passion in ihre Gattungskategorien einzuordnen und einen ›Sitz im Leben‹ zu benennen. Die Gattungsfrage wird unten noch einmal aufgegriffen und im Kontext antiker Todesdarstellungen diskutiert. Hier gehe ich dagegen auf Aspekte der sprachlichen Gestaltung und auf erkennbare verwendetete Teilgattungen ein.

Für eine Einordnung ist zunächst die Form zu beschreiben. Die Dominanz von *oratio recta* fällt auf, ebenso die Abwesenheit von Kommentaren. Ein häufiges Gestaltungsmittel des Markusevangeliums sind Dreierstrukturen. Zeller führt als Beispiele für *triplicatio* in der Passion an: »dreimaliges Gebet in Getsemani, dreimalige

---

[21] Zum Konzept der Fokalisation vgl. oben S. 29.

[22] Ungenau dagegen Klauck, Rolle, 20: »Der fiktive Erzähler sieht die Dinge gänzlich mit den Augen der Hauptfigur Jesus«. Dass Jesus durch die Erzählung als Fokalisator privilegiert wird, lässt sich allerdings durchaus sagen; s. dazu unten.

[23] Die einzige Ausnahme ist die Erklärung in 15,16: »in den Hof, das ist das Praetorium« (ἔσω τῆς αὐλῆς, ὅ ἐστιν πραιτώριον). Vgl. Petersen, Perspektive, 83. Dagegen will Boomershine, Mark, 270–273, alle appositiven Erläuterungen, die mit γάρ, ἤν δέ oder ἦσαν δέ eingeleiteten Sätze sowie die Anspielungen an das Alte Testament sämtlich als »narrative Kommentare« auswerten. Für van Iersel, Mark, 22, »the explanatory γάρ clauses [. . .] stand outside the narrative text yet form part of the discursive framework«.

[24] Vgl. Rhoads/Michie, Mark, 101.

Verleugnung durch Petrus, dreimaliger Versuch des Pilatus, Jesus freizulassen, drei Gruppen von Spöttern unter dem Kreuz«.[25]

Wie das ganze Evangelium ist auch die Passionserzählung episodisch aufgebaut,[26] d. h. aus mehreren unabhängigen Perikopen zusammengesetzt. Der Zusammenhalt der Einzelszenen ist allerdings etwas stärker als im Rest des Evangeliums; ein präzises Zeitschema sorgt für zusätzlichen Zusammenhalt.

Inhaltlich fällt auf, dass neben letzten Gesprächen des Protagonisten sowohl das Gerichtsverfahren als auch die Hinrichtung relativ ausführlich, aber nicht besonders detailreich geschildert werden. Der Text ist von zahlreichen Schriftzitaten oder Anspielungen auf Schriftstellen durchsetzt. Mehrere Teile des Erzählzusammenhangs lassen sich in verschiedene Kleingattungen einordnen:

14,3–9 Chrie[27]

14,12–16 Prophetische Vorhersage mit Erfüllung (vgl. 11,1–6)

14,14 Botenspruch[28]

14,22–26 Mahlbericht[29]

14,25 Prophetischer Spruch[30]

14,26–31.53f.66–72; 16,7 Prophetische Vorhersage mit Erfüllung

14,36 Vollständiges dreiteiliges Gebet[31]

14,62 Prophetisches Drohwort (unvollständig?)

15,33 ultima verba

16,1–8 Erzählung nach dem Vorbild einer atl. Angelophanie (nicht ganz vollständig)[32]

Die Identifikation der gattungsmäßigen Prägung solcher kleiner Einheiten verbindet sich noch nicht mit einem Urteil über die Entstehung des Textes. Vielmehr

---

[25]Zeller, Handlungsstruktur, 216,. Beispiele aus dem Rest des Evangeliums bei Rhoads/Michie, Mark, 54f. Gnilka spricht von der »Regel-de-tri« (Vgl. Gnilka, Evangelium 2, 257f). Dibelius' Versuch, die Dreierstruktur in der Gethsemaneperikope wegen Zweifeln an ihrer Historizität literarkritisch auszuschalten (Dibelius, Formgeschichte, 73) wurde von Linnemann, Studien, 20, entschieden widersprochen: »Man hat z. B. kein Recht, das dreimalige Kommen Jesu deshalb als sekundär auszuscheiden, weil man es für unhistorisch hält. [Die] Andeutung des dreimaligen Gebetes durch das Kommen und Gehen Jesu [...] muss aus der inneren Dynamik der Erzählung begriffen werden [...] der dreimalige Gebetsgang Jesu [hat] eine Funktion [...] und [muß] deshalb in der Perikope ursprünglich sein.«

[26]Vgl. Breytenbach, Markusevangelium, *passim*. Ebenfalls von Episoden als Grundelement der Erzählung spricht Boomershine; doch er bezeichnet mit *episode* die kleinen Untereinheiten der Ereignisse oder Reden; vgl. Boomershine, Mark, 41–47, größere Einheiten bezeichnet er als *story* und *section*. In der Sache besteht aber Übereinstimmung.

[27]Nach Dibelius, Formgeschichte, 178, ein »reines« Paradigma; nach Gnilka, Evangelium 2, 222, eher eine ›biographische Szene‹ mit Zügen eines Streitgesprächs.

[28]Vgl. a. a. O., 233.

[29]Vgl. a. a. O., 241. Gnilka sieht hier keine Kultätiologie.

[30]Kennzeichen: die doppelte Negation; vgl. a. a. O., 246.

[31]Vgl. a. a. O., 260.

[32]Vgl. a. a. O., 339.

ist zunächst zu beobachten, dass sie in einen stringenten, durchlaufenden Erzählzusammenhang eingebunden sind.

7.2.2　Sinngebung

Fokalisation

Wie schon beobachtet, ist die Fokalisation weitgehend extern. Häufig wechselt
die Erzählung jedoch zu akteurgebundener Fokalisation; Akteure bringen also ihre
Perspektive ein. Dies geschieht zumeist in ihren Äußerungen in direkter Rede, meist
kurz, bei Jesus gelegentlich auch ausführlicher. Punktuell wird auch die Emotion
oder die sinnliche Wahrnehmung der Akteure eingebracht.

14,3–9 Jesus korrigiert die Perspektive seiner Jünger.

14,1f.10f. Die Perspektive der Widersacher zeigt sich in ihren Worten und Emotionen. Da
sie »mit einer List« (ἐν δόλῳ) agieren wollen, ist ihre Perspektive diskreditiert.

14,12–16 Jesu Perspektive ist entscheidend und wird in v. 16 extern beglaubigt.

14,17–21 Jesu Perspektive ist entscheidend, sie ist mit der Angst und Unwissenheit der
Jünger kontrastiert.

14,22–25 Jesu Perspektive dominiert.

14,26–31 Jesus korrigiert Petrus; die Spannung zwischen den Perspektiven wird zunächst
nicht aufgelöst, denn Petrus behält (vorläufig) das letzte Wort.[33]

14,32–42 Relativ komplex; Jesus dominiert, deutet den ganzen Ereigniszusammenhang,
gibt Einblicke in seine Emotionen. Die Perspektive der Jünger wird nur angedeutet.

14,43–52 Dominierend zunächst die externe, dann Jesu Perspektive. Der Verräter kommt
nicht deutend zum Zug.

14,53f. Extern.

14,55–65 Hoherpriester hat größere Anteile, ist aber durch v. 55 als unlauter disqualifiziert.
Die Zeugen sind ausdrücklich als Falschzeugen disqualifiziert. Jesu Antwort bleibt
unwidersprochen und autoritativ stehen.

14,66–72 Perspektiven von Petrus und Magd werden kontrastiert; der letzte Wechsel zu Petri Blickwinkel bestimmt den Effekt der Szene.[34] Der Leser weiß, dass Petrus lügt (die
Magd ahnt es nur). Das zitierte Jesuswort deutet die Szene; der externe Fokalisator
ist zurückhaltend eingesetzt.

15,1–5 Pilatus' Perspektive dominiert; Jesus bleibt uneindeutig.

15,6–15 Pilatus und die Menge werden dramatisch miteinander konfrontiert. Die externe
Perspektive steuert deutlich (7.10.11.15).

15,16–20a Externe Perspektive dominiert.

15,20b–27 Nur extern.

15,29–32 Hohepriester und Passanten werden durch die externe Steuerung diskreditiert.

15,33–37 Perspektiven von Jesus und den Passanten kommen nicht zusammen. Auf externer Ebene ein Missverständnis.

15,38f. Externe Perspektive und Centurio (der selbst »sieht«) haben gleiche Stoßrichtung.

---

[33]Es handelt sich um die erste Konfrontation im ganzen Evangelium, in der Jesus nicht das letzte
Wort hat. Vgl BOOMERSHINE, Mark, 129f.
[34]Vgl. a. a. O., 189.

15,40f. Frauen dominieren (»sehen«).

15,42–47 Externe Perspektive dominiert; Pilatus und die Frauen haben kleine Anteile.

16,1–8 Perspektive der Frauen dominiert, gestützt von extern. Der Jüngling hat die eigentliche Botschaft (den Kern der Szene); die Beschreibung beglaubigt ihn wohl als göttlichen Boten.

Auffällig ist die Veränderung in der Rolle Jesu, die sich im Verlauf der Erzählung ergibt. Bis zu seiner Verhaftung dominiert Jesus das Geschehen durch das Übergewicht seiner Rede. Er trifft autoritative Entscheidungen für seine Gruppe. Die externe Fokalisierung bleibt bis dahin eher zurückhaltend. Mit der Verhaftungsszene ändert sich das Bild, Jesus wird nicht nur als Handlungsträger ganz passiv, sondern auch seine Perspektive wird kaum mehr zur Sprache gebracht.[35] In den beiden Verhörszenen tritt Jesus zwar noch zweimal mit pointierten Äußerungen in Erscheinung, bleibt aber sonst stumm[36] und das Objekt des Handelns. Nach 15,2 sind von Jesus nur mehr zwei Ausrufe zu hören: sein letztes Gebet und ein unartikulierter Schrei. Jesus wird bis zuletzt nicht mehr Subjekt des Geschehens.[37]

Akteure[38]

JESUS   Jesus ist der Protagonist; er steht im Mittelpunkt des ganzen Werkes. Alle Szenen sind auf ihn ausgerichtet, und in fast allen[39] ist er anwesend, ob als Subjekt oder als Objekt des Geschehens oder beides. Er nimmt je nach Umfeld verschiedene Rollen ein: Seinen Jüngern gegenüber erscheint er als ›Meister‹, vor dem Synhedrium und dem Präfekten als Angeklagter. Zwei Rollen sind biblisch vorgeprägt: Jesus bezeichnet sich als Hirte[40] (14,27; vgl. Sach 13,7) und erscheint als Prophet (14,62).[41] Er besitzt die Autorität der Weissagung (narrativ entfaltet in 14,12–16).[42]

---

[35]Die Passivität ist schon angelegt in dem Wort παραδοθῆναι, das im ganzen Evangelium die Passion bezeichnet. Vgl. RHOADS/MICHIE, Mark, 116.

[36]GIELEN, Passionserzählung, 151, beobachtet, dass Schweigen und Reden Jesu in den Verhören sorgfältig komponiert sind.

[37]BERTRAM, Leidensgeschichte, 51, vermutet, die Gemeinde habe an Jesu Passivität Anstoß genommen und im Lauf der Traditionsbildung eine aktivere Rolle zugebilligt. Jesu Wort an die Häscher Mk 14,48f. sei der erste Schritt in diese Richtung, die bei den Seitenreferenten und bei Johannes deutlicher hervortritt.

[38]Einen Überblick über die Figurenkonstellationen in der Passionserzählung gibt ZELLER, Handlungsstruktur, 215. Vgl. auch ausführlich BOOMERSHINE, Mark, 284–314; RHOADS/MICHIE, Mark, Kap. 5.

[39]Ausnahme sind der Tötungsplan 14,1f.10f., die Verleugnung des Petrus 14,66–72 und die Erscheinung am leeren Grab 16,1–8. Aber auch dort wird auf ihn Bezug genommen, vgl. ZELLER, Handlungsstruktur, 216.

[40]Zur Verbindung des Hirtenbildes mit Jesu Tod vgl. Joh 10,11; 1 Petr 2,24f.; GNILKA, Evangelium 2, 252.

[41]WEIHS, Deutung, 341f., will bei Mk jedoch nicht von einem Anklang an verfolgte Propheten sprechen.

[42]GUNDRY, Mark, 11f. u. ö., betont, wie die sich detailliert erfüllenden Weissagungen Jesu Vollmacht untermauern. Er sieht dementsprechend auch weitere Teile der Passion, etwa die Einsetzungsworte, als Weissagung ausgestaltet, vgl. a. a. O., 829–833.

Jesus ist eine facetten- und spannungsreich dargestellte Figur, die mit Rhoads und Michie als ein *round charakter* bezeichnet werden kann.[43] So baut sich eine Spannung auf zwischen Jesu autoritativem Handeln und Reden sowie den Hoheitstiteln, die sich auf Jesu Person beziehen (Christus bzw. König der Juden[44] oder König Israels, Sohn des Gepriesenen [d. h. Gottes], Menschensohn) und der tiefen Verunsicherung[45] und Erniedrigung, die in seinen Gebeten in Gethsemani und am Kreuz[46] erkennbar ist. Die Forschung hat die Emotionen Jesu in 14,34 unterschiedlich bewertet. Dibelius bestritt, dass die Stelle psychologisch verstanden werden dürfe, sie sei vielmehr rein vom Schriftbeweis her zu interpretieren[47] (Ps 41,6.12; 42,5 LXX). Dibelius ist insofern rechtzugeben, als die angesprochenen Emotionen nicht ohne weiteres historisch ausgewertet werden dürfen. Es ist jedoch falsch, sie bei der narrativen Charakterzeichnung zu übergehen. Bereits zuvor hatte der Evangelist Emotionen Jesu benannt.[48]

Jesus kennt und akzeptiert zuletzt auch sein Geschick. Sichtbar wird das im Verlauf des Evangeliums an den Leidensankündigungen (8,31; 9,31; 10,33f.), in der Passionserzählung an seiner Rede in Bethanien (14,8f.[49]) und an seinen Worten in Gethsemani[50] (14,36.43). In 10,45 gibt er selbst eine Deutung seines bevorstehenden Geschicks:

> Denn der Menschensohn ist nicht gekommen, um sich dienen zu lassen,
> sondern um zu dienen und sein Leben als Lösegeld für Viele zu geben.[51]

JÜNGER   Die »Haupthandlung [um Jesus] ist von einer Nebenhandlung begleitet, die um die Jünger kreist.«[52] Diese agieren meistens als kollektive Gruppe oder zumindest paarweise. Alle ihre Handlungen und Worte sind in irgendeiner Form auf Jesus bezogen, und auch ihr Geschick leitet sich aus seinem ab (14,27–31[53]).

Die Jünger spielen im Evangelium einerseits eine kontinuierliche Rolle, die sich in ihrem durchgehenden Bezug auf Jesus zeigt.[54] Zum anderen sind sie dynami-

---

[43]RHOADS/MICHIE, Mark, 102.

[44]Jesu Stellungnahme zu diesem Titel in 15,2 bleibt uneindeutig. Sagt Jesus »du sagst es« oder »das sagst du«? GNILKA, Evangelium 2, 300, hält Jesu Antwort eher für bejahend; VERMES, Passion, 55, eher für verneinend. Dass Pilatus' Frage ironisch oder spöttisch gemeint ist, ist denkbar, vgl. LOHMEYER, Evangelium, 335 (verneint von GNILKA, Evangelium 2, 299).

[45]Noch unterstrichen durch das historisches Präsens, vgl. GUNDRY, Mark, 854.

[46]VAN IERSEL, Mark, 474, erkennt in Jesu Worten am Kreuz auch »spiritual darkness«.

[47]Vgl. DIBELIUS, Formgeschichte, 213; DIBELIUS, Redaktion, 79f.

[48]Mk 1,42; 3,5; 6,6.34; 8,2; 10,14.31. Das häufigste Gefühl ist Bedauern (σπλαγχνίζω), vgl. BOOMERSHINE, Mark, 145. Vgl. auch VAN IERSEL, Mark, 433.

[49]Vgl. GNILKA, Evangelium 2, 226.

[50]Dabei akzeptiert Jesus sein Geschick nicht gerne, sondern aus Notwendigkeit. Vgl. RHOADS/MICHIE, Mark, 113.

[51]Καὶ γὰρ ὁ υἱὸς τοῦ ἀνθρώπου οὐκ ἦλθεν διακονηθῆναι ἀλλὰ διακονῆσαι καὶ δοῦναι τὴν ψυχὴν αὐτοῦ λύτρον ἀντὶ πολλῶν.

[52]ZELLER, Handlungsstruktur, 217.

[53]Vgl. GNILKA, Evangelium 2, 255 und allg. KLAUCK, Rolle, 11.

[54]Vgl. TANNEHILL, Jünger, 42f.

sche Charaktere; zwischen ihnen und Jesus baut sich – auch wenn sie grundsätzlich loyale[55] Anhänger Jesu sind – allmählich ein Konflikt auf.[56] Der Konflikt äußert sich in ihrem Unverständnis für Jesu Anliegen. Sie werden entsprechend von Jesus korrigiert oder zurechtgewiesen (14,3–9[57].26–31[58]).[59] »Der Leser wird zu widersprüchlichen Identifikationen eingeladen, die nicht glatt aufgehen.«[60] Schon auf dem Weg nach Jerusalem meiden die Jünger den Gedanken an Jesu Tod (8,32; 9,32). Über Jesu Verratsankündigung werden sie »betrübt« (14,19) – auch das ein Zeichen ihres Unverständnisses.[61] Ihr Versagen steigert sich: In Gethsemani schlafen sie ein; nach Jesu Verhaftung fliehen sie.[62] Es bleibt allerdings die Möglichkeit eines nachösterlichen Neuanfangs offen, die in 16,7 angedeutet wird: In Galiläa werden sie Jesus wieder sehen.[63]

Nur die Frauen aus Jesu Umfeld werden in einiger Distanz Zeugen seines Todes. Eine Frau bleibt unbenannt, nämlich die Frau mit dem Ölgefäß (14,3–9). Sie wird in Joh 12,3 mit Maria, der Schwester des Lazarus aus Bethanien identifiziert. Drei werden dagegen namentlich genannt: Maria aus Magdala, Salome, sowie Maria, die Mutter des ›kleinen‹ Jakobus und des Joses (15,40f.). Es fällt auf, dass Jesus in 6,3 von seinen Kritikern als

> der Bauhandwerker, der Sohn der Maria und Bruder des Jakobus und Joses und Judas und Simon[64]

bezeichnet wird. Meint Markus in 6,3 und 15,40 die gleiche Frau? Die Gleichheit und gleiche Reihenfolge der Namen legt es nahe;[65] Markus arbeitet häufig mit

---

[55]Vgl. auch GUNDRY, Mark, 845.

[56]Vgl. RHOADS/MICHIE, Mark, 115. Dieser Prozess vollendet sich in der Passionserzählung, vgl. ZELLER, Handlungsstruktur, 216. Besonders deutlich TANNEHILL, Jünger, 64:»Die Jüngergeschichte endet mit einer Katastrophe; der Autor hat keine Mühe gescheut, das Unglück noch besonders hervorzuheben.«

[57]Schon Matthäus und einige Markus-Handschriften verstanden die Kritiker der salbenden Frau als Jünger Jesu; dagegen GNILKA, Evangelium 2, 224. Der Ort (Bethanien) und die Vokabeln ἀγανακτέω und ἐμβριμάομαι sind sonst mit Jesu Jüngern verknüpft – man wird deshalb auch hier an Jünger denken, vgl. BOOMERSHINE, Mark, 94f.

[58]Bertrams Vermutung, die Jünger würden durch diese Passage von ihrer Verantwortung entlastet (BERTRAM, Leidensgeschichte, 42), trifft kaum zu. Vgl. auch die Kritik von JÜLICHER, ThLZ 48 (1923), 10.

[59]Das kontinuierliche Versagen der Zwölf im Markusevangelium lässt sich nicht ohne weiteres historisch als markinische Kritik an bestimmten kirchlichen Kreisen interpretieren, vgl. TANNEHILL, Jünger, 50 gegen WEEDEN, Mark, 23ff.70ff.

[60]DORMEYER, Geschichtsschreibung, 24.

[61]Vgl. GNILKA, Evangelium 2, 237.

[62]Diese Flucht wird 14,27 von Jesus angekündigt; nichtsdestoweniger stellt sie ein Versagen der Jünger dar. Vgl. a. a. O., 253.

[63]Vgl. TANNEHILL, Jünger, 64.

[64]Ὁ τέκτων, ὁ υἱὸς τῆς Μαρίας καὶ ἀδελφὸς Ἰακώβου καὶ Ἰωσῆτος καὶ Ἰούδα καὶ Σίμωνος.

[65]Für die Identifikation sprechen sich BOOMERSHINE, Mark, 238f., und BLINZLER, Prozeß, 412f. aus, dagegen z. B. GNILKA, Evangelium 2, 326, und ausführlich OBERLINNER, Überlieferung, 86–135; unentschieden bleibt VAN IERSEL, Mark, 487f. Nach PESCH, Markusevangelium 2, 506f., handelt es sich um hier um zwei Frauen, m. E. keine plausible Interpretation.

derartigen Anklängen und Rückverweisen. Auch die johanneische Überlieferung berichtet, Jesu Mutter sei bei der Kreuzigung anwesend gewesen (Joh 19,25–27). Dass Jakobus nur hier als »der Kleine« bezeichnet wird, ließe sich mit der Bedeutung »der kleine Bruder Jesu« erklären.[66] Warum Markus nur so indirekt auf die Frau Bezug nimmt, wenn sie Jesu Mutter ist, bliebe dann jedoch erklärungsbedürftig.[67]

Auch aus dem Zwölferkreis treten nur vier namentlich in Erscheinung, nämlich die beiden Geschwisterpaare Petrus und Andreas, Jakobus und Johannes (14,33). Besonders Petrus tritt hervor. »Peter is, other than Jesus, the most fully developed and sympathetic individual character in the Gospel.«[68] Sein Selbstvertrauen wie sein Versagen überragt das der anderen (14,29.66–72).[69]

JUDAS ISKARIOT   Zwischen den Jüngern und den Gegnern Jesu bewegt sich Judas Iskariot. Schon bei seiner ersten Nennung in Mk 3,19 ist er der, »der ihn auch auslieferte«.[70] Nach der Auslieferung Jesu verschwindet er aus der Geschichte.[71] Nach seiner Motivation fragt der Text nicht; er deutet sie allenfalls an: Judas' Verrat folgt direkt auf Jesu harsche Zurechtweisung in Bethanien und mag durch den Ärger darüber motiviert sein.[72] Seine Persönlichkeit tritt kaum in Erscheinung; ganz im Vordergrund steht seine Tat.[73] Die Anrede mit dem Ehrentitel »Rabbi«[74] und das unverdächtige Zeichen eines Kusses lässt seinen Verrat als besonders infam erscheinen.

JESU GEGNER   Auf der Gegenseite stehen die Hohenpriester, oft zusammen mit den Schriftgelehrten bzw. den Ältesten.[75] Sie sind nicht namentlich genannt[76] – auch der Hohepriester nicht, den die Seitenreferenten als Kaiaphas kennen. Diese

---

[66]Vgl. BOOMERSHINE, Mark, 239.

[67]Boomershine hält derartige indirekte Verweise für typisch markinisch; die Erklärung ist aber in diesem Fall wenig tragfähig, vgl. a. a. O., 239f. Die traditionelle katholische Erklärung, es handele sich zwar um die Mutter der in 6,3 genannten Männer, nicht aber um Jesu Mutter (Blinzler), ist m. E. noch weniger plausibel.

[68]A. a. O., 139.

[69]Auch in 14,37 wird allein Petrus angeredet, vgl. GNILKA, Evangelium 2, 261. Petrus profiliert sich in 14,29 auf Kosten der anderen (vgl. GIELEN, Passionserzählung, 99); nach GNILKA, Evangelium 2, 254, wird dadurch schon die Auflösung des Jüngerkreises angedeutet. Gnilka nimmt auch an, in 16,7 sei eine alte Notiz von Petrus als dem ersten Osterzeugen verdrängt worden, vgl. a. a. O., 339.

[70]Ὅς καὶ παρέδωκεν αὐτόν.

[71]Vgl. GUNDRY, Mark, 859.

[72]Das Wort ἀπῆλθεν markiert, dass Judas von Bethanien herkommt wie später die Jünger, die das Passamahl vorbereiten (ἀπελθόντες auch hier). Vgl. BOOMERSHINE, Mark, 103–106, bes. 105 Anm. 23. Unrichtig dagegen VAN IERSEL, Mark, 414, der Salbungsszene und Verrat gleichzeitig ansetzt.

[73]Vgl. GNILKA, Evangelium 2, 236. Jesu Wort εἰς τῶν δώδεκα (14,20) macht allerdings deutlich, dass jeder der Zwölf zu der Tat fähig wäre, vgl. GIELEN, Passionserzählung, 64.

[74]Vgl. GUNDRY, Mark, 859.

[75]Die Hohenpriester treten erstmals in den Leidensankündigungen und dann in der Passionserzählung auf. Dagegen sind die Schriftgelehrten Jesu Gegner von Anfang an, vgl. GNILKA, Evangelium 2, 220.

[76]Vgl. dazu auch VAN IERSEL, Mark, 444.

Gegnergruppe – alle in Machtpositionen[77] – tritt in der Leidensgeschichte stets als Kollektiv[78] auf; nur der Hohepriester tritt einmal als einzelner hervor (14,60ff.). Dabei werden die Gegner durchaus einseitig als böse charakterisiert: Sie suchen Jesus zu vernichten (14,1), freuen[79] sich über seine Auslieferung (14,11), suchen falsche Aussagen (14,55), misshandeln Jesus (14,65), wiegeln die Menge auf (15,11) und verspotten den Gekreuzigten. Dass sie sich so in der Perspektive der Leser selbst ins Unrecht setzen, ist offenkundig:»Die Schande, die sie ihrem Opfer zufügen wollen, fällt im Urteil der Rezipienten auf sie selbst zurück.«[80] In der Perspektive des Pilatus sind sie neidisch bzw. missgünstig (15,10).[81] Zugleich haben sie Angst vor dem Volk (14,2).[82] Jesus Gegner verlangen ein Zeichen, um zu glauben,[83] doch anders als etwa der römische Centurio (15,39) verstehen sie die tatsächlich geschehenden Zeichen nicht. Positive Aspekte gibt es nicht, das Bild bleibt undifferenziert und klischeehaft – es handelt sich um sog. *flat characters*.[84]

Anders als die Leser wissen die Gegner Jesu nicht, dass in dem ganzen Geschehen Gott am Werk ist. So ergibt sich eine ironische Situation.[85]

PILATUS Weniger eindeutig auf der Seite der Gegner Jesu[86] steht der ohne Amtstitel eingeführte[87] römische Präfekt Pilatus. Im Lichte von 10,33 (»sie werden ihn den Heiden ausliefern«[88]) ist Pilatus, dem Jesus »ausgeliefert« wird, sofort als Gegner Jesu erkennbar.[89] Er wird durchaus gefürchtet (15,43: Josef muss sich »trauen«, um zu ihm hinein zu gehen), zeigt aber gegenüber der »Menge«, die von den Hohenpriestern aufgewiegelt wird, wenig Entschlossenheit.[90] Er durchschaut zwar die Motivation der Hohenpriester (15,10), will aber das Volk zufriedenstellen (15,15) und fällt daher ein Urteil, das er selbst nicht für ganz angemessen hält (15,14:»Was hat er denn Böses getan?«[91]).

---

[77]Vgl. RHOADS/MICHIE, Mark, 117.
[78]Zweimal fällt die Formulierung »das ganze Synhedrium« (14,55; 15,1), dabei wird der Eindruck der regulär versammelten Behörde geweckt. Vgl. GNILKA, Evangelium 2, 279.
[79]Die Freude ist die einzige Emotion, die die Hohenpriester zeigen. Das Einreißen des Gewandes (14,63) ist kein emotionaler, sondern ein ritueller Akt. Vgl. a. a. O., 282.
[80]VOGEL, Evangeliengattung (unveröff.).
[81]Die Formulierung »Er erkannte nämlich« (ἐγίνωσκεν γὰρ) lässt Pilatus' Perspektive als objektiv erscheinen.
[82]Vgl. RHOADS/MICHIE, Mark, 102.
[83]Vgl. GNILKA, Evangelium 2, 320: 15,32 ist die letzte Zeichenforderung des Evangeliums.
[84]Vgl. RHOADS/MICHIE, Mark, 117.
[85]Vgl. ZELLER, Handlungsstruktur, 220.
[86]Die Hohenpriester stellen sich deutlicher gegen Jesus. Insofern verfolgt der Text die Absicht, Pilatus zu entlasten. Vgl. GNILKA, Evangelium 2, 300.
[87]Vgl. a. a. O., 299.
[88]Παραδώσουσιν αὐτὸν τοῖς ἔθνεσιν.
[89]Vgl. BOOMERSHINE, Mark, 193f.
[90]Dass dieses Pilatusbild mit dem historischen Pilatus wenig zu tun haben dürfte, spielt hier keine Rolle.
[91]Τί γὰρ ἐποίησεν κακόν;

RANDFIGUREN Neben diesen Hauptakteuren treten noch einige Randfiguren auf. Zu nennen ist zunächst der namenlose junge Mann, der nackt der Verhaftung entgeht (14,51f.). Er scheint ein Anhänger Jesu zu sein, über seine Bekleidung und seinen Nachfolgeversuch hinaus bietet die Erzählung keine Details.[92] Der von Pilatus amnestierte Barabbas tritt nicht selbst als Akteur in Erscheinung. Er wird aber zu Jesus in pointierten Kontrast gesetzt.

Eine weitere Figur ist Simon aus Kyrene. Er wird über seine Herkunft und über den Namen seiner Söhne benannt und wird durch Zufall in das Geschehen einbezogen (15,21).

»Der Centurio, der ihm gegenüber stand,« (15,39) wird in einer Weise eingeführt, die negativ konnotiert ist. Er ist der Leiter der Hinrichtungsabteilung und steht Jesus *gegen*über (ἐξ ἐναντίας αὐτοῦ).[93] Doch überraschenderweise[94] erkennt er Jesu tatsächliche Identität als »Gottessohn« (υἱὸς θεοῦ)[95] und tritt so aus der Reihe der Widersacher Jesu heraus.[96] Anders als in Mt 27,54 fehlen weitere Soldaten; offenbar ist für Markus ein einzelner Sprecher wirkungsvoller.[97]

Namentlich genannt ist auch Josef aus Arimathäa, der als »angesehenes Ratsmitglied« (15,43) charakterisiert wird und den Mut und die Mittel aufbringt, Jesus zeitnah zu bestatten.[98]

Zuletzt ist noch die Volksmenge zu nennen, der ὄχλος. Sie ist nicht näher charakterisiert, entfaltet aber im Ringen um die Freilassung Jesu eine eigene Dynamik, vor der Pilatus sich schließlich beugt.[99] Die Volksmenge in 15,8 wird nicht von der »Hosanna« rufenden aus 11,9 unterschieden[100] – überhaupt war der ὄχλος seit seinem ersten Auftreten (2,12f.) immer loyal zu Jesus und erschien noch in 14,1 als Jesu Sicherheit gegenüber seinen Widersachern.[101] Der unerwartete Abfall der Menge

---

[92]Nach GNILKA, Evangelium 2, 271, verdeutlicht die nackte Flucht des jungen Mannes den chaotischen Charakter der Zerstreuung der Jünger. Ein Bezug zu dem Mann im leeren Grab besteht nicht: vgl. a. a. O., 271f. Die Anonymität könnte dem Schutz des zur Zeit der Abfassung noch lebenden Mannes dienen: vgl. THEISSEN, Lokalkolorit, 198f. (so auch HAREN, Bib. 79 (1998), 525–531, der ihn mit dem nach Joh 12,10 zur Tötung vorgesehenen Lazarus identifiziert, der als Hinweis auf seine Auferweckung in einen auffälligen leichentuchartigen σινδών gekleidet gewesen sei).

[93]Unwahrscheinlich VAN IERSEL, Mark, 479f., der den Centurio gegenüber dem reißenden Tempelvorhang vermutet.

[94]Vgl. BOOMERSHINE, Mark, 297.

[95]BROWN, Death, 1146–1150: Der Centurio nennt Jesus nicht *einen*, sondern *den* Gottessohn, gebraucht also das höchste christlogische Prädikat des Markusevangeliums. Auf der Ebene des Gesamtevangeliums ist Brown Recht zu geben; im Nahkontext müssen m. E. beide Möglichkeiten offen bleiben.

[96]Was aber nicht bedeutet, dass er damit Christ wird, vgl. GUNDRY, Mark, 975.

[97]Vgl. BROWN, Death, 1143.

[98]Das wäre die Aufgabe des Schülerkreises (vgl. die Johannesjünger Mk 6,29). »Jesu Jünger lassen dieses vorbildliche Verhalten schmerzlich vermissen.« KLAUCK, Rolle, 16.

[99]Die Volksmenge ist fast das ganze Evangelium hindurch, bis zu Jesu Einzug in Jerusalem, Jesus gegenüber freundlich eingestellt. Erst in Kap. 15 kommt es zum Umschwung. Vgl. a. a. O., 15.

[100]Vgl. GNILKA, Evangelium 2, 302.

[101]»Sind in einer Perikope neben Jesus und dem Volk auch Menschen aus dem Kreis der Hierarchen

von Jesus wirkt wie ein Schock.[102] – Das Wort ὄχλος wird auch für die bewaffnete Einheit gebraucht, die Jesus festnimmt (14,43–47). In ihr treten zwei Personen einzeln hervor: Der »Bedienstete des Hohenpriesters« und der, der ihm das Ohr abschlägt (14,47).[103]

Motive

GEPRÄGTE EREIGNISSE Jesu Tod gehen eine Verschwörung gegen ihn durch eine Gruppe von Feinden (11,18; 12,12; 14,1f.) und seine Auslieferung durch einen ihm nahestehenden Schüler voraus (14,10f.44f.). Im Verfahren vor dem Synhedrium treten falsche Zeugen gegen ihn auf. Falschzeugen sind ein Element zahlreicher Todesberichte und wohl auch ein Motiv der Leidenspsalmen.[104] Gnilka interpretiert die Widersprüche der Falschzeugen zueinander als ein Zeichen von Unverständnis.[105]

Jesu Sterben wird von Prodigien, nämlich von supranaturalen Ereignissen, begleitet. Vor seinem Tod senkt sich eine dreistündige Finsternis über das Land, danach zerreißt der Vorhang des Jerusalemer Tempels. Beide Erscheinungen können nicht als Vorankündigungen von Jesu Tod verstanden werden, da der Hinrichtungsvorgang bereits begonnen hat – demnach sind sie zwar vom verwendeten Bildmaterial, nicht jedoch von ihrer Funktion her als Prodigien zu werten. Die Ereignisse sind je für sich zu beurteilen. Nach Gnilka hat die Finsternis einen apokalyptischen Hintergrund (vgl. Am 8,9 über das Weltgericht).[106] Dafür spricht auch die genaue zeitliche Abgrenzung der Finsternis von drei Stunden (s. u.). Der Tempelvorhang zerreißt – in diesem Zeichen können Gottes Ärger, Trauer und Verurteilung gesehen werden.[107] Sie wurden auf das Ende des Tempelkultes hin[108] und als Ende der Beschränkung des Zugangs zu Gott gedeutet.[109]

---

genannt, wird das Volksverhalten bis einschließlich Mk 14,1f. grundsätzlich dem Verhalten dieser Menschen kontrastiert.« MEISER, Reaktion, 214.

[102]Vgl. BOOMERSHINE, Mark, 199–206.

[103]Die Seitenreferenten identifizierten wie die Mehrzahl der Forscher diesen Akteur als einen Anhänger Jesu. Sie schufen so eine konkrete Motivation für die Flucht der Jünger (14,50 par.). Dagegen ist er mit GNILKA, Evangelium 2, 270, und GUNDRY, Mark, 860, besser als ein Mitglied der Wacheinheit zu identifizieren. Damit fallen einige Probleme, die man literarkritisch lösen zu müssen glaubte, weg, nämlich seine Einführung als »einer der Umstehenden« (εἷς τῶν παρεστηκότων) und nicht als »Jünger« oder »einer der Zwölf«, das Fehlen einer Reaktion der Wacheinheit sowie Jesu Anrede αὐτοῖς, die offensichtlich an die Bewaffneten gerichtet ist (vgl. LINNEMANN, Studien, 41). – Auch BROWN, Death, 266–271, der die Aufnahme der Stelle bei den Seitenreferenten ausführlich diskutiert, kommt zu dem Schluss, dass der Schwert-Benutzer bei Markus am besten als Mitglied der bewaffneten Einheit oder einer dritten, zufällig anwesenden Gruppe zu erklären ist (woher diese kommen soll, erklärt er nicht).

[104]Belege bei GNILKA, Evangelium 2, 279.

[105]Vgl. a. a. O., 280.

[106]Vgl. a. a. O., 321.

[107]Vgl. BOOMERSHINE, Mark, 236. Als göttliche Trauer interpretiert auch BLINZLER, Prozeß, 420f., den Vorgang. Dagegen GUNDRY, Mark, 947: Mit Hilfe der Finsternis verbirgt Gott Jesus vor den Schmähungen seiner Gegner; das Prodigium unterstreicht dann Jesu göttliche Ehre.

[108]Etwa RHOADS/MICHIE, Mark, 114.

[109]Vgl. GNILKA, Evangelium 2, 323f. DIBELIUS, Formgeschichte, 196, las das Zerreißen des Vorhangs

An mehreren Stellen des Passionsberichtes wird Jesus bei der Erfüllung religiöser Verpflichtungen vor seinem Tod gezeigt. Er begeht das vorgeschriebene nächtliche Passamahl in Jerusalem (14,12–17), das mit einem Lobgesang abschließt (14,26). Danach zieht er sich in Gethsemani zum Gebet zurück (14,32–42). Sein letztes Wort am Kreuz ist Psalm 22 entnommen (15,34).

Trauerriten werden geschildert: Nach seinem Tod erhält Jesus eine durchaus würdevolle Bestattung. Die Erzählung deutet an, dass dazu ein gewisser Aufwand erforderlich ist: Josef muss es »wagen«, um Jesu Leichnam zu bitten (τολμήσας, 15,43) und bestattet ihn in einem Felsengrab (15,46; die Seitenreferenten und Johannes steigern den Effekt, indem sie von einem unbenutzten Grab sprechen).[110] Die vorgesehene Salbung der Leiche soll nach dem Sabbat nachgeholt werden, der Plan wird jedoch von Jesu Auferstehung überholt (16,1.6). Doch schon am Mittwoch vor seinem Tod war Jesus von einer ungenannten Frau gesalbt worden und hatte diese Salbung auf seinen Tod bezogen (14,8).

PROTAGONIST   Obwohl die Terminologie von Ehre und Schande in Mk 14–16 völlig fehlt, können zahlreiche Aspekte in der Darstellung Jesu im Lichte des Ehre-Schande-Codes begriffen werden. Ehrenerweise kommen aus dem Kreise seiner Anhänger: Eine Frau salbt ihn mit kostbarem Öl, dessen Wert eigens herausgestellt wird (14,3–5). Unter den Schülern heißt er »Meister« (διδάσκαλος, 14,14, ῥαββί, 14,45). Auch der Titel »König der Juden« und die höhnische Huldigung durch die Soldaten sind auf ironische Weise ein Ehrerweis: Gedacht als Verhöhnung und als Benennung eines unrechtmäßigen Anspruchs, spiegeln sie ohne Wissen der Ausführenden die tatsächlichen Verhältnisse (15,16–20.25).[111] So hat die Verspottungsszene Bedeutung für die Christologie: Gerade in der Erniedrigung »bestätigen sich [Jesu] messianische Herrscherwürde und seine göttliche Hoheit.«[112]

Dagegen sind (zumindest auf der Oberfläche) das Anspucken, Ohrfeigen, Spotten und Schmähen nicht nur Zeichen persönlicher Verachtung,[113] sondern öffentliche Demonstrationen der Schande Jesu. Die Kreuzesstrafe selbst muss als öffentliche Entehrung aufgefasst werden.[114]

Es ist zu fragen, wie der auf der Oberfläche offensichtlich unehrenhafte Tod positiv gedeutet werden kann. Nach Bertram ist das nur im Lichte des Auferstehungs-

---

zusammen mit dem Bekenntnis des Centurio als ein Bekenntnis des jüdischen Heiligtums zum Gottessohn Jesus.

[110]Eine Bestattung in Ehren passt im Übrigen nicht zu Jes 53,9. Vgl. GNILKA, Evangelium 2, 334.

[111]»Was im Hohn an Jesus herangetragen wird, würde ihm in Wahrheit zustehen« – a. a. O., 308.

[112]GIELEN, Passionserzählung, 183.

[113]Etwa GNILKA, Evangelium 2, 283.

[114]Die Kreuzigung wurde in der Antike selten explizit als schandbehaftete Strafe bezeichnet (und die vielzitierte Skepsis Ciceros gegenüber dieser Hinrichtungsart darf für die Deutung von Jesu Tod nicht automatisch vorausgesetzt werden); allerdings muss sie als grausame und v. a. gegen Sklaven gebrauchte Strafe zweifellos als schändlich gegolten haben. Vgl. KUHN, Kreuzesstrafe, 751.758.767.

glaubens möglich.[115] So sehr die Auferstehungsbotschaft, vom Ende her gelesen, die Erzählung beherrscht, ist dagegen einzuwenden, dass die positive Umdeutung auch bei anderen Darstellungen des ›edlen Todes‹, bei *exitus* oder Martyrien gelingt. So liest etwa Gundry die ganze Passionserzählung und besonders die Todesperikope als Umstilisierung des Unehrenhaften zum Erfolg und zum Erweis von Jesu Gottessohnschaft.[116]

Es fällt auf, dass zwischen Leben und Sterben Jesu wird eine Beziehung hergestellt wird. Der Erzählung gelingt dies vor allem durch Vernetzungen der Passionsgeschichte mit dem Rest des Evangeliums. Zwei Arten von solchen Verweisen sind zu nennen: Zum einen die Leidensankündigungen Jesu (8,31; 9,31; 10,33f.): In ihnen zeigt Jesus sein Wissen um die Notwendigkeit (δεῖ) seines Todes, und der Verlauf der Ereignisse in 14–16 wird knapp vorausgesagt. Zum andern die Feindschaft von Jesu Gegnern: Schon in 2,7 wird er im Stillen der Blasphemie bezichtigt (vgl. 14,64), in 3,6 erstmals seine Beseitigung ins Auge gefasst, der Konflikt baut sich auf und führt schließlich zu dem Plan, Jesus zu beseitigen.

Jesus geht nach seiner Verhaftung in die Qualen von Geißelung und Kreuz, ohne viele Regungen zu zeigen. Wein mit Myrrhe wird ihm angeboten, ein Betäubungsgetränk, das die Qualen lindern könnte,[117] doch Jesus verzichtet darauf (15,23). Die Grausamkeiten werden weder verharmlost noch besonders breit ausgemalt, vielmehr werden sie sachlich und knapp notiert.[118] Auch die Kreuzigungsnotiz selbst ist kurz gehalten.[119]

FUNKTIONEN DES STERBENS   Jesu Tod ist formal eine Strafe. Jesus wird vom Synhedrium wegen Blasphemie verurteilt; der römische Prozess hält als Schuld (αἰτία, 15,26) fest: »König der Juden« – also ist wohl politischer Aufruhr *(seditio)* als strafwürdiges Vergehen gemeint.[120] Die Erzählung macht aber deutlich, dass informell die Ursache für Jesu Hinrichtung in der Missgunst der Hohenpriester, Ältesten und Schriftgelehrten zu suchen ist (vgl. die Tötungspläne und Pilatus' Einsicht 15,10). Der eigentliche Grund wiederum ist in Gottes Willen zu suchen (vgl. das δεῖ

---

[115]Vgl. BERTRAM, Leidensgeschichte, 96.
[116]Vgl. GUNDRY, Mark, 12–15.943–952.
[117]Vgl. GNILKA, Evangelium 2, 316.
[118]Vgl. zur Grausamkeit der Kreuzesstrafe KUHN, Kreuzesstrafe, 751–757.
[119]Vgl. GNILKA, Evangelium 2, 316.
[120]Mit dem (bei Markus freilich uneindeutigen) Bekenntnis, der König der Juden zu sein, bekennt sich Jesus der *seditio* schuldig, vgl. REINBOLD, Prozess, 84. Diese wurde als *crimen laesae maiesatatis* (nach der *Lex Iulia de maiestate*) mit dem Tode bestraft, vgl. KÜBLER, PW 14/1 (1928), 549.

der ersten Leidensankündigung[121] und Jesu »nicht, was ich will, sondern was du (willst)«[122] 14,36).

Einige Formulierungen lassen anklingen, dass Jesu Sterben eine Möglichkeit zur Bewährung ist. Zu nennen ist vor allem die Bezeichnung der Leiden Jesu als Becher (14,36). Dieser verweist im Alten Testament auf den Zorn Gottes (ähnlich »die Stunde« 14,35), in späteren Texten bezeichnet er die Leiden der Märtyrer.[123]

An zahlreichen Stellen erscheinen alttestamentliche Bezüge als Interpretationshilfe. Ohne den Prätext des Alten Testaments können einige Bedeutungen nicht erschlossen werden.[124] Einen ausdrücklichen Schriftbezug gibt es in 14,49: Anlässlich seiner Verhaftung spricht Jesus von der Erfüllung der Schrift. Die drei Leidenspsalmen 22, 31 und 69[125] werden zwar selten zitiert, aber narrativ umgesetzt. Besondere Bedeutung hat darunter Psalm 22. Als Klage- *und* Danklied[126] eignet er sich als Vorlage für Tod und Auferstehung Jesu.[127] Der Beter des Psalms ist ein prototypischer ›leidender Gerechter‹.[128] Auch Anklänge an den vierten Gottesknechtstext Jes 52f. sind zu finden. Dazu dürfte das häufige Vorkommen von παραδίδωμι gehören.[129]

---

[121]Vgl. Weihs, Deutung, 273–290, bes. 288: »Die besonderen Möglichkeiten des δεῖ-Motivs bestehen in Hinblick auf die Todesdeutung vor allem darin, die theozentrischen Kausalursachen des Todes Jesu thematisieren und in adäquater Form zum Ausdruck bringen zu können.« Vom Sprachgebrauch der Septuaginta her gelesen, hat das Wort δεῖ zugleich heilsgeschichtliche und eschatologische Konnotationen. Welchen Platz Jesu Tod in Gottes Plan genau hat, bleibt durch die Aussage jedoch offen. Auch die ebenfalls von der Septuaginta her zu verstehenden »theologisch ausgerichteten παραδίδωμι-Aussagen fassen grundsätzlich tatsächlich das gesamte Leiden Jesu in den Blick, das – insofern das theologische Passiv ein Handeln Gottes umschreibt – als ein dem Willen Gottes entsprechendes und von diesem inauguriertes Geschehen erscheint« (a. a. O., 315 zu Mk 9,31; 10,33; 14,42.44). – Es darf nicht übersehen werden, dass die Leidensankündigungen auch die Auferstehung einschließen. Eve-Marie Becker beobachtet zutreffend: »Dadurch, dass das δεῖ des Sterbens Jesu mit dem δεῖ der Auferstehung verbunden ist, werden die αἰτίαι für den Tod Jesu im Markus-Evangelium zumindest hintergründig greifbar. Die narrative Gestaltung des Todesschicksals Jesu im Markus-Evangelium entwickelt im Unterschied zu 1 Kor 15,3f. (... ὑπὲρ τῶν ἁμαρτιῶν ἡμῶν) keine soteriologische, sondern eine christologische Deutung des Todes Jesu.« Becker, Markus-Evangelium, 176.

[122]Ἀλλ᾽ οὐ τί ἐγὼ θέλω ἀλλὰ τί σύ.

[123]Vgl. Gnilka, Evangelium 2, 260f.

[124]Vgl. van Iersel, Mark, 66. Das heißt natürlich nicht, dass der atl. Interpretationsrahmen der einzige sein kann, vgl. Vogel, Evangeliengattung (unveröff.).

[125]Vgl. etwa Dibelius, Formgeschichte, 187; Dibelius, Problem, 66 Anm. 3. Es gibt auch Anklänge an Qumran-Hodayot: Mk 14,18.20 – 1QH 5,23f., vgl. Gnilka, Evangelium 2, 237; Gethsemani – 1QH 8,32, Vgl. a. a. O., 259.

[126]Vgl. a. a. O., 322.

[127]Jesu Ruf am Kreuz (15,34) ist im Licht des ganzen Psalms demnach kein reiner Verzweiflungsruf, sondern hat eine hoffnungsvolle Komponente. Vgl. Pellegrini, Elija, 372f.

[128]Vgl. Gnilka, Evangelium 2, 311. Von den Psalmen her gehört die Klage zum Leiden des Gerechten und war daher (auch 15,34) unanstößig, vgl. Linnemann, Studien, 30 Anm. 48.

[129]Dreimal im vierten Gottesknechtslied, vgl. Weihs, Deutung, 300–302. Ob das Schweigen Jesu im Verhör eine Anspielung an Jes 53 ist, ist unsicher, vgl. Gnilka, Evangelium 2, 281; die Demütigung Jesu 14,65 dagegen wohl schon: vgl. a. a. O., 284.

Zeitstrukturen

Die Zeitstrukturen sind verhältnismäßig einfach zu beschreiben, unter anderem, weil der Text ein genaues Zeitschema mit Tageszeiten[130] und Uhrzeiten als Hilfe anbietet. Die Erzählung strukturiert auf diese Weise den ganzen Jerusalemaufenthalt Jesu. Die erste entsprechende Angabe steht in 11,11:

Und er ging hinein nach Jerusalem zum Heiligtum und sah ringsum alles an, und weil es schon die Abendstunde war, ging er hinaus nach Bethanien mit den Zwölf.[131]

Dieser Vers enthält noch keine Datumsangabe. In der Folge werden jeweils Abend und Morgen benannt (11,12.19.20), bis schließlich 14,1 ein Datum angibt:

Es war aber das Pascha und das Fest der ungesäuerten Brote in zwei Tagen.[132]

Die Kette der konkreten Zeitangaben setzt sich fort mit 14,12 (erster Tag des Mazzotfestes), 14,17 (Abend), 14,[68.[133]]72 (Hahnenschrei), 15,1 (früher Morgen), 15,25 (dritte Stunde), 15,33f. (sechste bis neunte Stunde), 15,42 (Sabbatvorabend[134]) und 16,1 (Morgen nach dem Sabbat).

Die Bedeutung des Wochen- und des Stundenschemas ist zunächst aus der Erzählung heraus zu erklären: Wie das ganze Evangelium präsentiert sich die Passionserzählung als eine Kette einzelner Szenen. Doch während im Markusevangelium generell ein schnelles Erzähltempo vorherrscht, das der Erzählung einen drängenden Charakter gibt (vgl. die zahlreichen Satzanschlüsse mit καὶ εὐθύς), verlangsamt sich das Erzähltempo im Bereich der Passion erheblich; die Erzählung verbreitert sich zur Kreuzigung hin.[135] Nur an drei Punkten wird noch leicht gerafft erzählt: über den Todesplan der Jerusalemer Eliten (14,1f.), über Judas' Verrat (14,10f.) und über die Frauen am Kreuz (15,40f.). Die Ereignisse von Jesu letztem Abend bis zu seiner Bestattung sind in einem Strang durcherzählt, beginnend bei 14,17.[136] Auffällig sind aber einige Ellipsen an den ›Rändern‹ der Passion. Zwischen

---

[130]Nicht immer ist ganz klar, ob der Text einer griechischen Tageszählung (ab Sonnenaufgang) oder einer jüdischen (ab Sonnenuntergang) folgt. Nach a. a. O., 220.232, handelt es sich um die griechische Zählweise, die in 14,12 mit der jüdischen verquickt wird. So oder so ist klar, dass 14,1 mit dem Mittwoch einsetzt.

[131]Καὶ εἰσῆλθεν εἰς Ἱεροσόλυμα εἰς τὸ ἱερὸν καὶ περιβλεψάμενος πάντα, ὀψίας ἤδη οὔσης τῆς ὥρας, ἐξῆλθεν εἰς Βηθανίαν μετὰ τῶν δώδεκα.

[132]Ἦν δὲ τὸ πάσχα καὶ τὰ ἄζυμα μετὰ δύο ἡμέρας.

[133]Textkritisch unsicher.

[134]Erst aus dieser Angabe (15,42) lässt sich entnehmen, dass die Erzählung einen Freitag als Jesu Todestag ansieht; vgl. a. a. O., 332. Insofern ist die Beobachtung von LINNEMANN, Studien, 62, zutreffend, dass die Angaben von Morgen und Abend für sich relativ unspezifisch sind und erst durch den Erzählzusammenhang ein präzises Schema ergeben.

[135]Vgl. RHOADS/MICHIE, Mark, 45.

[136]Nach GNILKA, Evangelium 2, 232, ab 14,12 (τῇ πρώτῃ ἡμέρᾳ).

den Perikopen von 14,1 bis 14,17 liegen jeweils ›Lücken‹ mit Ereignissen, die nicht erzählt werden, weil sie für den Fortgang der Handlung unerheblich zu sein scheinen. Das gleiche gilt für die Lücke zwischen Bestattung und Auferstehung, also zwischen Sabbatvorabend und Sonntagmorgen.

Das Wochen- und Stundenschema wurden gelegentlich aus liturgischen Bedürfnissen heraus erklärt: Es sei auf eine Verwendung des Textes in der Kar- und Osterliturgie hin konzipiert. Diese Einschätzung stößt freilich auf gravierende methodische Schwierigkeiten.[137]

Die Ereignisse werden ganz konventionell in der Reihenfolge ihres Geschehens erzählt. Ein Rückblick auf Judas' Verrat ist in die Verhaftungsszene eingeschaltet (14,44f.).[138] Jesu Demütigung vor dem Synhedrium und seine Verleugnung durch Petrus finden allerdings gleichzeitig statt.[139] Deshalb sind 14,53.55–65 und 14,54.66–72 raffiniert verschränkt, sodass die Parallelität sichtbar und Spannung erzeugt[140] wird.

7.2.3   Ereignisbezug

Fabula

Folgende Ereignisse werden erzählt: Während Jesu Pilgeraufenthalt in Jerusalem und Umgebung beschließen Hohepriester und Schriftgelehrte, Jesus zu beseitigen.[141] Am Abend desselben Tages (Mittwoch) speist Jesus in Bethanien; eine unbenannte Frau salbt ihm den Kopf, und Jesus muss sie dafür gegen Vorwürfe seiner Jünger verteidigen. Bald darauf (und wohl als Reaktion auf Jesu Tadel) kündigt Jesu Jünger Judas Iskariot den Hohenpriestern an, Jesus auszuliefern, wofür sie ihm einen Geldbetrag zusichern. Am Donnerstag schickt Jesus zwei seiner Schüler zu den Festvorbereitungen in die Stadt. Sie folgen seinen Anweisungen; am Abend kommt Jesus mit den restlichen Schülern nach, sie essen gemeinsam das Passamahl, wobei Jesus über seine Auslieferung spricht und die Segenssprüche über Brot und

---

[137]Vgl. für das Wochenschema BERTRAM, Leidensgeschichte, 9.11, CARRINGTON, Calendar, 204–226, und SCHMITHALS, Evangelium 1, 59, für das Stundenschema SCHILLE, Leiden, 198. Dagegen hielt gerade BERTRAM, Leidensgeschichte, 76, das Stundenschema für eine nichtkultische Historisierung der Ereignisse. BLINZLER, Prozeß, 420f., sieht nach der Eliminierung von 15,25 als spätere Bearbeitung in den verbleibenden Stundenangaben schlicht die tatsächlichen Tageszeiten der Hinrichtung Jesu abgebildet. – Das methodische Problem der Liturgiethese liegt in den verschwindenden Kenntnissen über die christlichen Liturgien im Zeitraum von etwa 40 bis 70 n. Chr. Die liturgische Begehung der Tage und Tagzeiten des Leidens Jesu in Jerusalem, die im 4. Jahrhundert bezeugt ist *(Peregrinatio Egeriae)*, kann nicht ohne weiteres für die Frühzeit angenommen werden.

[138]Vgl. BOOMERSHINE, Mark, 158f.

[139]Gegen a. a. O., 192, wo Petri Leugnung etwa zeitgleich mit der Morgensitzung des Synhedriums (15,1) und nach Jesu Verhör durch die Synhedristen ansetzt ist.

[140]Vgl. RHOADS/MICHIE, Mark, 51.

[141]Sie wollen eine Verhaftung am Fest vermeiden. Die Implikation ist, dass sie den Plan fallenlassen würden, wenn Jesus bis Mittwoch nicht gefasst ist, Vgl. BOOMERSHINE, Mark, 90. Der im Grunde schon aufgegebene Plan wird durch Judas' Verrat dann doch ermöglicht.

Becher mit seiner Person verbindet. Sie verlassen die Stadt Richtung Ölberg; Jesus diskutiert mit den Jüngern über ihr weiteres Schicksal, und zieht sich dann mit vier Jüngern zurück. Er entfernt sich dreimal zum Gebet, um jeweils danach die vier schlafend zu finden. Wenig später trifft Judas Iskariot mit bewaffneten Kräften ein und küsst Jesus, der wird verhaftet, spricht kurz; dann fliehen seine Jünger. Ein junger Mann versucht ihm zu folgen, er entgeht der Verhaftung, indem er ohne sein Gewand flüchtet. Jesus wird zum Haus des Hohenpriesters überführt, wo vor dem Synhedrium falsche Zeugen gegen ihn auftreten.[142] Er wird verhört, der Blasphemie für schuldig befunden und misshandelt. Zugleich folgt ihm Petrus in den Hof des Hohenpriesterpalastes, wo er seine Zugehörigkeit zu Jesus abstreitet.

Nach einer weiteren[143] Synhedriumssitzung am Morgen wird Jesus zu Pilatus überstellt. Pilatus spricht zuerst mit Jesus, dann mit den Hohenpriestern und der Volksmenge[144]; schließlich lässt er einen Aufständischen namens Barabbas frei und übergibt Jesus zur Geißelung und Hinrichtung. Die Soldaten einer ganzen Kohorte verspotten Jesus als König und misshandeln ihn; er wird dann zum Richtplatz geführt. Ein Passant wird zum Kreuztragen requiriert. Jesus verweigert einen Betäubungstrank und wird anschließend zur dritten Stunde gekreuzigt; die Soldaten losen um seine Kleider. Passanten, Hohepriester und Schriftgelehrte verspotten Jesus. Von der sechsten bis zur neunten Stunde verfinstert sich vorübergehend der Himmel. Jesu letztes Gebet wird missverstanden und ebenfalls mit Spott bedacht. Mit einem letzten Schrei stirbt Jesus. Der Tempelvorhang zerreißt, der Centurio der Hinrichtungsabteilung nennt Jesus einen Gottessohn; Jesu Anhängerinnen beobachten seinen Tod. Josef von Arimathäa spricht mit Pilatus und erhält von ihm den Leichnam; er kauft Leinen, nimmt Jesus vom Kreuz ab, wickelt ihn ein und bestattet ihn, ebenfalls beobachtet von den Frauen. Am Sonntagmorgen gehen die Frauen zum Grab und finden es geöffnet; ein junger Mann berichtet ihnen von Jesu Auferstehung und trägt ihnen auf, es weiterzuerzählen. Die Frauen fliehen vor Schrecken.

Es fällt auf, dass die *fabula* der markinischen Passion viele Detail-Erzählzüge enthält, die in eine ganze Reihe von narrativen Episoden strukturiert sind. Die Handlung stützt sich zugleich auf ein relativ großes Figureninventar.

---

[142]Nach Jesu Äußerungen im restlichen Evangelium ist – ungeachtet des möglichen historischen Befundes – das Tempelwort tatsächlich ein Falschzeugnis; Jesus hat eine solche Aussage im Markusevangelium nie gemacht. Vgl. a. a. O., 173.

[143]Der Text ist an dieser Stelle uneindeutig und zudem textkritisch schwierig. Nach Gnilka ist nur von einer einzigen Sitzung die Rede, die sich bis in den Morgen erstreckte; demnach ist mit der Formulierung συμβούλιον ποιήσαντες die Beschlussfassung gemeint. Vgl. Gnilka, Evangelium 2, 287.298.

[144]Die mit 15,8 relativ spät auftaucht: a. a. O., 301.

Zeitspanne

Von Mittwoch bis Sonntagmorgen umfassen diese Ereignisse etwa viereinhalb Tage. Der größte Teil des Berichts über das Geschehen konzentriert sich auf die vierundzwanzig Stunden von Donnerstagabend bis Freitagabend.

Quellen

Über Quellen oder Gewährsleute macht der Text keine Angaben. Schon lange wird postuliert, dass der markinischen Leidensgeschichte in ihrer jetztigen Form ein älterer, zusammenhängender Bericht zu Grunde liegt; ein Forschungskonsens darüber ist allerdings nicht in Sicht. Die Schwierigkeiten bei der Suche nach dem vormarkinischen Textbestand haben die diesbezügliche Forschung in den letzten Jahren weitgehend zur Ruhe kommen lassen.[145]

Die episodische Perikopenstruktur des Markusevangeliums setzt sich grundsätzlich auch in der Passionserzählung fort, jedoch scheinen die Einzelperikopen in der Passionserzählung enger zusammenzuhängen als im Rest des Evangeliums – was freilich im Stoff der Erzählung begründet ist. Die synchrone Forschung der letzten Jahrzehnte konnte zeigen, dass das Markusevangelium insgesamt eine größere thematische und kompositionelle Geschlossenheit besitzt, als die ältere Forschung glauben mochte, und dass die Passion gut in das Evangelium integriert ist. Umso schwieriger erscheint die Rückfrage nach den schriftlichen Quellen, die dem vorliegenden Endtext zugrunde liegen. Doch trotz der relativ großen Geschlossenheit des Passionsberichtes lassen sich sachliche Spannungen benennen, die auf ein Textwachstum hinweisen können.[146]

Die dichte, gut durchkomponierte und trotzdem episodische Erzählstruktur lässt bezüglich der Quellenfrage verschiedene Einschätzungen zu:

– Die Passionserzählung ist als erzählerischer Gesamtentwurf aufgrund von noch nicht fixierter Überlieferung erst durch den Evangelisten geschaffen worden. Diese Einschätzung kann sich auf die kompositionelle Einheitlichkeit der Passion berufen, muss aber sachliche Spannungen in der Erzählung erklären.

– Die Passionserzählung stellt einen markinischen erzählerischen Entwurf dar, der auf einer Reihe bestehender Kleinerzählungen basiert. Diese Überlegung versucht, die kompositionelle Einheitlichkeit wie die sachlichen Spannungen zu berücksichtigen. Ihr Problem ist, dass große Teile der Passionserzählung einen sachlichen Zusammenhang bilden, der sich nicht gut in isoliert umlaufende Erzählungen zerlegen lässt.

---

[145]Vgl. den Forschungsüberblick oben S. 6ff.

[146]Weiterführend dazu etwa die Überlegungen bei MEISER, Reaktion, 176f.; BECKER, Markus-Evangelium, 368–375.

– Die Passionserzählung basiert auf einer vormarkinischen Großerzählung oder Jerusalemerzählung, die durch den Evangelisten mehr oder weniger stark redaktionell bearbeitet ist. Diese Einschätzung scheint dem sachlichen Zusammenhang der Passionsereignisse, wie er in der Erzählung zutage tritt, besonders gerecht zu werden. Sie ist aber weniger geeignet, die zahlreichen Beziehungen zwischen Passion und restlichem Evangelium zu erklären.

– Bereits der vormarkinische Gesamtentwurf der Passion ist aus Einzelstücken zusammengewachsen. Diese Beurteilung betont die Episodenstruktur des Textes, erklärt aber unzureichend die kompositorische Geschlossenheit der Erzählung.

Die vier Ansätze versuchen, unterschiedliche Aspekte des Textes durch seine Entstehung zu erklären. Werden sie nicht absolut gesetzt, können sie unterschiedliche Aspekte des Entstehungsvorgangs zutreffend beschreiben.

Eine Rekonstruktion des vormarkinischen Bestandes ist in dieser Untersuchung nicht zu leisten;[147] auch Gnilkas Warnung vor zu großer Selbstsicherheit bei literarkritischen Hypothesen[148] ist angesichts der narratologischen wie auch der bisherigen literar- und redaktionsgeschichtlichen Forschungsergebnisse zur Passion durchaus angezeigt. Einige Punkte lassen sich jedoch wahrscheinlich machen:

– Die kompositorische Geschlossenheit der Erzählung und die vielfachen Bezüge zwischen Mk 1–13 und Mk 14–16 sind ein Hinweis auf eine starke redaktionelle Hand. Sie hat die vorliegenden Überlieferungsbestände teilweise ›eingeschmolzen‹ und stark miteinander vernetzt.

– Sachliche Spannungen, etwa in den Datumsangaben und in der (teils fehlenden) Gestaltung des letzten Mahles als Passamahl legen nahe, dass der Evangelist die Passionstradition nicht erstmals fixierte, sondern dass er auf älteres Material zurückgriff.[149]

– Spätestens ab der Verhaftungsperikope bildet die Leidensgeschichte einen sachlich zusammenhängenden, fortlaufend erzählten Komplex. Es ist plausibel, für diesen Komplex auch auf der vormarkinischen Überlieferungsstufe einen geschlossenen Erzählzusammenhang zu vermuten.[150]

– Zugleich gibt es Perikopen, die dem Redaktor gesondert vorgelegen haben mögen. Ein solcher Fall ist die Perikope von der Salbung in Bethanien (14,3–9), die (wenn auch mit 1f.10f. zu einer Einheit verbunden) sich relativ gut aus

---

[147] Eigene Rekonstruktionen zur Quellenfrage finden ihre Grenze schon im bis dato ungelösten Problem der literarischen Beziehungen zwischen Johannes und Markus. Eine Untersuchung dieser Beziehungen überschreitet den Rahmen der vorliegenden Arbeit. Vgl. auch MEISER, Reaktion, 175f.

[148] Vgl. GNILKA, Evangelium 2, 349.

[149] Hinweise darauf lassen sich auch dem Vokabular entnehmen, vgl. DORMEYER, Passion, *passim*.

[150] Diese Beobachtung wird gestärkt durch das gehäufte Auftreten von sog. Vertrautheitsindizien (»Lokalkolorit«) ab der Verhaftungsperikope, vgl. THEISSEN, Lokalkolorit, 201.

dem Erzählzusammenhang lösen lässt und auch bei Lukas in einem völlig anderen Zusammenhang überliefert ist.

Es ist darüberhinaus wahrscheinlich, dass altes dokumentarisches Material – etwa der Kreuzestitulus[151] – und alte, auch unabhängig von der Passionserzählung überlieferte Jesuslogien – nämlich die Mahlworte[152] und das so genannte Tempellogion[153] – in die Passionserzählung Eingang gefunden hat.

Zeitabstand

Zwischen Jesu Tod und der Redaktion des Markusevangeliums liegen nach der Mehrheitsmeinung ca. 40 Jahre: Jesu Tod wird heute vielfach ins Jahr 30 datiert; dabei wird die Chronologie der Johannespassion zugrunde gelegt, nach der Jesus nicht am, sondern vor dem Passatag, d. h. am 14. Nisan, gekreuzigt wurde.[154] Das Markusevangelium wird i. d. R. kurz vor oder nach dem Jahr 70 datiert.[155] Entscheidender Anhaltspunkt dafür ist die Interpretation von Mk 13,2.14, die sich auf die Zerstörung des Jerusalemer Tempels (und vielleicht auf die sog. Caligulakrise) beziehen.

Historischer Referenzrahmen[156]

Bei der Frage nach der historischen Referenz[157] des markinischen Passionsberichtes ist man mit einer Reihe von Problemen konfrontiert. Zu nennen sind die Chronologie der Ereignisse, d. h. ob der Freitag, an dem Jesus starb, tatsächlich der Passatag war, oder ob (mit Johannes) der Sabbat der Passatag war; im Zusammenhang damit das letzte gemeinsame Mahl vor dem Leiden (war es ein Passamahl oder nicht?)[158] und die Uhrzeiten (auch hier ein Widerspruch zu Joh 19,14),[159] die Rolle der verschiedenen Parteien, besonders der Tempelaristokratie, bei der Verurteilung Jesu; das Prozessrecht, die sog. Passaamnestie[160] und die fragliche Tötungsvollmacht des

---

[151]Vgl. BECKER, Markus-Evangelium, 153–167.

[152]Zur Diskussion um den ältesten Bestand der Mahlworte vgl. JEREMIAS, Abendmahlsworte, 132–195; THEISSEN/MERZ, Jesus, 366–369.

[153]Vgl. BECKER, Tempel (unveröff.), 9f.22f. PAESLER, Tempelwort, 224.263f., nimmt eine nachösterliche Entstehung des Tempellogions »in den Kreisen der hellenistischen Judenchristenheit Jerusalems« an.

[154]Vgl. BLINZLER, Prozeß, 101–108; THEISSEN/MERZ, Jesus, 375f.

[155]69 n. Chr.: HENGEL, Entstehungszeit, *passim;* nach 70 z. B. SCHNELLE, Einleitung, 245; BECKER, Markus-Evangelium, 77–79.99f.405f. – In Einzelfällen wird eine Frühdatierung um 40 versucht, so v. a. ZUNTZ, Evangelium, 47–50; zuletzt MITTELSTAEDT, Lukas, 124–131. ROBINSON, Redating, 107–117.352f., plädiert für eine Entstehung zwischen 45 und 60.

[156]Vgl. oben S. 16.

[157]Vgl. dazu auch grundsätzlich PETERSEN, Perspektive, 86.

[158]Gegen die johanneische Chronologie spricht sich JEREMIAS, Abendmahlsworte, 35–78, mit ausführlicher Begründung für ein Passamahl aus.

[159]Der johanneischen Angabe ist der Vorzug zu geben, vgl. BROWN, Death, 958–960.

[160]Gegen eine Praxis der Passaamnestie spricht, dass Josephus sie nicht erwähnt. Vgl. GNILKA, Evangelium 2, 304.

Synhedriums (und damit auch die Begründung des Urteils gegen Jesus[161] und die
Rolle des sog. Tempellogions), besonders die Probleme, die das Synhedriumsver-
hör aufwirft,[162] sowie die Identität und Bedeutung der Frauen (und der anderen
Jünger, v. a. des Petrus) und die Graberzählung.[163]

Schon in der Diskussion der älteren Formgeschichte war der faktuale Geltungsanspruch der markinischen Passionserzählung umstritten: Bertram postulierte, der
Text gründe seinen Anspruch mehr auf den Schriftbeweis als auf Autopsie.[164] Dagegen schloss Schelkle aus den Vertrautsheitsindizien des Textes, diese wendeten
sich speziell an kritische Augenzeugen in der Leserschaft.[165] Die grundsätzliche
Frage besteht weiterhin[166] und verlangt nach einer differenzierten Antwort.

Für eine solche differenzierte Beurteilung ist zu beachten, dass die verschiedenen Szenen der Passionserzählung einen unterschiedlichen Grad an Öffentlichkeit
besitzen und damit auch ihre Plausibilität in unterschiedlichem Maß auf Autopsie
stützen können. Für die Verleugnungserzählung etwa ist Petrus der einzige denk-
bare Zeuge,[167] für Jesu Gebet in Gethsemani gibt es überhaupt keine Zeugen.[168]
Dagegen sind die Szenen, die sich im Rahmen der Kreuzigung abspielen, öffentlich und können von einem breiteren Personenkreis bezeugt worden sein. Besonders
die so genannten Vertrautheitsindizien (besonders Personennamen)[169] lassen einige
Aspekte der Darstellung als historisch glaubwürdig erscheinen. Es handelt sich um
Stellen der Erzählung, die so formuliert sind, dass die Vertrautheit der intendierten
Leser mit den genannten Personen oder mit heute verlorenen lokalgeschichtlichen
Detailkenntnissen vorausgesetzt werden muss.

Die Markuspassion steht auf einer ereignisgeschichtlichen Grundlage. Sie ist
ihrem eigenen Anspruch nach auf eine tatsächliche Referenzhandlung bezogen.»Im
Rahmen des Gottesdienstes wird sie nicht als fiktionaler Text, sondern als Bericht,

---

[161]Der Vorwurf der Lästerung (βλασφημία, 14,64) ist jedenfalls einigermaßen unbestimmt, und wie
er sich auf das vorangegangene Jesuslogion beziehen kann, ist umstritten. Vgl. a. a. O., 283.

[162]Der Prozess Jesu verstößt gegen zahlreiche Einzelbestimmungen des mischnaischen Prozess-
rechtes. Auch die Hinrichtungskompetenz des Synhedriums ist für die Zeit vor 70 umstritten. Ein
förmliches Todesurteil des Synhedriums scheint jedenfalls wenig plausibel. Vgl. dazu a. a. O., 284–
287. Dagegen versucht Blinzler, Prozeß, 174–244, nachzuweisen, dass das in der Mischna kodifizierte
Prozessrecht für das Jerusalemer Synhedrium zur Zeit Jesu keine Geltung besaß, und dass das Synhedrium formal legal und im Rahmen seiner Kompetenzen gehandelt habe. Juel, Messiah, 59–64,
kommt in einer ausführlichen Abwägung zu dem Schluss, dass die Verstöße des Prozesses Jesu gegen
das mischnaische Recht zumindest zum Teil zu berücksichtigen sind.

[163]Dibelius, Formgeschichte, 190, nahm an, die jetzt vorliegende Graberzählung habe eine vormk
Erzählung von einer Ostererscheinung vor Petrus verdrängt. Dies entspräche der Passions- und
Auferstehungstradition 1 Kor 15,5.

[164]Vgl. Bertram, Leidensgeschichte, 97.

[165]Vgl. Schelkle, Passion, 295. Dagegen ist einzuwenden, dass hier die Möglichkeit redaktioneller
Schichten mit unterschiedlichen Geltungsansprüchen nicht hinreichend berücksichtigt sind.

[166]Vgl. Vermes, Passion, 1f.

[167]Vgl. Gnilka, Evangelium 2, 294f.

[168]Gegen Gundry, Mark, 854, der darauf verweist, dass auch das private Gebet laut gesprochen
wurde.

[169]Vgl. Theissen, Lokalkolorit, 177–211.

der Glauben verdient, aufgenommen.«[170] Es ist dennoch möglich, dass Elemente der Erzählung exegetisch aus dem Alten Testament gewonnen wurden, nicht im Sinne eines Schriftbeweises, sondern als narrative Entfaltung der christologisch gelesenen Schrift.[171] Das muss für den Verfasser keinen Widerspruch bedeutet haben: So weist auch Arthur Dewey darauf hin, dass antikes Erinnern eine konstruktive Leistung ist, und das Erinnern der Leidensgeschichte Jesu erst möglich wird durch die Invention einer deutenden Struktur, in der die Ereignisse verortet werden.[172]

---

[170]ZELLER, Handlungsstruktur, 225.

[171]Dazu unten S. 375.

[172]Für ihn ist es »the choice of the overarching story pattern of the Suffering Innocent One that carries the day for the social crafting of the memory of the death of Jesus.« DEWEY, Locus, 127.

8. Mk 14–16 im literaturgeschichtlichen Vergleich

Im Kontext antiker Todesberichte die Markuspassion zu lesen, ist das Ziel dieser Untersuchung. Die vorangegangenen Kapitel versuchten, eine Auswahl solcher Berichte und die Markuspassion selbst einer solchen vergleichenden Lektüre zugänglich zu machen durch eine methodisch einheitliche Textanalyse. Die bisherigen Ergebnisse werden nun zusammengeführt und der markinische Passionsbericht in den Kontext antiker Todesberichte eingeordnet. Dabei wird deutlich, wo er Inhalte und literarische Darstellungsmittel mit anderen Texten teilt, und wo er sich von ihnen abhebt. Es zeigt sich, dass er sich in der Wahl seiner Mittel weitgehend problemlos in den Kontext sowohl pagan-antiker als auch frühjüdischer Todesberichte einfügt, dass er sich aber entschieden abhebt durch seine konsequent christologische Durchformung.

8.1 Textoberfläche

8.1.1 Literarischer Kontext

Jesu Tod ist in das Gesamtevangelium fest eingebunden. Er wird bereits früh vorbereitet in den sich entfaltenden Konflikten mit verschiedenen Gegnergruppen und den früh gefassten Todesplänen, durch die Passionsanklänge in den Todesumständen des Täufers, und später vor allem durch Jesu eigene Leidensweissagungen. Das ist häufig herausgearbeitet worden (vgl. oben 7.2.1).[1]

Die frühe Andeutung des Todes des Protagonisten verleiht dem Werk literarische Geschlossenheit und errichtet für das Sterben des Protagonisten, schon bevor es erzählt wird, einen Interpretationsrahmen. So schließt auch Plutarch das erste Kapitel seiner Galbavita mit den düsteren Worten:

> Das Haus der Caesaren aber, das Palatium, nahm in kürzerer Zeit (als zehn Monate) vier Herrscher auf, wie man auf eine Bühne den einen hinauf- und den andern hinunterführt. Doch für die schlecht behandelten (Römer) gab es den einen Trost, dass sie für die Schuldigen keine andere Strafe nötig hatten als zu sehen, wie sie einander selbst meuchelten – als ersten aber und von allen am meisten zu Recht denjenigen, der (sie) geködert und gelehrt hatte, so viel von einem Kaiserwechsel zu erwarten, wie er selbst anbot, wodurch er einer großartigen Tat, (nämlich)

---

[1]Insofern hat auch die Rede von den Evangelien als »Passionsgeschichten mit ausführlicher Einleitung« (KÄHLER, Jesus, 59f.) ihr Recht.

dem Abfall von Nero, durch den Lohn einen schlechten Ruf verschaffte und ihn zum (gewöhnlichen) Verrat machte.[2]

So wird schon zu Beginn der Leser auf die Umstände vorbereitet, die Galbas Tod begleiten werden, und eine Deutung angeboten, nämlich dass ihn die Ermordung »von allen am meisten zu Recht« getroffen habe – eine Beurteilung, die übrigens in ihrer Kritik in bemerkenswertem Kontrast zum positiven Bild des sterbenden Galba steht, das Plutarch später entwirft.[3]

Markus beschränkt sich nicht auf eine frühe Ankündigung des Todes Jesu. Die Todesankündigungen und -andeutungen ziehen sich durch das Evangelium, und gleich mehrere thematische Linien[4] kulminieren im Passionsbericht. Das ganze Evangelium läuft zielgerichtet auf Jesu Tod und Auferstehung zu. Eine Entwicklung bestimmt also das Markusevangelium, doch es ist keine biographische oder psychologische Entwicklung des Protagonisten, sondern die Entwicklungsgeschichte eines Konflikts, der Person und Botschaft (εὐαγγέλιον) Jesu umgreift. Diese von Beginn an bestehende zielgerichtete Entwicklung hin zur Katastrophe ist der antiken biographischen Literatur weitgehend fremd. Auch dort, wo Biographien nicht thematisch strukturiert sind wie bei Sueton oder in den frühchristlichen *Vitae Prophetarum*, sondern lebensgeschichtlich an den Taten ihrer Protagonisten entlanggehen wie bei Nepos oder Plutarch, zeigen sie wenig Interesse an Entwicklungen – nicht an der Persönlichkeitsentwicklung wie die moderne Biographie und weniger noch am zielgerichteten Weg in den Tod. Eher findet man ein solches Interesse in anderen Werken: in der antiken Tragödie oder auch in Platons *Phaidon*. Dieser ist in seiner Gänze dem Problem des Todes gewidmet, bis er dann mit Sokrates' Tod schließt. Der *Phaidon* hatte zwar zu Markus' Zeit einen festen und prominenten Platz im griechischen Literaturkanon, steht aber in großem literatur- und geistesgeschichtlichen Abstand zu Markus. Auch Philons *In Flaccum* führt seinen Protagonisten zielstrebig ins Verderben. Der Fokus liegt freilich nicht auf der Person des Flaccus, sondern auf Gottes Vorsehung und Gerechtigkeit angesichts Flaccus' Taten und des jüdischen Schicksals.

Die Stellung der Leidensgeschichte im Kontext sagt bereits etwas über ihre Bedeutung aus. Wie gezeigt, greifen viele antike Autoren auf Todesberichte zurück,

---

[2] Ἡ δὲ τῶν Καισάρων ἑστία, τὸ Παλάτιον, ἐν ἐλάσσονι χρόνῳ τέσσαρας αὐτοκράτορας ὑπεδέξατο, τὸν μὲν εἰσαγόντων ὥσπερ διὰ σκηνῆς, τὸν δ' ἐξαγόντων. ἀλλ' ἦν γε παραμυθία τοῖς κακῶς πάσχουσι μία τὸ μὴ δεηθῆναι δίκης ἑτέρας ἐπὶ τοὺς αἰτίους, ἀλλ' ὁρᾶν αὐτοὺς ὑφ' ἑαυτῶν φονευομένους, πρῶτον δὲ καὶ δικαιότατα πάντων τὸν δελεάσαντα καὶ διδάξαντα τοσοῦτον ἐλπίζειν ἐπὶ μεταβολῇ Καίσαρος, ὅσον αὐτὸς ὑπέσχετο, κάλλιστον ἔργον διαβαλὼν τῷ μισθῷ, τὴν ἀπὸ Νέρωνος ἀπόστασιν προδοσίαν γενομένην (Galb. 1,8f.).

[3] Vgl. oben S. 175. Andere Beispiele für frühe Todesankündigungen bei Frickenschmidt, Evangelium, 232f.

[4] Neben den Linien sind auch konzentrische Kompositionselemente im Markusevangelium zu bedenken, die die Passionserzählung an die ersten Kapitel des Evangeliums zurückbinden. Lineare und zirkuläre Komposition ergänzen einander, vgl. van Iersel, Mark, 85.

wenn sie für eine Auffassung oder für einen geschichtlichen Zusammenhang ein *exemplum* suchen. Das ließ sich bei Tacitus als historiographischem Autor beobachten (etwa Tigellinus' Tod als Beispiel für Othos Amtsführung), ist aber auch und vor allem charakteristisch für rhetorisch geformte Literatur. Valerius Maximus illustriert diesen Gebrauch in Reinform, aber auch in frühchristlichen Texten wie dem Hebräerbrief und dem 1. Clemensbrief sind Todesberichte oder Todesnotizen in rhetorisch geprägten Zusammenhängen als Beispiel eingesetzt. Damit hat die Leidensgeschichte bei Markus nichts zu tun. Die Passionsgeschichte illustriert nichts, sie ist nicht exemplarisch, vielmehr ist sie der notwendige Fluchtpunkt des ganzen Evangeliums.

Die Erzählung von Jesu Sterben erschöpft sich nicht in einer kurzen Todesnotiz, sondern ist zu einem längeren Komplex ausgestaltet, der etwa ein Sechstel des Gesamtevangeliums ausmacht. Er enthält eine letzte Mahlzeit mit Gesprächen und einer Zeichenhandlung sowie Verhaftung, Gerichtsverfahren und Folter, und ist auf den doppelten Fokus von Jesu Tod und Auferstehung ausgerichtet. Regelmäßig sind Todesdarstellungen, sobald sie irgendwie aussagekräftig oder erinnernswert sind, in solche Erzählkomplexe eingebunden, wie auch an der in dieser Untersuchung vorgestellten Auswahl von Texten deutlich wird.[5] Nepos[6] etwa widmet dem Tod des Protagonisten, sobald er über eine bare Notiz hinausgeht, etwa 20 bis 30 Prozent der jeweiligen Vita, in denen er die Vorgeschichte und die näheren Umstände des Todes berichtet. Bei Tacitus sind die »außerordentlich umfangreichen Sterbeszenen«[7] zu beobachten, die nicht nur das Sterben selbst, sondern auch die vorausgehenden Umstände umfassen.[8]

Selten schließt ein Werk unmittelbar mit dem Sterben seines Protagonisten. Eine Nachgeschichte ist üblich und findet sich auch im Markusevangelium mit den Grabperikopen (15,42–16,8), die durch Zeit- und Stichwortverbindungen fest an die vorausgehenden Perikopen angebunden sind. Die Art der Nachgeschichte ist jedoch nicht selbstverständlich – ist eine Bestattung sicherlich zu erwarten, so doch nicht die Auferstehungsbotschaft und das relativ abrupte Ende in 16,8.

---

[5]Bei weitem die meisten Todesberichte der antiken Literatur sind keine ausführlichen Erzählungen, sondern knappe Notizen, gleich ob es sich um Biographien, Geschichtswerke oder andere Literaturbereiche handelt. Die hier getroffene Auswahl spiegelt dieses Bild nicht wider, sondern greift bevorzugt auf ausführlichere Todesberichte zurück, die für die Markuspassion erhellenderes Vergleichsmaterial bieten als kurze Notizen.

[6]Dion, S. 180, Pausanias, S. 216, Datames, S. 220, Eumenes, S. 223.

[7]Schunck, Sterben, 1.

[8]Vgl. etwa Tacitus Kommentar zum Tod des L. Piso:

> Über diesen Mord werde ich möglichst genau berichten, wenn ich auch einiges darüber hinaus wiederhole, was mit Beginn und Ursachen solcher Verbrechen nicht ohne Zusammenhang ist.

(ea de caede quam verissime expediam, si pauca supra ⟨re⟩petiero ab initio causisque talium facinorum non absurda, hist. 4,48,1; oben S. 189).

8.1.2   Erzählebenen

In Mk 1–13 treten auf zwei Ebenen Erzähler auf: Auf der oberen Ebene ist der Erzähler extern; auf der unteren Ebene sind die Erzähler an Akteure gebunden. Zumal der Hauptakteur, Jesus, fungiert als Erzähler zahlreicher eingebetteter Kleinerzählungen. Dagegen findet nun in Mk 14–16 eine Verengung auf die externe Erzählebene statt. Ab 14,1 sind die Akteure noch Sprecher, aber nicht mehr Erzähler. Allerdings bleiben auch in Mk 14–16 zwei Fokalisationsebenen bestehen, eine obere (mit externer Fokalisierung) und eine untere (auf der die Akteure fokalisieren). Zwischen beiden wird häufig gewechselt.

Die Erzählstrukturen sind geeignet, einen Text in seiner Individualität zu beschreiben. Jede Erzählung hat eigene Regeln und verfolgt eigene Strategien für das Wechseln zwischen verschiedenen Ebenen und für die Beteiligung bestimmter Figuren an der Fokalisierung. Trotzdem lässt sich festhalten: Die Markuspassion bewegt sich im Rahmen des zu ihrer Zeit Üblichen und Möglichen. Der Einsatz eines externen Erzählers auf der obersten Ebene ist Standard, Ausnahmen sind selten.[9]

Markus setzt den Protagonisten Jesus als privilegierten Fokalisator ein, Mittel dazu sind zumeist Jesu Rede und punktuell seine Emotionen. Nach seiner Verhaftung tritt Jesus als Akteur und Fokalisator in den Hintergrund. Fokalisatoren sind neben Jesus sowohl seine Anhängerinnen und Anhänger als auch seine Gegner; Mittel dazu sind Rede, Sehen, Hören und Emotionen. Dabei ließen sich häufige Wechsel in der akteurgebundenen Fokalisierung beobachten. Mit diesem Muster ordnet sich die Leidensgeschichte nach Markus eher in den Bereich der paganen griechisch-römischen Erzählliteratur seiner Zeit ein als in die Literatur alttestamentlicher oder frühjüdischer Provenienz. Besonders zur etwas später zu datierenden biographischen und personenzentrierten historiographischen Literatur besteht eine gewisse Nähe.

Auffällig und charakteristisch bleibt vor allem das häufige Wechseln in der Fokalisierung. Komplexe Verschränkungen der Erzählebenen oder eingebettete Erzählungen fehlen dagegen. Die Raffinesse der Erzählung liegt vielmehr in der durchdachten kompositionellen Gestaltung, die lineare und zirkuläre Entwicklungen miteinander verschränkt.[10]

8.1.3   Nicht-narrative Anteile

Die literarische Repräsentation eines Todesfalls muss nicht narrativ sein. Die vorliegende Untersuchung schließt einige Beispiele für vorwiegend rhetorischen Ge-

---

[9]Vgl. oben S. 290.
[10]Vgl. van Iersel, Mark, *passim*.

brauch von Todesnotizen ein.[11] Die große Mehrheit der Todesberichte jeden Umfangs sind dagegen narrativ, und auch die Markuspassion gehört zu dieser Mehrheit. Sie enthält, wie viele erzählende Texte, auch nicht-narrative Passagen. Direkte Rede wird in dieser Untersuchung als nicht-narrativ behandelt.[12] Sie nimmt einen beträchtlichen Teil der Passionserzählung ein. Kaum eine Perikope kommt ohne sie aus. Zwar sind auch eine Reihe von anderen Texten erhalten, die einen hohen, zum Teil deutlich höheren Redeanteil aufweisen als die Markuspassion. Zuvorderst sind die *Acta Alexandrinorum*[13] zu nennen. Bei diesen liegt das Gewicht der Rede auf der gerichtlichen Konfrontation von Angeklagtem und Richter. Die Reden der Passionserzählung sind demgegenüber vielseitiger; das Gewicht der Reden liegt vor allem eingangs auf dem Gespräch Jesu und seiner Jünger. Der Unterschied zu den *acta* ist also beachtlich.

Gegenüber der direkten Rede ist der Anteil anderer nicht-narrativer Passagen bemerkenswert gering. Es fehlt die enkomiastische Beschreibung eines Märtyrers (vgl. 2 Makk 6,18.23[14]) ebenso wie – mit wenigen Ausnahmen – erklärende und bewertende Kommentare. Die narrative Dichte der Erzählung erhöht sich so. Kommentare fallen aber als Sinngebungsstrategie weitgehend aus, andere Deutungsmittel treten in diese Lücke: narrative Mittel wie Fokalisierung und Charakterzeichnung, dazu der alttestamentliche Intertext, in dem die Passion gelesen werden kann und soll. Dass überhaupt christliche Basiserzählungen wie die Passionserzählung grundsätzlich und in so großem Ausmaß narrativ konzipiert sind, hat eine eminent theologische Bedeutung: Theologische, vor allem christologische Aussagen finden in der narrativen, nicht-argumentativen Form eine angemessene Darstellung.[15]

8.1.4 Form und Gattung

Die Beschreibung der Gattung eines Textes ist eines der entscheidenden Ziele des literaturgeschichtlichen Vergleichs. Die Gattungsfrage wird hier nur für die Markuspassion im vorliegenden Endtext gestellt. Der vormarkinische Textbestand ist zu strittig, als dass hier für ihn eine Gattungsbestimmung mit Aussicht auf Erfolg versucht werden könnte. Ausgehend von den in dieser Untersuchung besprochenen Texten ist zu fragen, welche Gattungen von Todesbericht sich beschreiben lassen und wie sich die Markuspassion nach Umfang, Erzähltechnik, Motiven etc. in diesen Kontext einordnet.

---

[11]Vor allem Hebr 11 und 1 Clem 5f. In anderen Fällen liegen knappe Todeserzählungen in nicht-narrativen Kontexten vor, so bei Iustin, 2 apol 2; Josephus, *Contra Apionem* und auch Valerius Maximus.
[12]Zu den Gründen vgl. oben S. 28.
[13]Vgl. oben S. 156.
[14]Vgl. oben S. 49.
[15]Vgl. auch Davidsen, Jesus, 333–339, und Arens, RGG⁴ 6 (2003), 52f.; Cornils, Geist, 16–22 (Lit.).

Die Leidensgeschichte Jesu lässt sich nicht anhand eindeutiger Merkmale in eine spezifische Gattung einordnen, wie es etwa bei Senecas Satire auf Kaiser Claudius' Tod[16] möglich war. Es ist vielmehr ein *deskriptiver* Zugang zu wählen, der die Nähe des Passionsberichts zu verschiedenen Gattungen beschreiben kann.

Makrogattung

Die oben angesprochenen kompositionellen Verbindungen zwischen Mk 1–13 und Mk 14–16 machen es nötig, nach dem Passionsbericht als Teil der Makrogattung ›Evangelium‹ zu fragen. Die Gattung des Gesamtwerkes (Markusevangelium) und die Gattung des Schlussteiles (Passionsbericht) müssen in ihrem wechselseitigen Bezug beschrieben werden.

Für die Beschreibung des Evangeliums als Gattung sind aus der jüngeren Vergangenheit vor allem zwei Richtungen zu nennen: *einerseits* die Einordnung als Biographie,[17] *andererseits* die Einordnung als historische Monographie[18] oder historiographische Gattung *sui generis*[19]. Der biographische und der historiographische Literaturbereich sind nicht so scharf voneinander abgegrenzt,[20] wie Selbsteinschätzungen antiker Biographen glauben machen könnten.[21] Die Trennlinie, wie sie auch die antiken Autoren ziehen, liegt vor allem im unterschiedlichen Schwerpunkt des Interesses: Die Biographie richtet ihr Augenmerk auf die Charakteristik einer Person, wobei sie auch historische Zusammenhänge heranzieht; die Historiographie nutzt umgekehrt biographische Details und Charakteristiken, um historische Zusammenhänge zu erhellen. Weiters sind sowohl biographische als auch historiographische Werke in der Lage, Todesberichte in Gestalt verschiedener kleinerer Gattungen in sich aufzunehmen.[22]

Eine Gattungsbeschreibung für das gesamte Markusevangeliums kann im Rahmen dieser Arbeit nicht angeboten werden. Folgende Beobachtungen lassen sich aber festhalten:

– Dem Umfang und den Proportionen nach würde sich das Markusevangelium mit der Passion als Schlussabschnitt verhältnismäßig gut in den Kontext der antiken biographischen Literatur einordnen. Die diesbezügliche Nähe

---

[16]Vgl. oben S. 271.

[17]Vgl. etwa Frickenschmidt, Evangelium, 351; Dormeyer, Markusevangelium, 10f.

[18]Vgl. Collins, Beginnings, 27.

[19]Vgl. Becker, Markus-Evangelium, 51–53.412.

[20]Vgl. Dormeyer, Markusevangelium, 11.

[21]Cornelius Nepos: »Ich fürchte, wenn ich beginne die Dinge auszuführen, dass ich nicht sein Leben zu erzählen, sondern Geschichte zu schreiben scheine« (*uereor, si res explicare incipiam, ne non uitam eius enarrare, sed historiam uidear scribere* Nep. Pel. 1,1). – Plutarch: »Denn nicht Geschichte schreiben wir, sondern Lebensbeschreibungen« (οὔτε γὰρ ἱστορίας γράφομεν, ἀλλὰ βίους, Alex. 1,2).

[22]Diese Beobachtung gilt sowohl redaktionsgeschichtlich, d. h. in Hinblick auf die Inkorporation von kleineren und mittelgroßen Texten unterschiedlicher Gattung im Entstehungsprozess eines Werkes, als auch gattungstypologisch, also in Hinblick auf die Gestaltung von Werkteilen nach den Regeln unterschiedlicher kleiner und mittelgroßer Gattungen.

zu einigen Viten Plutarchs (etwa: Galba) oder Suetons (etwa: Claudius) ist bemerkenswert. Die Beschreibungskraft dieser Beobachtung ist dadurch begrenzt, dass die Makrogattung Biographie sehr unterschiedliche Züge annehmen kann und etwa neben Texten dieser Größe auch sehr kurze (*Vitae Prophetarum*; Nepos) und sehr lange Biographien (Plutarch, Caesar; Sueton, Augustus) vorkommen.[23]

- Viele inhaltliche Elemente der Markuspassion haben Entsprechungen im Schlussteil antiker Biographien.[24] Dazu gehören Verrat und Verschwörung,[25] letzte Gespräche und Mahlzeiten,[26] Gerichtsverfahren mit unlauteren Absichten,[27] eine nähere Beschreibung oder Erzählung der Todesumstände sowie eine Nachgeschichte nach dem Tod (s. o.).

- Die genannten inhaltlichen Elemente der Markuspassion – Verrat und Verschwörung,[28] letzte Gespräche und Mahlzeiten,[29] Gerichtsverfahren mit unlauteren Absichten,[30] eine nähere Beschreibung oder Erzählung der Todesumstände und zuletzt eine Nachgeschichte nach dem Tod[31] – finden auch Entsprechungen in historiographischen Werken.

- Der markinische Passionsbericht ist auf eine einzelne Person zentriert. Da sich die genannten inhaltlichen Elemente sowohl in Biographien als auch in historiographischen Werken finden, ist nach der Darstellungsabsicht zu fragen. Das für antike biographische Literatur konstitutive Interesse an der Charakterisierung des Protagonisten, an seinem ἦθος,[32] fehlt in der Markuspassion.[33] Die Entwicklungslinien des Evangeliums, die in der Passion zusammenlaufen und kulminieren, betreffen Jesus nicht als Figur oder Charakter, sondern enthüllen sein Wesen als der Christus und Gottessohn (Mk 14,61f.). Sie gehört insofern zur »Geschichte des Anfangs des Evangeliums«[34] (Mk 1,1). Will man also von einer Biographie sprechen, so nur in christologischer Engführung.

- Der ereignisgeschichtliche Zusammenhang, der im Mittelpunkt historiogra-

---

[23]FRICKENSCHMIDT, Evangelium, 192–209, will das Problem des außerordentlich divergierenden Umfangs antiker biographischer Schriften über eine Art Modularisierung lösen, die die Biographie als dreigliedrige Gattung aus Eingangs-, Mittel- und Schlussteil auffasst. Die – rein deskriptive – Bestimmung von ›Biographie‹ erfolgt dann über die jeweiligen Inhalte (»Topoi«) der drei Teile.

[24]Vgl. auch a. a. O., 398–414.

[25]Vgl. Nepos: Dion (S. 180), Dat. (S. 220); Plutarch: Galba (S. 174), Caes. (S. 199), Sueton: Claud. (S. 184) sowie andere Beispiele in Kapitel 4.

[26]Etwa Plu. Cleom. (S. 209).

[27]Etwa Plu. Phoc. (S. 116).

[28]Etwa bei Tacitus L. Piso (S. 189).

[29]Vgl. ebenfalls bei Tacitus Seneca (S. 132), Petronius (S. 142).

[30]Josephus über Mariamme (S. 125) und wiederum Tacitus über Thrasea Paetus und Barea Soranus und dessen Tochter (S. 146).

[31]Knapp in 2 Chr 24,23f. (zu S. 40); relativ ausführlich etwa Josephus über Herodes (S. 241).

[32]Vgl. aber FRICKENSCHMIDT, Evangelium, 289–299, der den zweifellos peripatetisch geprägten ἦθος-Begriff meidet und lieber vom »Wesen« des Protagonisten spricht.

[33]Vgl. zum Problem auch WÖRDEMANN, Charakterbild, 227ff.

[34]BECKER, Markus-Evangelium, 52 u. ö.

phischen Arbeitens[35] (und der oben behandelten historiographischen Todesberichte) steht, ist für die Markuspassion ebenfalls nicht das eigentlich Interessante. Er tritt wie die Personencharakteristik zurück hinter das Interesse an
Jesu Geschichte als Christus und Gottessohn. Eine Einordnung der Passion
in die im engeren Sinne historiographische Literatur ist daher m. E. nur unter Vorbehalt sinnvoll.[36] Eine strukturelle Ähnlichkeit besteht allerdings zu
Werken, die, womöglich in lebensgeschichtlicher Anordnung, ein bestimmtes
Thema entfalten. Zu nennen wäre etwa – ungeachtet aller Unterschiedlichkeit
in der Bewertung des Protagonisten – Philons *In Flaccum*, das Gottes Vorsehung und Gerechtigkeit anhand von Flaccus' Karriere und Tod entfaltet.[37]

Eine Zuordnung der Markuspassion in den Bereich der biographischen oder
der historiographischen Literatur kann demnach nur mit Einschränkungen vorgenommen werden; entscheidend ist die christologische Ausrichtung der Passion. Da,
wie gesagt, beide Gattungsbereiche Platz bieten für die Aufnahme kleinerer und
mittelgroßer Gattungen, ist im Folgenden nach der Gattung des Passionsberichts
zu fragen.

Gattung des Passionsberichts

Das Sterben von Menschen wirkte immer wieder gattungsprägend. Das gilt nicht
nur für relativ spezielle Fälle wie die Berichte vom kollektiven Suizid in belagerten
Städten[38] oder die Sterbeformeln der *Vitae Prophetarum*.[39] Besonders für die Darstellung unrechtmäßiger und grausamer Hinrichtungen entwickelte sich ein Feld
einander nahestehender mittelgroßer Gattungen, die einen geeigneten Ansatzpunkt
für die Beschreibung der Markuspassion bieten.[40]

ΤΕΛΕΥΤΗ   Adela Yarbro Collins schlug vor, die Markuspassion in eine Gattung τελευτή einzuordnen,[41] die zu Markus' Zeit verbreitet gewesen sei. Sie könne als »the
story of the death of a prominent person« beschrieben werden und entspreche den
lateinischen *exitus illustrium virorum*. Collins' Erklärung bleibt aber zu unbestimmt,

---

[35]Vgl. Becker, Markus-Evangelium, 71.

[36]Das gilt auch, wenn sich im Einzelnen Züge historiographischen Arbeitens bei Markus benennen
lassen und seine Erzählung auf einer ereignisgeschichtlichen Grundlage steht (so a. a. O., *passim*).

[37]*In Flaccum* wird regelmäßig mit der *Legatio ad Gaium* zum sog. historiographischen Œuvre Philons
gerechnet, ist aber kein eigentlich historiographisches Werk. Vgl. oben S. 254.

[38]Vgl. oben S. 283.

[39]Vgl. oben S. 81.

[40]In eine sehr spezielle mittelgroße Gattung ordnet auch Nickelsburg, HTR 73 (1980), 153–184,
die Markuspassion ein: Sie sein ein Beispiel einer Gattung *Persecution and Vindication of the Innocent
One*. Diese ist durch bestimmte inhaltliche *components* charakterisiert, die Nickelsburg auch in der
Markuspassion findet. Die wenigen Beispiele, die er anführt, sind aber – auch wenn sie inhaltliche
Ähnlichkeiten aufweisen – Texte von sehr unterschiedlicher Sprachgestalt und Länge. Anders als bei
Markus bedeutet *vindication* in ihnen stets, dass der Protagonist dem Tode entrinnt.

[41]Vgl. Collins, Genre, 6.17. Dormeyer, Markusevangelium, 288, hat sich dieser Beurteilung im
Wesentlichen angeschlossen.

um für den Passionsbericht tatsächlich Beschreibungskraft zu besitzen. Das Interesse am Sterben bekannter Persönlichkeiten ist unbestritten und für die Antike weithin vorauszusetzen, macht aber für sich noch keine Gattung aus.

Schränkt man den Bereich ein auf Texte, die speziell ein unrechtmäßiges Sterben unter unwürdigen Umständen positiv umdeuten (wie es Collins nahelegt, wenn sie u. a. auf eine Reihe sog. Philosophenmartyrien verweist[42]), so kommt man dem Passionsbericht näher; man hat es dann aber eher mit einem Deutungsmuster als mit einer literarischen Gattung zu tun. Dieses Deutungsmuster wird auch als »edler Tod« bezeichnet (vgl. unten). Es ist freilich prägend für drei Gattungen, die präziser beschrieben werden können.

EXITUS ILLUSTRIUM VIRORUM   Der Gattungsbegriff *exitus illustrium virorum* wird gelegentlich im weiteren Sinne für Todesbeschreibungen prominenter Personen allgemein gebraucht.[43] So verwendet, entwickelt der Begriff kaum Beschreibungskraft. Zweckmäßiger erscheint es, den Begriff *exitus illustrium virorum* so zu gebrauchen, wie er durch Plinius eingeführt ist, nämlich als Bezeichnung für den abgegrenzten Bereich der Todesberichte (vornehmlich stoischer) Oppositioneller im frühen Prinzipat. Einige solcher Texte wurden zu Recht als Quelle für Tacitus' Annalen postuliert. Wie sich oben (3.2) zeigen ließ, sind sie geprägt durch einen deutlichen Gegensatz zwischen dem Protagonisten und dem Tyrannen, durch umfangreiche Reden, eindeutig gute oder böse Charaktere und die Betonung der Vorbildlichkeit des jeweiligen Todes. Besonders die Vorbildlichkeit dient zur positiven Umdeutung der an sich wenig erfreulichen Todesfälle.

Die markinische Leidensgeschichte lässt tatsächlich einen pointierten Gegensatz zwischen Jesus und seinen Gegnern erkennen. Sie kommt auch dem Umfang nach der Geschichte von Senecas Tod nahe. Die Gegnergruppe ist jedoch breiter angelegt als in den *exitus,* Züge des ›Tyrannen‹ könnten allenfalls dem Hohenpriester zugeschrieben werden. Diese Gruppe ist auch in ihrer Bosheit weniger eindeutig, das gilt vor allem für Pilatus. Umfangreiche Reden kennt die Passionserzählung nur im inneren Kreise Jesu und seiner Jünger, vor Gericht herrschen Schweigen oder kurze Fragen und Antworten. Dass Jesu Tod als vorbildlich gekennzeichnet wird, lässt sich nicht erkennen.[44] Züge der *exitus*-Literatur lassen sich also in Mk 14–16 ausmachen, eine große Nähe besteht jedoch nicht.

SO GENANNTE PAGANE MÄRTYRERAKTEN   Die sog. paganen Märtyrerakten (*Acta Alexandrinorum*) stehen den *exitus* insofern nahe, als auch sie dem Ende politischer

---

[42]Vgl. COLLINS, Genre, 9f.

[43]So RONCONI, RAC 6 (1966), *passim,* der etwa auch Tyrannenmorde zu den *exitus* gerechnet wissen will. Zum Problem vgl. oben S. 154.

[44]Dass die neutestamentliche und frühchristliche Märtyrerliteratur Jesu Tod tatsächlich als Vorbild aufgreift (s. u.), lässt sich für die Markuspassion nicht auswerten.

Oppositioneller unter dem Prinzipat gewidmet sind. Sie kommen auch im Umfang den *exitus* nahe. Stärker als diese betonen sie die durch seine Abstammung dem Protagonisten zukommende Würde und seine Prägung durch das (griechische) Gemeinwesen, dem er angehört, verbunden mit antijudaistischen Anliegen. Im Zentrum der *Acta* stehen verhältnismäßig ausführliche Verhördialoge zwischen Prinzeps und Protagonist; letzterer greift häufig zu offenen Beschimpfungen. Die eigentliche Hinrichtung wird nicht erzählt.

Bis auf die strukturelle Entsprechung, dass zwei gerahmte Verhördialoge vorliegen, hat Mk 14–16 keine Ähnlichkeit mit den genannten Eigenheiten der *Acta*. Offene antijudaistische Anschauungen fehlen bei Markus ebenfalls; ob die Personencharakteristik ein antijudaistisches Programm verfolgt, könnte allenfalls diskutiert werden.[45]

MARTYRIEN   Die vorliegende Untersuchung enthält einige ›Martyrien‹ aus der jüdischen und christlichen Literatur. In ihnen wird, im Gegensatz zu den *Acta*, die Hinrichtung des Protagonisten teilweise detailliert berichtet, das Verhör wiederum wird zum Anlass für wortmächtige Reden des Märtyrers.

Die Markuspassion lässt nichts erkennen von den teils wütenden, teils gelassenen Reden der Märtyrer. Jesus, dessen Worte weite Teile des Evangeliums dominierten, spricht vor Gericht wenig und nicht immer eindeutig. Auch der markinischen Hinrichtungsdarstellung fehlt der drastische Detailreichtum, den die Martyrien immer wieder zeigen. In literarischer Hinsicht ist die Nähe der Markuspassion zu den Martyrien gering. Damit ist aber nicht in Abrede gestellt, dass sie sich einiger Sinngebungsstrategien bedient, die auch für Martyrien charakteristisch sind.

Als Ergebnis lässt sich festhalten, dass die Markuspassion den *exitus*, *Acta* und Martyrien in einiger Hinsicht nahesteht, sich aber auch in vielen Punkten von ihnen unterscheidet. Wenn Hubert Cancik über die Markuspassion beobachtet:

> In den Sterbegeschichten der hellenistischen ›Biographien‹ (hellenisch, römisch, jüdisch), in den ›Akten der heidnischen Märtyrer‹, in der ›Kleinliteratur‹ über die Opfer der Caesaren und schließlich in der hohen Geschichtsschreibung finden wir ähnlich strukturierte Texte. Sie konstituieren den Erwartungshorizont des Publikums, für das Markus schrieb, und – in einem nicht genauer festzulegenden Grade – die literargeschichtliche Tradition, in der Markus und die Quellen seiner Passionsgeschichte stehen[,][46]

---

[45]Dass ein solches Programm nicht vorliegt, zeigt überzeugend SCHWEMER, Passion, 133–163.
[46]CANCIK, Gattung, 104.

so ist ihm in Hinblick auf den »Erwartungshorizont des Publikums« rechtzugeben. Mehr oder minder ähnlich strukturierte mittelgroße Todesberichte können der Leserschaft in jedem Fall bekannt gewesen sein. Die Markuspassion lässt sich jedoch in die angebotenen Schubladen nicht gut einordnen, die Gattungsbeschreibung muss daher differenziert auf Gemeinsamkeiten und Unterschiede eingehen. Um Markus' eigenen literaturgeschichtlichen Hintergrund zu erhellen, müssen jedoch die Sinngebungsstrategien von der Gattungsfrage gesondert besprochen werden.

8.2 Sinngebung

8.2.1 Fokalisation

Wie schon gesagt, bestehen im markinischen Passionsbericht zwei Fokalisationsebenen, eine obere externe, und eine untere mit akteurgebundener Fokalisation. Die Akteure werden unterschiedlich stark und mit je verschiedenen Mitteln in die Fokalisierung eingebunden. Damit bewegt sich der Passionsbericht im Rahmen des Üblichen. Weniger üblich, aber im Kontext der analysierten Todesdarstellungen eine grundsätzlich mögliche Option ist es, wie Markus vielen verschiedenen Akteuren Anteil an der Fokalisation zu geben. Die externe Fokalisation dominiert damit nicht so stark wie in anderen Texten.

Der Konflikt der gegnerischen Parteien findet in der Gestaltung der Fokalisierung seinen Niederschlag. Die Komposition kontrastiert zuweilen ihre Perspektiven miteinander, etwa durch die Einschaltung von 14,10f. zwischen 14,9.12. Unmittelbare Konfrontationen der Fokalisatoren sind dagegen selten (darin unterscheidet sich der Passionsbericht von den früheren Konflikten im Evangelium). Die unmittelbare Konfrontation mit Gegnern wird in der Passion nur an einer einzigen Stelle inszeniert, nämlich im Verhör vor dem Synhedrium (14,60–64). Im Verhör vor Pilatus (15,2–5) findet eine solche Konfrontation kaum statt. Diese Beobachtung ist ein weiteres Argument dafür, den markinischen Passionsbericht aus dem Feld der Märtyrerliteratur herauszurücken, in der die ausführliche Konfrontation der Perspektiven die Regel ist.

Dafür kommt es bis zur Verhaftung Jesu auffällig häufig zu Konfrontationen Jesu mit seinen eigenen Anhängern. In ihnen stehen sich deutlicher die Konfliktpositionen gegenüber, und in der Regel bleibt am Ende Jesus der entscheidende Fokalisator. Die Konflikte zwischen Jesus und seinen Jüngern sind überhaupt in ihrer Entwicklung einer der wichtigsten thematischen und narrativen Fäden, die sich durch das ganze Evangelium ziehen. Bis hin zur Verleugnung Petri, also bis kurz vor Jesu Tod, kommt es zu immer neuen Situationen des Missverständnisses und des Scheiterns auf Seiten der Jünger. Ein vergleichbares narratives Element ließ sich in den anderen hier besprochenen Todesdarstellungen nirgends beobachten.

Jesus ist die privilegierte Erzählfigur durch die Häufigkeit und Wirksamkeit der Passagen, in denen er die Fokalisation übernimmt. Doch im Verlauf der Passionserzählung tritt er – auch als Fokalisator – deutlich zurück zugunsten der externen Perspektive. Dieser Vorgang hat Parallelen; er ließ sich auch in den lateinischen und griechischen Biographien beobachten, in denen der Protagonist am Ende durch ein Komplott gewaltsam beseitigt wird (vgl. Plutarchs Caesar oder Nepos' Dion und Datames[47]). Das starke Zurücktreten Jesu als Akteur und Fokalisator während seiner Passion ist theologisch wichtig und macht eine wichtige Facette einer narrativen Christologie aus,[48] ist aber kein singuläres Gestaltungselement.

Auffällig und überraschend bleibt zuletzt die Schlussperspektive der Erzählung. Der Blickwinkel, der am Ende stehen bleibt und einen dominierenden Eindruck hinterlässt, ist nicht der externe, auch nicht der des Protagonisten oder eines Gegners, sondern der eines bisher noch gar nicht aufgetauchten Akteurs – des jungen Mannes im weißen Gewand – und der drei Frauen, die seine Botschaft hören und sich fürchten. Die Eigenartigkeit dieses Abschlusses wird bereits bei den synoptischen Seitenreferenten und in der kanonischen markinischen Textüberlieferung durch einen ausführlicheren Schluss beseitigt.

8.2.2   Charaktere

Jesus steht im Mittelpunkt des ganzen Evangeliums, er ist auch der Protagonist der Passionserzählung. Die Mittel, mit denen die Erzählung seine Figur zeichnet, gewinnen im Vergleich ein bestimmtes Profil:

Für die Charakteristik eines Sterbenden entscheidend ist in vielen der vorgestellten Texte die Haltung, mit der er in den Tod geht. Wie in den Texten sichtbar wurde, haben sowohl die in der Tradition des *Phaidon* stehende griechisch-römische Beschäftigung mit dem Todesproblem[49] als auch die jüdisch-christliche Märtyrerliteratur ein Idealbild der ruhigen und gelassenen Todesbereitschaft des Protagonisten im Angesicht des Sterbens. Jesus zeigt bei Markus bis zum Ende der letzten Mahlzeit (14,25) anscheinend tatsächlich eine gewisse Ruhe und Gelassenheit, die durch Zeichen entschiedener Festigkeit (so in der Drohung an den Verräter, 14,20f., und seinem Entsagungsgelübde, 14,25) unterstrichen wird. Danach bestimmt die Spannung zwischen Verlassenheit und Anfechtung auf der einen Seite (14,27.35f.50; 15,34) und ernster Entschlossenheit auf der anderen Seite (14,62) das Bild. Die Markuspassion zeichnet also Jesus zwar im Vorfeld des Todes passagenweise mit dem Charakteristikum der idealen gelassenen Todesbereitschaft, verzichtet aber – ausge-

---

[47]Vgl. oben S. 180.199.220.
[48]Vgl. etwa Vanstone, Stature, Kap. 2.
[49]Vgl. Vogel, Commentatio, 220.

rechnet auch in der Hinrichtungsszene – darauf, seinen Tod durchgehend in diesem Licht zu schildern.

Es ist auffällig, dass Jesus im Gerichtsverfahren vielfach schweigt, anstatt sich und seine Position zu verteidigen. Sein Schweigen wird explizit festgehalten (14,61; 15,5). Die Durchdringung des Passionsberichtes mit alttestamentlichen Anspielungen legt es nahe, für das Motiv des Schweigens einen Bezug auf das Schweigen des Gottesknechtes zu sehen, »wie ein Schaf vor seinem Scherer verstummt« (Jes 53,7). Das Schweigen bedeutete dann stummes Erdulden des Strafgerichts. Der Blick in die pagan-griechischen Todesberichte zeigt aber eine Schilderung ähnlichen Verhaltens, die anders zu interpretieren ist: Plutarch's Phokion etwa schweigt, als er vor Gericht ungerecht behandelt wird.

> Es war aber nichts fair, sondern Polyperchon hinderte Phokion oft am Sprechen, bis der mit dem Stab auf die Erde schlug, wegging und schwieg (33,10).[50]
>
> [Phokion sagt zur Volksversammlung:] »Weshalb, ihr Männer von Athen, wollt ihr diese da töten, die kein Unrecht getan haben?« Als aber viele antworteten, »weil sie mit dir befreundet sind,« trat Phokion zur Seite und schwieg (34,8f.).[51]

Plutarchs Darstellung ist zu entnehmen, dass Phokion schweigt, weil er das Verfahren für seiner unwürdig erachtet und in seiner Ehre verletzt ist.[52] Es ist m. E. bedenkenswert, auch die markinische Darstellung von Jesu Schweigen vor dem Synhedrium in diesem Licht zu interpretieren. Die Zeugenaussagen werden 14,60 als ungültig fallengelassen. Jesus geht auf die Aufforderung des Hohenpriesters zur Stellungnahme nicht ein.[53] Aus dem Schweigen spricht nicht das stumme Dulden des Gottesknechts, sondern Jesu Ehre und die Ablehnung des Gerichtes, vor dem er sich verantworten soll.

Der markinische Jesus hinterlässt nicht alles wohlgeordnet, wie es die Biographien der weisen Herrscher oder auch die Johannespassion[54] erzählen. Die Perspektive richtet sich vielmehr auf Jesu bevorstehende Auferstehung:

> Aber nachdem ich auferweckt werde, werde ich euch nach Galiläa vorangehen.[55]

---

[50] Ἦν δ' οὐδὲν ἴσον, ἀλλὰ τῷ μὲν Φωκίωνι πολλάκις ἀντέκρουσεν ὁ Πολυπέρχων, μέχρι οὗ τῇ βακτηρίᾳ πατάξας τὴν γῆν ἀπέστη καὶ κατεσιώπησεν (vgl. oben S. 117).

[51] «Τούτους δ' ἄνδρες Ἀθηναῖοι διὰ τί ἀποκτενεῖτε μηδὲν ἀδικοῦντας;» ἀποκριναμένων δὲ πολλῶν «ὅτι σοὶ φίλοι εἰσίν,» ὁ μὲν Φωκίων ἀποστὰς ἡσυχίαν ἦγεν (vgl. oben S. 117).

[52] Vgl. auch Mariammes Schweigen, als sie ihre Ehre verletzt sieht (Jos. AJ 15,235: οὔτε γὰρ λόγον δοῦσα τὴν ἀρχήν), oben S. 125.

[53] Vgl. Vermes, Passion, 47.

[54] Joh 19,25–27; vgl. auch den Choral der Bach'schen Johannespassion: »Er nahm alles wohl in Acht / in der letzten Stunde«.

[55] Ἀλλὰ μετὰ τὸ ἐγερθῆναί με προάξω ὑμᾶς εἰς τὴν Γαλιλαίαν (14,28).

Jesus hat die Erfüllung des in 8,31 ausgesprochenen δεῖ seiner Auferstehung im Blick.

Blickt man auf die Figurenkonstellation des Passionsberichtes, so fällt auf, dass Jesu Gegnerschaft nicht ganz einheitlich ist. Anders als in den *exitus* steht dem Protagonisten kein Einzelgegner gegenüber, sondern eine Gruppe, aus der einige individuelle Gestalten hervorragen. Diese sind unterschiedlich scharf als Jesu Gegner profiliert. Ist die Gruppe der »Hohenpriester, Schriftgelehrten und Ältesten«, die mit dem Hohenpriester an der Spitze das Synhedrium bilden, ohne Differenzierungen Jesus feindlich gesinnt, so nicht Pilatus, der die Motivation der Hohenpriester durchschaut (15,10) und mit dem Amnestieverfahren eine Möglichkeit zur Rettung Jesu eröffnet (15,6–14).

Markus setzt wie andere Autoren die Volksmenge (ὄχλος) an entscheidenden Stellen als Handlungsträger ein. Als Mitverursacher von Jesu Tod wird der Menge ein prominenter Platz zugeschrieben. Auch in den Todesberichten der taciteischen Historiographie spielt der *volgus* eine wiederkehrend verhängnisvolle Rolle. Markus aber konzipiert den ὄχλος deutlich ambivalenter als Tacitus.

8.2.3 Motive

Es hat sich für den hier verfolgten Zweck heuristisch als hilfreich erwiesen, die Motive zu gliedern in solche, die in erzählten Ereignissen bestehen, solche, die auf den Protagonisten bezogen sind, und solche, die eine Funktion des Sterbens beschreiben.

Geprägte Ereignisse

Jesu Tod ist von Prodigien begleitet: Eine dreistündige Finsternis breitet sich über das Land, der Tempelvorhang zerreißt. Prodigien rund um einen Todesfall sind in der oben besprochenen Literatur ein verbreitetes Element. Bei den von Markus berichteten Vorgängen jedoch hängt Jesus schon am Kreuz: Die supranaturalen Ereignisse können daher nicht als Vorzeichen auf Jesu Tod gedeutet werden, sondern müssen einen anderen Bezugspunkt besitzen.

In dem besprochenen Textmaterial bieten vielleicht die *Acta Hermaisci* einen Anknüpfungspunkt: Sie berichten von einem gerichtlichen Verhör des Hermaiskos vor dem römischen Kaiser. Das Verhör wird überraschend von einem supranaturalen Ereignis unterbrochen:

> Als Hermaiskos das sagte, schwitzte plötzlich die Sarapisbüste, die die Gesandten dabei hatten, und als Traianus das sah, wunderte er sich sehr. Und kurze Zeit später gab es Aufläufe in Rom, und Geschrei, und mit

ihrer ganzen Menge schrieen sie, und alle flohen auf die höheren Teile
der Hügel [...][56]

Das Prodigium unterstreicht die Gültigkeit des von Hermaiskos Gesagten und die
Auffassung, dass er im Recht ist. Es handelt sich um ein Zeichen an einem unbelebten, aber religiös signifikanten Gegenstand, das in Reaktion auf die ungerechte Be-
handlung des Protagonisten eintritt und den Vertreter der römischen Behörde (hier:
den Kaiser selbst) zur »Verwunderung« bringt. Das Prodigium an der Sarapisbüste bietet insofern Vergleichspunkte zum markinischen Tempelvorhang-Prodigium
(15,38):

Jesus aber gab einen lauten Schrei von sich und hauchte (sein Leben) aus.
Und der Tempelvorhang riss entzwei von oben bis unten. Als der Centurio, der ihm gegenüber stand, sah, dass er so (sein Leben) aushauchte,
da sagte er: »Dieser Mensch war wirklich ein Gottessohn.«[57]

Von diesem Vergleich her gewinnt Dibelius' Einschätzung des Tempelprodigiums
neue Plausibilität: Markus kennzeichnet den Vorgang »einfach als Reaktion des
heiligen Ortes auf das große heilsgeschichtliche Geschehen. In solcher Weise hat
Markus dem Tod Jesu sein Relief verliehen: Judentum und Heidentum bekennen
die Bedeutung der Stunde.«[58]

Letzte Frömmigkeitserweise sind, wie gezeigt, ein wiederkehrendes Element
von Todesberichten. Jesus beteiligt sich nach der markinischen Darstellung in den
Tagen vor seinem Tod an den religiösen Vollzügen des Passafestes, das während
seines Jerusalemaufenthaltes beginnt. Er schickt zwei seiner Jünger voraus in die
Stadt, das Festessen für den Passa-Vorabend vorzubereiten (14,12–16), das er später
mit dem Zwölferkreis einnimmt (14,17–25). Zu diesem Zeitpunkt weiß Jesus von
seinem nahe bevorstehenden Tod und spricht offen darüber. Die festlich-kultische
Mahlzeit vor dem Tode ist ein – wenn auch nicht besonders markanter – Erweis von
Jesu Frömmigkeit. Sie fügt sich ein in die Reihe von Frömmigkeitsgesten, vor allem
Opfern, anderer prominenter Männer vor ihrem Tode, etwa Kyros[59] oder Sokrates[60]. Jesu eigentliches Sterben wird dagegen nicht von einer religiösen Handlung
begleitet, sondern von einem religiösen Wort, von einem als Gebet ausgesprochenen Psalmvers. Das Wort an sich ist als Frömmigkeitserweis ambivalent, aus ihm

---

[56]Ταῦτα λέγοντος Ἑρμαΐσκου ἡ τοῦ Σαράπιδος προτομὴ ἣν ἐβάσταζον οἱ πρέσβεις αἰφνίδιον ἵδρω-
σεν, θεασάμενος δὲ Τραιανὸς ἀπεθαύμασ[ε]ν· καὶ μετ᾽ ὀλίγον συνδρομαὶ ἐγένοντο εἰς [τὴ]ν Ῥώμην,
κραυγαί τε πανπληθεῖς ἐξεβοῶντ[ο κ]αὶ πά[ν]τες ἔφευγαν εἰς τὰ ὑψηλὰ μέρη τῶν λό[φων] (50–55, vgl.
oben S. 161).
[57]Ὁ δὲ Ἰησοῦς ἀφεὶς φωνὴν μεγάλην ἐξέπνευσεν. Καὶ τὸ καταπέτασμα τοῦ ναοῦ ἐσχίσθη εἰς δύο
ἀπ᾽ ἄνωθεν ἕως κάτω. Ἰδὼν δὲ ὁ κεντυρίων ὁ παρεστηκὼς ἐξ ἐναντίας αὐτοῦ ὅτι οὕτως ἐξέπνευσεν
εἶπεν· ἀληθῶς οὗτος ὁ ἄνθρωπος υἱὸς θεοῦ ἦν (15,37–39).
[58]Dibelius, Formgeschichte, 196.
[59]X. Cyr. 8,7,3; vgl. oben S. 228.
[60]Pl. Phd. 118; vgl. oben S. 112.

spricht zugleich die Bezogenheit auf Gott im Gebet wie das Gefühl der Gottver-lassenheit.[61] Das Motiv des Gebetes beim Sterben taucht in der späteren Literatur immer wieder auf, prägnant etwa in der rabbinischen Darstellung von R. Aqibas Tod.[62] – Kontrastierend zur Frömmigkeit des Protagonisten kann in eine Todesdar-stellung auch die religiöse Achtlosigkeit seiner Gegner eingebunden sein. Phokion wird etwa an einem Feiertag hingerichtet, was Plutarch so kommentiert:

> Denen aber, die nicht ganz und gar roh und durch Zorn und Neid an
> der Seele verderbt waren, schien es vollkommen gottlos zu sein, diesen
> Tag nicht zu warten und die feiernde Stadt von einem öffentlichen Mord
> rein zu halten.[63]

Auch Jesus wird nach der markinischen Chronologie an einem Feiertag gekreuzigt. Seine Gegner versuchen anfangs aus rein politischen Gründen, den Feiertag zu umgehen (14,2), stellen ihre Bedenken aber hintan, als Judas mit dem Verratsangebot auf sie zukommt. Die Hinrichtung am Passatag wird dann aber bei Markus in keiner Weise problematisiert oder als bedenklich dargestellt, vielmehr wird nach 15,6 nirgendwo mehr auf das Passafest eingegangen.

Trauerkundgebungen sind ein wichtiges Element einiger Todesdarstellungen. Markus berichtet von Jesu zügiger Bestattung. Um eine Verzögerung der Bestattung zu vermeiden, geht Josef von Arimathaia sogar ein gewisses Risiko ein. Manche Todesberichte unterstreichen die Pracht[64] oder die spontane Emotionalität[65] einer Bestattung auch durch Details. Markus ist dagegen zurückhaltend. Das frische Felsengrab ist durchaus ehrbar; für Pomp oder Verschwendung ist dagegen kein Platz (anders Joh 19,39[66]), und auch pathetisch ausgestaltete Emotionen fehlen ganz.

Protagonist

Es entspricht der in zahlreichen der vorliegenden Texte ausgesprochenen oder vor-ausgesetzten Überzeugung, dass die Lebensführung und der Charakter eines Men-schen in Zusammenhang steht mit der Art seines Sterbens. Wie dieser Zusammen-

---

[61] Einen ganz anderen Deutungsvorschlag hat Manuel Vogel entwickelt: Er verwendet nicht den Leidenspsalm als Interpretationsrahmen, sondern liest Jesu letzte Worte in Entsprechung zu antiken Biographien als Unschuldsbeteuerung Jesu: Mit εἰς τί signalisiere Jesus, dass er den Grund für seinen Tod nicht einsehen könne. Nach Vogels Lesart liegt also ein klassisches Motiv aus dem Deutungs-muster des ›edlen Todes‹ vor, vgl. VOGEL, Evangeliengattung (unveröff.). Hier dürfte freilich zu wenig berücksichtigt sein, dass Jesus in 8,31; 10,45 selbst Gründe für sein Sterben benennt. Trotzdem auffällig ist die Ähnlichkeit von Vogels Beobachtung mit der oben gemachten über Jesu Schweigen im Gericht.

[62] Vgl. jBer 9,7/8 [14b], oben S. 100.

[63] Ἐφάνη δὲ τοῖς μὴ παντάπασιν ὠμοῖς καὶ διεφθαρμένοις ὑπ' ὀργῆς καὶ φθόνου τὴν ψυχὴν ἀνο-σιώτατον γεγονέναι τὸ μηδ' ἐπισχεῖν τὴν ἡμέραν ἐκείνην, μηδὲ καθαρεῦσαι δημοσίου φόνου τὴν πόλιν ἑορτάζουσαν (Plu. Phoc. 37,2; vgl. oben S. 118).

[64] Vgl. über Herodes: Jos BJ 1,671–673 (oben S. 241).

[65] Besonders bei populären Heerführern, vgl. Plu. Pel. 33f. (oben S. 195).

[66] »Er brachte ein Mischgefäß mit Myrrhe und Aloe, etwa einhundert Pfund« (φέρων μίγμα σμύρνης καὶ ἀλόης ὡς λίτρας ἑκατόν).

hang allerdings formuliert wird, liegt in der Hand des jeweiligen Textes. Schändliche Todesumstände können unmittelbar als Zeichen eines ebensolchen Charakters interpretiert werden. Tacitus drückt diese Haltung auch gegenüber Jesus aus, wenn er über ihn schreibt:

> Der Urheber dieser Bezeichnung [sc. »Christen«], Christus, war unter der Regierung des Tiberius durch den Prokurator Pontius Pilatus hingerichtet worden.[67]

Die Tatsache, dass Jesus als verurteilter Verbrecher hingerichtet wurde, sagt schon genug über ihn und seine Anhänger.

Genausogut kann aber auch ein schlimmer Tod in eine positive Charakteristik eingebunden werden, indem die Ungerechtigkeit eines derartigen Sterbens oder die integre Haltung des Protagonisten im Tode hervorgehoben wird. Das ist das Sinngebungsmuster, das gemeinhin als ›edler Tod‹ bezeichnet wird. Ein eindrucksvoll ertragener Tod kann auch allfällige Kritik am Protagonisten völlig verstummen lassen.[68]

Das Markusevangelium bildet offensichtlich mit Geißelung, Verhöhnung und Kreuzigung schandbehaftete Todesumstände ab. Es wählt aber für diese nicht das moralische Deutungsmuster des ›edlen Todes‹, das die Haltung des Protagonisten betont, sondern eine theologisch-christologische Sinngebungsstrategie:

> Der Menschensohn *muss* viel leiden und von den Ältesten und den Hohenpriestern und den Schriftgelehrten verurteilt werden und getötet werden und nach drei Tagen auferstehen.[69]

Zum edlen Sterben, zum γενναίως τελευτᾶν, gehört die Freiwilligkeit beim Gang in den Tod. Am Leben zu hängen ist unehrenhaft. Josephus' Besatzung auf Masada expliziert das ebenso wie Valerius Maximus' zahlreiche Beispiele. Auch in diesem Aspekt wählt Markus eine dezidiert theologische Perspektive: Jesu Tod ist insofern freiwillig, als er sich mit seinem Leiden in die zum Menschensohn-Sein gehörende Notwendigkeit (δεῖ 8,31) und in den Willen Gottes (14,36) fügt.

Die Haltung des Sterbenden im Tode wird auch daran gemessen, wie er Qualen erträgt.[70] Jesu Tod ist mit Qualen verbunden. Die detailreiche Darstellung von Foltern und Misshandlungen jedoch, die beginnend mit 2 Makk, die Märtyerliteratur kennzeichnet, geht dem markinischen Bericht zugunsten einer knappen, sachlichen Darstellung ab. Wieder bietet sich die Darstellungsstrategie des *Phaidon* als

---

[67] *Auctor nominis eius Christus Tiberio imperitante per procuratorem Pontium Pilatum supplicio affectus erat* (ann. 15,44,3).
[68] So beispielsweise im Falle Senecas. Vgl. oben S. 135.
[69] Δεῖ τὸν υἱὸν τοῦ ἀνθρώπου πολλὰ παθεῖν καὶ ἀποδοκιμασθῆναι ὑπὸ τῶν πρεσβυτέρων καὶ τῶν ἀρχιερέων καὶ τῶν γραμματέων καὶ ἀποκτανθῆναι καὶ μετὰ τρεῖς ἡμέρας ἀναστῆναι (Mk 8,31).
[70] Vgl. SCHUNCK, Sterben, 76ff.

Vergleichspunkt an. Platon blendet darin die schlimmen Begleiterscheinungen des Vergiftungstodes und den damit einhergehenden allmählichen Verlust der Kontrolle über den Körper weitgehend aus, um Sokrates' Sterben als einen friedlichen, ruhigen und selbstbestimmten Tod zu inszenieren.[71] So weit wie Platon geht die Darstellung in der Markuspassion nicht. Die Todesqualen des Gekreuzigten werden zurückgenommen, aber nicht ganz ausgeblendet. Dass die Erzählung kein Interesse an der Hervorhebung der Todesqualen hat, ist aber offensichtlich. »Viel leiden« gehört zum δεῖ, das dem Menschensohn obliegt – es dient aber nicht dazu, Jesu Tod in besonderer Weise zu profilieren.

Ebenfalls in den frühjüdischen Martyrien wie auch in den paganen *Acta* fand sich das Motiv der besonderen Würde des Todeskandidaten, die entweder in seiner Schönheit (2 Makk 6,18[72]) oder seiner Abstammung und seinen Ämtern *(Acta Isidori, Acta Appiani)* ihren Ausdruck findet. Besonders die alexandrinischen Todeskandidaten bestehen im Verhör vehement auf dieser ihrer Würde. Nun schreibt die Markuspassion Jesus weder Schönheit noch besondere Ämter oder Abstammung zu. Wenn Jesus vor dem Synhedrium (14,61f.) seine Würde betont, dann auf einer ganz anderen Ebene: Er ist, in den Worten des Hohenpriesters, »der Christus, der Sohn des Gepriesenen«[73], und, in seltener Häufung der christologischen Titel, zugleich der Menschensohn, der »zur Rechten der Kraft« sitzt und »mit den Wolken des Himmels« kommt.[74] Hieran zeigt sich abermals, dass Jesu Sterben bei Markus nicht im Sinne eines ›edlen Todes‹ profiliert wird, sondern in theologischen Kategorien zu fassen ist.

Funktionen des Sterbens

Formal ist Jesu Tod eine juristische Strafe, wie auch bei Markus an der Formulierung kenntlich wird: »Und die Aufschrift *seiner Schuld* war angeschrieben: Der König der Juden«[75] (15,26). Die Erzählung macht aber klar, dass diese Strafe zu Unrecht verhängt wird. Sie legt diese Überzeugung dem Pilatus in den Mund: »Was hat er denn Böses getan?«[76] (15,14). Mit dem objektiv klingenden Wort »er erkannte nämlich«[77] (15,10) führt sie Jesu Auslieferung auf den Neid der Hohenpriester zurück. Indem Jesus derart ›objektiv‹ von jeder Schuld entlastet wird, wird die formal verhängte Strafe zum Unrecht – so sehr sie Gottes Willen entsprechen mag.

---

[71]Vgl. oben S. 114.
[72]Vgl. oben S. 49.
[73]Ὁ χριστὸς ὁ υἱὸς τοῦ εὐλογητοῦ.
[74]Τὸν υἱὸν τοῦ ἀνθρώπου ἐκ δεξιῶν καθήμενον τῆς δυνάμεως καὶ ἐρχόμενος μετὰ τῶν νεφελῶν τοῦ οὐρανοῦ.
[75]Καὶ ἦν ἡ ἐπιγραφὴ τῆς αἰτίας αὐτοῦ ἐπιγεγραμμένη· ὁ βασιλεὺς τῶν Ἰουδαίων.
[76]Τί γὰρ ἐποίησεν κακόν;
[77]Ἐγίνωσκεν γὰρ ὅτι διὰ φθόνον παραδεδώκεισαν αὐτὸν οἱ ἀρχιερεῖς.

Der Passionsbericht reiht sich mit diesem Deutungsmuster ein in die jüdische und christliche Märtyrerliteratur.

Die bei den Rabbinen wiederholt formulierte Rechtfertigung des Martyriums als Strafe Gottes für (unbewusste) Vergehen des Märtyrers, die als ṣiddûq ha-dîn (צדוק הדין) bezeichnet wird (vgl. auch schon 2 Makk 7,32[78]), spielt für die Todesdeutung bei Markus keine Rolle. Jesu Tod entspricht auf andere Weise dem Willen Gottes (s. o.). Und Jesus stirbt nicht für eigene Sünden, vielmehr ist er gekommen, »sein Leben als Lösegeld für Viele zu geben« (10,45).

Ein wichtiger Zug zahlreicher Todesberichte ist es, die Vorbildhaftigkeit des Sterbens herauszustellen. Die behauptete Vorbildhaftigkeit lässt sich durch zweierlei herausstellen: Entweder wird sie ausdrücklich festgehalten (mit Begriffen wie ὑπόδειγμα o. ä.), oder sie wird aus dem Exempelcharakter des ganzen Berichtes ersichtlich. Jesu Tod wurde in der christlichen Literatur früh als vorbildhaft angesehen. Dieser Prozess beginnt bereits bei Paulus (Röm 15,2f.; Phil 2,5ff.) und setzt sich in den späteren neutestamentlichen Briefen fort (1 Petr 2,21). Schon Apg 8 und dann das Polykarpmartyrium lassen deutlich erkennen, wie das Sterben Christi zum Modell für den Märtyrer wird. Diese Tendenz in der Deutung des Todes Jesu vermag ich bei Markus jedoch nicht zu erkennen.

Alttestamentliche Motive

Die Durchdringung des Passionsberichtes mit alttestamentlichen Anspielungen ist häufig beobachtet worden. Besonders Züge aus den Leidenspsalmen und vielleicht dem vierten Gottesknechtslied finden sich in Motiven der Passionserzählung wieder. Schon in 2 Makk 7 ließ sich beobachten, wie Zitate aus der Tora im Munde der Märtyrer das Geschehen deuten.[79] Eine weiter gehende Inkorporation einer alttestamentlichen Stelle zeigt das rabbinische Martyrium in Sifra Emor 9: Zunächst wird aus Daniel 3 das kurze Verhör von Ḥananja, Mischael und Azarja vor Nebukadneṣar wörtlich zitiert. Anschließend wird in enger Anlehnung und Bezugnahme auf die Danielstelle das Verhör von Pappus und Lulianus vor dem Römer Trugianus entwickelt.[80] Der Text hat damit zwei Referenzpunkte: Zum einen das geschichtliche Ereignis (das Martyrium), zum andern den biblischen Text. Auch für das Polykarpmartyrium[81] lässt sich eine solche doppelte Referenz zu geschichtlichem Ereignis (Martyrium) und Text (Evangelium) behaupten.

Dass sich Elemente der Markuspassion – so sehr sie eine ereignisgeschichtliche Grundlage besitzt – in ähnlicher Weise der narrativen Aneignung und Weiterentwicklung der Schrift verdanken, ist zumindest nicht auszuschließen. Es handelt

---

[78]Oben S. 51.
[79]Vgl. oben S. 55.
[80]Vgl. oben S. 97.
[81]Vgl. oben S. 71.

sich um einen Vorgang, den Ellen B. Aitken treffend als einen »process of actualization of scripture in narrative bound in ritual« beschreibt.[82] Der Anteil solcher Elemente am Passionsbericht ist freilich nicht quantifizierbar. Es handelt sich nicht um einen – nach außen gerichteten – apologetischen Schriftbeweis,[83] sondern um einen im innern der christlichen Gemeinschaft stattfindenden narrativ-exegetischen Deutungsprozess. Durch einen solchen Prozess wird Erinnern erst möglich.

8.2.4   Zeitstrukturen

Die zeitliche Strukturierung der Passionserzählung folgt einerseits einem verbreiteten Modell, ist andererseits aber durch auffällige Besonderheiten geprägt.

Verbreitet und häufig eingesetzt ist die Technik, das Erzähltempo zum Tod des Protagonisten hin zu verlangsamen. Markus folgt diesem Schema. Die markinische Erzählung, die über weite Strecken geradezu hastig von Schauplatz zu Schauplatz eilt, beginnt sich zu entschleunigen, als Jesus nach Jerusalem kommt. Jesu letzte Woche nimmt ein Drittel des ganzen Evangeliums ein. Mit dem Beginn des letzten Abends (14,17) verlangsamt sich abermals das Tempo, und ein langer, zeitlich zusammenhängender Abschnitt beginnt. Erst nach Jesu Bestattung erlaubt sich der Evangelist wieder einen Zeitsprung von zwei Tagen. Entsprechungen zu diesem Vorgehen lassen sich in großer Zahl anführen, nur beispielhaft seien die Masada-Erzählung[84] oder einige der taciteischen Sterbeszenen[85] genannt.

Was die Passionsgeschichte von anderen Todesdarstellungen unterscheidet, ist ihre Strukturierung durch ausdrückliche Zeitangaben. Die Ereignisse des Karfreitags werden sogar mit Uhrzeiten angegeben (15,25.33f.). Eine solche Struktur ist kein verbreitetes Element von Todesberichten. Zwar finden sich gelegentlich Zeitangaben, etwa im *Phaidon* – »es war nahe dem Sonnenuntergang«[86] – oder bei Tacitus – »diese reiten eilig im Dunkeln, bis zum Sonnenaufgang«[87] –, doch eine regelrechte Strukturierung des Textes durch präzise Zeitangaben ließ sich nicht beobachten.

Durchgestaltete Zeitschemata gehören mithin nicht zum gängigen Repertoire von Todesdarstellungen. Dieser Befund nötigt zu einer anderen Erklärung für das markinische Zeitschema. Es schlicht aus den von den Augenzeugen überlieferten tatsächlichen Tages- und Uhrzeiten der Hinrichtung Jesu zu erklären, ist kaum möglich, weil einerseits das Stundenschema stark stilisiert erscheint, andererseits das markinische Wochen- bzw. Tagesschema dem johanneischen offen widerspricht und gegen seine Historizität gute Gründe angeführt werden können. Der Versuch,

---

[82]Aitken, Jesus' Death, 169.
[83]Vgl. ebd.; Koester, Leiden, 204.
[84]Vgl. oben S. 278.
[85]Etwa Petronius, Piso, Tigellinus (oben S. 142.189.274).
[86]Καὶ ἦν ἤδη ἐγγὺς ἡλίου δυσμῶν (116b, oben S. 110).
[87]*Illi raptim vecti obscuro adhuc coeptae lucis* (hist. 4,50,1); oben S. 190.

die Zeitstruktur aus liturgischen Bedürfnissen abzuleiten, ist mit methodischen Schwierigkeiten behaftet.[88] Es ist aus den Zeitangaben im Passionsbericht auch nicht ablesbar, wie sie in der christlichen Frühzeit tatsächlich liturgisch verwendet worden sein könnten. Es bleibt, die markinische Zeitstruktur entweder für ein Alleinstellungsmerkmal zu halten oder eine traditionsgeschichtliche Ableitung, etwa aus dem Bereich der Apokalyptik zu suchen.[89] Die zur Überprüfung einer solchen Erklärung nötige Aufarbeitung des apokalyptischen Textmaterials kann im Rahmen dieser Untersuchung allerdings nicht geleistet werden.

8.3   Ereignisbezug

8.3.1   Fabula

Die Ereignisfolge *(fabula)*, die in einer Erzählung präsentiert wird, ist jeweils individuell. Die *fabulae* verschiedener Erzählungen zu vergleichen, ist mithin nur begrenzt fruchtbar. Einige vergleichenswerte Ereignisse wurden schon unter dem Punkt »Motive« besprochen. Hier sollen nur einige allgemeine Beobachtungen benannt werden.

Die inhaltliche Abgrenzung ist bei Markus so gewählt, dass das Werk mit dem Beginn des öffentlichen Auftretens des Protagonisten einsetzt (darin wieder eine Parallele zu Plutarchs *Galba*) und nach der Mitteilung seiner Auferstehung relativ abrupt endet. Die Passionserzählung näherhin umfasst eine ganze Reihe von Einzelszenen, beginnend zwei Tage vor dem Tod Jesu. Dazu gehören, bevor es zum Gerichtsverfahren kommt, die letzten Mahlzeiten und Gespräche Jesu in Bethanien und Jerusalem, Verschwörung durch eine Gegnergruppe und Verrat durch einen eigenen Anhänger, eine Nacht des einsamen Gebets in Gethsemane und schließlich die Auslieferung und Verhaftung. Für die Vorschaltung narrativ gestalteter Szenen vor das Gerichtsverfahren lassen sich außerbiblische Beispiele benennen, etwa die *Acta Hermaisci*.[90] Die strukturelle Parallele zum markinischen Bericht darf sicher nicht überbewertet werden, zumal der Bericht der *Acta* deutlich kürzer ist als der markinische.

Der Prozess Jesu ist bei Markus in mehrere Szenen gegliedert (14,55–64; 15,1 vor dem Synhedrium; 15,2–5.6–15 vor Pilatus), dazwischen ist die Verleugnungsperikope eingeschoben. Darin zeigt sich ein besonderer Zug der markinischen Passionserzählung, der im Vergleich der *fabulae* besonders hervorsticht, nämlich die Neigung zur Kleinteiligkeit der Erzählung, die mit zahlreichen Details und Nebenzügen bereichert ist. Dazu hat die Passion ein großes Figurenrepertoire.

---

[88]Vgl. oben S. 350.
[89]Vgl. etwa Schenk, Passionsbericht, 37–39, u. a. mit Verweis auf 4 Esr 6,24.
[90]Andere Beispiele aus griechischen Biographien bei Frickenschmidt, Evangelium, 398–404.

Wie schon gesagt, fehlt die detaillierte Ausmalung von Folter- und Todesqualen (vgl. 2 Makk 7) bei Markus. Auf die Darstellung von Jesu Sterben verzichtet Markus allerdings nicht. Er benennt die Todesart (»sie kreuzigen ihn«[91]) und schildert in knapper, sachlicher Weise mehrere Detailzüge von Jesu Hinrichtung und Sterben, bindet auch letzte Worte Jesu mit ein. Er spart Demütigungen durch Soldaten und Passanten nicht aus, verzichtet aber auf ihre pathetisch-emotionale Ausgestaltung.[92] Mit dieser Schwerpunktsetzung zeigt die markinische Sterbeszene abermals eine gewisse Nähe zur antiken biographischen Literatur (vgl. etwa Phokions Hinrichtung bei Plutarch[93]).

Die Bestattung ist ein verbreitetes Element der Nachgeschichten, die auf eine Todesdarstellung folgen können. Beispiellos erscheint zuletzt dagegen das besondere Ende des Markusevangeliums. Die Auferstehungsbotschaft und die Flucht der drei Frauen sind innerhalb des Evangeliums zwar vorbereitet durch Jesu Ankündigungen, aber in der anderen Literatur weitgehend ohne Analogie.[94]

8.3.2 Zeitspanne

Die Ereignisse in Mk 14–16 nehmen insgesamt viereinhalb Tage ein. Der Schwerpunkt liegt auf den etwa 24 Stunden von Donnerstag Abend bis Freitag Abend. Mit dieser zeitlichen Abgrenzung unterscheidet sich Markus nicht von vielen Biographieschlüssen und historiographischen Sterbe-Episoden. Die Besonderheit seiner Darstellung liegt vielmehr darin, dass die Passionsereignisse zeitlich so präzise abzugrenzen sind, was in dem genauen Zeitschema begründet ist.

8.3.3 Quellen und Gewährsleute

Markus beruft sich an keiner Stelle ausdrücklich auf Gewährsleute. Er gebraucht aber Formulierungen, die implizieren, der Bericht von Augenzeugen habe Eingang in den Passionsbericht gefunden. Vor allem sind die drei Stellen zu nennen, an denen die Frauen »sehen«, was mit Jesus geschieht:

Es gab aber auch Frauen, die von weitem *zusahen*[95] (15,40).

---

[91]Σταυροῦσιν αὐτὸν (15,24).

[92]Vgl. aber den Hinweis von Silvia Pellegrini zum Vokabular: ἐξέπνευσεν (15,37) »wird exklusiv für poetische, epische oder tragische Kontexte mit der einzigen Bedeutung ›er starb‹ gebraucht.«Pellegrini, Elija, 371 (Lit.).

[93]Plu. Phoc. 36,1–7, oben S. 118.

[94]Lukians *Peregrinos* lässt dem Tod des Protagonisten ein Gerücht von Peregrinos' Himmelfahrt oder Apotheose folgen, das der (akteurgebundene) Erzähler selbst in die Welt gesetzt hat. Diese Karikatur setzt wohl in ihrer Zeit die Bereitschaft mancher Leserkreise voraus, nach dem Tod herausragender Persönlichkeiten eine Himmelfahrt oder dgl. zu erwarten, wie sie auch Philostrats Apollonius-Vita enthält. Die Auffahrt in den Himmel lässt aber den Auffahrenden dem irdischen Tod entgehen. Von einer solchen Vorstellung kann bei Markus keine Rede sein.

[95]Ἦσαν δὲ καὶ γυναῖκες ἀπὸ μακρόθεν θεωροῦσαι.

Maria aus Magdala aber und Joses' Maria *sahen*, wohin er gelegt wurde[96] (15,47).

Und als sie *aufschauen, sehen* sie, dass der Stein weggerollt ist. Er war nämlich sehr groß. Und als sie ins Grab hineingingen, *sahen* sie auf der rechten Seite einen jungen Mann sitzen[97] (16,4f.).

Die auffällige Häufung von Verben des Sehens (θεωρέω, ἀναβλέπω, ὁράω) zeigt, dass Markus genau den Aspekt der Autopsie im Blick hat, wenn er von den Frauen spricht.[98]

Die Verwendung schriftlicher Quellen ist ein spezielles Problem. Die griechischen und römischen Historiker und Biographen, von denen hier Texte besprochen wurden, weisen ihre Quellen selten nach. Noch verhältnismäßig häufig sind Worte wie *dicitur*, λέγεται oder dergleichen zu finden, die Quellenbenutzung anonymisiert kennzeichnen.[99] Seltener ist die namentliche Angabe einer Quelle oder einer Gewährsperson. Beides fehlt bei Markus völlig. Für die Benutzung von Quellen lassen sich ausschließlich im Text selbst liegende Indizien anführen (oben 7.2.3). Damit verhält sich die Lage bei Markus nicht anders als bei den christlichen und jüdischen Todesberichten, die – wohl mit Ausnahme von 2 Makk – überhaupt keine expliziten Hinweise auf Quellenbenutzung geben.

Es ließ sich wahrscheinlich machen, dass Markus eine ältere, durchlaufende Passionserzählung als schriftliche Quelle benutzt hat, die er mit weiterem Material ergänzt und kompositionell eng in das Gesamtevangelium eingebunden hat. Diese Produktionsmethode entspricht etwa dem, was Pelling über das Vorgehen Plutarchs bei der Abfassung der Parallelbiographien schreibt: Die Hauptquelle liegt bei der Abfassung bzw. beim Diktat schriftlich vor; sie wird mit vorher recherchiertem und memoriertem Material erweitert, das aus Nebenquellen oder mündlicher Mitteilung stammt.[100] Was die Abfassungsbedingungen angeht, findet sich eine interessante Parallele zur Markuspassion auch in der Todesdarstellung der Plutarch'schen Galbavita (eine Caesaren-, keine Parallelbiographie), die wie Markus zeitlich etwa 40 Jahre von den erzählten Ereignissen entfernt liegt. Plutarch legte auch hier eine fortlaufende historiographische Quelle zugrunde; außerdem kann er bereits kurz nach Galbas Tod in Rom Kontakt zu Zeitzeugen gehabt haben.[101] Insofern besteht zwischen Galbavita und Markusevangelium nicht nur die schon beobachtete Entsprechung im Umfang, im Anteil des Schlussabschnitts und im zeitlichen Abstand, sondern auch in den Produktionsbedingungen.

---

[96] Ἡ δὲ Μαρία ἡ Μαγδαληνὴ καὶ Μαρία ἡ Ἰωσῆτος ἐθεώρουν ποῦ τέθειται.

[97] Καὶ *ἀναβλέψασαι* θεωροῦσιν ὅτι ἀποκεκύλισται ὁ λίθος· ἦν γὰρ μέγας σφόδρα. Καὶ εἰσελθοῦσαι εἰς τὸ μνημεῖον *εἶδον* νεανίσκον καθήμενον.

[98] Vgl. auch BYRSKOG, Story, 76.

[99] Vgl. regelmäßig bei Plutarch und Sueton, auch Nep. Paus. 5,3 (oben S. 217).

[100] Vgl. PELLING, Method, 265–318.

[101] Vgl. oben S. 179.

In die Passionserzählung hat der Kreuzes-*titulus* (15,26) als dokumentarische Quelle Eingang gefunden.[102] Die Berücksichtigung dokumentarischen Quellenmaterials findet man auch bei antiken Historikern[103] und in der römischen Biographie. So ist wahrscheinlich, dass Sueton für den *Augustus* das Testament des Prinzeps eingesehen hat.[104] Es ist freilich nicht klar, ob der *titulus* schon auf der vormarkinischen Überlieferungsstufe Eingang in die Passionserzählung gefunden hat.[105]

Hinzuweisen ist noch auf eine andere Beobachtung: Todesfälle können – in Literatur und Praxis – traditionsbildend wirken. Beispiele für derart wirksame Todesdarstellungen sind etwa 2 Chr 24, Jes 52f., 2 Makk 6f., der *Phaidon* oder die Masada-Episode,[106] die erst in der Moderne ihre traditionsbildende Kraft entfaltete.

Auf der anderen Seite finden sich Todesberichte, die von solcher Traditionsbildung Zeugnis geben. Sie werfen Licht auf verschiedene Aspekte dieser Traditionsprozesse. Zu nennen sind etwa Hebr 11[107] – in diesem Text sind die genannten Todesarten Anhaltspunkte für den Überlieferungsvorgang – oder die *Vitae Prophetarum*, die in ihren verschiedenen Rezensionen von der Auffächerung der Prophetenmordtradition zeugen.[108] Zu nennen ist auch Tacitus' Bericht vom Tod des Seneca, der Elemente des Sokratestodes aufgreift.[109] Die sokratische Tradition ist hier wahrscheinlich sowohl praktisch (in Senecas bewusster Gestaltung seines Sterbens) als auch literarisch (in Tacitus' Bericht) wirksam geworden. Die unmittelbare Weiterentwicklung und weitere Wirkung der Sokratestradition zeigt sich kurz darauf bei Thraseas Tod, der sich sowohl auf Sokrates als auch auf Seneca zu beziehen scheint. Das Wachsen von Traditionen über die Jahrhunderte lässt sich in den rabbinischen Schriften beobachten. Aqibas Tod, erzählt im Jerusalemer Talmud, hat eine ausführlichere Entsprechung im jüngeren babylonischen Talmud. Und die jüngste der hier besprochenen Todesdarstellungen, die von Ḥanina, ist Zeuge eines langen und komplexen Wachstums- und Agglomerationsprozesses von Traditionen rund um diesen Rabbi.

Die Markuspassion spiegelt beide Seiten solcher Traditionsentwicklung: Sie setzt Tradition voraus (etwa Deuterojesaja), und sie setzt neue Tradition frei (über die Seitenreferenten zu den christlichen Martyrien).

---

[102]Vgl. Becker, Markus-Evangelium, 153–167.
[103]Vgl. ebd.
[104]Vgl. oben S. 238. Das ist umso wahrscheinlicher, als Sueton einige Zeit das Amt *ab epistulis* bekleidet hat.
[105]Zur Übersicht vgl. Schreiber, Kreuzigungsbericht, 435–450. Von den dort aufgeführten 16 Exegeten halten 10 den *titulus* für älteste Tradition.
[106]Vgl. oben S. 40.43.49.110.278.
[107]Vgl. oben S. 65.
[108]Besonders zu nennen ist die Vita Sacharjas ben Jojada (S. 90), an der sich – gerade in ihren unterschiedlichen Textfassungen – erkennen lässt, wie die Überlieferung sich auf namensgleiche Propheten ausdehnt.
[109]Vgl. oben S. 134.

8.3.4   Zeitlicher Abstand

Die Passionserzählung in ihrer markinischen Endfassung ist nach der exegetischen Mehrheitsmeinung etwa 40 Jahre von Jesu Leiden und Tod entfernt (s. o.). Die schriftlichen Quellen, die Eingang in sie gefunden haben, liegen entsprechend zeitlich näher an den Ereignissen.

Die vergleichende Lektüre der Texte konnte allerdings zeigen, dass größere zeitliche Nähe zum Ereignis keineswegs zwingend größere historische Glaubwürdigkeit mit sich bringt. Je nach dem leitenden Interesse eines Textes kann ein Todesbericht, der nur etwa ein Jahr nach den Ereignissen abgefasst wurde, bereits völlig tendenziös oder legendarisch durchgeformt sein, ohne dabei auf historische Referenz zu verzichten.[110] Auch für den Bericht bei Markus muss man daher vermuten, dass bereits das Darstellungsinteresse seiner frühen schriftlichen Quellen dem Bericht seinen Stempel aufgedrückt hat.

Ein Einzelproblem sind Ungenauigkeiten in der Namensüberlieferung. Oft sind sie zurückzuführen auf den großen zeitlichen Abstand zwischen Ereignis und Text. Sie häufen sich in den rabbinischen Martyrien,[111] finden sich aber etwa auch bei Nepos.[112] Der Befund bei Markus ist diesbezüglich ambivalent. Er nennt 15,21 »einen gewissen Simon aus Kyrene, der auf dem Weg vom Feld vorbeikam, den Vater des Alexander und des Rufus«[113] – die Nennung der mit der Handlung nicht in Beziehung stehenden Söhne, die von den Seitenreferenten gestrichen wird, deutet darauf hin, dass die beiden bekannt sind. Andererseits verwundern die Unterschiede zwischen den Frauenlisten 15,40.47; 16,1.

8.3.5   Historischer Referenzrahmen

Es gibt völlig fiktionale Todesberichte. Die vorliegende Untersuchung enthält einen solchen fiktionalen Bericht über das Sterben einer geschichtlichen Person, nämlich Kyros' II.[114] Dass es sich beim markinischen Passionsbericht um einen rein oder vorwiegend fiktionalen Text handelt, ist absolut unwahrscheinlich.[115] Weder gibt er sich sich selbst als fiktional zu erkennen, noch zeigt er Desinteresse für die historische Referenz. Die bereits mehrfach genannten Vertrautheitsindizien und Hinweise auf Augenzeugen lassen es als wahrscheinlich erscheinen, dass der Text damit ge-

---

[110]Vgl. das Polykarpmartyrium (oben S. 71) oder Philons *In Flaccum* (S. 251). Auch die Masada-Erzählung weist – trotz des geringen Zeitabstands von nur fünf bis sieben Jahren und trotz der mutmaßlichen Benutzung von militärischen Augenzeugenberichten – zahlreiche Implausibilitäten auf (S. 286).

[111]Vgl. oben S. 102.

[112]Vgl. oben S. 183.

[113]Τινα Σίμωνα Κυρηναῖον ἐρχόμενον ἀπ' ἀγροῦ, τὸν πατέρα Ἀλεξάνδρου καὶ Ῥούφου.

[114]Oben S. 228ff.

[115]Zur Diskussion über das Problem der Fiktionalität in der Jesusüberlieferung vgl. THEISSEN/MERZ, Jesus, 96–119.

genüber der intendierten Leserschaft seine Glaubwürdigkeit unterstreichen will. Es fällt auch auf, dass die Markuspassion, obwohl sie viele Einzelzüge und Details enthält, diese nicht in romanhaft-pathetischer Weise ausgestaltet.[116]

Bereits Apg 6–8, dann auch 1 Clem 5f., später noch das Polykarpmartyrium bezeugen, dass die christliche Gemeinde bereits früh ein Interesse am Sterben ihrer Leitfiguren hatte. Die Literatur über das Sterben dieser führenden Christen ist nicht denkbar ohne den referenziellen Bezug auf das jeweilige Ereignis – die genannten Texte folgen aber erbaulichen oder apologetischen Interessen. Eine differenzierte historische Bewertung ist also angezeigt. Schreibt Iustin vor 160 n. Chr. sachlich und knapp, allenfalls mit moralisierenden Kommentaren, über den Tod von Ptolemaios und Lucius,[117] so ist das etwa zeitgleich entstandene Polykarpmartyrium stark legendarisch durchgeformt. In den folgenden Jahrhunderten lassen sowohl die rabbinischen Martyrien als auch die *Vitae Prophetarum* Anzeichen von kreativ-exegetischer narrativer Schriftaneignung und von hagiographischer Legendenbildung erkennen.

Die Markuspassion macht ihren eigenen faktualen Geltungsanspruch nicht zum Thema. Sie verbindet viele realistische mit einigen legendarisch erscheinenden Zügen. Der Anteil des historisch Verlässlichen ist nicht quantifizierbar. Der Anspruch, den die Erzählung erhebt, ist die Geschichte vom »Anfang des Evangeliums von Jesus Christus, dem Sohn Gottes«[118] (Mk 1,1) zu sein. Diese Geschichte gewinnt Gestalt als erzählte Geschichte, und in narrativer Form ist zuerst ihr christologischer Wahrheitsanspruch greifbar.

---

[116]So immer wieder in der hellenistischen Historiographie, vgl. das Kapitel über Mariamme (oben S. 123).

[117]Vgl. oben S. 77.

[118]Ἀρχὴ τοῦ εὐαγγελίου Ἰησοῦ Χριστοῦ υἱοῦ θεοῦ.

9. Resümee

9.1 Die Markuspassion als christologisch durchgeformter Todesbericht

Im Kontext antiker Todesberichte den markinischen Passionsbericht zu verorten, das war das Ziel dieser Untersuchung. Es zeigte sich, dass Markus sich in seinen literarischen Mitteln und auch in seinen Produktionsbedingungen weitgehend – wenn auch nicht ganz – problemlos in den Kontext der untersuchten pagan-antiken und frühjüdischen Texte einfügen lässt, dass er diese Mittel aber in den Dienst einer christologischen Durchformung seiner Erzählung stellt.

Diese Erkenntnis ist nicht neu. Sie lässt sich aber im Licht der vergleichenden Lektüre präzisieren:

GATTUNG *sui generis* Der markinische Passionsbericht steht in der Nähe einiger mittelgroßer Gattungen (*exitus illustrium virorum,* pagane *acta,* Martyrien), die herkömmlich als Teil größerer Gattungen erhalten sind (Biographie, historische Monographie). Er geht aber in keine dieser Kategorien auf, sondern beschreitet einen eigenen Weg. Die Analyse zeigt: Die Passion zeigt strukturell, in ihrem Umfang und den erzählten Ereignissen (Weg zur Hinrichtung über Verschwörung, Schauprozess, Folterung) eine gewisse Entsprechung zu jeder dieser Gattungen. Und wie die *exitus,* die paganen *acta* und die Martyrien ist auch der Passionsbericht eine Textsorte, in der die Todesdarstellung literarisch formgebend geworden ist.

In den Einzelzügen unterscheidet er sich aber deutlich von den genannten Gattungen: Die Konfrontation zwischen Jesus und den Gegnern ist narrativ nicht scharf ausgeprägt, er profiliert sich nicht durch lange, wortgewaltige Reden, stirbt keinen ›edlen‹ Tod, die gewaltsamen Details werden nicht drastisch ausgeführt. Wo es strukturelle Analogien gibt (s. u.), sind sie christologisch ausgerichtet. So schafft Markus mit der Passion eine Gattung *sui generis,* die sich durch ihr christologisches Profil von den anderen Gattungen absetzt.

Ein vergleichbares Ergebnis ergibt sich für die Passion im Kontext des Gesamtevangeliums: Die Gattung Evangelium zeigt zwar Ähnlichkeiten zu anderen Gattungen vergleichbarer Größe, besitzt aber eine eigene, christologische Prägung. So steht – besonders nach seinem Umfang und seiner personzentrierten Ausrichtung – das Markusevangelium in der Nähe der biographischen Literatur. Der Umfang der Passionserzählung und ihre kompositionelle Einbindung in den Gesamtkontext des Evangeliums stützen diese Beobachtung. Doch ein eigentlich biographisches Interesse wird nicht sichtbar; vielmehr sind alle die Linien, die sich durch das Evangelium hin entwickeln und in der Passionserzählung zusammenlaufen, durch Konflikte um Jesu Wesen und um sein Evangelium bestimmt.

KEIN ›EDLER TOD‹   Vor dem Hintergrund der Vergleichstexte wird deutlich: In der
Markuspassion liegt *kein* ›edler Tod‹ vor. Das Deutungsmuster des ›edlen Todes‹
wendet ein schlimmes und mit Schande behaftetes Sterben ins Positive, indem es
einerseits die Ungerechtigkeit des Todes und der Todesursache, andererseits des
Protagonisten Integrität, Würde und Freiwilligkeit beim Gang in den Tod hervor-
hebt.

    Dagegen setzt Markus eine *theologische* Todesdeutung: Jesu Gang in den Tod
ist zwar freiwillig, aber das ist im göttlichen δεῖ (Mk 8,31) begründet; er gehört
zum Auftrag des Menschensohnes. Wenn Jesus würdevoll und überlegen erscheint,
dann nicht durch seine Abstammung, Persönlichkeit oder ein öffentliches Amt,
sondern weil er der Christus ist, der Menschensohn, der Sohn Gottes. Die Erzählung
macht ihn durchaus zum privilegierten Akteur und Fokalisator voller Vollmacht
und Würde,[1] doch mit dem Fortschreiten der Passion tritt Jesu Handeln, Reden und
Wahrnehmen ganz zurück, er wird völlig passiv. In einer Geschichte vom ›edlen
Tod‹ wäre das undenkbar, doch der narrativen Christologie des Markus gibt es ihr
eigenes Profil.

NARRATIVE CHRISTOLOGIE   Die nicht-narrativen Anteile der Passionserzählung sind
gering; auf deutende Kommentare verzichtet Markus fast völlig. Stattdessen wird
im Vergleich der Todesberichte sichtbar, dass Markus vor allem narrative Sinngebungsmittel verwendet. Das gilt gerade auch für die Christologie, für die Charakterisierung Jesu als des Christus und Sohnes Gottes. Nur an wenigen Punkten
konzentriert sich das in begrifflicher Sprache, und zwar im Gebrauch christologischer Hoheitstitel – doch auch diese erhalten durch das narrative Gerüst ihren
Ort. Das heißt: ›Erzählen‹ ist bei Markus der grundlegende Modus christologischen
Redens. Er ist differenzierter und konkreter als die begriffliche Christologie.

    Das eröffnet den Blick für die theologische Relevanz einzelner narrativer Gestal-
tungsmittel. Interessant ist etwa die Frage nach der Fokalisation: Wessen Perspektive dominiert die Erzählung, welche Perspektiven geraten in Konflikt miteinander?
Häufiger noch als mit seinen Gegner gerät Jesus in der Passion in Konflikt mit
seinen eigenen Anhängern. Solche ›innerparteilichen‹ Konflikte sind im Rahmen
der untersuchten Todesberichte gänzlich unüblich; sie sind geradezu ein Alleinstellungsmerkmal der Passionserzählung. Auch sie sind am ehesten erklärlich als eine
Facette der markinischen narrativen Christologie, in der Jesu wahres Wesen fast
bis zum Ende verhüllt bleibt und sich erst erschließt in der Zusammenschau der
Ereignisse, der narrativen Mittel und der begrifflichen Christologie.[2]

---

[1] Zunächst ließ sich auch Jesu Schweigen als Ausdruck seiner Ehre deuten, s. o. S. 369.

[2] In diesem Zusammenhang sind – als Detailergebnis – auch die Prodigien bei Jesu Tod zu nennen.
Prodigien *vor* dem Tod einer bedeutenden Person sind häufig, geradezu üblich in den entsprechenden
Erzählungen. Bei Markus ereignen sie sich erst, als die Hinrichtung Jesu schon begonnen hat. Ihre

GELTUNGSANSPRUCH Wo steht die Passion, fragt man nach ihrer Referenzialität, nach ihrem *fundamentum in re?* Einerseits steht die Erzählung tatsächlich auf der Grundlage eines historischen Ereignisses. Sie besitzt ein hohes Maß an Plausibilität im Gesamten wie in Einzelzügen. Andererseits lassen sich einige Züge plausibler als legendarische oder (wie auch im Fall des weitgehend singulären Stundenschemas) als kreativ-exegetische Ausgestaltung erklären. Damit steht der Passionsbericht völlig im Rahmen dessen, was in antiken (jüdisch-christlichen wie paganen) Todesberichten üblich ist. Er ist historisch nicht weniger glaubwürdig als viele der hier untersuchten Texte.

Wichtig ist deshalb: Der Geltungsanspruch des Passionsberichts gründet nicht auf der historischen Genauigkeit seiner Erzählung, sondern darin, dass er zur Geschichte des Evangeliums Jesu Christi gehört. Die narrativ entfaltete Christologie ist die Wahrheit, um die es geht.

PRODUKTIONSBEDINGUNGEN Aufschlussreich ist zuletzt der Blick auf die Produktionsbedingungen des Passionsberichtes in seiner markinischen Endfassung – Markus passt auch hier gut in den Kontext der frühkaiserzeitlichen Literatur. Er verwendet ein verbreitetes Verfahren; es entspricht z. B. dem Plutarchs in den Parallelbiographien: Eine schriftlich vorliegende Hauptquelle wird erweitert und weiterentwickelt unter Beiziehung anderen Materials, das vorher recherchiert wurde, aber bei der Abfassung wahrscheinlich nicht schriftlich vorliegt. Dieses Verfahren bietet Spielraum sowohl für den wörtlichen Erhalt der Quelle als auch für die flexible Einbeziehung weiterer Überlieferungen. Interessant ist aber, dass diese Arbeitsmethode bei Markus nur für den Passionsbericht einigermaßen sicher angenommen werden kann, während für den Rest des Evangeliums eine größere Kleinteiligkeit der Quellen vermutet werden kann.

9.2 ›Strategien‹ der Darstellung als Kriterium des literaturgeschichtlichen Vergleichs

Schriftsteller, die Ereignisse in Erzählungen umsetzen, verfolgen damit Absichten. Es lohnt sich zu fragen, welche Mittel und Wege ein Autor wählt, um seinen Text so zu gestalten, dass er seine Deutungen des Ereignisses transportiert. Ich habe diese Mittel und Wege ›Strategien‹ genannt. Sie zu erhellen wird möglich durch Kontextualisierung: Im Gegenüber zu anderen Texten erschließt sich die Bedeutung der jeweils gewählten Strategien.

Der methodische Ertrag der vorliegenden Untersuchung liegt in der Verbindung des traditionellen literaturgeschichtlichen Vergleichs mit Fragestellungen aus den

---

Funktion liegt abermals in der Enthüllung seines Wesens, unterstrichen durch die Reaktion des Centurio: ἀληθῶς οὗτος ὁ ἄνθρωπος υἱὸς θεοῦ ἦν (Mk 15,39).

jüngeren Literaturwissenschaften. Um die Darstellungsstrategien der unterschiedlichen Texte für einen Vergleich aufzuschließen, wird ein einheitliches Frageraster
verwendet, das im wesentlichen auf einer narratologischen Heuristik beruht, aber
um diachrone Frageaspekte ergänzt ist. In der Zusammenschau der gewonnenen
Ergebnisse ergibt sich ein Bild von der Breite und von der komplexen Fülle der
Möglichkeiten, das Sterben eines Menschen sprachlich umzusetzen und zu deuten. Zeichnet man die Darstellungsstrategien der Markuspassion in dieses Bild ein,
gewinnt man differenzierte Aufschlüsse über die Stellung dieser Passion in der Literatur ihrer Zeit – in Hinblick auf die Gattungsfrage, das erzählerische Motivinventar
und die Produktionsbedingungen. Auch die Individualität des Passionsberichtes,
die vor allem in der christologischen Durchgestaltung liegt, tritt deutlicher hervor.

Die Ergebnisse sind eher deskriptiv als thetisch. Diese Begrenzung des hier
gewählten Ansatzes liegt auf der Hand. Trotzdem lässt sich festhalten: Einen literaturgeschichtlichen Vergleich mit Blick speziell auf die Darstellungsstrategien
durchzuführen, und zwar nicht im ausführlichen Einzelvergleich, sondern in der
Breite, erweist sich als durchführbar und als ertragreich.

9.3   Ausblick

Das Sterben eines Menschen ist für andere Menschen häufig von Interesse gewesen.
Für die Überlieferung der näheren Umstände eines Todesfalls hat die antike Literatur weit ausdifferenzierte erzählerische Möglichkeiten entwickelt. Der markinische
Passionsbericht steht – in Produktion und Rezeption – ganz im Zusammenhang
dieser literarischen Darstellungsstrategien.

Hier wird das kulturwissenschaftliche Problem relevant, das sich mit der literarischen Leidens- und Todes- Darstellung verbindet. Der leiblich und sozial erlebte
Vorgang des Sterbens wird in Texte gefasst, damit zugleich stilisiert, gedeutet und
einer weiteren Öffentlichkeit bekannt gemacht. Die entstehende literarische Überlieferung wirkt ihrerseits zurück auf die Weise, wie Menschen das Sterben erleben
und inszenieren. In der kulturwissenschaftlichen Beschreibung und Einordnung
dieser Wechselwirkungen bleibt noch viel zu tun.[3] Die Deutung und Bedeutung
des Sterbens und seiner literarischen Darstellung in den unterschiedlichen antiken
Lebenswelten ist noch lange nicht erschöpfend untersucht.

Auch das Sterben und die Auferstehung Jesu und Markus' Bericht davon stehen inmitten eines literarischen und kulturellen Traditionsprozesses innerhalb der
religiösen und kulturellen Diskurse der frühen Kaiserzeit bzw. speziell des frühen
Christentums. Markus inszeniert und deutet narrativ das Sterben und die Auferste-

---

[3]Weiterführende Überlegungen zur Körperwahrnehmung in der Antike und in der frühchristlichen Literatur bei SENNETT, Fleisch, 37–155; GLEASON, Messengers, 50–85, und in den Beiträgen in
FEICHTINGER/SENG, Christen.

hung Jesu, des Christus. So gibt er uns einen Einblick, wie die frühen Christen dieses konkrete, kontingente Ereignis wahrnahmen und verstanden als die entscheidende Stelle in der Geschichte Gottes mit den Menschen.

Verzeichnis der Quellenausgaben

ELLIGER, KARL/RUDOLPH, WILHELM (HG.), Biblia Hebraica Stuttgartensia, 5. Auflage. Stuttgart: Deutsche Bibelges. 1997.

HANHART, ROBERT (HG.), Septuaginta. Vetus Testamentum Graecum Auctoritate Societate Litterarum Gottingensis editum, Band 9, Maccabaeorum liber II, Göttingen: Vandenhoeck & Ruprecht 1959.

ALAND, BARBARA U. A. (HG.), Nestle-Aland Novum Testamentum Graece, 27. Auflage. Stuttgart: Deutsche Bibelges. 1993.

ALAND, KURT (HG.), Synopsis quattuor evangeliorum, 15. Auflage. Stuttgart: Deutsche Bibelges. 1996.

MUSURILLO, HERBERT (HG.), The *Acts of the Christian Martyrs*. Introduction Texts and Translations, Oxford: Clarendon 1972.

— The *Acts of the Pagan Martyrs*. Acta Alexandrinorum. Edited with a Commentary, Oxford: Clarendon 1954.

LINDEMANN, ANDREAS/PAULSEN, HENNING (HG.), Die *Apostolischen Väter*. Griechisch-deutsche Parallelausgabe, Tübingen: Mohr Siebeck 1992.

MARCOVICH, MIROSLAV (HG.), *Iustini Martyris* Apologiae pro Christianis, Berlin/New York: De Gruyter 1994, PTS 38.

NIESE, BENEDIKT (HG.), Flavii *Iosephi* Opera, Band 3, Antiquitatum Iudaicarum Libri XI–XV, Berlin: Weidmann 1955.

MICHEL, OTTO/BAUERNFEIND, OTTO (HG.), Flavius *Josephus,* De bello Judaico – Der jüdische Krieg. Zweisprachige Ausgabe der sieben Bücher, Band I, Darmstadt: Wiss. Buchges. 1959.

— Flavius *Josephus,* De bello Judaico – Der jüdische Krieg. Zweisprachige Ausgabe der sieben Bücher, Band II,2, Darmstadt: Wiss. Buchges. 1969.

THACKERAY, H. ST. J. (HG.), *Josephus,* The Life; Against Apion, übers. von H. St. J. Thackeray, Cambridge, MA./London: Harvard Univ. Press/Heinemann 1961, LCL.

HOROVITZ, H. S./RABIN, I. A. (HG.), *Mechilta* d'Rabbi Ismael cum variis lectionibus et adnotationibus, 2. Auflage. Jerusalem: Wahrmann 1970.

LAUTERBACH, JACOB Z. (HG.), *Mekilta* de-Rabbi Ishmael. A Critical Edition on the Basis of the Manuscripts and Early Editions with an English Translation, Introduction and Notes, Band 3, Philadelphia: Jewish Publ. Soc. 1949.

MARSHALL, PETER K. (HG.), Cornelii *Nepotis* Vitae cum fragmentis, 3. Auflage. Stuttgart/Leipzig: Teubner 1991, BSGRT.

WIRTH, GERHARD (HG.), Cornelius *Nepos* Lateinisch – Deutsch, Amsterdam: Hakkert 1994.

FRIEDMANN, M. (HG.), *Pesikta* Rabbati. Midrasch für den Fest-Cyclus und die ausgezeichneten Sabbathe kritisch bearbeitet, commentirt, durch neue handschriftliche Haggadas vermehrt, mit Bibel- und Personen-Indices versehen, Wien: Selbstverlag 1880.

COLSON, F. H. (HG.), *Philo.* With an English Translation, Band 9, London/Cambridge, MA.: Heinemann/Harvard Univ. Press 1960.

STRACHAN, J. C. G., Φαίδων, In DUKE, E. A. U. A. (HG.): *Platonis* Opera, Band 1, Tetralogias I – II continens, Oxford: Clarendon 1995.

ZIEGLER, KONRAT/LINDSKOG, CL. (HG.), *Plutarchi* vitae parallelae, Band 2/1, 2. Auflage. Stuttgart/Leipzig: Teubner 1993.

— *Plutarchi* vitae parallelae, Band 2/2, 2. Auflage. Stuttgart/Leipzig: Teubner 1994.

— *Plutarchi* vitae parallelae, Band 3/1, Leipzig: Teubner 1971.

— *Plutarchi* vitae parallelae, Band 3/2, Accedunt vitae Galbae et Othonis et vitarum deperditarum fragmenta, Leipzig: Teubner 1973.

Roncali, Renata (Hg.), L. Annaei Senecae Ἀποκολοκύντωσις, Leipzig: Teubner 1990.

Eden, P. T. (Hg.), Seneca, Apocolocyntosis, Cambridge u. a.: Univ. Press 1984.

Finkelstein, Louis (Hg.), Sifra or Torat Cohanim According to Codex Assemani LXVI. With a Hebrew Introduction, New York: Jewish Theol. Seminary of America 1956.

Makor (Hg.), Torath Cohanim (Sifra), Seder Eliyahu Rabba and Zutta. Codex Vatican 31, Jerusalem: Makor 1972.

Weiss, I[saak] H[irsch]/David, Abraham ben/Schlossberg, Jacob (Hg.), Sifra. Commentar zu Leviticus aus dem Anfange des III. Jahrhunderts, Wien: Schlossberg 1862.

Rolfe, J. C. (Hg.), Suetonius. With an English Translation, Band 1, LCL, London/Cambridge, MA: Heinemann/Harvard University Press 1960.

— Suetonius. With an English Translation, Band 2, LCL, London/Cambridge, MA: Heinemann/Harvard University Press 1959.

Kierdorf, Wilhelm (Hg.), Sueton, Leben des Claudius und Nero. Textausgabe mit Einleitung, kritischem Apparat und Kommentar, Paderborn: Schöningh 1992, UTB 1715.

Römer, Franz (Hg.), P. Corneli Taciti Annalium Libri xv–xvi. Einleitung, Text und vollständiger kritischer Apparat aller bekannten Handschriften, Wien/Köln/Graz: Böhlau 1976.

Hoffmann, Carl (Hg.), Tacitus Annalen lateinisch–deutsch, München: Heimeran 1954.

Koestermann, Erich (Hg.), P. Cornelii Taciti libri qui supersunt, Band 2/1, Historiarum libri, Leipzig: Teubner 1961.

Vretska, Helmuth (Hg.), P. Cornelius Tacitus, Historien Lateinisch/Deutsch, 1984. Nachdruck, Stuttgart: Reclam 2003.

Schäfer, Peter/Becker, Hans-Jürgen (Hg.), Synopse zum Talmud Yerushalmi, Band I/1–2, Ordnung Zera'im: Berakhot und Pe'a, Tübingen: Mohr Siebeck 1991.

Horowitz, Charles, Der Jerusalemer Talmud in deutscher Übersetzung, Band I, Berakhoth, Tübingen: Mohr Siebeck 1975.

Hüttenmeister, Frowald Gil, Übersetzung des Talmud Yerushalmi, Band III/2, Sota. Die des Ehebruchs verdächtige Frau, Tübingen: Mohr Siebeck 1998.

Makon »Tevel« (Hg.), מסכת עבודה זרה מן תלמוד בבלי בפיסוק מלא עם כל המפרשים כאשר נקדם ועם הוספות, חדשות כמבואר בשער השני, Jerusalem/Bene-Beraq 1960.

Goldschmidt, Lazarus (Hg.), תלמוד בבלי. Der Babylonische Talmud nach der ersten zensurfreien Ausgabe unter Berücksichtigung der neueren Ausgaben und handschriftlichen Materials neu übertragen, Band 9, übers. von Lazarus Goldschmidt, Synhedrin (2. Hälfte)/Makkoth/Šebu'oth/'Edijoth/'Aboda Zara/Aboth/Horajoth, Berlin: Jüdischer Verlag 1934.

Epstein, I. (Hg.), The Babylonian Talmud, Band Nezikin VII, übers. von A. Mishcon and A. Cohen, 'Aboda Zarah, London: Soncino 1935.

Kempf, Carolus (Hg.), Valerii Maximi factorum et dictorum memorabilium libri novem. Cum Iulii Paridis et Ianuarii Nepotiani epitomis, Leipzig: Teubner 1888.

Briscoe, John (Hg.), Valerii Maximi facta et dicta memorabilia, Band 2, Libri VII–IX, Stuttgart/Leipzig: Teubner 1998.

Marchant, E. C. (Hg.), Xenophontis Opera Omnia, Band 4, Institutio Cyri, 1910. Nachdruck, Oxford: Clarendon 1951.

Miller, Walter (Hg.), Xenophon Cyropaedia 2, 1914. Nachdruck, Cambridge, MA./London: Harvard University Press/Heinemann 1979, LCL.

Reeg, Gottfried (Hg.), Die Geschichte von den Zehn Märtyrern. Synoptische Edition mit Übersetzung und Einleitung, Tübingen: Mohr Siebeck 1985, TSAJ 10.

Literaturverzeichnis

Aitken, Ellen Bradshaw, Jesus' Death in Early Christian Memory. The Poetics of the Passion, Göttingen/Fribourg: Vandenhoeck & Ruprecht/Academic Press 2004, NTOA 53.

Aland, Kurt, Der Schluß des Markusevangeliums, In Sabbe, M. (Hg.): L'Évangile selon Marc. Tradition et rédaction, Gembloux/Leuven: Duculot/Leuven Univ. Press 1974, BEThL 34, 435–470.

Ameling, Walter, Art. Herodes 8: (H.) Iulius Agrippa I. DNP, 5 (1998), 461–462.

Arens, Edmund, Art. Narrative Theologie, RGG⁴, 6 (2003), 52–53.

Auffarth, Christoph, Art. Danaos, Danaiden, DNP, 3 (1997), 307–308.

Avery-Peck, Alan J., Classifying Early Rabbinic Pronouncement Stories, SBL.SP, 22 (1983), 223–244.

Bal, Mieke, Narratologie. Essais sur la signification narrative dans quatre romans modernes, Paris: Klincksieck 1977.

— Death and Dissymmetry. The Politics of Coherence in the Book of Judges, Chicago/London: Univ. of Chicago Press 1988.

— On Story-Telling. Essays in Narratology, Sonoma: Polebridge 1991, Foundations and Facets.

— Narratology. Introduction to the Theory of Narrative, 2. Auflage. Toronto/Buffalo/London: Univ. of Toronto Press 1997.

— Kulturanalyse, übers. von Joachim Schulte, Frankfurt: Suhrkamp 2002.

Balcer, Martin J., The Medizing of the Regent Pausanias, In Georgiev, V./Todorov, N./Tăpkova-Zaimova, V. (Hg.): Actes du premier congrès international des études Balkaniques et sud-est Europeennes, Band 2, Archéologie, histoire de l'antiquité, arts, Sofia: L'Académie Bulgare des Sciences 1969, 105–114.

Baltzer, Klaus, Zur formgeschichtlichen Bestimmung der Texte vom Gottesknecht im Deuterojesaja-Buch, In Wolff, Hans Walter (Hg.): Probleme biblischer Theologie. Gerhard von Rad zum 70. Geburtstag, München: Kaiser 1971, 27–43.

— Die Biographie der Propheten, Neukirchen-Vluyn: Neukirchener 1975.

— Deutero-Jesaja, Gütersloh: Gütersloher Verlagshaus 1999, KAT 10/2.

Bauer, Adolf, Heidnische Märtyrerakten, ArchPapF, 1 (1901), 29–47.

Baumbach, Manuel, Art. Menippos (Μένιππος) 4: M. aus Gadara, DNP, 7 (1999), 1243–1244.

Beck, Hans, Polis und Koinon. Untersuchungen zur Geschichte und Struktur der griechischen Bundesstaaten im 4. Jahrhundert v. Chr. Stuttgart: Steiner 1997, Hist., Einzelschriften 114.

— Art. Pelopidas (Πελοπίδας), DNP, 9 (2000), 499–500.

Becker, Eve-Marie, Markus oder: Der Redaktor als ›Historiograph‹. Überlegungen zur Erzählforschung in der Evangelien-Exegese, In Schneider-Flume, Gunda/Hiller, Doris (Hg.): Dogmatik erzählen? Die Bedeutung des Erzählens für eine biblisch orientierte Dogmatik, Neukirchen-Vluyn: Neukirchener 2005, 111–128.

— Das Markus-Evangelium im Rahmen antiker Historiographie, Tübingen: Mohr Siebeck 2006, WUNT 194.

— Der »Tempel« im Markus-Evangelium. Überlieferungs- und redaktionsgeschichtliche Beobachtungen, Aarhus 2006, unveröffentlicht.

Ben-Yehuda, Nachman, The Masada Myth. Collective Memory and Mythmaking in Israel, Madison, MI: Univ. of Wisconsin Press 1995.

— Sacrificing Truth. Archaeology and the Myth of Masada, Amherst: Humanity Books 2002.

Berger, Klaus, Hellenistische Gattungen im Neuen Testament, ANRW, II 25.2 (1984), 1031–1432.

— Formen und Gattungen im Neuen Testament, Tübingen/Basel: Francke 2005, UTB 2532.

BERKHOFER, ROBERT F., Beyond the Great Story. History as Text and Discourse, Cambridge, MA.: Harvard University Press 1995.

BERTHELOT, KATELL, The Use of Greek and Roman Stereotypes of the Egyptians by Hellenistic Jewish Apologists, with special reference to Josephus' Against Apion, In KALMS, Josephus-Kolloquium 1999, 185–221.

BERTRAM, GEORG, Die Leidensgeschichte Jesu und der Christuskult. Eine formgeschichtliche Untersuchung, Göttingen: Vandenhoeck & Ruprecht 1922, FRLANT 32.

BERVE, HELMUT, Dion, Wiesbaden: Steiner 1956, AAWLM.G 1956/10.

BLANK, SHELDON H., The Death of Zechariah in Rabbinic Literature, HUCA, 12 (1937), 327–346.

BLENKINSOPP, JOSEPH, Isaiah 40 – 55. A New Translation with Introduction and Commentary, New York u. a.: Doubleday 2002, AncB 19 A.

BLINZLER, JOSEF, Der Prozeß Jesu, 4. Auflage. Regensburg: Pustet 1969.

BOOMERSHINE, THOMAS EUGENE, Mark, the Storyteller. A Rhetorical-Critical Investigation of Mark's Passion and Resurrection Narrative, Diss. Union Theol. Seminary New York 1974.

BÖTTRICH, CHRISTFRIED/HERZER, JENS (HG.), Josephus und das Neue Testament. Wechselseitige Wahrnehmungen. II. Internationales Symposion zum Corpus Judaeo-Hellenisticum 25. – 28. Mai 2006, Greifswald, Tübingen: Mohr Siebeck 2007, WUNT 209.

BOX, HERBERT (HG.), Philonis Alexandrini In Flaccum. With an Introduction Translation and Commentary, Oxford/New York/Toronto: Oxford Univ. Press 1939.

BREITENBACH, HANS RUDOLPH, Art. Xenophon 6) Xenophon von Athen, PW, 9 A/2 (1967), 1569–1928.1981–2052.

BRENK, FREDERICK E., The Dreams of Plutarch's Lives, Latomus, 34 (1975), 336–349.

BREYTENBACH, CILLIERS, Das Markusevangelium als episodische Erzählung. Mit Überlegungen zum »Aufbau« des zweiten Evangeliums, In HAHN, Erzähler, 137–169.

BRINGMANN, KLAUS, Art. Mariamme 1. DNP, 7 (1999), 892.

BROADHEAD, EDWIN K., Prophet, Son, Messiah. Narrative Form and Function in Mark 14–16, Sheffield: Acad. Press 1994, JSNT.S 97.

BROWN, RAYMOND EDWARD, The Death of the Messiah. From Gethsemane to the Grave. A Commentary on the Passion Narratives in the Four Gospels, New York: Doubleday 1994, AncB Reference Library.

BROŻEK, MIECZYSŁAW, Noch über die Selbstzitate als chronologischen Wegweiser in Plutarchs Parallelbiographien, Eos, 53 (1963), 68–80.

BUCKLER, JOHN, Plutarch on the Trials of Pelopidas and Epameinondas (369 B. C.), CPh, 73 (1978), 36–42.

— The Theban Hegemony 371–362 BC, Cambidge, MA/London: Harvard University Press 1980, Harvard Historical Studies 98.

BUCKLEY, E. R., The Sources of the Passion Narrative in St Mark's Gospel, JThS, 34 (1933), 138–144.

BULTMANN, RUDOLF, Die Geschichte der synoptischen Tradition, 10. Auflage. Göttingen: Vandenhoeck & Ruprecht 1995.

BURNET, JOHN, Plato's Phaedo. Edited with Introduction and Notes, 1911. Nachdruck, Oxford: Clarendon 1956.

BUSCHMANN, GERD, Martyrium Polycarpi – Eine formkritische Studie. Ein Beitrag zur Frage nach der Entstehung der Gattung Märtyrerakte, Berlin/New York: De Gruyter 1994 (zugl. Diss., Hamburg 1991), BZNW 70.

— Das Martyrium des Polykarp. Übersetzt und erklärt, Göttingen: Vandenhoeck & Ruprecht 1998, KAV 6.

BYRSKOG, SAMUEL, Story as History – History as Story. The Gospel Tradition in the Context of Ancient Oral History, Tübingen: Mohr Siebeck 2000, WUNT 123.

CAMPENHAUSEN, HANS VON, Bearbeitungen und Interpolationen des Polykarpmartyriums, In Aus der Frühzeit des Christentums. Studien zur Kirchengeschichte des ersten und zweiten Jahrhunderts, Tübingen: Mohr Siebeck 1963, 253–301.

CANCIK, HUBERT, Die Gattung Evangelium. Markus im Rahmen der antiken Historiographie, In CANCIK, Markus-Philologie, 85–113.

— Markus-Philologie. Historische, literargeschichtliche und stilistische Untersuchungen zum zweiten Evangelium, Tübingen: Mohr Siebeck 1984, WUNT 33.

— /SCHNEIDER, HELMUTH (HG.), Der neue Pauly. Enzyklopädie der Antike, Band 1–15/3, Stuttgart/Weimar: Metzler 1996–2003.

CARRINGTON, PHILIP, The Primitive Christian Calendar. A Study in the Making of the Marcan Gospel, Band 1, Introduction and Text, Cambridge: Univ. Press 1952.

CARTLEDGE, PAUL/SPAWFORTH, ANTONY, Hellenistic and Roman Sparta. A tale of two cities, London/New York: Routledge 1989.

CLEMENTZ, HEINRICH (HG.), Des Flavius Josephus Jüdische Altertümer. Übersetzt und mit Einleitung und Anmerkungen versehen, 13. Auflage. Wiesbaden: Fourier 1998.

— Flavius Josephus, Geschichte des jüdischen Krieges – Kleinere Schriften. Übersetzt und mit Einleitung und Anmerkungen versehen, Wiesbaden: Marix 2005.

COHEN, SHAYE J. D., Masada. Literary Tradition, Archaeological Remains, and the Credibility of Josephus, JSJ, 33 (1982), 385–405.

COHN, LEOPOLD, Art. Apion 3, PW, 1/2 (1894), 2803–2806.

COLES, REVEL A., Reports of Proceedings in Papyri, Bruxelles: Foundation Égyptologique 1966, Papy-Brux 4.

COLLINS, ADELA YARBRO, The Beginnings of the Gospel. Probings of Mark in Context, Minneapolis: Fortress 1992.

— The Genre of the Passion Narrative, StTh, 47 (1993), 3–28.

CORNILS, ANJA, Vom Geist Gottes erzählen. Analysen zur Apostelgeschichte, Tübingen: Francke 2006, TANZ 44.

CROSSAN, JOHN DOMINIC, The Cross that Spoke. The Origins of the Passion Narrative, San Francisco: Harper & Row 1988.

— Wer tötete Jesus? Die Ursprünge des christlichen Antisemitismus in den Evangelien, übers. von Peter Hahlbrock, München: Beck 1999.

DAVIDSEN, OLE, The Narrative Jesus. A Semiotic Reading of Mark's Gospel, Aarhus: Aarhus Univ. Press 1993.

DEHANDSCHUTTER, BOUDEWIJN, The Martyrium Polycarpi. A Century of Research, ANRW, II 27.1 (1993), 485–522.

DEMANDT, ALEXANDER, Was ist ein historisches Ereignis? In MÜLLER-SCHÖLL, NIKOLAUS (HG.): Ereignis. Eine fundamentale Kategorie der Zeiterfahrung. Anspruch und Aporien, Bielefeld: transcript 2003, 63–76.

DEWEY, ARTHUR J., The Locus for Death. Social Memory and the Passion Narratives, In KIRK, ALAN/THATCHER, TOM (HG.): Memory, Tradition, and Text, Atlanta: SBL 2005, Semeia Studies 52, 119–128.

DIBELIUS, MARTIN, Die Formgeschichte des Evangeliums, 3. Auflage. Tübingen: Mohr Siebeck 1959.

— Gethsemane, In LIMBECK, Redaktion, 67–80.

— Das historische Problem der Leidensgeschichte, In LIMBECK, Redaktion, 57–66.

DIHLE, ALBRECHT, Studien zur griechischen Biographie, Göttingen: Vandenhoeck & Ruprecht 1956, AAWG.PH 37.

DINGEL, JOACHIM, Art. Seneca 2: L. Annaeus S. (der Jüngere, Seneca Philosophus), DNP, 11 (2001), 411–419.

DISTELRATH, GÖTZ, Art. Prodigium, DNP, 10 (2001), 369–370.

DIXSAUT, MONIQUE, Platon, Phédon. Traduction nouvelle, introduction et notes, Paris: Flammarion 1991.

DODDS, E. R., Kap. 4 In Dream-Pattern and Culture-Pattern, Berkeley/Los Angeles: Univ. of California Press 1951, Sather Classical Lectures 25, 102–134.

DONNER, HERBERT, Kallirhoë. Das Sanatorium Herodes' des Großen, ZDPV, 79 (1963), 59–89.

— Geschichte des Volkes Israel und seiner Nachbarn in Grundzügen. Von der Königszeit bis zu Alexander dem Großen – mit einem Ausblick auf die Geschichte des Judentums bis Bar Kochba, Göttingen: Vandenhoeck & Ruprecht 1986, GAT 4/2.

DÖRING, KLAUS, Art. Sokrates (Σωκράτης) 2: Athenischer Philosoph, DNP, 11 (2001), 674–686.

DORMEYER, DETLEV, Die Passion Jesu als Verhaltensmodell. Literarische und theologische Analyse der Traditions- und Redaktionsgeschichte der Markuspassion, Münster: Aschendorff 1974 (zugl. Diss., Münster 1971/72), NTA NF 11.

— Das Markusevangelium als Idealbiographie von Jesus, dem Nazarener, 2. Auflage. Stuttgart: Kath. Bibelwerk 2002, SBB 43.

— Pragmatische und pathetische Geschichtsschreibung in der griechischen Historiographie, im Frühjudentum und im Neuen Testament, In SCHMELLER, Historiographie, 1–33.

DOWD, SHARYN/MALBON, ELIZABETH STRUTHERS, The Significance of Jesus' Death in Mark. Narrative Context and Authorial Audience, JBL, 125 (2006), 271–297.

DRUX, RUDOLF, Art. Motiv, RLW, 2 (2000), 638–641.

DUBUISSON, MICHEL, Toi aussi, mon fils! Latomus, 39 (1980), 881–890.

EBERT, THEODOR, Platon, Phaidon. Übersetzung und Kommentar, Göttingen: Vandenhoeck & Ruprecht 2004, Platon Werke I 4.

EBNER, MARTIN, Von gefährlichen Viten und biographisch orientierten Geschichtswerken. Vitenliteratur im Verhältnis zur Historiographie in hellenistisch-römischer und urchristlicher Literatur, In SCHMELLER, Historiographie, 34–61.

— /HEININGER, BERNHARD, Exegese des Neuen Testaments. Ein Arbeitsbuch für Lehre und Praxis, Paderborn u. a.: Schöningh 2005, UTB 2677.

ECK, WERNER, Art. Petronius 49 a): T. Petronius Niger, PW, Suppl. 14 (1974), 383.

— Art. Claudius III 1, DNP, 3 (1997), 22–26.

— Art. Claudius III 1, DNP, 3 (1997), 22–26.

— Art. Clodius II 15: P. C. Thrasea Paetus, DNP, 3 (1997), 41–42.

— Art. Galba 2. DNP, 4 (1998), 746–747.

— Art. Ofonius Tigellinus, DNP, 8 (2000), 1120.

EDER, WALTER, Art. Vierkaiserjahr, DNP, 12/2 (2003), 204–205.

EGGER, WILHELM, Methodenlehre zum Neuen Testament. Einführung in linguistische und historisch-kritische Methoden, Freiburg/Basel/Wien: Herder 1987.

EHRHARDT, ARNOLD, Art. Tormenta 2, PW, 6 A/2 (1937), 1775–1794.

EIGLER, ULRICH, Art. Nepos 2: Cornelius N. DNP, 8 (2000), 839–840.

ENGEL, HELMUT, Die Bücher der Makkabäer, In ZENGER u. a., Einleitung, 312–328.

ENGELS, JOHANNES, Art. Phokion (Φωκίων), DNP, 9 (2000), 942–944.

ERNST, JOSEF, Die Passionserzählung und die Aporien der Forschung, ThGl, 70 (1980), 160–180.

FEICHTINGER, BARBARA/SENG, HELMUT (HG.), Die Christen und der Körper. Aspekte der Körperlichkeit in der christlichen Literatur der Spätantike, München/Leipzig: Saur 2004, Beiträge zur Altertumskunde 184.

FELDMAN, LOUIS H./LEVISON, JOHN R. (HG.), Josephus' *Contra Apionem*. Studies in its Character and Context with a Latin Concordance to the Portion Missing in Greek, Leiden/New York/Köln: Brill 1996, AGJU 34.

FITZLER, KURT/SEECK, OTTO, Art. Iulius 132) C. Iulius C. f. Caesar, PW, 10/1 (1918), 275–381.

FITZMYER, JOSEPH A., The Acts of the Apostles. A New Translation with Introduction and Commentary, New York u. a.: Doubleday 1998, AncB 31.

FLACH, DIETER, Tacitus in der Tradition der antiken Geschichtsschreibung, Göttingen: Vandenhoeck & Ruprecht 1973, Hypomnemata 39.

FLAIG, EGON, Art. Tacitus 1: (P.?) Cornelius T. DNP, 11 (2001), 1209–1214.

FLUSS, MAX, Art. Sulpicius 63: Servius Sulpicius Galba, PW, 4 A/1 (1931), 772–801.

— Art. Tineius 6: Q. Tineius Rufus, PW, 6 A (1937), 1376–1379.

FOX, ROBIN LANE, Pagans and Christians, 1986. Nachdruck, London: Penguin 2006.

FREY, JÖRG/SCHRÖTER, JENS (HG.), Deutungen des Todes Jesu im Neuen Testament, Tübingen: Mohr Siebeck 2005, WUNT 181.

FRICK, PETER, Divine Providence in Philo of Alexandria, Tübingen: Mohr Siebeck 1999, TSAJ 77.

FRICKENSCHMIDT, DIRK, Evangelium als Biographie. Die vier Evangelien im Rahmen antiker Erzähl-kunst, Tübingen/Basel: Francke 1997 (zugl. Diss., Heidelberg 1996), TANZ 22.

FUNAIOLI, GINO, Art. Suetonius 4) C. Suetonius Tranquillus, PW, 4 A/1 (1931), 593–641.

FURNEAUX, HENRY, Cornelii Taciti Annalium ab Excessu Divi Augusti Libri. The Annals of Tacitus Edited with Introduction and Notes, Band 2, Books XI – XVI, 2. Auflage. 1907. Nachdruck, Oxford: Clarendon 1961.

GAHEIS, ALEXANDER, Art. Claudius 256: Ti. Claudius Nero Germanicus = Ti. Claudius Caesar Augustus Germanicus, PW, 3/2 (1899), 2778–2839.

GALSTERER, HARTMUT, Art. Monumentum Ancyranum, DNP, 8 (2000), 388–389.

GARLAND, DAVID E., One Hundred Years of Study on the Passion Narratives, Macon: Mercer Univ. Press 1990, NABPR Bibl. Series 3.

GAUGER, JÖRG-DIETER, Der »Tod des Verfolgers«: Überlegungen zur Historizität eines Topos, JSJ, 33 (2002), 42–64.

GEHRKE, HANS-JOACHIM, Phokion. Studien zur Erfassung seiner historischen Gestalt, München: Beck 1976, Zetemata 64.

GEIGER, JOSEPH, Cornelius Nepos and Ancient Political Biography, Stuttgart: Steiner 1985, Hist. Ein-zelschriften 47.

GELZER, MATTHIAS, Art. Iulius 133: C. ⟨Iulius⟩ Caesar Germanicus, PW, 10/1 (1918), 381–423.

GENETTE, G., Die Erzählung, übers. von Andreas Knop, München: Fink 1994, UTB.

GEORGIADOU, ARISTOULA, The *Lives of the Caesars* and Plutarch's other *Lives*, ICS, 13 (1988), 349–356.

— Plutarch's Pelopidas. A Historical and Philological Commentary, Stuttgart/Leipzig: Teubner 1997, Beitr. z. Altertumskunde 105.

GERBER, CHRISTINE, Ein Bild des Judentums für Nichtjuden von Flavius Josephus. Untersuchungen zu seiner Schrift *Contra Apionem*, Leiden/New York/Köln: Brill 1997, AGJU 40.

GESENIUS, WILHELM/KAUTZSCH, EMIL, Hebräische Grammatik, 28. Auflage. 1909. Nachdruck, Hildes-heim: Olms 1995.

GIELEN, MARLIS, Die Passionserzählung in den vier Evangelien. Literarische Gestaltung – theologische Schwerpunkte, Stuttgart: Kohlhammer 2008.

GIGON, OLOF, Sokrates, sein Bild in Dichtung und Geschichte, 2. Auflage. Bern/München: Francke 1979.

GILL, DAN, A natural spur at Masada, Nature, 364 (1993), 569–570.

GILMORE, DAVID D. (HG.), Honor and Shame and the Unity of the Mediterranean, Washington D.C.: American Anthropological Association 1987.

GINZBURG, CARLO, Die Wahrheit der Geschichte. Rhetorik und Beweis, übers. von Wolfgang Kaiser, Berlin: Wagenbach 2001.

GLEASON, MAUD, Mutilated messengers: body language in Josephus, In GOLDHILL, SIMON (HG.): Being Greek under Rome. Cultural Identity, the Second Sophistic and the Development of Empire, Cambridge: Univ. Press 2001, 50–85.

GNILKA, CHRISTIAN, Ultima Verba, JAC, 22 (1979), 5–21.

GNILKA, JOACHIM, Das Martyrium Johannes' des Täufers (Mk 6,17–29), In HOFFMANN, PAUL (HG.): Orientierung an Jesus. Zur Theologie der Synoptiker, Freiburg/Basel/Wien: Herder 1973, 78–92.

— Das Evangelium nach Markus. Mk 1 – 8,26, 3. Auflage. Zürich: Benziger 1989, EKK 2/1.

— Das Evangelium nach Markus. Mk 8,27 – 16,20, 3. Auflage. Zürich: Benziger 1989, EKK 2/2.

GOERTZ, HANS-JÜRGEN, Umgang mit Geschichte. Eine Einführung in die Geschichtstheorie, Reinbek: Rowohlt 1995.

GOLDSTEIN, JONATHAN, II Maccabees. A New Translation with Introduction and Commentary, New York u. a.: Doubleday 1983, AncB 41 A.

GOODENOUGH, ERWIN R., The Politics of Philo Judaeus.Practice and Theory, 1938. Nachdruck, Hildesheim: Olms 1967.

GÖRGEMANNS, HERWIG, Art. Dialog, DNP, 3 (1997), 517–521.

GRAF, FRITZ, Art. Hostilius 4: Tullus H. DNP, 5 (1998), 745–746.

GRÄSSER, ERICH, An die Hebräer. Hebr 1 – 6, Zürich/Braunschweig/Neukirchen-Vluyn: Benziger/Neukirchener 1990, EKK 17/1.

— An die Hebräer. Hebr 10,19 – 13,25, Zürich/Neukirchen-Vluyn: Benziger/Neukirchener 1997, EKK 17/3.

GREEN, JOEL B., The Gospel of Peter: Source for a Pre-Canonical Passion Narrative? ZNW, 78 (1987), 293–301.

— The Death of Jesus. Tradition and Interpretation in the Passion Narrative, Tübingen: Mohr Siebeck 1988 (zugl. Diss., Aberdeen 1985), WUNT II 33.

GREIMAS, ALGIRDAS JULIEN, Strukturale Semantik. Methodologische Untersuchungen, übers. von Jens Ihwe, Braunschweig: Vieweg 1971, Wiss. u. Philosophie 4.

GRIFFIN, MIRIAM T., Seneca. A Philosopher in Politics, Oxford: Clarendon 1976.

GROAG, EDMUND, Art. Calpurnius 79) L. Calpurnius Piso, PW, 3/1 (1897), 1385.

GROEBE, PAUL, Art. Iulius 131: C. Iulius C. f. C. n. Caesar, PW, 10/1 (1918), 186–259.

GUNDRY, ROBERT H., Mark. A Commentary on His Apology for the Cross, Grand Rapids: Eerdmans 1993.

GÜTTGEMANNS, ERHARDT, Offene Fragen zur Formgeschichte des Evangeliums. Eine methodologische Skizze der Grundlagenproblematik der Form- und Redaktionsgeschichte, 2. Auflage. München: Kaiser 1971, BEvTh 54.

HAAG, HERBERT, Der Gottesknecht bei Deuterojesaja, Darmstadt: Wiss. Buchges. 1985, EdF 233.

HABERMEHL, PETER, Art. Petronius 5: P. Niger (Arbiter), DNP, 9 (2000), 672–676.

HABICHT, CHRISTIAN, 2. Makkabäerbuch, JSHRZ, 1/3 (1976), 165–285.

HAENCHEN, ERNST, Die Apostelgeschichte, 16. Auflage. Göttingen: Vandenhoeck & Ruprecht 1977, KEK 3.

HAHN, FERDINAND (HG.), Der Erzähler des Evangeliums. Methodische Neuansätze in der Markusforschung, Stuttgart: Kath. Bibelwerk 1985, SBS 118/119.

HAMMERSHAIMB, ERLING, Das Martyrium Jesajas, JSHRZ, II/1 (1973), 15–34.

HÄNDEL, PAUL, Art. prodigium, PW, 23/2 (1959), 2283–2296.

HANSLIK, RUDOLF, Die Augustusvita Suetons, WSt, 67 (1954), 99–144.

HANSON, K. C., The Herodians and Mediterranean Kinship. Part I: Genealogy and Descent, BTB, 19 (1989), 75–84.

— The Herodians and Mediterranean Kinship. Part II: Marriage and Divorce, BTB, 19 (1989), 142–151.

— The Herodians and Mediterranean Kinship. Part III: Economics, BTB, 20 (1990), 10–21.

HARDER, RUTH E., Art. Dirke (Δίρκη), DNP, 3 (1997), 688.

HARE, D. R. A., The Lives of the Prophets, In CHARLESWORTH, JAMES H. (HG.): The Old Testament Pseudepigrapha, Band 2, Expansions of the »Old Testament« and Legends, Wisdom and Philosophical Literature, Prayers, Psalms, and Odes, Fragments of Lost Judeo-Hellenistic Works, New York: Doubleday 1985, 379–399.

HAREN, MICHAEL J., The Naked Young Man. A Historian's Hypothesis on Mark 14,51-52, Bib. 79 (1998), 525–531.

HEBREW UNIVERSITY OF JERUSALEM, New excavations strengthen identification of Herod's grave at Herodium, ⟨URL: http://www.hunews.huji.ac.il/articles.asp?cat=6&artID=935⟩ – Zugriff am 24. September 2009.

HEINRICI, D. C. F. GEORG, Der litterarische Charakter der neutestamentlichen Schriften, Leipzig: Verlag d. Dürr'schen Buchh. 1908.

HEINZE, THEODOR, Art. Metragyrtai (Μητραγύρται), DNP, 8 (2000), 109.

HELM, RUDOLF, Art. Valerius 239: Valerius Maximus, PW, 8 A/1 (1955), 90–116.

HENGEL, MARTIN, Entstehungszeit und Situation des Markusevangeliums, In CANCIK, Markus-Philologie, 1–45.

HENTEN, JAN WILLEM VAN, Art. Makkabäerbücher, RGG⁴, 5 (2002), 702–705.

— Jewish Martyrdom and Jesus' Death, In FREY/SCHRÖTER, Deutungen, 139–168.

— /AVEMARIE, FRIEDRICH, Martyrdom and Noble Death. Selected texts from Graeco-Roman, Jewish and Christian Antiquity, London/New York: Routledge 2002.

HENZE, WALTER, Art. Barea 2: Barea Soranus, PW, 3 (1899), 12–13.

HERZOG-HAUSER, GERTRUD, Art. Trauerbekleidung, PW, 6 A/2 (1937), 2225–2231.

HESS, PETER, Art. Topos, RLW, 3 (2003), 649–652.

HEUBNER, HEINZ, P. Cornelius Tacitus, Die Historien. Kommentar, Band 1, Erstes Buch, Heidelberg: Winter 1963.

— P. Cornelius Tacitus, Die Historien. Kommentar, Band 4, Viertes Buch, Heidelberg: Winter 1976.

HOHL, ERNST, Art. Domitius 29: L. Domitius Ahenobarbus = Nero Claudius Caesar Augustus Germanicus, PW, Suppl. 3 (1918), 349–394.

HÖLSCHER, GUSTAV, Art. Josephus 2, PW, 9/2 (1916), 1934–2000.

HORNBLOWER, SIMON, Art. Thukydides (Θουκυδίδης) 2: Th. aus Athen, DNP, 12/1 (2002), 506–512.

HORST, PIETER WILLEM VAN DER, Philo's Flaccus. The First Pogrom. Introduction, Translation and Commentary, Leiden/Boston: Brill 2003, Philo of Alexandria Comm. Ser. 2.

IERSEL, BAS M. F. VAN, Mark. A Reader-Response Commentary, Sheffield: Acad. Press 1998, JSNT.S 164.

JACOBS, MARTIN, Art. Aqiva (Akiba) ben Joseph, RGG⁴, 1 (1998), 664f.

JAPHET, SARA, 2 Chronik, übers. von Dafna Mach, Freiburg/Basel/Wien: Herder 2003, HThK AT.

JASTROW, MARCUS, A Dictionary of the Targumim, the Talmud Babli and Yerushalmi, and the Midrashic Literature, 1903. Nachdruck, New York: Pardes 1950.

JEREMIAS, JOACHIM, Heiligengräber in Jesu Umwelt (Mt. 23,29; Lk. 11,47). Eine Untersuchung zur Volksreligion der Zeit Jesu, Göttingen: Vandenhoeck & Ruprecht 1958.

— Die Abendmahlsworte Jesu, 4. Auflage. Göttingen: Vandenhoeck & Ruprecht 1967.

JONES, C. P., Towards a Chronology of Plutarch's Works, JRS, 56 (1966), 61–74.

MICHEL, OTTO/BAUERNFEIND, OTTO (HG.), Flavius *Josephus, De bello Judaico* – Der jüdische Krieg. Zweisprachige Ausgabe der sieben Bücher, Band II,2, Darmstadt: Wiss. Buchges. 1969.

JUDEICH, WALTHER, Art. Datames, PW, 4/2 (1901), 2224–2225.

JUEL, DONALD H., Messiah and Temple. The Trial of Jesus in the Gospel of Mark, Missoula: Scholars Press 1977 (zugl. Diss., Yale 1973), SBL.DS 31.

— A Master of Surprise. Mark Interpreted, Minneapolis: Fortress 1994.

JÜLICHER, ADOLF, Rez. Bertram, Die Leidensgeschichte Jesu und der Christuskult, ThLZ, 48 (1923), 9–11.

JÜNGLING, HANS-WINFRIED, Das Buch Jesaja, In ZENGER U. A., Einleitung, 427–451.

KAERST, JULIUS, Art. Eumenes 4), PW, 6/1 (1907), 1083–1090.

KÄHLER, MARTIN, Der sogenannte historische Jesus und der geschichtliche, biblische Christus, 1892. Nachdruck, München: Kaiser 1953, TB 2.

KALMS, JÜRGEN U. (HG.), Internationales Josephus-Kolloquium Aarhus 1999, Münster: Lit 2000, Münsteraner Judaistische Studien 6.

KASHER, ARYEH, Polemic and Apologetic Methods of Writing in *Contra Apionem*, In FELDMAN/LEVISON, *Contra Apionem*, 143–186.

KELBER, WERNER H., Conclusion: From Passion Narrative to Gospel, In KELBER, Passion, 153–180.

— The Passion in Mark. Studies on Mark 14 – 16, Philadelphia: Fortress 1976.

KELLERMANN, DIETER, Art. אֶשְׁם, ThWAT, 1 (1973), 463–472.

KELLERMANN, ULRICH, Auferstanden in den Himmel. 2 Makkabäer 7 und die Auferstehung der Märtyrer, Stuttgart: Kath. Bibelwerk 1979, SBS 91.

KIENAST, DIETMAR, Art. Augustus, DNP, 2 (1997), 302–314.

— Art. Avillius, DNP, 2 (1997), 371.

KIRNER, GUIDO O., Strafgewalt und Provinzialherrschaft. Eine Untersuchung zur Strafgewaltspraxis der römischen Statthalter in Judäa, Berlin: Duncker & Humblot 2004, Schriften zur Rechtsgeschichte 109.

KLAUCK, HANS-JOSEF, Die erzählerische Rolle der Jünger im Markusevangelium. Eine narrative Analyse, NT, 24 (1982), 1–26.

KNOCH, OTTO B., Im Namen des Petrus und Paulus: Der Brief des Clemens Romanus und die Eigenart des römischen Christentums, ANRW, II 27.1 (1993), 3–54.

KOESTER, HELMUT, Jesu Leiden und Tod als Erzählung, In BARTELMUS, RÜDIGER/KRÜGER, THOMAS/UTZSCHNEIDER, HELMUT (HG.): Konsequente Traditionsgeschichte, Freiburg Schweiz/Göttingen: Universitätsverlag Freiburg/Vandenhoeck & Ruprecht 1993, OBO 126, 199–204.

— Art. Evangelium II. Gattung, RGG⁴, 2 (1999), 1736–1741.

KOESTERMANN, ERICH (HG.), Cornelius Tacitus Annalen, Band 1, Buch 1 – 3 erläutert und mit einer Einleitung versehen, Heidelberg: Carl Winter 1963.

— Cornelius Tacitus Annalen, Band 4, Buch 14 – 16 erläutert und mit einer Einleitung versehen, Heidelberg: Carl Winter 1968.

KRAMER, JOHANNES, Geschichte der lateinischen Sprache, In GRAF, FRITZ (HG.): Einleitung in die lateinische Philologie, Stuttgart/Leipzig: Teubner 1997, 115–162.

KROHN, FRIEDRICH, Personendarstellungen bei Tacitus, Diss. Leipzig 1934.

KROLL, WILHELM, Art. Iunius 149: Iunius Rusticus Arulenus, PW, 10 (1919), 1083–1084.

— Art. Petronius 29: T. Petronius Arbiter, PW, 19 (1938), 1201–1214.

KÜBLER, BERNHARD, Art. Maiestas 1, PW, 14/1 (1928), 542–559.

KUHN, HEINZ-WOLFGANG, Die Kreuzesstrafe während der frühen Kaiserzeit. Ihre Wirklichkeit und Wertung in der Umwelt des Urchristentums, ANRW, II 25.1 (1982), 648–793.

KUHRT, AMÉLIE/SANCISI-WEERDENBURG, HELEN, Art. Datames, DNP, 3 (1997), 332.

KUNNERT, HEINRICH, Art. Clodius 58: P. Clodius Thrasea Paetus, PW, 4 (1901), 99–103.

LABOW, DAGMAR, Flavius Josephus, Contra Apionem, Buch I. Einleitung, Text, Textkritischer Apparat, Übersetzung und Kommentar, Stuttgart: Kohlhammer 2005, BWANT 167.

LAMPE, PETER, Die stadtrömischen Christen in den ersten beiden Jahrhunderten. Untersuchungen zur Sozialgeschichte, 2. Auflage. Tübingen: Mohr Siebeck 1989, WUNT II 18.

LATACZ, JOACHIM, Art. Homeros 1, DNP, 5 (1998), 686–699.

LEBRAM, JÜRGEN, Art. Daniel/Danielbuch, TRE, 8 (1981), 325–349.

LEHMANN, GUSTAV ADOLF, Oligarchische Herrschaft im klassischen Athen. Zu den Krisen und Katastrophen der attischen Demokratie im 5. und 4. Jahrhundert v. Chr. Opladen: Westfälischer Verlag 1997, Nordrhein-Westfälische Akademie der Wiss. VG 346.

LEISEGANG, HANS, Art. Philon 41) P. aus Alexandreia, PW, 20/1 (1941), 1–50.

— Art. Platon 1) Der Philosoph, PW, 20/2 (1950), 2342–2537.

LENSCHAU, THOMAS, Art. Kleomenes 6. PW, 11/1 (1921), 702–710.

— Art. Phokion 2, PW, 20/1 (1941), 458–473.

LEO, FRIEDRICH, Die griechisch-römische Biographie nach ihrer litterarischen Form, Leipzig: Teubner 1901.

LIDDELL, HENRY GEORGE/SCOTT, ROBERT/JONES, HENRY STUART, A Greek-English Lexicon. With a revised supplement, 9. Auflage. 1940. Nachdruck, Oxford: Clarendon 1996.

LIETZMANN, HANS, Der Prozeß Jesu, In Kleine Schriften, Band 2, Studien zum Neuen Testament, Berlin: Akademie-Verlag 1958, 251–263.

LIMBECK, MEINRAD (HG.), Redaktion und Theologie des Passionsberichtes nach den Synoptikern, Darmstadt: Wiss. Buchges. 1981, WdF 481.

LINDEMANN, ANDREAS, Literatur zu den Synoptischen Evangelien 1992–2000 (III) Das Markusevangelium, ThR, 69 (2004), 369–423.

LINDNER, HELGO, Die Geschichtsauffassung des Flavius Josephus im Bellum Judaicum. Gleichzeitig ein Beitrag zur Quellenfrage, Leiden: Brill 1972, AGJU 12.

LINNEMANN, ETA, Studien zur Passionsgeschichte, Göttingen: Vandenhoeck & Ruprecht 1970, FRLANT 102.

LOHMEYER, ERNST, Das Evangelium des Markus, 16. Auflage. Göttingen: Vandenhoeck & Ruprecht 1963, KEK 1/2.

LONA, HORACIO E., Der erste Clemensbrief. Übersetzt und erklärt, Göttingen: Vandenhoeck & Ruprecht 1998, KAV 2.

LUHMANN, NIKLAS, Liebe als Passion. Zur Codierung von Intimität, 1982. Nachdruck, Frankfurt a. M.: Suhrkamp 2003, stw 1124.

LÜHRMANN, DIETER, Das Markusevangelium, Tübingen: Mohr Siebeck 1987, HNT 3.

LUZ, ULRICH, Markusforschung in der Sackgasse? ThLZ, 105 (1980), 641–655.

MACH, MICHAEL, Art. Philo von Alexandrien, TRE, 26 (1996), 523–531.

MALBON, ELIZABETH STRUTHERS, Hearing Mark. A Listener's Guide, Harrisburg: Trinity 2002.

MALINA, BRUCE J., Die Welt des Neuen Testaments. Kulturanthropologische Einsichten, Stuttgart/Berlin/Köln: Kohlhammer 1993.

MARIN, LOUIS, Semiotik der Passionsgeschichte. Die Zeichensprache der Ortsangaben und Personennamen, übers. von Siegfried Virgils, München: Kaiser 1976, BEvTh 70, wiss. bearbeitet und mit einem Nachwort von Erhardt Güttgemanns.

MARX, F. A., Tacitus und die Literatur der exitus illustrium virorum, Philol. 92/NF 46 (1937), 83–103.

MARX, FRIEDRICH, Art. Annaeus 9: M. Annaeus Lucanus, PW, 1/2 (1894), 2226–2236.

MARXSEN, WILLI, Der Evangelist Markus. Studien zur Redaktionsgeschichte des Evangeliums, Göttingen: Vandenhoeck & Ruprecht 1956, FRLANT 67.

MASON, STEVE, The Contra Apionem in Social and Literary Context. An Invitation to Judean Philosophy, In FELDMAN/LEVISON, Contra Apionem, 187–228.

MAURACH, GREGOR, Seneca. Leben und Werk, 4. Auflage. Darmstadt: Wiss. Buchges. 2005.

MAYER, GÜNTER, Art. Flavius Josephus, TRE, 17 (1988), 258–264.

McMASTER TRAJAN PROJECT, Trajan's Column Image Database, ⟨URL: http://cheiron.humanities. mcmaster.ca/~trajan/buildtrajanpage.cgi?205.11308+true⟩ – Zugriff am 23. September 2009.

MEHL, ANDREAS, Art. Eumenes (Εὐμένης) 1, DNP, 4 (1998), 250–251.

MEISER, MARTIN, Die Reaktion des Volkes auf Jesus. Eine redaktionskritische Untersuchung zu den synoptischen Evangelien, Berlin/New York: De Gruyter 1998, BZNW 96.

— Frühjüdische und frühchristliche Apologetik, In KALMS, Josephus-Kolloquium 1999, 155–184.

MEISTER, KLAUS, Art. Dion I 1, DNP, 3 (1997), 619f..

MITTELSTAEDT, ALEXANDER, Lukas als Historiker. Zur Datierung des lukanischen Doppelwerkes, Tübingen: Francke 2006, TANZ 43.

MITTMANN-RICHERT, ULRIKE, Historische und legendarische Erzählungen, JSHRZ, 6/1 (2000), 1–237.

MOEHRING, HORST RUDOLF, Novelistic Elements in the Writings of Flavius Josephus, Diss. Chicago 1957.

MOHR, TILL AREND, Markus- und Johannespassion. Redaktions- und traditionsgeschichtliche Untersuchung der Markinischen und Johanneischen Passionstradition, Zürich: Theologischer Verlag 1982, AThANT 70.

MONTANARI, FRANCO, Art. Apion (Ἀπίων), DNP, 1 (1996), 845–847.

MOST, GLENN W., »A Cock for Asclepius«, CQ, N. F. 43 (1993), 96–111.

MÜLLER, C. DETLEF G., Die Himmelfahrt des Jesaja, In SCHNEEMELCHER, WILHELM (HG.): Neutestamentliche Apokryphen in deutscher Übersetzung, Band 2, Apostolisches, Apokalypsen und Verwandtes, 6. Auflage. Tübingen: Mohr Siebeck 1997, 547–562.

MÜLLER, PETER, »Wer ist dieser?« Jesus im Markusevangelium. Markus als Erzähler, Verkündiger und Lehrer, Neukirchen-Vluyn: Neukirchener 1995, BThSt 27.

NETZER, EHUD, The Architecture of Herod, the Great Builder, Tübingen: Mohr Siebeck 2006, TSAJ 117.

NICKELSBURG, GEORGE W. E., The Genre and Function of the Markan Passion Narrative, HTR, 73 (1980), 153–184.

NIEBUHR, KARL-WILHELM, Tod und Leben bei Josephus und im Neuen Testament. Beobachtungen aus wechselseitiger Wahrnehmung, In BÖTTRICH/HERZER, Josephus, 49–70.

NIEDERMEYER, HANS, Über antike Protokoll-Literatur, Diss. Göttingen 1918.

NIESE, BENEDIKT, Art. Agis 4) Agis IV. PW, 1/1 (1893), 819–821.

— Art. Dion (Δίων) 2, PW, 5/1 (1903), 834–846.

NÜNNING, ANSGAR, Art. Erzähltheorie, RLW, 1 (1997), 513–516.

— Art. Fiktionssignale, In — (HG.): Metzler Lexikon Literatur- und Kulturtheorie. Ansätze – Personen – Grundbegriffe, 2. Auflage. Stuttgart/Weimar: Metzler 2001, 178.

OBERLINNER, LORENZ, Historische Überlieferung und christologische Aussage. Zur Frage der »Brüder Jesu« in der Synopse, Stuttgart: Kath. Bibelwerk 1975, fzb 19.

OEHLER, JOHANN, Art. Γυμνασίαρχος, PW, 7 (1912), 1969–2004.

O'NEILL, J. C., Internationales Josephus-Kolloquium Brüssel 1998, In KALMS, JÜRGEN U./SIEGERT, FOLKER (HG.): Who Wrote What in Josephus' Contra Apionem, Münster: Lit 1999, Münsteraner Judaistische Studien 4, 270–281.

OTTO, WALTER, Art. Herodes 14: Herodes I. PW, Suppl. 2 (1913), 1–158.

PAESLER, KURT, Das Tempelwort Jesu. Die Traditionen von Tempelzerstörung und Tempelerneuerung im Neuen Testament, Göttingen: Vandenhoeck & Ruprecht 1999, FRLANT 184.

PALMER, DARRYL W., Acts and the Ancient Historical Monograph, In WINTER, BRUCE W./CLARKE, ANDREW D. (HG.): The Book of Acts in Its First Century Setting, Band 1, The Book of Acts in Its Ancient Literary Setting, Grand Rapids/Carlisle: Eerdmans/Paternoster 1993. – Kapitel 1, 1–29.

PATZEK, BARBARA, Art. Tyrannenmord, DNP, 12/1 (2002), 946.

PATZER, ANDREAS (HG.), Der historische Sokrates, Darmstadt: Wiss. Buchges. 1987, WdF 585.

PELLEGRINI, SILVIA, Elija – Wegbereiter des Gottessohnes. Eine textsemiotische Untersuchung im Markusevangelium, Freiburg u. a.: Herder 2000, Herders biblische Studien 26.

PELLING, C. B. R., Plutarch's Method of Work in the Roman *Lives*, In SCARDIGLI, BARBARA (HG.): Essays on Plutarch's Lives, Oxford: Clarendon 1995, 265–318.

— Is Death the End? Closure in Plutarch's Lives, In ROBERTS, DEBORAH H./DUNN, FRANCIS M./FOWLER, DON (HG.): Classical Closure. Reading the End in Greek and Latin Literature, Princeton: Princeton University Press 1997, 228–250.

— Art. Plutarchos 2, DNP, 9 (2000), 1159–1165.

PESCH, RUDOLF, Die Apostelgeschichte. Apg 1–12, Zürich/Einsiedeln/Neukirchen-Vluyn: Benziger/Neukirchener 1986, EKK 5/1.

— Das Markusevangelium. Einleitung und Kommentar zu Kapitel 1,1 – 8,26, 4. Auflage. 1984. Nachdruck, Freiburg/Basel/Wien: Herder 2000, HThK NT 2/1.

— Das Markusevangelium. Kommentar zu Kapitel 8,27 – 16,20, 4. Auflage. 1984. Nachdruck, Freiburg/Basel/Wien: Herder 2000, HThK NT 2/2.

PETERSEN, NORMAN R., Die »Perspektive« in der Erzählung des Markusevangeliums, In HAHN, Erzähler, 67–91.

PITT-RIVERS, JULIAN, Honour and Social Status, In PERISTIANY, J. G. (HG.): Honour and Shame. The Values of Mediterranean Society, London: Weidenfeld and Nicolson 1966, 19–77.

PODLECKI, ANTHONY J./DUANE, SANDRA, A Survey of Work on Plutarch's Greek Lives, 1951–1988, ANRW, II 33.6 (1991), 4053–4127.

PORTON, GARY G., The Pronouncement Story in Tannaitic Literature. A Review of Bultmann's Theory, Semeia, 20 (1981), 81–99.

PREMERSTEIN, ANTON VON, Zu den sogenannten alexandrinischen Märtyrerakten, Leipzig: Dieterich'sche Verlagsbuchhandlung 1923, Philol. Suppl. 16/2.

PRIOR, WILLIAM J. (HG.), Socrates. Historical Assessments, Band 2, Issues Arising from the Trial of Socrates, London/New York: Routledge 1996.

QUESTA, CESARE, Studi sulle fonti degli *Annales* di Tacito, 2. Auflage. Roma: Edizioni dell'Ateneo 1963.

RAJAK, TESSA, Art. Josephus, RGG⁴, 4 (2001), 585–587.

REINBOLD, WOLFGANG, Der älteste Bericht über den Tod Jesu. Literarische Analyse und historische Kritik der Passionsdarstellungen in den Evangelien, Berlin/New York: De Gruyter 1994 (zugl. Diss., Göttingen 1993), BZNW 69.

— Der Prozeß Jesu, Göttingen: Vandenhoeck & Ruprecht 2006, BTSP 28.

REINCKE, GERHARD, Art. Pelopidas, PW, 19/1 (1937), 375–380.

REITZENSTEIN, R., Ein Stück hellenistischer Kleinliteratur, NGWG.PH, (1904), 309–332.

RHOADS, DAVID M./MICHIE, DONALD, Mark as Story. An Introduction to the Narrative of a Gospel, Philadelphia: Fortress 1982.

RICHARDSON, PETER, Herod. King of the Jews and Friend of the Romans, Columbia: Univ. of South Carolina Press 1996.

Riess, Ernst, Art. Omen, PW, 18/1 (1942), 350–378.

Riikonen, H[annu] K., Menippean Satire as a Literary Genre with Special Reference to Seneca's Apocolocyntosis, Helsinki: Soc. Scientiarum Fennica 1987, Commentationes Humanarum Litterarum 83.

Robinson, John A. T., Redating the New Testament, London: SCM 1976.

Rohden, Paul von, Art. Avillius 3) L. Avillius Flaccus, PW, 2/2 (1896), 2392.

Roloff, Jürgen, Die Apostelgeschichte, Göttingen: Vandenhoeck & Ruprecht 1981, NTD 5.

Ronconi, Alessandro, Exitus illustrium virorum, Studi Italiani di filologia classica, 17 (1940), 3–32.

— Art. Exitus illustrium virorum, RAC, 6 (1966), 1258–1268.

Roth, Jonathan, The Length of the Siege of Masada, Scripta Israelica Classica, 14 (1995), 87–110.

Rowe, C. J. (Hg.), Plato, Phaedo, Cambridge: Univ. Press 1993.

Rudich, Vasily, Political Dissidence under Nero. The Price of Dissimulation, London/New York: Routledge 1993.

Runia, David T., Art. Philon (Φίλων) 12: Ph. von Alexandreia (Philo Iudaeus), DNP, 9 (2000), 850–586.

Rüpke, Jörg, Art. Valerius III 5: V. Maximus, DNP, 12/1 (2002), 1116–1117.

Sallmann, Klaus, Art. Suetonius 2: S. Tranquillus, C. DNP, 11 (2001), 1084–1088.

Satran, David, Biblical Prophets in Byzantine Palestine. Reassessing the Lives of the Prophets, Leiden/New York/Köln: Brill 1995, SVTP 11.

Schalit, Abraham, König Herodes. Der Mann und sein Werk, Berlin: De Gruyter 1969, SJ 4.

Schelkle, Karl Hermann, Die Passion Jesu in der Verkündigung des Neuen Testaments. Ein Beitrag zur Formgeschichte und zur Theologie des Neuen Testaments, Heidelberg: Kerle 1949 (zugl. Diss., Bonn 1940/41).

Schenk, Wolfgang, Der Passionsbericht nach Markus. Untersuchungen zur Überlieferungsgeschichte der Passionstradition, Gütersloh: G. Mohn 1974.

Schenke, Ludger, Studien zur Passionsgeschichte des Markus. Tradition und Redaktion in Markus 14,1–42, Würzburg: Echter 1971, fzb 4.

— Der gekreuzigte Christus. Versuch einer literarkritischen und traditionsgeschichtlichen Bestimmung der vormarkinischen Passionsgeschichte, Stuttgart: Kath. Bibelwerk 1974, SBS 69.

Scherberich, Klaus, Untersuchungen zur vita Claudii des Sueton, Diss. Köln 1995.

Schiemann, Gottfried, Art. Suizid, DNP, 11 (2001), 1093–1094.

Schille, Gottfried, Das Leiden des Herrn. Die evangelische Passionstradition und ihr »Sitz im Leben«, ZThK, 52 (1955), 161–205.

Schmeling, Manfred/Walstra, Kerst, Art. Erzählung 1, RLW, 1 (1997), 517–519.

Schmeller, Thomas (Hg.), Historiographie und Biographie im Neuen Testament und seiner Umwelt, Göttingen: Vandenhoeck & Ruprecht 2009, NTOA/StUNT 69.

Schmidt, Karl Ludwig, Der Rahmen der Geschichte Jesu. Literarkritische Untersuchungen zur ältesten Jesusüberlieferung, Berlin 1919. Darmstadt: Wiss. Buchges. 1964.

— Die Stellung der Evangelien in der allgemeinen Literaturgeschichte, In Sauter, Gerhard (Hg.): Neues Testament – Judentum – Kirche. Kleine Schriften, München: Kaiser 1981, TB 69, 37–147.

Schmidt, Werner H., Einführung in das Alte Testament, 5. Auflage. Berlin/New York: De Gruyter 1995.

Schmithals, Walter, Das Evangelium nach Markus. Kapitel 1 – 9,1, Würzburg/Gütersloh: Echter/G. Mohn 1979, ÖTK 2/1.

— Das Evangelium nach Markus. Kapitel 9,2 – 16,8, Würzburg/Gütersloh: Echter/G. Mohn 1979, ÖTK 2/2.

SCHMITZ, THOMAS A., Moderne Literaturtheorie und antike Texte. Eine Einführung, Darmstadt: Wiss. Buchges. 2002.

SCHNEIDER, GERHARD, Die Passion Jesu nach den älteren drei Evangelien, München: Kösel 1973, BiH 11.

SCHNEIDER, JANE, Of Vigilance and Virgins. Honor, Shame and Access to Resources in Mediterranean Societies, Ethnology, 10 (1971), 1–24.

SCHNELLE, UDO, Einleitung in das Neue Testament, 5. Auflage. Göttingen: Vandenhoeck & Ruprecht 2005.

SCHOEPS, HANS-JOACHIM, Die jüdischen Prophetenmorde, Zürich: Niehans 1943, SyBU 2.

SCHRECKENBERG, HEINZ, Art. Josephus (Flavius Josephus), RAC, 18 (1998), 761–801.

SCHREIBER, JOHANNES, Theologie des Vertrauens. Eine redaktionsgeschichtliche Untersuchung des Markusevangeliums, Hamburg: Furche 1967.

— Der Kreuzigungsbericht des Markusevangeliums Mk 15,20b–41. Eine traditionsgeschichtliche und methodenkritische Untersuchung nach William Wrede (1859–1906), Berlin/New York: De Gruyter 1986 (zugl. Diss., Bonn 1959), BZNW 48.

— Die Markuspassion. Eine redaktionsgeschichtliche Untersuchung, 2. Auflage. Berlin/New York: De Gruyter 1993, BZNW 68.

SCHUMACHER, LEONHARD, Themistokles und Pausanias. Die Katastrophe der Sieger, Gym. 94 (1987), 218–246.

SCHUNCK, KLAUS-DIETRICH, Makkabäer/Makkabäerbücher, TRE, 21 (1991), 736–745.

SCHUNCK, PETER, Römisches Sterben. Studien zu Sterbeszenen in der kaiserzeitlichen Literatur, insbesondere bei Tacitus, Diss. Heidelberg 1955.

SCHÜTRUMPF, ECKART E., Art. Xenophon 2: aus Athen, DNP, 12/2 (2003), 633–642.

SCHWABE, LUDWIG VON, Art. Cornelius 395: P. Cornelius Tacitus, PW, 4 (1901), 1566–1590.

SCHWARTZ, DANIEL R., Agrippa I. The Last King of Judaea, Tübingen: Mohr Siebeck 1990, TSAJ 23.

— Art. Herodes/Herodeshaus, RGG⁴, 3 (2000), 1675–1677.

SCHWEMER, ANNA MARIA, Studien zu den frühjüdischen Prophetenlegenden Vitae Prophetarum. Einleitung, Übersetzung und Kommentar, Band 1: Die Viten der großen Propheten Jesaja, Jeremia, Ezechiel und Daniel, Tübingen: Mohr Siebeck 1995, TSAJ 49.

— Studien zu den frühjüdischen Prophetenlegenden Vitae Prophetarum. Einleitung, Übersetzung und Kommentar, Band 2: Die Viten der kleinen Propheten und der Propheten aus den Geschichtsbüchern, Tübingen: Mohr Siebeck 1996, TSAJ 50.

— Vitae Prophetarum, JSHRZ, 1/7 (1997), 535–658.

— Prophet, Zeuge, Märtyrer. Zur Entstehung des Märtyrerbegriffs im frühesten Christentum, ZThK, 96 (1999), 320–350.

— Die Passion des Messias nach Markus und der Vorwurf des Antijudaismus, In HENGEL, MARTIN/ SCHWEMER, ANNA MARIA (Hg.): Der messianische Anspruch Jesu und die Anfänge der Christologie. Vier Studien, Tübingen: Mohr Siebeck 2001, WUNT 138, 133–163.

— Studien zu den frühjüdischen Prophetenlegenden Vitae Prophetarum. Beiheft: Synopse zu den Vitae Prophetarum, Tübingen: Mohr Siebeck o. J.

SCHWENN, FRIEDRICH, Art. Korybanten, PW, 11/2 (1922), 1441–1446.

SEELIGER, HANS REINHARD, Art. Märtyrerakten, LACL³, (2002), 470–477.

SEKRETARIAT DER DEUTSCHEN BISCHOFSKONFERENZ (Hg.), Missale Romanum – Editio typica tertia 2002. Grundordnung des römischen Messbuchs. Vorabpublikation zum Deutschen Messbuch (3. Auflage), Bonn: Sekretariat der Deutschen Bischofskonferenz 2007, Arbeitshilfen 215.

SENNETT, RICHARD, Fleisch und Stein. Der Körper und die Stadt in der westlichen Zivilisation, übers. von Linda Meissner, Berlin: Berlin Verlag 1995.

SONNABEND, HOLGER, Geschichte der antiken Biographie. Von Isokrates bis zur Historia Augusta, 2002. Nachdruck, Darmstadt: Wiss. Buchges. 2003.

SPEYER, WOLFGANG, Eine rituelle Hinrichtung des Gottesfeindes: Die Zweiteilung, In SPEYER, WOLFGANG (HG.): Frühes Christentum im antiken Strahlungsfeld. Gesammelte Aufsätze, Tübingen: Mohr Siebeck 1989, WUNT 50. – Kapitel 23, 305–321.

STANZEL, FRANZ K., Theorie des Erzählens, 7. Auflage. Göttingen: Vandenhoeck & Ruprecht 2001, UTB 904.

STEIDLE, WOLF, Sueton und die antike Biographie, München: Beck 1951, Zetemata 1.

STEIN, ARTHUR, Art. Isidoros 8, PW, 9 (1916), 2061–2062.

— Art. Subrius 2: Subrius Flavus, PW, 4 A/1 (1931), 488–489.

— Art. Ofonius Tigellinus, PW, 17/2 (1937), 2056–2061.

STEINS, GEORG, Die Bücher der Chronik, In ZENGER U. A., Einleitung, 249–262.

STEMBERGER, GÜNTER, Einleitung in Talmud und Midrasch, 8. Auflage. München: Beck 1992.

STENZEL, JULIUS, Art. Sokrates 5), PW, 3 A/1 (1927), 811–890.

STIERLE, KARLHEINZ, Geschehen, Geschichte, Text der Geschichte, In KOSELLECK, REINHART/STEMPEL, WOLF-DIETER (HG.): Geschichte – Ereignis und Erzählung, München: Fink 1973, 530–534.

STRACK, HERMANN L./BILLERBECK, PAUL, Kommentar zum Neuen Testament aus Talmud und Midrasch, Band 2, Das Evangelium nach Markus, Lukas und Johannes und die Apostelgeschichte, 2. Auflage. München: Beck 1961.

STROBEL, AUGUST, Zur Ortslage von Kallirhoë, ZDPV, 82 (1966), 149–162.

— Die Stunde der Wahrheit. Untersuchungen zum Strafverfahren gegen Jesus, Tübingen: Mohr Siebeck 1980, WUNT 21.

STROM, MARK R., An Old Testament Background to Acts 12.20–23, NTS, 32 (1986), 289–292.

SURKAU, HANS-WERNER, Martyrien in jüdischer und frühchristlicher Zeit, Göttingen: Vandenhoeck & Ruprecht 1938 (zugl. Diss., Heidelberg 1934), FRLANT 54/NF 36.

SYME, RONALD, Tacitus, Band 1 und 2, Oxford: Clarendon 1958.

— Biographers of the Caesars, MH, 37 (1980), 104–128.

SZLEZÁK, THOMAS A., Art. Platon (Πλάτων) 1: Athenischer Philosoph, DNP, 9 (2000), 1095–1109.

TANNEHILL, ROBERT C., Introduction. The Pronouncement Story and Its Types, Semeia, 20 (1981), 1–13.

— Die Jünger im Markusevangelium – die Funktion einer Erzählfigur, In HAHN, Erzähler, 37–66.

THEISSEN, GERD, Lokalkolorit und Zeitgeschichte in den Evangelien. Ein Beitrag zur Geschichte der synoptischen Tradition, Freiburg/Göttingen: Universitätsverlag Freiburg/Vandenhoeck & Ruprecht 1989, NTOA 8.

— /MERZ, ANNETTE, Der historische Jesus. Ein Lehrbuch, 2. Auflage. Göttingen: Vandenhoeck & Ruprecht 1997.

THRAEDE, KLAUS, Körperliches Leiden als Christuszeugnis der ältesten Martyriumsberichte, In EBACH, JÜRGEN U. A. (HG.): »Dies ist mein Leib«. Leibliches, Leibeigenes und Leibhaftiges bei Gott und den Menschen, Gütersloh: Gütersloher Verlagshaus 2006, Jabboq 6, 30–53.

TITCHENER, FRANCES B., Critical Trends in Plutarch's Roman Lives, 1975–1990, ANRW, II 33.6 (1991), 4128–4153.

TRITLE, LAWRENCE A., Phocion the Good, London/New York/Sidney: Croom Helm 1988.

TROCMÉ, ETIENNE, The Passion as Liturgy. A Study in the Origin of the Passion Narratives in the Four Gospels, London: SCM 1983.

VANSTONE, WILLIAM H., The Stature of Waiting, New York: Seabury 1983.

VERGOTE, JOZEF, Art. Folterwerkzeuge, RAC, 8 (1972), 112–141.

VERMES, GEZA, The Passion, London: Penguin 2005.

Vermes, Geza/Millar, Fergus/Goodman, Martin (Hg.), The History of the Jewish People in the Age of Jesus Christ by Emil Schürer. A New English Version, Band 1, Edinburgh: Clark 1973.

— The History of the Jewish People in the Age of Jesus Christ by Emil Schürer. A New English Version, Band 3.1, Edinburgh: Clark 1986.

— The History of the Jewish People in the Age of Jesus Christ by Emil Schürer. A New English Version, Band 3.2, Edinburgh: Clark 1987.

Vessey, David T., Art. Lucanus I: M. Annaeus L., der röm. Epiker Lucan. DNP, 7 (1999), 454–457.

Vetten, Claus Peter, Art. Justin der Märtyrer, LACL[3], (2002), 411–414.

Villalba i Varneda, Pere, The Historical Method of Flavius Josephus, Leiden: Brill 1986, ALGHJ 19.

Vogel, Manuel, Evangeliengattung und antike Biographie am Beispiel der letzten Worte Jesu nach Mk. 15,34, Münster Dez. 2004, unveröff. Antrittsvorlesung.

— Commentatio Mortis. 2 Kor 5,1–10 auf dem Hintergrund antiker ars moriendi, Göttingen: Vandenhoeck & Ruprecht 2006, FRLANT 214.

— Geschichtsschreibung nach den Regeln von Lob und Tadel. Sterbeszenen bei Josephus und im Neuen Testament, In Böttrich/Herzer, Josephus, 535–546.

Votaw, Clyde Weber, The Gospels and Contemporary Biographies in the Greco-Roman World, Philadelphia: Fortress 1970, FB.B 27.

Walker, Henry John (Hg.), Valerius Maximus, Memorable Deeds and Sayings. One Thousand Tales from Ancient Rome, übers. von Henry John Walker, Indianapolis/Cambridge: Hackett 2004.

Wandrey, Irina, Art. Iosephos 4. I. Flavios, DNP, 5 (1998), 1089–1091.

Weber, Wilhelm, Princeps. Studien zur Geschichte des Augustus, Stuttgart/Berlin: Kohlhammer 1936.

Weeden, Theodore J., Mark – Traditions in Conflict, 1971. Nachdruck, Philadelphia: Fortress 1979.

Weihs, Alexander, Die Deutung des Todes Jesu im Markusevangelium. Eine exegetische Studie zu den Leidens- und Auferstehungsansagen, Würzburg: Echter 2003 (zugl. Diss., Bochum 2002), fzb 99.

Weimar, Klaus u. a. (Hg.), Reallexikon der deutschen Literaturwissenschaft. Neubearbeitung des Reallexikons der deutschen Literaturgeschichte, Band 1–3, Berlin/New York: De Gruyter 1997–2003.

Weiss, Hans-Friedrich, Der Brief an die Hebräer. Übersetzt und erklärt, Göttingen: Vandenhoeck & Ruprecht 1991, KEK 13.

Weissbach, Franz Heinrich, Art. Kyros 6) K. II. d. Gr. PW, Suppl. 4 (1924), 1129–1166.

Welwei, Karl-Wilhelm, Art. Agis 4: Agis IV. DNP, 1 (1996), 259–260.

— Art. Kleomenes (Κλεομένης) 6: K. III. DNP, 6 (1999), 580.

— Art. Pausanias 1. DNP, 9 (2000), 442–443.

Wiesehöfer, Josef, Art. Kyros (Κῦρος) 2: K. (II.?), Begründer des pers. Weltreiches, DNP, 6 (1999), 1014–1017.

Wilcken, Ulrich, Zum alexandrinischen Antisemitismus, AGWG.PH, 27 (1909), 781–839.

Will, Wolfgang, Art. Caesar I: Historisch; III: Wirkungsgeschichte, DNP, 2 (1997), 908–916.920–923.

— Art. Iunius I 12: I. Brutus Albinus, D. DNP, 6 (1999), 61f..

Winter, Paul, On the Trial of Jesus, Berlin: De Gruyter 1961, Studia Judaica 1.

Wischmeyer, Oda, Paulus als Ich-Erzähler. Ein Beitrag zu seiner Person, seiner Biographie und seiner Theologie, In Becker, Eve-Marie/Pilhofer, Peter (Hg.): Biographie und Persönlichkeit des Paulus, Tübingen: Mohr Siebeck 2005, WUNT 187, 88–105.

— Stephen's Speech Before the Sanhedrin Against the Background of the Summaries of the History of Israel (Acts 7), In Calduch-Benages, Núria/Liesen, Jan (Hg.): History and Identity. How Israel's Later Authors Viewed Its Earlier History, Berlin/New York: De Gruyter 2006, Deuterocanonical and Cognate Literature Yearbook, 341–358.

Wissowa, Georg, Art. Cornelius 275: Cornelius Nepos, PW, 4/1 (1900), 1408–1417.

— u. a. (Hg.), Paulys Real-Encyclopädie der classischen Altertumswissenschaft. Neue Bearbeitung, Band 1–24, 1 A–10 A, Suppl. 1–15, Stuttgart/München: Metzler/Druckenmüller 1894–1980.

Wördemann, Dirk, Das Charakterbild im bíos nach Plutarch und das Christusbild im Evangelium nach Markus, Paderborn u. a.: Schöningh 2002, Studien zur Geschichte und Kultur des Altertums 19.

Wrede, William, Das Messiasgeheimnis in den Evangelien. Zugleich ein Beitrag zum Verständnis des Markusevangeliums, 3. Auflage. Göttingen: Vandenhoeck & Ruprecht 1963.

Yadin, Yigael, The Excavation of Masada 1963/64. Preliminary Report, Jerusalem: Israel Exploration Soc. 1965, IEJ 15.

— Masada. Der letzte Kampf um die Festung des Herodes, Hamburg: Hoffmann u. Campe 1967.

Zeller, Dieter, Die Handlungsstruktur der Markuspassion. Der Ertrag strukturalistischer Literaturwissenschaft für die Exegese, ThQ, 159 (1979), 213–227.

Zeller, Rosmarie, Art. Erzähler, RLW, 1 (1997), 502–505.

— Art. Erzählsituation, RLW, 1 (1997), 509–511.

Zenger, Erich, Das Buch der Psalmen, In Zenger u. a., Einleitung, 348–370.

— u. a. (Hg.), Einleitung in das Alte Testament, 5. Auflage. Stuttgart: Kohlhammer 2004.

Zias, Joe, Human Skeletal Remains from the Southern Cave at Masada and the Question of Ethnicity, In Schiffman, Lawrence H./Tov, Emanuel/VanderKam, James C. (Hg.): The Dead Sea Scrolls Fifty Years after their Discovery. Proceedings of the Jerusalem Congress, July 20–25, 1997, Jerusalem: Israel Exploration Soc. 2000, 732–738.

Zias, Joseph/Segal, Dror/Carmi, Israel, The Human Skeletal Remains from the Northern Cave at Masada – a Second Look, In Masada IV. The Yigael Yadin Excavations 1963–1965 Final Reports, Jerusalem: Israel Exploration Soc./Hebrew University 1994, 366–367.

Ziegler, Konrat, Art. Plutarchos 2, PW, 21 (1951), 636–962.

Zimmermann, Ruben, ›Deuten‹ heißt erzählen und übertragen. Narrativität und Metaphorik als zentrale Sprachformen historischer Sinnbildung zum Tod Jesu, In Frey/Schröter, Deutungen, 315–373.

Zuntz, Günther, Wann wurde das Evangelium Marci geschrieben? In Cancik, Markus-Philologie, 47–71.

Abkürzungen

Die Abkürzungen folgen dem Internationalen Abkürzungsverzeichnis für Theologie und Grenzge-
biete (IATG) und dem Reallexikon für Antike und Christentum (RAC). Griechische Schriftsteller
werden nach LIDDELL/SCOTT/JONES, lateinische nach *Thesaurus Linguae Latinae* abgekürzt. Weitere Abkürzungen:

BHS	ELLIGER/RUDOLPH, Biblia Hebraica Stuttgartensia.
DNP	CANCIK/SCHNEIDER, Der neue Pauly. Enzyklopädie der Antike.
j	Jerusalemer Talmud.
NA[27]	ALAND u. a., Nestle-Aland Novum Testamentum Graece.
PW	WISSOWA u. a., Paulys Real-Encyclopädie der classischen Altertumswissenschaft. Neue Bearbeitung.
RGG[4]	Religion in Geschichte und Gegenwart.
RLW	WEIMAR u. a., Reallexikon der deutschen Literaturwissenschaft. Neubearbeitung des Reallexikons der deutschen Literaturgeschichte.